峨眉地名故事

峨眉山市第二次全国地名普查领导小组 ◎ 编

主　　编：李家俊
编　　辑：朱华高　李先定
编　　务：张　林　张燕林
封面题字：李先定

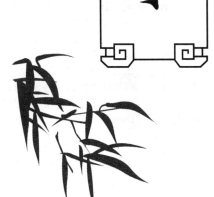

四川大学出版社

项目策划：邱小平　梁　平
责任编辑：孙滨蓉　胡晓燕
责任校对：王　静
封面设计：璞信文化
责任印制：王　炜

图书在版编目（CIP）数据

峨眉地名故事 / 峨眉山市第二次全国地名普查领导
小组办公室编 . — 成都：四川大学出版社，2019.3
　　ISBN 978-7-5690-2833-1

　　Ⅰ．①峨… Ⅱ．①峨… Ⅲ．①地名－介绍－峨眉山市
Ⅳ．① K927.14

中国版本图书馆 CIP 数据核字（2019）第 053247 号

书　名	峨眉地名故事

编　　者	峨眉山市第二次全国地名普查领导小组办公室
出　　版	四川大学出版社
地　　址	成都市一环路南一段 24 号（610065）
发　　行	四川大学出版社
书　　号	ISBN 978-7-5690-2833-1
印前制作	四川胜翔数码印务设计有限公司
印　　刷	成都金龙印务有限责任公司
成品尺寸	185mm×260mm
印　　张	40.25
字　　数	977 千字
版　　次	2019 年 11 月第 1 版
印　　次	2019 年 11 月第 1 次印刷
定　　价	188.00 元

◆ 读者邮购本书，请与本社发行科联系。
　电话：(028)85408408/(028)85401670/
　(028)86408023　邮政编码：610065
◆ 本社图书如有印装质量问题，请寄回出版社调换。
◆ 网址：http://press.scu.edu.cn

四川大学出版社
微信公众号

《峨眉地名故事》编撰委员会

编　　审：吴小怡

总　　编：陈　苹

顾　　问：蔡永红　赵敬忠

副 总 编：王　燕　王坤武

主　　编：李家俊

编　　辑：朱华高　李先定

编　　务：张　林　张燕林

前　言

峨眉，钟灵毓秀，人杰地灵，历史悠久，文化灿烂。

《元和郡县志》载："北周武帝保定元年（561年）于龙游立平羌县。隋开皇三年（583年），改名峨眉县，而更于县东六十里，别立平羌县。"此时的峨眉县治在龙游（今乐山市）。开皇九年（589年），改名青衣县，开皇十三年（593年），改名龙游县，于峨眉山麓别置峨眉县。据此，峨眉县建置迄今已1400余年。

峨眉因山得名，西汉大文豪扬雄有"南则有犍牂、潜夷、昆明、峨眉"之赋，晋人左思《蜀都赋》记"带二江之双流，抗峨眉之重阻"，郦道元《水经注》转引《益州记》叙"平乡江东径峨眉山，在南安县界，去成都南千里，然秋日清澄，望见两山相峙，如蛾眉焉"。峨眉由此闻名遐迩。

峨眉历史文化融合儒、释、道思想，囊括茶、武、医、食诸类，涵盖历代帝王封赐题联，名人雅士吟诗作赋，高僧大德参禅论经，流传下了轩辕问道峨眉山、陆接舆笑孔丘、司徒玄空创通臂拳、蒲公舍宅礼佛、孙思邈仙居炼丹、诗仙醉月、东坡载酒、陆游挥墨、沫若题吟等掌故和传说，讲述着源远流长、宽而融世界、长而贯中华的峨眉地名故事！

1949年12月17日，中国人民解放军16军47师解放峨眉城，宣告峨眉进入新时期。1988年峨眉撤县建市，迎来奔向富强文明的新时代。

为配合全国第二次地名普查，保护和传承峨眉历史文化，讲好峨眉故事，我们广泛收集峨眉典籍，聘请峨眉历史文化研究学者，组成《峨眉地名故事》编辑组，诚邀顾问把关，面向社会全面征集峨眉地名故事稿件。在450余篇文稿中精选出260余篇，反复修改，七易其稿，编辑成《峨眉地名故事》。

本着"小地名、大故事、存史料、出特色"的编辑原则，我们在《峨眉地名故事》中分"山城篇""名流篇""宗教篇""武术篇""乡里篇""编余篇"六个篇目，力图把林林总总的峨眉历史文化分门别类，呈现故事亮点。"山城篇"叙峨眉及峨眉山的来历、峨眉县城的地名故事；"名流篇"记帝王将相、名人雅士与峨眉的逸事；"宗教篇"载儒、释、道，以及天主教、基督教、伊斯兰教在峨眉的故事；"武术篇"汇峨眉武术精髓，用峨眉武术故事彰显中华功夫的魅力；"乡里篇"依照《峨眉山市地名录》（2017年）的顺序，讲述各乡镇丰富多彩的地名故事；"编余篇"收录了与峨眉地名相关的历史文化故事，展现了峨眉文化的厚重。由于时间仓促，水平有限，许多珍贵的地名故事未能收入，文中亦难免有疏漏和谬误，恳请方家和读者提出宝贵意见。

编　者

2018 年 10 月

目　录

第一篇　山城篇

第三篇　宗教篇

第四篇　武术篇

第五篇　乡里篇

第六篇　编余篇

第一篇　山城篇

1. 峨眉山市市名记

李先定

党的十一届三中全会后，峨眉县城乡经济发展迅速，旅游事业蓬勃兴起，全县产业结构和人口结构发生很大变化，而当时农业县的体制已远远不能适应新的变化。经县委、县政府多次研究，拟撤销峨眉县成立峨眉山市。为此，峨眉县人民政府于 1987 年 10 月行文向乐山市人民政府请示撤销峨眉县设立峨眉山市。上报文中主要阐述了三个内容：一是峨眉县基本情况；二是撤县设市的必要性和可行性；三是撤县设市后的前景展望等。

1988 年年初的一天，县民政局汪局长在政府大门口对笔者说，国务院已经批准峨眉县建市了。他拿出一个国务院批准新增全国文物保护单位的材料给我看，上面列表刊有大庙飞来殿被批准为全国文物保护单位，其建筑物位于峨眉市。据此，他说峨眉县已被批准为峨眉市，问笔者看到国务院文件没有（因笔者当时在县政府办公室工作）。笔者说还没有收到文件批准撤县建市，怎么会先有峨眉市的名称出现，况且撤县建市的报告是设立峨眉山市，并不叫峨眉市。

后来得知，批准全国文物保护单位的那个文件，把峨眉县称作峨眉市是错了的，但从中可隐约得知，国务院批准成立峨眉山市的时日也不远了。

1988 年 6 月中旬的一天，临近中午 12 时，县政府办公室的同志都准备下班了，时任县长何征修带着两个人走进办公室，说他们是民政部和省民政厅的同志，主要来要峨眉县为什么改名峨眉山市而不叫峨眉市的材料，因峨眉县政府上报的文件中未说明此理由。何县长要求办公室立即草拟文件，讲明峨眉县改作峨眉山市的缘由，因省民政厅的同志下午要带文件回成都，时间紧迫，不能迟延。此任务经领导研究，便交给笔者去完成。接任务后，笔者顾不得下班休息，立即查找资料，构思篇章，很快草拟出《峨眉县人民政府关于对"峨眉山市"名称的说明》一文，经县长签字同意后，上报四川省民政厅，同时抄送乐山市民政局。其文简述如下：

峨眉建制历史悠久，在秦惠文王更元九年（公元前 316 年）统一巴蜀前为古蜀国地，秦统一六国后，推行郡县制，立蜀郡，峨眉为蜀郡地。汉武帝建元六年（公元前 135 年）分巴、蜀，设置犍为郡，峨眉属犍为南安县地。

据《元和郡县志》载，隋开皇三年（公元 583 年），峨眉正式设县，开皇十三年（公元 593 年），县治地迁峨眉山麓到今，因"枕峨眉山东麓，以为名"。

"峨眉"二字最早见于汉扬雄《蜀都赋》，"南则有犍牂、潜夷、昆明、峨眉"。《犍为郡志》也说："此山云鬟凝翠，鬟黛瑶妆，真如螓首蛾眉，细而长，美而艳也。"峨眉山高谓之峨，山秀谓之眉。

峨眉山除山光水色引人注目外，它的人文古迹、宗教文化也是举世知名的，古今文人墨客、名士显流，香客游人无不为之神往陶醉。

综上所述，可以看出，峨眉山与峨眉县实为一体，水乳交融，难以分割，县因山而得名，山因县而显赫，故命名为"峨眉山市"，更能昭示它的存在而提高它的知名度。

1988年11月20日，阳光灿烂，金风送爽，近万人汇聚峨眉城区体育场，在雄壮的国歌声、喜庆的礼炮声和热烈的掌声中，气球腾空，银鸽高翔，在经历建县的1395年后，峨眉各界隆重召开了庆祝峨眉山市成立大会。到会的有四川省委、省人大、省政府、省政协和乐山市委、市人大、市政府、市政协的领导同志，省、市各有关部门的负责同志和友好城市、兄弟区县，以及驻市内的中央、省、市的企业单位、军队、学校等负责同志。

会上，乐山市市长佘国华宣读了由乐山市人民政府转报的、经四川省人民政府报请国务院批准的关于撤销峨眉县设立峨眉山市的通知。从此，峨眉掀开了历史的新的一页！

1988年11月峨眉山市人民政府成立庆祝活动

2. 峨眉建制沿革记

朱华高

1991 年版《峨眉县志》载，峨眉在隋开皇十三年（593 年）建县，唐乾元三年（760 年）移县治于此。有多种版本县志都采用隋开皇十三年置县说。1947 年《峨眉伽蓝记》也采用此说。

另有史料载，峨眉县初建时期在隋开皇九年。李膺在《益州记》中称峨眉县置县在隋开皇九年。清宣统版《峨眉县志》卷二《建置·城池》载："按李膺《益州记》云：隋开皇九年，立峨眉县，以山为名，在南安之西，峨眉山之东。"1935 年龚煦春撰《四川郡县志》卷六《隋代疆域沿革考》载：《元和郡县志》载，周武帝保定元年，于今龙游县立平羌县。开皇三年改峨眉，而更于县东六十里别立平羌县。九年，又于峨眉山别置峨眉县，改州理峨眉县为青衣县。

根据上述史料，在隋朝前的南北朝时期的后周（北周）年代（577—581 年），即在眉山郡或平羌郡治地（嘉州，今乐山市中区）置峨眉县。如此说来，峨眉县建县最早时间当在公元 577 年至 581 年，县治在今乐山市中区。若依此，峨眉山市（峨眉县）已有 1440 多年历史。周武帝保定元年（561 年），在龙游县（今乐山市中区）立平羌县，隋开皇三年（583 年），龙游县改名峨眉县，县治仍在今乐山市中区。若依此，峨眉山市（峨眉县）已有 1435 年历史。隋开皇九年（589 年），又于峨眉山别置峨眉县，将（嘉州）州理所在地峨眉县改为青衣县。隋开皇九年，才将峨眉县治所建于峨眉山麓，即今日峨眉山市区域内。若依此，峨眉山市（峨眉县）已有 1429 年历史。若依隋开皇十三年置县说，峨眉山市（峨眉县）已有 1425 年历史。不管依何种史料，峨眉山市（峨眉县）置县已有 1400 多年历史。

《太平寰宇记》在嘉州条目下又云：周武帝保定二年，于青衣水合江之所（今乐山市中区）立平羌县，仍置平羌郡。开皇初罢郡为嘉州，四年改为峨眉县，九年改为青衣县，十三年改为龙游。隋代陈，有龙见江水引军而名。按《隋志》周置峨眉之说，与《太平寰宇记》《元和郡县志》皆不合，而与《龙游图经》略同。《太平寰宇记》校勘记云：盖《隋志》误书，而《图经》承误耳。此史料是说，《隋志》记载峨眉置县时间是错误的，《太平寰宇记》和《元和郡县志》记载才是正确的。即便如此，《元和郡县志》载，（隋开皇）九年，又于峨眉山别置峨眉县，改州理峨眉县为青衣县，明确了峨眉县建县时间当在隋开皇九年（589 年）。

清乾隆版《峨眉县志》载：后周武成元年平羌郡置平羌县，后改峨眉县，此为命名之始。隋开皇初，改州为青衣县，别置峨眉县于峨眉山下，又改青衣为龙游县。……乾元初，复改嘉州属剑南道，始迁峨眉县旧治于今治。此为今县治始。该县志又载：（峨眉县）汉南安县地，后周为平羌县地，隋开皇初为青衣县地，十三年始别置峨眉县属眉山郡。唐属嘉州。宋属犍为郡（卷一《沿亘》）。

关于隋开皇时期峨眉县治所，也很模糊。龚煦春撰《四川郡县志》卷五《北周疆域沿革考》载：任豫《益州记》载，峨眉山在南安界。今（峨眉）县在南安之西，峨眉（山）之东，治今峨眉县治。如果此处的"今"指龚煦春撰《四川郡县志》时的民国年代，即今日之峨眉山市政府所在地绥山镇。如此说来，峨眉置县后（不计初置乐山市中区时期），治所一直在今日之绥山镇。龚煦春撰《四川郡县志》卷六《隋代疆域沿革考》载，《蜀中名胜记》引李膺《益州记》：隋开皇九年立峨眉县，因山以为名，在南安之西，峨眉之东。唐乾元间（758—760年）僚叛，就峨眉东立（笔者查其他史料，峨眉东应为峨眉观东），今县治是也。治今峨眉县治。此时峨眉县的治所，仍在今日之绥山镇。

龚煦春撰《四川郡县志》卷七《唐代疆域沿革考》载，任豫《益州记》：峨眉山在南安界。今县在南安之西，峨眉（山）之东。隋开皇九年立，因峨眉山以为名。唐乾元三年，僚叛，移峨眉观东。刘君泽《峨眉伽蓝记》载：隋置峨眉县治已不可知，今（民国时期）之县治乃唐置也（原文注：唐乾德或作乾元三年，移就峨眉观东，有史以为即今治）。县治踞全境之东北隅，高出海面约三百六十公尺（米）。清乾隆版《峨眉县志》载：今之（峨眉）县治古为僚据，唐乾元间讨其叛而进诸徼外，乃徙青衣于峨眉观东，复用后周之峨眉名。地阔人稀，迁荆楚麻城孝感一乡以实旷土而县治乃定，历宋元明（卷一《疆域》）。查峨眉山市有关乡镇海拔，今之市政府所在地绥山镇城内海拔429米，最低处的东边五一村最低海拔386米。胜利镇海拔402～481米，符溪镇海拔386～452米。镇政府所在地（镇子场）海拔397米。且峨眉山市域内最低海拔386米，根本没有一个地方海拔约360米。

清宣统版《峨眉县续志》明确指出，今之县治乃乾元三年移就，该志卷一《方舆志·古迹》"隋峨眉故城"条目下云："隋峨眉故城在峨眉山下，按《隋书》：'别置县于峨眉山下'，《唐书》：'乾元三年僚叛，移就峨眉观东，乐史以为即今理。'合诸说观之，则今之县治乃唐置，非隋置也。省志误。《元和郡县志》：以为至嘉州七十五里，亦就唐置者言之，见府志。"该书卷二《建置·县治》载："隋书：开皇十三年，别置峨眉县于峨眉山下；唐书：乾德三年（笔者注，当为乾元三年），僚叛，移就峨眉观东，乐史以为即今理。则今之县治乃唐置非隋置也。"同样明确唐朝时迁移峨眉县治于观东，即今之绥山镇。

那么，究竟隋朝时设置峨眉县治地何在？刘君泽《峨眉伽蓝记·西禅寺》以为峨眉县治初治地在青龙场（罗目镇），观东就是今绥山镇峨眉山市政府所在地。该文载："青龙场相传隋置峨眉故治也。逾一百六十六年为唐乾元元年，僚叛，乃移就峨眉观东，今城治是也（笔者注：即1947年时的峨眉县城所在，亦即今市政府所在地绥山镇）。惟千二百年之中记载阙略莫名旧状。"文中"相传"者，无文字依据的口口相传也，信则信之，不信则安之。

峨眉建县前的历史悠久。据符溪镇出土的新石器时代的若干文物，峨眉山市人文历史有 4000 年以上。隋开皇建县前，峨眉一直都是古蜀国领地。《华阳国志·蜀志》载："乃以褒斜为前门，熊耳、灵关为后户，玉垒、峨眉为城郭"，说明在春秋中期（前670—前570），峨眉已成为古蜀首领杜宇氏族的重要领地，距今至少有 2600 多年人文史。

峨眉建县前属犍为郡南安县辖。《太平寰宇记》载：峨眉县，本南安县，即青衣道地也。任豫《益州记》载，峨眉山在南安县界。今县在南安之西，峨眉（山）之东，隋开皇九年立，因峨眉（山）以为名。《蜀中名胜记》引李膺《益州记》：隋开皇九年立峨眉县，因山以为名，在南安之西，峨眉之东。唐乾元间僚叛，就峨眉（山）东立，今县治是也。治今峨眉县治。

隋唐期间，峨眉县境域内曾有一州四县。刘君泽《峨眉伽蓝记》云：（峨眉县）庶民鲜少，夷居西鄙，时叛时服。隋大业十一年（615 年）招慰生羌，置绥山县。唐麟德二年（665 年），招慰生僚，置沐州及罗目县。久视元年（700 年），析绥山县置乐都县。三县一州皆在境内。据此史料，在唐朝久视年间，峨眉县境域内，置有峨眉、罗目、绥山、乐都及沐州。所谓三县一州，实乃四县一州矣！因为从绥山分离出乐都，乃一县分为二，不是撤绥山置乐都。此时峨眉县境域比今日要大得多，应该是峨眉县境域最大的时期。峨眉县境域变化最大的时期是在清代。龚煦春撰《四川郡县志》卷十一《清代疆域沿革考》载：峨边，清初为峨眉县地，嘉庆十四年（1809 年），始设峨边厅，属嘉定府。即是说，峨边县在清嘉庆十四年前，属于峨眉县，此后，设峨边厅，划出峨眉县，同属嘉定府辖。峨眉县地域自然大幅减少。

今峨眉山市政府驻地 朱华高摄

3. 峨眉县署

李家俊

峨眉山市府前街，原名衙门口，街北便是峨眉县署。峨眉县署从唐朝开始设立于此。

峨眉县始建于隋开皇十三年（593年），史书记载县治在峨眉山以东，具体位置无法考实。清代乾隆版《峨眉县志》载："乾元初，复改嘉州属剑南道，始迁峨眉旧治于今治，此为今县治始。"唐乾元元年即758年，由此推断峨眉县治设置距今已1260多年。迁县城于此的目的，是为"避僚人之乱"。此前有两百多年，汉人与僚人（一支少数民族，后迁徙到贵州）在峨眉地界上战争不断，为安抚僚人，唐朝政府于麟德二年（665年）在峨眉县南90公里设置陀和城，在沙坪（今峨边县沙坪）置沐州、罗目县（宋代黑日县治迁到今天的罗目镇）。唐肃宗时期，赶走僚人之后，在今府前街始建县衙门，衙门位置在县城正中部略偏西北，正对二峨山。明宣德二年（1427年）经知县潘麟修筑城墙，县治初具规模，又经明成化二十二年（1486年）知县李祯的补修，进而完善。明嘉靖十七年（1538年），知县崔炯重建峨眉县署，建有大堂五楹，前有三堂，后有二堂。其后接任的知县王鸣凤在二堂后园建了一座高楼，题名为"望峨堂"，堂前建卷棚，左右设立赞政厅，东西列六典及承发田驿、架搁等房，月台下分封快皂班房，甬道中有圣谕坊，前为仪门三楹，左为灵官祠、寅宾馆，后即主簿衙舍，右典史衙舍。大堂墙垣外有砖砌的库监禁，仪门内外古柏成行，二十余株古柏如翠云覆盖。堂前的钟鼓楼，高十丈，楼下就是衙门的头门，左右两端为常平仓。楼前临正街处，树立有高丈四、长三丈的巨大石屏风，彩绘镂空精雕。明末甲申年（1644年），张献忠的部将欧阳柄攻占峨眉城，将县衙搬迁到武庙，焚毁原县衙门，仅遗留了堂门。清康熙十一年（1672年），知县朱升把县衙位置稍微向右移，用峨眉的高大树木重建县衙，规模更宏大。县衙设内署，称"鸿爪堂"。乾隆初期，在二堂左边有一棵古柏，"大四围，高十寻"，知县闵佩在古柏下建楼堂，题名"古柏堂"。后知县房星著在堂内捐掘一口井。雍正八年（1730年），增修补监房三间，女监房一间，周围建围墙一道。清雍正十一年（1733年），恢复重建原县衙二堂三堂，题匾"倚柏瞻峨"。雍正十三年（1735年），奉皇谕建牌坊一座。乾隆四年（1739年），奉旨再建监谷仓三十间，由知县题匾"化日堂"，并把后半楹作为衙门库房；又奉旨在通道中立牌坊一座，牌坊两侧建礼、户、吏、工、刑、兵办公房八间，粮仓二十五间，仪门一座，在灵官庙祭祀萧、曹二公。乾隆五年（1740年），新建拜亭，堂前建头门五间，头门上题"峨眉县"三字。县衙墙内设监房三间。门外有石狮两座，屏墙一座，大堂后川堂一间，由知县莫霖题"青省堂"。二堂三间有知县莫霖题的"雪山堂",知县闵佩题的"镜水堂",王芬露题的"思补堂"。衙门的东北有监谷仓三十间,内园书房三间,内置后堂五间,左右有耳房、马房、水井等。典史署在县署右侧,有大堂和二堂。光绪十八年(1892年)兵房被焚,由知县宋家蒸以及继任赵承基修复。1912年,知县李锦堂卸任,县绅公推许玉照为护印,6月,民国政府任命陈锡为知事,1927年1月,改县公署为县政府,县知事改称县长,县治依旧。

1949年12月24日峨眉县人民政府成立,宋芝仲任副县长(县长缺),县政府所在地沿袭不变。1955年峨眉县人民政府改称峨眉县人民委员会,1968年5月1日峨眉县革命委员会成立,行使政府权力。1979年11月20日,恢复峨眉县人民政府。1988年11月20日,峨眉山市人民政府成立,政府所在地仍然在今府前街。

附:清雍正、乾隆时期峨眉县官职设置知县一人、配典史(知县的佐杂官,无官阶)六人、儒学教谕一人、训导一人、配典史三人,医学道印、僧会阴阳各一人;雍正四年(1726年)增设农房。

清宣统时期,峨眉县有知县一人,教谕、训导各一人,增加了武官的守备一人、把总一人,宣统二年(1910年)设警务长一人。

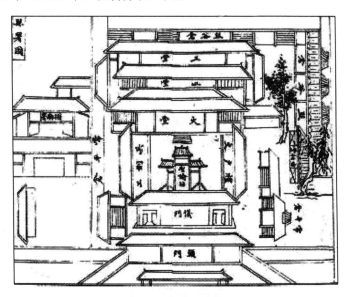

峨眉县署图(摘自清嘉庆版《峨眉县志》,李家俊提供)

4. 峨眉学署

李家俊

学署亦名学宫，是负责地方民风教化、科举考试、祭祀先贤、礼仪文化、学校教育、典制等方面的机构，也是读书、讲学、弘道、研究的场所。峨眉学署始设于县署西侧，后迁南街、马寨山、白鹤潭、桐子山等地，清乾隆时期迁回县南街，位于今商业街市公安局宿舍，旧名文庙街（育贤街）。

从隋唐开始实行的科举制，对地方学署的设置和扩大提出了较高的要求。清朝峨眉县设置教谕和训导二官职，掌管学署，其地位仅次于知县。教谕和训导的办公地点在学署，所以清代峨眉学署是与衙署规模相匹配的第二大建筑群。

北宋至明末时期的峨眉学署

据清乾隆版《峨眉县志》记载，峨眉县学署始建于北宋庆历元年（1041 年），位置在城内的西部，靠近县衙署。元至正年间（1341—1368）重修学署。明成化二十二年（1486 年），峨眉知县李祯将学署向西移，并增建学舍。明弘治十三年（1500 年），知县任伯进把学署迁回县南街。明嘉靖四十三年（1564 年）峨眉学署迁至城南外的马寨山（今峨眉二中）。明万历二十九年（1601 年）又迁到南街，明天启二年（1622 年），署理峨眉县事的夹江知县董继舒又将学署迁回马寨山。1644 年，张献忠的部将欧阳柄攻占峨眉城，学署被焚毁。

清代峨眉学署

清康熙乙巳年（1665 年），知县李庄将县学署迁至县衙署西北的白鹤潭。清雍正十二年五月（1734 年），峨眉遭特大洪灾，学署的建筑、书籍，甚至地基均被冲毁，于是将学署重建在西门外二里地的桐子山。清雍正十三年（1735 年），在学署内的尊经阁的后山顶上，建有一个翼亭，为整个学署的最高处。清乾隆五年（1740 年）在尊经阁前建奎光阁，为旧时讲学厅。

清乾隆癸巳年（1773 年），在县南街原察院废址上简单恢复建学署，当时只有一个正殿。《峨眉县志》记录，清嘉庆年间，"取旧察院，废廨，仍于城内之南街，粗置正殿"，即为清朝至民国时期的文庙。最初建有大成殿，为教谕、训导衙门，殿两侧有庑楼。此后陆续扩建，大成殿后另建崇圣祠，左右两侧各有建筑，左为孝祠，祭祀先贤；右为忠祠，祭祀英烈。大成殿前建戟门，左旁一房祭祀历届官宦，右边一房祭祀乡贤，戟门外有石坊，名"灵星门"。石坊四周有护栏，石坊前有一泮池，上搭有灵星门桥。戟门前有一石碑，由峨眉籍举人张弘映（官至湖北房县知县）题写碑记。崇圣祠的后面建有尊经阁，供奉文星。尊经阁下有明伦堂，由另一峨眉籍举人杨世珍题记。至此，峨眉学署已成规模，有正殿、东庭、西庭、崇圣殿、仪门、左角门、右角门、灵星门、石坊屏墙、泮池、乡贤祠、名宦祠、节孝祠、教谕署、训导署、义学等。古人尚圣人，崇敬先贤，学署正殿，毕恭毕敬供奉圣先师孔子，两侧分别有复圣颜子、述圣子思子和宗圣曾子、亚圣孟子，另有冉子等八十贤，公羊高等四十六儒。按圣谕，依规格祭祀。

峨眉学署基本情况

清宣统版《峨眉县续志》载，到清宣统二年（1910 年），学署有学额膳生二十名、广生二十名。同时规定，捐银一万两，可获入广生资格。捐银二千两，可获广生文武学额一名。学署有学田，年收谷三十担，教谕、训导各得一半。学署内有十四部珍贵的藏书，如御纂《周易》等。

中华人民共和国成立后，文庙改为峨眉县公安局、法院和粮食局的办公场所，后改建成峨眉山市公安局宿舍。2000 年后峨眉山市兴建商业街，文庙彻底消失。

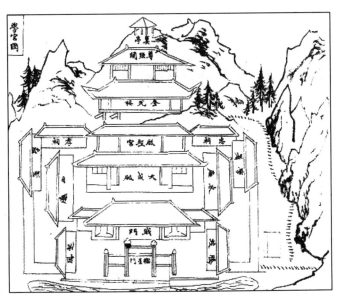

峨眉学署图（摘自清嘉庆版《峨眉县志》，李家俊提供）

5. 峨眉古县城（三则）

县城

朱华高

据 1947 年刘君泽《峨眉伽蓝记》载，峨眉县初期，规模较小，到了唐代中期，才开始修筑城墙。城墙用砖土混建，周长 4 公里，高 3 米多。明正德七年（1512 年），金事罗翊督知县赵钺改为石墙，开东、西、南、北四大门。正德十一年（1516 年），知县吴廷璧增修，高 6 米。明嘉靖十九年（1540 年），知县崔炯用红石铺成垣，于东南和西北两角新开二门，共六门。东门曰文昌门，南门曰瞻峨门（后改为胖峰门），西门曰武振门，北门曰观澜门，东南角曰迎恩门，西北角曰拱宸门。门上俱设城楼，巍峨壮观。东南北三门在护城河上，卷石为桥，桥名：东曰迎恩桥，南曰化龙桥，北曰通泰桥。到了清雍正九年（1731 年），知县文曙重建东、南、西、北四门及小南门。乾隆三十五年（1770 年），知县刘璐主持维修。整修后的城墙，高约 5 米，宽近 3 米，气势雄伟，非常坚固。同时，将东门更名东旸门，南门更名南熏门，西门更名挹爽门，北门更名拱宸门，东南更名育贤门，西北更名迎波门。这时的主要街道有：十字街、东正街、鼓楼街、城隍庙街、育贤街、儒林街、正北街。明崇祯十七年（1644 年）、1928 年、1943 年，县城发生过三次重大火灾。其中最后一次（"六八"火灾）损失惨重，全城几乎烧光，在修复时，城墙被拆。

县城内原有禹王宫、文昌宫、天上宫、紫云宫、万寿宫、桓侯宫、古柏堂、文庙、武庙、城隍庙、火神庙、峨神庙、王爷庙、报恩寺、西坡寺、三清观等，殿宇巍峨，堂室宏丽，神像庄严，古木阴森。这些殿堂，大部分在这三次重大火灾中被焚。

1943 年，"六八"火灾后重修县城。

赵划在《峨眉逸文》一书中，对峨眉县解放初期的城内面貌有如此描述：1949 年 12 月 17 日，解放军进驻峨眉县城，是从大佛殿围墙后，经乐西公路王碾坊拐进东街至县政府。见沿街留有"六八"火灾遗迹：茅草屋、谷草房、杉皮房矮小破旧，屋漏墙歪，梁折柱斜，白墙瓦屋只有数家。大南门、小南门城门城墙已拆，北门渔桥留半截城门，新东门、水西门留约 200 米城墙。城楼上住着打更匠。

"六八"火灾后，建造了几栋矮小房，四间办公室，一个土石砌的土台子，即所谓大礼堂。

城区街道有东、西、南、北街。市场有木货市、白炭市、西门煤炭市、柴草市、草鞋市。状元街、新市场（清朝考棚）、江西街最闹热，百货、土杂、洋货样样有。

20世纪50年代初期，笔者印象中的峨眉县城几乎是一层低矮木制房舍。顺河街过北门大桥进城。如今的雁门街基本保持了新中国成立初期面貌。北门大桥是一座红石卷石拱桥，即今北门桥旧址。过了桥进城就是铁匠街，往前左边是状元街，右边是草扒市巷。穿过草扒市巷就是水西门，紧挨着的是宽敞的西门粮站。出西门粮站是正西街，直达峨眉一中校。今正西街还基本保持了旧有面貌。一中校背后叫老霄顶。河坎下有一个非常有名的游泳所在地，叫坛儿沱。每年到河里游泳都有人淹死。老霄顶和三〇二地质队校场坝所在地曾经都是峨眉县开公审大会的地方。西坡寺和一中校遥遥相望，就是如今峨眉党校、峨眉武装部所在地。今喷水池乃大南门口，其时城门城墙已不存在。今出城到九里的路口是小南门，一座卷石拱桥是育贤桥，过了育贤桥就是十里山生姜坡，即今日大佛禅院后门附近。今金绥路口曾经有一座牌坊。牌坊内是正东门，出牌坊是外东门，直抵如今的峨眉二小校大门口。大佛殿和二小校仅一墙之隔。大佛殿外面是童街子。如今银杏园商住小区曾经背靠大佛殿后墙，是猪市坝。过了光辉桥是刘坝子，滨河路连接水西门的是一座水泥平桥。

1938年的峨眉西门旧城墙（孙明经摄 王荣益提供）

城门

李先定

峨眉县地处四川盆地西南，境域内峨眉山屹立西面，二峨山雄踞县南，四峨山踞北面，形成三面环山，辟峰连接，中部和东部良畴沃野，十分富饶。

隋开皇十三年（593年）峨眉建县，县治位于峨眉山山麓，县城在今罗目镇一带，唐乾元三年（760年），因僚叛，移就今县城所在地。

明代以前，县城城墙非常简陋，初为土城，周长仅八里，高约一丈，墙外即渠埝作护城河，环绕全城。明代，皇帝召令各县加强防卫，要隘处必屯兵，屯兵必加强护卫设施，凡县城必须加固城墙，严防外侵。

明正德七年（1512 年）金事罗翊督促知县赵钺把原土城改为石城，设置东、南、西、北门，把城外渠埝加深掘宽，引水灌溉农田。正德十一年（1516 年）知县吴廷璧又增修城墙，周长达五百四十一丈，高一丈八尺。嘉靖十九年（1540 年）知县崔炯召集民工以河中石头铺设城墙内外，使道路宽敞，以便通行巡视。并且在城东偏南、城西偏北处增开两门。自此，县城六门各有其名：东为文昌门、南为瞻峨（后改胜峰）门、西为武振门、北为观澜门、东南为迎恩门、西北为拱宸门。各门城墙上皆建谯楼，巍峨壮观，以利瞭望。城外，护城河渠上架设桥梁，东门迎恩桥，南门化龙桥，北门通泰桥。

1938 年的峨眉县东门（孙明经摄　李家俊提供）

明末清初，战乱之年。城墙半塌，谯楼尽毁，民生凋敝。

雍正九年（1731 年），知县文曙重建东、南、西、北四门和小南门，城墙皆用红砂条石砌就，高、宽皆依原样，并建门栅和谯楼。城墙门对迎恩桥、化龙桥、通泰桥，三座石桥俱修治坚固，规模比以前雄伟高大。

乾隆三十五年（1770 年）知县刘璐动员民众出资出力维修城墙，周长六百五十八丈，高一丈四尺，宽八尺。

刘璐把原城门名称做了改变，东门更名东旸、南门更名南熏、西门更名挹爽、北门更名拱宸、东南门更名育贤、西北门更名迎波，并在东城墙外沿周围修建马道，宽一丈余，以利通行。

1943 年 6 月 8 日，峨眉县城遭回禄之灾，一场烈火，烧毁大半个城。灾后重建县城，拆毁城墙，条石用作街道和房屋建设。

笔者曾见过残留的水字门（即迎波门）城楼和一截城墙。可惜在 20 世纪 50 年代，因城市建设需要，城楼与城墙逐渐被拆除。

街道
朱华高

乾隆版《峨眉县志》有峨眉县城的街道记载，这也是我们所能见到的峨眉县城最早的街道记载资料。其载有街道："十字街、正东街（俱治东）、鼓楼街（治南）、育贤街（治东南）、城隍庙街（治北）、衙后街（治北）、儒林街（治西南）、正北街（治东北）"，共计街道8条。

据1991年《峨眉县志》载，清乾隆三十五年（1770年），知县刘璐再次整修城墙和城门，整修后的主要街道有"十字街、东正街、鼓楼街、城隍庙街、育贤街、儒林街、正北街"，计7条，比乾隆五年县志所载少了衙后街，正东街更名东正街。

20世纪80年代初的峨眉县西街（薛良全摄）

清咸丰九年（1859年），县城内街道明显增多。据1947年刘君泽《峨眉伽蓝记·峨眉县四》载，除东、西、南、北四街外，还有丁字街、江西街、鼓楼街、状元街、育贤街、小菜市街、状元街巷、新市街、白炭市街、花生市街、草扒市巷、三清观巷、书院巷、万寿宫巷、凉水巷、粽叶市巷，共计街巷20条。

自清咸丰九年后至1982年5月止，笔者未见记载峨眉县城街道的官方资料。1982年5月，峨眉县地名领导小组编印的《四川省峨眉县地名录》（内部资料）在"绥山镇"地名录中列出的街道有东外街、小南街、小菜市街、文庙街、白炭市街、新市区街、南街、西街、水西门街、府前街、书院街、县正街、王家店街、江西街、北正街、状元街、新市场街、报恩寺街、东正街、铁匠街、顺河街、雁门街、峨九街、三台山街、万寿宫街、万寿宫巷、三清观巷，共计街巷27条。

2017年，峨眉山市政府所在地绥山镇的城区范围扩大了很多，城区街道也迅速发展。峨眉山市第二次全国地名普查领导小组2017年12月编印的《峨眉山市地名录》载，绥山镇城区街道有白龙北路、白龙南路、报恩寺街、报国路、滨河路、滨河路二段、滨河路一段、滨河西路、步行一街、步行二街、步行三街、步行四街、步行五街、蔡湾街、大佛北路、东湖路、东盛街、东新路、范河一街、范河二街、范河前街、范河后街、佛光东路、佛光南路、佛光西路、佛欣路、佛秀路、符北路、符光一街、符光二街、符河街、符泉路、符汶路、符新街、符堰街、符桢街、府前街、广福路、光辉路、光辉一街、光辉二街、红光路、红华路、洪椿路、花园街、黄山扁巷、惠民一街、惠民二街、惠民三街、金顶北路、金顶北路中段、金顶北路北段、金顶南路、金雁街、景灵一街、景灵二街、景秀街、名山南路、名山西路、名山中路、清音路、三台山街、三台山一街、三台山二街、三台山三街、三台山四街、三台山五街、石雁街、书院街、水西门街、顺河街、顺河一街、绥山东路、绥山东路北一街、绥山东路北二街、绥山东路北三街、绥山东路南一街、绥山东路南二街、绥山东路南三街、绥山西路、太泉路、太湖街、太泉街、童河坝街、童街子街、万福西路、万年东路、万年西路、万年西路后街、万寿宫街、文庙街、西城街、西正街、新民街、新市场街、馨竹苑街、兴隆街、雁北北路、雁北南路、雁门街、杨柳街、杨柳街巷、一线天巷、银河街、玉兰街、育贤街、云海北路、云海南路、报国路、状元街，共计路、街、巷 110 条。

20 世纪 80 年代初的峨眉县东外街（薛良全摄）

6. 峨眉古道

朱华高

　　唐朝大诗人李白名篇《蜀道难》，开篇便感叹蜀道行走之艰难："蜀道之难，难于上青天！蚕丛及鱼凫，开国何茫然！尔来四万八千岁，不与秦塞通人烟。西当太白有鸟道，可以横绝峨眉巅。"《蜀道难》虽然道出了蜀道行走的艰难，但也从侧面说明，蜀道不但历史久远，而且峨眉山早已有小道和外地相连接。

　　四川知名历史学者段渝在《古蜀文明的演进特点及其在先秦史上的地位》中指出，峨眉是南方丝绸之路同外界连接的重要节点之一，是从成都平原转入大凉山区最重要的过渡地带。

大为观音岩古道（朱华高摄）

　　乐山知名文史学者唐长寿在《南方丝绸之路与乐山》中称，南方丝绸之路有一条是起于嘉州止于汉源、甘洛海棠的"阳山江道"。阳山江道的起点是乐山城，水路取道大渡河，大渡河又名阳山江，故名。阳山江道陆路走向与大渡河一致，大部分地段与今乐山到峨眉，再到峨边的公路走向一致，又名"铜山道"。此道到峨边后经金口河、甘洛阿兹觉（蜀汉新道县）、田坝道海棠与西线灵关道相汇。

　　峨眉多山区，多山道，尤其是峨眉到峨边以至云南出国的古道，大多崎岖坎坷。所以，峨眉与丝绸之路和茶马古道是密不可分的。峨眉龙池就是茶马古道上重要的骡马饲养基地。当时，龙池人有不少是茶马古道上的赶马人或商号业主。

峨眉的古道历史有多久？可以肯定的是，峨眉道路至少有4000年以上历史。因为峨眉发掘的文物证明，峨眉有4000多年的人文历史。

早在南方丝绸之路以前，峨眉就有古道和外面相连。峨眉乃古蜀国属地，和古蜀国的政治、军事、经济、文化中心的成都多有交往。笔者所见史料，峨眉与北方最早的交往是经成都至北方的秦国。自秦朝统一中国，便有向夹江、峨眉、金口河移民的记载。可以肯定的是，从成都出发的南方丝绸之路开启之前，峨眉已同凉山以至云南有道路连通。或者说，从成都出发的南方丝绸之路陆路之一就是沿着峨眉至凉山甚至更远的古路开拓出来的。

峨眉还有一条通往西藏的古道。峨眉边茶就是通过此条古道经雅安运往西藏的。

峨眉有和外界交往的水道。最明显的水道起源于峨眉河上游，经过位于今峨眉半山黄湾乡桅杆村的“筏子坝”水运码头，沿峨眉河直到乐山，连接青衣江。1994年《峨眉山市交通志》中《水路运输及管理》载：（20世纪）30年代以前，进入峨眉的日用百货、盐、糖、布匹等物资和运出的茶叶、药材、白蜡、粮食等物资主要通过峨眉河间日一趟的筏运。临江河有过筏运水道。

峨眉还有多条古道。

春秋战国古道。峨眉山市符溪镇柏香林、城东郊石面堰、黄湾乡大车坝等地曾出土大量新石器时代石斧和战国时期的青铜器，证明峨眉的人文历史有4000年以上。

峨眉有一条古道是从乐山（嘉州）经乐山临江过峨眉乐都镇红卫、顺江到九里镇。此古道有一传说：西周时期，北方羌人葛由骑羊上绥山修道成仙，从此地经过，上绥山后还多次到镇上活动，后人便称此地为“羊镇”。羊镇还是古荣乐城、绥山县治所在地。古道上乐都镇红卫村1组“团山子”如今还有汉代的“雷脚山崖墓群”。这至少可以说明，汉代已有此古道。

秦朝移民古道。经笔者考察，峨眉有一条从成都到夹江县千佛岩灵泉渡过河到夹江县木城镇、南安乡，经峨眉山市普兴乡过峨眉山市绥山镇麻柳沟、大庙到城区的古道。灵泉渡历史久远，自古以来是水运码头，从远古开明氏丹犁古国就有这个渡口。有史料载，战国时秦惠王灭蜀，移民万户到此，先设泾口戍，后置南安县。隋开皇十三年（593年）峨眉置县以前，属南安县管辖。此条古道，在秦朝时期已有。

普兴乡石炉村的石炉，传说是孔明南征铸箭遗迹；符溪镇古城山，传说最初是孔明南征屯粮之地；峨山镇中王村孔明坡，传说是孔明南征屯兵养病处；高桥镇寨子村，传说是孔明南征中与孟获大将白鹿大王对阵时的营地；龙池镇土地关、大为镇大围关，传说都是孔明南征途中和孟获军队对阵之地；大为镇射箭坪，传说是孔明计退孟获射箭之地。这条古道上多处遗址遗迹至今尚存。上述皆是传说，没有史料证据支撑。

峨眉有一条从成都到夹江今甘江镇陶渡（古弱濡镇弱濡渡）过河在顺河场上岸到峨眉城区的古道。有夹江邑人研究认为，这条古道在汉代即有，到唐代已是车来人往。

峨眉古道多多，不一而足。

古道上的牌坊
（摘自阿奇博尔德·约翰·立德《Mount Omi and Beyond》　李家俊提供）

随着时代发展，20 世纪 30 年代，峨眉山市有了第一条公路——夹峨公路，从而开启了峨眉现代道路时代。夹峨公路，即夹江至峨眉，全程 20 公里，始建于 1930 年 4 月。初建时路基宽约 6 米，黄泥卵石路面，俗称"马路"。

1939 年，国民政府为充实抗战力量，打通印度、缅甸和中国的运输大动脉，兴建了乐西公路。并沿南方丝绸之路西南道开辟滇缅公路、中印公路，成为支援前方的生命线。其中乐西公路起自乐山，衔接成乐公路，止于西昌，全程 525 公里。乐西公路在峨眉县境域内途经符溪、胜利、符汶、绥山、峨山、青龙、高桥、龙池、大为、双龙等乡镇，至石碑岗入峨边县，这段公路长 62 公里。

20 世纪 60 年代，成昆铁路自成都始发，由双福镇进入峨眉，至龙门乡出峨眉进入峨边县，南北贯通峨眉山市。1965 年成昆铁路在峨眉县境域内铺轨，设火车站 5 个，1970 年全线正式通车。

如今，峨眉山市交通有了飞速发展。公路早已网络化，筏运、船运早已不存，汽车运输成为最全面、最活跃、最发达的交通运输工具。全市早已实现村村通公路，平坝地区村小组全通了公路，丘陵山区 80% 的村小组通了公路。绝大多数古道都被公路代替。昔日从成都经嘉州、峨眉到云南出国的丝绸之路、茶马古道早已修通铁路，如今正在修建复线。江油经成都到峨眉的高速火车早已开通，成都到峨眉只需 1 小时。蜀道早已不再难。

7. 古乐都县

朱华高

从峨眉驱车过九里镇临江大桥，沿峨（眉）沙（湾）公路前行约2公里，就是峨眉山市乐都镇政府所在地。再往前行约3公里，就是峨眉山市和乐山市沙湾区的公路分界处余坳口。此地是乐都镇新堰村地域。镇政府和余坳口之间有一条从二峨山里发源的河流冷水河。1991年版《峨眉县志》载，嘉庆《嘉定府志》：唐分县（峨眉县）地置沐州，及罗目、绥山、乐都三县。寻沐州废，乐都亦省，惟峨眉、罗目、绥山存。

据清朝乾隆、嘉庆及宣统历代《峨眉县志》，峨眉、罗目、绥山、乐都先后置县的根本原因是隋唐期间，该地域多有僚人长期作乱，朝廷为安抚僚人，遂在该地域先后分别置县。乐都县自然也因安抚僚人而置。

从古绥山县治遗址羊镇到今乐山沙湾区沿途地理状况看，过临江大桥到余坳口之间，虽然都是起伏的丘陵，但地势总体开阔。余坳口是一个狭窄的山垭口，公路从垭口穿过，过了垭口，古道陡坡急转直下，一路蜿蜒曲折直到丰都庙路口。据笔者和女儿开车测算，临江桥到青杠场900米，到乐都镇1800米，到冷水河2500米，到余坳口5000米。据此，从古绥山县治遗址羊镇到今乐都镇古道距离当在2500米左右。从选址角度考虑，古乐都县建在前述地域，即临江河以东（也是绥山县以东）和余坳口之间最为适当。

距离古绥山县治遗址最近的地方，叫青杠场。廖明清老人称，此地是羊镇最早所在。此地往沙湾方向是顺江村3、4、6组，多农田，20世纪六七十年代搞农田建设时当地村民从田里挖出很多墙脚石，都是鹅卵石砌的，6队的墙脚石最多。据此，此地古时候曾是村落群居场地，且时间应该很久远。至少可以说明，其时在绥山县和乐都县一带，有大量人群居住。再往前就是乐都镇政府所在，新农村5组，距南宋古墓出土地新农村8组约1公里。此地墓葬形制说明南宋时期此地商业活动比较繁荣。可以认为，在此之前的北宋、唐甚至隋朝时期，此地人文活动仍然活跃。这也可能就是此地先后设置绥山县和乐都县的原因。如果从与绥山县治距离、地理位置、靠近水源等综合因素考虑，在今乐都镇政府区域附近设乐都县最有可能。

古乐都县是峨眉山市区域内历史上建县时间最短的县。废县原因，多种权威史料均无记载。《元和郡县志》载，（绥山）县东南至嘉州四十里，本汉南安县地，隋大业十二年，招慰生羌置县，因山为名小峨眉山，在（绥山）县南五里。宋乾德四年省为镇，入峨眉。《新唐志》载，久视元年（武则天时期，700年）析绥山置乐都县，寻省县。又云：乐都废县在（绥山）县东。然乐都县何时废，无载。

据前述《嘉定府志》，乐都县的废去时间在沐州废后不久。然乐都置县时间在唐久视元年（700年），沐州废除在唐上元三年（676年），即沐州废除时间比乐都置县早了24年。这显然矛盾。

因此，要解开乐都县设置原因、治地和废县时间之谜，尚需更为确凿的证据支撑。

8. 古绥山县

朱华高

古绥山县是峨眉山市境域内曾经设置过的一个县，时间在隋大业十二年（616年），地点在九里羊镇即今乐都镇顺江村12组。绥山县设置及历史演变的一些谜团一直未解。

龚煦春《四川郡县志》载：据《旧唐志》，隋招致生僚，于荣乐城置绥山县，取旁山为名。据《元和郡县志》，绥山东至（嘉）州四十里，本汉南安县地。隋大业十二年（616年），招慰生僚立，因山为名，属眉山郡。武德元年，割属嘉州。据《太平寰宇记》，废绥山县在（嘉）州西南四十里。隋招慰生僚，于此置绥山县，因山为名。治今峨眉县东南四十里。1991年版《峨眉县志》载："隋大业十二年（亦说大业十一年）在峨眉县东南20公里置绥山县。据《旧唐书·地理志》载，于荣乐城置绥山县。"

刘君泽《峨眉伽蓝记》一书，在介绍伽蓝寺时，把绥山县设置和羊镇说得很清楚："今邑志有伽蓝古刹，地为羊镇。……传周之葛由骑羊入蜀，遁于绥山，往来此地，故名羊镇场，上有观峨寺。康熙间建，甚荒芜。戏楼悬'幻中情'三字，节妇阮彭氏书也。读史《方舆纪要》绥山废县条下云：县西四十里。刘昫曰，本名荣乐城。隋招制生僚，置县于此，因山为名也。唐属嘉州。宋乾德四年，省入峨眉县。……《元和郡县志》：隋大业十二年，招慰生羌置县，因山为名小峨眉山，在（绥山）县南五里。宋乾德四年省省为镇，入峨眉。……旧《志》云：即隋眉山县，在县东三十五里，本绥山镇，以近绥山故也。大业中，招慰生羌，于此置眉山县，唐改绥山县。宋乾德四年复省为镇。按据三书记载，古绥山县治旧址即今羊镇。……惜隋置峨眉城治今不可知，故方向里数与今不符。唯因山为名，小峨眉山在（绥山）县前五里之说，犹足征也。"

上面这段文字把羊镇地点、位置、名因说得非常清楚，也把绥山县设置时间、地点、位置、原因说得非常清楚。即绥山县治所在羊镇，距绥山五里。隋大业十二年（616年）置县前为绥山镇，置县后初名眉山县，县治所本名荣乐城。隋招致生僚，置县于此，因山为名。唐朝时将眉山县改绥山县。宋乾德四年（966年）复省为镇。

据笔者考察，羊镇就在今乐都镇顺江村12组。现年82岁的老人胡金义和现年78岁的老人张永清都是土生土长的乐都镇顺江村人，张永清老人说他的家曾经就是羊镇场和场上庙子所在地。

他们说，庙子没有名字，大家都叫它"羊镇场庙子"（据笔者考察，庙名观峨寺），坐西向东（沿临江河方向），就在羊镇场上。庙门前有一个大坝子、一个大戏台。戏台后面才是庙门。第一殿的神像，张大爷说都是木头雕的，后来这些神像都被搬出去烧了。在场人员共同测算，羊镇场庙子长约150米，宽约40米，高约10米。如此算来，占地面积约9亩（约6000平方米）。

关于羊镇场的名称，笔者问是哪个羊，张大爷马上接口："叉角羊，叉角羊！叉角羊的羊。"又问，不是木易杨吗？答：不是。是叉角羊的羊。听老一辈讲，这里有一个故事。说是二峨山上有一个外地骑羊来的老者，他镇得住下羊镇场的人不打腔子（方言，打架）。他不来，下羊镇场的人就要打腔子。

听老一辈人讲，羊镇场很长，东面从红卫一队的"团山子"开始，西面一直到临江大桥，约四里长；一边临河（临江河边），一边抵伽蓝寺坎，约一里宽。中间有一条街，两边是房子。街子是土路。有传说上场的人打架，死了人，下场人不知道。

经笔者考察，昔日羊镇或羊镇场就是绥山县废县治所遗址，在今乐都镇顺江村12组及周围地域。

今乐都镇顺江村（李华英摄）

9. 峨眉山（二则）

峨眉山

朱华高

峨眉山是大峨山、二峨山、三峨山、四峨山的总称，其中三峨山位于沙湾区境域内，其余三座山皆位于峨眉山市境域内。本文所称仙山峨眉，概指大峨山、二峨山和四峨山。今日世人所称峨眉山，大多指大峨山。大峨山位于峨眉山市西南，主要区域在黄湾乡，是如今峨眉山旅游的主要目的地。二峨山古称绥山，位于峨眉山市南面，主要区域在沙溪乡。四峨山位于峨眉山市北面，主要区域在双福镇。

一提起中国四川峨眉山，谁不知道我国文化名人郭沫若先生的题词"天下名山"；一提起中国四大佛教名山，谁不知道峨眉山是四大佛教名山之一，是普贤菩萨的道场；一提起中国武术，谁不知道峨眉派武术是中国主要武术流派之一。

然而，峨眉山是千古仙山，恐怕就鲜为人知了。

唐代大诗人李白诗曰："蜀国多仙山，峨眉邈难匹。"它向人们昭示，早在唐代，峨眉山就以仙山之尊闻名华夏了。

传说，峨眉山曾是皇人之山。我国有名的地理古籍《山海经·西山经》载："又西三百里，曰中皇之山。"中皇之山何在？晋代的道家称其为"皇人之山"，并宣称，就是峨眉山。山中住着一位神仙叫天真皇人，亦称皇人。道籍《灵宝五符经》载："皇人在峨眉山北绝岩之下，苍玉为屋，黄帝往受三一五牙之法。"天真皇人为道教中信奉的前劫修真获得极道的远古道人。

天真皇人为何要从天宫仙境下到峨眉山？盖因有一位大人物要到峨眉山访道。此大人物乃中华民族的先祖轩辕黄帝是也！有传说称，当年轩辕黄帝统一中华后，闻说峨眉山乃神仙隐修之地，为探求治国之道，乃从黄河之北南下，千里迢迢到峨眉山虔诚求拜。此为感动天真皇人，特下到峨眉山授道。授道之地就在今峨眉山善觉寺背后凤凰坪，古称宋皇坪。传说轩辕黄帝为表虔诚，特地在宋皇坪上修建高大的授道台。

道籍《抱朴子》云："（黄帝）到峨眉山见天真皇人于玉堂，请问真一之道。"天真皇人不但授黄帝《三一五牙经》，还对其谆谆教诲。黄帝得《三一五牙经》和天真皇人教诲，精心治国，潜心修道。

这则故事说明，峨眉山神仙修道的传说有5000年历史。

汉代刘向《列仙传》中有一则葛由骑木羊至蜀国绥山（二峨山古称绥山）修道成仙

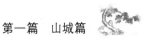

的故事。葛由乃西周时期蜀地的羌人，他能巧制可行走的木羊，听说绥山乃修仙胜地，遂骑自制木羊到绥山隐修。葛由到了蜀国都城成都，不少王公贵人纷纷追随其后，到了绥山，没有食物，就吃当时被称为蟠桃的绥山仙桃。后来，不但葛由成了仙，连随同前来的王公贵人亦成仙。因此故事，便有了"绥山桃""葛由骑羊""葛由成仙"之典故。汉朝，绥山道士因尊崇葛由，便在葛由隐修处葛仙洞立祠数十处。

这则故事说明，早在3000年前，峨眉山就是有名的仙山了。

到峨眉山修道成仙的还有一位名人，姓陆，名通，字接舆，周朝楚人，因其佯狂不仕，时人称之为楚狂接舆。《庄子·人间世》云：孔子游楚期间，接舆曾上门歌讽。楚王闻其有贤才，派人前往请他到朝廷做官，陆通笑而不应。使者去后，他带着妻子，改名易姓，游诸名山，后隐修峨眉山神水阁旁成仙。

因皇人授道和接舆隐逸之事，宋太宗曾为峨眉山题词："天皇真人论道之地，楚狂接舆隐逸之乡。"

斗转星移，到了唐代，又一位到峨眉山修道、传道的道教高人吕洞宾。

吕洞宾乃唐朝有名道士，姓吕，名岩，字洞宾，自号纯阳子，又自称一山五口道人。他到峨眉山，先隐居绥山猪肝洞，后又到大峨山龙门洞、千人洞等地隐修传道，并在大峨石上留下"大峨"二字。在纯阳殿右侧，有一"十字洞"，据传此洞乃吕洞宾仙游至此，以剑划石而成。明胡世安《译峨籁·道里纪》称："吕仙昼游龙门，夜宿猪肝。"说明此仙在峨眉山传道十分忙碌。

明万历十三年（1585年），四川御史卫赫瀛在今纯阳殿背后山上修建吕祖祠。崇祯六年（1633年），四川监察史刘宗祥扩建，改名纯阳殿。清乾隆年间，僧人在殿前扩建佛堂，道观亦成佛寺。今之纯阳殿后尚竖有两通石碑，一通名"建吕仙行祠记"，一通名"增修纯阳吕祖殿记"。

峨眉仙山的神仙神话还有很多。有口皆碑的是财神爷赵公明兄妹在峨眉山修道的故事，亦脍炙人口，妙趣横生。

赵公明姓赵，名朗，字公明，人称财神菩萨。神魔小说《封神演义》中说赵公明曾在峨眉山九老洞修行。商周大战中，他被殷纣王国师申公豹骗下山助商战周，死于战阵，被姜子牙封为"金龙如意正一龙虎玄坛真君"，简称赵玄坛。相传峨眉山九老洞中的石床就是他在洞中修道时的遗物。又传赵公明曾在伏虎寺伏虎。伏虎寺外还有一缚虎桩，就是当年赵公明伏虎后拴老虎的地方。如今赵公明在九老洞得以重塑金身，手持打神鞭，脚踩黑虎，目光炯炯，威风凛凛，背后是一座金元宝铸就的金山，成为名副其实的财神爷。

峨眉山上有一个三霄洞，传说曾是赵公明三个师妹云霄、琼霄、碧霄的修炼洞府。赵公明死于战阵后，申公豹又上峨眉山骗云霄等三姐妹下山助战商纣王，替哥哥报仇，她们大摆黄河阵，为姜子牙部将陆压所破。1925年，自贡籍的峨眉山僧人演空看中了这蔓草丛生、山荒地僻、人迹罕至的悬崖陡壁之地，便开辟三霄岩洞为寺庙，供奉赵公明财神爷和三霄娘娘。1927年，演空和尚家乡几十个信众送钟到三霄洞，晚上在洞内唱戏，不幸发生死人惨案，包括演空在内的几十人葬身洞中。不久，成都《新新新闻》刊出特大消息："峨眉山大摆黄河阵，三霄洞娘娘显灵，七十余人丧生！"一时成为四川一大新闻。于是人们议论纷纷，说是演空和尚犯了大忌：赵氏三姐妹死于自摆的黄河阵，你怎么连禁忌也不避讳，还公然演什么"大摆黄河阵"？

千百年来，峨眉山之仙话传说，如撒落在峨眉青山绿水间的粒粒珍珠，闪闪发光，俯拾即是，故道教把峨眉山列为洞天福地之第七洞天。道籍《洞天福地记》称：第七洞天峨眉山，周回三百里，名"灵陵太妙之天"，在蜀嘉州，真人唐览治之。

仙女变仙山

许德贵

峨眉山，位于四川盆地西南边缘和青藏高原的过渡地带，北距四川省会成都约 160公里，东距历史文化名城乐山约 30 公里，距峨眉县城 5 公里，是峨眉山市辖地。

传说很久很久以前古老的神州，没有巍峨秀丽的峨眉山，只有如今峨眉山怀抱中的天池山，峨眉山乃仙女所变。

那是一个朝霞满天的早晨，彩云飘绕在天庭中，四个仙女在天宫住厌烦了，悄悄地出了南天门，步踏天门石，飘到神州西南的天池山巅，脱衣解裙，争先恐后地跳到天池里。

仙女们一面沐浴一面嬉戏，好不快活。沐浴之后，她们还舍不得离去，又在池畔翩翩起舞，尽情欢乐，愉悦地唱着歌：

洁白的身体来自哪里？来自王母娘的恩赐。

洁白的身体为何无瑕？来自天池水的沐浴。

"咚咚！咚咚！咚咚！"当这些仙女舞兴极浓时，天空中突然传来催她们回去的金鼓声。

这些仙女听到被召回天宫的紧急号令，急匆匆忙乱地穿衣着裙。有的先飞上了天路，有的迟飞上了天路，好不容易才飞回天宫。

有了第一次就有第二次、第三次，甚至几位仙女在王母生日那天也偷跑下凡，又到天池水里尽情畅游起来，瞬间，天池畔又飞出动听的歌声：

天上美景人间有，人间美景天上无；

天上仙女人间有，人间美人赛天仙。

不知过了几时，她们来到岸上赏鲜花观美景，还跑到山腰一个道观里去玩耍。一位老道人热情地招待她们，给她们介绍这儿山山水水的秀美，还说，这儿不仅山美，而且人人重情义。仙女们便更加爱这凡间了，每个仙女都愿意向老道人报出自己的名字，就由小妹介绍："这位是我大姐，叫金娥；这位是我二姐，叫银娥；这位是我三姐，叫玉娥，我呢？叫花娥。"

正在这时，天上传来不平常的金鼓声，急召她们归去。

大姐金娥一听，想到今天是王母的生日，深知其厉害，便说："妹妹们快跟我回天宫去吧。"

"我们不走了，回去要受罚。"银娥说。

"你们不走，我回去不好交代呀！"金娥说。

"为了感谢老道人的恩情，我们都变成仙山陪着他吧。"三个妹妹说道。

"咚咚！咚咚！咚咚！"随着云霄中传来的金鼓声，两员天兵从空中飞下，按着云头道："天女们！快！快！"

"听众妹的好办法，我们只好不走，我们不走！"金娥道。

"快跟我们回去。"说着，天兵按下了云头。可惜他们东攥西抓，一个也没抓住，四位仙女随着阵阵烟雾，瞬间都真的变成了相邻的四座山峰。

大娥山怀抱着天池山，二娥山、三娥山、四娥山远一点。

久而久之，人们为了区别巍峨秀丽的四座山峰，才把大娥山叫作峨眉山，说的是大娥、二娥相对开，远望如蛾眉。读者如有机会，可以分别领略它们的旖旎风光，还可以在峨眉山巅看到天门石和峨眉山怀中的天池山峰。

峨眉山（薛良全摄）

10. 二峨山

李家俊

一、渊源

二峨山又名绥山，《峨眉山市地名录》（2017 年版）描述，二峨山在峨眉西南，面积 103 平方公里。二峨山属峨眉山旁支，呈东北—西南走向，海拔 1909 米，跨九里、沙溪、罗目、乐都、龙池、高桥等乡镇。

上古、中古之期，峨眉有三山，即大峨、二峨和三峨。宋代文学家范成大在其《峨眉山行记》中记述"峨眉有三山为一列"。大峨指我们现在所称的峨眉山，二峨又称中峨，三峨称小峨。二峨、三峨皆因大峨得名，凭借现有史料，追溯其源。

《四川通志》《元和郡县志》《嘉定府志》称二峨为绥山，早在西周时期（公元前 11 世纪至公元前 771 年），绥山已著称于世，并在《列仙传》中有记录。《列仙传》："葛由，周威王时人，好刻木为羊卖之。一日，骑木羊见人。蜀中王侯追之入绥山，绥山在峨眉之西南，其高无极，随之者不复返，皆得仙道。"从这个意义上来说，或许绥山成名比峨眉山更早。

远眺二峨山（李家俊摄）

二、形胜

《太平寰宇记》及《嘉定府志》都称二峨山为"中峨"。《方舆胜览》则称二峨山为"覆蓬"，《峨眉山志》为此注解："以形似。"《方舆记》进一步说明"形如釜覆"。可见，前人对二峨山的称谓，多以其形状取名。如今，在峨眉城中眺望二峨山，确实像一个覆盖的铁锅。

嘉庆版《峨眉县志》称二峨山"县西南三十里，一名覆蓬山，又名二峨山，又名中峨山，高减大峨之半"，今天我们从货运大道南段远远望去，二峨浑然耸峙，雄踞南方，与大峨相对，俨如双眉颦蹙，眉妩更妍。

三、灵迹

在二峨山白岩溪上，葛由栖居之处有葛仙洞，《元和郡县志》描述其中有古穴，初才容人，行数里渐宽。有钟乳穴，穴有蝙蝠，大如箕。洞侧有"井络泉"一眼。

山中灵迹猪肝洞，又名紫芝洞，因洞口有一石形如猪肝而得名，洞口刻有"烂柯"二字。明代督学王衡经过洞前，知有异物，掘地得石碣刻"紫芝洞"三字，旁注"一山五口道人书"，转译为"吕嵓"，即吕洞宾所题留。《峨眉山志》说吕洞宾"昼游龙门，夕宿猪肝"。相传吕洞宾曾隐居峨眉，今大峨山、二峨山尚有遗迹，猪肝洞为其夜宿地，洞下原有一口紫南泉。

与二峨山有关的另一位仙道是南宋理宗时（约 1230 年）的白玉蟾，琼州人，原名葛长庚，曾应召入阁，封紫清明道真人。相传二峨山玉蟾洞为其尸解处，所以《峨眉山志》称此洞"洞壁石色如云母，仿佛见肩背衣绦"。另在二峨山仰天窝上还有玉蟾摩石，上刻有"玉蟾湾"三字。

鱼洞也是二峨山的灵迹，在二峨山冷水河畔，久已干涸。

二峨山藏有"黄金之简"。在《嘉定府志》有一段记录："昔阴长生制黄表写丹经四通，其一通以黄金之简，刻而书之，封以白玉之函置之绥山。"说的是此简仍在二峨山神秘的洞穴中。

二峨山在古时以产桃出名，故有谚语"得绥山一桃，虽不得仙，亦足以自豪"。李调元在其《峨眉山赋》中赞誉："给客（地名）之橙，绥山之桃，……要皆延年之实，足媲甘露之膏。"

唐朝时期，二峨山的名望可与大峨山相提并论，游人甚多，甚至有的误入歧途登二峨山之后，还认为是大峨山。故陈子昂在《感遇诗》中写道："金鼎合神丹，世人将见欺。飞飞骑羊子，胡乃在峨眉。变化固幽类，芳菲能几时，疲疴苦沦世，忧痗日侵淄。眷然顾幽褐，白云空涕洟。"

李白《登峨眉山》："蜀国多仙山，峨眉邈难匹。周流试登览，绝怪安可悉？青冥倚天开，彩错疑画出。泠然紫霞赏，果得锦囊术。云间吟琼箫，石上弄宝瑟。平生有微尚，欢笑自此毕。烟容如在颜，尘累忽相失。倘逢骑羊子，携手凌白日。"

北宋时期，道家在峨眉气势尤盛，在二峨山建葛仙祠、黄花庙和玉皇观。至明清二朝以后，道家在峨眉山之势江河日下，遂将其重点移迹二峨山猪肝洞附近，兴建众多宫观。到清光绪年间湖南人谭钟岳绘制《峨眉山图说》时，山中宫观还有清虚楼、玉皇楼、三皇殿、老君殿、观音殿、纯阳楼、紫芝庙、石佛殿、五祖殿、观音寺、龙泉寺、九皇亭、一洞天等。如今，这些宫观早已庙毁人无，绝响已久。

四、另记

峨眉诸山之洞穴，尤以二峨山著名。1982 年，二峨山北麓罗目乡境内，距紫芝洞约 200 米、紫南洞以西 50 米处，掘开一口天然溶洞。溶洞总长度约 270 米，分若干岔洞。入洞的第一厅呈圆形,由各种钟乳石、溶滴岩、风化石等构成千姿百态的动物形状。绕过一个石柱便是第二厅,厅呈长方形,称龙宫,以右下角一尊似龙首的岩石得名,厅中央还有一个天然石方桌,厅四周有形似飞泉瀑落、钟乳滴晶。跨入第三厅,只见厅中分布着错落有致的石笋、石峰,像一片小石林。再深入,洞道险峻,上有怪石横道,下有黑洞暗仓,甚至要攀岩爬壁方可行。到第四厅,正中央的第一尊立石,颇似一尊闭目打禅的普贤像,其四周分布着若干小石峰,像朝圣的居士。过普贤厅经一条干涸的阴河,入第五厅,有一堵斜壁,约 20 平方米,壁上的沉积物仪态万千,像一幅彩色浮雕,有翡翠色的条纹、褐红色的石藻、乳白色的斑渍等。沿斜壁进第六厅,厅正中的两堵石壁,像一道天门,是继续深入的必经之处,故谓天门厅。厅下的一条暗河,久已无水,河床有积沙层,河床两边较平整。从天门石侧再向南,洞口更小,须匍匐前行,洞口愈狭。入第七厅,约有 20 多平方米,厅内空气渐清新,有大量的蟋蟀和蝙蝠,但未曾发现"大如箕"的蝙蝠。到这里,估计已至山的南坡,出口被阻。

从汉朝至南北朝时期,蜀中一带盛行岩墓,主要开凿在江河两岸的石崖和山腰的岩壁上,"凿山为穴,深数十丈,中有廊庑堂室,屈曲似若神功"。东汉开始,峨眉也开凿岩墓。六朝时期,僚人入峨眉境内,或借旧有岩基为室,或劈新洞为室,僚人离开峨眉之后(这支僚人几经迁徙,后定居于贵州境内,融合成现代的侗族),洞穴又多为贫苦人家所居,俗称"蛮洞子"。在二峨山东北麓的九里镇、乐都镇一带,发现有相当数量的岩墓洞穴。这些岩墓早年被盗或塌毁,但墓内仍发现有陶俑、陶鱼、陶房、陶碗、陶棺等残片,这些文物反映了当时的社会、经济、文化的状况,是研究中古历史的宝贵资料。

近年来,沙溪乡兴宏村打造的红叶林,不失为二峨山新景。

11. 四峨山（二则）

四峨山

李家俊

四峨山在峨眉城北十里，位于双福镇林园村、静居村、绥山镇麻柳村、普兴乡仙牙村之间，呈东南—西北走向，长5公里，宽2公里，其高度约为峨眉山的三分之一，其雄秀之势，酷似峨眉山。因在大峨山、二峨山之北，峰小背缓，名列峨眉山第四峰而得名。四峨山又名花山，清乾隆版《峨眉县志》说："以其峰峦峻削棱瓣如花，故也。"

四峨山成名较晚。东晋地理学家郦道元在其《水经注》中称四峨山为武阳龙尾山，显然这是道教中的称法。明代后期，四峨山被辟为佛教圣地，其中以圆通寺最具规模，清代时期，四峨山鼎盛一时，清末以后渐渐衰落。1935年张嘉铸编《峨眉山》一书，谈到四峨山时，已称"游客极少"。

四峨山山势不高，方圆不大，从峨眉山市区上四峨山只要两三个小时。上山之路有两条：一是从双福镇露华村出发，经徐湾水库，沿四峨山山脊缓缓而上，过林园村到旧圆通寺，再登山顶，此路不陡，行程不长；另一条路从西环路出发，经原大庙乡政府，过飞来殿，溯小溪而上，直达麻柳村王家叔子农家乐。麻柳村正处四峨山鹰嘴岩下，从山脚攀登，坡陡路险，但景观较多。

入麻柳村，远处层峦叠嶂，翠微起伏，炊烟袅袅，近处绿水清清，鸟语花香，成片的白蜡树上，翠鸟、黄鹂、花雀唱枝头。抬头望四峨山山顶，犹如苍鹰兀立，尖利的嘴壳正在啄食，故名鹰嘴岩。行至半山腰再望山顶，又像一簇簇的花瓣，拱卫着花蕊。作为花山遗石的标志——古人镌刻的"大牙仙"三字，仍留在四峨山北坡仙牙村一侧的山崖上。

山顶有明代建筑观音阁，由印宗禅师修建。印宗禅师，四川绵州人，四峨山佛教开创者。他龆龀披缁，自海上来峨眉，止锡于四峨山，修葺茅屋，劈荒建寺，建造了观音阁等寺院。他严饬寺规，在晚年曾告诫弟子："各殷勤戒定，莫习余业，莫恋名利。须信春宵一刻值千金，临渴掘井枉徒劳。"临终前再三召众弟子念佛千声，遂瞑目而逝。禅师的大弟子鞠惟禅师继承其衣钵，精诚佛学，严奉规绳，为当时峨眉诸山恪守佛仪的楷模。

观音阁经明清两代的营建，规模宏大。从寺门至绝顶的观音阁高约200米，依山势逐级升高，有三重殿宇。第一重殿宇除留有寺门遗迹之外，皆成废墟。第二级台阶上有一尊巨大的弥勒佛像，堪称省内一绝，佛像高 5 米，就地依巨石镌刻而成。这尊弥勒佛像造型完美，比例适中，线条流畅，形神皆俱。他笑容满面，腆裸着大肚子，赤脚打坐，右手持念珠，左手握布袋，一副与世无争的憨相，使人联想到"大肚能容容天下难容之事，开口便笑笑世上可笑之人"这一具有哲理的对联。虽然川内有不少石像闻名中外，但类似这样的规模，保存较好的弥勒佛像并不多见。镌刻这尊佛像者是李元山居士，李元山系巴县人，曾是川东军阀范绍曾（樊哈儿）手下的一名团长。1928 年他弃戎念佛，施舍行善，来四峨山隐居。他镌刻弥勒佛的寓意是要把这尊"未来佛"的希冀带给峨眉，让天下太平、风调雨顺、五谷丰登。此外，他一年四季在四峨山行善，救济乡民，修路凿井，深受当地人的尊敬，被称为李善人。他死后，百姓们把他葬于寺门的道旁。

20 世纪 40 年代的四峨山弥勒佛 前有香殿（李家俊提供）

第三级台阶以上，是观音阁的主体部分，东面的石崖上有观音像一座，高 2 米有余，雕像全身为鎏金彩塑，神态雍容华贵。杂草丛生的废墟上还发现石刻赵公财神的躯干一尊，身首异地。究其源，在一口残碑上找到了答案。碑是由度宣等 44 人所捐，石匠尧天槐、兰芝福所刻，碑文叙述道："善闻积善之家，必有余秧；不善之家，必有余殃。今乃先朝间建法脉。古有赵公财神，今乃四峨山有万名朝官，缺无财神僧。叙说缘由，请匠雕刻赵公财神，释迦牟尼金像龛座二尊……"遗憾的是碑文左上角的年代已缺，只有"九月初九日吉旦立"的字样。

1962 年前，观音阁还住有和尚，由于历史原因，僧去庙存。1966 年"文化大革命"开始后，寺庙佛像遭到破坏，观音阁变成残垣断壁。

观音阁内原有明崇祯乙亥（1635 年）印宗禅师所铸的磬一口，今不知遗失何方。弥勒佛旁的碑，也失去踪迹。今日的观音阁废墟上，还留有香炉、神龛、佛像、水缸和两处光滑的巨石，其中一处巨石上有两寸宽的石梯和仅容三指的石窝，呈 90 度，人要上去非常危险；另一处巨石上有清泉一眼，昔日的和尚靠饮此水度日，巨石下端有人工凿洞一口。

四峨山东坡山腰，有明代始建的古圆通寺，经明清两朝的扩建，颇具规模。《峨眉伽蓝记》载："圆通寺，印宗禅师法嗣。达州人福仙开建大殿，永历五年（1651 年）建韦驮殿，康熙甲申（1704 年）建观音殿；乾隆己未（1739 年）重建天王殿；乾隆癸亥（1743 年）建殿宇"。可见当年的气势蔚为壮观。到 1947 年刘君泽先生编《峨眉伽蓝记》时，已称"敞广廊庑修洁，惟门壁窗棂渐趋朽败矣"。今圆通寺尚存遗迹，廊庑中佛像早已毁，有农家寄宿寺庙已多年。

四峨山的风光韵味独具。登上四峨山绝顶，东面而视，一马平川上，青衣江像一条白色的飘带拂熙而过，成昆线、夹峨公路、双福河、泥溪河阡陌纵横。在东南面鸟瞰峨眉市区，一座现代化的城市尽收眼底。绝顶之处也是观日出的极佳点。再眺望西部，群山列陈，沟壑交错，山峦起伏，身临其境，可领会四川盆地边缘的风貌。四峨山周围虽有高度相等的诸山，但山势平平，皆无积云，唯有四峨鹤立鸡群，孤峰结云，像一位羞涩的姑娘，头部盖住一张洁白的纱巾，朦胧中传出咒声，祥云结盖，甘霖流沛，四峨山祈雨由此而成为峨眉民俗。民国以前，每年阴历六月十二即四峨山礼佛日，在知县的率领下，文武官员，男女老少，云集四峨，山前山后，鞭炮声不断，吹唱跳喊，热闹非凡。一遇天旱，乡民们便集体求雨，往往奏效。这并非天老爷显灵，因东南来的暖空气沿山势升高，与高处的冷空气相汇，当鞭炮轰鸣，振动气流，促使水蒸气遇冷凝结，形成降雨。

四峨山道教

朱华高

清谭钟岳在《峨山图说》中有文图专门介绍四峨山。该书描述其方位和距离："由猪肝洞东北一万五千六百七十三步至（四峨山）圆通寺。"

四峨山道教历史久远。

谭钟岳等人编绘的《峨山图说》，绘有圆通寺一座寺庙。另有文字载："四峨山一名花山，其形棱瓣如花，因以为名。在大峨山之北距峨眉县二十里。郦道元《水经注》云：'峨山东北有武阳龙尾山，仙者羽化之所殆，即此。'昔印宗禅师止锡四峨，每跦跌时，祥云结盖。遇旱延祷，甘霖立沛。有龙王受戒、猛兽调伏之异。详旧志高僧，山有圆通寺。由（猪肝洞）紫芝庙转青龙场至其处，计程三十里而遥。按二峨、三峨、四峨，均以大峨得名。"

据此，谭钟岳以为，成书于北魏时期的郦道元《水经注》中，大峨山东北有一座武阳龙尾山就是四峨山，且仙者羽化就在此地。由此说明北魏或以前，四峨山即有道士在此修道。

从峨眉县城到四峨山的路线，清乾隆五年版《峨眉县志》卷二《山道》载："（峨眉）县至四峨山过县北麓（粗）石河岸甘露庵前分歧左去山行六里则圆通寺，再五里中关房，上坡五里造其巅殿，凡—进，劳有石笋轮囷（qūn）魁梧，孑然挺矗，后有观音阁，下临悬崖。昔时曾亦有佛光圣灯为之现瑞。一路自张家岗西行入山口处为庆寿寺。元（原）本寿下院，近年住僧自捐崇建易今名。进上一澄庵、本寿寺左侧净居庵右上千佛崖至普贤寺。寺前崖大牙仙，盘磴亦可通顶。"

1934 年释印光《峨眉山志》载："从峨眉县至四峨山路：铁桥河、纸钱街、飞来殿、粗石河、圆通寺、中关房、花山。"（原文注：即四峨山。明末沙门印宗大师建。大设戒坛，后传衣钵，鞠惟大师继席，规绳至严，为一代首器□矣。）

文中铁桥河就是如今峨眉河。铁桥，就是如今北门大桥旧址。纸钱街就在如今雁门街附近。

远眺四峨山（李家俊摄）

12. 古峨眉廿四景

李先定

　　"峨眉天下秀"，这是古今中外人们对峨眉山"雄、秀、奇、险、幽"风光的共识，故文化巨匠郭沫若先生欣然挥毫题写"天下名山"四字，为中外游客赞赏。

　　清代光绪年间，谭钟岳先生曾把峨眉秀色归纳为十景：圣积晚钟、萝峰晴云、双桥清音、洪椿晓雨、大坪雾雪、九老仙府、象池月夜、金顶祥光、白水秋风、灵岩叠翠。

　　但很多人不知道，比谭钟岳记载的更早的两百多年前，清代乾隆年间，由县令文曙鉴修，邑人候选知县张弘昳纂修的《峨眉县志》记载峨眉风光尚有 24 景之誉，说明早在乾隆以前，就有 24 景之说存在，可谓历史悠久。

　　现将 24 景分述如下。

一、洞口抛珠

　　本景点在龙门洞。

　　古人形容此地"两岸聚翠，中罅几尺，天光一涧，亭栏曲绕"。

　　"尝为吕纯阳游目之区，实属孙思邈修真之所。孙富春双钩龙门其上，前贤题咏极多，苇航咏赏于其下者抑复不少。"

二、池心眩锦

　　本景点指的是龙池湖。

　　古人形容此地"四山环抱，一鉴中涵，弥漫十里许，深黯叵测，下有龙居"。

　　"汉李膺记峨眉山下有龙池，方广十里，即此也。"

三、桥援跳虎

　　本景点指的是原黑水寺虎跳桥。

　　唐代慧通禅师游峨眉山，至黑水溪，遇水涨，有虎来背负禅师过溪，后禅师于此处筑桥，遂命名为虎跳桥。

　　"先贤张凤羾、章寓之、王宣、安磐、徐文华、程启充、彭汝实游此，盘桓不肯去，为题其桥曰'七笑'。"

四、水印旋螺

　　本景点指的是万年寺无梁砖殿。

此殿系明万历年间奉诏修建，"形似覆釜构成，世号旋螺，中铸大士骑象，周罗万佛华龛。檐下二池，亭泓澄澈，倒影映入。每逢光霁，水殿交融，日浸月燥，在梵天中别具一景"。

五、躐蹬摩天

本景点指的是绥山玉蟾洞。

"洞四周古木阴森，奇峦叠翠，仄蹬纡盘乃造其窟。入可容数十人，四壁星然如云母石中，有天成妙相。壁间有一葫芦状石乳，游人手摩之温润如玉，相传为玉蟾蜕化者。"

古云"啖绥山一桃，虽不仙亦可豪"。相传上古时多为仙者所居，离玉蟾洞约2里，即葛仙洞。

六、绿崖点佛

本景点指的是由双福到普兴河边上的千佛崖。

此处"千仞壁端，遍刻金仙妙相，星聚现身，俨乎其灵鹫佛都。界接花山，上多苍树偻生，下则碧流驯逝。鸟啭奇音，兰馨幽壑，四时清赏无穷"。

岩间古遗石刻有"大牙仙"字，今尚有以此命名地方者。

七、银界团霞

本景点指金顶睹佛台。

"睹佛台危临万仞，每当正午，先白云波涌。若兜罗绵布满崖壑，上临丽日，光照云海，正中托出虚明巨镜，晃跃渐开；外晕五色，变幻陆离，观者影射镜中，举手动足只现自己，不见旁人，名曰摄身光。"

"古今疑辩纷然，卒难窥其灵妙。"

八、宝峰瀑布

本景点指的是宝掌峰瀑布。

峨眉山瀑布以龙门洞、弓背山为胜。"然而以修缩阔狭有辩，盈涸显晦不时，唯宝掌峰左之瀑布更胜。此瀑玉蛛东凌霄、珠帘拂涧，不减庐山三叠。"

九、天门望雪

本景点指的是天门石。

"伫立天门石处西望，见晶莹映天，玲珑屏汉系贡嘎大雪山。每当峨眉山巅雪霁时，身倚寺阁，神驰玉界，两相映照者，天门石与雪山也。"

十、龙窟传盂

本景点指的是神水阁。

隋朝时，智者禅师住锡中峰寺，知此水源从西域来，后居当阳玉泉寺，病思此水，一老者自称龙王，愿为师取水。智者说，我有钵杖寄中峰寺，如与水俱来便信。后果引水浮钵杖至玉泉洞口出，后人题曰"神水通楚"。

十一、听雪吼窟

本景点指的是雷洞坪。

此地风雪雷电自下倒射穿崖，有雷神殿，路旁竖铁碑，禁行人语，岩下有七十二洞，云涛布护，色如罗锦。古传有雷神洞，深谙不可测，蜇龙所居。

十二、鼓掌鸣蛙

本景点指的是位于黑水寺附近的八音池。

池中有蛙，游人鼓掌其上，则一蛙大鸣，群蛙次第相和；临近终了，则一蛙大鸣，群蛙顿止，宛然一部大合唱。

十三、双虹跨涧

本景点指的是清音阁下的双飞桥。

双飞桥下，左侧白水从雷洞坪绕白水寺而来，右侧黑水从九老洞绕洪椿坪而来。据传，左桥始于轩辕问道峨眉时，右桥从汉至宋有多次维修。

其上有清音阁，小阜一亭，名接王亭。

黑白两水崖壑，林樾萧森，震撼山谷。

十四、九老潜踪

本景点指的是九老洞。

九老洞又名九老仙人洞。

"昔黄帝访天皇真人游此，遇一叟，询问有侣乎？答以九人，遂以名其洞。曾有结伴穷胜者入洞内里许，崖水渗漏滴成泉窝，止一盂，取不竭亦不盈。蝙蝠如鸦，竟来扑炬，且寒冽刺肌，遂畏缩而返。"

十五、山响潮音

本景点指的是响水桥。

由歌凤台前去不远为响水桥。"每从桥过，往往能闻声起崖壑，林樾萧森，震撼山谷，然水之去来无踪，杳不可觅。"当地人说，此名山潮。如果持续下雨，听到潮声则要天晴；持续天晴，听到潮声则会下雨。

十六、凤穿灵窦

本景点指的是孙真人洞。

孙真人洞即孙思邈修炼处。四周但闻鸟啼猿啸，藤萝千仞，洞似神灵斧劈，或皎月行来，或寒蟾入窟，或白云封门，十分神秘。

十七、石款棋盘

本景点指的是呼应庵。

呼应庵在大峨石右，呼应峰后。相传智者大士、茂真尊者、孙真人经常相聚此处下棋，相互呼应。后尚存石质棋盘，方广丈余。

庵前昔有温凉二池，后有三仙洞。

十八、林排经字

本景点指的是古德林。

古德林乃明代高僧手植，以法华经字数栽植楠木。旧碑有诗云：郁葱佳树拂慈云，幻出槎枒避斧斤。老衲得知山是佛，令人同诵法华文。

古德林附近便是白龙洞。绿树掩映，清风徐来，仰视槎枒，群狖攀跃，众鸟栖迟，野趣良多。

十九、屋产灵芝

本景点指的是紫芝洞，即猪肝洞。

洞口有一石龛，气象轩昂，相传吕洞宾曾在此修行。龛顶中悬一奇石，状似羊肝，色白质坚，玲珑光润，真天然罕见之物。传说洞内石窍曾有白米流出，旁边有石像猪肝，滴水不竭，洞深曲折，有仙人首、仙人掌诸胜迹。

二十、峰亭玉女

本景点指的是玉女池。

华严寺左后有玉女峰，传说邛州太守冯楫结茅峰下，虔诚诵经，感动上天玉女，为他送来食物。峰上有玉女池，深广四尺，四季不涸，为天女洗浴之地。

此峰以秀丽见奇，"嫩柔窈窕，静质宛乎仙姝在望"。

二十一、飞殿成冈

本景点指的是大庙飞来殿。

相传此地原名虹泥溪，低洼滥泞。忽一夜，风雷大作，远近闻声，第二天清晨，见洼地中突涌一冈，有殿巍然立于冈上。据说殿飞来时遗失一枋于大邑县，县内尚有吊枋池。

吕洞宾曾游此处，题诗于壁云：教化先生特意来，世人有眼不能开。道童漫说云游客，记取终南吕秀才。

飞来殿匾额由知府郭卫宸书，笔意翔鸾舞凤，有飞来之势。

二十二、标菜映堞

本景点指的是三台山一带。

站在城南一望，三台山连绵不断，数株乔木（俗称蛾儿香树）挺立高丘，古干扶疏，绿映山冈，恍似王维山水画。树下有三教庵，树左方即古学宫，树附近即名宦祠。

二十三、东阁舒眸

本景点指的是大佛殿。

大佛殿（大佛寺）乃明万历皇帝敕建，坐落东郊平原，高阁留云，绿荫环翠，清流萦带，十分幽深。

明代刺史袁子让篆书"人间天上"匾额。

二十四、西坡问古

本景点指的是西坡寺。

西坡寺周围风景极佳，寺内名士品题甚多。相传有仙者寓此，临别在壁上彩绘一幅芦凫图，对住持嘱咐切勿近水。后僧徒失戒，在壁下用水洗面，水溅壁上。住持外出归来，见壁上只有芦花而凫已远飞。

20 世纪 40 年代的龙门洞观瀑亭 古二十四景之"洞口抛珠"（李家俊提供）

13. 峨眉公园

李家俊

美丽的峨眉符汶河，曾经河阔水深，波光粼粼，乘船顺水可达乐山。在符汶河畔的今清音桥南岸，民国时期建有峨眉公园。川军将领李家钰的暂编104师川边工兵营营长张光汉，于1936年把教场坝周围辟成公园，位置在今天的302地质队与四川省建筑公司宿舍段，面积达120亩。

入峨眉公园有正道、侧道、小道三条道路。正道从峨眉城北进入公园正门。侧道从北门大桥沿猪市沱，经符汶河边，绕过一大片苞谷林，由沙石铺成的篮球场而入。小道从城东大佛殿，沿石面堰的小路进入公园。

峨眉公园建成不久，"七七"卢沟桥事变爆发，中国进入全面抗战时期，峨眉公园便是宣传抗战的重要阵地，以抗战为题材的展览馆，让人铭记抗日历史；国民政府主席林森题"抗日阵亡将士纪念碑"高耸云天；四川大学学生抗日宣传口号响彻云霄；冯玉祥将军的抗日演讲声不绝于耳……

峨眉公园第一部分由梅园、展览馆、图书馆和礼堂组成，面积约2000平方米。

进入"峨眉公园"牌坊门，便是一片茂盛的梅花树，穿过梅园，是抗日展览馆。展览馆匾额下有一道两米宽的红漆门，门下有三级石阶，门两旁有两棵银杏树。进入展览馆，有一个边长三米的正方形天井，天井的正面是一条三米多宽的巷道，天井和巷道的两旁就是展览室，每边相连两间，共四间。抗战期间展览的主要内容是抗日，有日本侵占东北三省、"七七"卢沟桥事变、中国人民全面抗日等内容。右边两间展示武昌起义、广州起义、黄花岗七十二烈士、八百壮士坚守四行仓库、血战台儿庄的抗日英雄图。

出展览馆，另一个800平方米的大天井，正面便是礼堂，左边两间为阅览室，右边两间的前一间是乒乓室，后一间是挂着"公园事务所"牌子的办公室。

峨眉公园第二部分是以荷花池和凉亭为中心的建筑。荷花池的一侧有一座大茶园，茶园周围有几十株梧桐树和青杠树。茶园内搭有供民间艺人表演的戏台。荷花池左边是一排简洁的矮房，其中大部分是澡堂，末端有大胡子周国安的自行车行和来自上海的摄影师周映儒的照相馆。荷花池右边的瓦房是刘自成的餐厅。

峨眉公园第三部分是体育馆。在一片桑树林里，有一个占地约30亩的广场，广场的左边是细沙土铺成的篮球场，中间是足球场，在篮球场和足球场之间有两亩草坪，草坪的北端是符汶河沙滩。体育馆内有单杠、双杠、天梯、跳箱、平台、小木牛、大木马和宽3米、深2米、长400米的壕沟以及掩体，供军事训练使用。广场筑有高约两米、宽约40米的讲话台，能够容纳千人召开大会。体育馆还有跳高、跳远设施，400米跑道，秋千架等。

峨眉公园的水中凉亭、孙中山像塔、体育广场最具特色。

1939 年 8 月，峨眉县政府把桑林的像塔改建成"抗日阵亡将士纪念碑"，由国民政府主席林森手书竖写"抗日阵亡将士纪念碑"，成为峨眉县的标志性建筑。

1939 年，四川大学迁校峨眉期间，四川大学学生在峨眉公园多次举行抗日宣传活动，演讲、表演吸引了无数峨眉乡民。四川大学在这里举办的运动会，给峨眉县城带来一些生机。冯玉祥将军第二次来峨眉，在这里叩拜孙中山先生雕像，作抗日宣传动员，峨眉公园一时热闹非凡。

1947 年以后，峨眉公园逐渐萧条，彭香海、石瑞斋便利用公园办起了树人小学。1950 年以后，这里是集会、审判的地方，人们习惯称较场坝，"三线"建设时期，政府在较场坝办铁厂、机械厂。20 世纪 70 年代初，根据需要，峨眉县把较场坝划给 302 地质队和四川省建筑公司乐山公司至今。

1956 年在原峨眉公园举行集体农庄成立大会（李家俊提供）

14. 文庙与文庙街

李先定

峨眉山市区文庙街，清代名为育贤街，即今人们称呼的"步行街"。街面铺设花岗石板，清新整洁，街道两侧商店鳞次栉比，人流穿梭如织，一片繁华，大改昔日之冷清萧条。文庙街还包括往南延伸的现今被称为水果市街的约 300 米长的街道。那一段街道过去叫白炭市，因早年是专卖木炭等燃料的集市所在地而名。

文庙街原名育贤街，因街中段北侧曾设有学堂，是明清时代培养学子的地方，也是出人才的地方。清代末年，各地学校兴起，学署作用渐消，又者学署东侧即是文庙，内奉孔子，是一座高大宏伟、庄严肃穆、坐北向南的宫殿式建筑，故改名文庙街。现除历史资料和一些年过 80 岁的老人心中尚有点淡淡的记忆外，学署已无任何踪迹可寻。

清《峨眉县志》载，文庙始建于宋庆历年间，历代转迁，清乾隆年间知县宁琦迁建于城内育贤街（即今文庙街）。

文庙正殿称大成殿，正中设大成至圣先师孔子牌位，东配复圣颜子、述圣子思牌位，西配宗圣曾子、亚圣孟子牌位。另有东祀先哲 6 位，西祀先哲 6 位。东庑先贤 39 位，先儒 23 位；西庑先贤 38 位，先儒 23 位等木牌位。木牌位制作精致，光亮鲜明，甚为隆重。可谓列祖列宗，先哲先贤，后人敬仰而不能忘其德也！

文庙房廊除按通行格式建筑外，其正殿所悬匾额均为皇帝御书，可见文庙规格之高。以清代为例：

康熙御书万世师表，

雍正御书生民未有，

乾隆御书与天地参，

嘉庆颁发文届大成殿崇圣祠祝文，

道光御书圣集大成，

咸丰御书圣协时中，

同治御书德齐帱载，

光绪御书圣神天纵，斯文在兹。

文庙遗址（现公安局宿舍 薛良全摄）

清末民初，崇圣祭祀活动渐渐淡化，偌大文庙和一墙之隔的学宫后被用作开办私立正本小学，改大成殿为教师办公室，两厢配殿等用作教室及寄宿生、教师寝室……

正本小学开办到20世纪50年代初，以后校舍经维修改建后用作县公安局机关场地及关押犯人的监狱。

15. 王家店与王家店街

李先定

　　过去，峨眉城区老字号颇多，诸如信诚通（糖果）、泰丰店（茶馆）、四时通（杂货、烟酒）、玉桃园（糖果）、一品春（面馆）、龙饺子（抄手、饺子等小吃）、治文斋（印刷、刻字）、群达（印刷、纸墨）等。随着历史的变迁，如今都一一消失了。唯独一条街还因一家旅店而得名，即现在人们常挂在嘴边的王家店街。王家店街现属报国路南段，即文庙街中段拐至市农行对面街口，约300米长。

　　王家店街因王家店得名，王家店又名王嘉店。这里面有一段颇有趣味的故事。

　　据街邻老年人摆谈，清代初期，川北南部县人王友恒在峨眉县城花生市靠城门洞处开了一家旅店，城门外即东西向赴边孔道，南来北往商人、游人、马帮等甚多。王家店生意兴隆，加上服务周到、热情，住宿客人十分赞许。

　　一天下午，王友恒有事外出，返回时已是掌灯时分，走到自家店门口，见一老一少两人站立阶檐，面带愁容，少的说："我们另找地方看看！"王友恒听到他俩的谈话，心想，我开的旅店，怎能让客人已到店门口还要另找客店的道理，再说，现在细雨蒙蒙，天气又冷，把老的冻病了咋办！急忙上前拱手招呼，请二人进店。店中伙计面带难色略有迟疑，王友恒大声说："我知道没有空的房间，他们二人就安排住我的房间，我今晚就住在账房。注意，要另换新的被盖！"

　　第二天凌晨，两位客人来到账房，递给王友恒一包银子，"老板，付房钱。"王友恒掂掂分量，忙说："太多，太多！"执意要退回多余部分。那老的客人盯住门口的"王家店"招牌，拉起年轻的那一位，说："暂留你这里，下次住宿一齐算账。"大声哈哈笑着出了店门。

　　转眼间到了第二年春暖花开的季节，县衙役突然来通知王家店的老板火速到县衙一趟，有要事告知。

　　王友恒不敢迟延，心中略思自己并未做犯法之事，一介良民，有啥事被传唤进衙门？心中敲着小鼓，紧步来到县衙拜见县太爷。

　　过了一顿饭工夫，王友恒边跑边笑着回到家中，吩咐家人、伙计赶快打扫门面，整理内务，准备鞭炮。王老板的夫人问他怎么了，他只神秘地笑笑，支吾过去。

　　不一会儿，在烟花鞭炮声中，县衙众衙役簇拥着县大老爷送来一块披红挂彩的黑漆金字大招牌，上书"王嘉店"三个楷书大字。

　　由"王家店"变成了"王嘉店"，这是什么意思呢？众人不得其解。

　　隔了一段时间，王友恒有一次喝多了酒，亢奋中吐露了真情。原来那天晚上投宿的两位客人，老的一位是当今皇上派出的微服私访的一位亲王，这位亲王很感动王友恒的经商态度，才通过县官送匾给王友恒。王老板说，这是县太爷告诉他的。

从此，"王家店"又名"王嘉店"，名声越来越响亮，生意越做越兴旺。王友恒又在大门口新添了一副金字的楹联："生意兴隆通四海，财源茂盛达三江。"

今王家店街口（薛良全摄）

16. 报恩寺和禹王宫

朱华高

古时，峨眉县城内有不少宫观寺庙。报恩寺和禹王宫就是其中两座。

报恩寺遗址位于今报恩寺街坛罐市尽头。报恩寺寺庙来历无考，但乾隆时期已有报恩寺的位置、功能的详细记载。清乾隆版《峨眉县志》卷四《祀典》载："报恩寺在县东门内。凡接诏讲约拜牌皆于寺内行礼。

"龙亭于报恩寺内以其在东也。凡遇贺典，则预日习仪于寺。旋具仪卫，诣寺接亭至县署，官员序头门外伏迎。夜奏鼓乐炳廷燎以伴亭至黎明，行礼毕，复于门外伏送，仍供亭寺中。

"接诏，则大门外旧有接诏亭。官员集彼叩接，随迎入县署设台。于月台之东伏听开读。

"讲约，则或在城中或在四路公所，原无拘定向。因有文武同城在，地主不敢自擅，遂公共入寺行礼耳。"

据现年 92 岁、1945 年在报恩寺内读小学的朱华清老人回忆，报恩寺坐北向南，在今坛罐市尽头。1943 年至 1945 年她在寺内读小学，学校名称叫作师范附小。进了寺内，两边是大教室，中间是一个大如天井似的空坝，但有建筑遮盖，尽头有一个高大的台子，疑似菩萨像被打掉后的台座。两边是老师办公室。出高台背后，是一个更大的空坝，犹如操场。其时，寺内已无一尊菩萨。若对照 1947 年刘君泽《峨眉伽蓝记·报恩寺》文，朱华清读书之处乃报恩寺旁的药王庙。

1947 年刘君泽《峨眉伽蓝记》载：报恩寺在县城东街，早已废弛，街民居之。药王庙在左侧，今设学校。灵祖殿、葛翁庙品列前方，并废为民居。寺之经始，今已难详。寺之附近，颇有隙地，米、纸、棉花、苞谷、杂粮，坛坛罐罐诸市在此经营。寺前戏楼，倾斜欲坠。旧以中和节为城隍神诞辰。是日，诸神出游，仪仗前导，鬼卒后行。男妇老幼，秉香尾随，辄数百人，观者如堵。四门各立会，酬金演戏庆贺，年一轮转。演戏之地，北门在观音堂，西门在城隍庙，南门在十方院，东门在报恩寺。寺西南为新市街。街在宋元间为东岳行祠；明正德间，为峨山书院；清时为县试考棚。民国以来，屡设楼阁，自毁于大火。新市街，今丝、布、钱、蜡四市在此。圣庙背新市场，向育贤街，庙建自宋庆历元年（1041 年）。宋、元、明初皆在城内西南，成化末乃迁治西，弘治间迁南街，嘉靖末迁马赛山，万历中迁东街，天启初复迁马赛，顺治中更迁南街察院废廒，康熙初迁治西白鹤潭，雍正末前迁西桐子山，乾隆壬申又迁马赛。今庙则乾隆甲辰移建，庙不宽敞，兼又荒秽，今诛茅葺败，设立学校，琅琅然书声远闻。宫墙之右有周纲墓。纲，滇人，绥山县令，皂角堰周氏鼻祖。

今报恩寺街仍存，一如往昔窄小，为U形弯曲小巷。两条主街分别长约50米，一条以卖坛罐为主，一条以命相、冥纸为主；另一条横街约10米。很是奇怪，峨眉城内数不清的市场东迁西移，偏坛罐、命相、冥纸市场从未迁移，仍然集中于此地。尤其命相、冥纸店铺多。

80多岁的退休教师黄运泉回忆，禹王宫遗址在原峨眉山市委今新建商场一带。清嘉庆《峨眉县志》卷二《建置》载："禹王宫在县正北街。"1947年刘君泽《峨眉伽蓝记·禹王宫》载：禹王宫在北街（和黄运泉先生回忆吻合），坐东向西，盖两湖会馆所在。今为峨眉山接引殿下院圣钦上人卓锡于斯。殿宇不高，绘饰宏丽。殿后小院雅洁，亦习净地。在昔阓阛城民房柱小檐低，半就倾圮，盖嘉道间古屋也。蜂房栉比，无三尺隙地，街衢宽度不及一丈，光绪初年，乃铺修石板。民国淫雨之际，泥泽没胫。民国己巳二月朔日、三月二十日，两经失火，祸延六街，罹灾居民千二百户，损失之剧，殆数十万，而禹王宫殿天井敞广，浩劫之余，巍然灵光。会馆置铺房在状元街。（笔者注：按此文描述，禹王宫的位置大致在今峨眉山市委老宿舍及市委原址一带，和状元街毗邻。）状元街，宋进士杨甲故居所在。城隍庙在西街，与县府和宫宇遥相正对，比丘居之。庙建于唐之乾元，重建于明之嘉靖，毁于甲申（1644年）。康熙戊子（1708年）又督理重建。嘉庆中，士民捐修，规模宽敞。城隍庙在中唐之世，州郡皆有之，宋代且入祀典。昔人以为系奉汉颍阴侯灌婴。明太祖封京师城隍庙为帝，开封等地为王。府曰公，县曰侯。洪武三年（1370年）又去封号，称某府某县城隍之神。1933年，民居失火，西南两街、县街、书院巷、万寿宫巷，并为灰烬。受灾者六百余家，殃及庙门，犹未修复。

禹王宫何时建，供奉哪些神祇，均无考。1929年2月、3月两次失火，宫宇毁坏，早已不存。80岁以上本地老人或许略知一二，能指其遗址所在者，寥寥也。

今报恩寺街（薛良全摄）

17. 巡抚题联小南门

刘兰懿

小南门在旧峨眉县城南，今名山路红绿灯路口至王家店街段内。

相传清末年间，一巡抚大人微服私访嘉定府，欣闻峨眉山香火兴旺，便微服朝拜峨眉山。是日来峨眉，住城边小店，黄昏出店闲逛，行至小南门，正逢几位小脚妇人围着一小贩买白土布。此情此景巡抚皱紧眉头，即出对联：

"小南门，小妇人，扯小布，裹小脚，小模小样。"

第二天令人书于小南门城门一侧。这天正逢县城赶场日，此消息立刻传遍峨眉城乡，无人能对，巡抚也洋洋得意地朝山去了。

此事惊动了城郊西门外西坡寺内一私塾先生。他将此事告知了学生。他门下有一年方十岁的学童，聪明伶俐，听先生讲后，思考一会儿便对出：

"大佛殿，大和尚，提大笔，写大字，大慈大悲。"

先生看后立即帮助学童在小南门城门另一侧书写出来。

巡抚朝山归来，见过续对感慨万分，连声称赞："峨眉仙山，真乃人杰地灵也！"

20 世纪 80 年代初的南街（薛良全摄）

18. 七品官题雁门街

曾淑清

雁门街位于峨眉山市绥山镇北门桥头之下，此街长约 400 米，宽约 6 米。街面两旁有铺面，房屋是古时遗留下的木质结构，房屋参差不齐。街面左右分别有大小岔道，是提供给居住在后院的民众和路人的过道。雁门街南面与顺河街之间有一条水渠，这条水渠是麻萌堰的一条支流。雁门街北面与纸钱街毗邻，也有一条渠相隔，是麻萌堰另一条支流。

雁门街 83 岁的老人陈德全讲述了这样一个故事：光绪年间，峨眉县令要为峨眉办两件大事。第一件：在北门桥对面顺河岸新修一条长街，提供给居民谋生。第二件：在新修的街上建一座"贞节牌坊"，以此表彰峨眉县孝老爱亲、邻里和睦、勤劳善良、道德高尚、热爱劳动的妇女。峨眉县要新建一条模范街的信息传出后，广大妇女都争做家庭和睦、和谐社会的模范，争取在"贞节牌坊"刻上自己的名字，受到人们的敬重和爱戴。

20 世纪 80 年代初的雁门街（薛良全摄）

新街修好了，峨眉县县令请来了有学识的秀才们为北门外的街道取名，秀才们说：第一条街顺河边，就叫"顺河街"吧！大家通过；第三条街，专卖冥币，就叫"纸钱街"吧！大家同意。这第二条街，秀才们的争议较大。县令让大家仔细思考，定一个有纪念意义的街名。大家经过几天的考察后，认为这条街绿树成荫，有枝繁叶茂的黄桷树，有一年四季花香醉人的各种果树，还有很多的麻柳树。这麻柳树虽然没有漂亮的花朵，但是人们却把它打扮得既清香又美丽。那就是在麻柳树杈上挂上许多吊兰，这吊兰到了开花时节，香气四溢，满街飘香。峨眉县令曾经给它命名"绥山兰"。秀才们有的说干脆就叫"绥山兰街"，有的说叫"贞节街"。他们各抒己见，争论不休，县令也迟迟没有下定论。

转眼秋天来了。一天，人们听见天上"呱儿嘎、呱儿嘎"的大雁鸣叫声，都纷纷停下手里的活计，出街目送大雁往南飞。看它们一会儿排成人字形，一会儿排成一字形。大雁们一边飞，一边呼朋唤友，间断性地鸣叫。正当人们高兴地迎送大雁飞过时，突然，一只大雁从天上跌落下来，掉到了黄桷树上。当时街上有个青年人马上爬到树杈，将大雁抱了下来，经检查发现大雁的翅膀在流血。原来，它的翅膀断了。大家议论，不知道是哪个坏人向雁群开了枪，让这只大雁受伤了，它再也跟不上队伍飞到南方去过冬了。孤雁因为离开了伴侣，加上身上的伤痛，不停地"呱儿嘎、呱儿嘎"地哀鸣着。当时，街上有一对老夫妻，他们把受伤的大雁抱回了家，每天精心地换药、喂活食、喂水、洗澡等，经过老人无微不至的照料，大雁一天天地好起来了。到了第二年春天，大雁群要到北方去避暑，当它们飞过此地时，在天空盘旋着、呼叫着。街邻们赶快把伤愈的大雁抱到了黄桷树顶上，这只大雁张开翅膀飞上了天空，它与雁群融合在一起，欢快地在街面上空鸣叫、盘旋了几圈后才恋恋不舍地离去了。后来，人们把这个故事告诉给县令，县老爷高兴得哈哈大笑说："大雁获得重生的地方，这条街就叫'雁门街'吧，这是最有纪念意义的名称了。"

19.　普济寺

朱华高

普济寺位于雁门街。要说普济寺，得先说雁门街。

雁门街，峨眉城古街名之一，延续至今。如今出城区北门大桥右拐下石梯，便是顺河街。沿顺河街往北前行约 500 米，便是雁门街的起点，直到雁门街北端路口止，两条街总长度约 1 公里。雁门街大部分路段如今还基本保留了旧时模样。

雁门街曾经是峨眉县城出北门经夹江到成都的必经之路，街道宽不过 6 米，然店铺林立，商业繁荣，百货、食品、土杂、酒坊、铁匠铺、医药铺等应有尽有。雁门街和顺河街交界处，曾经是峨眉县城很大的茶叶集散地——周茶店。此茶店紧靠峨眉河，曾经是峨眉县通往外地的重要水运码头，仅次于镇子场码头。1994 年《峨眉山市交通志》载："三十年代前，进入峨眉的日用百货、盐、糖、布匹等物资和茶叶、药材、白蜡、粮食等物资主要通过峨眉河间日一趟的筏运。符溪（镇子场）则是发运物资的集散地——主要码头。峨眉城北顺河街的周茶店又次之。新中国成立后，周茶店成为峨眉一小校。"

20 世纪六七十年代，雁门街尽头雁门口异常繁荣，是自发形成的农产品交易中心，农产品应有尽有，是峨眉山市最大的竹木市场。如今，雁门街已成为一条寂寞小街，徜徉其间，有明显的古朴清净之感。

雁门街起点处，曾有一寺庙慈济寺，又名普济寺、观音堂。清嘉庆版《峨眉县志》卷二《建置·寺观》载："慈济寺，在铁桥河（峨眉河）北岸，古名刹，今为观音堂。"1947 年刘君泽《峨眉伽蓝记·普济寺》对寺庙和雁门街多有描述：普济寺在治北纸钱街，今名观音堂（笔者注：观音堂在今雁门街上，原峨眉一小旧址"周茶店"斜对街，直线距离约一百米，曾经是竹器社加工场地。然今有人称，纸钱街在雁门口附近，是一条很短的小街道。因供人们买纸钱去大庙敬香烧纸，故名纸钱街），康熙中建。破瓦颓垣，秋耘一畦，则旧时戏楼广场也。古殿朽败，门庑无存，竹木工匠，劈斫其间。碑50 余通，皆记善功，无足述者。小院一间，蛛网护佛，雀栖败檐。花不鲜明，木亦摇落，以衬老屋，倍觉寂静。无怪终年客不至也。邑人信佛妇女，虔诚特甚，每朔望老翁七八，老妇数十，群集寺里，叩拜佛前，素食一日，口念弥陀。普济寺则城中妇女拜佛处也。街上有贞节牌坊，构木为之，作工伟丽。街民编竹为箩、为笠，制梭为绳、为蓑，陈列铺中，以待顾客。家无惰工，市无闲人。街尽处为李祠（笔者注：今为峨眉钢锹厂遗址所在）。祠宇宽敞，盖湖广李氏明时入蜀者也。自寺入城，经王爷庙，庙颇宽敞，旧设区署，今设乡公所，清丈土地人员寄住于此（笔者注：新中国成立前后为王爷

51

庙粮站）。庙前有德政碑，颂邑令宋家蒸者（笔者注：今尚在，惜碑文多风化脱落）。再经长济桥（笔者注：今北门桥旧址），桥头有唐员外郎仲子陵故里碑，道光间立，半没土中。桥为古平远桥，架符溪（笔者注：即符汶河、峨眉河）上。长桥横江，远望如龙。自明以来，屡加改建。明代铁柱已无存者。今公路大桥即在其侧，车马行人，无复经此。故长济桥楼只点缀江上风景而已（原文注：乙酉秋月，拆毁桥楼）。

20. 宋公德政碑

黄 平

峨眉城北有一街，名为雁门街。从北门桥头下石梯向东 30 米，矗立着一座红砂石质的功德碑，名为"宋公德政碑"。该碑背临峨眉河，凿刻于光绪二十一年（1895），坐东向西，为红砂石质仿木结构，"宋公德政碑"残高约 4 米，通宽 5 米。

2009 年 10 月，峨眉山市文物保护管理所在第三次全国文物普查期间将之录入国家文物数据库。2013 年 4 月，德政碑被乐山市人民政府公布为第三批乐山市市级文物保护单位。

德政碑记录了清光绪十四年（1888 年）至十八年（1892 年）的峨眉县令宋家蒸勤政、廉政、爱民的事迹，表达了人们祈盼清官的良好愿望。

宋家蒸，字云甫，江西南昌府奉新县人。清咸丰九年（1859 年）中举人，同治二年（1863 年）恩科三甲三十六名进士。榜下即用，知安徽歙县，后调入川，历任夹江、蓬溪等地知县，清光绪十四年至十八年任峨眉知县。

宋家蒸初入川为官时，在重庆朝天门码头写下："天生巨石作金城，烟火楼台十里横。守国从来资议险，人和地利试权衡。"《抵重庆》诗一首，彰显了他的豪情和广阔的胸襟，那时他正值壮年。

到了光绪十四年（1888 年），耳顺之年的宋家蒸，一主三仆来到峨眉上任。悠悠岁月，几十年官宦沉浮，没有磨灭他的初心，在他到峨眉上任的第二年夏秋之时，数月淫雨绵绵，西南大山秋粮收成不足三成，山民食不果腹，一县之长的宋家蒸，立马安排人员前往龙池、大为等地查明灾情，并公捐四百金，力劝乡绅量力乐捐，进行赈灾，救活灾民无数。正如清宣统三年（1911 年）《峨眉续志·官师·政绩》所述："平心而论，公在官所为，皆人所不肯为，亦人所不能为者，诗云：唯其有之，是以似之，吁可以风矣。"

光绪十八年（1892 年），宋家蒸卒于峨眉，享年 64 岁。光绪二十一年（1895 年），因宋家蒸之廉政、勤政、实政、德政造福了峨眉这方灵秀之地，峨眉乡绅、百姓自发将峨眉山山脚一巨石随河运至峨眉城北峨眉河的北岸，遂制成碑，将其功德昭告天下，名曰"宋公德政碑"。碑文中有这样的文字："宋公最后补峨眉。甫下车，首订讼规，修街道，放牛痘，置义冢，除暴安良，百废方兴……"碑文真切记述了一名地方官员的政绩，也表达出百姓对为官者的祈盼和厚望。

"宋公德政碑"落成后，突然有一天，一行大雁飞临峨眉城北的北门河，栖身在"宋公德政碑"旁边三棵黄桷树上，远远看去犹如白花，周围百姓前往观之，投其食，雁不食，续数日，大雁升空绕碑三匝，远遁。民间传说，宋公德政感动上苍，神灵不愿听其没，遂派大雁使者，前来凭吊。

"宋公德政碑"位于峨眉河北门桥的桥头，这里是峨眉通往夹江、洪雅、成都的必经之道，过往行人很多，沿河向北有一街，多为茶坊、酒店，十分热闹。自那以后，百姓将那条街命名为雁门街。三棵黄桷树也随着时代的变迁，长成参天大树，直到20世纪末旧城改造，三株大黄桷树才移栽它处，唯有"宋公德政碑"还矗立在那里。岁月已过去一百多年，"宋公德政碑"剥蚀严重，然而当你路过北门河桥头，停下脚步面向"宋公德政碑"时，当地老人会讲，那是"宋大老爷功德碑"，也会讲起那雁门街的由来。

位于雁门街的宋公德政碑（李家俊摄）

21. 北门大桥

朱华高

峨眉山市城区古时曾有六道城门，多座出城桥梁，今北门大桥就是在原北门古城门外古桥遗址旁重建的。

北门大桥位于今峨眉山市城区北门，横跨符汶河。

北门大桥曾几度被水毁或拆建。1994 年《峨眉山市交通志》载，1965 年重建了一次大桥，桥长 68.2 米，净宽 6 米；人行道左右各一条，宽 1.5 米。桥高 10 米，跨径 14.6 米，共 4 孔，载重汽－13、挂－60 吨的石台钢筋混凝桥梁。据笔者所知，如今的北门大桥是在此基础上再经加宽改造的，宽约 12 米，中间一条绿化带，两边人行道各约 2 米，有水泥栏杆，高约 1.5 米。

峨眉城北李祠堂后人李先定先生讲，北门大桥初建时期当在明代，由其先人李通、李泰二人领头，李氏族人修建。他说，李氏族谱载，李通、李泰二人曾在朝廷为官，明万历年间迁来峨眉，因进出县城不便，李氏族人便在符汶河上修建了一座木制便桥，命名"通泰桥"。《峨眉县志》载，此桥清乾隆时期名铁桥。清乾隆版《峨眉县志》卷三《桥梁》载："铁桥，在县北近郭。古传飞来殿移基重建，铁门坎虚横宇外。邑宰李祯移铸四牛，各座石墩架梁河，遂以铁桥名。今庙前枕石坎迹依然。后桥以蛟行冲废。邑宰宜训捐俸重修。成化年间，署邑宰郑良用重修。康熙四十年峨边游镇李祯从重修。雍正甲辰，邑宰王芬露，本庠生员冯骥重修。以上数修，动费千金。壬子年闰五月冲废。邑宰文公捐俸采买木枋，以石作墩，施板于上，一年一更。近有邑民张含馨、谢登荣、饶世荣愿照今度，年年更修。文公嘉之，给匾以旌，额曰'存心作善'，又曰'利济为怀'。"从上文可知，北门大桥初建时期至早在明成化年间（1465—1487 年）以前修建，在成化时被冲毁，迄今 550 年以上。

清嘉庆年间，铁桥又毁，再重修，更名"长济桥"。清嘉庆版《峨眉县志》卷二《建置·津梁》篇，对铁桥修建历史及演变做了进一步阐述，接着云："近来士民化捐，于水中埋木立柱。柱上架梁，施板，结屋蔽之，长十余丈，阔一丈余，高一丈，费计千金。以余赀治产，为随时整修工费，计图长久不废，故更名长济桥。"

古铁桥又名"平远桥"。1947 年刘君泽《峨眉伽蓝记·普济寺》载："（长济）桥头有唐员外郎仲子陵故里碑，道光间立，半没土中。桥为古平远桥，架符溪上。长桥横江，远望如龙。自明以来，屡加改建。明代铁柱已无存者。今公路大桥即在其侧，车马行人，无复经此。故长济桥楼只点缀江上风景而已（原文注：乙酉秋月，拆毁桥楼）。"乙酉年，即 1945 年。文中述"平远桥"，何时为名，无考。若依刘君泽文，平远桥及前初建无史料考察，则李先定先生所言，正好补充了平远桥之前历史：初建在明代，桥名"通泰桥"，木制，北门李祠堂族人修建，具体修建年代不详。

1994年版《峨眉山市交通志》对北门大桥（长济桥）有细致描述。文载："长济桥，原北门大桥（楼桥），在城北近廊，跨符汶河。相传飞来殿移基重建，铁门坎横虚宇外，明县令李祯移铸四牛，各座石墩架梁河，遂以铁桥名，故名铁桥。后冲废。县令宜训捐资重修，又废。成华时，县令郑良用等人动费千金又重修，壬午年（1732年）又遭水毁。清朝嘉庆年间（1813年左右）乡民集资，于水中埋木立柱，柱上架梁施板，结屋蔽之，始成木柱木梁，共11列、12孔，重檐结构的木亭台楼桥。桥长60余米，宽5米，高6余米。桥上、桥缘立栅栏，以木穿上檐立柱隔出宽绰人行通道；两侧似回廊，既可凭眺神奇莫测的峨眉山，又可设座品茗憩息纳凉。后来，许多乞食街头、无处栖身者以此枕桥过夜。

"原来桥上每列的横梁立柱上悬挂着各式匾对和镂刻着形态各异的飞禽走兽、人物战场，由于年荒日久，毁坏、散失殆尽。惟桥头'长济桥'金字大匾悬挂至桥被拆时才废。1947年，临近的夹峨公路桥改建为石拱桥，当局嫌古桥无用令其拆毁。奈何水中埋木立柱难能连根拔起，付之斧锯，故，至今于荡漾水波中还可见其断痕。"

作为公路桥的北门大桥，该志书又载："此桥几经演变：夹峨公路初成时，乃石台木面便桥；1946年，利用城墙垣石改便桥而建为11孔的条石拱桥，1961年8月毁于水。1965年重建此桥。"20世纪50年代初期，笔者幼年时期见到的就是1961年8月水毁的卷石拱桥，桥墩和桥身全是红条石，两边有红石栏杆，桥宽约6米。

北门大桥历经约600年沧桑岁月，几经更迭。如今的大桥，无论是宽度、孔洞高度、载重量还是牢固程度，都远超历史，自建桥以来，经历了50多年洪水考验，迄今仍巍然屹立，牢不可摧。

今北门大桥（薛良全摄）

22. 育贤街

许德贵

文庙街，也称育贤街，在峨眉城南。传说，很久很久以前，这条街有 28 户人家，家家没文化，还穷得叮当响，当地人称叮当街。一天，峨眉山上有个叫悟心的老僧人出外云游，路过这里，对一姓何的住户说："你家两个孩子都该读书了，应该送他们去读书，文化能长智慧，文化能改变贫穷。"

何大爷说："今天要与您结缘都无钱，家里生活难熬，常常愁得心口疼。"

悟心说："听我的话。你应懂得贫穷是根刺啊！文化能拔刺。"

何大爷叹了一口气："恐怕这一辈子也不能把刺拔掉啊！"

悟心想了想，就在他那长长的宽宽的黄色僧衣口袋里摸了半天，拿出一些银两，说："这些银两是给你的，带个头把孩子送去读书。"

何大爷说："谢谢您一片善心啊！不过，这么多年都过去了，这么多邻居也都无怨地生活。"

悟心说："你就带个头吧，众生自然会醒悟。"

何大爷被说服了，和老僧来到城中，有缘结识到一位孔先生。他善教书，善讲"善书"（相当于评书、故事），立德于教，注重众子的前程教育，办了一座"孔馆"。

老僧拜了孔先生，讲明缘由，望先生助叮当街一臂之力，悉发菩提心。孔先生被僧人的虔诚心感动，一一答应。

老僧交代好了才到各地云游。

从此，孔先生收下了何家之子：何敬普、何敬福。起初他们读书很用功，不料，渐渐地对读书、写字没有了兴趣。孔先生费了不少心血也徒劳，便去何家，与何大爷如此这般商讨一阵，说得何大爷心里高兴。

这天放晚学时，敬普、敬福两兄弟被留下，进了"训育堂"。孔先生说："从明天起，你们练字的纸必须买我的。回去叫大人拿钱来。"两个孩子回到家中，一时不敢向父母讲，知道家里很穷，直到第二天早上要上学，才大着胆子讲了这件事。

何大爷十分为难地拿出僧人布施的钱，随着儿子一道去学校，在路上借机将孔先生的话教育他俩："学习是财富，书是奠基石。书读多了才站得稳。"

到了"孔馆"，何大爷当着孩子面交了买纸的钱，先生也没多语，只叫他俩好好学习。

之后，敬普、敬福眼见父亲三天两头花钱，心疼父亲，于是认真读书了，也开始下苦功写字了，想到这么贵的纸，还有啥理由不苦读、不苦练呢？

其实，敬普、敬福不知道，买纸是先生与家长商量好的"曲道计"。买纸的钱，都暗暗退给了何大爷。

小孩毕竟是小孩，他们坚持还不到一年，以往贪玩好耍的习气又抬头了，这段时间又使孔老师格外费神费劲。正在孔先生思谋该怎样教育好他们时，有个住户送孩子来读书了。

学生姓王，叫王钢强。王钢强五官端正，却只有一只脚。何敬普、何敬福都以为孔先生不会收他为徒，用疑惑的眼神盯着先生，先生说："人人都有受教育的资格，身体是天赐，学习在人为，你们可以相互竞赛读书嘛。"

果然，独脚学生王钢强的毅力不一般，他读书不久，写的文章便被孔先生当作范文当众宣读。何敬普、何敬福和其他一些学生都受到感染，纷纷向王钢强学习，全班读书风气变样了。孔先生对学生们说："在我心中，没有差等生。人人都可以成为有德又有才的贤人。"孔先生还教育学生在家要孝顺父母、尊敬兄长等。他听说何敬福常和母亲斗嘴，还亲自去家访。

经过几年努力，何敬普、何敬福、王钢强等被培养成贤人之后，叮当街又有几家送子女去"孔馆"读书了，孔先生也渐渐老了，便派大弟子李一杰直接去叮当街住下授课。

功夫不负有心人，这条街的28户人家，后来家家都出了贤人，人们高兴万分，便派人呈礼去山上感谢悟心老僧。

可是找遍了峨眉山几十座寺庙才打听到悟心出外云游"挂单"还未归来，人们就只好在街头立了一个大石碑，碑上将叮当街更名为"育贤街"，还在碑上刻上悟心的大名，写上悟心化缘最先布施何家的事迹。

立碑不到三个月，悟心老僧云游归来。他虽已白发苍苍，但精神饱满，又到叮当街挨家挨户去访问，看到家家户户发生了很大的变化，并且已有不少外街、外村的孩子到此读书，老僧脸上露出了笑容，不住地念"阿弥陀佛"。当何家还银两给老僧时，老僧说："布施图报非僧人。"他们就引他去看街头立的石碑，满以为他会更高兴，岂料他要求除留下"育贤街"三字外，其余内容全都删去。他另写了四句，并请人重新刻碑，这四句话是：

老僧济世几个钱，

布施何家是因缘。

善心并非僧独有，

人人都可成圣贤。

今文庙街（薛良全摄）

23. 峨神庙

朱华高

古时，峨眉县城出大南门有一座庙宇，叫峨神庙。后来，随着历史的演变，峨神庙改建成峨眉中学，即今峨眉二中的前身。

峨眉二中位于峨眉山市城区大南门口喷水池约 300 米的公路边。所在地古时名马赛山，来源无考。清朝时，峨眉县民众除信奉道教、佛教，还信奉山神，即有"峨眉山神庙"（又名峨神庙）之修建。1991 年《峨眉县志》载："峨眉士民，由于受外来宗教的影响，认为峨眉山除了普贤、天真皇人以外，尚有峨山之神。此神居高临下，职司着峨眉风雨。敬奉它，可得风调雨顺，五谷丰登。士民们为了有个祭祀场所，在光绪十一年（1885 年），峨眉县令出面报请川督丁宝桢转呈朝廷，获准在县城南门外马塞（亦写作赛）山修建峨神庙。此庙非佛非道，不供神像，只在大殿中供峨神牌位，每年初春祭祀。若逢天旱之年，士民们则入庙祈祷。"

清乾隆版《峨眉县志》中《神祇坛》有相关记载，其地点和祭祀神祇的描述，颇似峨神庙。《峨眉县志》卷四《祀典·神祇坛》载："神祇坛，县南马塞山堂之后。岁仲春秋祭云雨风雷之神，境内山川之神。"清嘉庆版《峨眉县志》对祀典更有详细记载，卷四《典礼志·祀典·神祇坛》载："神祇坛，雍正十一年修建。每春秋仲月，上戊日致祭。设木主三位，中风雨雷电，左山川，右城隍。嘉庆十七年，以山川名目不合，奉部议，改为神祇坛，祀如旧。"意谓山川神不合祭祀礼仪，免除。其余诸神一应从前。祭品有："羊一、豕二、铏一、簠二、簋二、枣栗子之属五、白色帛七、风雨雷雨神祇六、城隍一。"祭文曰："维□神赞襄天泽，福佑苍黎。佐灵化以流形，生成永赖；乘气机而鼓荡，温肃攸宜，磅礴高深，永保安贞之吉；凭依巩固，实资捍御之功。幸民俗之殷盈，仰神明之庇护，恭行岁祀，正直良辰，径洁豆边，祇陈牲幣，尚飨。"若如此，峨神庙所祭主神乃山川神，然则，峨眉祭祀山神主旨亦为祈求峨眉风调雨顺，五谷丰登。若遇天旱，县官率县属一应官员前往虔诚祭祀，祈求降雨，和神祇坛祭祀主旨相同。故笔者以为随着时间和风俗的演变，神祇坛和峨神庙的祭祀意义即合一了。

清谭钟岳著《峨山图说》绘有峨神庙图。据此图，峨神庙乃长方形有围墙建筑，有山门，山门上有"峨神庙"三字。进入山门，有一过厅，过厅最底端是大殿。图上说明"由回龙寺西南一百九十八步至峨神庙"。文载："山神旧无庙祀。今上光绪十有一年四川总督丁文诚公宝桢以峨眉山神镇水旱疫疫祷求，辄应有功德于民，奏请春秋致祭部议奉旨谕。尤其明年护理总督游廉访智开捐建峨神庙于县南城外学堂山，并制祭器，岁遣官望祀。咸于斯庙门外有泮池故址。井研胡世安登峨眉山，作《道里纪》云：圣宫外合三流为泮，澄波千顷，龟乐莲香，亦多雅致，即此地矣。前瞻古塔，后倚崇山，嘉树丛篁，映带左右。游人至此，远观近瞩，苍翠纷来，飘飘然不啻置身兜罗锦云表也。"由此观之，彼时二中校址马赛山周边山水林池，风景雅致。

1991年版《峨眉县志》载："民国年间，峨神庙被改为峨眉中学，从此祭祀之风渐止。"

其实，峨神庙在改办峨眉中学前，是先办峨眉小学。清宣统版《峨眉县续志》卷二《建置·学务》载："高等官立小学堂在城南育贤门外三台山。光绪三十年，知县肖茂芬督绅修建至三十一年落成。高等小学开学至三十年下学期借峨神庙址开办至三十一年下学期移入三台山新建校内。"1988年《峨眉二中校志》载，光绪三十年（1904年），峨眉县令肖茂芬召集士绅，决定在峨神庙办官立小学堂。1925年，峨眉县董事会主任伍卓如，在县劝学所会议上提议创办峨眉县立初级中学校，1927年始获批准，组成峨眉县初级中学筹备委员会。1928年3月，峨眉县立初级中学（峨眉二中前身）正式开学，校址设在峨神庙。

笔者曾于20世纪60年代就读于峨眉二中。其时的大办公室就是原峨神庙大殿。该建筑宽约30米，进深约20米，顶梁高约15米，殿内有四根大立柱。大殿右侧房壁处竖有几通古石碑。大殿正门外是宽约6米的大通檐。大殿屋顶两侧各是一间大寝室，可住数十名学生，一边是男生寝室，一边是女生寝室。大殿前面是四周环绕的房屋建筑，楼上都是学生寝室，楼下是教室、办公室和学生寝室等。中间都是十字路分割的花园。"文化大革命"时，大办公室内石碑被捣毁。"文化大革命"后，学校扩建，原有建筑被逐步拆除，如今已全部不存，被新建筑代替。

峨神庙遗址（今峨眉二中王云五图书馆　薛良全摄）

24. 大佛寺（故事二则）

大佛寺的来龙去脉

李家俊

1940 年的大佛寺（有士兵守卫）摘自故宫博物院《文物南迁资料》（李家俊提供）

一、十方丛林大佛寺

大佛寺，民间又称大佛殿，原址位于峨眉城区东郊（今银杏苑、峨眉二小），创建于明代万历年间。明万历十六年（1588 年）戊子，无穷禅师（号法真）云游楚蜀大地，募资铸造千手千眼大悲观音铜像一尊，连法座高达三丈六尺，经水路运到峨眉。峨眉县县令李应霖为其选址，搭房供奉。万历十九年（1591 年）辛卯春，无穷禅师偕徒孙性宽入京，奏请慈宫，明神宗（万历庙号）之母慈圣皇太后赐金，敕建大佛寺，历时 15 年建成。当时的大佛寺前三门，进五层，大悲正殿供观世音、普贤菩萨铜像，藏经阁存放《大藏经》及水陆神像一堂。《峨眉山志》叙大佛寺"琳宫绀宇，庄严肃穆"。据无穷禅师塔铭记载，朝廷还赐大佛寺良田百亩。辉煌时期的大佛寺占地 300 余亩，有大殿四重、禅房 140 多间。慈圣皇太后特意赐寺名"大佛寺"。当时的大佛寺雄伟庄严，气象轩昂，晨钟暮鼓，香火旺盛，信众络绎不绝。清光绪二十八年（1902 年），峨眉山佛教界协议决定，以大佛寺和万年寺毗卢殿为峨眉山两大十方丛林。1913 年，大佛寺主持仁玉在此举办传戒法会。1919 年，大佛寺方丈仁玉大师为 300 多位新戒传授戒法。史料记载，历史上有许多高僧大德于此弘法，如近代高僧能海、寿冶、本焕、乐渡、圆瑛等长老曾在此讲经说法。大佛寺其后有大通、圣湘、演怀等高僧任方丈。

二、故宫文物存放大佛寺

为避战乱，故宫文物南迁，其中北线文物，经郑州、宝鸡、汉中、广元、成都，于1939 年 6 月，运到峨眉大佛寺。故宫博物院于此设立峨眉办事处，办事处主任那志良是清正黄旗人，故宫文物学家，对石鼓、青铜、玉器有非常深的造诣。同时，国民革命军第五师的一个连作为警卫部队，也进驻大佛寺，他们不属一个单位，只是分工合作。由于有了军队驻防，荷枪实弹武装保卫，大佛寺成为戒备森严的禁地。信众俱避，香客渐少。

存放大佛寺的文物共计 5094 箱，主要有书画、铜器、玉器、珐琅、图书等。起初，那志良把大佛寺文物分四个库房存放，大殿及其毗连的厢房都用来作库房。那志良把大佛寺隔出一半作为故宫峨眉办事处用，其他房间仍由僧人做佛事和居住。为了安全，中间筑了道墙，让文物保存与礼佛活动各行其道。办事处对大佛寺地板已经朽坏的厢房，则拆去重新铺设。那志良与当家和尚一同实地察看寺庙情况，凡被拆除的破旧地板，都折价予以赔偿。同时，又令人绘制院内平面图，标明借用的房屋，签订租用合同，支付了租金。大佛寺的和尚积极配合保护文物，双方十分融洽，文物在新址顺利安顿下来。

大佛寺文物存放情况如下：

（单位：箱）

类别	库别							小计
	一	二	三	四	五	六	七	
沪		1730						1730
上	120	132						252
寓	956							956
公			1284	710	328	355	1044	3721
颐				40				40
国		11						11
所				106		465		571
法		3						3
展		？						2
小计	1076	1878	1284	856	328	820	1044	7286
总计	以上四库在大佛寺，5094 箱				以上三库在武庙，2192 箱			7286

1941 年 8 月 23 日，日军飞机第二次轰炸乐山城区和苏稽镇，苏稽镇距峨眉县城区直线距离只有 20 公里，从空中俯瞰，大佛寺非常显眼，容易暴露，情况非常危急，文

物安全时刻受到威胁。那志良报请北平故宫博物院同意，于 1942 年春撤销了大佛寺库房，将文物分别改存于武庙和县城南门外的土主祠、许氏宗祠。故宫文物和故宫博物院峨眉办事处以及警卫连自此搬离了大佛寺。

故宫文物在大佛寺期间，戒备森严，香客不得靠近，大佛寺香火受到很大影响。1942 年后，虽然警卫部队撤离，大佛寺仍门可罗雀。1944 年秋，符汶河洪水冲塌大佛寺山门，此后大佛寺更是日渐冷清、荒芜，至新中国成立，寺院早已破败。1952 年，大佛寺改建为峨眉县粮食局东门粮食仓库，大殿改成了粮食库房。1958 年"大炼钢铁"时期，千手千眼观世音菩萨铜像被毁，寺庙文物受到严重破坏。其后，大佛寺又经多次拆除、改建，面目全非。2002 年，峨眉山市房地产公司在大佛寺原址开发银杏苑小区，大佛寺的建筑全部被拆毁，寺院由此消失。峨眉山市粮食局退休干部谭正怀介绍，1952 年他在东门粮食仓库（大佛寺）上班时，存放过文物的库房还保存较好；1958 年后大佛寺损毁严重，直到 2002 年开发银杏苑才彻底消失。

2016 年 10 月，峨眉山市人民政府在大佛寺原址建碑纪念。

1993 年 5 月 23 日，峨眉山市人民政府以〔1993〕64 号文件，批准峨眉山佛教协会"在原大佛殿旧址恢复大佛殿"。后因原址建筑群过于密集，拆迁难度很大，且寺院发展受到限制。于是，峨眉山市政府又于 1995 年批准峨眉山佛教协会筹资在城南郊白塔山征地 226 亩，恢复重建大佛寺。峨眉山佛教协会根据普贤道场的文化内涵以及峨眉山佛教文化发展的需要，将大佛寺改名为"大佛禅院"。2008 年 12 月 14 日峨眉山佛教协会在大佛禅院举行开光法会暨落成庆典，正式对外开放。

大佛寺与无穷禅师

蔡永红

明万历十六年（1588 年），无穷禅师募铸千手千眼观音铜像一尊，连法座高 12 米，从水路运回峨眉。众人费尽九牛二虎之力，才将巨大铜佛像迎上码头，再也无力移送他处。县令李应霖便令辟一空地，搭起木房将铜像暂供其间。

1591 年春，无穷禅师听说峨眉山太子坪曾得到神宗生母慈圣皇太后资助建庙，于是便带着徒孙性宽去京城向太后化缘。慈圣皇太后听说后深为感动，欣然下令从皇库中划拨重金，敕建大佛寺。

无穷禅师募集资金回到峨眉后，立刻召集能工巧匠，奠基开工，历时 15 年，终于建成了一座占地 300 余亩，拥有大殿四重、禅房 140 多间的大庙。大悲正殿供观世音菩萨铜像。藏经阁贮《大藏经》及水陆神像一堂。琳宫绀宇，庄严肃穆。至此，大佛寺终日香火旺盛，信众络绎不绝。

但没想到，大佛寺主持无穷禅师却给后人演绎了一个旷世冤案。

皇库主管官吏风闻无穷禅师"骗取皇银，未有建庙"之事，便派人前来峨眉山密访严查。不想所派之人是个不负责任的官僚，他想当然地认为，大佛寺乃大寺庙，定然建在山上丛林处，于是便在峨眉山上仔细勘察寻访，数日后均不见大佛寺庙踪影，便果断回京报告。万历皇帝听后大怒，将 67 岁的无穷禅师以"贪污皇银，罪不可赦"为由处死京城。

　　噩耗传到峨眉，悲风动地起，人神同愤慨。传说那天峨眉山上空本是晴空万里，陡然天低云暗，电闪雷鸣，狂风大作，大雨倾盆。僧人、居士无不于庙外泥泞之地长跪不起，为无穷禅师之冤而悲泣。

　　禅师门徒悲愤赴京鸣冤，惊动了皇上，于是派人来复查，方知酿成大错，遂下旨，以国师之礼将禅师灵骨送归峨眉山，建灵塔予以厚葬。

大佛寺内千手千眼观音菩萨铜像

25. 武庙

李家俊

一、武庙的由来

峨眉武庙在城西门外，所供奉的神像为关羽和岳飞，也称"关岳庙"。《峨眉县志》（乾隆版）说武庙，"古迹甚古，莫究从来"。《峨眉县旧志》（嘉庆版）记"昔因门'武振'遂祀"，故称武庙。因武庙祭奉关帝而成为峨眉民间尚武之地。武庙后枕宵顶，前映宝塘，右拥西坡，左依观音阁，背后是启圣宫，旁边还有火神庙。明末张献忠占据四川时，其部将欧阳柄占领峨眉城，为防峨眉地方暴乱，把县衙门迁到武庙。张献忠的部队逃离后，清初峨眉知县何克孝把县衙门迁回城中，武庙从此失去昔日的热闹。清康熙三十八年（1699年），游击（清代绿营守备将军、从三品）李祯会同峨眉知县翟镛捐款重建武庙，规模逐渐扩大。清乾隆五年（1740年），游击孙何再次率部将扩建武庙，清嘉庆年间又建了山门。清雍正三年（1725年），武庙后面建有启圣宫。《峨眉县续志·祠庙》（1935年版）载：武庙，旧在西城隅外，咸丰庚申，蓝逆入寇，毁于兵火。同治五年知县王言铨迁西坡寺对面，重新建筑。昭忠祠附入其中。由此看出，1860年，李蓝暴动时武庙被兵焚，1866年峨眉知县王言铨在现在的位置重建武庙。武庙前后各有殿，两边是厢房，武庙旁边是火神庙，《峨眉县续志》叙：火神庙在西郭外，武庙之左，同治五年知县王言铨建。武庙和火神庙紧邻，占地面积100余亩，均在峨眉城西一处相对独立的平丘上，因武庙规模相对更大，峨眉人习惯把武庙和火神庙通称武庙。历民国时期，武庙疏于维修，已经比较破旧，所供奉的圣像残缺不全。

二、故宫文物存放武庙

1939年6月，故宫文物存放于武庙。那志良接手武庙的时候，武庙已较为荒芜，关岳塑像倒塌。故宫博物院峨眉办事处请来泥水匠，用砖头砌了围墙。同时在院内做了全面修整，地面重新铺地砖，加设了许多木架。管理人员牛德明将支木架的木墩设计成凹字形，凹口的宽度与木架底杠相切，稳固而又能通风防虫，避免受潮。管理人员细致地编制了各房堆放的木箱号码索引，以方便查找。

1942年春，为防日军飞机轰炸，那志良将故宫博物院峨眉办事处搬迁到武庙。存放在峨眉的文物库房也做了调整，武庙为一库，计2047箱，有瓷器、玉器、书画、图书、陈设、服饰、档案等。那志良把两个大殿及火神庙大殿用作库房，在大门右侧安排警卫部队驻守，又在武庙背后租房作为员工宿舍，左侧厢房作为职员办公室。负责武庙的是薛希伦女士。她家住西坡寺，离武庙很近，方便管理。

武庙西殿藏置的重器是石鼓 10 个，相传是周宣王时代遗物，后据考证为秦代遗物，每个重约 1000 千克，因其刻有籀篆的 400 多字而弥足珍贵。那志良用木板在西配殿里隔出一小间作为宿舍，白天到大佛寺内办事处办公，晚上住宿武庙，夜夜面对石鼓，研究石鼓资料，临写石鼓文。后来那志良写成专著《石鼓通考》，1958 年在台湾地区出版。

1943 年 6 月 8 日，靠近峨眉西门的一家鸦片馆，因瘾君子吸食鸦片引燃了垫床的谷草，燃起大火，相邻的油坊很快被波及，烈焰冲天。武庙离西门只有 200 多米，沿途是一大片茅草房和木质建筑，都极易燃烧。那志良见状，立即命令一位守军排长带着 20 多个士兵去灭火。那时候，峨眉还没有自来水，故宫带来的消防水枪作用不大。那志良命令士兵们将房子拆除，隔出一段距离，以免大火危及武庙里的国宝。有几家住户不同意士兵拆自己的房子。这时，火势越来越猛，离西门越来越近，那志良和排长赶紧找到保长，说明了事态的严重性，告之"将西门外所有的住房、店馆、猪舍全部拆除。如果大火烧不出西门，所有被拆的房屋由故宫博物院负责赔偿。如果大火烧出了西门，我们概不负责"。由于故宫博物院峨眉办事处承诺出资拆房，保长说服居民同意了。众士兵拼尽全力拆房，刚将西门外一排草房拆完，大火就窜出西门，烧到观音阁，所幸民房已拆，火势被阻断，没有继续向西蔓延。后火势渐弱，终被扑灭，武庙安然度过一劫。

20 世纪 90 年代位于峨眉一中的武庙（李家俊提供）

在武庙，每逢天气晴朗时，库存的文物都要摊在院坝里翻晒，周围由士兵严密戒守。此时，那志良被峨眉县中学聘为兼职英语教师，他的三位学生有幸跟随他观看了一次翻晒服饰、玉器、兵器和奏折四类文物的过程。峨眉人谭永富是那志良的弟子，曾在《西部散文》2009 年第 2 期发表一篇题为"国宝目睹记"的回忆录，详细记述了他于 1945 年盛夏在武庙里观赏翻晒文物的情景，特别提到"翠玉白菜"和张飞的"丈八蛇矛"。翠玉白菜是清代匠人巧妙利用一块半绿半灰的美玉精雕而成，灰白的地方雕作菜帮，翠绿部分雕成菜叶，上面还攀着两只蝈蝈，栩栩如生。这是光绪皇帝瑾妃、珍妃两姐妹的嫁妆之一。白菜寓清白之意，蝈蝈繁殖力极强，寓意多生贵子。至今，此物件是台北故宫博物院的镇馆之宝，成为游客赴台湾地区旅游必看的宝贝。它之所以有机会得以传世，全得益于峨眉武庙对它的保护。丈八蛇矛是《三国演义》《水浒传》《两晋秘史》中出现的武器，是长一丈八寸（约 2.61 米）的长矛，矛头似蛇形，因在历史上为张飞所使而出名。

武庙文物存放情况如下：

（单位：箱）

类别	第1库							
	箱别							
	沪	上	寓	公	颐	国	所	小计
瓷器				1243				1243
玉器				1				1
铜器								
雕漆								
珐琅								
书画				1				1
图书		10						10
册宝								
陈设				330				330
服饰			196	94				290
档案			114	28				142
乐器								
石鼓						11		11
杂项				19				19
总计		10	310	1716		11		2047

1947 年 9 月，故宫文物向重庆集聚，那志良与峨眉县长朱焕北（屏山人、国立政治大学毕业）签署归还协议，将武庙交还峨眉县。

故宫文物离开武庙后不久，1948 年，峨眉县政府将峨眉国立中学的三个班分出，单独建学校，名为峨眉女子中学，校址在峨眉武庙。1953 年初，四川省教育厅统一命名，将峨眉女子中学更名为峨眉一中。20 世纪 90 年代末期，峨眉一中建综合大楼，将武庙主体建筑拆毁，武庙从此消失，仅有旁边的千年大榕树见证着历史的变迁。2010 年峨眉一中分初中部独立建校，成立峨眉三中，与峨眉一中共用武庙原址为办学区至今。

2016 年 10 月，峨眉山市人民政府在武庙原址建碑纪念。

26. 土主祠

李家俊

一、土主祠由来

《峨眉县志》载："土主祠，县城南三里。庙甚古，创建于明弘治年间，后颓废。光绪三十一年金顶僧重修，以为峨眉山甲等僧办学地。"土主祠亦称土主庙，位于距离旧峨眉城西南只有一公里多的绥山镇大楠村，始建于明代，是朝拜峨眉山金顶的重要脚庙。夏天炎热僧侣们住金顶，冬天严寒就住土主祠。土主祠相当于上峨眉山金顶的接待站，又是佛教学院的办学地，明清时期盛极一时。土主祠原有门坊、土主殿和大殿三重，土主殿背西向东，门坊呈八字形，寺内第一个殿供奉土主，其后有一天井，天井后是第二大殿。第二大殿中间供奉释迦牟尼佛，两侧分别供奉文殊菩萨和普贤菩萨，土主殿两侧有四个排列的厢房，左边厢房为木板铺面，适合冬天祭祀，供奉有文菩萨——孔夫子。右边厢房为三合土地面，适合夏天祭祀，供奉武菩萨——关夫子。土主祠内建筑用料比较考究，大圆柱直径近一米，底座石台基长宽各一米多。土主祠左右及背面有数亩田地，作为寺庙财产，田地外有长300米、宽200余米的围墙。祠内良田肥美，僧侣们自给自足。

二、故宫文物存放土主祠

乐山城区在1939年和1941年两次遭受日军轰炸，峨眉大佛寺周围的民房多为草房且易燃。为安全起见，1942年春，故宫博物院峨眉办事处主任那志良决定移库，认为峨眉县城南的土主祠比较安全，遂与土主祠主持签署协议，借用土主祠作为文物库房，遂将存于大佛寺的部分文物转移到土主祠。

故宫文物存放地调整后，土主祠作为第二库，存放瓷器、玉器、铜器、雕漆、珐琅、书画、图书、册宝、陈设、服饰、档案、乐器、石鼓、杂项共3490箱。那志良把土主祠的三个殿均设为库房，左侧由警卫队驻守，右侧辟为办公区和生活区。那志良调乐山梁匡忠管理土主祠。直至1946年，故宫文物在土主祠存放四年半之久。

土主祠文物存放情况如下：

（单位：箱）

类别	第2库									
	箱别									
	沪	上	寓	公	颐	国	所	法	展	小计
瓷器	1259			442	24	44				1769
玉器	164			57						221
铜器				2						2
雕漆	61			35			1			97
珐琅	62			19			13			94
书画	3			4	1		1			9
图书		242		5	1		1			249
册宝			15							15
陈设				54	6		3			63
服饰			2	41						43
档案			594	6						600
乐器			30							30
石鼓										
杂项	181		5	105	1		1	3	2	298
总计	1730	242	646	770	33	44	20	3	2	3490

1946年，故宫文物东归南京之时，那志良与土主祠主持圣其于8月31日签署归还协议，证明人是圣昌，加盖"峨眉山金顶下院万行庄图记"。

1946年9月，故宫文物搬离峨眉后，土主祠曾经短暂地充当过佛学院，后来在此开办小学校。1949年后土主祠日渐式微，1958年"大跃进"时期，合作社把土主祠四周的土墙捣毁，将其墙土作为肥料撒向田地。1964年以后，土主祠的建筑被拆毁，其圆木由县财政局统一安排，用于峨眉城北建农贸市场。土主祠由此消失，原址土地分给当地农民建房居住。1983年，一场洪水将土主祠冲毁。本地土生土长的卢仕刚老人，一辈子没有离开过土主祠和许氏宗祠，故宫文物存放于土主祠和许氏宗祠期间，他每天都要从门前经过，因惧怕荷枪实弹的警卫部队，虽对文物存放非常好奇但不能目睹。1948年，土主祠办成小学时，卢仕刚在此读书，农业合作化时期卢仕刚在附近从事农业生产，是土主祠兴衰的见证人。

为纪念故宫文物南迁，2016年10月，峨眉山市人民政府在土主祠原址立碑纪念。

20 世纪 50 年代的土主祠（李家俊提供）

27. 许氏宗祠

李家俊

许氏宗祠（亦名许将军府）在峨眉城南的大南村，北靠虎溪河边，南临现在的乐峨高铁轨道。许氏宗祠为坐东背西的家族宗祠，是峨眉为数不多、规模恢弘的宗室祠堂，最鼎盛时许氏宗祠长 200 多米、宽有 50 多米，周围是许家田产。许氏宗祠前部为清式门坊，门槛高过 30 厘米，门楼非常大气，呈八字形。进门是第一个天井，两侧有耳房。过天井为第二个宗堂，宗堂两边有厢房，非常工整。穿过第二个宗堂，原有许家戏台和楼阁，戏台后面又是一道门坊，中间为一个大天井即第二个天井。这个天井两边又是颇具规模的厢房，后面才是许家祠堂，主要供奉许超、许应雄、许万艮等显赫人物，是家族祭祀场所。

许氏家族的显赫和许氏宗祠的兴建始于清道光年间峨眉人许超。

一、武功将军许超

《峨眉县续志·人物志》（宣统版）载："许超，字云台，本城人。由峨边营行伍出身，拔补赵家渡额外外委，历把总。超迁保安营千总，补建昌中营守备，建左都司，至安徽芜莱营游府。引见后升徽州营参将，寻引见，蒙宣宗成皇帝召见三次。调署宁国营参将，升补安庆协副将，调署太湖协镇都督府。道光三十年予告回籍，准以原品休致。蓝逆围峨时，协同官绅，督率筹划，与有功焉。卒年七十八岁"。《峨眉县续志·封赠》记载："卒，赠武功将军"。

许超之子许应雄、许应雄之子许万艮因此世袭受封赠，许应雄之妻李氏亦受封为诰命夫人。许家三代受皇恩封赐，遂在峨眉城南建有许氏宗祠。

二、峨眉知县秦象曾为许氏宗祠题匾

《峨眉县续志·政绩》有："秦象曾，字季贤，金陵世族，为秦涧泉殿撰之孙，以其祖荫恩赐举人，引见，加同知衔，以知县分发四川。"秦象曾的爷爷是清乾隆十七年（1752 年）状元秦大士（号涧泉，翰林院侍讲），其父秦承业是道光皇帝师傅，正三品衔。据《清实录》，道光十二年（1832 年）十一月己丑，道光皇帝谕内阁："朕冲龄就傅时，原任侍郎赠礼部尚书衔万承风，原任翰林院侍讲学士加三品卿衔秦承业，先后在上书房课读，尽心讲贯，深资启沃。即朕之今日尚能兢兢业业自守者，两师傅之功也。眷怀旧学，特沛恩施……秦承业，著晋赠礼部尚书衔；其子候选员外郎秦绳曾，著赏加四品卿衔，嗣子监生秦象曾，著赏给举人，准其一体会试。用示朕谊笃师儒有加无已之至意。"秦象曾虽然是恩赐举人，却勤政廉洁，重视体察民情，判案严谨。其政绩在《峨眉县志》有载，说"到峨眉仍尚廉平"，对民间诉讼非常认真，"少一失出关系人命，否则亏体辱亲，为世所弃"；对百姓的教育，则"小有过失必旁引曲证，如教家人子弟务令即改"。他判案非常慎重，"罪稍重则反复推敲，务使情真罪当，彼自折服"。秦象曾为官一任，造福一方，峨眉民情淳朴，风调雨顺，以至于"士民亦熏沐其德而为善良，六、七年间无红衣案图圄"。秦家三代与许氏三代均受恩于道光皇帝，彼此有着特殊的情结。故清咸丰年间秦象曾任峨眉知县（1857—1861）时为许氏宗祠题匾"馨香百世"。匾上特地提及许超三次受道光皇帝召见、十次加封战功。

三、故宫文物存放许氏宗祠

1942年春季，为避日军飞机轰炸，故宫博物院峨眉办事处主任那志良呈请马衡院长批准，将原存在大佛寺的1749箱文物转移到许氏宗祠存放，警卫部队也随之入驻。那志良派吴玉璋驻守许氏宗祠。许氏宗祠作为第三库房，文物存放期间戒备森严，围墙周围增派护卫。

许氏宗祠存放的文物有瓷器、玉器、铜器、雕漆、珐琅、书画、图书、册宝、陈设、服饰、档案、乐器、石鼓等。

许氏宗祠文物存放情况如下：

（单位：箱）

类别	第3库							
	箱别							
	沪	上	寅	公	颐	国	所	小计
瓷器				628	2		347	977
玉器				149	2		1	152
铜器				5			1	6
雕漆				45			5	50
珐琅				28			88	116
书画				19			2	21
图书				6	2		31	39
册宝								
陈设				59	1		9	69
服饰				46			1	47
档案				6				6
乐器								
石鼓								
杂项				244			22	266
总计				1235	7		507	1749

根据许氏宗祠布局，那志良在大门前的左侧安排了警卫部队驻守，将许氏宗祠的一、二、三殿全部作为库房，祠内左侧辟为办公和生活区，文物在许氏宗祠保存了四年半。

1946年8月31日，故宫文物向重庆转移，那志良将许氏宗祠归还许家传人许国倩，证明人是喻培章。

故宫文物迁离后，许氏宗祠日渐冷清。管理家族祠堂的许国倩将事务传给了儿子许国章。1949年新中国成立后，许氏宗祠日渐衰微。许国章离世后，许氏宗祠由其妻接管，住有许国章的妻子和儿子许传圆以及卢、刘两家。在1983年的峨眉特大洪灾中，虎溪河水盈破岸，上游冲下来一棵大树横在河上面，像天然水闸，水蓄满河两岸，河堤决开一个口子，汹涌澎湃的洪水对着许氏宗祠直泻而来，祠堂顿时淹没在洪水中。

2016年10月，为纪念故宫文物南迁，峨眉山市人民政府在许氏宗祠原址立碑。

清咸丰年间峨眉知县秦象曾为许氏宗祠题"馨香百世"匾（李家俊摄）

28.　刘合顺正骨诊所

陈元昌

　　新中国成立初期，峨眉县峨九街（今峨眉山市金顶北路公交站口处）有一家"刘合顺正骨诊所"，专门治疗骨科跌打损伤，声名远播，许多伤者不惜千里迢迢来峨眉县求医。

　　峨眉县有名的中医骨科专家刘合顺主要为患者接骨斗榫，驳骨疗伤，诊治闭合骨折脱臼、肌腱拉伤等。他治病救人，功效显著。

　　"大跃进"时期，龙池镇居住着一个大约十岁的男孩，他看了坝坝电影《万水千山》后，看到红军长征飞夺泸定桥，便模仿红军爬铁索桥，去爬强华铁厂运矿石的索道，爬到中间手没劲了，从几米高的索道上掉下来，手摔脱臼了，当时痛得直哭。家人马上带孩子去龙池医院治疗，该院采用打石膏板的方法治疗，结果手肿得像馒头，孩子疼得呼天喊地，从晚上哭到天亮。

　　第二天他们带孩子到峨眉县峨九街找刘合顺师傅治疗。走进刘师傅的诊所，只见诊所正中放着一张圆桌，桌上放着一套茶具和一个香炉，从中散发出一股如兰似麝的香气，使人神清气爽。

　　刘合顺问清病情，然后慢慢去掉夹板石膏，他让小孩试着拿笔，小孩根本握不住笔。他拉着小孩手轻轻摇晃，上下拿捏有度，有说有笑地逗着小孩，然后趁他不备突然往下一拉，小孩浑身一震："哎哟！"一个激灵，疼痛立减，慢慢肿胀也消了。刘师傅捋了捋胡须，缓缓道："通则不痛，痛则不通。"他用一根纱布带套在患者颈部吊着患肢，又拿出一粒云南三七，吩咐家人回家在粗瓷碗底部把药碾成粉末，和白酒涂擦患部，每天喝一小杯药酒，一周后痊愈，几十年过去了，至今伤处从未复发。

　　刘师傅医术精湛，吸引了许多青年拜师学艺，特别是他的绝技"一手还位法"（当时我国尚未普及西医的透视、照片诊断），仅凭手感探知伤情。他当时门下收有几位学徒，有马哥、尧哥、雷哥等，个个都继承了刘合顺的"一手还位法"技术，诊所门庭若市。刘合顺平时少言寡语，口碑很好，对病人热情周到，他视病情、视病家经济状况选用价廉物美的药物对症治疗。他采用收富人诊费弥补穷人的办法，对穷苦病人不收或少收，获得患者的一致好评。

　　他对徒弟也耐心细致，放手让他们诊疗，他站在旁边不多言，不多语，待到捡药配方时，他一声不响，亲自操作。

　　随着"刘合顺正骨诊所"知名度的提高，全国各地到峨眉的就医患者日益增多，除了满足门诊就医外，为了方便重伤病员就诊，他还专门开设住院治疗，到20世纪60年代初发展有三十多张床位。

1952 年"峨眉县刘合顺正骨诊所"经峨眉县政府批准成立,1964 年更名为"峨眉县正骨诊所",1970 年组建成立了"峨眉县城关镇卫生院",骨科是其核心科室,1980 年成立了"峨眉县中医院",骨科仍然是该医院招牌科室。

如今,峨眉山市中医骨科的著名医生,大多是他的徒子徒孙了。

今日中医院

29．石面堰

刘世晓

　　峨眉山市境域内有符汶、双福、临江、龙池四大河系流经峨眉全境而汇入大渡河、青衣江，可谓山清水秀。峨眉自古有仙山之称，美丽的峨眉山脉约占全市土地面积的75%，多以森林为主，余下留给峨眉人民的平坝、河谷地段约有25%的土地面积。其中可耕地约有31万亩，水田占19.3万亩，旱地占11.7万亩。在这片富饶的土地上生活着50多万峨眉人民，可算得上生活在"天府"中的天府了。遇风调雨顺的好年景，依靠四大河系的水利资源可灌溉农田15万亩，约占可耕地的50%。但尚有半数的可耕地无法保证灌溉，只得"靠天吃饭"，听天由命。若遇天干，那就是另一回事了。历史上曾多次出现过大旱之年，人民遇灾难逃荒要饭的悲惨状况历历在目……

　　凡在峨眉土生土长的80岁以上老人，都知道"丙子大旱"（1936年）和"丁丑难熬"（1937年）的大灾荒。那是骇人听闻的大灾之年，真是"哀鸿遍野，饿殍载道"。

　　1936年由于老天作恶连续九个多月（近三百天）不下雨，河水断流，田塘干涸，土地龟裂，禾苗枯死，城乡百姓饮水要到数十里外的大渡河、青衣江取水。峨眉城乡视水如油。国民政府腐败，无力顾及百姓，农民无奈只得愤怒地将枯死的禾苗（秧巴头）拔下甩去打政府大堂，县政府大门堆满了"干秧巴头"。第二年的"丁丑年"（1937年），又是接连九个多月天不下雨，加剧了大旱。两年内大小春颗粒无收，市场上早已断粮，城乡一片恐慌。逃荒要饭者络绎不绝。野外竹林成片枯死。凡能充饥的树枝、草根、野果、野菜都被吃光了，许多人骨瘦如柴，有的患上了浮肿病，有的吃"观音土"（白泥巴）填充饥饿，结果活活被胀死。这是百年不遇的大旱呀！在农村只要有半碗米就可换回一个大姑娘。笔者全家也分别逃往乐山、宜宾投亲靠友才幸免于难，保住了性命。

　　时间相隔十年峨眉又遇上"周期性"的大旱，1945年的"乙酉春旱"和第二年的"丙戌夏旱"，接连六个月天不下雨。成千上万的饥民涌向县政府大堂，把整个县政府围得水泄不通，向县长朱焕北大喊大叫"要救命粮"。农村结队向乡绅、粮户借粮，借不到粮就成群结队到乡绅、粮户家"吃大户"。全县26所中小学校长联合向县政府请愿，各学校发动师生上街游行"要粮罢课"，在城区举行"城乡学生联合""反饥饿，要生存"的特大示威游行。由此震惊了四川省政府，不得不撤换了县长朱焕北。

　　新中国成立后，党和政府致力于兴修水利建设，大大地减少了自然灾害的威胁。人民配合政府运用土法施工，靠人海战术，于1950年至1957年，重点整治了符汶、双福、临江、龙池四大河系，同时兴修了瓢呷井、徐湾、毛沟沱、大林湾水库。但局部灾害、丘陵、山岗田灌溉仍得不到缓解。

此时乐山专区农林水利工程人员设想了"引青衣江水灌溉夹、峨、乐三市县的农田水利建设",即兴修石面堰工程(也称跃进渠)。

"水利是农业的命脉",为长远打算,造福子孙后代,必须解决那些无抗旱能力的丘陵、山岗、冬水田、望天田的灌溉问题。这些田占去了峨眉山市一半以上的农田面积,而峨眉山市境域内又无大江大河取水,经考察和研究,决定依托乐山地区"引青衣江水济峨眉"。俗话说:"大河有水小河满。"石面堰是无坝引水工程,不愁水源短缺。它取水于夹江青衣江南岸石面渡,依山开渠,流经夹江、峨眉、乐山汇入大渡河,全长60多公里,可受益146平方公里土地,是峨眉山市一项大型水利工程,在农田水利上可起到命脉作用,能承担三个市县一百多个村庄的11.5万亩的农田灌溉任务,为峨眉山市农田水利灌溉立下汗马功劳。石面堰在峨眉山市境域内流经32公里,经过双福、新平、符溪、胜利、绥山、燕岗六大镇乡,受益农田约8.5万余亩,相当于峨眉山市水利灌溉总和的53%以上,能确保粮农丰收。

今石面堰峨眉城区段(朱华高摄)

回顾1957年12月,笔者在乐山专署工作时,受派遣随陇跃副专员巡视石面堰沿线工程备工备料物资供应情况,传达专署会议精神:"凡石面堰工程所需各项物资,所在地国合商业部门必须保障供给,要多少给多少,不得影响工程进度。"一切准备工作就绪后,石面堰于1958年春正式破土动工。至今已有60年的历史了。石面堰是在"大跃进"时期施工修建的,故又名"跃进渠"。当年石面堰的修建条件十分艰苦,施工技术落后,农民称是峨眉的"红旗渠"。全凭"人海战术、白手起家、土法上马",没有先进的机械化设备,全靠全体施工人员的苦干加拼命,没有什么防护掩体设备,放炮、开渠、塌方垮岩、死伤的事在所难免。工程施工人员凭着牺牲精神,历尽千辛万苦,无私奉献,经历了不知多少风风雨雨、日日夜夜,终于建成了今日石面堰的规模。而今这些工程施工人员一个个都成了白发苍苍的老人，有的已作了古。他们献出了青春，为峨眉人民建立了功勋，为子孙后代造福不浅。我们今天看到的石面堰就是老一辈工程人员留下的，无论怎样为他们讴歌都不过分。

石面堰建成之后，党和政府继续领导全市人民兴修水利。1958—1965年，新建了徐湾水库、汪家堰、双龙、龙门、沙溪等小型堰渠；1966—1976年，新修了工农兵水库（峨秀湖）；1977—2001年，整修龙池湖、双福、大为、龙池、龙门、临江河等排洪蓄水，试办了喷灌和水力发电；2001—2012年，修建了老鹰岩（观音岩）水库，整治了符汶河蓄水和绿化工程，使符汶河旧貌换新颜……

至今，峨眉山市已拥有灌溉万亩以上的大堰四条（龙门堰、麻萌堰、茅草堰、皂角堰），河渠可灌农田5.12万亩；灌溉千亩以上的中小型堰、塘20余条（座），可灌农田13.6万亩。

依据峨眉山市现有田土面积30.69万亩计算，其中水田19.3万亩，旱地11.7万亩，而今水田已改为两季田，成为旱地，早已没有水田，用水量已大大增加。若靠现有水力资源在风调雨顺年景中也只能承担40％左右的灌溉任务，石面堰承担了27％的灌溉任务。因此说石面堰功不可没，它在峨眉山市农业生产中立下了汗马功劳，不仅保证了农田灌溉，而且为防涝、抗旱、水力发电、为国家核工业用水也做出了功不可没的贡献。现在它拥有8.33万亩农田水利的灌溉能量，受益辖区面积达146.2平方公里，浸润田面积超过了200平方公里以上。随着农业品种改良和化肥、农药的有效使用，在保证及时灌溉的前提下，已实现了灌区范围内粮食稳产稳收，平均每亩产量达1050斤（525千克）以上，是建堰前每亩产量的2.5倍以上。农民称石面堰是"造福堰"，是峨眉、乐山、夹江三市县的又一条"都江堰"。

30. 白塔公园

彭建群

峨眉白塔公园位于峨眉山市城南村，建于二十世纪九十年代初现大佛禅院的一部分。白塔公园曾经是峨眉人民休闲娱乐的场所，那里曾经有游泳池、游乐园、跳跳床、保龄球、海盗船、哈哈镜、人工冲浪等娱乐设施。

20 世纪 50 年代的峨眉白塔（李家俊提供）

在白塔公园内，曾经有一个大然湖泊，叫白塔湖，是人们划船、垂钓的好地方。原来湖边的十里山上，有一座巍然耸立的白塔，故名白塔公园。

20 世纪 60 年代，白塔被人为拆除，其中一部分砖用于修建峨眉铁合金厂车间。

1994 年，在白塔公园内，峨眉山市举行了大型灯会。

1995 年，峨眉山市人民政府批准峨眉山市佛教协会筹资在城南郊白塔公园的地方购地 226 亩，恢复重建大佛寺。峨眉山佛教协会根据普贤道场的文化内涵以及峨眉山佛教文化发展的需要，经过反复讨论和认真研究，报请政府批准，决定将大佛寺改名为"大佛禅院"。

自此，白塔公园被撤掉，白塔湖修建成了如今大佛禅院里的妙觉莲池。

白塔公园大门（1986 年薛良全摄）

31. 白蜡街（三则）

白蜡街与白蜡沟

王雪林　陈文治

峨眉白蜡始于隋末唐初，是中华医药瑰宝，中国著名的传统出口商品，因品质优良而享誉世界，有外商称赞是"天下第一蜡"。在近 1400 年的传承与发展中，峨眉人创造了全国独一无二的峨眉白蜡生产加工技艺和博大精深、厚重灿烂的白蜡文化，2009 年被列为第二批省级非物质文化遗产保护名录。据考证，清朝末年至民国初年，峨眉山市白蜡产业达到了鼎盛时期，全市共有白蜡树 400 多万株，丰年产白蜡 320 多吨，全市无论是坝区还是丘陵山区的农户几乎家家种植白蜡树，户户生产白蜡。每年一到小满前，家家户户，男女老少全体上阵，壮年男子在外薅树，老人、妇女及儿童都在家昼夜不停地用桐子叶包虫。小满后，则壮年男女每人挎一个提篮，手拿虫丫，将虫包一担一担挂上树。立秋时节，漫山遍野，艳阳光耀枝枝玉，风摇万亩树树琼，一派白蜡丰收景象。

峨眉山市以白蜡命名的地名有白蜡街和白蜡沟。

一、白蜡街

新中国成立前，峨眉白蜡的交易市场在现在绥山镇的新市场街，南起绥山西路，北至状元街，总长约 100 米。其时有店铺数十家，除东侧有一家药店外，其余为土杂店和布匹店，西侧靠状元街口有一间铺子为县工商会，备有桌椅、吊称、算盘和砍刀，并有人专为购销白蜡称重和制票。

1991 年《峨眉县志》载：清末民初，城区设有白蜡行，在新市街。蜡虫市在北街崇兴客栈内。

蜡市每年有两次最热闹：

第一次是白蜡新产上市——处暑前后到秋分的夜市。每当夜幕降临，檐灯齐亮（最早为燃清油的三须壶灯，后为燃煤油的马灯，再就是煤气灯），交易验级时再点上火把或手提灯或打开电筒，真是灯火通明不夜天，人声鼎沸交易忙。夜市一般交易至半夜结束。

第二次是蜡农进虫山前——惊蛰前后至春分，蜡农们纷纷卖掉所有的存蜡，便于进山后多买蜡虫。

无论是夜市还是白天交易，成千上万斤白蜡呈一字形排开，一堆挨一堆，每间店铺前少则十几块，多则数十块，摆满街道两边，迎接来自上海、广州、武汉、重庆、成都以及乐山、宜宾的蜡商，加上本地和洪雅、夹江等外县的蜡农、蜡商、蜡贩和经济人，整条街人群摩肩接踵、熙熙攘攘，讨价还价声，经济人圆场声，以及砍蜡、唱称、开票、付款声不绝于耳。其他时候白蜡交易数量不多，一般都摆放在新市场的两边。

新中国成立前，峨眉白蜡长期名列全国前茅，加上五百多年历史的采虫古路与茶马古道部分相融、相通，以及峨眉河上竹筏船队运白蜡至嘉定的便捷，峨眉的蜡市成了乐山乃至四川白蜡的交易中心和主要集散地。

蜡市开到1956年，白蜡由国家实行统购统销后完成了历史使命。

原峨眉白蜡街 现新市场街（李华英摄）

二、白蜡沟

白蜡沟起源于双福镇的江场村。此地是一条水沟的起源地，沟宽约一米，自西北向东南，全长十多公里，越到下游沟渠越宽。沟渠两边沟坎上遍种白蜡树。白蜡沟流经双福镇江场村、石岗村、同兴村、陈岗村和符溪镇的战斗村、钢铁村、丰收村，经观音寺汇入峨眉河，流向乐山，白蜡树也沿沟而下，从高处看，犹如一条白蜡长龙。白蜡沟的起名，也同蜡海、蜡山一样，在清朝末年和民国初年，峨眉白蜡生产处于鼎盛时期，沿沟两岸种植了成千上万株白蜡树，盛产白蜡而得名。这条沟的名称一直延续到现在。如今当地人说到此沟时，仍然称"白蜡沟"。20世纪50年代，《四川省青衣江乐山流城峨眉水系图》上仍标有"白蜡沟"地名。

麻柳村白蜡山

朱华高

麻柳村都是山地，自古以来满山遍种白蜡树，一到夏季，满山白蜡树郁郁葱葱，蜡花满树，银光闪耀，十分惹人喜爱。相传有一年，凉山一部落头领带着一帮族人来麻柳村学习白蜡技术。他们登上打鼓山，山下白蜡树尽收眼底，不觉脱口称赞："好一座白蜡山！"麻柳白蜡山由此得名。久而久之，白蜡山便成为打鼓山和麻柳村的别名。

自古以来，麻柳村便是峨眉白蜡主要的种植加工基地，也是当地人最主要的经济收入来源。新中国成立前，各家各户几乎都在生产白蜡。新中国成立后，集体经济也大力发展白蜡，全村种植白蜡面积数千亩，白蜡收入占农业总收入的50%以上。1980年实行集体土地承包责任制后，各家各户的白蜡生产热情更加高涨，家家户户，人人参与，还开辟了不少荒山种植蜡树，数量一年比一年多，面积一年比一年大，最大规模在1995年，全村种植面积5000多亩，那年全县共有1万多亩，麻柳村就占将近50%。全村400多户人，除极少数没劳力的，或住在外面的，其余90%以上都在挂白蜡。2017年，全村白蜡面积也有几千亩，但是，面积有所下降，最主要原因是生态环境变化了。不过，笔者在麻柳村7组考察时，见路边有一大片白蜡、茶叶混种林。笔者和绥山镇农业技术员何玉勤都以为这是一种很科学的种植模式，蜡—茶模式，就是在蜡树下种茶叶，比粮—蜡模式好。这种模式是高低搭配，阴阳结合。蜡树需要阳光，而茶树在蜡树下；茶树需要遮阴，蜡树刚好可以遮阴。采茶时蜡树是生产淡季，收蜡时已经不采茶，一点不误工。茶叶要施肥，正好可以为蜡树施肥，都是经济作物，单位面积收入也高。

峨眉是四川白蜡产量最多、质量最好的产地。据1941年调查，川蜡每年产5000余担，占全国产量的80%左右。抗战前输出额值100万余关两，占白蜡输出第一位，而峨眉占全川白蜡产量的50%。故有"世界白蜡首推中国，中国首推四川，峨眉又居四川之首"的美誉。麻柳村白蜡产量在全县占有举足轻重的地位。

峨眉白蜡是优质白蜡的代名词。1991年《峨眉县志》载：峨眉"米心白蜡"是成品蜡中之上品。在国际市场上，往往用峨眉米心白蜡作为衡量白蜡质量、划分白蜡等级的标准。清代，川蜡是贡品之一，其中又以峨眉米心白蜡为主。麻柳村是峨眉米心白蜡最多和最重要的加工基地。

1911年至1940年，四川各县白蜡产额表明，峨眉产额为全川之冠。据1991年《峨眉县志》，1943年产蜡量最多，为115000千克；1960年产量最低，9050千克。1980年，全县18个乡，产蜡乡12个，种植规模最大的是大庙乡和川主乡，都是13万株。产量最多的是川主乡，177担；其次是大庙乡，134.37担。全县产蜡虫132担，最多的是高桥乡，40.99担。麻柳村占大庙乡白蜡产量的主要地位。

新中国成立后，峨眉一直是我国重要的白蜡生产基地，产量居全国之首，质量为同类产品之冠。不仅在全国畅销，而且远销欧美、非洲、日本及东南亚等国。峨眉米心白蜡在国际市场上久负盛名，被外国人视为珍品。

新中国成立前生产白蜡的难题是保管。白蜡很贵，各家各户都怕被偷，怕被抢。麻柳村大多数人户是把白蜡装进"睡床"里。所谓睡床，就是为保管白蜡专门做的床，床像一个大柜子，把白蜡放在床里面，上面铺上棕垫，晚上，人睡床上，可以安全地防盗。还有些人户把白蜡装入麻布口袋，沉入自家养猪的粪坑里，也是防盗的好办法。白蜡放在粪坑里几年都不会变质，要卖蜡时，捞上来，把表面污秽清洗干净即可。白蜡交易也很特别，因为价贵，卖蜡人只带样品。价钱讲好后，买方在卖方家中提货。买方都带有保镖，有些数量大的还要武装押运。

如今，麻柳村和打鼓山仍然是峨眉最重要的白蜡生产基地。白蜡山仍然满山遍野都是蜡树。一到夏季，满山皆蜡树，满树蜡花闪耀。

孙思邈与峨眉白蜡

陈文治

历史悠久的峨眉白蜡起源于隋末唐初，距今已有近 1400 年的历史。曾远销全国 20 多个省市及欧、美、东南亚市场，是我国传统的出口产品。

作为峨眉山珍稀特产的峨眉白蜡，它的起源还有一段与药王孙思邈有关的传奇故事。据峨眉山市白蜡重点产区之一的绥山镇炳灵村二组 85 岁高龄的老蜡农王文鼎口述，他年轻时就听前辈人说，峨眉白蜡的起源应归功于药王孙思邈。

隋末唐初，药王孙思邈（581—682 年）于隋大业十四年（618 年）及唐武德九年（626 年）前后两次到峨眉山，住在清音阁后山的牛心寺。他常年不辞辛劳地进深山，攀悬岩，尝百草，访药农，同时采集各种草药炼制"太乙神精丹"。一日他在大峨寺后山上发现几棵树上结有很多小果子，大小如豌豆，小果子下方还吊有白色透明的水珠，尝之带有甜味，他想此果可能可以做药。于是他每隔三五天就去看一次，当那些小果子成熟后又发现树枝上密布着一层小虫，他摘下果子扒开果壳看见里面还有许多小虫，以他的经验断定那些小虫有雄的和雌的，有雄有雌就可以繁殖后代，不久他又发现一些树枝上竟长出一层白霉霉（即今蜡花），而且一天天长厚，他采下白霉霉尝之无毒，他想如果把白霉霉经过提炼一定大有用处。到秋收时他又发现原先的小虫变成蛾飞走了。在白霉霉上留下许多孔眼，证明虫子活了。随后他每年上山都注意观察，看到很多树上都结有果子，而且果子下方都吊有水珠，几年观察，年年如是，这更引起了他的浓厚兴趣。经过研究还发现那些白霉霉可治刀伤。白霉霉成熟后经过熬炼还可以做药用，有止血生肌的功效。

随后他就动员峨眉山上的农民及时采集树上的白霉霉，同时教会大家如何提炼。经过几年努力，把野生虫子变成人工培育，再将虫子放养而长成白霉霉，白霉霉再提炼成白蜡，这就是峨眉白蜡的起源。

前人又在此基础上，总结出一套白蜡虫培育和生产白蜡的经验，一直沿袭至今。

当今峨眉白蜡已成为峨眉山极其珍贵的资源，年产数十吨，在山区农民增收致富和支援国家建设以及外贸出口方面都发挥了巨大作用，人们无不深情地怀念峨眉白蜡的发现者、创造者孙思邈。

孙思邈，著有《千金要方》和《千金翼方》等重要医著，在我国医学史上占有重要地位，后人尊称他为药王。

《峨眉山志》记载，孙思邈两上峨眉山，历时十余载，他炼丹的遗址丹砂洞，又称药王洞，至今洞底洞口还有烟熏的痕迹，崖壁也呈碎裂状，早年有人还发现洞中有炼丹用的炉、罐、钵等工具。

宋代著名文学家苏东坡在游览峨眉山药王洞时曾写诗怀念孙思邈："先生一去五百载，犹在峨眉西崦中"。明代诗人朱子和在诗中也写道："仙人剑去空青壑，丹鼎犹存铺彩虹"。这些诗极其生动地赞颂了药王孙思邈在峨眉山采药炼丹的不巧功绩。

岁月悠悠，一千多年过去了。如今当游人来到峨眉山药王洞，面对巍巍青山，洞穴犹存，无不深深怀念药王孙思邈当年历尽艰辛采药炼丹和他发现蜡虫、发展白蜡生产的卓越贡献。

32. 桑园

朱华高

　　出峨眉县城东门约 8 里，在峨眉到乐山的公路右边约 500 米处，是胜利镇政府所在地。当地小区名桑园小区，何以如此？原来，此地乃原桑园乡政府所在地。后来桑园乡和胜利乡合并，更名胜利乡（今胜利镇），为保留地名历史文化，此地便命名为桑园小区。

　　说起桑园乡，当然要追溯峨眉悠久的蚕桑历史。

　　峨眉蚕桑有着悠久历史，曾经的蚕桑、茶叶、白蜡、黄连是峨眉县农产品四大支柱产业。唐朝时期，手工纺织业已经盛行，《元和郡县志》载："峨眉符汶出布，今处处有之。"织布和蚕桑制丝孰先孰后，如何联系，无考。

　　峨眉历史上有过蚕桑辉煌和嫘祖蚕桑文化。峨眉蚕桑发展，最有名的当数桑园乡，即如今的胜利镇部分村。桑园乡域内曾经还修有蚕桑始祖嫘祖庙。目前所知，是峨眉山市境域内唯一一座嫘祖庙。最早的嫘祖庙被张献忠军队进驻，败退时他焚火烧庙。第二次修庙是 20 世纪 40 年代，在原址上重修。

　　桑园乡、青龙场、普兴乡等是峨眉山市曾经的蚕桑的重要和主要产地，都是丝绸之路古道上的重要节点。刘世晓先生《嫘祖文化在峨眉》云，峨眉山市的蚕桑也是江浙一带蚕桑种植者和蚕桑丝绸商人带着人才、资金和技术沿丝绸之路来到峨眉，才使峨眉蚕桑有了飞速发展。

　　1991 年《峨眉县志》载：峨眉蚕桑主要产区为青龙（罗目镇）、燕岗（桂花桥镇）、九里、冠峨（峨山镇）、桑园（胜利镇）、双福、太和（新平乡）、符汶（绥山镇）、高桥等乡。民国初年，罗目镇的张林，成片的桑树有 2000～3000 株，年产桑叶 20～25 万千克。

　　清宣统元年（1909 年），峨眉开办蚕桑传习所，附设农业学堂和试验场，有桑树2000 株。1916 年，峨眉县人杨子学留学日本回国，任峨眉蚕桑局局长，开办蚕桑讲习班，又扩大桑园面积，聘请技工植桑，变"五亩之宅树之以桑为成片桑林"。1922 年，撤局改设蚕桑讲习所。

　　1938 年，峨眉第一家缫丝厂建立，安装小车 20 架。1940 年续有蚕丝合作社，规模比厂还小，1945 年均倒闭。1951 年，设立蚕桑站，发放改良蚕种和收购蚕茧。1956年，全县发蚕种 3499 张，产茧 94530 千克。后来高桥磷肥厂氟化氢失控，造成青龙一带大气污染，又因 1958 年乱砍滥伐，桑林大部被毁，年产茧 46150 千克。1980 年建立县办桑苗圃，这一年栽桑树 84.5 万株，次年 58.7 万株。同年于胜利（原桑园乡）甘河村设立两个母本基地，繁育桑种。

1987 年峨眉县农业区划委员会《四川省峨眉县农业区划及资源动态监测数据汇编》（以下简称《数据汇编》）载，1949 年，蚕茧产量 84.5 吨。1950 年到 1965 年，产量在 18.4～94.4 吨。其中，产量最高年份是 1956 年，为 94.4 吨，以后呈逐年下降趋势，每年都在 60 吨以下；其中 1961 年最低为 13.6 吨，随后逐年波动回升又下降。1966 年为 18.6 吨，以后逐年下降；1969 年最低，为 5.6 吨，后逐年回升；至 1976 年为 10.7 吨；到 1979 年，为 30.5 吨，后逐年下降；到 1986 年，仅 1 吨。

在桑树品种上，《数据汇编》载，地方品种有黑油桑、乐山花桑、大红皮、峨眉花桑、野生桑、北场 1 号、纳溪桑、育 2 号，引进品种有湖桑、桐乡青、中山 14、6031、火桑、实生桑、新一之癞。

笔者家乡在峨眉山市北门外的符汶村，全是平坝，粮食主产区。新中国成立初期，当地及周边地方十里八村房前屋后，到处都是蚕桑树。周围农民，十有八九都在种桑养蚕。笔者的父母、姐姐、四叔都在养蚕，檐坎上（有 3 米宽）、堂屋里，到处都是养蚕层架，房楼上曾放着木架做的缫丝工具。新中国成立前，四叔是"取丝匠"，就是到各家帮助缫丝的技术人员。后来，到了 1958 年大炼钢铁时期，桑树、白蜡树基本被砍光。

第二篇　名流篇

1. 轩辕黄帝授道台

李家俊

　　轩辕黄帝授道台在峨眉山善觉寺后的宋皇坪上。古有一小城池，其夯土和石磊台仍存在。《峨眉山志》（蒋超版）说："授道台，在纯阳殿后宋皇坪上，相传轩辕黄帝访道于天真皇人，授九仙三一五牙经处，旧有道纪堂、幽馆、别室三百五十间，台右有千人洞，名虚灵第七洞天，又有吕仙剑画十字洞。"《峨眉县志》（嘉庆版）说："台上有轩皇观，视其处，常紫气氤氲，为云为峰，俱在缥缈间也。"宋皇坪高近千米，从善觉寺沿陡坡上行，途中杂草丛生，泥泞湿滑，顶上有一大平台，平台四周依稀可见古夯土堡，并有石头垒的城池遗迹，印证这里曾经有群体活动，故清代谭钟岳有"宋皇坪外耸高台，旧是轩辕访道来"的记叙。

九老洞仙皇台（刘睿摄）

轩辕问道　岳峨河浩

　　轩辕黄帝是中华民族的共同祖先，他征服炎帝部落，联姻西陵氏，击败蚩尤，统一华夏民族。毛泽东在《祭黄帝陵文》称赞轩辕黄帝"赫赫始祖，吾华肇造，胄衍祀绵，岳峨河浩。聪明睿智，光被遐荒，建此伟业，雄立东方"。史传轩辕黄帝在统一华夏的历程中，有一个重要的节点就是问道峨眉山。

轩辕黄帝问道峨眉山，最早见于东晋葛洪的道教典籍《抱朴子·卷十八》："黄帝……到峨眉山见天真皇人于玉堂，请问真一之道"。记述轩辕黄帝闻宁封子于青城山著《龙履之经》，便专程前往拜访，并筑坛于山，宁封先生为"五岳丈人"。轩辕黄帝问先生真一之道，宁封指引峨眉山天真皇人，轩辕遂前往峨眉山问道。蒋超《峨眉山志》记："峨眉山北，绝岩之下，苍玉为屋，黄帝往授真一五牙之法"，其中一段治国理念非常精彩："昔天真皇人于峨眉山中告黄帝曰，一人之身，一国之象也。肾腹之位，犹宫室也。四肢之郊，犹列阔也。骨节之分，犹百官也。神犹君也，血犹民也。能知治身则知治国矣，爱其民所以安国，弘其气所以全其身。"

《峨眉县志》（嘉庆版）说"黄帝至峨眉山求道于皇人，皇人问所得者一千二百事"。峨眉县志的各个版本，都有轩辕黄帝问道峨眉山的记录。具有雄才大略的轩辕黄帝不畏艰险，风尘仆仆上峨眉山，问计天真皇人，天真皇人欣然授道轩辕黄帝。轩辕黄帝问道峨眉山，一在寻找统一华夏之策，二在修仁德之功，三在养生之道。

除轩辕黄帝授道台外，峨眉史书记载轩辕黄帝在峨眉山的踪迹有七处，并存历史文化遗迹：一是峨眉山善觉寺后的宋皇坪。二是峨眉山九老洞。《峨眉山志》又记"九老洞在九岭岗初殿上，黄帝访天真皇人至此，遇一叟洞外，问有侣乎，答以九人，故名"。九老洞是道家洞天，洞深不可测，古人托轩辕黄帝于此，并以九老故事相衬，把峨眉文化与中华文化巧妙结合在一起。三是峨眉城南的圣积寺。旧有慈福院（今峨眉山股份有限公司所在地），《峨眉山志》载："古慈福院，乃轩辕问道处"，县志上说圣积寺是入山的门户，或许也是相传轩辕上峨眉山的第一站。四是清音阁的双飞桥左桥。《峨眉山志》说是"轩辕游胜峰时造"。"双飞两虹影，万古一牛心"是清末戊戌六君子之刘光第的名联。古人把峨眉山绝景与轩辕黄帝相提并论，烘托出峨眉山的历史底蕴。五是峨眉山纯阳殿北侧的授皇台。今尚有一个凉亭，纯阳殿寺庙简介上有记载，天真皇人授道于此。六是轩辕庙。《峨眉县志》载，在峨眉城南三十里，旧有轩辕庙，今已不见踪迹。七是普兴千佛岩。《峨眉县旧志》叙："皇人授'真一五牙法'而此以大牙传，亦奇矣"。宋元以来，千佛岩刻有许多佛教雕像，也有一些道教神像，亦有黄帝问道处的记载。小悦公路建设过程中，千佛岩严重毁坏，轩辕黄帝问道的标志消失。

轩辕文化　光耀峨眉

占据天时地利的轩辕黄帝，肩负历史使命，忧天下之苍生，惜别西陵氏部众，带领主力回师陕西，逐鹿中原，击败蚩尤部落，统一华夏民族。

2018年1月8日，《华西都市报》载：在"颛顼与小凉河文化"研讨会上，有四川专家考证，广汉三星堆即轩辕黄帝的都城，其纵目人和面具即轩辕黄帝专用品，由此说明轩辕黄帝在四川有许多踪迹。

中华文明上下五千年，相传以轩辕黄帝为始。轩辕黄帝问道峨眉，虽是文传，却把峨眉文化带入五千年浩瀚历史长河之中，峨眉的历史遗迹点滴，就是对中华文明史的诠释。

轩辕黄帝问道之古慈福院（李家俊提供）

　　轩辕黄帝立嫘祖为正妃，以岐伯、仓颉为左右大臣，对峨眉文明发展进程有深远的意义。几千年来，峨眉民间有纪念嫘祖的寺庙，有学习传承嫘祖养蚕缫丝的传统；峨眉的中医传承受岐伯的影响；峨眉的中草药闻名遐迩。

2. 嫘祖庙

刘世晓

峨眉曾有一座古庙，叫嫘祖庙。嫘祖庙位于老地名"梅子坡"一带，民国初期那里是桑园乡政府驻地。桑园乡之名，缘于峨眉县的蚕桑产业，以桑园乡最为发达，桑林成片，同时那里还修建了一座祭祀蚕桑始祖嫘祖的"嫘祖庙"。

嫘祖，轩辕黄帝的正妃。嫘祖又是种桑养蚕制丝技术的发明人，被称为"蚕神"。司马迁的《史记·五帝本纪》载："黄帝居轩辕之丘，而娶于西陵之女，是为嫘祖。嫘祖为黄帝正妃，生二子，其后皆有天下。"嫘祖始蚕说，最早始于北周。《隋书》载："北周制，皇后……至蚕所，以一太牢亲祭，进奠先蚕西陵氏神。"

记得儿时在刘祠堂读私塾时，启蒙老师朱晓松在《千字文》"天地玄黄，宇宙洪荒"中曾经讲过"人类上古时代是以树叶、兽皮遮体，后来黄帝的正妃嫘祖发明了种桑、养蚕，人类进化到缫丝织绸的衣着文明"。

自隋开皇十三年（593 年）始建峨眉县以来，至今已有 1420 余年的悠久历史。在此期间，峨眉人民已开创了以"蚕丝、白蜡、黄连、茶叶"为主的四大经济支柱产业。

东汉初年，蚕桑技术沿丝绸之路引入峨眉，促进了蚕桑种养业的发展。本地人与外地人自觉联姻，民间开始"招商引资"，促进了蚕桑业的大发展。元末明初峨眉已涌现了一些行、帮、会、馆，其中苏杭一带的丝绸帮与本地蚕农联姻成立"嫘祖帮"，包括缝纫（裁缝）、缫丝、织绸业等。嫘祖帮是各帮会中最大的帮会，会馆设在桑园乡，即今胜利镇，并在梅子坡新修"嫘祖庙"供奉嫘祖娘娘（当地农民称蚕花奶奶），每年春分开始祭祀，历时半月至清明止，许多蚕农前来祭拜。大殿内塑有白衣素服的嫘祖娘娘，嫘祖背面是白色粉墙，壁上画有四幅"种桑、养蚕、缫丝、织绸"的"蚕花姑娘素描"图，画像栩栩如生，显现出勤劳活泼的姿态。庙的正门前有个空坝，中心有一长形香炉供祭拜者烧钱化纸，焚香秉烛。庙的规模不大，约占地 200 平方米，但香火旺盛，每年春分日，嫘祖帮会首要相邀缫丝、织绸商到场与蚕农签订蚕茧收购协约，祭祀后便是一台坝坝宴，由丝绸商办招待。嫘祖庙也是过往行人歇脚乘凉的好地方。笔者祖母是养蚕能手，也是蚕桑之乡嫘祖会代表，儿时随祖母参加过祭拜嫘祖的活动。

听祖母说，相传原有的嫘祖庙始建于元末明初，规模较大，除塑像，尚有石碑记载嫘祖辅佐黄帝安天下的事迹，故招引了许多外地客商看中了峨眉这块蚕桑宝地，使峨眉成了西蜀有名的蚕桑之乡，涌入不少民间手艺人、丝绸商、农桑人才定居峨眉。因峨眉山气候良好，雨水充沛，土地肥沃，适宜蚕桑养殖，从而促进了峨眉经济繁荣，这一景象延续至明末清初。

明末清初，四川遭遇了一场张献忠剿四川的兵灾，战乱不休，蜀人死伤惨重，四川人数不足十万人，峨眉人数不足三千人，人口锐减。当时张献忠的农民军与清兵在峨眉虹溪桥（蔡沱）大战一场而败退。百姓说："流冦（指张献忠）败退时放火烧了嫘祖庙，捣毁了石碑。"笔者看到的嫘祖庙是乾隆年间重建的简易小庙，连残碑断碣也不见了。在顺治、康熙年间，为了繁衍人口，发展生产，清王朝采取移民政策，史称"湖广填四川"，历时75年（1660—1735），采用惠民政策，实行按人口"摊丁入亩，永不加赋"，鼓励农桑事业发展，促进了包括峨眉在内的四川各地农桑养蚕数量迅猛增长，直至民国初年。1939年峨眉始修建乐西公路，桑园乡梅子坡的嫘祖庙便成了筑路民工的伙食团和"工棚"。待乐西公路通车后，嫘祖庙便成了支离破碎的烂庙，庙内嫘祖塑像、墙壁上的素描面目全非。由于嫘祖庙破烂，已没有人再前去祭拜，反而成了土匪、强盗拦路抢劫的黑窝点。此后，由当时桑园乡长廖秉铸下令拆除，以保过往行人的安全。

3. 葛由洞

朱华高

峨眉有座二峨山，古称绥山，沙溪乡在二峨山地域内。沙溪乡有个桃林村，位于高桥去沙溪乡公路上。公路穿村而过，村里有个葛由洞，葛由洞又名葛仙洞。清嘉庆版《峨眉山志》卷一《方舆志·古迹》载："葛仙洞，在二峨山白岩溪上……上有天池，与李仙洞相对。"卷七《人物志·仙释》载："葛由，羌人也。周成王时，好刻木羊卖之。一旦，骑羊入西蜀。蜀中王侯贵人追之上绥山。绥山在峨眉山西南。随之者不复还，皆得仙道。故谚曰：得绥山一桃，虽不得仙，亦足以豪。"

传说，这洞是葛由成仙的地方。

关于葛由骑羊上绥山和在绥山采食蟠桃，在葛由洞成仙的故事，当地有多种传说。这里讲述其中之一。

西周时期，蜀国北方有一个民族羌族，族里有个人叫葛由。他是一个能工巧匠，能制作可以行走的木羊。他常常把制作的木羊骑到集市出售。一天，葛由听说蜀国绥山是修道成仙的好地方，便骑着自己制作的木羊往绥山而来。到了成都，一些王公大臣听说葛由要到绥山修道，便纷纷追随一路同行。他们一行经过长途跋涉，终于到了绥山山麓的一个镇子，见天色已晚，便在镇上住下来。这个镇因在临江河边，故名临江镇。临江人见一个白胡子老翁骑着一木头制作的羊不远千里来到绥山脚下，都感到很稀奇，纷纷前来观看。和白胡子老翁同行的还有不少穿着华贵服饰的人。临江人感到不解，问他们来此何意，老翁说："听说绥山是个修道成仙的好地方，我们是慕名而来，不知确实否？"临江人说，修道要心诚，心诚自然成。不过山上多虎狼为患，少吃食，要吃得苦，不怕死才行。其中有一个看似身份高贵，名叫杜蚕桑的人问，听说绥山有一个龙凤洞，是当年轩辕和嫘祖修行，教当地人蚕桑稼穑的去处，是否属实？临江人说："当然是。你看，我们这沿河桑树，就是嫘祖教我们的呢。"

次日早晨，葛由一行上山了。到了山上，果然人烟稀少，环境清幽，是个养身修道的好地方。众人便寻得一个宽大的岩洞安身。

没多久，他们带来的食物吃完了。葛由寻思把木羊卖掉，换些粮食，便骑着木羊到临江镇。镇上人没有买木羊，倒是赠了些粮食、衣物，葛由高兴返回。又过了些时日，葛由骑羊到罗目镇卖羊。罗目镇人从来没见过能行走的木羊，一个有钱人家便买了下来。过了些时日，粮食又吃完了，他们便四处寻找野菜、野果充饥。时间一长，一些人无法忍受如此野人般生活，便返回成都了。只有少数人坚持下来，继续修行。

一日，葛由和杜蚕桑一道外出找寻野果，来到一处地方，环境优美，地势平坦，桃树满山，两人特别高兴。仔细察看，似乎是人工种植，不敢贸然采摘。他们便四处寻找人户，果然在一处靠山岩脚下，有一户人家。两人前去探寻主人。

　　原来，这家姓林，上古时期先人已在此地生活。后来，轩辕携嫘祖来峨眉山问道，天真皇人授《三一五牙经》，王母降临设蟠桃宴。宴后应轩辕和嫘祖请求，将蟠桃种子赐轩辕夫妻。轩辕和嫘祖巡察绥山期间，见这里环境清幽，人心善良，便将蟠桃种子播种绥山，交由林家先辈照看，并就近择一山洞住宿，教当地人蚕桑和稼穑。从此绥山人不再着树叶衣裙，改打猎、采野菜为稼穑、蚕桑，从野蛮走向文明。轩辕和嫘祖成仙后，后人不忘他们的恩德，把那山洞称龙凤洞，并修建殿宇供奉轩辕和嫘祖，称龙凤殿。一年大旱，林家眼见满山桃树受干旱威胁，便率领众乡亲到龙凤殿祭拜，请求轩辕和嫘祖赐雨。三天后，果然一场大雨从天而降。说也奇怪，从此，那龙凤洞内流出一股清泉，终年不涸。桃林村人便把那龙凤洞改称龙泉洞，那龙凤殿改称龙泉殿。

　　再说葛由和杜蚕桑进了桃林，见满山桃子，不知何人种植，不敢贸然采摘。他们探寻主人未果，忽然巧遇林家女儿在桃林巡查。林家女儿林蟠桃问明情况，很快采来一箩鲜红的蟠桃请葛由、杜蚕桑品尝。桃子吃在嘴里，甘醇无比，一个下肚，二人神清气爽。

　　葛由和杜蚕桑都希望去龙泉洞和龙泉殿瞻仰轩辕和嫘祖。林家父女带领二位前往。瞻仰毕，葛由回洞修炼，杜蚕桑留在林家。杜蚕桑说，自己是蚕桑传承人，在此山中见到轩辕播下的蟠桃、嫘祖传承的蚕桑，不再修仙，要做对人类有益的事情。林老爹也看上这位有修为的年轻人，有意招赘林家。林蟠桃早已对杜蚕桑一见钟情，一对年轻人在乡亲们和葛由一行的见证和祝福下，组成幸福家庭。他们精心照料蟠桃林，让有缘人都能品尝到这天庭仙桃。葛由及其伙伴们潜心修炼，以蟠桃充饥，终成正果。

　　此后，绥山的蚕桑和蟠桃世代相传。清谭钟岳《峨山图说》载，绥山产桃，谚曰：得绥山一桃，虽不得仙，亦足以豪。（绥山、三峨）两山耕作，约数千人。桃花白而实红，士人呼曰蟠桃，味甘香。

1991年版《峨眉县志》载：绥山桃，俗名白花桃，又叫白米桃，少生虫，肉质白嫩，水分重，有清香，含蜜味，脆爽可口，回味甜香，可以饱腹。当地人呼之"仙桃"。

　　葛由修道成仙的山洞，后人称为"葛由洞"。

4. 歌凤台

李家俊

　　歌凤台在千年古刹神水阁,因奇特而成峨眉山一景,更因名人题留而闻名遐迩。《峨眉山志》说:"歌凤台,在大峨石前,楚狂旧庐,明弘治间,督学王公敕,改今名。"歌凤台旁有一小溪,常年不涸,水质清澈透明,两侧松涛阵阵,如翠云覆盖。《峨山图说》说:"有凤嘴石,俗呼鸡公石,刻歌凤台三字。"歌凤台旁有歌凤桥,《峨山图说》记:"古百福桥,俗名响水桥,往来听之,四山皆响,如洪钟巨浪挟风雨而来",歌凤桥之奇异,在于桥上观山水,预测天气,预算本年收成,所以《峨山图说》载:"昔人称为山潮,以之验雨晴占丰歉"。古人上峨眉山,均从会灯寺上山,经正心桥、万福桥到大峨石,大峨石临歌凤台,一台一石,相得益彰。大峨石亦是峨眉山的古迹,《峨眉县志之一·方舆·古迹》大峨石:"水从石罅中流出,泛衍一泓,莹碧如玉,俗名神水。"

　　歌凤台是战国时期楚狂陆舆结庐隐居地,神秘莫测。晋皇甫谧《高士传》载:"陆通,字接舆,楚人也。好养性,躬耕以为食。楚昭王时,通见楚政无常,乃佯狂不仕,故时人谓之楚狂。"西汉刘向的《列仙传》中说:"陆通者云,楚狂接舆也。好养生,食橐卢木实及芜菁子。游诸名山。在蜀峨眉山上,世世见之,历数百年不去。"

大峨寺前的歌凤台

诗仙李白有"我本楚狂人，凤歌笑孔丘"的诗句，叙陆通与孔子相见的典故。陆通字"接舆"。舆，本是车中装载东西的部分，后泛指车，接舆，就是指迎接或者接触、驾驶车乘。楚昭王当政，陆通见楚国的政令无常，无事生非，深感楚国腐败，上位者昏庸，于是佯装狂傲不羁，成天当街醉酒，拒绝仕途。楚国人便送给他一个"楚狂"的绰号。楚怀王时期的三闾大夫屈原，对陆通的狂人行为非常意会，在《楚辞·九章·涉江》写道："接舆髡首兮，桑扈裸行。忠不必用兮，贤不必以。"意指世道衰败，像接舆这样有才能的人物，也剃光头无所事事；像桑扈这样有德行的人物，只好光着身子到处跑。实指忠诚贤德之人都失意，奸人当道。楚狂陆通，除了平时耕种劳作，还经常给城里人赶车或者替人接车。他赶车、接车行事风格独到，故称"接舆"。孔夫子周游列国，传先王之道、周公之礼。鲁哀公六年，63岁的孔子，讲学行至楚国，遇天下第一号大狂人接舆。陆通见到大名鼎鼎的孔夫子，便口出狂言，大大咧咧地狂唱《凤歌》："凤兮凤兮，何如德之衰也！来世不可待，往世不可追也。天下有道，圣人成焉；天下无道，圣人生焉。方今之时，仅免刑焉。福轻乎羽，莫之知载；祸重乎地，莫之知避。已乎，已乎，临人以德！殆乎，殆乎，画地而趋！迷阳，迷阳，无伤吾行！吾行却曲，无伤吾足。"楚狂把孔夫子比喻成一只不合时适的凤凰，偏偏在天下无道、道德沦丧的时候出现。暗暗奉劝孔子，天下无德，凤不现世，圣人就应该归隐，不要再四处游说、宣扬自己那套圣贤之道。孔夫子一听，便知唱歌的人是一个隐士高人。于是下车，他想与陆通沟通。谁知楚狂人顶着个大光头，没把孔子放在眼里，只管自己一边高唱，一边脚不停步地扬长而去。

　　话说陆通回到家中，照常闲来便沽酒换醉。一天，两驾华丽的驷乘大马车停在陆通门前，车上下来两位衣冠楚楚的使者，见了陆通便行大礼，恭恭敬敬地奉上百金聘礼，传楚昭王命，授陆通高官去治理江南。陆通一听是做官，立刻装疯卖傻，望着这两个使者一脸傻笑，一句话也不跟他们说。两位使者等了半天，见陆通像呆子一样只会傻笑，连话都不会说，想来他嘲笑孔夫子的传说并非实事，于是悻悻回去复命。陆通的妻子从集市回来，一见门前有那么多又深又宽的车马印迹，也满脸的不高兴，质问："你年轻的时候志气高洁，还算得上是有道义的人，怎么人老了反而违背自己的节气呢？告诉我，门外为什么会有那么深、那么杂乱的车迹？"陆通于是把楚昭王派使者前来聘他做官的事情叙说一番。妻子一听这事，皱起眉头问："你答应了吗？"陆通便调侃似地说："人人都愿去做官，人人都愿意去争取富贵，你又何必那么厌恶我去做官呢？"妻子一听他还真想做官，于是正色教训他说："妾听说真正有道之人，平生最快乐的事情唯有践行道义，绝不会因为贫困而改变操守，也不会因富贵而改变一贯的行为。你今天受了别人的封赏，难道就要变节了吗？"陆通知道妻子与自己志同道合，才告诉她实情。妻子这才松了一口气，但又有些担心地跟他说："虽然你没答应，但你的名声已经被别人知道了，再在这里住卜去，将来麻烦一定多。我们搬家，找一个不为人知的地方去生活吧。"不由分说，陆通背起铁锅瓦盆，妻子卷起草席衣物，二人连夜离开了楚国。《太平御览》记载，陆通夫妇离开楚国之后，一路隐姓埋名，向西而行，最后隐居峨眉山。

　　却说战国时期的峨眉山，山深无路，林莽荒荆，荒原森林中野兽出没，虎蛇称雄，绝非常人所能居住。陆通携家眷结庐歌凤台，以芜蒿野果为食，虽非常艰难，但芳名远扬。《列仙传》说，陆通隐居峨眉山后，得道成仙，数百年来常有人在峨眉山见到他。《峨眉山志》也有对陆通的记载，"大峨石前，楚狂旧庐"。宋初，宋太宗称峨眉山是"楚狂接舆隐逸之乡"。宋太史公黄鲁直、苏明久在凤嘴石处还建有"陆隐君祠"。明朝弘治年间，督学王敕嫌凤嘴石不雅，将其改名为"歌凤台"，以颂陆通见孔子的故事。清代，人们更把陆通尊为峨眉山神，又称山王、山祖，峨眉城南旧有峨神庙，碑上镌刻有"峨山之神"，祭祀楚狂陆通。

历代文人墨客咏峨眉山，总习惯与楚狂接舆相提并论。大唐诗人陈子昂在《感遇》诗中有"浩然坐何慕，吾蜀有峨眉。念与楚狂子，悠悠白云期"。诗仙李白则题："尔去之罗浮，我还憩峨眉……如寻楚狂子，琼树有芳枝。"王维的《辋川闲居赠裴秀才迪》记："复值接舆醉，狂歌五柳前。"《峨眉县志之一·方舆·古迹》载，明朝正德六年状元杨慎仰接舆之名，借西汉刘向典故，题《歌凤台》：

楚狂千载士，悠悠避世情。蜀山一片石，犹存歌凤名。

岂与熊鸟徒，导引学长生。列仙谁所传，刘向徒闻声。

5. 鱼洞 汉光武帝遣使寻仙

许德贵

鱼洞在二峨山，《元和郡县志》记载其"夏凉冬温，下即冷水河，河有乾坤洞"。鱼洞口小腹大，里面产冷水鱼，由于洞深处有"蝙蝠大如箕"，故从未有人穿过此洞。

《峨眉山志》有汉武帝遣使来峨眉山寻仙的记载。又有汉光武帝遣使史通平入峨眉山典故。

相传汉光武帝刘秀为求长生不老，派使者史通平专程从长安转会稽到四川，到二峨山求仙问道，寻求"长生成仙"之术。

神秘莫测的二峨山，风光旖旎。史通平爬了一沟又一沟，歇了一程又一程，可一路上连神仙的影子也没有见到。这一天，他到了罗目龙凤桥，再也走不动了，浑身疼痛，好像骨头都散了架，他心灰意懒地不想再求仙了，但怎么向皇上禀报呢？

这时候，一位白发婆婆也来到这儿歇息。史通平忙上前问道："老人家，对面山上有神仙吗？"婆婆道："有神仙，心诚则灵。"史通平听了婆婆的话，精神大振，歇了一夜，第二天又撑着疲乏的身子继续上路。爬了几道坡，仍然没有遇到神仙，他有些泄气，软塌塌地坐在小溪旁大石头上。不一会儿，一位须发皆白的老人从坡上下来，对他说道："年轻人，怎么不走哇？你要去哪？"

"求神仙，您见过吗？"

"见过，你求仙做什么？"

"皇上想长生不老。"

"皇上有恩于民众，感恩皇上，自然成仙。我给你引路吧。"老人正是二峨山上的神仙。之前遇上的白发婆婆，也和这白发老人一样都是神仙。

白发老人健步如飞，史通平虽年轻，脚力却不行。老人便摘了一根树枝递给他，叫他拄着，一眨眼就到了鱼洞。

史通平随老人进入洞里，但见仙气缭绕，洞府别样天地。行至一条小河边，老人指着对岸的一所房屋，对他说："我们就住在对面。"话音刚落，水面轻轻漂来一只小船，两人坐上船。船儿轻轻荡游，百鸟争鸣，仙鹤横飞。

靠岸，来到门前，上悬"八仙府"金匾。原来鱼洞距"八仙洞"不远，八仙常居八仙洞，闲时入鱼洞娱乐。老人喊了一声："有客人到！"音停，跑来两个仙童，欢跳地引着他们到了"迎客厅"，一仙童端来仙茶，一仙童端来仙果。

老人笑着对客人讲："我哥们正在'欢娱楼'下棋，我们品茶吧。"史通平说："我可以去看看吗？"老人说道："好，去吧。"进"欢娱楼"，没有棋子，只见八位老人围坐

"八仙桌",旁若无人似的,各自双眼落在了棋盘上,时而"浴血奋战",时而"败亦无憾"。不多时,八位老人的棋子"乾坤逆转",齐呼:"和平解散!"大家始转身迎客。九仙陪史通平绕过"迎客厅",入"聚仙厅",在美妙的仙乐声中,八仙按高度、宽度不一的大椅依次坐定。

引史通平入厅的老人立身行礼,用仙音道:"请贵宾史通平谈求仙初衷。"史通平起立行礼后,照直说出:"皇上想长生不老,请仙家指教。"仙人未予答复,挥了挥手,仙童拆去果盘、茶具,仙女们端来丰盛酒肴、拼盘仙菜、御园什锦。大家食不语,食尽即散宴,各自安寝。

第二天,史通平觉得收获不多,不知所措。又是那引他的老人来告诉他,饭后参观"长生馆"后,就可回家了。

长生馆内四壁上各画一大图。图上是九老:有静坐如钟,有静卧如龟,有静如松,有动如风。老人说,这乃修为图。

老人拿出两个桃子、一把伞,递给他,说:"下山时,先吃一个桃子,立刻撑开伞,心想去哪里,定到哪里;若想返回这里,也可吃另一个桃子,撑伞归来,我们的'后学厅'欢迎你。"

老人说完,带他走进洞里的另一条小河边,确实有个"后学厅",里面有不少凡人正在修学。

这时,客人来时坐的小船已慢慢靠岸,仙童接他上了船,他转身望老人,已无影无踪。史通平出洞,拄着仙人给的拐杖,一阵轻风,四处迷茫,睁开眼时,已经回到了长安。

史通平在长安未央宫大门处落地,只见皇宫变新,皇门大开,国家已改朝换代,汉光武帝早已驾崩。他寻到自己的家,父母早亡,后人不明去向。

史通平到了法门寺,向一老僧问询。老僧言:此世乃大唐贞观年,仙界过一日,凡间一百年。求仙、学仙不如学当下,学眼前。史通平有所开悟,擦净眼泪,问:"请问大师,我当何去何从?"老僧说:"人性各样。每个人不同于他人,每个人的身体不同于昨天。不要活在心事里,要活在心态中。好自为之,阿弥陀佛。"

出了寺门,史通平仰天自问:咋办呢?咋办呢?

他忽然想到了峨眉仙山,看了看手中伞,轻抚了怀衣里的仙桃,耳边响起了峨眉山仙人的亲切话语,决定回峨眉仙山,继续修道。

翌日早上,沐浴着霞光,史通平吃下仙桃,撑开伞,闭上双眼,耳边一阵"嗖、嗖、嗖"风声,转眼回到了二峨山鱼洞,来到"后学厅"学仙了。

6. 孔明坡

朱华高

峨山镇冠峨村11组位于峨秀湖边，湖边有一处是四川省农业银行干部培训中心，其西面围墙外有一段坡，当地人皆称孔明坡。传说孔明坡历史悠久，是当年孔明进凉山征讨孟获的古道。前些年，峨眉山市政府为打造峨眉山市峨秀湖景区，统征了冠峨村土地。如今坡长约300米，宽约2米，泥土路面，闲置荒芜。

今峨山镇冠峨村11组孔明坡（朱华高摄）

孔明坡有多种传说。

一说孔明七擒孟获胜利归来，因极度疲劳，加之受大山里瘴雾毒气侵入肌体，到了孔明坡就卧病在床，再也没起。孔明去世后安葬在附近白塔岗上。此说自然荒唐，毫不足信。二说孔明南征归来，到了孔明坡卧病在床，大军只得驻军休息，半月之后，孔明康复，大军班师回成都。此说当地人虽半信半疑，但也在流传。

最被当地人津津乐道、久传不衰的故事是孔明率军到此，遇探子来报，在高桥附近一座山头，有孟获大将白鹿大王率军阻挡。蜀军先锋队伍受阻驻军青龙场。孔明就在此地驻扎大军，自己乘坐小轮推车前去青龙场视察军情。回来后在大帐运筹帷幄，谋划应敌之策。那时，孔明坡有一棵大黄桷树，树冠犹如大伞，遮天蔽日。正值暑天，孔明便命士兵围着大树垒砌许多石桌石凳，供值营官兵纳凉。孔明也不时坐在树下，或与马谡、赵云围着地图商量退敌之策，或与马谡在石桌上对弈，边弈棋边商量军事要略。后来，孔明用马谡之计，气死了白鹿大王，军队不费一兵一卒，过了高桥，顺着沙溪方向古道，过龙池，进峨边，抵凉山，擒孟获，很快平定南方。这便是孔明坡的来历。

关于孔明坡南北古道路线，有人说，孔明坡往北是牛栏坪，相距约 1000 米；牛栏坪往北约 1000 米是鸭子池，今已不存，如今是峨秀湖中心。鸭子池往北约 1000 米，名天官桥，乃绥山镇大南村地域，桥早已不存，如今名虎溪河。天官桥往北约 1000 米，是原老宝楼和峨眉机械厂所在地，再往北约 2000 米，便是峨眉县城。孔明坡下坡南行约 800 米，名万年桥，为冠峨村 7 组、9 组地域。由此南行约 400 米，名梅子沱，为峨山镇保宁村地域。再南行约 500 米，就是冠峨古桥和冠峨古场。出冠峨场到枇杷坎是冠峨村 4、5 组地域，上坡顶不远就进入罗目镇地域。这条古道曾经是从峨眉县城经冠峨场，到罗目、高桥、龙池，进峨边县沙坪的必经大道。20 世纪 30 年代虽然修了乐（山）西（昌）公路，但这条古道仍然是冠峨当地人到罗目镇的重要捷径，直到此地土地被统征前，当地人都在行走。

当地老人讲，孔明坡早前是一条通往龙池山里的骡马大道，她也见过骡马队从孔明坡经过到青龙场。20 世纪 20 年代的古道，宽约 2 米，不少路段是青石板铺路。

下到坡底，便是万年桥。中间是原桥，由四根长条石铺搭，宽约 1.6 米。桥基是用石灰灰浆砌的条石，桥基和桥面都是不易风化的青黄色石头。

冠峨 1 组 85 岁老人韩希元说，从孔明坡下来这条古道，是峨眉经冠峨场、青龙、高桥、龙池到峨边沙坪的交通大道，也是骡马大道。古道上骡马队很多，多时一队有 10 多匹马，驮盐巴（以前那种块盐），还有其他一些东西，啥都驮。他是十七八岁时见过的（照此推算，时间当在新中国成立前不久）石板路，三块青石板，是青龙场一个做生意的老汉铺的。

孔明坡和鸭子池之间有一地名，叫石碑岗，今保宁村 10、11 组地域，岗上有一古石碑，上刻字"石碑岗"。石碑岗往北是"牛罐子坟"，在保宁村 10 组地域；然后才是鸭子池，据说曾有两只野鸭在池中游放，故名。枇杷坎上是白塔岗。有史料载，白塔岗铺乃古道上的官方驿站，旁有一寺庙，万圣寺。这条古道一直通到大山里，乐西公路修通后这条道走的人就少了。

1982 年版《峨眉县地名录》载："孔明坡，相传孔明曾路过此坡，故名。"

7. 白鹿山

朱华高

　　白鹿山位于高桥镇严寺村，白鹿山上抵高桥镇八仙洞，与今寨子村一河之隔，遥遥相对；下接罗目镇高枧村，山麓临罗目河龙凤桥。山势西高东低，地势险峻，地形易守难攻。

　　这座山为何叫白鹿山呢？传说和诸葛亮当年南进凉山平定孟获有关。

　　话说当年孟获不服蜀国管辖，不但自立为王，还派大军进犯蜀国边境。孟获任命手下大将白鹿大王为元帅，率领大军浩浩荡荡向蜀国边境进发，一路势如破竹，打到高桥，被罗目河阻隔。蜀军在罗目镇沿河设防，阻挡了白鹿大王的进军步伐。蜀军兵寡将微，如果不是罗目河河面宽阔，河水湍急，孟获军不善渡水，罗目镇或许早已被白鹿大王攻下。

　　诸葛亮收到峨眉前线紧急军情，便亲自率领十万大军，命赵云为先锋，急驰峨眉。参军马谡为诸葛亮献上平定叛乱宜采取"攻心为上，攻城为下；心战为上，兵战为下"之计。诸葛亮采纳此建议，分兵三路，向南进发。

　　蜀军到了罗目，诸葛亮沿河视察，从罗目街一直到高桥，见高桥是罗目河和柳溪河的交汇处，且地势险要，路窄难行，便在两河交汇上游筑一石桥（就是如今高桥前身），渡过罗目河，沿柳溪河悄然而上，在白鹿山对面的一座高山安营扎寨（就是如今的寨子山）。此山居高临下，与白鹿山隔着柳溪河遥遥相望。诸葛亮部署完毕，次日便与白鹿大王对垒。此地地形复杂，多是沟壑和小山包，没有可供施展兵力的平地。两仗下来，诸葛亮寻思，蜀军虽然取胜，但要击退孟获军，只有智取，便和马谡商量对策。

　　再说孟获大将白鹿，虽极善用兵，但平生极信巫术，听信天命。他从没见过诸葛亮是何等模样，只听孟获讲过，诸葛亮是位天神似的人物，便有几分畏惧。此次和诸葛亮交战，人未见面，已两战两败，心里更平添几分畏惧，不知接下来如何迎战，整日紧闭营帐，冥思苦想。

　　这天，诸葛亮命兵士砍来竹子，把其中一段打通，将狗屎灌入竹筒，再强力挤压出筒，放在白鹿军营阵地前面。诸葛亮又命人打了一双很大的草鞋，放在屎堆旁边。白鹿王士兵巡逻，见阵地前一堆又一堆的屎，又粗又大，还有一双很大很大的草鞋。士兵捡起那双草鞋，急忙回营报告白鹿王，说孔明是高大得不得了的神人，屙的屎又粗又大，并呈上草鞋。第二天，白鹿王再命士兵到阵地前查看，同样看到如昨天一样的屎和一双大草鞋。如此三天，白鹿王不敢进攻，闭营坚守。接着，诸葛亮又命士兵在一座山岩上用砂糖水写上"白鹿王葬身之地"几个大字，蚂蚁蜂拥而至。士兵看见了这几个大字，急忙报告白鹿王。白鹿不信，出营观看，果然见对面山岩上有"白鹿王葬身之地"几个大字，回到大营，他叹息道："我们造反是违犯天意啊！天老爷要我葬身此地，我命不保了！"说完，仰天倒地而死。部将把白鹿王就地安葬在山上。

后人就把诸葛亮安营扎寨的山叫"寨子山"，把安葬白鹿王的山叫"白鹿山"。

高桥镇寨子村（朱华高摄）

8. 石炉

朱华高

位于普兴乡石炉村乡村公路边，有一个地名叫石炉，当地人又叫石香炉、桥炉子。当地人传说，诸葛亮南征孟获路过此地时，在此筑石炉铸箭。以后，人们便管这里叫石炉了。如今，孔明铸箭的石炉还在呢！

普兴乡石炉村石炉遗迹（朱华高摄）

当地人说，"石炉"曾经是三国时孔明铸箭所用的炉子，所以称石炉，因旁边有一敬香的石炉子，故又称石香炉。笔者现场考察，现存的遗迹是一块高约 1.7 米、宽约 4 米的石香炉。目前所见部分，从中部位置断裂，据称是被人打断裂开的，但何时何因不明。据说石炉往另一头延伸还有几米的整块大石头，上面有凹槽，长度、宽度、深度不详，断裂处塞满小块碎石。石炉一端有四级石梯，各级长约 60 厘米，高约 30 厘米，拾级而上，上面可见一长条形凹槽，据说是插香烛用的。附近的石炉小学，有两块房柱基石，斗形，正方，长约 40 厘米，高约 30 厘米，上面刻有花纹。当地人胡仕明说这两块房柱基石原来是石炉上的摆件。94 岁的胡光友老人说，石炉有四五重（台阶），里面可以插烛、烧香。传说这条路以前孔明走过，在石炉铸过箭。一旁有妇女插话：是的，听老人们这样说过。

石炉旁边的公路对面有一座房子。胡仕明指着房子围墙基脚一块下方上园的房柱基石说，这块石头就是原来石炉庙子的房柱基石。看上去，那石头直径约 50 厘米。

石炉底部旁边有几块黑色不规则石板。胡仕明说，这就是以前古道上的石板。与石炉相隔约 10 米的路边，有一座简易而低矮的土地神庙，庙后边有一段（古道）石板路。石炉旁边有一座房子，长约 20 米，宽约 5 米，曾经是石炉庙，很高大。胡光友说，庙里有正殿和前殿两个殿，坐西向东，比现在房子大多了，占地约 1 亩。

原来庙的一边有一座字库，虚脚楼那里，还有很多碑，碑上有很多碑文。

新中国成立后石炉乡政府就设在石炉庙里，后来石炉庙被拆，修了学校。

石炉小学外面道路边有一座长约 20 米、高约 4 米的石岩，岩上曾经刻有一把大刀。

9. 古城山（二则）

符溪镇古城山

朱华高

古城山是符溪镇颇有历史年代的古地名，位于符溪镇东南约 3 里的乐西公路边。据史料，古城山曾为古城铺，是官方驿站。唐长寿在《南方丝绸之路与乐山》一文中称，南方丝绸之路有一条是起于嘉州止于汉源、甘洛海棠的"阳山江道"。

阳山江道的起点是乐山城，陆路大部分走向与今乐山到峨眉，再到峨边的公路一致，又名"铜山道"。同时指出：古城山，清代建有驿站"古城铺"，原有一条石板铺成的古驿道，直通峨眉县城。

当地 70 岁的退休教师帅培新说，从嘉州到峨眉的古道，在古城山前宽度 3~4 米，多由石板铺就。古城山往乐山方向约 1000 米处是古城山口，今为符溪镇黑桥 1 组。黑桥 1 组山口往乐山行约 3000 米，是今峨眉、乐山分界处高山铺，曾经也是古道驿站。

1943 年乐西公路通车后古城山逐渐荒芜。新中国成立后政府在此修建了符溪粮站，如今是某物流公司所在地。古城山距现符溪镇约 1500 米，位于乐西公路南边，距公路约 100 米，东西长约 500 米，南北宽约 400 米，高出公路约 10 米，它的背后是绵延起伏的浅丘陵。现在的物流公司四周都是原粮站的红砖围墙，地势开阔平坦，东西长约 280 米，南北宽约 80 米。古城山粮站仅存遗迹是一栋库房和四周围墙。库房也是红砖墙壁，小青瓦屋面，东西走向，呈一字形，长约 45 米，宽约 16 米，高约 12 米，坚固完好，如今是物流公司的材料库、食堂和办公室。这栋建筑的对面是比它更为宽大的车辆停放库房，中间是宽大平整的水泥地面，四周绿树掩映。山背后是通往原符溪砖瓦厂的公路，砖瓦厂转让给雷马坪监狱后，通往监狱的大公路就改在古城山东端了。

古城山东端围墙外不远处，有一条河，名为长滩河，从红山乡（今桂花桥镇）流下来，经过古城山，流入峨眉河。长滩河上原有一座古石桥，过桥后有一道门可进粮站，从古道过石桥到古城山，是从粮站中间穿过，再从西端下山到符溪镇（镇子场）。古道都是石板路，后来修了粮站就掩埋在地下或被撬走了。

《乐山县志》载："符溪乡镇子场……旧名古城镇。""隋招慰生僚，于荣乐城一古城镇，今镇子场置绥山县。"《四川治地今译》载："隋置绥山县在今峨眉县东符溪，旧名镇子场。"

当地民间传说称，古城镇最初乃三国时期蜀国丞相诸葛亮南进凉山平定孟获途中的屯粮之地，后来逐渐演变成城镇。此说为古城镇的源起和发展平添了一种神秘的色彩。

诸葛亮兵退夷军

赵 划

出峨眉山市城区东门约 20 里，乃符溪镇。距符溪镇东约 3 里的乐西公路边有一地名叫古城山。新中国成立后，古城山曾为峨眉县符溪粮站，如今粮站早已不存，但粮站围墙尚存。围墙内有一栋完好无损的粮站库房。粮站旧址现为一家运输公司所在地。

今古城山（李华英摄）

古城山历史悠久，传说曾经是三国时期部族首领孟获的军营和粮草大营。当地有一个诸葛亮古城退击夷军的传说。

当年孟获不服蜀国管辖，起兵反叛，大军北上，势如破竹。刘备闻报，急和丞相诸葛孔明商议退敌之策。孔明愿亲率大军南征，令马谡为参军，赵云为先锋，张飞、魏延为左右大将，率三万人马，由成都泛舟南下，抵嘉州，横渡平羌江（青衣江）上岸后沿古道往峨眉方向前进。大军行至今峨眉与乐山交界处高山铺，遇数千夷军阻挡。探子前来报告：前面数里名古城，乃孟获大营和屯粮草之地，守城者是孟获前锋白鹿王。孔明知道，白鹿王乃孟获一员骁勇战将，又是首战，不可大意。

第一仗，赵云奉命，挺枪冲杀。在高山铺与白鹿王大将相遇。几个回合下来，夷军溃不成军，全数被俘。孔明得知，此支夷军都是庶民。令，一个不杀，发粮，返乡耕垦，宽慰民心，安居乐业。夷军官兵皆跪地谢不杀之恩，返回营帐。

赵云率军继续前进，直抵古城堡外。孔明令赵云包围城堡。正围攻之际，堡门突开，一支人马杀出城堡来。前阵主帅拖刀乘风厮杀，冲到赵云马前。赵云举枪前问："来者何人，快留下姓名，免人头落地。"前阵举刀主帅答："我乃孟获军首领先锋白鹿王也，看刀！"赵云答："我乃赵云，赵子龙也，看枪！"白鹿王见是赵云，吓得颤抖。他知赵云是蜀汉名将，当阳长坂坡舍身救少主曾被传为佳话。白鹿王忙拽缰调头，挥鞭飞跑。赵云随后追赶。白鹿王钻入深山丛林，寻无踪影。赵云、魏延调头杀进城堡，夷兵皆弃城逃跑。赵云见堡内帐篷完整，粮草堆积，思忖此处虽粮草丰厚，但不可久留，贻误时机，速报孔明定夺。孔明见堆积如山的粮草，大喜，派兵把守，以备后援。随后在古城营帐坐定，论功行赏，部署进军事宜，然后启程继续前进。

孔明南征后，返回古城，登高视察，见此地虽是山包，然高不过十丈，山下一条河流，河水淙淙，清澈透明，西望远处尽皆平原，遍地稻谷金黄，心中暗喜，此地乃屯兵的好地方，遂增派将领驻守，并令修缮城墙，加强防守。从此，古城便成为蜀国在南安县的重要战略要地。后人称此地为古城山，一直延续至今。

10. 射箭坪

赵 划

　　峨眉山市出南门沿乐西公路南行约百里，有一地名大为镇，古时称大围，传为三国时孟获叛蜀，进军成都在此修筑的城堡，因四面环山，故名大围关。大为镇射箭坪村和峨边县交界处，有一高山坪地，名射箭坪。射箭坪如今绿水青山，茶园遍地，绿树成林，鸟语花香，风景宜人。站在坪下，射箭坪高高在上；登上山坪，如在平地，四野开阔，和充满杀气的射箭坪地名相去甚远。此地名来历和诸葛亮孔明南征孟获有关。

　　话说孔明过了黄茅岗，攻下土地关，一路势如破竹，直逼大围关。白鹿王节节败退，退到大围关孟获大营。孟获见白鹿王狼狈不堪，跪在帐前，惊问，大王武艺高强，英勇善战，所向无敌，为何如此惨败？白鹿王一一细禀孔明如何智谋过人，其手下赵云、张飞、魏延等武将如何神勇。孟获将信将疑，发誓要和孔明阵前较量，擒拿孔明。

　　另一边，孔明扎营龙池，和众文武大臣商议攻大围关之计。正议论间，探子来报，说白鹿王已在大围关同孟获会合。孟获见白鹿王大败，气得暴跳如雷，发誓非要擒拿丞相不可。马谡说："丞相，南蛮在此占山为王，若强攻城堡，艰难。即便攻破，他未必肯降。以属下之见，还是攻心为上，攻城为下，能劝降则万事皆顺。"孔明曰："幼常之言，甚合吾心！"孔明派将尉去见孟获，试探劝降，遭拒。于是令马谡为攻寨参军，赵云、魏延打头阵，直捣城堡。又唤王平、马忠，嘱咐他们："今来孟获王寨，不能冒动，须整顿军马，奇攻为先。"令王平左路迎敌，马忠右路夹围，又唤张嶷、张翼左右后援。孔明布置停当，四面八方军士只待令下，一击即成。

　　大围关城堡内，孟获登城墙巡观四周，见堡外四周，人马护阵，战马嘶叫。他内心惊恐，是开城迎战还是固守城堡，主意难定。只见城外弓箭齐发，上万人马，正有攻城之势。思忖后只有固守为上。阵前，赵云令众官兵齐喊："南王快开城投降，否则城破人亡。"孟获稳坐城楼，思忖我城固墙稳，量你难以攻破。赵云见城堡难以攻下，改用火攻。令抬炸药，堆在城堡角楼下，点触引信，轰隆巨响，霹雳震天，城墙垮倒一大半，乱石纷飞。孟获见状，只有退到山后西北角城堡洞内躲避。赵云银枪一挥，令士兵冲杀。众将领士兵奋勇冲杀，生擒了孟获。孔明率大军进城，来到大营坐定。赵云押着捆绑的孟获到帐前缴令。孔明忙起身令人快快解绑，并杀牛宰羊，设宴帐内。孟获身为败将，心想必死无疑，谁知孔明令人松绑，并起身慰问，令左右赐座，分宾主坐，但不知孔明葫芦里卖的何药，心乱如麻，不知所措。孔明曰："吾今擒你，心服否？"孟获起身回答："事已如此，何说服与不服，生死由你主牢。如能释我，再争雌雄。"孔明曰："我主刘皇叔，宽宏大量，亮临行时我主再三嘱咐亮和大王交兵，必要爱惜生灵，若能说服大王归顺，你可继续统领原来的部下，统辖原来属地。故亮今日和你同饮美酒，共商和睦。今放你回乡，安定乡里，百姓安居乐业，天下太平。"

孟获听得此说，心生感激，说道："人都说蜀国刘皇叔乃仁慈爱民君主，今日所见所闻，确实不虚。然不知丞相如此释放罪将，还有何要求，罪臣一定照办。"孔明曰："大王如此通情达理，亮亦无多言。你只需后退一箭之地即可。"

孟获一听此言，思忖，今逃过宰杀一关，是天运之幸，要我退一箭之地，又有何难，便对孔明道："丞相之意，罪臣应允，一箭之地，且在何处，请丞相发落。"

孔明见孟获答应退后一箭之地，即令赵云速暗派一尉卒，持一箭插到铜河边。又令赵云当孟获面在大围关外高山坪地，向铜河方向射出一箭。孟获见箭飞高空，不知去向。孔明令赵云与孟获前行寻箭所在，走近铜河边，见有一箭插在河边。随后孔明已至，对孟获道："你所领军队，统统退过铜河。凡铜河以南，大、小凉山属你统辖。"

孟获思忖，事已至此，只有如此，罢了，遂率领大军退到铜河南岸去了。昔日赵云向铜河北岸射箭处，后人叫射箭坪。

大为镇射箭坪

11. 梯子岩

赵 划

峨眉山市出南门沿乐西公路南行约 30 里，有一场镇，叫高桥镇。高桥镇到沙溪乡有一条公路，名叫高沙路。公路沿流溪河曲曲蜿蜒爬行，风景优美，山依水转，水靠山流。两岸竹林成荫，农家幽深。前行约 10 里，即沙溪乡大岗村二组，此地有一地名叫"梯子岩"。

梯子岩历史悠久。当地人传说，梯子岩曾经有一条援藤条梯子攀登而上的奇特岩路，乃三国时期蜀国丞相孔明南征孟获路过时开辟而成。当年，孔明亲自率大军南征，行至此地，孟获先锋白鹿王在地形险要处设重兵把守。如果从正面强攻，不但极其困难，而且兵马损失严重。孔明带着马谡、赵子龙、张飞等文武大臣前往考察地形后，回营帐商议，采纳了马谡出奇兵的建议，在一悬崖峭壁处攀登而上，绕在敌军背后奇袭。孔明令赵云率一支千人精兵，掘岩扩洞，开沟泄水，采当地藤条，编成柔软藤条梯子。士兵援藤梯攀岩而上，绕至敌人背后。孔明亲率大军在正面佯攻。白鹿王集中兵力在关隘口严防之际，万没料到背后突然喊声大作，一队人马似天降神兵，奋勇冲杀而来。白鹿王措手不及，大败而退。这便是梯子岩的来历。从此以后，当地人便依此古道藤梯攀缘上下，劳息耕作。

沙溪乡梯子岩

然梯子岩高数十丈，农民赶场或到河坝种植庄稼，背物百斤，攀爬上下，人亦艰难，若要牵牛赶羊，却难于上天。人们便想出办法，若攀爬上岩，就将牛羊四脚捆绑，把羊背在人身上，奋力攀登；把牛送上岩，则上面一人拽，下面一人推，上岩后再解开捆牛羊的绳索。

梯子岩离青龙场山高路远，行程30里，农民赶青龙场，寅时打火把上路，酉时举火把回归，两头不见太阳。后来逐渐在岩下新增一场，名为梯子岩场。时间一长，便也渐渐兴旺。场上店铺二三十家，新中国成立初期有周兴五布店，林玉新小吃店，卖面、抄手、汤圆，胡金林屠户肉店，有土洋百货，有本地竹木制品，有外来粮油酱茶，互利交换，热闹非凡。场上有一金川庙，供奉刘备、关羽、张飞塑像。每年二月初一，山里山外的人要来此赶庙会，人群熙熙攘攘。庙侧有一纸库，化钱神龛。庙前搭有戏台，唱戏三天。

12. 药王洞

帅培新　杨松泉

峨眉山牛心寺后面有个"药王洞"，传说是唐初医学家、道士孙思邈隐居的山洞。孙思邈，京兆华原人（今陕西铜川耀州区），人们尊称他为药王。

孙思邈从小勤奋好学，七岁开始读书，到 20 岁时，精通诸子百家学说，学问十分渊博。隋唐两代皇帝都想请他做官，他都一一辞谢了。他自幼体弱多病，便立志学医，对医学有精深的研究，并博涉经史百家学说，兼通佛典，深知道学。他总结了唐代以前的医学理论和临床经验，搜集药方、针灸等内容，著《千金要方》《千金翼方》，在医学上有较大贡献，成为中国乃至世界史上著名的医学家和药物学家。他曾游历峨眉，采药炼丹期间，与仙山峨眉结下不解之缘，也留下不少佳话。

据说，孙思邈初到峨眉山时，有一次他经过一道山谷，在山的岩隙中有一股清泉潺潺流到一大坑，汇集成一汪甘甜清凉的水池。他正在水池旁边小憩，忽见池中有两条长蛇在游水嬉戏！孙思邈立即折树枝驱赶两条长蛇，这时走来一位山民，蹲在池边捧水猛喝。孙思邈连忙制止道："不能喝、不能喝，水有蛇毒！"那人道："千百年来，我们都是照喝不误的！"说完从口袋里掏出一颗大蒜，吃了几瓣，一抹嘴，说："这样就没事的！"说完便扬长而去。

孙思邈顿时明白了：大蒜原来是驱蛇毒的好药！可见，峨眉山"有草皆仙药"，从此他就在峨眉山寻药。

一天，孙思邈在山林中采药归来，看到路中伏着一只斑斓猛虎，他欲绕道而过。但虎站起来向他点头，并张开大口向着他，似有相求之意，孙思邈正疑惑中忽见老虎的口中有一块兽骨卡在喉管处，这才明白老虎拦路之意，于是便从衣袋中取出铜圈，放进虎口撑住上下颚，伸手从铜圈中取出兽骨并为老虎的伤处敷上药物，然后再取出铜圈。老虎伏地叩拜后便跟着孙思邈回到药王洞，守在洞口不走了。从此以后，他入山采药，老虎便紧跟其后，似一个忠实的保镖，保护他在峨眉山采仙药，集千金方，炼神丹，巧施妙手，广济众生。孙思邈美名远扬，被人们称为药仙、药王真人、药王菩萨。

此后，人们传说他不但能"治虎"，还能"医龙"。

牛心寺内孙思邈像（朱华高摄）

孙思邈50岁那年秋天的一个深夜，他还在潜心研读医书。突然一阵"隆隆"雷声，伴随着"哗哗"暴雨瓢泼似的下个不停，一位又高又瘦，身穿金色袍子而一点雨水都不沾的老头敲门而至，他恳求孙思邈为他治病。只见老者双眼如灯笼般大，但脸色苍白，显得有气无力。孙思邈一把脉，颇觉脉相异常，绝非人类。经过询问，判定他为龙身。老者承认说，他是一条老龙。半年前得了一种怪病，明明饿得心慌却什么也吃不下，只能喝稀汤度日。孙思邈请他现真身后再来，定能治好他的病。

第三天，天还没有亮，孙思邈正在家里等老龙，突然轰隆隆一声巨响，把他吓了一跳。原来老龙怕被别人看见，就穿墙而入，从墙洞伸出头来，龙身都藏在屋后的山里面。

孙思邈拿出事先准备好的一桶黑乎乎的汤药，让老龙喝下去。老龙刚一喝，就喊叫又酸又辣，着实难受而拒不服用。孙思邈立即在老龙头上扎了一针，老龙软绵绵的没了力气。孙思邈骑上龙脖子，双手拽住龙角，摁住龙头入药桶，老龙只得喝完了汤药。不一会儿，老虎觉得胃里翻江倒海，难受得很，突然"哇"的一声吐出了一条蛇，顿时便觉舒坦了。原来老龙以前在湖边喝水时竟误吞下这条蛇，可能是蛇体很难被老龙的胃所消化才堵得他憋屈，饿得心慌又吃不下东西。现在被孙思邈的陈醋拌蒜泥的"仙药"给治好了，救了老龙。

老龙又在屋后山洞里调养了几日，便谢过孙思邈飞走了。人们把那个洞叫作"穿龙洞"。孙思邈死后，人们在"穿龙洞"前修建了一座"药王庙"，世世代代供奉他的塑像。

孙思邈用他毕生所学扶危济困，治病救人，医术高明到能"起死回生"。

相传，有一次孙思邈在路上看到一群送葬的人抬着一口棺材，却有鲜血滴出，便立即上前拦住送葬队伍说："人都没有死呢，怎么就出殡？"棺木中是一位产妇，其丈夫说："难产已半天了，早已没有了气息。"孙思邈说："开棺看看再说。"半路开棺是不吉利的，产妇的丈夫面有难色。孙思邈说："赶快开棺！晚了就真没救了。"开棺后，他取出药包，抽出一支银针，对着产妇的肚子扎了下去，只听产妇呻吟了一声，渐渐缓过气来。随后，棺中传出婴儿啼哭，众人大喜，一齐跪倒，给孙思邈叩头，千恩万谢。事后人们传说孙思邈能起死回生，称赞他是扁鹊再世，华佗再生！

孙思邈的传奇故事颇多，都散失于民间不可考查，而他所住的"药王洞"还留存于峨眉山，其炼丹的熊熊炉火把洞口四壁的岩石也熏成了赭黄色，至今寸草不生，全山120个山洞，唯此洞连苔藓也不长，可见其所费功力之深。故苏东坡题《题孙思邈真》赞曰：

先生一去五百载，犹在峨眉西崦中。

自为天仙足官府，不应尸解坐蚖虫。

13. 中日诗碑亭

许德贵

峨眉山清音阁下面，有一个"中日诗碑亭"，茅棚、蘑菇顶、五方柱，像一位老僧戴着斗笠，趺坐在金刚坡下"宝现溪"旁。碑亭虽不语，但那汩汩的清音溪声，正似长年不倦地吟诵着"如是我闻"的佛教经论之声。

中日诗碑亭（朱华高摄）

亭中和两侧，有日本高僧良宽于清道光五年（1825 年）书《峨眉山下桥桁》一诗：

不知落成何年代？书法遒美且清新，

分明峨眉山下桥，流寄日本宫川滨。

若读者真的到达这儿，看到这些诗，还有其他人的诗、碑文、图片时，你可能情不自禁地会问，这座碑亭为何建在这清音阁？

先说选址的事情，1988 年前，日中友好汉诗协会会长柳田圣山，三次有心在峨眉山建这样的石碑。良宽生前虽是一介沙门，但人们称赞他为"一休"，喜与平民为伍，直到晚年尚捧着一颗活泼天真的童心，常常与儿童一块儿嬉戏，深受人们喜爱。良宽自以为"无心逐俗流，任人呼痴呆"。当时，日本人非常敬仰其风范，特地为他建起了"良宽纪念馆""良宽珍宝馆""良宽资料所""良宽研究所"等。柳田圣山来到峨眉山，想在这座良宽生前十分向往的"普贤道场"的佛山立碑，可每次选址都不称心。直到

1988 年秋季，丹桂飘香的季节，柳田圣山率日中友好汉诗交流访问团从万年寺徒步，一路观察着山石草木，寻到白龙洞和清音阁左右，后又沿着溪谷里芳草茵茵的小路不停地寻找着，忽然看到山溪两旁盛开着洁白的山菊，他反复仔细地端详着这叶、这花、这茎、这枝……他断定这山菊与日本京都府贵船溪谷中生长的"贵船菊"是同一种属。他惊喜地高叫起来："这真是天缘奇遇呀！""这正是大自然的精心安排呀！"因此，经过中日双方协商，决定在这有溪、有桥可忆的地方建造一座"中日诗碑亭"。

中日两国僧人相信"佛法无边"，相信峨眉山普贤菩萨的愿行普照到了日本宫川滨，才有了良宽等人的诗作，才有了 160 多年后柳田圣山先生的倡导，才会有 1989 年 4 月日中友好汉诗协会将良宽诗刻于石碑，由会长一行将碑按"峨眉山下桥桁"漂流的水路逆流而上，顺利达到峨眉，得到四川乐山市和峨眉山市外事部门的协助及峨眉山管委会的大力支持，同年 9 月在这里建成"中日诗碑亭"。

14. 仲子陵故里

刘友箭

仲子陵故里在绥山镇斗量村，地处峨眉城西，离城 3000 米，山环水绕，风景秀丽，名人辈出，经济发展，人民生活安康。

斗量村何以此名？村里的老人介绍，斗量村地处老马山、尧山之间，站在新昇村仰看老马山、欧坪、尧山，斗量村就像一个巨大的量斗，坐落在符汶河边，故名。亦喻此处五谷丰登，车载斗量之意。

今日斗量村（欧玉清摄）

斗量村历史文化深厚，村里有现存的木结构建筑——普河寺。据传为明末清初时修建，是峨眉山洪椿坪师傅在此歇息的脚庙，每逢农历初一、十五，远近香客便来此上香，很是热闹，延续至今。近年来村上依托地处城郊、背靠观音湖的优势，大力调整产业结构，发展乡村旅游业，有农副特产李子、冻粑、茶叶等。

斗量村历史上曾出过名人，唐代时，著名儒学家、文学家仲子陵（743—802）就出生于此。明胡世安所著《译峨籁》载："唐，仲子陵，峨眉人，读书大峨石，通后苍大小《戴礼》，以文义自怡，家惟图书及酒数斛而已。"他年少时立志向上，在峨眉山神水阁勤学苦读，学识渊博，35 岁考取进士，曾任唐朝太常博士、司门员外郎，主持朝廷礼制，被尊为中唐名儒，有杰出的文学才能，其所撰写的《断织赋》《清簟赋》《幽兰赋》等六篇诗赋被收录于钦定的《全唐诗》。仲子陵一生好学，为官清廉，不治家财，年老时辞官回乡，只从京城带回满车书籍和几盆兰草，"兰惟国香，生彼幽荒，……柔条独秀，芳心潜结，……卑以自牧，和而不同。"仲子陵《幽兰赋》中的词句是其简朴高洁的写照。

峨眉山市政协原副主席、峨眉山市志办公室主任骆坤琪介绍，20 世纪 50 年代在斗量村尚有仲子陵故里的遗迹，在原村公所平台上，有一堵古墙，高约 2 米，长约 5 米，用石灰粉刷，墙上有古人题"仲子陵故里"五字。《峨眉县志》亦载，北门桥头有"仲子陵故里"碑。

如今，去斗量村的交通方便，可沿符汶河步行观光，欣赏沿河美丽风景，亦可驱车从七三九厂进出。2018 年 1 月，连接斗量、炳灵、盐井、沈山、天全、麻柳、洪川、大庙等村的环线公路已经建成通车，交通更加便捷。

15.　福寿碑

李先定

刘君泽先生《峨眉伽蓝记》载，峨眉山福寿碑有两处，一处在伏虎寺前玉皇楼下，一处在神水阁前，皆为陈抟所书。昔人评价说，福寿二字纵横有象，低昂有态，笔力雄强，沉着端庄。

陈抟，五代、宋初道士，常隐居湖北武当山，后又移居陕西华山。千里迢迢，他为什么到峨眉来书写"福寿"呢？民间传说是这样的。

宋初，伏虎寺有个叫云眉的僧人，想在玉皇楼前竖一福寿碑，祝朝山进香的善男信女家业兴旺，福寿绵长。福寿二字的书写也非常人所能，须请一个德高望重，且书艺精湛的人来写才合适，云眉一时未能找到，心中也很着急。

这件事被远在华山的陈抟知道了，陈抟自幼勤习王羲之、颜真卿书法，笔力奇重，功夫很深，远近闻名。

陈抟很想去峨眉山伏虎寺写这两个字，可一想，自己是道门中人，恐有不妥，左思右想，决定扮成一个乞丐上峨眉山。

那一日陈抟来到峨眉山伏虎寺，恰巧遇见云眉送客出门。云眉见山门外站着一个叫花子，衣衫褴褛，瘦骨伶仃，手拄竹棍，眉宇间透出一股英气。

云眉吩咐小沙弥带乞丐进庙吃饭，正吃饭间，突然厨房窜进一只野狗，见陈抟衣裳破烂，直向他扑去。陈抟忙用竹竿打狗，一不小心，把桌上的饭菜撞翻，洒满一地。

陈抟赶走恶狗，无心吃饭，呆坐一旁，十分没趣。

云眉叫灶房小沙弥用柴灰把地上汤菜覆上，慢慢收拾，再重新盛饭菜与陈抟吃。陈抟无心吃饭，低头盯着地上平铺的柴灰，用竹竿画来画去。

云眉十分好奇，仔细看去，这不是写的"福寿"二字吗？两字气韵生动，点画传神。云眉暗暗一惊，此人定非常人，又不便问他身世，连忙双手合十，恭请陈抟书写福寿。

陈抟假意推辞说："我本一乞丐，怎敢给贵寺书写碑文！"云眉双手合十，口念弥陀，说："贫僧只论写字，何问出身，今日有缘，居士不必推辞。"陈抟很高兴地答应了。

云眉立即吩咐小沙弥准备笔墨纸砚。陈抟把外衫一脱，赤膊走到案前，提笔一看，皱了皱眉头，问云眉："福寿碑有好大尺寸？"云眉两手一伸："大略五尺见方吧。"陈抟说："这么小的笔怎能写这么大的字？"小沙弥在一旁说，寺内没有这么大的笔，正踌躇间，陈抟拿过讨饭的竹棍，心中念念有词，轻轻一挥竹棍，棍头立即生出了扫帚样的东西，有锋有毫，淡淡一笑说："就用这个吧！"

陈抟双手握"笔"饱蘸浓墨，凝神片刻便笔落纸上，"福寿"二字立即跃然于上，熠熠生辉。

云眉惊叹道，今天遇着真神仙了，恭敬地对陈抟说："请居士把尊姓大名留在纸上，让我等朝夕敬仰！"

陈抟呵呵一笑说："清心识化机，何必留姓名。大师执意要知我姓和名，有俚句一首请听。"陈抟朗声吟道："华岳云游至峨眉，万里挥毫留迹痕。遗墨伏虎拳拳意，欲问道士耳东陈！"说罢，走出山门，扬长而去，云眉大步也追赶不上。

云眉明白，华山耳东陈者即陈抟无疑。陈抟，字图南，号扶摇子，隐于华山，修服气辟谷之道。宋太宗时，赐号希夷先生。

后来，云眉在镌刻福寿碑时，补上陈抟书三字。人们在欣赏福寿二字时，也啧啧称道二字：白鹤踏芝田，青龙蟠玉柱。

笔者在 20 世纪 60 年代初，曾在伏虎寺玉皇楼旧址前的一个水文观测站测量点工作房居住过几个月，经常看到"福寿"二碑，摩挲徘徊不已。可惜"文化大革命"后，二碑已不知去向，令人慨然！

神水阁前的"福"字照壁

16. 状元街

李先定

　　峨眉城区状元街是一条长不足 200 米、宽约 8 米的小街道。状元街呈东西走向，南与东正街（现绥山路）平行，北倚综合市场为邻。

　　为什么取名状元街？据民间传说是本街有一户人家曾出过状元。笔者翻查古今峨眉典籍皆无记载，经过文史爱好者查考和有关峨眉的史料记录，南宋绍兴年间此街上曾出过一位进士，此人姓杨名甲，字德元，学问渊博，重义轻利，济困扶危，深受百姓好评。百姓一致祝愿他再上新台阶——黄榜高中状元，并封赠他为杨状元（因杨甲字德元，语速快些也易听成杨状元），沿袭到今，他原居住的那条街，自然也被人命名为状元街，可见老百姓也期望峨眉能出一真状元。

20 世纪 80 年代的状元街（薛良全摄）

　　峨眉杨家的确为地方做了一些好事，如飞来殿，在宋代曾有官军驻扎，杨家捐出自己的宅院让官军作兵营，腾出飞来殿寺庙，僧人得以安身，善男信女拜佛求神有了去处，百姓无不感激。

　　杨家在宋、元、明时代俱为飞来殿主持，即负责管理庙宇房产、田土、路道、人事等。杨甲也曾写过一篇记述修缮飞来殿道路的碑文，今宋碑不存，从元代《峨眉县重修东岳庙记》有关石碑的记述可看出确有此事，碑文中说："庙有宋绍兴戊寅主祠进士杨甲德元所述甃路石刻。"

后人为纪念杨状元，也为了教育后辈儿孙，特在状元街东头城墙上建了一座杨公祠，内奉杨甲牌位，并请了一位姓杨的落魄书生住守，每日早晚敬香拜叩。此人原是个读书人，因贪玩好耍，不刻苦努力，致使家道中落，一事无成，流落街头，求人施舍。当地人让他去守杨公祠，也有警醒劝勉之意。他自己也在杨公祠悬挂古人诗两句："黑发不知勤学早，白首方悔读书迟"，以砥砺自己。

1943 年 6 月 8 日，峨眉城惨遭回禄之灾，杨公祠被烧毁，守祠文生从此不知下落。

17. 余坡

朱华高

　　沿双福镇到普兴乡的双悦公路前行，到永安村千佛岩过河，经安全村公路前行约 5 里，便是普兴乡安全村一组，老地名为余坡。此地世世代代生活着余氏族人。他们都自称是元朝成吉思汗的后裔。另外，在普兴乡张岩、余村、胡场等地都有余氏族人居住，四处山地里还分布着几十座清朝各时期的余氏墓碑，上面的碑文向世人诉说着余氏始祖如何由铁姓改为余姓，避祸峨眉山的历史。余坡一座嘉庆年间墓碑载："粤稽我族肇自大元，敕授将军，系本铁姓，被馋远祸。"张岩一座咸丰二年墓碑载："我族肇大元，勋授将军，本铁姓，因祸易铁为金，易金而余。"余坡碑文载，余氏鼻祖是余学贵；张岩碑文载，余氏鼻祖是余学文。他们是从夹江漹城镇凤凰铺到余坡的两弟兄。

　　余坡有何来历？余坡族人和元朝皇帝有何渊源？余学文第十三代传人余斌向笔者细说先祖避祸峨眉山普兴乡的历史。

　　原来，余氏祖先乃元朝皇帝铁穆耳兄弟铁木健——南平王。他有九子一女，最小的是女儿。子女都爱读书，九个儿子都考上进士。女儿嫁的丈夫也喜爱读书，也考上进士，故有"九子十进士"之称。

　　其时，铁穆耳的势力几乎统治整个欧亚大陆。铁木健连年征战，战死沙场。那时，铁木健家族十个进士中有四个官至尚书、五个官至太守，有一个任宰相。铁穆耳感到铁木健家族势力太强，疑心有宫廷政变之谋，遂起杀心。

普兴乡张岩村余氏清代古墓（朱华高摄）

铁木真后代统治中国后，对大宋汉人仍然奉行镇压和杀戮政策，激起宋民红巾军起义，国家处于混乱状态。铁穆耳又听信谗言，演变成宫廷内斗。铁穆耳动手前，时任宰相的南平王之子得知消息，知道有大难，必须早早逃离是非之地，便连夜送信给其他几个兄弟，约到江西庐山会合，商量应变之事。十兄妹见面后，商量决定到巴蜀避难，于是乘船沿江而上。皇帝闻报，派兵追杀，沿途逢铁姓就杀。十兄妹遂商量改铁姓为金姓。皇帝得知，又派人逢铁姓和金姓就杀。十兄妹一路逃到四川，皇帝追兵也追到四川，沿途还有红巾军截杀。一日，船行江中，突然水里跳出一条鱼到船上。大家思索，鱼跳船上是否有天意暗示什么，便想到将金字下面一横去了不就是余吗？余乃鱼的谐音，遂改金姓为余姓。船到泸州，十兄妹上岸，在凤锦桥头跪拜焚香，赋诗一首，各人一句，并发誓，余姓后人一定要相认，有违誓言者，全身长癞疮而死，然后分手，各奔东西。普兴余坡这支是老七的可能性较大，叫庚七公。他沿江而上，到了乐山（嘉州），再顺青衣江而上，到了滪城（夹江）上岸，沿途登山，在凤凰铺定居安家，到余斌这代，已经是第 13 代。如今还有一座清朝咸丰年间竖的墓碑，碑文载：因避祸，沿江而上，由铁而金，由金而余，后居于滪城镇凤凰铺。家族绵延 20 代：学成凤元万，泸启应书明，儒道锦长安，希文秀久腾。余斌是锦字辈。

18. 朱元璋诗赋宝昙石窟

李家俊

　　普兴凤凰顶，像一道坚固的屏障，护佑着古道上的乡民，千年不绝的后河滋养了生生不息的普兴百姓。凤凰顶下，在今普兴乡政府旁，有千年历史的普贤寺。这里因"断岩国师"而盛名远扬，因大明开国皇帝朱元璋而流传名人轶事。

普兴乡普贤寺（李家俊摄）

一、普贤寺

　　《康熙四十八年重修殿碑》等文献记载，普贤寺于北宋仁宗天圣年间（1023—1031）始建，原名圆觉殿。南宋绍兴时期名大悲庙。元代至正二十五年（1365 年），峨眉山僧惠光上人在凿雕千佛岩四百余尊摩崖造佛的同时，重建圆觉殿。明宣德三年（1428年），扩建圆觉殿，铸普贤骑铜象，开修山门，砌石坎，请名画家，绘十二圆觉、二十四诸天。1656 年，建大雄宝殿、观音殿。清乾隆年间源明师父建房舍十余间，置田产50 余亩，更修墙屏、石牌坊等。普贤寺第一台阶是四柱石牌坊山门，上面刻有龙和凤图案，顶上两边横刻"腾云""彩凤"四个大字，中间顶端竖刻"普贤寺"三个大字；第二台阶是石墙屏，一对高大石狮立两旁，屏上刻有两副对联："一溪流水带山青，满

129

院庭云随竹绿"，"珠光摇北斗，剑气映南星"；第三台阶是第一殿"四大天王"殿；第四台阶两侧是花台，右边有字库；第五台阶是第二殿"寿佛殿"，供阿弥陀佛、观音菩萨和大势至菩萨，左侧是四合院厢房，另供孔夫子；第六台阶是第三殿"大雄宝殿"，殿中供奉释迦牟尼佛，两旁是他的弟子迦叶尊者和阿难尊者，佛前有一燃灯佛，佛后背面有一孔雀和准堤道人，殿堂两柱上盘旋着两条龙，两边为二十四诸天，殿前面还有一藏经楼，楼上供有玉皇和韦陀，两边还有一钟一鼓，殿右侧百步外一巨石名"三光石"；第七台阶是第四殿"圆觉殿"，供奉普贤、文殊、地藏三大菩萨，两边是十二圆觉；第八台阶是第五殿"千手观音"殿，两边是十八罗汉，殿后山上还有一巨石名"盘头石"。普贤寺现存文物有：1656年建大雄宝殿和木质斗拱架构古建筑房；宝昙石窟，中有三个墓塔，中间塔上刻有"开山宝昙禅师之塔"八字，左有"清净海会之塔"，右有"历代主持之塔"；康熙四十八年（1709年）重修的殿碑；乾隆二年（1737年）修建的功德碑；乾隆五十四年（1789年）重修的经楼两廊碑；道光十八年（1838年）的永垂万古碑；"普贤寺宝昙和尚祭祀窟"石碑。

二、普贤寺与宝昙国师

清嘉庆版《峨眉县志》载："宝昙国师，释，吴人。相传断岩禅师再世。"朱元璋于洪武二年（1369年），敕宝昙国师到峨眉山重建光相寺。洪武十五年（1382年），再次敕赐宝昙国师前往峨眉山金顶重建锡瓦殿，并铸普贤金像。国师借督造锡瓦殿时，在普兴大悲庙铸锡瓦，在原十二圆觉的基础上塑普贤菩萨一尊，供于大殿中，遂将该庙改名普贤寺。宝昙国师是明太祖朱元璋的表兄，明太祖朱元璋特为宝昙国师赠诗二首：

断岩知是再来生，今日还修未了因，借问山中何所有，清风明月最相亲。

山中静阅岁华深，举世何人识此心，不独峨眉幻银色，从教大地变黄金。

宝昙国师在建锡瓦殿功德圆满之后，回京复旨，推辞朱元璋的挽留，仍住锡普贤寺，于洪武二十五年（1392年）六月十一圆寂，葬于普贤寺右石窟内。朱元璋亲赐"谕祭宝昙和尚文"（宝昙师父祭祀窟），其中一句"功迹峨眉"，以表彰国师对峨眉的贡献。

三、普贤寺与普兴乡

宝昙国师两次奉旨到峨眉山建佛教寺庙，故朝廷多次派员到峨眉山朝拜，一时间来往于普贤寺的朝廷命官、皇亲国戚、僧人、百姓络绎不绝。于是宝昙国师在双福的小河初修"本寿寺"作为脚庙，后又在新华建"庆寿寺"，接应送往普贤寺的香客。由是，来往人员不断增多，普贤寺外门庭若市，热闹非凡，自发地形成集市，得名"普兴"，意含"普贤兴建"和"普天下兴旺发达"。当地老年人介绍，从14世纪末起，普兴乡成为夹江、峨眉、洪雅、乐山四县"插花飞地"，是出名的粮食、牲畜、造纸原料（竹麻）等的交易市场，每年农历春分时节，普兴场上搭台唱戏，场上每逢单日十分热闹。

四、普贤寺与朱元璋的传说

元末兵荒马乱，民不聊生，朱元璋的父亲及其兄长在贫寒中早逝。一贫如洗的朱家无钱安葬死去的亲人，母亲陈氏腹中怀着朱家的后代，不得不背井离乡，四处要饭，从江西逃难到峨眉，抱着最后拜一次佛的愿望，跌跌撞撞地向普贤寺靠近，凌晨支撑到了普贤寺，当她非常吃力地爬上普贤寺最后一级石台阶时，由于几日未进食，身体十分虚弱，眼前一黑，便昏倒在普贤寺门前。"哇——哇——哇"的几声哭泣，惊破了黎明的寂静，朱元璋就这样诞生了。哭声也惊醒了寺中僧人宝昙，他慌忙开门，见此情况，转身回屋，抱来被子，盖在母子身上，请乡医护理，保住了这对可怜母子的性命。朱元璋童年时拜宝昙为师，在普贤寺当起了和尚，但他却与其他僧人不一样，别人清心寡欲，虔诚诵经，他却喜欢打架，背地里饮酒吃肉，干活也偷奸耍懒。有一次轮到朱元璋打扫大殿，朱元璋懒懒地动了几次扫把，便对菩萨像抱怨说："你们在这里挡什么道哦，还不给我让开"，话音刚一落，大殿里的菩萨真就依次排开，腾出空间让朱元璋清扫了。此事被宝昙禅师看见，他认为朱元璋非同凡人，必成大事，于是对朱元璋在寺里的一举一动，亦睁一只眼闭一只眼，后来干脆放朱元璋出寺庙另谋出路。

朱皇帝坐稳江山后，惦记恩师宝昙，备下厚礼，差人来峨眉山普贤寺，礼聘宝昙为国师。然而遁入空门的宝昙禅师无意功名利禄，婉言谢绝了他的盛情，依旧专心致志地在普贤寺中修行。朱元璋十分感动，赐金让宝昙在峨眉山建寺修行。当听说好大喜功的朱皇帝预谋大开杀戒时，远在普贤寺的宝昙禅师立刻令人准备了一口棺材，日夜兼程直奔应天府，期待朱元璋回心转意，如不能遂愿，宝昙意欲在皇宫里殉身。宝昙用一首赞扬马皇后的诗，吟诵给朱皇帝：

下雨天流泪，雷鸣地悲哀，僧纳今到此，功颂马如来。

话声刚落，电闪雷鸣，大雨滂沱，朱元璋受到触动，自知天命难犯，无奈地说了一句"抬棺，放人"。

宝昙以一首颂歌，救了数万人的性命。

宝昙和尚窟（朱华高摄）

19. 灵岩寺

李家俊

光绪十年（1884年），谭钟岳先生撰文绘图《峨山图说》载"景之绝者有十"，其中"灵岩叠翠"位居第二。灵岩寺在峨眉山市高桥镇高桥河以南至严寺坝，灵岩叠翠因灵岩寺成名。据载灵岩寺始于四世纪，兴盛于宋明两代，曾为峨眉山六大寺院之一，被誉为"西蜀第一大刹"。灵岩寺兴旺时有寺庙四十八重，堪称中国乃至世界最大的寺庙群之一。因寺庙太大，敬香者需骑马才能走完，巡殿的和尚也需骑马才能走一圈，故有"骑马烧香，策马巡殿"之说。峨眉民谣亦唱：月儿光光，骑马烧香……

从灵岩寺观金顶（薛良全摄）

一、"敕赐禅林"

现高桥中学校园内，有座青石牌坊，高近七米，牌坊正面镌刻"敕赐禅林"四字，落款有"嘉靖年卯春二月，给事中安磐书"，牌背面有"祇园觉悟"四字。由安磐题文的这一古牌坊是灵岩寺的山门，也是古灵岩寺的唯一完整遗迹。

《峨眉山志》载，灵岩寺在峨眉山下，南进高桥，宝掌和尚结庐旧址，事在周烈王时期，其史事因年代久远，无法考证。后人比较认可的是四世纪，印度僧人宝掌在峨眉山脚下结庐，其结庐之处即日后的灵岩寺。七世纪初，高僧灵龛禅师来宝掌结庐处创建灵岩寺，誉宝掌观佛处为"睹佛台"。唐代僧人黄檗、南泉"礼峨眉、观佛光、住谒灵岩寺"，可见，早在唐代灵岩寺已负盛名。

太平兴国五年（980年）宋太宗赵匡义召白水寺住持茂真大师入京，赐予诗文，茂真回峨眉山，重建白水寺、华严寺、中峰寺、黑水寺、灵岩寺六大寺，六大寺庙的兴建成为峨眉山佛教发展的重要里程碑，使之位列中国佛教四大名山之一。宋高宗绍兴五年（1135年），太尉王陵、朝靖大夫王涉捐资重建灵岩寺，更名为护国光林寺。其时殿宇林立，规模宏大，东至金洞山，南至卷洞溪，西至解板山，北至石佛岭，下抵临江河，纵横达十里。元至正二十七年（1367年）灵岩寺被大火所焚。明洪武年间，僧人弘义、圆道相继重建光林寺，复旧名灵岩寺。

《明实录·英宗睿皇帝实录》载：明天顺四年（1460年），大明皇帝朱祁镇在京师皇城，向远隔千山万水的峨眉山灵岩寺颁了一道敕书，内容如下：

皇帝圣旨：

朕体天地宝民之心，恭承皇曾祖考之志，刊印大藏经典颁赐天下，用广流传。

兹以一藏安置大峨眉山灵岩寺，永充供养。所在僧众看诵赞扬，上为国家祝厘，下与僧民祈福，务须敬奉守护。故谕！

天顺四年五月初四

这道敕书，同载蒋超编写的《峨眉山志》中。敕书表明英宗皇帝向峨眉山灵岩寺赐《大藏经》一套，敕谕灵岩寺上为国家、下为僧民"看诵赞扬"之事。赐《大藏经》和敕书，意义重大，灵岩寺因此日新月异。这道敕书及《大藏经》载入峨眉史册。

明宪宗成化元年（1465年）灵岩寺更名为会福寺。明孝宗弘治十六年（1503年），本印师父重修灵岩寺，于明武宗正德六年（1511年）落成，经过8年恢复重建，灵岩寺殿宇四十八重，僧众逾千人，成为中国一大寺庙群。形容灵岩寺之大，有几种称谓：一者僧人吃饭需要九十九个堂，前殿僧人不识后殿僧人；二者寺庙之大须骑马烧香，策马夜巡；三者民间童谣曰：月儿光光，骑马烧香；四者由于高桥镇僧侣众多，被称为"和尚场"。明崇祯十七年（1644年）灵岩寺、伏虎寺、大峨楼、西坡寺、中山峰寺以及乐山凌云寺同毁于兵火。

灵岩叠翠的灵岩寺虽毁，但"灵岩叠翠"景色如故，去灵为岩，看叠揽翠，向西南眺望，近处青峰绵延起伏，茂林修竹；远处万佛顶、千佛顶、金顶宛似三座巨型翠屏横亘天际，气象雄伟。灵岩叠翠旧景观有"九龙十八宝"之说，九龙是指峨眉山地质断层的折皱而形成蜿蜒盘旋的九条山脉，十八宝指的是十八座起伏的青黛山峦（称十八罗汉峰）。

二、灵岩寺寻古

茶马古道遗迹：在灵岩寺旧址，有一段曲折的古道，坎坷不平，蜿蜒曲折，好似羊肠路，全部用石块铺成，每块石头重百斤至数百斤。石路上的石窝、石荡，像碗，像盆，像坑，非天然之物，而是人足、马蹄、棍柞踏磨而成，非千年之功不能达其效。可以想象，络绎不绝的人流、千年不断的物流，延续着古代商旅。由此有力地印证，古代峨眉山就是茶马古道的必经之地，与南方丝绸之路一脉相承。可以想象，古人用马驮，用肩担，用背负，运送茶叶、盐、铁器、瓷器、丝绸走出四川，走向东南亚，"灵岩一径入青苍气"。

灵岩寺藏宝：灵岩寺规模宏大，僧人众多，香火鼎盛，香客如流，皇上多次敕赐，又地处南出四川盆地的要冲。古灵岩寺藏有大量宝藏之说，古今未绝，一说是藏于十八罗汉的山中，一说是藏于寺庙的地下室。只是因战乱而销声匿迹，遂成千古之谜。

七贤遗碑：明嘉靖年间，兵部给事中安磐、吏部给事中彭汝实、山西按察使张凤羾、大理寺少卿徐文化、济南知府章寓之、河东转运使王宣、光禄寺少卿程启充，他们都是明代弘治和正德年间出自嘉州的七位进士，在朝中身居要职，因直言上谏，触怒龙颜而去职，返乡后被称为"嘉州七贤"。他们在灵岩寺吟诗作赋，将其诗文各选其一，篆刻于碑存寺内，后称"七贤诗碑"。

峨眉大鲵（娃娃鱼）：峨眉大鲵是峨眉山珍稀两栖动物，属国家二级保护动物，长年生长在环绕灵岩寺的柳溪河和高桥河。20 世纪 80 年代，当地人尚偶能捕捉到，今已几近灭迹。今在灵岩寺的西坡下有一冷水鱼庄，用山溪水养有大量的珍稀大鲵，参观者众。

20.　长乐寺

朱华高

　　长乐寺位于峨眉山市乐都镇新沟村的白岩湾。过九里镇临江大桥右拐沿山谷乡村公路上行约 20 里便至，海拔约 1000 米，距二峨山峰顶约 20 里路程。

　　长乐寺遗址位于新沟村 4 组，坐南向北（山外），占地面积约 10 亩。不知何时，整座庙子逐渐沉入地下。沉庙面积占地约 4 亩，沉下去后那里就成了水田，生产队一直在田里种水稻。清乾隆版《峨眉县志》卷二《山道》有"宝藏堂"记载："（峨眉）县至二峨山……至罗目街九里场……过杨（羊）镇场南过伽蓝寺上龙神堂灵官楼右上宝藏堂登石龙寺……"此段路线和笔者亲临考察一致。

今乐都镇新沟村长乐寺遗址（朱华高摄）

　　当地村民说，当地有一座庙子在 20 世纪六七十年代逐渐沉到地下，沉下去的庙子叫长乐寺。沉庙旁边 100 多米，有一座庙子，叫宝藏堂。其名称有说叫宝藏堂、宝掌堂、宝尚堂、宝长堂、保尚堂，莫衷一是，谁也不知道准确名称。遗址占地约半亩，呈 L 形。此庙最后一个师父叫方清云，又叫苍文师。

　　长乐寺归大峨山寺庙管。寺里供的菩萨很多。当地人说，先有长乐寺，后有宝藏堂。方师父住的庙子宝藏堂是长乐寺沉下去后才修的。

21. 太子坪

王荣益

太子坪海拔 2858 米，原名"万行庵"，明代万历年间由古智禅师开建，旁有"大欢喜亭"，喻登山至此，前行道路平坦，皆大欢喜，因供奉明神宗太子像而改名太子坪。清顺治时，寺僧普权、闻达师父先后重建。关于太子坪的得名还有一个传说。

今峨眉山太子坪（印祥摄）

明神宗之母慈圣太后李彩凤的父亲李伟是位乡村泥瓦匠，因家乡受灾，便携家带口到北京城里谋生。李彩凤随父来京时，只有 12 岁。三年后，生活无着的李伟将李彩凤送往裕王府，当一名使唤丫头。李彩凤进入裕王府邸时，服侍裕王的继室陈王妃。原配李王妃及所生一男一女都早逝，继室陈王妃为裕王生过一个女儿，不久夭折，从此再没有生育。李彩凤进裕王府的第三年，为裕王生下一个儿子，这就是后来成为万历皇帝的朱翊钧。传说此子是她到峨眉山求来的。李彩凤特别信奉普贤菩萨，见裕王无子，心中焦急，经裕王同意，她来到峨眉山朝礼普贤菩萨，当朝山至此，见金顶将到，心中喜悦，便在这里梳妆打扮，整洁衣冠，并烧香许愿：如得菩萨加持得子，将为菩萨重塑金身。回宫后果生太子朱翊钧（即明神宗），后该寺僧人以太子之名命名寺名，并祀奉太子像。神宗皇帝在位 48 年，对峨眉山佛教十分支持，峨眉山佛教也进入历史上的发展高峰期。

李太后是一位非常有智慧的人。隆庆皇帝在位六年就去世了，其时李贵妃只有 28

岁，她儿子朱翊钧登基时只有 10 岁，朝廷进入"主少国疑"的非常时期。在万历帝登基的第一个月里，她做了两件事：第一，撤换司礼监掌印太监孟冲，任用冯保；第二，撤换内阁首辅高拱，任用张居正。从此，李太后内依靠司礼监掌印太监冯保，外依靠内阁首辅张居正，推动了明朝中兴的"万历新政"，使本已气息奄奄、病入膏肓的明王朝恢复了生气。

22. 医王寺

朱华高

罗目镇胡村 5 组有座庙，叫医王寺，原名三丰殿，供的神像是张三丰祖师。张三丰不是医王，为啥要供他呢？传说这与张三丰给康熙皇帝医脚有关。

话说明朝时期，张三丰在武当山创立了武当派武术，乃道家内功拳法。他知道峨眉山武术博大精深，便带着一些徒弟来峨眉山考察。除了武功，他的医术也很高明。他结合推拿、针灸、外科、内科各门医术特点，再利用他深厚的内功，创立了八卦医疗法。他先后到过大峨山、二峨山、龙池、符溪等地。所到之处，一方面和当地道家的道长、佛家的住持交流切磋，讨论如何融合道佛，结合各派武功拳法，弘扬中华民族的传统武学文化；另一方面，当地凡是有人生病，他便会仔细诊疗，认真下药，病人都是药到病除。尤其对于贫困人家，他看病更是分文不取。

一天晚上，他正要就寝，忽然，胡村一中年妇女胡氏急匆匆地来到西禅寺，述说她的儿子上山打柴，从岩上滚下山坡，伤势严重，如今人事不省。张三丰听了，二话不说，带上徒弟匆匆赶往胡家。只见胡大伯、胡老爹、胡奶奶一家人围在胡家儿子床边，急得团团转。屋里屋外挤满了左邻右舍，你一句我一句地说胡家胡大顺如何孝顺，如何勤劳，如何吃苦，如何帮助邻里。总之，他是个人人都称赞的小伙子。令胡家和邻里不安的是，大顺是胡家独儿，内伤、外伤都很严重，场上大夫来诊治后都摇头叹息。大家都把最后的希望寄托在张三丰身上。

张三丰来到大顺床边，检查了大顺的内伤和外伤，他双眉紧锁，不发一言。沉思片刻，说道："胡家只留下胡大伯和胡老爹，其余所有人都退到院坝。"待房内清静后，张三丰先用内功和针灸治疗大顺的内伤。然后用内功疏通外伤筋脉，又敷以三丰独创的外伤药。处理完毕，已是半夜时分。张三丰吩咐家人，大顺已无性命之忧，让伤者静躺休息，能否留下残疾，两天后他再来复查。胡大伯千恩万谢，要给三丰诊疗费。张三丰说了一句"钱留着"就走了。

后来，胡大顺在张三丰的精心治疗下，完全恢复了健康。胡家和邻里乡亲齐聚西禅寺，要感谢张三丰，谁知他已经不声不响地走了。胡家和乡亲们这才商量，在胡家地里修一座庙宇，供奉张三丰神像，命名为"三丰殿"。

张三丰一时名声大噪，不但轰动了峨眉县，连周边百姓都知道张三丰医术高超，医德一流。三丰殿也香火旺盛，十乡八里前来许愿。

时间辗转到了清朝。一年，康熙皇帝来游峨眉山，到了罗目镇，先到猪肝洞巡察，再到罗目镇暗访。见罗目镇民风淳朴，百姓安居乐业，龙颜大喜。一日，到大觉寺进香，不料昨天一场大雨，第二天道路泥泞，康熙不小心摔了一跤，右腿摔断。陪同的县官和侍卫都惊恐万分。其时天色已晚，大家手忙脚乱地把康熙抬到三丰殿暂时歇息。到了殿里，已是戌时，殿外漆黑一片。康熙坚持在殿里暂留一宿，翌日再到县城医治。

睡到半夜，朦朦胧胧中，康熙觉得有一长髯道人飘然而至，向他躬身施礼道："圣驾在上，老道前来为你疗伤。"康熙惊问："你乃何方鬼魅，来此惊驾，还不快快退去！"老道说："老道乃张三丰也，得知圣驾伤了龙体，今夜暂宿老道小殿，多有惊扰。圣上不必惊慌，老道保你明日伤腿痊愈。"说罢，靠近康熙，向那条伤腿发力使功，然后取出一粒金丹，让康熙张口服下。又取一粒，放到康熙枕边道："圣上安心休息，老道告辞。"言罢突然不见。

第二天一早，县官和侍卫早早在殿外恭候。不一刻，只听康熙在里面道："侍卫可在？"侍卫慌忙进殿恭候，问道："圣上有何吩咐？"康熙道："服侍朕起床！"侍卫小心翼翼来扶康熙。康熙也小心翼翼移动身体，谁知自己的腿脚灵便，一点没有昨天疼痛难忍的感觉。再试着移动身体，一切正常，翻身下床，两腿灵活自如，再也没有任何异样感觉。

康熙到了殿外坐定。县官和随从大臣都来请安参拜，见康熙腿脚灵便，都感到惊奇不解。康熙把昨晚梦中张三丰显灵治伤之事向大臣们讲了一遍，还把梦中张三丰赐的一粒金丹向大臣们展示。

罗目镇医王寺内张三丰像（朱华高摄）

　　康熙和众大臣、县官这才切身体会到罗目镇百姓讲述张三丰的事迹原来不虚。大臣们议论纷纷，建议康熙为三丰殿题词。有一位大臣建议题词"医皇寺"，众大臣和县官都说好。康熙略为沉思，点头同意，命人取来文房四宝，挥毫题写"医皇寺"三个大字。县官命人将题词制成精美匾额，悬挂在三丰殿外供人瞻仰。后来，叫三丰殿为医皇寺的人越来越多，倒把三丰殿的名称逐渐淡忘了。因"皇"和"王"谐音，时间一久，人们就叫医王寺了。

23. "嘉定七贤"碑

李家俊

"嘉定七贤"碑原立于峨眉高桥镇的灵岩寺，现移至报国寺的凤凰堡上。碑高 2.4 米，宽 2 米，刻有明朝嘉靖时期安磐、徐文华、程启充、彭汝实、张凤羾、章寓之、王宣等"嘉定七贤"在峨眉山的联笔题留，由此引出一段明朝文官笃守纲纪，"文死谏"的悲壮故事。

今报国寺凤凰堡上的"嘉定七贤碑"

刘君泽《峨眉伽蓝记》载："明嘉靖中，嘉州七贤罢官回里，遨游山水，尝集饮寺中，有诗碑记其事。七贤者，皆名进士。"这七贤，胸有文墨，志趣相投，怀拳拳报国之心，忧大明社稷江河日下，吟诗作赋，表达出仁人志士的文胆风骨。山西按察使张凤羾、济南知府章寓之、河东转运使王宣、大理寺少卿徐文华、兵部给事中安磐、光禄寺少卿程启充和吏部给事中彭汝实，合称"嘉定七贤"。其中，安磐、徐文华、程启充和彭汝实，敢于秉笔直言，刚正不阿，以气节闻于当世，《明史》称之为"嘉定四谏"。

"文死谏，武死战"，文臣死于进谏，武将为国阵亡，被认为是古代官吏最为壮烈、最为荣耀的境界，为历代有志之士所标榜。明代关于职官封赠的规定有一条："三品以上政绩显异及死谏、死节、阵亡者，皆得赠官。"观其顺序，"死谏"列在"死节、阵亡"之先，可见，死谏地位甚高。

从朝廷贬到峨眉灵岩寺的"嘉定七贤"，经历了一段中国历史上十分惨烈的"文死谏"遭遇：

明武宗不务社稷，喜好骑射，终日带人捕猎娱乐，大臣们趋炎附势，不敢说真话。安磐上疏反对皇帝的荒淫无度。其后监察御史程启充上疏，切责皇帝耽于佚乐，荒废朝政，毁坏了列祖列宗的规矩。程启充上疏，要求皇帝"昧爽视朝"。监察御史徐文华言辞最激烈，批评皇帝沉溺于酒色之中，强烈要求斩杀祸国殃民的奸人。安磐、艾洪、吕翀、戴铣、薄彦徽、王良臣、王时中等二十余人也都纷纷上疏谏戒。恼羞成怒的武宗皇帝对言官们痛下杀手，二十多人遭受杖责，当场就打死了几位言官。徐文华、程启充重伤，安磐则因年纪较大，伤势更重，只得告退还乡。徐文华以"巡按贵州"之名而被遣出京。

1522年，朱厚熜即位，是为世宗，改元嘉靖。程启充得到起用，回都察院，复职御史。安磐回朝，还升了官，担任兵部给事中。徐文华升为四品，出任河南按察副使，又"举治行卓异"，入朝，出任大理寺少卿。彭汝实在中举八年之后，考中进士，授职给事中。

嘉靖元年，清宁宫失火，烧毁了三座小宫殿。御史程启充就此给世宗上疏，言深宫起火，是徇私情的礼制操作违背了老天的规则，再次引起朝中大臣附议。

嘉靖三年，世宗下诏，称孝宗为皇伯考，称其父为皇考，并追封其父为兴献皇帝，引发群情激奋，肇始一场中国历史上空前绝后的"左顺门事件"。七月，在左顺门，翰林院修撰杨慎（杨廷和之子，武宗正德六年的状元）带头振臂高呼，喊出了历史上著名的口号：

"国家养士百五十年，仗节死义，正在今日！"

兵部尚书金献民、吏部侍郎何孟春、大理少卿徐文华，将退朝的队伍挡在金水桥南。张凤翙、安磐等高声宣言：今日有谁不参与力争，则必群起攻之，誓死仇之。顷刻之间，左顺门城阙之下聚满了同仇敌忾的大臣。其中有九卿23人，翰林22人，御史30人，六科给事中21人，吏、户、礼、兵、刑、工六部122人，大理寺11人，共计229人。其后又有梁储、蒋冕和毛纪三大学士加入，这是中国历史上官级最高、阵容最盛的请愿。朱厚熜残酷地镇压请愿大臣，一边颁旨：伏阙闹事者，四品及其以上大臣，扣发俸禄四月，自五品以下者，一律收监，依次廷杖；一边令锦衣卫抓走一百七十八十名大臣。被羁押的伏阙者被分批提出，大杖伺候。一时间血肉横飞，编修王相等17人当场被打死。杨慎被遣云南永昌卫，元正被发配茂州，永世不许还京。嘉定州的安磐，二次受杖刑未死。徐文华，夺俸四个月之后，又再扣了一次俸禄。安磐、徐文华二人的档案里又增添了"率众伏阙"的罪状。嘉靖五年的李福达案，推进了"大礼议"所致种种恩怨的进一步清算。以程启充、徐文华为首，给事中11人，御史9人，刑部属官3人，共23人交替上疏，猛烈攻击奸臣郭勋，朱厚熜借机大开杀戒，对参与断案的官员以"助马录杀人罪"，全部逮捕下狱。凡是上疏弹劾郭勋的人，又都以"朋党罪"逮捕下狱。"嘉定四谏"全部未能幸免。程启充谪戍辽阳，徐文华发配到北大荒一带。安磐、彭汝实革职闲住，回到故乡。嘉靖十六年，朱厚熜的第三个儿子出生了，大赦天下，程启充也回到了故乡。徐文华也在赦免之列，却不幸死于归途之中。

　　"嘉定七贤"在峨眉的留踪有灵岩寺碑、黑水寺、七笑桥、西坡寺联句等。其中"西坡寺联句"题：

　　追随仙侣宿西坡（张凤羾），古木阴森带薜萝（章寓之）。

　　苍碧倚天新月上（王　宣），清溪浮水晚凉多（安　磐）。

　　虚无坐我如如镜（徐文华），磊落还谁浩浩歌（程启充）。

　　仍借西坡三日醉（张凤羾），半山吟思若论何（彭汝实）。

　　文死谏，显气节，联句留千古，七贤碑，熠熠生辉。

24. 万家大院

朱华高

据传，峨眉山市符溪镇天宫村的万氏家族曾经很辉煌。

"万隆章的银子，林天培的谷子，夏荷塘的顶子。"这一民谚道出万家钱多。"万家有的是钱，设柜买田""万家银库中的银子多得用撮箕撮"。乐山"烟地会"每年出会，要等万家出了钱才能出会，因为万家出的钱要占一半以上。

万家曾经有过很大的家院。万家大院有两道"龙门"，其中一道叫"花龙门"。"花龙门"用片砖砌成，精心修造，木制门上面刻有许多花草、花纹，还有人物、战场，故曰"花龙门"。进了"花龙门"有天井、书房、厅房等。据说，逢年过节，进万家耍龙灯都会迷路。

万家大院的大龙门前有四个大的桅杆基石，用来竖立桅杆。这四个大基石的直径有水碾石一般大。据说峨眉县文庙门前的两个桅杆基石也没有这基石大。古代中了举的人家门前才能竖旗杆。一人中举可以竖两根旗杆。万家门前竖了四根旗杆，说明祖上曾有二人中举。

万家是因五世祖万隆章而发家的。万隆章原名不知，他是一个农民，穷人，也不识字。他的发家是因为康熙赐名而致。

符溪镇有一座古寺，叫径山寺，位于符溪镇南面，距乐峨公路约 500 米，属符溪镇径山小区辖，是一座历史悠久、规模宏大的寺院，有峨眉山东大门第一寺院之称。古时，多有帝王将相、名人才子来径山寺敬香。至今，当地还流传着一个径山寺康熙赐名的传说。

传说万隆章的"隆章"二字乃康熙皇帝在径山寺赐的名。有一年，康熙皇帝微服私访，考察民情。一日，到了峨眉山。峨眉山脚有一场镇，叫镇子场，位于峨眉山的东面，是峨眉山到古嘉州出川的东大门。镇边有一座很大的寺庙——径山寺，是从嘉州到峨眉山的起点，外来朝山者必先到此寺朝拜后再上山。寺内建有天王殿、大雄宝殿、观音殿、藏经楼等，高大巍峨，气势雄伟。寺内古木参天，枝繁叶茂，景色清幽。康熙驾临径山寺，见寺院巍峨宽敞，雕龙画凤，古柏森森；远望峨眉山金顶，高入云天，气势磅礴，很是高兴，令人取来文房四宝，题名"别峰"二字赐寺。

题字后康熙见寺院很大，一时兴起，就跑马游寺。谁知晚上侍卫未管好御马，那马挣脱缰绳，跑出寺外。时值农历二月，遍地麦苗。马跑进麦田，不但践踏了麦田，还吃了不少麦苗。此麦田就是万家的。清晨，万老大见不知哪里跑来的马吃了麦苗，也未见怪。他将马牵回家中，还割了草喂马。此马折腾了一夜，累了，吃了草便休息了。

第二天，康熙御卫见马不见了，忙四处寻找。他找到了被马践踏的麦田及麦田主人万老大，也找到了在万家休息的御马，看见了万老大喂马的草。御卫将所见报告了康熙。

　　康熙听后龙颜大悦，令峨眉县令传万老大觐见。

　　万老大被差人带至径山寺大雄宝殿堂下，见上首坐一个身穿便服却相貌不凡之人，不知何事，战战兢兢跪在堂下。康熙见万老大着破旧衣衫，长相憨厚老实，开口道："你不必惊慌，只需据实回答我的问话即可。"万老大连忙点头。

　　康熙问："你姓甚名谁？家住哪里？"

　　万老大答："小民姓万，父母早逝，家中贫困，没有名字，邻里老小都叫我万老大。家住此寺附近万坝。"

　　康熙："你家中可有多少田地？"

　　万老大："两亩薄田糊口。"

　　康熙："昨夜是否有一匹马到你麦田踩吃麦苗？"

　　万老大："是的。此地附近并无人养马，不知马从何来。"

　　康熙："麦苗被毁，今年生活如何过？"

　　万老大："此马也不知是谁家饲养。夜晚跑出来，定是主人家没有拴好，也怪不得它。且养马不易，不知失马之人如何着急找寻呢！此田麦苗被毁，虽有损失，也是无可奈何之事，日子紧一紧就过去了。"

　　康熙："马主人寻得马来，你要求别人赔偿也是理所应当。"

　　万老大："话虽有理，但未必非要人家赔偿。谁家牲畜都难免损害到别人，都是过日子人家，不必太在意的。"

　　康熙微微点头："嗯，你回去吧。"

　　万老大走后，康熙对嘉州知府和峨眉县令道："峨眉山竟有如此心地善良的人。可见佛地仙山民风淳朴，值得鼓励，应有好报。"于是赏黄金千两，并盖御印赐名"隆章"。"隆"者，龙的谐音，即真龙天子，皇帝也；"章"者，即印章也。"隆章"就是真龙天子盖印章赐名。同时，康熙还赐雕龙题匾"凤镇大佛地"，并恩准悬挂于"花龙门"上方。

　　万隆章果然是个诚实善良之人。他用皇上赏赐的黄金救助当地和他一样的穷苦农民，又带领他们一道做生意，薄利多销，诚信做人，踏实做事。他的名气越来越大，生意也越做越大。很快在嘉州地界闻名遐迩，来往客商如云，一方经济如日中天，百业兴旺。

符溪镇天宫村径山寺遗址（朱华高摄）

25. 康熙赐名善觉寺

蔡永红

善觉寺位于峨眉山报国寺后凤凰坪上，俗称二坪。相传当年道教天尊天真皇人在这里向华夏祖先轩辕黄帝授道，所以又名授道台。

明万历年间（1573—1620），道德禅师在此建寺，名降龙院，与伏虎寺遥相呼应，以示佛法护佑生灵、降龙伏虎、除害镇邪之无边法力。

清康熙年间，降龙院主持元亨师父心生一念：何不恭请当朝圣上康熙的墨宝手迹呢？康熙的书法大气沉稳，凝重端庄，而且乐于题字赐墨，于是，呈书一封，请人送到皇帝手中。

三个月后，黄衣使者来报，圣上御赐墨宝到。元亨师父跪地迎宝，打开一看，傻眼了，康熙皇帝没有题写"降龙院"三字，而是书写"善觉寺"三字。思忖半天，元亨恍然大悟，"龙"乃帝王之象征，"降龙"当然犯讳。皇上御笔亲题"善觉寺"三字，颇含深意，是要他择善而从，觉悟大道啊！惊出一身冷汗的元亨师父，闭门反省，焚香祈祷。他赶制了一道九龙镶边的金匾，将康熙所书"善觉寺"刻在上面，悬于山门之上。自此，"降龙院"更名"善觉寺"。

消息传到皇宫，龙颜大悦，康熙亲赐《金刚经》一部、"普贤愿王法宝"玉印一颗，对联一副："到处花为雨，行时杖出泉"，及御书玉音一章，交由善觉寺珍藏。康熙亲笔为元亨师父题诗一首："名山阅遍，未到天涯，愿得真印，勤修离家。雷音虽拜，那见拈花，知此无益，再游中华。八旬老耋，行履不斜。言语忠厚，一字弗遮。观尔朴诚，朕意甚嘉。峨眉律崒，直逼云霞。明心见性，静守毋哗。"

为感浩荡皇恩，元亨师父在寺内建一八角楼亭，将康熙画像供于亭中，人称"康熙亭"，并植柏树一棵以纪念。如今，八角亭已无踪影，但当年元亨亲手种植的小柏树已长成一棵盘根错节、虬枝交错的大树，树发九干，枝繁叶茂，状如蟠龙，人称"九龙柏"。

"文化大革命"中，寺院无僧人管理，由当地农民占用，归还佛协时，殿堂破败，佛像全无，房屋建筑行将倒塌。

1983 年 3 月，比丘尼宏智去善觉寺当家，宏智发十年宏愿，募资修复，得十方信众大力支持，慷慨捐献。现四重大殿焕然一新，三十六尊佛像全部贴金。寺周苍松翠柏，古木参天，寺内洁如镜台，庄严宽敞，远胜当年，共耗资近百万元。

山门悬"善觉寺"横匾，为当代高僧遍能大师书写。门上一对联："伏虎林深定能伏虎，降龙德重法可降龙"。

善觉寺内造像均为江苏民间艺人所塑，与其他寺庙造像风格不同，独具特色：一是佛像造型的人格化；二是线条简洁，无细节饰物；三是色彩单纯，仅眉、眼、唇、胡须着色，其余无论肉身或衣裳，均为金粉所涂，无其他装饰之色。

今峨眉山善觉寺（李家俊摄）

26. 康熙题报国寺

李先定

报国寺，旧名会宗堂，明万历年间创建。原址在今伏虎寺右侧，清顺治年间迁于现址。康熙四十二年（1703 年）由康熙御题、王藩手书，刻"报国寺"字匾悬于寺门外，原会宗堂名始废。匾中墨迹浑厚沉稳，颇具功底。

历来挥写匾对的书法家（尤其官场中人），其下款总要落上职官、籍贯、姓名字号，可是此匾只写王藩书三字，王藩何许人？尚无考。

康熙至同治，已历两百余年，该寺虽经几次整修，仍萧瑟寥落。

同治五年（1866 年），报国寺再次扩大重建，庙宇四重、气势轩昂，门外仍悬此匾。上款为康熙四十二年御题，下款为同治五年暮春重建。王藩因名不见经传，官卑职小，其名被删去。

新中国成立后，报国寺经修缮，殿阁飞金，庄严肃穆。

"文化大革命"期间，峨眉山的庙宇被查封，佛像毁坍，报国寺门被涂上红漆大标语，寺匾被丢进灶门洞中。

报国寺是峨眉山的门户，是上山必经之地。寺门木匾在"文化大革命"中被毁坏，以何面目见南北游人呢？

有关部门和全寺僧众都很焦虑。原匾系文物，请人新写是无法代替的。峨眉山文管所终于找出一张"文化大革命"前报国寺大门的照片，从影像中可以看出当年的寺门形状和木匾字迹。

大家喜出望外，有了底样不就可以照图新制一个吗？1972 年 5 月文管所刘君万同志怀揣照片，兴致勃勃地来到县电影院请求帮助。他想采用电影投影方法把字放大，可是投影技术达不到要求，没有成功。刘君万只好去找照相馆，请有经验的老师傅想办法。老师傅拿起照片一看，皱着眉摇了摇头，刘君万心里一下凉了半截。原来，那张照片是从下往上照的，成仰视角度。木匾字样形同梯形，上小下大，按现有字形放大便会失真，相馆师傅也无法解决。

刘君万从像馆走出来，心里像揣了一块石头，如何是好呢？他突然想起"天下名山"牌坊上郭老题的字迹，那不是县文化馆林木放大的吗？找他试试看！

刘君万怀着侥幸心情找到林木。林木好半晌才答应试一试，但不敢保证能成功。两人约定三天后看结果。

林木凝神注目案上的照片，沉思起来，按一般放大方法，只要在原有小字样上画上方格，再按比例翻描到大纸上，字形就准确无误了（郭老手书的题字就是用的这个方法）。可是，这次是一张比信封还要小的照片，而且是仰视拍摄，再如法炮制，很难成功。

林木透过窗户，望着远处一幢幢楼房，猛然想起美术学上的透视原理："离视者愈远，物体愈小，变形愈大；离视者愈近，物体愈大，变形愈小。"那么寺门照片上离相机近（也就是字的下部）的字不就是字形的原样吗？用梯形上小下大的办法均匀画格，依次按比例放大到按规格要求的白纸上，不就成功了吗？他立即准备好书写用具，伏在桌上忙碌起来……

结果如何，笔者毋庸赘述，遗憾的是"国"字上边那颗康熙御印实在太小，看不清楚，无法还原。

不久，报国寺的木匾又高悬在寺门外，辉煌夺目的三个贴金大字熠熠闪光，游客们高举照相机又把镜头对准了它。可是，有多少人知道木匾后面隐伏着这一段小插曲呢？

另外，"报国寺"匾后"普照禅林"横匾也是林木先生照此法放大的，为保存史料起见，特附记于此。

1938 年的峨眉山报国寺（孙明经摄 李家俊提供）

27. 康熙御题离垢园

李先定

　　跨进伏虎寺山门，过了庄严肃穆、青灯荧荧的弥勒殿，再上一段石梯，映入眼帘的是一座绿荫印壁、重檐飞角、歇山九脊式的大殿。正中，一块鎏金木匾横悬檐际，上书"离垢园"三个行书大字。寺庙怎会有如此殿名？我很纳闷，只好望文生义：离垢者，去除污浊也。低首回眸，见四周花木扶疏，廊庑雅洁，庭园如洗。移步天井仰视，白云悠悠，屋瓦青苍，也不像有的庙宇，房顶落叶堆积，青草萋萋。真是个佛门净地，一尘不染。我寻思，地上的积垢可以由人来打扫，屋顶上的清洁又怎么维护呢？在身旁的朋友见我呆呆站在那里，便用手中行杖在空中划了一个弧形，说道："我给你讲讲这'离垢园'的故事吧！"

　　据传，康熙皇帝曾到峨眉山巡游，见密林环抱的伏虎寺房廊屋面干干净净，不积枯枝败叶。细细一看，又非人力所为，不禁啧啧称奇。究其原因，庙里师父说，因为大殿基石里藏了一颗避尘珠，迷信的康熙点点头，命太监即刻备上纸笔，书写了"离垢园"三字敕给伏虎寺，真迹至今还留存庙中。

　　我读过《西游记》，孙悟空为避罗刹女的芭蕉扇，曾向须弥山灵吉菩萨借了一颗定风珠，难道伏虎寺的开山祖师也向什么菩萨借过避尘珠吗？我久久盯着离垢园里的马桑木柱，凝神注视柱基底部的莲花柱础石，真想搜寻出个中奥妙。朋友扑哧一笑，戏谑地说："你别发神经了。要真有那样的宝物，人人都可佩戴一颗，永远不用沐浴洗衣了！"

今伏虎寺离垢园（刘睿摄）

"说得对。"背后传来一个清朗秀气的声音。我掉头看去，一位身材不高，面庞白皙，年纪约 20 岁的比丘尼站在我们背后。我问她："那这是什么原因呢？"她比画着说："道理很简单，因为伏虎寺坐落在群峰环抱之中，前有王山，后有虎岭，左有二坪，右有罗峰。山间风大，遇着低洼的地方形成环形气流，就把地面、房顶的残枝败叶卷跑了。"这位比丘尼还告诉我们，这里的风很准时，就像大海的潮汐一样有规律。正午无风，早晚风大，每当夕阳西斜，潮润而清凉的山风便扑面而来。

正说话间，风神果然张开翅膀飞来，庭前枝叶晃动，我的衣襟像被一只无形的手轻轻掀起。风势由小到大，四周林木飒飒作响，房顶上的残枝败叶似粉蝶纷飞，继而聚成一团，旋转着落向山林。啊，多么神奇的风！

山间的风也像山溪水一样"易涨易退"。它呼啸一阵后，又悄然隐去，四周复归宁静。

28. 洗象池（二则）

康熙误题天花禅院

王荣益

　　洗象池又叫天花禅院，关于这名字的来历有个传说。有一天，康熙来到峨眉山洗象池，眼见天色不早，便命停舆住下。老方丈得知皇上要在庙里停驻，心里很是高兴。康熙皇帝见洗象池山峦叠翠，岩壑秀丽，冷杉参天，百花竞艳，就叫老方丈和随从陪着他在寺前寺后游玩，回到寺庙时已近黄昏。这时，一轮皓月从冷杉林冉冉升起，远处华严顶山影憧憧，月光透过树隙，倾洒出如丝似缕的清光，真是寒光融玉，清辉浴林。康熙心里高兴，吩咐侍从道："快摆上酒席，寡人要在这庙前饮酒赏月。"不一会儿摆上酒席，寺门前顿时八音齐奏，丝竹争鸣。康熙玩到高兴处，开始吟起诗来。

　　老方丈见康熙吟诗，便想请皇帝为寺庙题写匾额，于是他走到康熙面前，小心翼翼地说："皇上，看在这天下名山的佛缘上，请挥动御笔，给小庙题写匾额，让那些敬香拜佛的居士们瞻仰瞻仰吧！"康熙一听，正合心意，点头说："好呀！"这时，他已经喝得有些醉了，提起笔就在纸上写了个"天"字。老方丈一见就着了急，心想，怎么把"洗象池"的"洗"字写成了"天"字？莫不是皇上不知道吗？于是跪在地上道："皇上，小庙叫洗象池。"康熙一听，瞪着眼睛喝道："胡说！你懂什么？"再仔细一看，果然写错了，心里一怔，暗自叫苦：糟啦！我怎么写成了"天"字！想说是写错了，又怕失去帝王尊严，捋着胡子，下不了笔。这时，随侍太监中有一个有些才学的，一见皇上把字写错了，也替他着急，可又不好明着告诉他想法，就上前奏道："陛下呀！酒都快凉了，趁这'天朗花香'之时，喝了酒再写吧！"康熙一听"天朗花香"，哎呀，真是普贤菩萨保佑。于是对老方丈道："朕乃一国之主，连国号都改得，难道你这庙的名字改不得？你看，这里天上有月亮，地上有花香，就叫天花禅院不是更好吗？"他挥洒几笔写成后，侍从们连连奉承道："陛下真是明君圣祖，才气横溢，这里的月亮硬是比别处的亮，这里的鲜花硬是比别处的香。天花禅院这名字取得正合适！"老方丈只得谢了恩，又急忙请来工匠，做成一块黑漆雕花金边的匾额，上面刻着"天花禅院"四个金字，挂在庙门上。

　　后来，洗象池失火被焚，康熙御题的匾额也一齐被烧掉了。不久，弘川行能师父见寺庙被烧，便到处化缘重新修建，仍叫天花禅院，也叫洗象池，只是日久天长，天花禅院的名字逐渐被人们淡忘了。

峨眉山洗象池（刘睿摄）

陈圆圆仙逝洗象池的传说

朱华高

　　峨眉山上有座寺庙，叫洗象池。"象池夜月"是峨眉山十大古景之一。李白"峨眉山月半轮秋"的千古咏叹，难道和洗象池有关？所以，游人到此，大都要夜宿，以便品味峨眉山月美景。然而，洗象池还有一个鲜为人知的传说，说是此地乃陈圆圆仙逝之处。

　　陈圆圆乃明末清初有名的美女，是吴三桂的爱妾。关于这位美女魂归何处，多种说法莫衷一是。有峨眉山市邑人研究认为，陈圆圆人生的最后归宿是峨眉山洗象池后的茅庵。

　　吴三桂本明朝大将，奉旨镇守山海关。他投靠清军，打开了山海关大门，引清兵入关，为清朝立下大功。清灭明后，顺治皇帝封吴三桂为平西王，经略川、黔、滇三省。后来吴三桂再生反清之心，不听陈圆圆劝告，自立为王，陈圆圆万念俱灰，投身安阜园外的莲花池中，被侍女救起。知她心思的侍女娥眉提议到峨眉山去修行，清静度日。

　　主仆二人一路辗转，来到峨眉山，在洗象池寺后避风的山林中，以原木为墙，以野草作顶，建起了能避风挡雨的茅庵，开始了带发修行的生涯。在峨眉山的日子里，陈圆圆和侍女娥眉相依为命，青灯黄卷，清静度日。若干年后，陈圆圆平静地走完了自己的人生历程。侍女娥眉对她感情深厚，主子离去，她悲痛万分，待心情平息下来，娥眉在茅庵中特地为陈圆圆画了一幅画，画中的陈圆圆，凤冠霞帔，闭月羞花，娉娉婷婷，丰韵无限。娥眉将这幅遗像悬挂在庵里的厢房内，以寄托怀念之情。洗象池僧人见陈圆圆的茅庵已经颓败，便把陈圆圆的遗像取过珍藏在寺院里。

　　民国初年，陈圆圆的画像还放在洗象池的静室里，当时的惟玉法师还见过。再后来，陈圆圆出家峨眉山的故事在社会上流传开来。1934 年秋，赵熙登游仙山金顶，返回遇雨住洗象池，住持传玉法师钦佩他的才艺与人品，特安排他于禅房憩息。赵熙忽然发现房壁中央供奉着一幅工笔淡彩人物画——陈圆圆画像。她含情脉脉，如怨如诉，栩栩如生。赵熙大为惊诧，品茗叙话间询问住持陈圆圆的故事，传玉法师进内禅房手捧一卷诗稿约 80 篇，正是陈圆圆皈依佛门后吟写的诗稿。赵熙阅读后，见诗稿写得哀怨缠绵、悲凄悱恻、情景交融。传玉法师遂向赵熙讲述了陈圆圆隐逸禅林，常伴青灯的清苦生涯。赵熙沉思良久，竟彻夜难眠，唏嘘不止。后发现圆圆画像右侧有一首题画诗还依稀可辨：

梨花著就女儿身，无边风月夜沉沉。

但得一抔洁净土，掩骨青山不留痕。

赵熙反复吟诵，不禁为之潸然泪下，遂挥毫题诗一首感怀：

镜里圆圆有画身，下山三日雨留人。

夜堂遗睡无余法，秋色禅天读秘辛。

29. 骆氏宗祠与骆成骧

李家俊

　　峨眉双福江场的骆坝，翠微起伏，小溪环流，东、南、西三面皆是平川。骆坝地标处，旧有骆氏宗祠，祠内高悬"状元及第"牌匾，把骆氏宗祠与清光绪二十一年（1895年）状元骆成骧联系在一起，其间跌宕起伏的故事，需从兴建骆氏宗祠说起。

　　《西南骆氏通谱·四川峨眉卷》载，骆氏宗祠始建于清雍正时期，由骆氏迁入峨眉的始祖骆东山第十一世骆永芳、骆永章兄弟兴建。骆氏宗祠位于双福镇江场村一组的骆坝，是一座呈四合院状的宗族祠堂，家族议事、诉讼、教化，以及清明祭祀活动等都在宗祠举行。祠堂中间高供灵牌，祭祀峨眉一脉的始祖骆东山等七位先辈，两边的牌位稍矮，左边供骆继荣，右边供骆吉良的牌位。

　　《元和姓纂》说骆氏家姓源于商周时期的传奇人物姜子牙，助武王伐纣而灭暴君，携文王治天下而兴明德。峨眉骆家源于唐初"四杰"之骆宾王，以一篇《讨武氏檄文》（原标题《代李敬业讨武曌檄》）名噪天下。骆宾王的第四代孙、内殿崇班史、特授光禄大夫骆世华领兵入蜀平定叛乱，平叛后封将军，驻防贵州。其后代骆东山一脉，经七世，于元朝末年从贵州的正州黄桑坝迁入峨眉，散布在普兴骆湾、骆岩和双福骆坝等地，成为峨眉一大家族，至今22代。明初，人丁兴旺的骆氏家族捐资建普兴普贤寺，现存清康熙四十八年（1709年）《普贤寺重修大雄宝殿碑刻》上有载。

　　骆东山迁入峨眉，艰苦创业。值家业蒸蒸日上时，骆永芳、骆永章兄弟在骆坝建骆氏宗祠。骆永芳，人称"骆毛钱"，经营有道，富甲一方；骆永章乃读书人出身，能说会道，常帮人打官司，家资丰厚。在修建祠堂期间，骆永章替双福小河坝一张姓人家打赢了一场官司，张家为酬谢骆永章，将自家一棵紫荆树送给骆永章作为建骆氏宗祠的材料，木匠师傅把这棵紫荆木选作宗祠正殿正梁。祠堂竣工后，在结算工价时，木匠提出增加工钱的要求，而骆永芳坚持只认当初议定的工价。木匠再三争要不成，心怀不满，遂在双福江场有意散布骆家祠堂使用紫荆木作梁犯忌的流言。消息传到双福镇上的舵把子（方言：帮会头领）徐文斗、徐小峰耳中，二徐即带上一帮人，赴骆家兴师问罪。质问永芳等人，紫荆木只有修皇宫才能用，骆家有何德何能何功名，敢用紫荆木作梁？斥责骆家胆大包天，藐视王法。并对骆永芳罚钱一千大锭，立即将紫荆梁撤下。骆永芳见此情景，无奈之下只好向二徐赔礼，请高抬贵手，并答应出五块大白锭作二徐的辛苦费。二徐见索要不成，便丢下一句话："你们现在不出钱，我们县衙见。"遂将此事告到峨眉县府，县府闻报，立即派差役抓捕骆永芳，准备带回县衙审问。差役押送骆永芳途经双福镇"文德店"门前时，被店主郭培生看见，他招呼差役进店待茶，询问事由，得知是因建祠堂用紫荆梁之事后，郭培生遂提出以自己的名义为骆永芳担保，将骆永芳暂放回家，县衙那里由他去交涉。郭培生在外地做知县，也在双福镇开"文德店"以结交文人、绅士，当时正值赋闲在家，其妹已许骆永芳为媳。差役见有郭知县出面作保，遂将永芳放回。时过两日，郭培生正为如何去县衙交涉一筹莫展时，忽然传来喜报：骆氏族人骆成骧高中状元！随后，朝廷给骆氏宗祠送来光绪帝亲题的"状元及第"牌匾，同时给所有骆姓人家都送了一对大红灯笼。消息传开，夹江、峨眉两县的名流、文人、乡绅纷纷前来恭贺。峨眉知县太爷也亲自到骆氏宗祠参拜"状元及第"的牌匾，并向在场乡绅等说骆氏宗祠即是状元府，众人以后不得骚扰。为此，宗祠里大摆宴席数日，热闹非凡，风光一时。骆成骧中状元，使骆氏宗祠用紫荆木做正梁的风波得以逢凶化吉。

骆氏宗祠建好后，骆氏族人聚众商议，在正殿悬挂状元牌匾，同时用石头雕刻祖先像供于祠堂神龛，每年清明时进行隆重祭祀。民国初期，骆氏族人商议并确定了后辈子孙的排行。农业合作化后，宗祠内的状元牌匾丢失，骆氏列祖列宗像被毁，宗祠的房屋被分作私宅，骆氏宗祠从此销声匿迹。

骆成骧，祖籍四川酉阳，1889 年以四川第三名中举，1895 年从资中赴京会入"三鼎甲"，光绪帝为骆成骧的"自强之计"四策所动，钦定状元，实至名归。另据《西南骆氏通谱·四川峨眉卷》编修骆相成介绍，骆成骧中状元后，朝廷向四川的各大骆氏宗祠都赠有"状元及第"牌匾，峨眉的骆氏宗祠确得有一匾。

30. 鞠槽"大夫第"

李家俊

峨眉鞠槽，乐西公路至高桥的三岔口有个林家大院，在林家大院内，有一座金碧辉煌的"大夫第"，彰表着林氏家族的辉煌和林汉云的荣耀。清朝同治初年，峨眉人林汉云在朝廷任刑部主事（正六品，重特大案件审判官）和广西清吏司（职掌审批案件），因政绩突出，获朝廷封赐"奉政大夫"。仰其功德，林氏家族在林家大院内林氏宗祠旁边兴建了"大夫第"。

鞠槽林家大院门坊遗迹（李家俊摄）

林汉云，号星舫，是林家居峨眉第十九代林青周的第四子，生于道光七年（1827年），同治四年（1865年）入仕朝廷。《峨眉县续志》有"林汉云，字春帆，辛酉选拔刑部主事，广西清吏司（职掌审批案件）"。清代对官吏考核极严，重德，重业，常有明察暗访，林汉云幼年在宗祠饷诗诗书，习孔孟之道，有汉唐文德，作为峨眉出仕官吏，深感来之不易，责任重大，遂事事谨慎，兢兢业业。同治年间（1862—1875），林汉云办事公正、勤政有为，屡受嘉许，得朝廷封赏。

峨眉《林氏宗谱》描述，"大夫第"为前后两进四合大院。"大夫第"内最耀眼的是御赐九龙诰封金匾二道，旌表着林家的显耀。中堂宽 12 米，高三丈六尺，堂内非常庄严，气度非凡，中堂上悬同治皇帝赐金匾一道，金匾长 6 米，宽 1.5 米，匾四周为九条金龙，匾为红底金字，每字两寸见方。凡知县大人到此，必下跪敬拜。金匾下是供祖宗的神龛，龛前有 16 张精雕细琢的八仙桌，桌上陈列古玩和祭物。堂两侧各有八把太师椅，十分考究，是家族议事的庄重场所。"大夫第"有大门六扇，上饰铜环，两进大院都是 12 米长的廊道，宽 3 米，厅前有两根支撑的檐柱，雕有曲尺形装饰物，上有镂空五层雕花，每层各有数个飞腾的蝙蝠，意为五福穿云。两侧厢房各有客厅，客厅旁边是卧房，卧房外有上下两天井，由青石板铺成，上下五台阶。"大夫第"的前厅，非常肃穆，前厅挂关帝像，桌椅摆设与中堂相同。厅内悬德庵公遗嘱的匾额，黑底金字，主要内容为家训。"大夫第"厅前两侧为迎客厅，厅前有一长天井，用青石条与前坪相隔，坪右侧有一座西洋式建筑，系林汉云后代，留学日本归来的文光公、子光公所居。此楼是仿西洋式的建筑风格，楼前左右各有方水池一个，既可养鱼观赏，又作消防之用。两池边还有一水井，由十余级石梯而下方能汲水。两池中间饰以拱桥，池四周用砖石围栏，饰以各种花鸟浮雕。再沿三级石阶而上是洋房，长宽各六丈，底楼八间住房与客厅各四间，中一走廊通内院；二楼共有四个套间，大小各八间，四周有围廊，宽五尺，栏杆系砖石砌成，用木板铺地，周围相通，可环顾大院景物。三楼上建两个观景亭，登亭可环视整个林家大院的全貌，也可远眺峨眉山上的金顶。另有一座洋楼，建在祖屋最后一个大院右侧，是留学日本归来的林爱堂所建。新中国成立后，因这两栋洋房不能存粮食，均以危房为名被拆掉。1952 年，御赐"大夫第"匾被烧毁。

"大夫第"也是林家教育后人的场所，林氏家族留下了许多家训，非常有教育意义。例如：

一粥一饭，当思来之不易，半丝半缕，恒念物力艰难。

奴仆戒勿用，烟酒禁后人。

但留心田三寸地，留与子种孙耕。

31. 凤凰堡上的巴蜀钟王

蔡永红

在峨眉山报国寺对面有一个不大的山包，叫凤凰堡。

为什么取名凤凰堡呢？

相传，很久以前，报国寺前没有山，有一块很大的平坝，这里住着一户药农。药农家中有一个独女，名叫金凤，美丽善良，身材婀娜，能歌善舞，尤其是她的孔雀舞跳得特别好，名扬蜀地。

远在陕西秦川，有一个青年，名秦凰，从小跟随琴师学习，尤其擅长编钟。琴师告诉他，他们习练和演奏的这套编钟，独缺一口大钟——定音钟，这口大钟可在蜀地寻找。

秦凰按师傅的嘱托，仗剑游侠，来到峨眉山。一日，偶遇金凤，两人一见钟情，形影不离，私订终身。

得知秦哥哥寻找定音大钟，金凤姑娘便告诉他，峨眉县城南面5里的圣积寺老宝楼上有一口紫铜大钟，高2.6米，重2.5万斤，早晚撞击，声音洪亮浑厚，震耳欲聋，30里内可闻，回荡于山林旷野之间，号称"巴蜀钟王"，又称圣积晚钟。

保存在报国寺凤凰堡上的圣积晚钟（李家俊摄）

金凤还告诉秦凰，她小时候听爷爷讲过一个故事：当年别传禅师八方化缘铸成大钟后，发现忘了打造挂钟的铁链。吉日已定，此钟怎能挂得起来？正一筹莫展之时，禅师恰见寺外池中有一条小金龙在水中游玩。原来是正在罗目河中的金龙听说圣积寺今日有一巨钟将开光上挂，很是热闹，便耐不住寂寞，前来凑个热闹，又不敢贸然入寺，便化成小金龙在池中戏水等待，殊不知大祸临头。禅师大喜："此吾挂钟绳来也！"于是双手合十，念动真言，二指神禅一指："变！"小金龙立刻变成了竹片一根，禅师将竹片系于钟顶，厚重之钟便稳稳悬挂于钟楼之上。数年后，智云禅师途经此地，慧眼识得小金龙，见其苦于重负，疲惫不堪，便请别传禅师大发慈悲，以铁链换下竹片，将竹片放入水中还其龙身。小金龙方得解脱，匆匆逃回罗目河。

离金凤家 30 里外的罗目镇有一个恶少，家里有钱有势，又练就一身武功，骄横跋扈，横行乡里，欺男霸女，人们是敢怒不敢言。

这恶少看上了美丽的金凤姑娘，便带领众家丁前来抢人。秦凰奋力抗争，保护金凤，与恶少血战，最终寡不敌众，惨死寺前。

金凤姑娘眼睁睁见秦哥哥惨死，悲痛欲绝，便在自家附近投湖自尽。

乡亲们将金凤姑娘的遗体从湖里打捞起来，与秦凰的遗体一起合葬在报国寺前不远处的平地上，在墓碑上刻上"金凤秦凰之墓"，为的是让这对酷爱音乐的有情人能够每天听到寺庙里的晨钟暮鼓和超度灵魂的诵经之声。

当年夏天一个雷电交加、大雨滂沱的夜晚，这座坟墓突然变成了一座高大的小山包，人们惊愕不已，便将这个山包取名"凤凰堡"，把金凤姑娘自尽的湖泊取名凤凰湖。

后来，人们感念这对青年忠贞不渝的爱情和对音乐艺术执着的追求，便将存放在峨眉县城南面 5 里的圣积寺老宝楼上的巴蜀钟王移至凤凰堡，并专门修建了一座漂亮的楼阁。

32. 嗣禄桥

朱华高

出峨眉山市城区大南门沿公路到川主乡政府，再沿川（主）桃（林）公路上行往西到东岳村（荷叶村），在东岳村不远的公路边有一座单孔石拱桥，此桥名"嗣禄桥"，建于清代。它跨越川主河，东接峨眉县城，西连洪雅县桃园。桥身是用乳黄色岩石砌成的，长18米，宽4米，高8米。桥的上方有石刻龙头，下方有石刻龙尾。桥面下方栏杆上砌有一座小庙，庙中供"镇江王爷"神像。王爷身披斗篷，右手高举宝剑，左手叉腰，脚踏蛟龙，造型威武，栩栩如生。桥头有石刻对联：威镇千年水，柳荫万家春。有民间传说，此桥是清朝峨眉知县、清官宋家蒸深入实地考察，带头捐款和当地百姓共同修造的。

据史料，宋家蒸是清同治二年（1863年）进士，在四川为官期间，历任夹江、蓬安知县，最后补峨眉。他任峨眉知县期间，深受百姓拥戴。百姓自发在今北门大桥头顺河街为其树碑——"宋大老爷功德碑"。碑载功德很多，其中载有：到乡下走访调查，仅一老役跟随，穿着朴素，自带蔬食。带头捐资、赈灾，修安置所，抚恤孤寡老幼等。后因积劳成疾，于光绪十八年（1889年）卒，享年64岁。嗣禄桥上塑的"镇江王爷"，传说就是他的化身。关于这座桥，有两个传说。

一、县清官布衣修桥

有一年，宋家蒸听说东岳村闹灾荒，就到村里挨家挨户走访，到地里察看灾情。晴天穿草鞋着布衣，雨天戴斗笠披蓑衣。每到一家，就掏钱搭伙，和百姓一起过灾荒日子，喝野菜汤，吃"吹吹拍拍"包谷粑。后来查明灾情，是川主河泛滥成灾。那年涨洪水，把连接两岸的一座木桥冲垮了。宋家蒸就住在东岳庙，和当地百姓共同治河修桥。他还从自己俸禄中捐出很大部分作为修桥款。竣工后，当地百姓为了纪念这位清官，在桥上修一小庙，庙内供奉一尊"镇江王爷"，百姓把桥命名为"嗣禄桥"，意思是希望宋清官的子孙也像他一样，世代食朝廷俸禄，世代为清官。

百姓说，这"镇江王爷"就是宋清官化身。

二、叫花子要饭洪水毁桥

河道整治了，石桥修好了，从此风调雨顺，百姓安居乐业。到了民国初年，当地却发生了一件稀奇事情。

嗣禄桥旁边住有一些人户。有一天，来了一个要饭的叫花子。这个人年纪大，头发也白了，面黄肌瘦，衣衫破破烂烂，满身脏兮兮，白胡子上还爬满了虱子，十人看了九人烦。

白胡子老头挨家要饭，没有一家愿意给他一口饭吃。要饭到了最后一家，这家只有一个后娘和一个名叫袁学良的小儿子，只有几岁。后娘见了叫花子，一手蒙着鼻子一手向要饭老头直摆手，叫他赶快走。这时候，袁学良从屋里出来，见此情景，赶忙转身进去端了一碗饭出来给了那叫花子。叫花子老头端着饭，感谢了一番便走了。

半夜时分，突然雷声大作，暴雨从天而降。不一会儿，川主河发大水，洪水很快涨上岸，河边一排房子被水冲走了，人也被冲走了。一个袁姓男孩半夜在梦中被雷声惊醒，见大水涌进屋，赶紧跑到屋外，只见屋外洪水滔滔，无处逃生。正在此时，突然屋后一条大道金光闪耀，往山上延伸而去。男孩不由分说，顺着大道就往山上跑。

结果，除他而外，河边房子里所有人都被大水冲走了。

川主乡东岳村嗣禄桥（朱华高摄）

33. 教化碑与秦象曾

李家俊

　　秀丽的普兴河畔，有一所普兴小学，小学对岸，原是古道，道上一座木桥，桥边巨石上刻有一碑，碑高1.3米，宽0.9米。碑文是峨眉县正堂秦象曾于大清咸丰九年（1859年）颁布的告示，碑文有些模糊不清，大致是前半部分叙发生在当地的纠纷，后半部分为告示，题头为"嘉定府峨眉县正堂加五级记录十次　秦（后面的字模糊不清）"，告示条款有"春成熟，毋许男、妇入地搅扰……岁时，毋许捡柴卖竹讨笋"等。查《峨眉县续志》，其碑文上完整的名字是秦象曾。宣统版《峨眉县续志》载："秦象曾，字季贤……以其祖荫恩赐举人，引见，加同知衔，以知县分发四川"。秦象曾爷爷秦承业为清乾隆十七年状元，秦象曾之父为道光皇帝老师。受祖荫，秦象曾于1857年至1861年任峨眉知县，他虽然是恩赐举人，却十分珍惜这个机会，立身清正廉洁，重视体察民情，效古教化百姓，使峨眉县民风淳朴，以至于"士民亦熏其德而为善良，六七年间无红衣案囹圄"。碑文所叙，是秦象曾治理峨眉县教化百姓的一部分。普兴乡民把告示镌刻在石上以作为共同的守约，也成为教化后人的乡规民约，是峨眉不可多得的遵纪守法乡土教育史料。

　　清咸丰时期的教化碑，却被当地人称为"叫花碑"，其一是"教化"与"叫花"同音而成口头禅，久而久之，"叫花碑"被口口相传，历150年，至今保持俗称。其二，在《西南骆氏通谱·四川峨眉卷》有这样一段故事：

　　峨眉人过去都把要饭乞讨者称为"叫花子"。骆家在辉煌时期因经常施舍叫花子，却与叫花帮发生了矛盾，引发官司而由官府发布告示来平息纠纷。骆氏家族自清康熙戊戌年（1718年）来到普兴，骆文现遗孀刘氏背着1岁的幼子，携3岁的儿子，在永安村的骆岩开荒垦地，结庐谋生，骆文现的儿子骆吉良、骆继荣兄弟，长大后在普兴置产业，又兴办纸厂，生意兴隆，家业蒸蒸日上，成为普兴一带望族。

　　每年，骆家都要举办几次大型活动，总会操办宴席庆贺，同时行善施舍。有大量的乞讨者闻讯蜂拥而至，多时有上百叫花子到场吃免费的坝坝宴。除峨眉本县外，夹江、洪雅、乐山的叫花子也都闻风而来。有一次，一个叫花子因长期食不果腹，在坝坝宴上狼吞虎咽，又喝了不少的水，腹鼓如球，这叫花子勉强支撑着难受的躯体进入骆家兴学的文昌宫，不一刻就被活活撑死了。叫花子们借题发挥，诬称是骆家害死了他们的兄弟。传信各地，招来众多叫花子，把骆氏家族闹得鸡犬不宁。普兴乡官和峨眉官府多次调解无果。骆家将此事上诉到嘉定府，州官派员反复核查，判决骆家无过，叫花帮方不得寻衅滋事。此事虽然平静下来，但这一带的乡民家经常被盗，有的借捡柴为名偷砍竹木，有的深夜入室明火执仗，闹得原本夜不闭户、路不拾遗的当地人人心惶惶。为此，乡民多次向县府报告请求惩治盗抢者。嘉定府峨眉县正堂遂出训示，禁止外来乞讨人员进村，未经允许，不得随便进村强索硬讨，不得无故滋事。据传，此告示刻于一石碑立于河边进山路口，这引起了叫花帮的不满，他们聚众把县府的告示碑推下了普兴河。无奈之下，骆家人请人把告示文刻在路边一大石上，教化碑才得以保存下来。细辨碑文落款，依稀可见有骆永太、骆世长、骆世美、骆世彩、骆永书等人的名字，可见此碑与骆氏家族有关。

普兴乡教化碑（李家俊摄）

34. 蒋介石官邸

李家俊

蒋介石官邸位于峨眉山红珠山宾馆四号楼，1986 年被列入乐山市级重点文物保护单位。红珠山坐落于峨眉山麓，森林密布犹天然氧吧，湖泊清澈如世外桃源，古木参天、绿水环绕、鸟语花香。蒋介石官邸紧邻报国寺，正好镶嵌于峨眉山林海碧波之中，闻晨钟暮鼓，沾仙山之灵气。红珠山之名来自佛道两教的传说，相传有位罗汉转世的僧人从南海来朝拜峨眉山，边念弥陀边拨动佛珠，行至山脚，不慎落下七颗佛珠，顷刻化作七座赤红的小山丘。几度春秋，有六座山丘长遍杉楠松柏，唯独中央的一座山丘寸草不生，红光闪烁，红珠山因而得名。另一说是《封神榜》上赫赫有名的赵公明元帅，骑黑虎下峨眉山，要为他的三位师妹——云霄、琼霄、碧霄报仇。他向空中抛起 24 颗定海神珠时，被陆压道人收入袖中，其中一颗红珠却遗落在山麓，刹那变成一团簸箕大小的红土地，这就是神珠留下的不灭印迹。

1935 年 8 月，蒋介石为控制西南各省的地方势力特别是分化川军，在其高参杨永泰的建议下，开办"峨眉军官训练团"，蒋介石亲任团长，陈诚为教育长，刘湘为副团长，轮训川滇黔诸省上校以上军官、县长以上文职人员。军官训练团部在报国寺，训练期间，蒋介石及夫人宋美龄常住于此，并经常在此接见受训的中高级军政官员。

蒋介石官邸建筑风格为西式山地别墅，全部选用木质材料。一栋为主楼，是办公室、会议室和蒋介石、宋美龄卧室，还有一栋为辅楼，是警卫室。主楼进门便是办公室，里面有办公桌，一部电话，一个书柜。蒋介石夫妇的卧室很小，一个梳妆台，两床一红一绿的缎子被。卧室隔壁是会议室，正中悬挂孙中山的照片，一面是蒋介石手书"精忠报国"的拓件，侧面是蒋介石手录的《学员守则》：

1. 忠勇为爱国之本　2. 孝顺为齐家之本　3. 仁爱为接物之本

4. 信义为立业之本　5. 和平为处世之本　6. 礼节为治事之本

7. 服从为负责之本　8. 勤俭为服务之本　9. 整洁为治身之本

10. 助人为快乐之本　11. 学问为济世之本　12. 有恒为成功之本

蒋介石官邸居高临下，布局严整考究，四周树木环绕，鸟语花香，有很多小松鼠在林间跳跃。结构全部选用木材，冬暖夏凉，且有防弹和单向透音功能。1939 年，日本对四川的空中轰炸达到高潮时，蒋介石带着贴身人员又回到峨眉山官邸。因此，峨眉山在某种意义上，成为当时国民党指挥抗战的中心。相传官邸后面的一棵桂花树，为蒋介石、宋美龄夫妇种植。

蒋介石在峨眉期间，在报国寺的吟翠楼有办公室，在红珠山有官邸，偶尔去新开寺，借用美国人柯培德的别墅居住。护卫蒋介石的安全是件重要的事，峨眉武林有传杜师傅用"双龙捧珠"护蒋介石的故事。1935年8月至10月，蒋介石在峨眉开办军官训练团，杜师傅做蒋介石的保镖。蒋介石住在红珠山官邸，官邸系丘陵地势，周围被茂密的树木掩藏，虽然有警卫部队保护，但仍存在安全隐患，特别是各方来拜会蒋介石的名流很多，良莠难分。有一天，来了一个神秘的砍柴伙计，此人虎背熊腰，貌若门神。杜师傅一见便知来者不善，判定其为刺客，便假装问路靠近这个砍柴人，砍柴人见杜师傅个头不大，其貌不扬，便没在意。杜师傅趁其不备，猛然间，用"双龙捧珠"的招式将砍柴人架起，砍柴人即用"五雷掌"劈打杜师傅的头部。杜师傅一扭头，乘势把砍柴人丢开，同时以右腿将砍柴人踢出丈余，并跳到他身后将双手反扣，砍柴人动弹不得，连声告饶。经盘问，那砍柴人承认他是刺客，受四川军阀之遣，意图谋杀蒋介石，以保西南地盘。刺客还说："听说蒋委员长身边有武林高人，今天见识了。"为不影响和川军的关系，杜师傅悄悄地把刺客放了。

　　蒋介石官邸现在是峨眉山的景观之一，对外开放，供人参观。

今日红珠山宾馆四号楼的蒋介石官邸（李家俊摄）

35. 大峨寺

李家俊

大峨寺，原名福寿庵，清初改名大峨寺。《峨眉县志》（嘉庆版）载："大峨寺，古福寿庵。久废。康熙初年衲守恒重建。"清光绪年间，僧人园月扩建，形成楼阁廊亭，崇丽恢宏。大峨寺在神水阁后，廊接台阶，故有人在记叙中常与神水阁混为一谈。大峨寺后有宝掌峰、升仙石，与神水阁浑然一体。1959年后，大峨寺废垮。

抗战期间，冯玉祥将军四次上峨眉山，与大峨寺结下了不解之缘。

冯玉祥（1882—1948），字焕章，原籍安徽省巢县（今安徽巢湖市），中国国民革命军陆军一级上将，西北军阀，有"基督将军""倒戈将军""布衣将军"称号，系国民政府抗战青天白日勋章、美国总统"第二次世界大战"银质自由勋章、国民政府首批抗战胜利勋章三大抗战勋章获得者。1935年，冯天祥任国民政府军事委员会副委员长。抗战时期，冯玉祥曾以国民革命军军事委员会副委员长的身份，四上峨眉山。

1939年6月5日，冯玉祥轻车简从，率随员8人，从重庆经宜宾、乐山，水陆并进来到峨眉，开展抗日宣传、募集抗日款项，并顺道到大峨寺避暑休憩。大峨寺爱国僧人普智师父久闻冯玉祥大名，以特优之礼待之，还把来此寺躲避抓壮丁的爱国青年、书法篆刻家赵润引荐与将军相识，三人从此结为墨缘知己。冯玉祥在大峨寺休憩期间，生活简朴，素食居多，平易近人。其抗日演讲，声音铿锵，刚毅逼人，深受僧人与山民敬仰。赵润受冯将军抗日精神的感召，在楠竹笔筒上，精心刻了一幅《按剑劈倭图》，描绘抗倭名将戚继光怒目佩剑，按柄指斥、降服一群跪地求饶的侵华倭寇的情景，署名"行憨居士刻"，赠予冯玉祥作纪念。

1941年3月9日，冯玉祥将军第二次来峨眉，住报国寺七佛殿。上午参加了峨眉县地方乡民抗日募捐大会，鼓励峨眉乡民与日本人抗战到底。下午，应四川大学校长程天放之邀，以"做大事，不做大官"为题，向1410名川大师生作了慷慨激昂的抗日演讲，赢得川大师生的热烈掌声。次日，冯玉祥头戴旧军帽，身着褪色旧军服，腿上裹着泛黄的军用裹腿布，脚穿麻草鞋，精神抖擞地徒步攀登峨眉山，从伏虎寺、善觉寺、雷音寺、纯阳殿到慧灯寺，最后落脚大峨寺。一路上，冯玉祥关心峨眉县的抗战组织工作，特别是了解到峨眉县在四年抗战中有310名官兵殉国，感慨地说："这是个不小的人数，一个县就阵亡310人，占出征人数的10%，全国加起来就更惊人了。这是日本鬼子强加给我们民族的一场大灾难，我们永远也不能忘记这些民族精英和死难同胞。"又说："我要去参拜抗日纪念碑"。3月12日，冯玉祥在大峨寺为孙中山先生逝世16周年举行了哀悼仪式。

1945年11月下旬，冯玉祥第三次入大峨寺，用篆书题写了十个字：

　　为民族自由　为国家独立

　　冯玉祥借机向僧侣和各界人士宣传抗日救国思想，号召大家"作为一个中国人，为了自由，为了独立，立即行动起来，奔赴抗日战场，去捍卫祖国，捍卫民族"。当天下午，冯玉祥将军驱车前往峨眉县城的绥山公园，与峨眉地方乡绅一道，在"抗日死难将士纪念碑"前举行悼念活动，再次掀起抗日救国新高潮。

冯玉祥将军题"名山起点"牌坊（李家俊提供）

　　1945年抗战胜利前夕，冯玉祥将军第四次来峨眉，他对中国的未来充满激情，一到大峨寺神水阁，便以高昂的热情和强烈的斗志，奋笔疾书"拼命奋斗，还我河山"，并撰："试思父母未生汝身体以前本来面目是怎样？为问寇仇正灭我国家之际列为师徒当如何？"以示纪念，落款"冯玉祥民国卅四年"。随即支付现金两千元，委托大峨寺主持普智法师，将所书八个字刻在神水阁水池旁边的石上。同时，赵润先生又将这八字镌刻成印，保存至今。附冯玉祥《峨眉山录》：

　　　峨眉山，真是秀，不费三月看不够；
　　　峨眉山，真富丽，树子砍了开成地；
　　　峨眉山，真高大，三伏天气雪不化；
　　　峨眉山，真是好，弯弯曲曲路极小；
　　　峨眉山，多青猴，雨雪天气不露头；
　　　峨眉山，真正妙，和尚苦脸弥陀笑；
　　　峨眉山，真繁华，卫生麻将哗啦啦；
　　　峨眉山，杉树多，和尚砍来去烧锅；
　　　峨眉山，正砍树，将来要成光葫芦！
　　　峨眉山，路太险，许多桥梁无栏杆；
　　　峨眉山，待改革，利用山林好建国；
　　　峨眉山，真正高，若不革命一定糟；
　　　峨眉山，是宝地，三民主义莫抛弃；
　　　峨眉山，路甚长，事事都等革命党；
　　　峨眉山，要建国，生产事业莫蹉跎。

36. 八仙洞

李家俊

一、八仙洞及其传说

八仙洞在高桥镇严寺村 7 组,是一个高 7.6 米、宽 5.2 米的天然溶洞。这一带是大峨山与二峨山的过渡段。八仙洞在悬岩陡壁下,四处林森草繁,进洞的道路非常曲折,洞深不可测,民间传说此洞与猪肝洞相通,可容千人之众。《峨眉县志》载:"在猪肝洞上方 5 公里处,有洞名八仙洞,传为八仙聚会之处。"相传八仙之一的吕洞宾,特别喜欢被称为道教"第七洞天"的峨眉山。他身背青龙剑,行走在峨眉诸山,二峨山是吕洞宾的栖身之地,他携夫人居住在猪肝洞,相敬如宾,成为夫妻相敬相爱的楷模,并在洞口题有"一山五口道人"。吕洞宾的事迹感动了八仙中的其他七仙,他们相约而行,结伴到二峨山看望吕洞宾。每年农历六月六,八仙便在八仙洞聚会,这一天,宽广的八仙洞内张灯结彩,仙气缭绕,仙果溢香,八仙或吟诗作赋,或吹拉弹唱,或展示腿脚功夫,好不热闹。

高桥镇严寺村八仙洞(李家俊摄)

二、英烈血染八仙洞

让八仙洞载入峨眉史册的是 1935 年中共地下党领导峨眉起义——革命烈士血染八仙洞的故事。1930 年,峨眉进步青年和成弟受其兄长和成孝(何克希)的影响,到成都接受了中共四川省委领导罗世文、车耀先的教育，接受了党组织的考察。1931 年，经李亚群介绍加入中国共产党，随后和成弟回峨眉以做教育工作为掩护，开展组织活动，发展了唐杰、陈俊卿、张克诚入党。1933 年夏季，中共峨眉特支成立，和成弟任书记。6 月，中共峨眉县委建立，陈俊卿任书记，当年发展党员 34 人，成立 7 个支部。

1934 年 10 月，中央苏区红军开始长征。根据党中央"开拓新的游击区域，发展与创造新的苏区、赤化全川"的精神和党组织的指示，共产党员何克希、和允恭、唐杰等人努力争取一切可以利用的力量，准备在峨眉举行武装起义。其目的是牵制西南云、贵、川三省国民党兵力，使红军顺利入川，创建川西南武装割据红色根据地。一旦夺取峨眉政权，将联通雷（波）、马（边）、屏（山）、峨（边）成立川西南苏维埃政权，与川东北、川陕革命根据地遥相呼应，实现"赤化全川"。

1933 年"二刘"内战后，刘文辉不甘心失去四川省主席宝座，退守西康"三属"。何克希察觉到刘文辉的心思，于是献策在二十四军领地洪雅县的邻县峨眉县发动一次武装起义，撵走刘湘的二十一军，再打通雷、马、屏、峨（边），使二十四军扩大地盘。自刘文辉退缩西康"三属"后，二十四军内部很多失业军官，对蒋介石、刘湘不满，何克希利用二十四军的旧同事，邀约他们参加起义。二十四军旅长徐光普支援部分武器。曾任营长的许国澄、杨硕容等正想趁机捞得一官半职，也聚集 30 多人参加起义队伍。

何克希曾在忠县、丰都、石柱一带参加过武装斗争，有打游击和改造土匪队伍的经验。他通过和允恭、唐杰等，联络到袍哥武装方吉廷、高德辉两支力量。方吉廷允诺截下峨眉县地方当局送往乐山的田粮款，作为起义费用（后由于峨眉县地方当局改期押运，拦截未成）。

峨眉地方武装团委会副委员长贺侣皋与何克希、和允恭是表兄弟。中队长董效舒是和允恭的内弟，和氏兄弟于是利用这层关系，常往来于团委会。另外有做军运工作的唐杰，联络士兵苏子模、杨楷、唐凯、贺堃、侯章等，作为武装起义骨干。

1935 年 1 月 14 日，何克希派许国澄到峨眉，向和允恭了解峨眉的准备情况。当许国澄得知县常备队的唐杰已联络策反十几人，袍哥武装方吉廷、高德辉亦可按时响应后，便于 16 日返回雅安向何克希汇报。19 日，何克希在雅安川康新闻社内召集雅安响应参加峨眉起义人员会议，议定由何克希任起义总指挥，许国澄任前线指挥，指挥部设在峨眉县城大南门外什邡院高地。起义人员腰缠红棉带为标志，以县府东、西辕两处手榴弹响为起义信号，猛攻县政府，逮捕县长等官员，并布置了起义部队各自要把守的街道、据点。

1935 年 1 月 22 日，雅安赴峨眉参加起义人员 30 多人从雅安出发。24 日，许国澄抵达峨眉，联络和允恭、唐杰等，并了解到峨眉部署就绪。25 日，方吉廷部已集结待命。26 日晚，何克希到峨眉，连夜在三台山观音井庙内召集峨眉起义部队和有关人员会议，和允恭、唐杰、杨楷、唐凯、苏子模等人以及受唐杰策反愿参加起义的县团委会班长赵玉贵等参加会议。但是，参加会议的赵玉贵表面上点头默许，会后却向地方武装县团委会一中队分队长方炎章告密："唐杰等共产党要围攻峨眉县城。"方炎章在接到赵玉贵的密报后，马上报告了县长赵明松。赵接到报告后十分震惊，密令调九里常备分队李春香带队进城护卫，又命方炎章监视唐杰。方炎章立即调整部署，抽调唐杰的一半人撤回县府，削弱唐杰的力量，并将三班上等兵陈光明调到唐杰身边，监视唐杰。方炎章又将本中队人、枪、弹做了调整，一班掌握武器，二班掌握人的行动，三班管弹药服装。赵玉贵守大南门，唐杰守小南门，又调来吴光华守东门，这样把唐杰夹在中间以便控制。27日午后1时许，方炎章受赵明松指派，带人直扑小南门。得到情报的唐杰知道事情不妙后，立即开枪射击，起义因此比预定时间提前了3个小时。此时雅安来参加起义的人尚有一半人马在途中，其余还在午餐。方吉廷也在途中。何克希、许国澄、和成弟三人立即由新东门经大南门出城，退到什邡院。唐杰率唐凯、杨楷等人跳下城墙也退到什邡院高地。此时苏子模因手指有残疾拿枪不便，只得手拿大刀，由小南门城墙边跑向大南门，叫赵玉贵鸣枪起义，却被赵玉贵开枪击伤倒地被捕，城内枪声一片。同时其余起义人员只得边打边撤。大、小南门关闭，峨眉县地方当局下令关闭城门搜捕何克希父亲和玉成，贺侣皋及亲友等80多人遭逮捕，城内一片恐怖。起义人员被迫撤出城外。

27日，另一路起义人员在杨楷、唐凯带领下退至高桥八仙洞。晚约7时，响应起义的袍哥队伍首领高德辉率领在峨眉城起义的十几名武装人员也退到八仙洞。高德辉借口到青龙取粮食而独自逃去。几天后，洞内派一人经后山翻山越岭到青龙找高德辉，刚到青龙上场龙凤桥，便被扣押并带到青龙队部，此人供出起义人员藏身之处。当晚，县民团几十个团丁和清乡的国民党军两个排，把八仙洞围了个水泄不通。清乡团不停往洞内打枪，把撒了干辣椒的木柴点燃，并用风斗向洞内不断鼓风。顿时洞内烟雾弥漫，辣气熏人。傍晚，洞内起义人员被迫冒死往外突围。除一人逃脱外，其余或被打死，或被捕。杨楷、唐凯等人被捕押回县衙关押，与之前被捕的峨眉县委书记陈俊卿在狱中相遇。陈俊卿鼓励杨楷、唐凯坚持斗争不出卖同志。起义人员在狱中受尽敌人的酷刑，杨楷甚至被挑断脚筋，但他们宁死不屈。最后，唐杰、唐凯、杨楷等人被杀害在峨眉县城北门外柴市坝，首级被残忍地割下在县府门前太平池上示众3天。

领导起义的何克希率领起义人员退到雅安后，招募百余人，在雅安双溪口、草坝等地打游击，因寡不敌众，将队伍化整为零。鉴于红四方面军已从通江、南江、巴中地区离开，加之敌方力量又增加一个旅的兵力，何克希身份已经暴露，遂将队伍解散，只身到成都寻找党组织，中共四川省委领导车耀先介绍何克希转移上海。从此，何克希便离开了故乡，在革命的熔炉中度过了自己光辉的一生。他在浙江东部创建了浙东抗日根据地，这是中国共产党领导的全国十九个抗日根据地之一。1949年4月23日，何克希为政委的华东野战军35军先头部队攻占南京总统府，把红旗插上国民党老巢，为八仙洞先烈报了血仇。

37. 弓背山"驼峰航线"美机折戟

李家俊

弓背山属于峨眉山系，在金顶北面，主峰 2509 米，民国时期属峨眉县复兴乡。弓背山因形如弓背而得名，站在山顶观峨眉诸山，群峰阵列，山色翠绿如画。上弓背山需经华严顶而至，道路异常艰难，这里常年云遮雾掩，林深坡陡，群峦入云，烟岚缥缈，陡峭的山峰仿佛云海中的屏障。

"驼峰航线"是第二次世界大战时期中国和盟军一条主要的空中通道，始于 1942 年，终于第二次世界大战结束，为打击日本法西斯做出了重要贡献。在这条航线上，美军共损失飞机 1500 架以上，牺牲优秀飞行员近 3000 人，损失率超过 80%。其中一架美军 330575 号 C-87 型四引擎重型运输机和一架美军 26238 号 B-29 型空中堡垒轰炸机，在峨眉山的弓背山和天门石折戟机毁人亡。"驼峰"位于喜马拉雅山脉南麓的一个形似骆驼背脊凹处的一个山口，是中国至印度航线的必经之处。通过这条运输航线，中国向印度运送赴缅甸参加对日作战的远征军士兵，再从印度运回汽油、器械等战争物资。"驼峰航线"西起印度阿萨姆邦，向东横跨喜马拉雅山脉、高黎贡山到达中国的云南高原和四川省。航线全长 500 英里，海拔多在 4500～5500 米，最高海拔达 7000 米，山峰起伏连绵，犹如骆驼的峰背，故而得名"驼峰航线"。"驼峰航线"途经高山雪峰、峡谷冰川、热带丛林、寒带原始森林，以及日军占领区；加之这一地区气候十分恶劣，强气流、低气压和冰雹、霜冻，使飞机在飞行中随时面临坠毁和撞山的危险。在飞越峨眉山时，凸显的峻崖，变化万端的天气，终年浓雾弥漫，给那个时代的飞机飞行造成极大的困难。峨眉山气象站始建于 20 世纪 30 年代，第二次世界大战期间，峨眉山测候所在气象观测方面，为"驼峰航线"发挥了一定作用，但限于当时的技术水平，未能有效保障飞机安全飞越峨眉山。

1944 年 3 月 18 日，一架美军飞机在峨眉山的弓背山失事。这天，峨眉城风和日丽，但峨眉山浓雾笼罩。一架援华抗日的美军 C-87-330575 运输机从印度卡来贡答起飞，其任务是为攻击日本本土的 B-29 空中堡垒轰炸机输送汽油。B-29 飞机的基地在我国陕西汉中。该机刚飞到峨眉山脉弓背山黄桶槽山崖处，大雾弥漫，顿时迷失方向，不幸碰撞山岩上，飞机猛烈燃烧，机上人员除一名跳伞人员头部撞树死亡而保留全尸外，其余人员全被烈火吞噬。

峨眉县冠峨乡政府紧急布置人员到出事现场搜救，带回了一批飞机遗物，包括降落伞、手枪、匕首、照相机等共 37 种，数量一百多件。峨眉县政府县长孙业震据此以"军防字第二三六号"文，向乐山第五区专员兼保安司令做了报告，按美方意见做了善后处理。

1988年，根据中央统战部指示，峨眉县政府在弓背山美军飞机失事处立碑纪念。这块青石碑长3尺、宽2尺，镌刻：

美国空勤人员

亚历山大·思维肯等四人殉难处

峨眉县人民政府　一九八八年

与弓背山遥遥相望的是北面的老鹰岩，主峰1585米，旁有高腔沟，沟水自北向南注入麻子坝，汇入峨眉河。老鹰岩下有天门石，天门石在今黄湾乡麻子坝村北部，张山与弓背山之间，其间有块巨石兀立，形似老鹰，故称老鹰崖，崖两侧是万仞绝壁，中间只有一狭道，过狭道口的岩壁就是天门石。《峨眉县志》（嘉庆版）："天门寺在天门石下，僧瑞峰建"。天门石有一棵老僧树，《峨眉县续志》说此树百年前已经干枯，中间形成一个空洞，有一80岁的老僧经常在树洞中打坐念经，突然一天，老僧在树中坐化，树洞自然闭合，树枝重新恢复生机，长得根深叶茂。天门石有仙女的垫脚石的美丽传说，但这里却发生了美军 B-29 型空中堡垒轰炸机在此撞崖殉难事件。

1944年秋，前线鏖战激烈，空中支援吃紧，运输任务繁重。10月1日，美军26238号 B-29 型空中堡垒轰炸机满载枪械、军用品，从印度飞往四川新津，途经峨眉山复兴乡麻子坝老鹰崖天门石，风云突变，烟雾弥漫，美机领航员斯克尔上尉指挥飞行员劳春思中尉将飞机迅猛上升到2400米的高空，向洪雅瓦背山方向冲去，试图越过峨眉山侧峰，不料机身被空中疾风云团所阻，30米内大气混浊，无法辨认方向，正拉杆返航，但为时已晚，突然一声巨响，机头擦过天门石，机身剧烈摇晃，飞机受创后油舱着火，沿着峨眉山腰部的马皇岗滑降到麻子坝上面的漆坪，浓烟滚滚，机体立刻坠裂成数块，大火烧燃了一大片山林。待到当地山民们组织抢救时，机械师基甫格少校、飞行员劳克思、领航员斯克尔，以及两员航空兵共五名空军人员，全部壮烈殉难。次日，国民政府峨眉县复兴乡代理乡长许庆澜，带领警督察长邹宗焱、美空军上尉白雷以及翻译官等赶到飞机失事现场，见飞机残骸和飞行员尸体散落在地上，将五具烧焦的尸体运到冠峨乡（现马路桥旁峨山区）保宁寺停放。一面约请峨眉县天主教堂美国传教士马师母、医生王知孝用伏尔马林将美军尸体浸透保护，一面向上峰出具报告。美军政外交人员、新闻记者，赴峨眉调查美机失事原因，确认气候突变导致飞机罹难，将美机残骸交冠峨乡保存，美军尸体运成都火化，骨灰送回美国。

李家俊收藏的美军 26238 号 B-29 型空中堡垒轰炸机残骸

38. 天下名山牌坊

李先定

汽车出峨眉城南门，沿着平坦宽阔的乐西公路往前驰去，经约 12 里路程，可见路道右边朝山大道口上矗立着一个高大挺拔的花岗石牌坊，上有郭沫若先生所书"天下名山"四字，字形刚健遒劲，潇洒自如。

"天下名山"四字，系郭老 1959 年国庆节前所书。1959 年，郭老时居北京，怎么会在峨眉书写"天下名山"呢？经过是这样的：

峨眉城至报国寺路口处，原有一座"天下名山"牌坊，因年深日久，朽烂风化，加之体形矮下，气势不大，峨眉山文物管理所于 1959 年 9 月拆除了原坊，重新建了一座高大的新坊，建成后，坊上"天下名山"四字由谁书写呢？文管所为此事费了许多心思，但始终定不下来。

新旧天下名山牌坊（罗庆祝摄）

当时，峨眉山文物管理所内有一个峨眉山导游词编写组，组内有人建议，何不请郭老书写，所长认为，郭老远居北京，重任在身，恐怕无暇书写。但同事们都说，郭老常在文章中说，他的故乡就在峨眉山麓，沫水之滨，从小就对峨眉山怀有深厚的感情，他肯定会书写的。的确，郭老对故乡的一山一水、一草一木非常热爱，常萦绕心怀。不论是嘉州求学，东渡日本，军旅北伐，上海笔耕……对父母之邦，常抒眷念之情。他曾在联句中写道："沫水澄波，峨眉滴翠，仙人风物此间多。"当他从外地归家，泛舟大渡河上，也不禁吟："远树氄氄疑路断，家山隐隐向舟迎。可怜还是故乡水，呜咽诉予久别情。"

九月中旬，一封请求郭老书写"天下名山"的信函，由峨眉寄往首都北京。

信寄出不到一个月，果然收到了回音。郭老亲笔挥毫"天下名山"四字，在玉版宣纸上跃然欲出，墨色苍润，熠熠闪光。

文管所的同志欣喜若狂，立即请县文化馆的林木先生放大成 50 厘米见方的字（原书每字只有 15 厘米左右）。

文管所又请来县建筑公司的老师傅，精雕细作，一笔一画，不走样地把字刻到了牌坊上。

而今，郭老虽然永远离开我们了，但每当过往游客途经峨眉山时，仰望"天下名山"四字，郭老的音容笑貌便会立刻浮现在眼前。这位文化巨人永远活在世人心中。

1993 年 4 月，为适应旅游发展需要，拆除了原牌坊，新建了一座高大巍峨壮观的新牌坊，坊高 17.8 米，宽 22.2 米，四柱三孔，庄重典雅，大方古朴，承明清牌坊建筑风格，为峨眉山门户增添了一道亮丽的风景。

牌坊前额为郭老手书"天下名山"，后额为中国佛教协会原会长赵朴初手书"佛教圣地"。

39.　训话台

李家俊

训话台又称司令台，在报国寺前，峨眉山博物馆后。1935 年 8 月，国民政府军事委员会在峨眉山报国寺开办"峨眉军官训练团"，因国民政府军事委员会委员长蒋介石常在此向受训军官训话而得名。训话台原是一块高 1 米，宽 10 米，长 20 米的木架平台，现为石砌平台，有标识，供游客观赏。

峨眉山报国寺，全国重点寺院之一，在峨眉山麓的凤凰坪下。《峨眉县志》（清嘉庆版）载，报国寺始建于明万历年间（1573—1619），原名会宗堂，清初迁建于此，顺治九年（1652 年）重建；康熙四十二年（1703 年），康熙皇帝取佛经"四恩四报"中的"报国主恩"之意，御题"报国寺"匾额。

1935 年 8 月的蒋介石训话台（李家俊提供）

峨眉军官训练团以蒋介石为团长，刘湘为副团长，陈诚为教育长，薛岳、邓锡侯、刘文辉为团副。训练团下辖办公厅、教育处、总务处、经理处、卫生处、审核处、工程处、政治部、军事训练处、驻蓉通讯处等部门，团部下设 3 个营 12 个连，每连 3 个排，每排 3 个班。营长以军长充任，连长以师长担任，每个连 3 个排均有一名中央军团长任排长。军官训练团学员均来自四川、云南、贵州、西康地方团职以上军官和县长以上官员。第一期主要培训团以上的军官共计 2024 人。两期共培训军官、县以上地方行政官员、警官、保安团队长和教育科长、中学校长等 4003 人，两期军训团总计耗资 30 万银圆。

军官训练团本部大部分设在报国寺内，蒋介石、宋美龄、陈诚等住在里面，小部分住伏虎寺。蒋介石除了随带大批侍从人员，还由重庆调来军事委员会特务团一个营、成都调来宪兵第三团的一个营，分别住报国寺、伏虎寺及其附近，担任直接警卫。潘佐旅分布山下四周要隘，担任外围警戒。

军官训练团三个营的营本部，是以训话台为轴心成扇面形分布于报国寺的东、北、西三面，距团本部各约500米至1000米，房舍都是用竹、木、席、草临时搭盖的简易建筑，连以下一律住帐篷。在团部与三个营部的中间，开辟了一块可以容纳万人的广场，作为军官训练团的集合场、升旗场。训话台东南方搭盖了竹木结构的可以容纳3000人的大礼堂。大礼堂位于升旗场东端，只设讲话台，台外无其他设置，听讲时学员自带坐凳，依次排列。一营在中央，二营在左侧，三营在右侧。

峨眉军官训练团受训内容分学科与术科，学科上课一般是在上午，课程有操典、战术、战史、本国历史、《戚继光语录》《曾胡治兵语录》《孙子十三篇》以及讲话等。操典是由王俊主讲，其内容是以德国的操典为蓝本加以编辑的。战术也是由王俊主讲，内容是步步为营、稳扎稳打、三里一碉、五里一堡、坚壁清野、围困封锁等。本国历史是由萧一山主讲，他讲中国通史，从上古到现代做了一个系统的、编年式的叙述，着重推崇东周的尊王攘夷。《戚继光语录》《曾胡治兵语录》《孙子十三篇》是由朱怀冰主讲，他拣了几篇有关战机、军纪、士气、赏罚等方面的问题，照本宣科地读了一遍，上了三次课。术科时间通常是在下午，一般是以连或营为单位轮流参观各种演习和各种现地见习，课目有按新操典实施的步兵班、排、连制式教练和战斗教练，有各种兵器展览和实弹射击演习、筑城作业、架桥作业、渡河作业、爆破作业、通信作业等。兵器展览是由行营调来了炮兵部队曾使用的德国制造的"苏洛通"高射机关枪和"普福式"山炮，都做了实弹射击表演。筑城作业是由工兵学校调来的教官先期指导附近驻军的工兵部队，构筑了各式各样的防御工事，其中还使用伪装作业示范碉堡。渡河作业、架桥作业和爆破作业，是由工兵学校调来的教官和学员在这里作现地技术作业表演。通信作业，是由通信兵学校调来的教官和学员，在这里表演有线电、无线电、军用鸽、军用犬、信号弹和旗语等通信技术的现地作业。军事教官有周亚卫、魏益三等主讲《反游击战术》《碉堡战术》《全民总动员》等。

军官训练团学员待遇。"励志社"总干事黄仁霖在营地办了一所"消费合作社"，备有大量食品、香烟、文具和日用品供应，以便学员购买，还有照相设备，供学员摄影。

排长以上（即旅长以上）由蒋介石分班接见，每班约三四人。首先，按指定名次坐好。然后，蒋介石进来，全体起立、鞠躬、坐下，蒋介石一面看简历，一面发问，有问即答。班长以上（即团长以上）由陈诚接见和单独约谈。8月24日晚上，全体学员在大礼堂观看了一场意大利新闻纪录片，蒋介石、宋美龄也到场观看。8月25日上午全体教职员、学员在广场上举行毕业典礼，行礼如仪后颁发毕业证书。毕业证书上盖着峨眉军官训练团的大印，并有团长蒋中正（蒋介石）的署名。每人一张证书，以营本部和各连为单位受领。

受训学员填写"中央各军事学校毕业生登记证"后，每人都取得了与黄埔同等的学籍，同时还得到了蒋介石送的礼品：

一尺二寸大的蒋介石半身戎装相片一张；

柄上铸有校长蒋中正赠的自卫剑一把；

用上等宣纸复制的蒋介石"墨宝"；

一笔路费，从 50 元到几百元，根据路途远近和职级高低发放。

其后，受训学员还收到了一份以国民政府主席林森的名义颁发的任官状，连、营、团长分别任各该兵科的上尉、少校、上校，旅长任陆军少将，师长、军长任陆军中将、上将。

训话台现状（乔正权摄）

第三篇　宗教篇

1. 初殿　蒲公舍宅礼佛

李家俊

　　初殿，亦名蒲公殿，位于九岭岗下的骆驼岭，传是东汉蒲公舍宅为寺处。宋时称初殿。南宋著名诗人范成大在《峨眉山行纪》中将此称为"簇店"："凡言店者，当道板屋一间，将有登山客，则寺僧先遣人煮汤于店，以俟蒸炊。"其意即"簇店"相当于茶水站，可供游人宿食。明万历二十五年（1597年）续恩禅师将初殿改建为寺；崇祯时铸有铜铁佛诸天像大小37尊；清康熙之际泓川禅师居此，江南比丘实林募捐再进行修建；乾隆年间被火毁，南丹禅师重建，与楚之、清学、月正诸师在寺精研佛法，后又日趋衰落；清后期寺院被毁。

　　初殿现存五间木结构建筑，建筑风格古朴，大部分为清乾隆年间遗物，唯有八枚石础为明代遗存。初殿内供释迦牟尼佛、文殊菩萨及普贤菩萨像，殿后左右供观音菩萨和地藏菩萨像；初殿的中心檐柱石础，有牧人圆雕狮蒙，造型古朴独特。

　　初殿一带有一奇妙的自然景观：每天白云从这里升起，飞到骆驼岭上然后慢慢地飘落下来，故名"云窝"。

　　《四川通志》引《诸经发明》记载了一段故事：东汉明帝时期，有一个叫蒲公的采药者，采药于云窝，与僧人宝掌相识，常品茗聊天，谈古论今。有一天，蒲公正在云窝采药，忽然看见一只神鹿，全身金光闪闪，神鹿走过的地方，留下一朵朵如莲花状的足迹，好似引道，在险峻的山中托起一道彩路。蒲公非常惊奇，踏着鹿迹铺成的金光大道，追逐着闪闪发光的神鹿，不觉就到了金顶，神鹿突然消失。正当蒲公疑惑时，他猛然看见舍身崖下"威光焕赫，紫气腾涌，联络交辉成光明网"（实是指所见的佛光），自己的身影出现在赤橙黄绿青蓝紫的七色光环里，挥一挥手，光环里的蒲公亦挥手呼应。蒲公非常惊奇，把自己所见奇景告诉了宝掌。宝掌告诉蒲公，那神鹿的足迹就是佛的召唤，七色光芒就是普贤菩萨的化身。他常年在峨眉山采药，为百姓治病，善人做善事，感动了普贤菩萨，化着佛光，为他引道。蒲公受宝掌的启发，回到住处，改宅为寺，命名为"初殿"。今峨眉山长老坪骆岭畔，过去有个蒲氏村，村民皆姓蒲，据传是蒲公的后裔。长老坪后面还有一处"蒲公结庐故址"。与此同时，峨眉山金顶建有第一座佛教寺庙普光殿。《峨眉山志》载："光相寺，在大峨峰顶，相传汉明帝时建，名普光殿。"《峨眉县志》亦有相同的著述，而且把建殿时间确切为"汉永平癸亥"，即63年。宝掌和尚是个非常神秘的人，他是中印度人，志书上称他是千岁和尚，康熙版《峨眉县志·卷之六·仙释》说他于魏晋时期来中国，入蜀礼普贤，居灵岩寺和洪椿坪，"住世一千七十二年"。初殿、普光殿和宝掌和尚，开启了佛教在峨眉山的早期传闻。与初殿和普光殿交相辉映的有乐山麻浩岩墓中的开光佛像、彭山江口东汉岩墓佛像，史料载入《四川汉代画像选集》中。据此，学术界引发一个重大话题：南方丝绸之路与佛学南渐之说。其指早在春秋战国时期，便有一条从印度经缅甸进入中国的商路，秘而不宣地交易着产于四川的锦、邛布、茶叶、铁器、盐。公元前3世纪，在阿育王支持下佛教举行第三次结集，接着派遣僧侣分赴四方传布佛教，阿育王的一个儿子（一说兄弟）摩晒陀长老带人把佛教传到东南亚，由此进入中国。《史记》载，公元前119年，博望侯张骞奉汉武帝之命再使西域。在大夏国（今阿富汗北部）市面上，张骞看见产于四川的邛杖、蜀布。他认为大夏在汉的西南，距汉地一万二千里，印度在大夏东南数千里，那里有四川的物产，距四川一定不远。他怀疑西南有一条通印度的古道，这就是历史上的"蜀身毒道"。司马迁在《史记》中留下了一段谜踪："然闻其西可千余里，有乘象国，名曰滇越，而蜀贾间出物者或至焉"。

峨眉山初殿（薛良全摄）

2. 金顶（三则）

金顶与妙峰禅师

王荣益

20 世纪 40 年代的峨眉山金顶（李家俊提供）

顶之于山，犹首之于人、都之于国、帅之于军，乃全山精华、万众瞩目处，故自古有"千座名山一座顶"之说。峨眉山金顶海拔 3077 米，为峨眉山仅次于万佛顶（3099米）的第二高峰，这里山高云低，景色壮丽，有"云上金顶、天下峨眉"之谓，游客可在舍身崖边欣赏到日出、云海、佛光、圣灯四大奇景。金顶最初之名不可考，上面最早的建筑相传为东汉时的普光殿，唐、宋时改为光相寺，明洪武时宝昙师父重修铁瓦殿，明时别传师父创建锡瓦、铜瓦两殿。明万历年间妙峰禅师创建铜殿，沈王朱模题名"永明华藏寺"。早晨当朝阳照射山顶时，铜殿迎着阳光闪烁，耀眼夺目，十分壮观，故人们称之为"金顶"。金顶之名，由此而来。

铜殿的建造者妙峰禅师，明嘉靖十九年（1540 年）生于山西省平阳府（今山西临汾）一个贫苦家庭，12 岁出家，17 岁离寺讨饭，流浪到蒲州（今永济市）后，受文昌阁的老僧朗公照顾，命运才有了转机。其时山阴郡王朱俊栅居蒲州城，有一天，山阴王在文昌阁看见妙峰，见妙峰虽然长相奇丑，但神凝骨坚，是个可造之才，就暗示朗公关照。过了一阵子，晋南大地震，蒲州一片狼藉，妙峰也被压在塌屋之下，朗公把他挖出来，发现他居然皮肉无损。山阴王因此更加青睐妙峰，认为他日后定成大器，便刻意地培养他。山阴王对妙峰说："你大难不死，何不'痛念生死大事'，早早地开始修行？"妙峰这时21岁了，听了此话，便想远游求学。山阴王认为妙峰佛学底子差，出去也学不了什么，便让他到附近中条山上的栖岩寺"闭关"修行。

一日，妙峰忽然有所开悟，便乐颠颠地写了四句偈语，托人送山阴王审阅印证。山阴王读后惊奇不已，认为妙峰确实有慧根，有高见。但回头又一想，觉得妙峰现在太年轻，如果不加以磨炼，说不定日后会变成一个空言欺世的狂僧。山阴王灵机一动，让人找了一只破旧鞋子，把臭鞋底割下来，装在信封里，另附了一张纸，写道："这片臭鞋底，封将寄与尔。并不为别事，专打作诗嘴！"派人送给妙峰。妙峰见了，立即明白了山阴王的深意，便在佛前认真地拜了几拜，拿线把臭鞋底拴起来，挂在自己脖子上，当作"座右铭"，继续刻苦修行，从此不再乱发议论。又过了三年，"闭关"期满，便出来拜见山阴王，行动言语之间，颇有高僧的威仪。

妙峰到介休山学《华严经》，又南下各地拜访高僧大德，在南京天界寺结识了明末四大高僧之一的憨山，受益匪浅。

后来，妙峰和憨山在五台山隐居修行。憨山为报答双亲养育之恩，决定刺血书写《华严经》一部。妙峰也积极响应，发愿刺舌血书写《华严经》一部。两人的苦行和孝心感动了明神宗和慈圣太后，专门派人颁发写经用的金纸。功德圆满后，妙峰和憨山决定举办一场"无遮大会"来做纪念和庆祝。因为神宗成婚后一直没有子嗣，"无遮大会"改成"祈嗣大会"。在法会举行后的十个月，皇宫里一位小宫女替明神宗生了个男孩，便是后来继位的明光宗。法会结束后，憨山和妙峰名扬九州。

妙峰禅师进入中年后，在建筑方面显示出卓越才华。也许因早年穷苦，他学过一些工匠的手艺，后来参禅悟道，智慧在积聚之下一下迸发，掌握了佛家所说"五明"中的"工巧明"，由凡才变成了天才。他修造过许多著名的建筑，如永慈大华严寺、宁化万佛洞、万固寺殿塔、三大士铜殿、慈佑圆明寺、永祚寺殿塔和惠济院等伽蓝古刹；还修建了陕西三原县渭河大桥、河北宣府大河桥、阜平普济桥、郭县滹沱河大桥、五台山清水桥和长达十里的会城大桥。完成了以上诸多大工程之后，他的名望越来越高，但妙峰禅师并不看重名望，他心心念念的还是在青年时期患疥疮时曾发愿要铸造并安奉到峨眉、普陀、五台的普贤、观音、文殊三位大菩萨的渗金铜像和三座铜殿。

明万历二十七年（1599年）春，他杖锡至潞安（今长治市）恭谒沈王，适逢沈王造渗金普贤大士像送峨眉。于是，他将发愿造普贤铜殿一事面告沈王。沈王慷慨解囊，资助万金，亲自到荆州监造，铜殿造成之后，送到峨眉。此时，止值大中丞土霁宇抚蜀、中丞王象乾也在四川居官，他们见普贤铜殿庄严妙好，无不欢喜称道。《峨眉山志》对此有比较详细的记载："殿高二丈五尺，广一丈四尺五寸，深一丈三尺五寸。上为重檐雕甍，环以绣棂锁窗，中坐大士，傍绕万佛，门枋空处，雕画云栈剑阁之险，及入山道路逶迤曲折之状，渗以真金，巍峨晃漾，照耀天地。建立之日，云霞灿烂，山吐宝光，洞壑峰峦，恍成一色，若兜罗绵，菩萨隐现，身满虚空，呜呼，异哉！"铜殿的壁、瓦、柱、门、棂、窗等都是用铜渗金浇铸而成的，因此铜殿也称为金殿。

妙峰禅师为何要为峨眉山造铜殿？据《峨眉山志》记载，明万历十七年（1589 年）妙峰奉皇命至鸡足山供安，事情完毕后，途经峨眉山时，上山礼拜普贤菩萨，在胜峰山上见到原有寺庙呈破败之相，于是决定将前所发愿送往峨眉山的铜殿安置于此。更重要的是，妙峰推崇《华严经》，曾刺舌血来写《华严经》，而峨眉山佛教奉《华严经》为主要经典，因此可同时借铜殿来阐发佛教经典《华严经》的法界学说，这大概就是妙峰禅师为峨眉山建造铜殿的内在思想根由吧！

妙峰禅师所造之铜殿虽然在清代道光年间毁于大火，以致今天仅留存一通铜碑及几扇原金殿窗门，但他给峨眉山留下了不可估量的精神遗产。循着妙峰禅师的足迹，进入改革开放后的峨眉山佛教，在金顶之上修建了金银铜殿、十方普贤圣像、朝拜大道，将金顶打造成了世界级朝圣中心。这一成就的取得与妙峰禅师是分不开的，他的功德值得世人永远铭记。

峨眉山金顶重建记

商振江

金顶，峨眉山的重要景点之一，是峨眉山的次高点，海拔 3077 米。此地日出、云海、佛光等景观闻名天下。

峨眉山是中国佛教四大名山之一，是普贤菩萨的道场，是海内外信教群众朝拜礼佛的圣地。华藏寺作为峨眉山一个主要的宗教活动场所和峨眉山观光旅游的重要景点，其建筑格调似皇家宫廷，也与峨眉山寺院整体建筑风格不协调，同时，建筑质量低下，存在严重的安全隐患。

2003 年初，四川省委、省政府提出把峨眉山建设成"中国第一山"，恢复改造华藏寺工程被列入核心工程项目——3802 工程（"3"是 2003 年 3 月完成峨眉山风景名胜区总体规划的修编，上报国务院批准；"8"是 2003 年 8 月完成华藏寺详细规划并审查通过；"0"是 2003 年 10 月华藏寺改造工程动工；"2"是 2 年内建成华藏寺寺院和"十方普贤铜像"）。在党和政府的关心、支持下，峨眉山佛教协会集全山之智、举全山之力，克服巨大的困难，投资 2.1 亿元，历时三载，以第一的建设理念、第一的工作精神、第一的工程质量，形成目前一佛、三殿、一大道的布局。

一佛：十方普贤铜像，由世界著名建筑大师李祖源先生同清华大学建筑设计院设计，南京航天晨光厂制作。铜像系铜铸鎏金工艺佛像，通高 48 米，总重 600 吨，建筑面积约 1256 平方米，由须弥座和十方普贤铜像组成，其中，须弥座高 6 米，长宽各 27 米，四面刻有普贤菩萨的十种广大行愿，外部采用花岗石浮雕镀金装饰。须弥座上立六牙吉象，大象背上第一层为普贤菩萨的两面身和四头像，第二层为普贤菩萨四头像，最高层为前后普贤菩萨头像。铜像内为 484 平方米的佛中殿，供奉阿弥陀佛铜像。十方普贤铜像高 42 米，重 350 吨，内部为钢架结构，外部为铜壁板铸造安装，是目前世界上最高的普贤铜像，也是普贤菩萨的第一个十方艺术造型，设计完美，工艺精湛，堪称铜铸巨佛的旷世之作，具有极高的文化价值和观赏审美品位，是海峡两岸建筑艺术家心灵的碰撞、智慧的结晶。

三殿：金殿、银殿、铜殿（大雄宝殿）组成华藏寺，总建筑面积1800平方米。金殿为铜面鎏金屋顶，金色全铜内外装饰，为目前中国最大金殿，殿堂供奉清代五世章嘉活佛赠送的普贤菩萨青铜说法像；铜殿为本色全铜内外装饰，供奉全铜鎏金华严三圣佛像，即释迦牟尼佛的清净法身毗卢遮那佛、普贤菩萨和文殊菩萨；银殿（卧云禅院）建筑面积3000平方米，供奉大慈大悲观世音菩萨玉佛像；屋顶全部采用锡瓦铺设，全银色外墙、门、窗装修，整个建筑呈银灰色，是根据《中华人民共和国文物保护法》“不改变文物原状”的要求进行的落架维修，主体为木质框架结构，恢复了历史原貌。

20世纪初西洋人拍摄的峨眉山金顶大殿（李家俊提供）

一大道：朝拜大道，供信众朝拜礼佛和游人登金顶之圣道，宽18米，长108米，由7对大象相对拱卫，蕴含着普贤菩萨指引众生朝拜礼佛的方向和途径。

金顶是峨眉山的主峰，海拔3077米，年降水日数达260多天，降水量近2000毫米，降雪期长达240多天，气候潮湿，年平均相对湿度达85%，常有8级以上大风，这种大风最多达130天以上，在积雪、大风的肆虐下，金顶的寒冷可想而知。明代曹子佺的“峨眉山上雪，万古逼人寒”就是对其环境的真实写照。在这海拔高、自然环境恶劣、气候变化莫测的金顶施工，难度之大、强度之高可想而知。而峨眉山佛教协会在各级党政领导、各级宗教工作部门、各类专家的关心、指导、帮助下，带领施工人员发扬“事在人为、争创一流、苦干实干、甘于奉献”的大无畏精神，奋力拼搏，超常规地完成了施工建设任务。

2004年10月中旬施工单位采用四川省建筑科学设计院的科研成果，首次在金顶冬季成功施工，完成了十方普贤铜像须弥座和金殿、铜殿主体工程，抢回5个多月宝贵的工程建设时间。同时加强施工监理，除聘请国家甲级资质的成都万安监理公司对工程实施监理，还聘请有关专家作为工程技术代表常驻金顶，对工程建设实施全过程监督，确保了工程质量。施工中出现了许多好人好事和可歌可泣的先进事迹。施工人员轮流三班倒，保证24小时施工。有的工人病倒、累倒在施工现场，但仍坚持不下火线；有的工人连续几个月没有下山；有的施工人员的亲人病危也没有请假回去看看。2005年春节，当万家团圆之际，仍然有500名施工人员坚守在自己的工作岗位上，日夜奋战，终于如期完成了华藏寺各项工程。

新华社、《人民日报》、《光明日报》、中央电视台、凤凰卫视等各大主流媒体纷纷推出专题报道。台湾《民生报》说："在佛教四大名山中，峨眉山走在了前头。'十方普贤'造像给千年峨眉带来全新气象，也是峨眉走向现代化佛教的开端。"联合国世界遗产委员会评价说："峨眉山是中国乃至世界文物保护性展示的典范。"《乐山日报》这样报道："横空出世——中国第一山"，"不是要第二，而是要第一，第一就是一切都是精品，有激情才有创造力"。

华藏寺恢复工程创造了四个奇迹：一是创造了在高寒季节成功施工的奇迹。原来在金顶最低温度达到零下20多度，混凝土无法搅拌，佛像贴金也无法完成。面对拦路虎，施工人员在1500平方米的施工大棚内架起了20个炭炉，硬是将施工工地的温度从零下上升到10℃。在十方普贤铜像贴金的关键时期，用100个取暖器、50个电炉、10个浴霸，在大棚内对铜像加温，用600床棉絮堵住缝隙，使施工顺利进行。二是创造了在确保质量的前提下又快又好的奇迹，堪称"金顶速度"。三是创造了在高海拔地区铸造最大建筑物的奇迹。四是创造了工期长、修建人员多（8个施工队伍，动用施工人员3000多人）、工程建设难度大，而没有发生一起施工安全事故的奇迹。同时，严格遵守《保护世界文化与自然遗产公约》，把传承与弘扬巧妙结合，做到了保护与开发有机统一，实现了历史文化与自然景观的完美结合。

经国家宗教局批准，由中国佛教协会、四川省佛教协会主办，峨眉山佛教协会、峨眉山风景区管委会共同承办的峨眉山金顶十方普贤铜像开光法会暨华藏寺恢复落成庆典于2006年6月18日在峨眉山金顶隆重举行。海内外高僧大德、诸山长老与名人信士4500多人云集峨眉山，按照佛教传统仪轨举行庄重、喜庆的开光大典，共同分享创新的喜悦。

金顶佛光与太阳鸟

许德贵

传说峨眉山金顶佛光，是这儿的太阳鸟变的。

从前，这一带常常可以看到一种体态玲珑、羽毛鲜明、周身闪闪发光的奇特小鸟。它跳跃在百花丛中，飞翔在树林灌木间，时而发出清脆悦耳的叫声，十分逗人喜爱。它叫太阳鸟，是峨眉山的一种珍贵飞禽。

据说，从前天空中有十个飞鸟化身的太阳，他们是十兄弟。这十兄弟手连手、心连心地从早到晚地在天上游来游去，晒得大地草木枯，禾苗焦，人们难以生存。

当时，有个神箭手名叫后羿，武艺高强，左右开弓，箭不虚发。他看到人们这般受苦，再也忍不住了，怒冲冲地走到室外，拉开金色的大弓，搭上银色的羽箭，对准天上漫游的太阳，嗖的一下子射掉了一个。人们无不欢呼雀跃。

天上那九个太阳，忽见地下有人射下他们的小弟弟，怒不可遏，使出浑身的热力，直射大地，地上更是如火烤一般。后羿拉开大弓，搭上羽箭，只听嗖嗖嗖地又射下了七个太阳。天空只剩下太阳大哥和太阳二哥。

后羿越射越高兴，浑身的劲儿好像永远用不完，心想，干脆一不做二不休，把那两个太阳也射下来。

正当他挽弓搭箭的时候，几个满头白发、银髯齐胸的老人急忙拉着他的弓，说："神箭手啊，要是你把天空中的太阳都射完，地上哪来光明与温暖，没有阳光雨露，万物怎么能生存……"

后羿听到这儿，手一软，可那箭仍射出去了。太阳老二被射伤，在天空中晃了晃，直朝西南方向飞去，缓缓地落在峨眉山上，落下后立刻变成一只小鸟，全身灰黑，羽毛也失去了光泽。

这只小鸟儿受伤落在山上，感到万分寂寞和忧伤，不吃不喝，连露水也不沾一口，身体消瘦，变得只有麻雀那么大。

小鸟浑身无力，奄奄一息。一天，它看见一只蜜蜂碰在蜘蛛网上，蜜蜂奋力挣扎，终于避开蜘蛛的袭击，腾身飞离罗网，又向花丛飞去。它的翅膀受了伤，可仍去采花酿蜜。小鸟被感动了，心想："我怎么能这样白白饿死呢？我一定要生存下来，有朝一日上天去找我的大哥。"于是，它喝山间的泉水，捕绿草丛中的昆虫，还从百花丛中吸取甜甜的花蜜……

小鸟的伤口一天天地愈合了，羽毛一天一天地丰满了，它开始渴望着天上的自由，希望和太阳大哥一道在天空过着温暖光明的生活。它想飞向空中，但是受过伤的翅膀不听使唤，而且它也没有体力飞得那么高。每天早上，它只好在金顶的花丛中向东方眺望，看到哥哥从天边起来，一直看到哥哥隐下西山背后，才慢慢地回到小树上休息。

那太阳大哥呢？自从后羿射下九个弟弟后，它在天上无时不叹息，无时不怀念自己的胞弟。他费了许多精力在黑夜里把八个弟弟的遗体一个个地找回，一个个地掩埋，可无论如何也寻不见太阳老二的遗体。他多么着急啊！每天从东边找到西边，又从西边找到东边，人们睡了，它还在寻找。

嫦娥见太阳为寻找自己的弟弟，变得神情沮丧，痛苦万分，不禁生了恻隐之心，特向玉帝奏报。玉帝召见各方土地，峨眉山上的土地神告知太阳大哥，说他的二弟并没有死，还在峨眉山上活着，成天想念着他呢！玉帝便拿出一面宝镜，叫太阳大哥去峨眉山与太阳老二相见，然后速回天空。

金顶佛光（薛良全摄）

太阳大哥到了峨眉山顶时，小鸟还不知道自己的哥哥来了。它正在花丛中跳上跳下采蜜吃，忽见半空中五彩光环平浮，五彩大圆光中竟现出了自己。小鸟惊奇地飞了过去。

原来这五彩大圆光，就是玉帝给太阳大哥寻找弟弟的那面宝镜。兄弟俩会面了，欣喜若狂，伤心地述说着离别后各自的经历。太阳二弟说："哥哥，我要回到空中去发光。"太阳大哥说："你现在受了后羿的神箭伤，你的翅膀再也不能与我一样了，生存在花丛中可以，上天不行。再说，现在我才知道，天上如果有两个太阳，大地温度升高，禾苗会被晒死。你的好心会变成坏事，你还是在地上待着吧。"

太阳二弟听了大哥的话，沉思一阵，点点头。它想要留大哥在山顶上住上十天半月，观峨眉山的美景，看峨眉山的月光。太阳大哥却说："我必须连夜赶回去，明天还要赶路呢！"

临走时，太阳哥哥从身上取下一根羽毛，插在弟弟身上。羽毛闪闪发光，每当小鸟看到身上的光就像看到大哥一样。太阳哥哥还把玉帝赐的宝镜留在二弟身边，存放在峨眉山金顶。

从此，这只小鸟就被人们叫作太阳鸟，它体形小巧，羽毛鲜明，浑身闪闪发光。每遇朝阳从东方升起，它便振翅迎着太阳飞去，朝霞映着它的羽翼，使它更加色彩斑斓。

人们如今去峨眉山，到了金顶，可以看到那影随人动、变幻无常的"佛光"，那就是玉帝赐的宝镜。你若再去树林花丛中观望，还有机会看到这玲珑美丽的太阳鸟呢！

3. 神水阁

王荣益

圣水禅院原名"神水阁",由纯阳殿前行 2 里便到。海拔 870 米。神水阁于 2004 年改名为"圣水禅院",新建的圣水禅院包括了以前的大峨寺。1986 年,峨眉山佛教协会对原建筑进行拆除,恢复重建,历经十年终于建成了五重大殿,成就现有规模。全寺殿堂和附属房屋全系木质结构,古朴庄严。

历史上的神水阁原为明代安庆巡抚吴用先的旧居,因旧居周围"修竹万竿",有唐代诗人孟郊《旅次洛城东水亭》诗"水竹色相洗,碧花动轩楹"的意境,取名"水竹居"。明万历末年,因水竹居前有"玉液"神水,遂改宅为寺,名"神水庵",清初更名为神水阁。1940 年普智上人云游归来,率徒行愿,振兴寺院,时属大峨寺下院。寺院前有一塔,传为隋代智者大师的衣钵塔。殿前有清澈泉水从石下流出,泉水旁巨石上有"大峨"二字,相传为吕洞宾所书,"福寿"二字传为陈抟所书,"神水"二字是明代洪武年间金都御使张景贤所书。

大峨寺在神水阁之后,遥不及百步。因寺前原有一巨石横卧,唐代著名道学家吕岩题"大峨"二字,为后来寺名之依据。唐大历年间太常博士仲子陵曾结庐于此,勤于耕读,并写出了《幽兰赋》,该地因而名声大噪。

寺前有一水池,一股清泉从石缝中流出。这股清泉,传说是轩辕黄帝问道峨眉山时,特地从东海龙宫引来的瑶池玉液,称"玉液泉",泉水终年不涸,味甘可口。长期饮用此水,可强身健体,延年益寿,还能治疗"眼疾"等多种病痛,因此又称"神水"或"圣水"。

隋朝时,我国佛教天台宗的创立者智者大师云游到峨眉山中峰寺修持。大师常取附近的玉液泉饮用,喝了以后,身心清爽,精力充沛。后来智者大师到湖北玉泉山建造玉泉寺,常常感到口干舌燥,食不甘味,身体日渐消瘦。一日,东海龙王的女儿来此游玩,见大师这般情景,上前问道:"大师为何闷闷不乐,哪里不适?"智者见这女子十分友善,便问施主尊姓,从哪里来?女子据实相告。大师得知"龙女"亲临,便说:"我在峨眉山中峰寺修持时,常饮玉液泉,来到这里以后,总想喝到泉水,日夜思念,忧郁成疾。"龙女说:"大师少安毋躁,待我与你取来。"智者半信半疑,峨眉山与玉泉山相隔千里,取水谈何容易,便说:"我在峨眉山时,尚留有禅杖、钵盂在中峰寺,如将这两件东西一并取来,可见是真。"

龙女作法,飘然而去。不一会儿,只见一股清泉从玉泉山干涸的玉泉洞里流出,并浮来大师寄放在峨眉山中峰寺的钵盂和禅杖。大师十分惊喜和兴奋,立即取泉水饮用,身体得到康复。

　　峨眉山的玉液神水，通到湖北玉泉寺，湖北古称楚，故有"神水通楚"之说。峨眉山神水阁前，尚有智者大师的衣钵塔。神水池旁，还立有苏东坡题写的"神水通楚"碑。

神水阁（余继全摄）

4. 雷音寺

王荣益

雷音寺海拔733米，寺下为解脱坡，坡下绕瑜伽河，解脱桥横跨其上。寺雄踞高岗，椽结危岩，清涧潺潺，丛林郁郁；夏秋晴明，蝉韵莺歌，杂乎鱼磬，雅趣幽情，引人入胜。

明嘉靖年间，无瑕禅师结茅于此，名为"观音堂"。清朝初期更名为"解脱庵"，相传入山至此可解脱尘世烦恼，出山到此可解脱险阻，故名为"解脱庵"。光绪十年寺宇重建，取"佛音说法，声如雷震"之意，更名为雷音寺。

雷音寺（刘睿摄）

寺院创建者无瑕禅师，资中人，20岁中举，后来入仕为官。禅师是个有善根的人，一次作客时与人闲谈，竟受感悟，30岁便告别妻儿到大足宝鼎寺出家。刚到寺院时，老和尚问他："尔从何处来？"他恭敬地问："师在何处问？"老和尚说："菩灯高照，启示。"他即刻答道："威音飞进铁围城，洞游踏破无生地。"老和尚高兴地说："原来你识佛性。"遂收他为徒。无瑕禅师每年都来峨眉山参拜普贤菩萨，走到九老洞参拜住持白长老。长老见他参拜真诚，有意勘验，问："你是谁？"说完便用临济棒喝禅法一棒打去，无瑕用手一挡，道："虽在亦非在，真人超天外。山棒打空中，空自辱四大。"于是无瑕得到长老认可，被留在九老洞。半年后，无瑕下山，走到赤诚山下，见一虎挡道，虎向他点头三下，入林去了，无瑕便在此处结茅棚修行，名观音堂，并招收门人，弘法利生。茅棚简陋，仅能避风雨，一次禅师打坐时，忽闻急促的喘气声，睁眼一看，是一只黑熊在一米远处盯着他，禅师此时早已超脱生死，对各种险恶已无畏惧，他便也盯着黑熊，四目相对，倒是黑熊先怯了，慢慢倒退着进入密林之中。无瑕还是位医僧，方圆数百里百姓对他的仁心医术无不推崇备至。对来求医者，他不问何人，均以推拿术治疗或用丸药让病人服用，都会很快起效。一天，无瑕对门人说："后天中午，乃我归期。"于是削发沐身，静坐参禅。时到，禅师端坐于蒲团之上，口诵佛偈："返身登台化乐天，只手单拳不用船。百万人天狮子吼，空中还有不二禅。"诵完，端坐而逝，享年95岁。

5. 慈宁太后佛缘慈圣庵

王荣益

慈圣庵地处万年寺出山门左下 150 米处，为明万历二十一年（1593 年）时无穷禅师创建，珍藏有万历皇帝之母慈圣皇太后御赐的经典、袈裟、供器等，因寺内祀明神宗母慈圣皇太后像而得名。

无穷禅师为何要专门修建一座寺院来供奉慈圣皇太后呢？这里面有一段故事。明朝万历年间，无穷禅师到湖北一带化缘，用铜铸造了一尊三丈六尺高的千手千眼观音佛像，准备运回峨眉山上的寺庙里安放。他先用船把佛像从湖北运到了乐山，然后以人力从乐山运往峨眉。当人们把佛像运到峨眉县城东门外时，佛像却一下重得抬不动了。禅师想了许多办法，还是抬不动。他心想："是不是菩萨不愿意上峨眉山，要在这里住下来？"他看了看周围，地势平坦，树绿水清，于是在李县令的帮助下，决定在这里修一座寺庙来安放观音菩萨像。

修一座大寺庙要花很多钱，一时间到哪里去募化呢？无穷禅师忽然想起万历皇帝的母亲慈圣皇太后最爱朝山拜佛，肯施功德，修庙塑像。要是皇太后肯出钱，还愁庙修不起来？

明万历十九年（1591 年）春，无穷禅师带着徒弟性宽动身前往京城。从峨眉山到京城有好几千里的路程。禅师沿途化缘，走了三个月才到京城。他身披袈裟，手敲木鱼，口念佛经，来到皇宫外面。守门的御林军士见禅师在宫门前，便将手中兵器一横，大声呵斥："皇宫禁地，你这和尚到这里干啥？还不快快走开！"禅师双手合十，向军士道："阿弥陀佛，贫僧是从峨眉山来向皇太后化缘的，劳烦军士代为通报一下。"那军士冷冷答道："皇太后居住在深宫内院，哪能见你？还不快走！"禅师见军士不给通报，只好另想办法。他顺着宫墙向前走，来到一处地方，忽闻墙内有吹弹歌舞的声音。他向过往行人一打听，才知今天皇太后在御花园游玩，宫女们唱歌、跳舞给太后消遣。禅师就大声敲着木鱼念起经来。皇太后观看歌舞正高兴，忽然听见宫墙外有敲木鱼念经的声音，就对宫女们说："快去看看，是谁在外面念经？"宫女们忙去看了，回来禀报："是从峨眉山来的一个老师父。"皇太后想，峨眉山是天下有名的佛教圣地，从峨眉山上来的，一定是有德行的高僧，忙吩咐宫女："快带他来见我。"

宫女把禅师带到太后面前。皇太后问道："老师父，你千里迢迢来这里做什么？"禅师说："贫僧是来向太后化缘的。"皇太后问："你向我化什么缘？"禅师说："贫僧早就听说太后乐善好施，今天来向太后化缘，在峨眉城外修庙，好安顿一尊三丈多高的千手千眼观世音菩萨像。太后如能结此善缘，必有福报。"禅师一番话说得太后心里甜滋滋的。"你这老师父会说话,本太后就捐一千两黄金给你修庙。"禅师连忙叩头谢恩,领了银子赶回峨眉动工修建寺庙。

慈圣庵(刘睿摄)

回峨眉后,无穷禅师修建了慈圣庵,以感念慈圣皇太后对峨眉山护持之恩。过了12年,寺院初成,无穷禅师进京谢皇恩,住在延寿寺,同年示寂于此寺,世寿67岁,法腊51年。朝廷派遣内使姜公、苏公护送他的灵骨回峨眉,葬在钵盂山麓。两年后,即万历三十三年(1605年),大佛寺(俗称大佛殿)竣工,坐南向北,占地百亩,土垣环绕,林木青翠,涓涓溪水萦绕寺门。前三门,进五层,大悲正殿供观世音菩萨铜像。前有毗卢、孔雀二殿,后建藏经阁,储《大藏经》及水陆神像一堂。大佛寺雕窗镂槛,画檐饰壁,壮丽雄伟,驾乎诸山,闻者神往,观者叹异。如今,大佛寺也成了峨眉山名副其实的朝山起点。

6. 遇仙寺（三则）

神仙在人间

王荣益

遇仙寺位于九岭岗下，海拔约 1680 米，原为茅棚，清代同治元年，圣怀师父云游归山后将其扩建为寺。遇仙寺雄踞长寿坡半腰，因地势特殊，洞处峭壁之腰，虽斗室蜗轩，与宏楼画阁相比却别有韵味。每当晨曦初照，山光明媚，猿啼鸟叫。俯视玉笋峰，闲云变幻，仰望九岭岗，雾自涧出，雅趣横生，令人陶醉。寺周岩畔苍苔如乱发，缠挂古藤下垂十余丈，缕缕不断，人称"普贤线"。传说普贤菩萨在悬岩绝壁留下此线，以引渡游人攀登顶峰。关于遇仙寺的得名，有个民间传说。

很久以前，有个到峨眉山寻仙的人，正走在洗象池到九老洞的山坡上，因饥困交加，饿倒在地。一个打柴老者见了，问他："居士，朝山要住庙，如何在山坡上困起？"那人说："我从远方来寻神仙，谁知走遍全山也没有看到神仙的影子。盘缠用光了，又累又饿，才倒在这里。"老者一听，哈哈大笑说："我在山上打了几十年的柴，也没见着神仙，你还是回家去吧。"那人说："我又累又饿，身无分文，哪里还走得动啊！"老者说："这好办，我给你想个办法。"然后砍了一根棍子交给那人说，"你骑上这根棍子，眼睛一闭就回家了。"那人半信半疑骑上棍子，听到耳边风声呼呼作响，木棍飞起来了，心中一惊，眼睛一睁，坏事了！他从半空中跌了下来，掉在了坡下的长寿桥下面。这一跌让他猛然醒悟，打柴老者不就是神仙吗！

他赶忙爬起来向刚才那个山坡跑去，却不见打柴老者，只见一个采药老人。那人问老人见到一个是神仙的打柴老者没有，老人说："这里有几个打柴老头，个个都是神仙，他们每天攀岩走壁，打柴为生，不思当官发财，每天逍遥自在，不是神仙能做到吗？"他又问老人采的何药，老人说长生不老药。他很惊讶："人还可以长生不老？"老人说："如果人不能长生不老，他又怎能变成神仙呢？"再问老人住在哪里，老人道："白云生处。""白云生处，不就是神仙住的地方吗？"那人说。老人笑说："我与神仙住一处，神仙与我同岁数。"那人说："你不就是神仙啰？"老人说："似仙不是仙，赛过活神仙。"那人认定老人就是神仙，并要老人传授成仙之道。老人说："送你四句话，你解得开，就能成仙。峨眉山上找神仙，找遍仙山不见仙，劝你莫把神仙找，神仙也要想凡间。"说完拿了一株草给他，说吃了这株草可以三天不饿，就可以走回家了。然后老人就径直走入密林深处。那人仔细品味老人的话，觉得很有道理，神仙都思念凡间，我又何必苦苦要去当神仙呢？于是就高兴地回家了。后来，人们就把那个坡叫遇仙坡，在坡下修了一座寺，叫遇仙寺。

遇仙救母

刘爱华

遇仙寺因"遇仙洞"而得名。殿堂规模虽小，但环境优美，匠心独运，将局部地形的险奇创建为不寻常的特异景观。关于遇仙寺的得名，有一个孝感天地的民间传说，请听笔者娓娓道来：

三百多年前，山东一海边住着母子两人，母亲织网，儿子涛心出海打鱼，生活就这样平平顺顺地过着。

有一天，涛心一早出海打鱼，运气特别好，在海里捞了个天然宝物——紫色大砗磲。涛心把砗磲搬回家，花了七七四十九个晚上才把它雕刻打磨成一个晶莹剔透的罗汉，母子俩欢喜得不得了，把砗磲罗汉放在家里供奉海神的神龛上，神龛上放有一颗他前不久在沙滩上捡到的小珍珠。说来也是神了，第二天母亲一早祭拜海神，发现砗磲罗汉周围堆满了大珍珠。母亲喜出望外，跑到屋里一把把儿子从破床上拉起来，来到神龛前，涛心被眼前的珍珠照射得睁不开眼，上前掬起一把珍珠大笑起来。这时，正好一群强盗路过他家，看见了那些闪闪发亮的珍珠，横生邪念，一棒打在涛心头上，涛心立刻摊在地上，那伙强盗把珍珠抢来装进了麻袋，很快逃之夭夭。

涛心娘当时就被吓晕了，扑倒在神龛上，那个砗磲罗汉就在她怀里，逃过了一劫。涛心醒来时已经是晚上了，他觉得头好疼，下意识地摸摸后脑勺，黏糊糊的，一看手上沾着血，再看母亲扑倒在神龛上，赶紧把母亲扶到了床上，怎么喊都喊不答应。他号啕大哭起来，心想这一切都是因砗磲罗汉惹起，气冲冲地来到神龛，双手抱起砗磲罗汉就要往地上摔。就在这时，一道强光刺瞎了涛心的左眼，奇妙的是砗磲罗汉张嘴说话了："去遥远的峨眉山吧！那里住有神仙，向他要一株八百年的仙灵芝，回来熬汤给你母亲吃，你母亲自然会醒过来。记住必须在八八六十四天内回来。"接着光消失了，砗磲罗汉也恢复了常态。

涛心想八八六十四天后，母亲还会救活吗？哎呀，管不了那么多了，只能试一试！

涛心上了峨眉山，他找遍了山中所有洞府，也未见到仙人的踪迹，心中感到非常失望。这时，疲惫的他忽然发现眼前有一个山洞，便坐在洞外歇息。今天已经是八八六十四天的最后一天了，他心急如焚，环视四周，背后是望不到顶的高山，林木葱茂；旁边是一道深深的峡谷，云雾弥漫；脚下是一条小溪，山泉淙淙。他看着这儿的景物，觉得好似仙境。于是他念念有词："峨眉山的仙人，你在哪里啊，快出来吧！今天是最后一天了，我要是见不到你，救不了我母亲，我活着还有什么意义？我就去跳舍身崖！"

正当涛心泣不成声的时候，山上下来一位鹤发童颜的老人，他手中拄着一根竹杖，来到他面前，看了他一眼后，问："你为何独自一人闷坐在这里，一定有什么不顺心的事吧？说来听听。"

涛心把事情的来龙去脉讲给老人听，老人顿生怜悯，伸出手轻轻摸了他的眼睛说：

"这山中到底有无神仙，我也说不清楚。不过，我在这山中打柴、采药，已经生活了一千两百多年了，却从来没见过神仙。"

"你老人家有一千两百多岁了？"涛心见老人须发全白，但面若童颜，双目炯炯有神，身板硬朗，毫无老态龙钟之样，不禁敬佩地问。

"是啊！"老人把头一点，"我这里有一棵灵芝，只长了八百天，你可以拿回去试试。"老人把灵芝塞进涛心的怀里。

涛心说："今天已经是最后一天了，就算你的灵丹妙药能救我母亲，我也赶不回去了。"说完流起眼泪来。

"我给你这根竹杖，你骑上它后，只要双眼一闭，立刻就能回到你的家。"老人说完，慈爱地把竹杖递给了涛心。

涛心将信将疑地把竹杖往胯下一放，他刚把双眼一闭，突然间奇迹发生了，他感到身轻如燕，好像骑在一匹马上，身体腾空，耳旁生风。不知过了多久，他的身子好像安然着地了，睁开双眼一看，原来已经到家了呀！再一看，胯下那根竹杖早已无影无踪了。他这才知道遇到了仙人，深悔自己为何没有跪下向他道谢。

这时一道闪电般的强光从神龛那里照过来，那个砗磲罗汉又张嘴说话了："天上一天，世上一年，你怀里的那株灵芝八百年了，快去熬汤救你娘吧！不要错此良机。"话音一落，屋里又恢复了往日的宁静。

涛心恍然大悟，赶紧去厨房，把仙人送给他的八百年的灵芝熬汤给母亲喝下，救活了母亲。而他的眼睛也奇迹般的好了。

这件神奇的事情一传十，十传百，百传千，千传万，从山东传到峨眉山的僧人耳朵里，峨眉山僧人圣怀便在涛心遇到老人指点的那个地方，修了一座寺庙，取名遇仙寺。

峨眉山求仙

商振江

相传很久以前，有一位来自远方的游客，上峨眉山求仙访道，然而他找遍了山中所有洞府，也没有见到神仙的踪迹，他感到非常失望。下山途中，他来到一个山洞外，见里面仍是空空如也，心情更觉烦躁，便坐在洞外休息。他环顾四周，此处云遮雾罩，仿佛云在山中走、人在云中行。他心想，一些书上明明记载峨眉山中有仙人，还听说汉代窦谊隐居峨眉山后升仙，可我为何遇不到呢？难道是我与仙界无缘？

正当游客满腹不快的时候，山上下来一位老者，挂着一根竹杖，来到游客面前，问："你为何独自一人坐在这里？"游客说："我听人说峨眉山上有神仙，特来求拜，希望能得道成仙。"老者告诉他说："这山中到底有没有神仙，我也说不清楚。不过，我在这山中砍柴、采药，已经生活了八九十年，却从来没有见过神仙。"游客见老者面容慈祥，目光深邃，仿佛能一眼洞穿人的内心，不禁敬佩地问道："您老人家有九十高寿了吗？"老者点头默认。游客又问："您一定深知养生之道吧？"老者回答说："我是白天专心采药，晚上安心睡觉，三餐只求其饱，遇事平常心而已。"停顿了一下又说："仙就是体魄健康、精神超脱的觉悟者。"游客想了一下，感激地说："谢谢老人家的教诲。"

老者看了游客一眼，问："你大概疲倦了吧？"游客说："我已经走了十多天的山路，真是太累了。"老者把手中的竹杖递给游客，说："我给你这根竹杖，你骑上它后，只要双眼一闭，浑身就变得轻松了。"游客将信将疑地把竹杖往胯下一放，双眼一闭，感到好像骑在一匹马的背上，身体腾空而起，耳旁呼呼生风。当他感到双脚落地时，睁开双眼一看，原来已经回到家了。仔细一看，手中那根竹杖上刻有"窦谊"二字，他恍然大悟，才知道遇到了神仙，深悔自己在峨眉山没有向老者求教，错失良机。可是他静下心来又想，老人家不是已经告诫我"仙就是体魄健康、精神超脱的觉悟者"么？

　　此后，峨眉山僧人在那位游客遇到老者指点的地方，修建了一座寺院，取名遇仙寺。寺门前曾有一联："何处寻蓬莱行踪遍五岳归来偶然一遇，名山接天竺到此府三峨形势飘忽欲仙。"既寓意仙山景色，又以藏尾字寓寺名。

遇仙寺（朱信林摄）

　　还有一个传说更加离奇。相传宋仁宗年间，有几个彭山青年相约朝拜峨眉山，途经长寿坡半腰，只见危岩绝壁，地势极为险峻。一个名叫宋文才的青年失足掉下山谷，同伴无法相救，只好抱憾返乡。

　　一年后，宋文才突然回乡，大家惊问："你去年不是跌下峨眉山深谷了吗？"宋文才不解地说："明明你们昨天先走，我今日赶回来，怎么说是一年？还咒我跌下深谷。"

　　原来那天上峨眉山，他们走到一山半腰，一白发老者把宋文才领入一世外桃源。当他正为这世外桃源着迷的时候，一童子送上一杯美酒，宋文才正要品尝，忽听同伴呼唤，他怕失去伙伴，赶紧应声，顿觉眼前一亮，见自己不知何故竟立于悬崖边缘，不由地惊出一身冷汗。再一看，哪来什么世外桃源，只见悬崖之下，藤缠树绕之间，隐隐有一幽深之洞，而同伴早已不知踪影。宋文才不畏劳苦，一路追上金顶，不见同伴，第二天只好独自匆匆赶回彭山。哪知仙界一日，山上一年。难怪同伴之言令宋文才困惑不解。

　　虽然这些传说只是动人的神话故事，但表现了人们对美好生活的无限向往，表达了人们对峨眉山秀美风光的由衷赞美。

7. 雷洞坪（二则）

罗汉幻化杜鹃花

王荣益

雷洞坪海拔 2430 米，坪侧悬崖千丈，人迹难至，云雾弥漫，深不见底，相传下有女娲炼石的"飞来剑洞"、伏羲悟道的"伏羲洞"、鬼谷子著书的"鬼谷洞"等 72 洞。宋代建有雷洞祠，明万历十年清月禅师重建，名雷神殿。清康熙帝赐御书"灵觉"及《金刚经》一部，殿亦改称灵觉寺。清乾隆年间，闻奇、闻刚二位禅师重修寺庙，至清道光年间，心量上人移基重建。同治三年，觉圆上人迁建于今址，后毁坍。2012 年峨眉山佛教协会在原址重建灵觉寺，2014 年功德圆满，梵宇重辉。

峨眉山杜鹃花（薛良全摄）

雷洞坪地势高，这一带恰巧是峨眉山的高山杜鹃保护区，杜鹃花最为集中，也是赏花的最佳地。区域内分布有美容杜鹃、山光杜鹃、金顶杜鹃、书生杜鹃、问容杜鹃、皱皮杜鹃、芒刺杜鹃、海绵杜鹃等 14 种杜鹃花，大都为峨眉山特有，是中国特有的名贵品种。然而，据说雷洞坪及以上的山区一直是只长树不开花的，直到有一位云游僧人来后，才开花的。

很久以前，有位云游僧人来峨眉山拜佛。他进寺庙后，只是叩拜，连香也不烧一烛，更不用说捐功德钱了。有一位僧人觉得他太吝啬了，便对他说："大师，据老衲所知，凡来朝山拜佛的和尚都要进香，有的还捐功德钱，不知大师有何捐助？"

他回答说："我看这殿堂里面，什么也不缺，只是如果有一束束鲜花，供于佛前就更好了。"

"大师所言极是，不过我们这峨眉山上，到处是林木，特别是半山以上，天气寒冷，有花木也种不活啊！"

"这好办，明天早斋后，我们一道到林里去采。"

此时正是春寒料峭的暮春三月，有的峡谷里还覆盖着积雪。但那位云游僧人来到寺外，口中念动真言，不一会儿，林子里便长出一种树木来，枝头上挂满了花朵，五颜六色，把山林装点得美丽而清雅。

第二天，庙里的僧人见云游僧人不见了，也没有去找他。一个僧人出庙去挑水，忽地看到林子里有许多花树，惊喜极了，水也不挑了，连忙摘了一大把拿去供在佛像面前。同云游僧人交谈过的那个僧人才明白，原来那位云游僧人是位罗汉所化。花供佛前，清净庄重，僧人们从此就叫它桫椤花。

雷洞坪今昔

朱华高

雷洞坪，环境幽古，风光奇险，绝壁悬崖高达 600 米，绵延 5 千米。安磐有诗云："虚明八百洞，突兀三千峰。山灵欲行雨，半夜鞭群龙。"

如今，凡到峨眉山金顶游山者，莫不知道"雷洞坪"之地。此处乃峨眉山金顶下一处宽敞的停车场，游人乘车到此必下车，改步行上接引殿或乘缆车上金顶，或再步行直登金顶。

峨眉山雷洞坪灵觉寺（刘睿摄）

然而，当今很多游人并不知道，此处未建停车场以前，却是一片荒凉之地，其中多有神奇传说。

　　有人说，站在雷洞坪，呼喊一声，便会引来风雨雷电；有人说，站在雷洞坪高岩处，可闻脚下惊雷声。"人在云上走，脚下起风雷"，莫不令人惊恐惊奇。

　　《峨眉山志》载，由白云寺左，陡上二里许，荒烟岑樾，为雷洞坪寺旧基。再上有古庙一座，为雷神殿，铁像十余尊，明万历年铸。凭岩竖铁碑禁人语，否则迅雷惊电，风雨暴作。清康熙四十一年，赐御书"灵觉"，《金刚经》一部。道光二十三年，僧心量，移基重建。同治甲子年，僧觉圆，又迁建于此。此地空濛黑暗，长无天日。寺右悬崖绝壁间，有飞来剑，一名仙人剑。历传女娲于此炼石，伏羲于此悟道，鬼谷于此著《珞琭子》。三洞沉黑，人迹罕至。寺左陡峭险峻，盘回迂折而上，名为八十四盘。

　　1991年版《峨眉县志》载：雷洞坪原名雷神祠，建于宋代，明万历十年（1582年），清月大师重建，塑供雷神，故名。清同治年间，觉圆和尚增建，并于岩畔建亭一座。此处海拔2400米，寺前悬岩高达600米，绵延5公里，冷暖气流常在岩下成饱和状态，一遇声音震动，即可爆发雷雨，故明时僧人在岩边铁铸"禁声"碑。悬岩下常是浓雾密集，神秘莫测。岩下洞穴较多，据说有72洞。1959年，雷洞坪亭因倾斜而被拆除。1978年，在岩畔重修木质大亭一座。大坪的左上方，有地名桫椤坪，坪上桫椤成片，夏季开花，灿若云霞，艳丽悦目。清人彭元吉有诗咏之曰："桫椤原是佛前花，开遍峨眉烂若霞。不信佛身常在世，见花如见佛无差。"

　　如今，游人上峨眉山金顶，到了雷洞坪，徜徉其间，再也无法想象和感知古时那惊恐神奇的景象了。

8. 息心所

王荣益

从万年寺经观心坡上行约 5000 米便到了息心所。息心所海拔 1460 米，明嘉靖时为一小庵，相传古为息心居士静习之处，后开建为寺，故名息心所。寺建于明嘉靖年间，蒋超《峨眉山志》载：有嘉靖八才子之一富顺人熊过撰写的《息心所颂》，记述一长者："身相如虚空，不摄善恶念；是名息心所，菩萨方便力"。此应为寺名之凭据。明末清初寺荒废，乾隆年间僧人德辉重建寺宇，现存寺院为清光绪初年建筑。新中国成立后，多次维修，2000 年后又扩修地坝，恢复了四合院，寺后百米林中开辟为读书习经之地，使此处面貌焕然一新。寺周有大小鹅岭、石碑岗、仙女桥等遗迹。石碑岗原立一碑，刊刻明代傅光宅撰"峨山修改盘路记"，为考察峨眉山进香古道的重要史料。

关于息心所的得名，还有一个传说。息心所的大殿佛像前的案上有一个青花瓷香炉，这个香炉不像其他庙里的香炉那样端正放着，而是用一条铁链锁着，铁链的另一端系在神案的桌脚上，为什么这样呢？

话说有一年春天的傍晚，息心所里来了两个朝山居士，要在庙里住宿。知客带他们到客房里休息。一个居士问："师父，你知不知道一个叫石台子的地方？"知客说："石台子离这里不远，观心坡过去就是。"知客出去后，那个居士对另一个居士说："我在路上捡到一张窖银子的窖单，上面写着'石台子上面，石龙对石虎，银子万万五'。等放好行李我们去看看。"谁知居士说的话被正在门外的知客听到了。他熟悉地形，赶紧向石台子跑去，按居士所说标记，果然找到地窖，揭开窖上的石板，只见一窖白花花的银子。知客趁天黑无人，急忙跑回庙里找来了装银子的东西。他把箱子、柜子、坛子、罐罐都装满了，还剩下一小堆银子没地方装。于是他又跑回去找装银子的东西，但没有合适的。正一筹莫展时，忽然看见供桌上的瓷香炉。他想，就用这香炉装吧！他急忙倒掉里面的香灰，刚好装完。他把银子都搬回自己的房里后就睡觉了。谁知第二天早晨起来一看，地上有一堆银子，那个香炉却在供桌上。知客想：是不是菩萨没看见香炉生气了？他便找了一个小铜香炉放在神案上，然后又把瓷香炉搬回屋里装上了银子。可是到了第二天，香炉又在供桌上。知客生气地想，你不愿意装银子，我偏要你装！今晚上我不睡觉守着你，看你怎么跑。他刚把银子装完，银堆里忽然窜出来一条红蛇，狠狠咬了他一口。疼得他两手直甩，把香炉也打倒了，银子倒了一地。那香炉忽然"呼"的一声，腾空而起，向窗外飞去，知客一把未抓住，追到庙外，只见那香炉在空中打了一个转，就向南方飞去了。

不久，知客去普陀山朝拜，忽然看见大殿神案上一个瓷香炉与他庙里飞走的那个一

205

模一样。他问庙里的师父："请问师兄，这瓷香炉是从哪里来的？"师父对他说："我们庙里观音菩萨面前那个香炉打坏了。这个香炉是菩萨显灵，从别处飞来的。"知客说："这是我们庙里飞走的那个香炉，我正到处找呢。"庙里师父说："既然是你庙里的，你就拿去吧！"知客心里好不欢喜，就去抱香炉，哪知用尽气力也抱不动，心想，是不是观音菩萨面前缺一个香炉，不让我抱走？他暗暗许愿说：观音菩萨呀，我知道你神案上缺一个香炉，我把这个抱走，另外给你换一个。许罢愿，又去抱，还是抱不动。又想，是不是香炉怕我抱它回去又装银子？又暗地许愿说：香炉呀！我抱你回去再也不装银子了。我要把你天天放在供桌上，给居士们点烛插香。说也奇怪，只轻轻一抱，就把香炉抱动了。知客把香炉抱回了庙里，怕香炉再飞走，就用一条铁链把香炉锁在供桌上。

以后，人们来到庙里，见供桌上锁着一个香炉，就奇怪地问："这香炉锁着干什么？"知客怕说明了真相被人耻笑，加之自己本来就惭愧，也决心诸恶莫做、众善奉行，锁住自己的邪心邪念，就含糊地说："这是邪心锁。"以后人们就把这座庙叫作"邪心锁"，慢慢地喊顺了口，就叫"息心所"。

息心所（刘睿摄）

9. 天门石

王荣益

从太子坪上行不远，即见两块巨石，两块石的中央平整如刀削斧劈，状若城堡大门，形成一条笔直的一米宽的石巷道，此石名"天门石"。按佛教的传说，当年普贤菩萨路过这里，见巨石挡道，便命灵祖菩萨开道。灵祖菩萨念动真言，同时用神斧一砍，在石的中央砍出一条巷道，普贤便骑象从中穿过，上到金顶。

峨眉山天门石（薛良全摄）

而民间传说又是另一种说法。相传女娲炼石补天的时候，有一块石头从炉里滚出来，落到了峨眉山上。这块石头又高又大，直通玉皇大帝的南天门。这块石头也给天宫里仙女仙童来到人间提供了方便，只要顺着这块石头向下走，不一会儿就到了峨眉山脚下。"既然这么方便，我们何不下去玩玩？"看守蟠桃园的两位仙女动了凡心，趁着王母

207

娘娘做寿之时偷偷溜了下来。人间真美啊！两位仙女正陶醉在美不胜收的峨眉山水间时，忽然听见一声大喝："你们竟敢私下凡间！我奉王母娘娘之命前来，定将你们捉回天庭！"原来是巨灵神奉旨前来捉拿她们了！两位仙女慌忙之间变成了两棵开着白色鸽子花的珙桐树，但被巨灵神识破，拿出紫金锁要去锁树。两位仙女一看，又变作画眉，振翅飞入蓝天，又被识破，巨灵神变成岩鹰紧紧追赶。两位仙女灵机一动，赶紧从空中降下来，化为两只枯叶蝶趴在一堆枯枝败叶中。此计果然成功，巨灵神左看右看，怎么眼睛一眨，这两个仙女就不见了？只得回去禀告王母娘娘。王母娘娘说："既然这样，我命你斩断那块天门石，让她们两个永远也回不了天宫！"从此，天门石就分开成了两块，高高地屹立在峨眉山上。两位仙女回不到天宫，就永远变成了枯叶蝶，飞舞在峨眉山的青山绿水间。

10. 万年寺（四则）

白水秋风万年寺

帅培新

苏轼《白水寺》诗曰：

但得身闲便是仙，

眼前黑白漫纷然。

请君试向岩中坐，

一日真如五百年。

巍峨秀丽的万年寺被万山环抱，掩映于苍松翠竹之中。万年寺前观钵盂峰，后倚正龙山，左右濒临净水溪和白龙江。这里群峰竞秀，古木葱茂，气候宜人：春天百花吐艳；夏日万木争荣；秋风劲吹，丹桂飘香，枫叶如醉，水清若镜，蛙声似琴；冬季漫天皆白，山舞银蛇、银装素裹，分外妖娆。这"白水秋风"是著名的峨眉山十景之一。吸引众多游人墨客流连忘返。

万年寺山门（薛良全摄）

万年寺的庙宇高大巍峨，红墙黄瓦，金碧辉煌。在众多殿堂中，无梁砖殿更是与众不同。这砖殿高约 10 米，宽约 7 米，全殿没用一根梁柱、一片瓦，全部用砖砌成。殿顶像一口圆圆的铁锅盖在上面。因此又称"锅儿顶"。在"锅儿顶"上，还竖了一个红色宝顶。殿内供奉一尊高7.35米、净重62吨的普贤骑白象的佛像。佛像体态丰润，庄严肃穆。白象足踏三尺莲台，古朴雄浑，双目炯炯，生气勃勃。殿内壁龛内供铁佛3000个，金人12个，穹顶绘有四个彩色飞天，各抱乐器，翩翩起舞，神采飘逸。

关于这神奇的无梁砖殿还有一个美丽的传说呢！

据说在很久以前，神匠鲁班云游来到峨眉山清音阁处，恰逢来此游峨眉山的赤脚大仙。两人沿山拾级而上，一路欣赏秀丽的山光水色。

两人来到峨眉山山腰地带。鲁班见此处群山环绕，万木争荣，且地势开阔，依山临水，物产丰富，气候宜人，是修身养性的好地方，便决心在此修一座千年不毁、万年不塌的大寺庙。赤脚大仙道："你若修寺，我当去昆仑山取来一颗宝石作为宝顶，助你成功！"鲁班道："如此甚好！我今晚狗不咬时就动工。"大仙道："我明日鸡不叫时即回！"鲁班道："我们一言为定，依计而行！"

当晚深夜时，赤脚大仙径直奔昆仑山去了。鲁班神匠则挥动赶山神鞭，像驱赶牛羊一样运来了最好的石头、木料和砖块，充分发挥自己的聪明才智，并汇集了各种寺庙的特点。他先修毗卢殿，再修七佛殿、天王殿、金刚殿，然后修接引殿、大佛殿，最后修普贤殿。

这普贤殿充分展示了鲁班的聪明才智和高超的技艺：他把砖一层一层地往上砌，先修四壁，再修屋顶，最后修宝顶。他在砖殿的四壁上砌了座座壁龛，每个壁龛里塑一尊佛像；又在砖殿上面，沿着殿壁聚拢收缩，砌了三层圆形壁龛，塑上五百罗汉。然后会聚成一个圆形拱顶，在穹顶绘上四个彩色飞天。接着，鲁班在殿内塑上普贤骑白象的佛像。忙完殿内，鲁班在屋顶竖上一个红色宝顶，在宝顶四周塑上狮、虎、羊等神兽，留下宝顶室，只等赤脚大仙送来昆仑宝石安放。忙完这一切，鲁班长长地出了一口气，坐在地上歇息。

这时，东方天际渐渐出现鱼肚白，天将破晓。

忽然，西边天际一朵祥云快速飘来。鲁班定睛一看，原来是赤脚大仙回来了。此时鲁班却猛然想起，还有大门未做呢！鲁班迅速抱起地上的木刨花，在木马凳上用力地几搓几揉，砖殿的大门就做成了。当赤脚大仙落地时，砖殿的大门也安装完毕，万年寺便竣工落成了。

这就是万年寺，雄伟壮丽的万年寺历经千年的战乱与火灾依旧巍然屹立！虽经几度易名（原名普贤寺，后易名白水寺，又叫白水普贤寺，曾御赐为"圣寿万年寺"），但仍是名副其实的万年寺。据说，在好日好时，还能看到万年寺（砖殿）大门上的木刨花痕迹呢！

1938 年普超会长在万年寺山门与客人合影（孙明经摄 李家俊提供）

佛牙

王荣益

万年寺陈列着一颗很美的黄色佛牙，关于佛牙还有一个美丽的传说。

很久以前，在锡兰科伦坡的郊外，有一座绿树掩蔽的云山寺，寺里很多老僧人都到过峨眉山。他们经常谈论峨眉山上的僧人修持如何精进，山峦如何秀丽、雄伟、幽深、神秘。一个没到过峨眉山的名叫云肯的年轻僧人，最喜欢听老僧人们谈峨眉山，一直仰慕着这座名山。

数年后，云肯积聚了路资，收拾好行李，向着峨眉山方向上路了。可走了不久，脚就走痛了。他不愿退步，不惜重金买了一头大象骑上，不顾山高路远，千里迢迢地赶路。大象在锡兰象征着庄严和尊贵，云肯把大象爱护得很好，每天才走四十多里路。但是云肯到了印度的一个寺庙住下时，大象已累得精疲力竭，喝水、吃草量都大大减少。

这天早晨，云肯去看大象，见大象累得十分可怜，去中国的心便有些动摇了。他在寺庙中徘徊，忽然他发现壁上刻着："千山万水，挡不住去峨眉山的虔诚心。"这笔迹好熟悉，这不是师父圣明写的吗？再仔细一看，落款果然是"圣明"二字。云肯看到这句话，坚定了去峨眉山的信心，因为他最崇拜圣明师父。据说，圣明师父在云山寺建造时就来了，当时圣明师父去印度取经，还见过中国的唐僧呢。所以，云山寺的僧人对中国有很深的情谊。云肯把这句话抄在本子上，记在心里，牵着大象整装上路了。

他一路跋涉，路途中一些人问他去哪里，他说，要到中国的峨眉山去。云肯见他们直摇头，不知道是什么原因。经过打听，才了解到他们对"中国峨眉山"这五个字不懂。原来，印度当时称中国为"震旦"，意思为日出之方，还称峨眉山为"震旦第一山"，意思是中国第一名山。所以当再有人问他要去何处时，他就说去"震旦第一山"，那些人听了后，无不赞叹。

云肯骑着大象又走了许多天，终于进入中国境内，非常高兴。但在四川边界投宿时，大象已疲倦不堪，也水草不沾。第二天起床后，云肯去看大象，谁知它已累死了。

云肯非常痛心，茶不思，水不饮。店家专门给他牵来一匹马，可他不会骑，骑上去就跌下来。云肯想着学会骑马再上路，可又怕耽误去峨眉山的时间，急得一筹莫展。这时候，有个人向店家说，附近有个人刚买了两头大象，可以去说服他让一头给云肯。店家费了很大的劲，真的给云肯买了一头。云肯继续上路了，这次不久就来到了峨眉山。一来到这里，他就被山上的景色迷住了，在山脚寺院住下后，写下了自己的感触："峨眉山有两种美，一种是外形美，一种是内在美。今天我在来的路上，离峨眉两百里外，就看见它高入云霄，势不可挡。稍趋近，则见山的形势为之一变，几条秀丽的支脉随着主峰迤逦不断，有如安闲平静的眉毛。再一跨到峨眉山的山麓，就可以发现它的内在美，即千岩万壑、怪石奇峰、瀑布溪流、晴云晦月，烟云袅袅，奇花异草，异兽珍禽，莫不使我称绝。"

翌日，云肯把大象寄养在寺院中，然后动身朝山巅爬去，花了七天时间饱览了全山。山上的每座寺庙他都喜欢，但他最喜欢的还是那背倚峻岭、前面三方皆阔、远处峰峦历历的普贤寺（又叫万年寺）。这一天，云肯要回去了，普贤寺的万福师父送他一程又一程，后来送到了山麓寄养大象的地方。云肯看到中国僧人的真诚，又看到大象在这儿寄养得膘肥体壮，精力旺盛，心中更加高兴，临别时对万福师父动情地说："我爱这儿的山，我爱这儿的水，更爱这儿的人。为了表示我们的友谊，也表示大象之功，我回锡兰后，一定将我师父传给我的一颗象牙化石送给你们。据说，那化石是普贤菩萨坐骑大象的象牙，人们称它为佛牙，在我们那儿，还称它为镇国之宝。你们以后看到这佛牙，就像看到了我们锡兰和尚，看到了锡兰人；我回去看到这头在中国买的大象，就像看到了中国和尚及中国人的心。"

云肯回到锡兰后，真的费尽心力托人送来了那颗珍贵的象牙化石。据说那个带象牙化石的人来到万年寺外面的坡上，看到云肯谈的峨眉山美丽的风景时，激动道："这秀丽的山峦果然名不虚传呀！"他把佛牙放在石板上，双手合十，口里不住地念道："阿弥陀佛，阿弥陀佛。"后来，人们便把放过象牙的地方叫象牙坡。

佛牙（刘睿摄）

砖殿

王荣益

宋太平兴国五年（980年），万年寺茂真师父奉诏铸普贤坐象铜佛像供奉寺中，还为佛像建了一座木阁以遮风挡雨，可惜这木阁后来被火烧毁了，佛像也暴露在风雨中。万历二十九年（1601年），明神宗朱翊钧为母亲慈圣皇太后祝寿，诏令住持台泉整修寺院，并赐金筑砖殿罩于普贤铜像之上，题额"圣寿万年寺"。这座砖殿高近三丈，宽约两丈，全殿没有用一根梁柱，也没有用一片瓦，从上到下，全都是用砖砌成。殿顶像一口圆圆的铁锅盖在上面，所以大家都叫它"锅儿顶"。在锅儿顶上，还竖了一个红色宝顶。为什么这座砖殿的顶与众不同呢？它又是如何修成的呢？关于这还有个传说。

从前，峨眉山上来了师兄弟两个木匠，他们都是神匠鲁班的徒弟。手艺也是数一数二的，真是刻花花吐艳，雕凤凤上天。日子一久，名声渐渐传出去了，附近的老百姓要请他们去建房；庙里的师父要请他们去修庙，两人从早忙到晚，活路还是做不完。

这天，来了两个僧人找到他们说："木匠师傅，请帮我们一人修一座庙吧。"师兄弟问道："修什么庙？"一个僧人说："我要修一座有天下最大佛像的庙。"师兄说："乐山凌云山上有天下最大的佛，你就修一座大佛寺吧！"另一个僧人说："我要修一座千年不毁、万年不塌的寺庙。"师弟说："寺庙永不毁，香烟万年长。你就在这峨眉山上修座万年寺吧！"两个僧人一听木匠说得有道理，就高兴地答应了。

僧人走了以后，两人就商量怎么修建。师弟说："两人合伙修，好有个商量。"师兄说："一人修一座，好比较高低。"师弟说："就依你吧。你修哪座庙？"师兄说："我修乐山大佛寺。"师弟说："那我就修万年寺吧！"接着又问："那怎么个比法？"师兄说："狗不咬的时候动工，鸡不叫的时候完工，看哪个修得又快又好？"师弟问："从狗不咬到鸡不叫，究竟有多长时间？"师兄说："夜深人静狗就不咬，天还未亮，鸡就不叫，晚上动工，天不亮就要完工。"

两人商量好后，深夜就动工了。师兄使出浑身解数，一刻也不停地修。他运来最好的石头做庙基，运来最大的木料做殿梁，修了前殿修后殿，修了僧房修斋堂，刚把庙子修好，鸡就叫了。这边师弟也使出了从师父鲁班那里学来的全副本领。他汇集了峨眉山各个寺庙的特点，设计出了万年寺雄伟壮丽的七重宝殿。他先修毗卢殿，再修七佛殿、天王殿、金刚殿，然后修接引殿、大佛殿，一气修了六重殿。最后修到第七重普贤殿时，本料和瓦都用完了，只剩下一些砖头。要等着运料来吧，又怕来不及。师弟想，整料怕巧匠，我何不就用这些砖修一座无梁无瓦、与众不同的砖殿呢？于是，他把砖一层一层往上砌，在砖殿的下面壁上砌了一座座壁龛，每一个壁龛里面塑了一尊佛像；又在砖殿上面，沿着殿壁砌了三层圆形壁龛，上面塑了五百罗汉。这砖殿越砌越高，越修越好，眼看快盖顶完工了。这时，师弟一抬头，忽然看见东方泛出了鱼肚白，远远传来了鸡叫声。他一听鸡叫，心里就着急起来，往左右一看，真是砍竹子遇到节，连砖也用完了！殿顶还没有盖好，要是师兄来看见，岂不被他笑话！他想来想去也没有想出个好办法来。正在这时，忽然听见厨房里大师傅劈柴烧火做饭的声音。他灵机一动，连忙跑到厨房里，提起那口做饭的大锅，爬到殿顶上一盖。哟，不大不小刚好盖严。他再用胶泥糊在锅底上，又在锅的里面刷上灰粉，画上飞天，在锅外面也刷上白灰粉，还在上面竖了一个红色宝顶，在宝顶四周塑上了狮、虎、羊等神兽。

就这样，师弟用大锅盖建成了一个别致的殿顶。从此万年寺砖殿就成了现在这样上圆下方的样子。

20 世纪 40 年代万年寺砖殿（李家俊提供）

小和尚修庙

许德贵

传说，万年寺原是一个名叫邢林的小和尚修的。

据说，邢林是峨眉山金光寺智僧师父的徒弟。智僧是个高明的建筑师。他已有 120 岁了，还没听人说他修的桥有垮了的。可是他教的邢林，叫他去修桥，他却背地里去逗猴子玩，不贪学，新修一座桥，七天就垮了，他不好意思见师父，就独自出走了。

小和尚去哪儿呢？原来他藏在那桥头大树林里哭，哭自己没有踏踏实实地跟师父学修桥的技艺，没有认认真真地去观察人家修的桥，哭了很久，又朝山下漫无目的地走。

他走到一座小山前，突然耳边传来伐木声，邢林寻声越过一段羊肠小道，转过一座小山峰，见小寺前一老僧正在指导一年少和尚做木工活。邢林眼前一亮，心想，我应该重新学艺，跌倒了，自己再爬起来。想到这儿，他直奔老僧而去。"请问老师父尊姓大名？""我叫明僧……你问这干啥？"邢林双腿跪下，说："明僧师父，我常听师兄们说，您会修庙宇，收下我这个徒弟吧。"明僧扶他起来："别这样，有话慢慢讲。"

邢林先检讨了自己的过错，接着表明自己重新学艺的决心。明僧师父听后打量了他几遍，感悟到他心诚，说："那我就真心收你，你也就真心学，以心换心吧。"邢林高兴得连连作揖，口中直念："阿弥陀佛！"

从此，邢林就认认真真地跟师父学起修庙的技艺了。

第一年，早晨师父教他习读有关建筑的书卷，白天让他用泥巴做各种各样的寺庙模型；第二年，他早晨背诵有关建筑的书卷，晚上摸黑用泥巴做各种各样的建筑模型；第三年，师父叫他白天去观察全山各种各样的寺庙建筑，晚上摸黑去修改自己所塑造的各种各样的建筑模型。

三年到了，邢林拿上几件得意作品去拜见明僧师父。明僧师父看了看却不以为然，提了108个问题，邢林答完了，明僧说道："你还要再学三年。"

随后，第一年，早晨邢林重温有关建筑的书卷，白天用硬杂木做各种各样的建筑模型；第二年，白天背诵有关建筑的书卷，晚上摸黑重新用最坚硬的材料制作各种各样的建筑模型；第三年，白天重新观察全山的寺庙，晚上摸黑用最柔韧的木料做各种各样的寺庙模型。三年的时间很快过去了。

这一天，邢林正在苦练功夫，明僧师父派人来说，今天有一老师兄要来这里，叫他待会儿从自己泥塑的、木制的模型中，挑一对制作最精巧的送去。

不多久，寺门外一片热闹声，明僧师父与师兄健步走来，原来是金光寺的智僧师父来了。

智僧、明僧多年没会过面，今日一见分外亲热，两人谈天说地。他们一个叹昔日教过的邢林，一个夸今天教的邢林。明僧把邢林制作的模型拿出来。智僧看了看说："做得不错。可天下同名同姓的人多，快叫人出来，我看看。"

邢林不知道喊他干啥。当他定睛一看，师父的师兄正是自己原来的师父，忙倒头便拜。智僧双眼微启，不禁心中一惊，眼睛一亮，果然是自己教过的徒弟邢林，但现在他老成多了，便说："快快起来，过去你还小，现在长大了，也懂事啦！"明僧忙说："还不快快上前拜谢启蒙师父。"邢林又拜道："阿弥陀佛，谢过启蒙师父。"

没过几天，智僧和明僧两位师父又会面了，他们把邢林叫来，二人先考察了一番他的技艺，然后各自提出一个问题。智僧在邢林手心写了一个口字，明僧在邢林手心画了一个圆圈，两人一齐说道："这就是我们要留考的一道题，明天动手，去观音坡附近修一座普贤寺，修好了就可出师。"

这一夜，刑林翻来覆去地睡不着觉，琢磨着二位师父的意思，脑海里不时浮现出书上的和已试做的各式各样的寺庙模型，可都不像师父画写的样子，实在难懂啊！

刑林想了一夜，天亮前心中才有点底，便离开了佛寺，去选地址，准备材料，开始修建。

真是天道酬勤，刚至三七二十一天，这座寺庙就修好了。二位高僧到现场观看，看到这寺庙造型壮观，结构独特，上圆下方，成圆拱形，没用一片瓦，没要一根梁，全是砖砌，不怕大雨，不怕大火。他们笑道："实践检验了的智慧，才叫智慧，这寺万年也不会毁了。"

后来，这寺取名为万年寺。

1909 年德国建造师柏斯曼拍摄的万年寺舍利塔，现已毁（李家俊提供）

11.　仙峰寺

商振江

仙峰寺位于仙峰岩下，元天顺帝时期（1328 年）修建，原名慈延寺。明末毁于火。清乾隆年间（约 1736 年），泰安、玉升两位僧人募资重建，因寺后山峰挺立，形同仙翁，改名为仙峰寺。现存寺院坐西南向东北，木质结构，重檐，四合院组合，殿宇三重，依次为弥勒殿、大雄殿、舍利殿，建筑面积约 4800 平方米。弥勒殿重檐，为歇山顶，穿斗式结构，梁架 3 穿用 5 柱，面阔 14 间，42.65 米，进深 8 间，19.4 米，通高 10.6 米，素面台基高 3.5 米，垂带踏道 21 级，是寺院供奉弥勒佛的地方。

大雄殿为悬山顶，穿斗式结构，梁架 4 穿用 6 柱，面阔 11 间，37.4 米，进深 4 间，15.8 米，通高 13.42 米，素面台基高 2.9 米，垂带踏道 15 级，是寺院的主殿，供奉释迦牟尼佛和四大菩萨以及十八罗汉像。大雄殿是寺院僧众举行早晚功课和各种佛事的场所。

舍利殿系单体建筑，尺度、体量、形制与大雄殿相似。殿内供奉汉白玉药师佛，有舍利铜塔，六方七层，高 3.6 米，通体贴金，内藏白色舍利两粒，贝叶经一部，故名舍利塔。监院印能法师介绍：民国六年，四川遂宁清葫师父，自号泸上禅师，从尼泊尔请回舍利子和贝叶赠予仙峰寺僧海岸。次年海岸与成都二仙庵募资监制此塔，运回峨眉山，并将舍利、贝叶经藏于塔内。

出仙峰寺向南行，一条山路将人们引入幽深的树林中。穿行其间约一里，山路陡然而下，数十米后便降至一座阴森的山洞前。只见古藤倒置，下临绝壁，洞口呈人字形，高约 4 米。这就是自古以来人们为之造就了许多神话传说的九老洞。

九老洞的得名来自下述传说：以前这个寺院里只住了一个僧人和他的两个徒弟。这天，僧人打发两个小徒弟上山拾柴，自己信步走到寺外观赏风景。不知不觉来到了一个山洞前。这时，在洞外的石头上，有两个白发苍苍的老人正在下棋。僧人平日最爱下棋，于是就站在旁边观看。不久，又从洞里走出来七个白发的老人，也想在洞外下棋。可是七个人四桌棋还少一人。见僧人在旁观看，一个老人便问道："师父，你会下棋吗？"僧人说："虽然爱好，但不甚精通。"那老人说："师父如有兴趣，我们对下几局如何？"僧人一听邀他下棋，忙高兴地答道："愿陪老居士消遣，只是下得不好，请不要见笑。"他们边说边坐下，摆好了棋子，就对下起来。下了几盘以后，九位老人要回洞去，与僧人下棋的老人邀请僧人道："师父如有闲工夫，可与我们一同进洞玩耍。"僧人很高兴地答应了。

洞内幽深曲折，僧人随着九位老人不知走了多少路，越走越觉明亮宽敞，渐渐来到一条河边。只见河对岸白云缥缈中有一片桃林，桃林中隐隐约约有一排房屋。一位老人用手指着那排房屋对僧人说："我们就在那里住，请师父到家里喝杯茶。"说完，把手向河对面一挥，只见从河那边的芦苇丛中飞出来一只白鹤，那白鹤飞到河边就变成了一只小船，和尚正想随九位老人一同上船，忽然想到寺门的钥匙还在身上，徒弟拾柴回来怎么进庙呢？只好向老人们告辞。九位老人见他一定要走，也不便过分挽留，相约以后再会。僧人返回寺里，看见寺院一切依旧，唯独找不到两个徒弟，却见两个白发苍苍的老和尚在殿里诵经。那两个老和尚听有人进来，扭头一看，惊得连经也忘了念。喊道："师父呀！你到哪里去了？一去就是几十年？"僧人一听大吃一惊，心想：我在寺旁的洞里只耽搁一顿饭工夫，哪有几十年？但一看两个徒弟，果然都是满头白发，他心里才明白自己是遇到了神仙。

　　九老洞一直是人们心目中的一个迷宫。1986年6月下旬，经过乐山207地质队和有关专家联合进行科学考察后，初步揭开了九老洞之谜。据地质学家考证，九老洞所处的白云岩层，在地壳抬升过程中，地下溶洞中饱水带进入包气带，不断地遭受渗流侵蚀，最后干枯形成现今的干枯溶洞。渗流侵蚀的过程中，塑造了形态各异的洞穴景观。九老洞所有洞穴总长1505米。第一段，人可直立行走，是比较宽大的厅堂和廊道式洞穴。第二段，开始出现岔洞，至此人们只能爬行，是九老洞的主体部分，多系网状交叉形洞穴，洞中有洞，洞下有洞，上下重叠，纵横交错，仅在洞穴交错处形成较大的洞穴或竖井。第三段，主要是裂隙形洞穴，一条暗河时而沿着裂隙渗出，时而蜿蜒隐入洞底。洞内的石钟乳、石笋、石柱、石花、石床等，或如倒箭悬垂，雨后春笋；或如巨型盆景，微型石林；或如奇花异卉，珍禽异兽；或如仙女下凡，和尚念经。天然雕琢的岩溶造型，绚丽多姿，引发了人们产生丰富的联想。洞内蝙蝠倒挂，岩燕飞扑，给这座地下迷宫增添了无限的神秘感和灵动的生命力。

20世纪40年代的峨眉山仙峰寺（李家俊提供）

12. 从会宗堂到报国寺

李先定

　　明代万历年间，时逢春季的一个上午，峨眉山伏虎寺前游山道上，前呼后拥走来一群人。走在当中的是四川巡抚徐良彦，左右同行的是川南道道台孙好古、峨眉县令朱万邦。众人兴高采烈，欣赏着春日里阳光和煦、百鸟啁啾的峨眉山美景。

　　行进间，突然发现前面道上横卧一人，面容瘦削，衣衫不整，口中还不停地向游人化缘。众人上前询问，才知是一个叫明光的僧人在此化缘，他发愿自建一座寺庙，供奉普贤菩萨、广成子、楚狂陆通。

　　徐良彦、孙好古、朱万邦三人皆心生善念，慷慨捐助，由朱万邦具体动工修建。

　　万历四十三年（1615年）寺庙建成，取名会宗堂，取儒、释、道三教会宗之意。会宗堂居伏虎寺旁，左靠屏风山，右挽飞凤山，瑜伽河绕于前，虎溪水流于后。寺内不塑座像，只放普贤菩萨、广成子、陆通牌位，四季香火缭绕不断，信士逐年增多。

康熙题匾"报国寺"（李家俊提供）

　　到了清代顺治九年（1652年），寺僧闻达见寺庙佛事日益兴旺，而庙宇狭小，加之夏日瑜伽河、虎溪水洪水猛涨，易使寺庙遭受灾害，遂择址迁建于凤凰坪下，即今报国寺处，仍名会宗堂。

　　时序到了康熙年间。康熙皇帝御驾亲征，前后经过三次奋战，降服了噶尔丹的叛军，噶尔丹最后众叛亲离，服毒自杀。清政府重新控制了阿尔泰山区以东的地区。

　　传说康熙皇帝下令犒赏三军，提拔奖励勇敢善战的将士。其中，有一将士却谢绝奖励提拔，提出要解甲还乡。康熙很诧异，立即召见其人，一问，才知此人原系四川峨眉山会宗堂僧人，为报效国家，毅然走出寺庙，从军参战，多次立下战功。现战事平定，决心要求返回峨眉山，继续出家，在庙堂菩萨面前，烧香拜祝，愿诸佛保佑四海无事，国泰民安。

　　康熙皇帝大为感动，下令放行，并敕峨眉山会宗堂改名为报国寺。寺名由峨眉籍人士、曾当过县令的王藩书写。这是发生在康熙四十二年（1703年）的事。

康熙皇帝御题报国寺，自有他的深切含意。大体有以下两种：

一是报"四恩"，佛教徒须懂得报"四恩"，即父母恩、众生恩、国主恩、师生恩。佛经说："是故诸佛称赞知恩报恩者。"康熙身为一国之主，肯定希望僧人"报国主之恩"。国主即康熙皇帝也！

二是清代时候，凡国家大典、大庆、大祭等重要活动，峨眉地方长官（县令）都要率领各部门官员到会宗堂隆重举行仪式活动，现会宗堂改名"报国寺"也是顺理成章的。

如今的报国寺，规模宏大，气象庄严，是峨眉山佛教活动的中心。

13. 老宝楼（二则）

"老宝楼不算穷，里面还有十万铜"

李家俊

"老宝楼不算穷，里面还有十万铜"，笔者于 20 世纪 80 年代初，有幸拜访普超师父，获得许多关于圣积寺的一手资料，他用这句话对圣积寺做了概述。

一、老宝楼

清谭钟岳《峨山图说》记，出峨眉城南，行 237 步到回龙寺，再 298 步入峨神庙，复行 498 步达土主寺，仅 67 步就是什邡院，再向南 634 步到壁山庙，又 684 步进菩提庵，向西南 256 步至兴圣寺，再走 1231 步到达圣积寺。圣积寺到报国寺，还要经过文昌庙、保宁寺、子龙庙。此标明峨眉县城南古有 11 座寺院可通上峨眉山。圣积寺位列其中。在蒋超所编的《峨眉山志》中，圣积寺为轩辕黄帝问道处。谭钟岳说"圣积寺即老宝楼"。临近圣积寺原有一石牌坊，清乾隆乙丑年（1745 年）僧人性琳建，今不复存在。圣积寺古名慈福院，由唐懿宗赐建，高九丈，宽十二丈，院中的巨大香楠木柱，两人不能合围。寺院为鎏金装饰，采用了琉璃彩绘，其工艺精巧、瑰丽繁华，为西岳华山不可比。楼上四壁悬挂唐人名画，一壁绘海棠花一株，花繁叶茂，枝干错综复杂，常人难理出头绪；其他名画有飞鸟，有虫，人在画中，花衬人美。楼下西壁有吕洞宾的题诗，十分古怪，很难有人读懂其意。

明朝弘治丁酉年，督学王公奉命到慈福院察看，用刀刮吕洞宾留下的字，发现字迹穿透墙壁，无法刮掉。明正德三年，内江人王公重建。明万历时期川南道参议高重，用篆书题寺名立于寺门。明万历丁酉年四川巡抚万任、布政使杨国明捐建接引殿。康熙十一年，御史董明下令重建大雄宝殿。殿内有普贤铜像，殿外有八卦铜钟，铜钟旁刻《华严经》全部。永川人万华轩施建一幢楼，名"真境"，慧宝禅师题"峨峰真境"四个大字。楼上亦有南宋理学家、思想家魏鹤山题写的"峨峰真境"四个大字，范蜀公手书的真迹"半天开佛阁，平地见人家"早已流失。圣积寺是入峨眉山的第一大寺，环境幽古，四周围墙护拥。寺外两株古黄桷树，需数人合抱，从报国寺向此远望，两株黄桷树似两尊大象。

20 世纪 40 年代的圣积寺钟亭（李家俊提供）

二、老宝楼宝藏

"老宝楼不算穷，里面还有十万铜"，普超师父一边吟民间谚语，一边数老宝楼的三件珍贵铜器。

普贤骑象铜像：原供放在大雄宝殿内。普贤骑象铜像全身鎏金，高一丈六，圣象伏地，长也是一丈六。普贤骑象铜像做工非常精致，神态庄重。铜像两侧敬俸有许多铜佛像。

八卦铜钟：八卦铜钟原悬挂于大雄宝殿外的钟亭里。史书记载它"高九尺、径八尺、重二万五千斤"。铜钟铸于明代嘉靖年间，为别传禅师所募化。此钟铜质坚固，传为四川省最大的一口铜钟。据 1935 年赵循伯编撰的《峨眉山》载："其钟每于废历（即夏历）晦望二日之夕敲击。击法有'慢十八、快十八'之分，随击随念钟偈，每四字一句，每四句一击，凡百余击始止（一说为一零八击），每一击，声可历一分零五十秒。" 1936 年刘上熹的《峨眉导游详记》也说：每月朔望之头夜乃击之，一年之中仅叩二十四次。所谓晚钟者，因和尚于九点后执灯上楼，口诵经偈，俗云钟句子。初则念一句，则叩钟一次，每句四字，念毕则叩，始缓叩，入后每字一叩，愈念速，则叩愈急。缓十八，急十八，叩至三遍，曰三叩，每叩须诵全文，三次叩钟，共有百零八捶。钟声异常宏壮。另载，晚钟每次叩 108 击与我国古代的物候历有关。僧人们对声如龙吟、入耳清心的铜钟，在敲打时间和方式上颇有考究。

1959 年，圣积寺废，钟搁置于钟亭内。1978 年，峨眉山有关文化部门将铜钟迁移到报国寺对面的凤凰堡上，并建亭覆盖维护。

华严铜塔：《峨山图说》说华严铜塔"高二丈许，有十四层，铸佛四千七百尊"。华严铜塔上刻有《华严经》全文，铸工精细，为全国最大的铜铸佛塔。刘君泽《峨眉伽蓝记》说铸于明代万历年间。清代诗人王日曾题诗曰："一塔凌霄会万灵，经传大藏又分身。劫来不碍无边法，各显慈悲度世人。"此塔原有底座，1938 年，孙明经先生拍摄《峨眉山》时尚存在，今已流失。华严铜塔曾经存放报国寺，1959 年被运到重庆的一家化工厂，准备化铜作他用，但被峨眉县文物管理所救回，仍然放报国寺，1984 年迁放峨眉山伏虎寺至今。

三、老宝楼传说

龙绳：圣积寺的八卦钟，重达 12500 千克，属于国宝级文物，原挂在圣积寺亭子里。钟体以铜为主，有金、银、锡等贵重金属，在冶炼和铸造铜钟的过程中，许多虔诚的居士把身上佩戴的饰件投入熔炉中，把心愿化成永恒的钟体。铜钟铸成后，专门建了一个钟亭，用峨眉当地的竹子泡水做成篾绳（峨眉人称篾挑），将铜钟吊在亭子里。民间相传，1840 年鸦片战争期间，一支英军侵略部队到圣积寺抢劫，他们看见八卦铜钟非常精美，顿起盗宝之歹念，这伙人用马刀砍断了吊钟的篾挑，铜钟坠落在地，他们顺手拾起挂钟的篾挑，扔进旁边的池塘。只见那根篾挑入水后忽然化为一条蛟龙，在池塘里翻滚三圈，猛然临空一跃，消失在天空之中。英军正在目瞪口呆时，突然晴空一声霹雳，电闪雷鸣，大雨倾盆而下，圣积寺成为一片汪洋大海，淹没了这些盗宝者。圣积寺旁边的池塘因此被称为"化龙潭"。

钟声：敲击八卦钟是非常考究的，只能在夏历的每月十五和最后一天敲钟，敲击须先慢十八拍，再快十八拍，一边敲钟一边念钟上的铭文，每四字为一句，每念四句敲钟一次，总共一百零八响。每响一次达一分五十秒。钟声从圣积寺传出，其声音之嘹亮，共鸣之悠扬，传播之遥远，为蜀中之最。当年，别传禅师募集钱款铸好铜钟后，悬挂于圣积寺钟楼上，嘱咐弟子们："我去外地云游，三天之后，尔等始可敲钟，切记！"谁知禅师离寺不久，一小沙弥急切地想要聆听钟声，不顾师父的叮嘱，抢起钟锤便敲，"当"的一声，洪亮的钟声在空中回响，山谷齐鸣，越传越远，一直传到禅师的耳朵里。此时老禅师才走出 30 里，一听钟声，神色大变，惋惜地说："如果三天之后再敲钟，那钟声将会随我传到已走三天路程的地方啊。"

还有一个传说，在第二次世界大战期间，日本飞机飞到峨眉山，欲轰炸峨眉城。危急时刻，峨眉山师父立即敲响铜钟，浑厚的声音在峨眉山上回荡，顿时风起云涌，浓雾遮天蔽日。日军飞机因此失去方向，撞毁在峨眉山。

老宝楼的传说

帅培新

相传在很久以前，峨眉山下有座庙宇，叫圣积寺，寺中有座高楼，叫"老宝楼"，当地人习惯把圣积寺叫作"老宝楼"。随着时间推移，老宝楼庙宇破败，佛像斑驳，香火衰落。寺内方丈多方化缘，决心重现昔日辉煌。

一日，太白金星云游天下，来到峨眉山山麓，看到老宝楼的衰败景象，便化作一云游道士，入寺与方丈攀谈，得知方丈广积善款，欲铸巨钟，便决定暗助一臂之力，以弘扬佛法。

道士与方丈一起铸铜钟，经过七七四十九天的精心冶炼，体现释道精神的宏伟巨钟终于铸成，经过开光洗礼等隆重的佛法仪式，体重二万五千斤的巨钟终于高悬于老宝楼上了。出人意料的是几万斤重的巨钟竟仅用一片腊篾（将腊月砍的竹子片成竹片，再放在农家灶上烟熏，烟熏后的薄竹片拉力极强，而且能抗虫蛀，即古人云：一篾载千斤。

农民就称为腊簸）悬挂于大梁之上，这神奇的巨钟让老宝楼从此声名远播，香火一日胜似一日。这是后话。

且说方丈及全寺僧众高兴万分，盛情款待道士，道士谢罢众僧欲继续云游。临别再三嘱咐方丈及众僧：待我离开七日后方可撞钟，到那时我行达多远，钟声即可达多远，切记！切记！！

待道士走后不久，一个小和尚闲来无事，好奇心切，想听这钟声究竟有多嘹亮，早把道士的嘱咐抛到九霄云外。小和尚抱住钟杵，用力一撞，只听"当"的一声，洪亮的钟声如春雷滚动，似惊涛拍岸，震耳欲聋，余音绕梁，久久不绝。众僧和香客们欢呼雀跃。

话说太白金星欣然离开老宝楼，悠然东行，刚到离老宝楼 30 里处的徐花铺（今符溪镇天宫村），蓦然听得一声洪钟巨响，顿时跺脚大呼："不听吾言，枉费我心血也！"太白金星在这徐花铺一跺脚，远在苏稽的曾河坝东面就拱起了一座山，这就是曾河坝东面的那座"跌匹山"。这是太白金星一脚跺出来的一座山，因此叫"跌匹山"，后来讹传为铁平山。因老宝楼的钟声传到徐花铺，人们为了记住这件事，就把徐花铺那一座寺庙，取名为"钟磬寺"（现此庙已无）。

光阴似箭，日月如梭，老宝楼的方丈换了一茬又一茬。有一天，老宝楼来了一个外国传教士，当他走进山门，看到一片腊簸竟然能吊起如此巨钟，心知定是宝物，眉头一皱，计上心来，对方丈道："此钟命悬一线，不久将簸断钟毁。我有心拯救巨钟，特捐一铁链来悬挂此钟，方保巨钟长久不毁，如何？"方丈满心欢喜，传教士用铁链换得腊簸后便匆匆向东逃窜。

传教士得宝而逃，这可急坏了本方土地公——坐失宝物，罪责难逃！土地公遁土抢在传教士之前来到一个地方（今大南村），点化出一座池塘等候。再说这传教士，拿着烟熏火燎的腊簸，满手烟灰扬尘，当他走到池塘处，便欣喜若狂地将腊簸放于水中漂洗，腊簸刚一入水，忽然天空电闪雷鸣，腊簸竟化作一条乌龙跃池腾空而去。吓得传教士跌坐在地，顿足捶胸，后悔不已！池塘因护宝有功而被百姓敬称为"化宝塘"。

如今，化宝塘早已不见踪影，原老宝楼旧址已改建为峨眉机械厂。钟楼已不复存在，唯钟楼旁的大榕树还在，见证着老宝楼的今昔。

"1959 年，圣积寺废，钟搁置于道旁。直至 1978 年，巨钟才被峨眉山有关文化部门移至报国寺对面的凤凰堡上，并建亭覆盖维护。凤凰堡上参天蔽日的苍杉翠柏，庄重典雅的八角攒尖钟亭，环绕四周百余通碑刻的古碑林，与古朴凝重的巨钟浑然一体，融和了自然美与人文美，不失为一大景观。"

这是一个神奇的传说，这个传说中的"老宝楼""化宝塘""钟磬寺"虽留下了美名，但已不见了踪影，唯有这个传说中的"主人公"——巨钟尚存。

14.　伏虎寺（故事三则）

虎溪三桥

李先定

穿过题有"伏虎寺"三个大字的斗拱飞檐木质牌坊，行不几步，青石小径右折，一道溪水横在眼前。此水名叫瑜伽河，眼下这一段名叫"虎溪"。

虎溪的水是急切的，它从高山峡谷中飞流而下，在挡道的玩石间左冲右突，一路高歌，充满了勇敢和欢乐。但它转过一道道山湾后，脾性却变得平和，顺着倾斜的河床，慢慢地向前流来，似恋情依依。

站在岸边，只见溪水澄澈清冽，宛如少女晶莹的眼睛，水底的石砾细沙、柔曼水草清晰可见，引人流连。

抬头望去，数百步内，竟有三座木桥呈"之"字形横卧溪上，第一座名"虎浴"，第二座名"虎溪"，第三座名"虎啸"。

伏虎寺下的虎溪桥（李华英摄）

虎浴桥结构严密，丹柱青瓦，翘角重檐，十分雄伟，真如一只刚从溪中出浴的猛虎，抖落满身水珠，昂首挺胸。居中的虎溪桥则绿树掩映，只露出一角翘檐廊柱，像一头在树丛中躲避风雨的卧虎。桥下，一条白练从峭石上飞流而下，喷珠溅玉，落入一汪深潭，溢出的潭水又潺潺缓缓，隐没在一片灌木丛中。

跨过"虎浴""虎溪"两桥，沿峡道经过一段距离，虎啸桥突兀现于眼前，那巍巍的桥身正对上山的游人，看上去真有点像一头居高临下凛凛威然的下山猛虎。

一溪三桥皆姓虎，与伏虎寺相呼应。三桥是去伏虎寺的必经之道，指引着游客走向伏虎寺。

伏虎寺建于晋代。相传，寺名的来历有三种：一是南宋时士性和尚居此寺，有老虎常出没伤害路人，遂建"尊胜幢"镇之，虎患始绝。二是寺后的山形似一卧虎，俗称"猫背"。三是表示大德高僧在修持中能克服许多烦恼，意为能"降龙伏虎"。

伏虎寺与小和尚
许德贵

伏虎寺位于报国寺后两里，始建于晋代，南宋绍兴年间改建。明朝末年失火，清朝顺治年间，由贯之僧人重建，为全山六大寺庙之一。

伏虎寺，曾名药师殿。传说从前药师殿有老虎出没，搅得人心惶惶。

有一天，一个小和尚肩挎禅包，胸挂佛珠，风尘仆仆地从异地云游到峨眉山，走到这进山的要道口时，抬头望见一大石头上，刻着八个醒目的大字：密林藏虎　结队备行。

原来，半月前，浙江一富翁赵威一家四人来游山，来到这药师殿下面玩。突然有老虎跑出来，女儿娇娇正在逗玩枯叶蝶，忽闻老虎的咆哮声，又听到赵威大喊大叫，紧接着寺内出来很多持棒举棍者，才将老虎撵走，但娇娇被惊吓，跌断了左腿。官府便在这石头上刻了上面写的八个大字。

小和尚早就想打虎了。他的法名叫海乘，俗名刘志坚，年方15岁，浙江人氏，在浙江一寺出家。

海乘的父亲刘云生，从小生长在一个偏远的山村里。那里四面环山，林海莽莽，常有虎豹豺狼出没，多有飞禽穿林过涧，不时有猎人携猎枪、器械，三五成群地去捕捉野物。

刘云生以打猎为生，常常和儿子志坚与村里的猎人为伴，出没于山林中。刘云生有时还教儿子学习当地武功。海乘从小敬佩父亲，立志做人就要像父亲那样，有勇有谋。他几次向父亲要求独自上山打虎，可父亲坚决不答应。后来，其父死去，母亲不久也病故，他单独去打了几次猎，都没碰上过老虎。如今到此，见有虎出没，觉得有为民除虎的机遇了，于是，他思前想后，到附近铁匠铺去铸了一条铁链，打了一把铁叉，脱去法衣，到"无量寺"寄放了禅包，面对佛像，念了"阿弥陀佛"。

真是"明知山有虎，偏向虎山行"，海乘扎紧了衣服，带上工具，去五观堂吃了斋，然后朝有虎出没的瑜伽河畔走去。他访问了附近的山民，把老虎在什么地方吃水，什么溪流沐浴，什么地方咆哮这些细节都了解得清清楚楚。

他一路打听下来，不知不觉天黑了，他也累了，便在林中一块大石头上歇着。不多时，月亮升起来了，峨眉山山麓更加寂静。虽说小和尚是歇息，但脑子还是警惕着，耳没闲，眼没眨，两手还紧握着铁链。歇足了，他要进密林寻虎了。听山民说，这儿的虎要月上中天时才会出来咆哮，这会儿为时尚早，应该选个居高临下的地方，以观动静。

时间跑得飞快，眼看月上中天了，小和尚才选着一个居高临下的岩洞。他在洞中坐着，竖着两耳，睁着双眼，心里平静下来，注意着四方的动态。可过了好长时间都没有听到虎叫声，偶尔有一两声狼嚎。心想，莫非今晚只有狼出来，不会有老虎了？神经便松弛下来，渐渐地睡着了。

这一觉不知睡了多长时间，猛然听到一声虎哮。这期盼已久的声音就像在耳根响起，他拖出身上铁链，腾地翻身，跃下地面，可是却不见虎影。自己是否在做梦？瞪眼一瞅，果然发现一头斑虎，两脚一伸，脊背一拱，跳起来，又一声咆哮，又一蹿，大概是闻到了扑鼻的人肉香味。小和尚一点儿也不惧怕，早已盼望这一刻，一跃便上树枝，在枝上蹲伏着，俯视着下面的动静。

大概是突然不见了猎物，或是到口的流涎香气突然消失，老虎猛地发怒，"吼——"一声咆哮，震得山麓洞鸣沟应，偌大的砂石都被震上了空中，偌大的树木都被震得哗哗作响。

小和尚没有被吼声吓着，这声音他几岁时就听过了，没什么可怕的，声音又不会吃人。海乘正想飞身跳下，只见老虎朝瑜伽河方向蹿去，大概是想去河边喝水。他收好铁链，顺势轻轻滑下树来，轻手轻足地尾随着，想观出头绪。

这时海乘想：是趁其吃水拴它呢，还是等它返回去睡觉后捉呢？海乘犹豫了。

岂知这老虎还没等海乘退后几步，就喝完水转身走了，刚走两步，突然发现小和尚。小和尚与虎相视，冤家相遇，都想将对方置于死地。

海乘果断的一个箭步过去，甩去铁链，想拴住老虎颈项，再飞链拴住其脚。然而因为他骄傲自大，别说前一链没拴着虎颈，连耳朵边都没碰着，只是击了一下虎头。那大大的虎头轻轻地摇了两下，似乎在轻视他。

老虎见来人势凶力薄，定了定神，向前猛扑过去，大有一口吞他入肚之势。幸好海乘眼疾手快，一个前跃，跃过了瑜伽河面，背倚着悬岩边沿，观看老虎如何对付他。

双方面面相觑，老虎向前挪了挪位置，哗哗流动的河水浸着那锋利的前爪，老虎凶猛地跃进水里，猛扑猎物，差点咬着海乘。

海乘没想到老虎还可以从河水里淌来，他一手攀悬岩边沿，脚一蹬，躬身上跃，刚好脱险，躲过老虎扑来。他跃上悬岩上面的一层岩沿，站好后，返身用铁链向老虎虚晃着，趁老虎不备，似渔翁撒网，瞬间用铁链拴住了老虎。于是，他左手牵虎，右手持铁叉。老虎不顺他，就用铁叉叉其颈项，慢慢地朝住处走去。海乘正想怎么处置老虎，有缘迎来仙峰寺道法高深的虚空禅师，他满以为师祖会夸他捉虎有功，岂知老僧听了他前前后后的叙述后，念了三遍"阿弥陀佛"，说了九次"罪过，罪过"，不仅没讲一句他捉虎行为是善行，反而说他忘了佛家戒规。

虚空说："小徒儿心善为民除害是好的，可万物皆有生命，都有自由。快放虎归密林老家，给老虎自由！"

海乘不解其意，说道："启禀师祖，我有功夫在这山麓看虎、伏虎不好吗？"

虚空师祖笑道："功夫用时方恨少，人间自有用武地。人间难道只有这真正的虎可恶吗？"

"放虎后，老虎为患又咋办呢？"海乘问道。

"我正为此事而来，不必多虑。"虚空师祖说道。然后他持禅杖，往老虎头上点了三下，并念念有词。

这时，老虎像懂礼似的向虚空点了三下头，摆了九下尾，顺着师祖禅杖所指的方向，慢慢地走向瑜伽河畔的密林深处。更神奇的是，那密林里居然蹦跳着一头幼虎，像是虎子，朝老虎跑来，将大老虎迎走了。

没过几天，虚空禅师在这老虎常出没的进山要道地，新立了一座"尊胜幢"。从此，"尊胜幢"镇住了山虎，人们过着平安、吉祥的生活。

药师殿，从那时易名"伏虎寺"至今。

20世纪30年代末的伏虎寺山门（李家俊提供）

赵公明兄妹伏虎

朱华高

话说商周时期，峨眉山乃仙山福地，不少道家高人都在山中修练，赵公明兄妹就是其中的得道高人。赵公明修道之地在九老洞，他有云霄、碧霄、琼霄三个妹妹在九老洞下不远处的山洞修炼，后人称三霄洞。

那时在山中修练的，不但有道家人士，也有魔教魑魅，诸如豺狼虎豹，牛鬼蛇神，或占据山头，或藏身幽洞，三五百年后，也可修得人身人语，不时化为人形，出没害人。曾经就有猛虎修得人身，或变成风度翩翩的儿郎，勾引良家女子至洞中当作美餐；或变成良家美女，勾引心怀不轨的男儿，到洞中吞肉吃骨。大多时候，则是猛虎本相，寻得独自乡民，猛扑上去，拖入山洞，饱餐一顿。当地官府接到不少报告，也派出不少捕快进山搜捕，然那老虎已修炼成精，凡人如何能敌？长年累月，终无所获。

一日，小妹琼霄下山采购食物，回山路上，经过伏虎寺外的瑜伽河，便坐在河边大石头上休息。不一会儿，只见转弯处走出一位樵夫，一瘸一拐，来至琼霄面前，道："小娘子，我乃前面山村一樵夫，进山砍柴，被蛇咬伤，如今毒性发作，行走困难。小娘子可否扶我一程到我家中，自当感谢！"琼霄见眼前这位樵夫确实可怜，便道："救人危难，理所应当，何谓感谢。"便起身搀扶着樵夫一瘸一拐往前走去。转过山弯，到一林深隐蔽处，那樵夫伸手抓摸琼霄胸部。琼霄正言道："请樵哥珍重！"樵夫道："小娘子，樵哥尚未婚娶，小娘子若不嫌弃，不如到寒舍和我结为夫妻。"琼霄道："小女终身不嫁，还请樵哥另作他寻，小女就此别过。"说罢欲抽身而去，谁知那樵夫紧紧抓住琼霄不放。正在惊慌之时，樵夫把脸一抹，立时变做老虎，张牙舞爪地向琼霄扑来。琼霄知道自己遇上了虎妖，急忙抽身，从头上取下头簪，随手一挥，变作兵器（这便是后人所称琼霄刺或峨眉刺），猛地向虎妖刺去。虎妖与琼霄一场好斗。最后，虎妖知自己不是琼霄对手，狼狈逃跑。琼霄紧追至一山洞前，虎妖一闪身钻进洞里。

琼霄回到三霄洞，向两个姐姐讲述下山的遭遇。云霄道："无怪地方官府多次派捕快捕杀老虎皆不能，原来是老虎成精了。如今要除虎害，只有靠我等修道之人。"隔了几日，云霄、碧霄姐妹结伴进城，回山时特意在虎妖出没处逗留。果然，虎妖见弱女二人在路上缓慢行走，似有疾病在身，便从林中蹿出，扑向云霄、碧霄姐妹。姐妹二人不慌不忙，云霄用手在耳边一摸，一对耳坠立时变作双刀；碧霄在胸前一摸，别花胸针立时变作剑。此两样兵器后人称云霄刀、碧霄剑，也称作峨眉刀、峨眉剑。虎妖岂是姐妹二人的对手，不到三个回合，便大败逃回虎洞。

次日，三姐妹来到九老洞见哥哥赵公明，共同商议如何除掉虎害。赵公明道："要除掉这头虎妖，我们兄妹必须如此配合……"姐妹三人都点头认可哥哥的主意。

隔了两日，琼霄扮作农家村姑，提着竹篮，将峨眉刺藏于竹篮里野菜下面，来到虎洞不远处，坐在一个大石头上，不时起身张望，装作等人的模样。不一会儿，一只黑虎从林中蹿出，向琼霄扑来。琼霄装着惊慌，把黑虎往虎洞远处引。眼看黑虎就要扑在琼霄身上，云霄、碧霄从两面冲出，挡住黑虎，亮出手中峨眉刀、峨眉剑和黑虎搏斗。琼霄也返转身来，手持峨眉刺，向黑虎刺来。黑虎岂是云霄三姐妹的对手，返身向虎洞逃跑。虎妖跑到洞口，刚要进洞，谁知赵公明早已守候在此。见黑虎跑来，他高举降妖鞭，对着黑虎一指，喝道："趴下！"那黑虎见了降妖鞭，立即趴到地下，动弹不得。

三姐妹追到洞口，见虎妖趴在地下，就要各举兵器杀死老虎，却被赵公明制止，他道："休要伤了它，为兄有用。"于是赵氏兄妹用一条铁链缚住老虎，将其拴在路旁一棵大树上，随即报告县官。峨眉县官闻报，大喜过望，立即在四城门张贴安民告示。三天后，赵公明用咒语降服虎妖，收为坐骑，骑上它回九老洞去了。

后来，峨眉人感恩赵氏兄妹为民除掉虎害，在九老洞和三霄洞分别塑神像供奉，此乃后话不提。

赵氏兄妹擒虎之地，后人修了一座规模宏大的寺院，取名为伏虎寺。那曾经拴老虎的千年古树也还在呢，人们称它拴虎树。

15. 西坡寺

朱华高

峨眉城内至今还有一条基本保留了旧时模样的街道——正西街。旧时，沿正西街出城，到了原四小校今电大路口的对面，曾经有一条宽约 4 米的大道，再往南延伸约 500 米，沿宽阔的石梯拾级登上高坎老榕树下，就到了一所寺庙山门。这座古寺就是西坡寺。

西坡寺曾经是峨眉县城规模宏大且有名的寺庙，今已不存，部分遗址是现在的峨眉山市党校和武装部所在地。清乾隆版《峨眉县志》载，西出关外一里，为一古刹，明末毁废。顺治年间，寺僧通奇，号守正，重建兴复，开旗演教，寺僧云集，其徒了达，号中迁，为僧会司。清宣统版《峨眉县续志》卷二《建置·寺观》载："西坡寺，县西门外。唐武德六年建，旧名'寿圣西坡寺'。顺治年间，寺僧通奇重建。"唐武德六年乃 623 年，迄今 1395 年。峨眉县治今址乃唐乾元三年（760 年）移就，距今 1258 年。西坡寺比唐峨眉县治所早 137 年。

清宣统版《峨眉县续志》卷一《方舆·古迹》"西坡寺"条目下载："西坡寺，县治西。昔有仙者寓此，与僧善。临别，索纸笔墨，写芦凫于壁上以赠，嘱勿近水。后孙徒失戒，颒（音会，洗脸）面壁下。率局户出，及归，见群凫饮于盘，叱之，悉飞户外去。惊视壁画，芦在而凫亡矣。"此典故被后人演绎成"画上乃四美女，下堂中舞蹈，僧外回见，惊，外出仓皇，变作四座山"，即大、二、三、四峨山的来历。

据 1947 年刘君泽《峨眉伽蓝记》载：县治西南丘陵起伏，护卫城郭。南外马赛山，西外武庙山，踞二山之间者，西坡寺山也。山长而平，寺踞其上。石级尽出，老榕一株。御麦林中，石狮横卧。禅林无钟磬之响，桑门标戎马之帜。瞻仰古寺，徒深感喟。寺建于唐武德六年，旧名圣寿西坡寺。唐时入山由城西门经沉犀坝马口转石佛、玉屏、黑水、白水四寺，周折以造于山顶。寺当西关之冲，游人恒食宿于斯。旧文献无征兴替之状，莫能明焉。北宋之际，朝山之道乃改出南门，于是朝山居士不必入礼西坡。……独有西坡，墨客骚人，多会于此。明嘉靖中，嘉州七贤罢官回里，游山玩水，尝集饮寺中，有诗碑记其事。七贤皆名进士。济南太守章寓之、山西按察副使张凤羾、河东转运使王宣、兵科都给事中安磐、大理寺左少卿徐文华、程启充、南吏科给事中彭汝实也。高会之地，如灵岩寺、黑水寺、夹江依风寺等。……顺康之间，寺僧通奇，乃谋重建。千嘉之际，钟事增华焉。今且二百年矣。尝一再往游，荒芜污秽，难可久留。僧似苦民，不知迎客。农家黍麦，零乱一堂，佛殿庄严，因而减色矣。

20 世纪 50 年代，西坡寺部分殿宇尚存，山门前宽阔的石阶还完整无损。拾级而上，一大榕树前，即是山门。再往前行，偶见荒芜殿宇掩隐在荒草丛中。大约在 1962 年或 1963 年，笔者那时是初中生，参加县里召开的青少年积极分子大会，就是在这里举行的，房屋多重，尽见古屋。1966 年"文化大革命"初期，那里似乎是县政府招待所之类的机构。同年 10 月底，笔者和县里其他首批赴京见毛主席的红卫兵代表回峨眉县的当天，县政府领导就在此地设宴迎接红卫兵代表的胜利归来，县政府领导还因此遭到笔者母校"造反派"同学的"造反"。20 世纪 80 年代初期，笔者先后两度到此党校学习，那时此地是峨眉县党校所在地，旁边即是县武装部，都是西坡寺遗址。有一间大教室还是西坡寺古殿。后来不知何时被拆除。据称，如今大庙里有一栋建筑即是西坡寺古殿搬迁而来。

1976 年，庆祝粉碎"四人帮"活动，游行队伍从西坡寺坎下出发（李家俊提供）

16. 瓷佛寺（二则）

瓷佛

商振江

峨眉山名扬天下，峨眉山佛教享誉中外。然而，坐落在峨眉山市双福镇西北两公里处，双福火车站旁的瓷佛寺和寺内供奉的大瓷佛那离奇的传说却鲜为人知。

当地民间传说，从前有一峨眉山的老僧人，晚年时来到江西景德镇，住在一瓷厂附近的寺院内，瓷厂工人每天利用休息时间，到老僧人住处听他讲经说法，因常来常往，关系甚好。一天，老僧人突然生病，工人们有的请医生，有的抓药，有的做饭，有的端茶送水，没日没夜地照顾老僧人。但老僧人病情一天天加重，竟卧床不起。老僧人自知时日不多，断断续续地向照顾他的工人们说："我的病恐怕治不好了，我圆寂以后，请放在瓷窑内火化。"第二天，老僧人圆寂了，工人们十分难过，为了却老僧人的心愿，他们向老板请求，言峨眉山的老僧人在此圆寂，按照佛门规矩应该火化。老板当即向工人们安排火化事宜。于是，工人们按照老板的要求，给老僧人换上干净的衣服，然后送进瓷窑内。

待出窑时，工人们惊奇地发现，一窑瓷器变成了一尊"大瓷佛"。当消息传开后，全镇男女老少络绎不绝地前来观看"大瓷佛"。大家议论纷纷，希望把"大瓷佛"送回峨眉山上的寺院内供奉。这个想法得到在场居士和热心人士的支持，大家立即选出会首，并决定准备妥当后，择吉日起程，护送"大瓷佛"回峨眉山。

他们从江西景德镇沿江而上，把这尊瓷佛运到夹江县的千佛岩上岸，准备抬上峨眉山，不料走到界牌镇（夹江与峨眉交界处），突然狂风大作，电闪雷鸣，接着便下起倾盆大雨，抬瓷佛的麻绳断了换，换了又断，却怎么也无法把瓷佛抬走。他们便在界牌拨云山庵躲雨休息，当天，有众多当地居士在庵内拜佛，看到外地运来一尊"大瓷佛"，问明情况后，急忙找会首交涉，说明拨云山庵是峨眉山上寺院的脚庙，瓷佛肯定是要在此定居，希望把瓷佛安放在庵内。护送"大瓷佛"的会首听到居士的说明和请求后，与大家商量，认为此庵不仅是峨眉山脚庙，而且绿树成荫，风景又好，于是决定把"大瓷佛"安放在拨云山庵内。从此拨云山庵改名"瓷佛寺"。

为弄清楚瓷佛的确切来历，笔者曾到瓷佛寺进行访查。据介绍：明永乐十三年（1415年）四月初八，景德镇瓷商谢元芳来峨眉与田万鳌等清结账务，屡算不清，发生口角，得遇惠光师父苦劝而和睦，二人同发善心，委托泸阳（今江西泸水）雕塑师王洪春设计塑烧瓷器古佛一尊。同年六月二十三起运。江西远隔四川数千里，水陆兼程，历时半年之久，十一月底运至山庵，择吉时于十二月初八迎佛升座开光，名震一时。

瓷佛为卢舍那，意译为报身佛。卢舍那瓷佛像，系按《梵刚经》中的"一花一世界，千叶千如来"之意（佛教有"一花一世界，一叶一如来"的说法，意思是说，从一朵花中能够看到整个世界，从一片菩提叶中可以悟出所有佛法）设计塑造。《梵刚经》属《华严经》系列，是由释迦牟尼设问，卢舍那说解，以一问一答的语录形式编写而成的佛教上乘经典著作之一，实为卢舍那说经。其佛像分作43块塑烧组合而成。佛座千叶莲花，身着千佛莲衣；每叶莲花之上有佛十尊，共为三千之数，象征三千大千世界。其佛通高2.47米，规模宏大，造像庄严，艺术精湛，禅意颇深，为中国瓷佛之最，充分显示了我国明代陶瓷烧制工艺的辉煌成就。这尊举世无双的大瓷佛，是极其珍贵的文物。

1966年8月17日，因恐瓷佛遭到人为的破坏，峨眉县文物保管所特将瓷佛运至峨眉山报国寺以加强保护。1988年9月10日，经峨眉山市民族宗教事务局批准，又将瓷佛从报国寺运回寺中供奉。

瓷佛寺（刘睿摄）

磁佛古寺

黄 平

磁佛古寺最早名为"拨云山庵"，进门的门柱上有这样一副对联："踏遍名山胜迹皆称磁佛寺，朝尽古刹皈依还顷一乘庵"，磁佛古寺的由来，主要因为大雄宝殿里有一座通高2.47米的陶瓷坐佛。这瓷佛造型是根据《梵刚经》中的"一花一世界，千叶千如来"而来，瓷佛色泽光润，形态庄严，佛座千叶莲花，身缀千佛衣。据史料记载，瓷佛是江西景德镇烧制而成的，永乐十三年（1415年）十二月初，运至于此。因"磁"和"瓷"相通，故起名为磁佛古寺，又名"瓷佛寺"。

　　民间有这样一种说法，明朝洪武年间，这瓷佛就已供奉在北京皇家庙堂里了，一直到了清朝乾隆年间，乾隆皇帝游历佛教圣地峨眉山时，许愿请一尊皇家佛像到报国寺供奉，瓷佛从皇家寺庙里请出后，涉千山万水，历时半年进入四川盆地，就在离峨眉山的报国寺还有四十多里地时，这瓷佛硬是请不动，于是负责办理此事的官员，火急上书给乾隆帝，乾隆帝无奈地感叹道："就随菩萨意，让瓷佛留在民间造福桑梓吧！"于是人们就在这泥溪河畔的凤山村，建起了这座古庙，寺庙最早名为"拨云山庵"。

　　自"拨云山庵"落成后，每逢农历初一、十五，周边的善男信女们都会进寺院烧香拜佛。也不知是什么时候，这座古庙改名为"瓷佛寺""磁佛寺""慈佛寺"。

瓷佛（朱华高摄）

17.　萝峰庵

王荣益

　　萝峰庵位于伏虎寺左侧的萝峰岭下，环境幽雅，竹木繁茂，因云朵从伏虎岭飘下，飘到萝峰岭顶上，缠绕在松树之间，时而飞舞，时而飘向岭下的峨眉平原，游人身在云中，顿有天上人间之感，故有峨眉山十景之"萝峰晴云"。萝峰庵创建于明末清初，原为伏虎寺静室，名龙凤堂，但规模甚小，只有一个殿堂，供奉"西方三圣"，这里还建有化身窑、普同塔、海会塔，是僧人圆寂后火化和安放骨灰的地方。康熙十一年（1672年），蒋虎臣太史住此修《峨眉山志》，将其改名为萝峰庵，蒋太史死后即葬于此。

　　蒋虎臣名超，传说他母亲怀他 12 个月仍未临盆，几次请接生婆来看，都说胎儿正常。一天凌晨，鸡刚打鸣，他便顺利地从母亲腹中落下。此时祖母仍在梦中，突见一穿着黄色僧衣的老僧大步走入他家，满身湿透，像是经过长途跋涉，略显疲惫，他操一口外地口音和气地向祖母讨水喝，祖母上前施礼道："阿弥陀佛！师父请坐。"祖母端水出来，见老僧在院中抚摸桃树，自言自语道："长高多了！"祖母诧异地问："师父来自何方？"老僧道："四川峨眉山。"祖母正想问下去，忽然听到仆人大声禀报说夫人生了。祖母从梦中惊醒，并将梦中的事告诉祖父，祖父沉吟片刻道："此孙定是峨眉山老僧转世。"

　　蒋超在婴幼儿时期即异于其他孩子，哭闹时只要抱进佛堂，闻诵经木鱼之声，便立即安静下来，见到观音菩萨便破涕为笑，生病时抱进佛堂走动，病也能迅速好转。蒋超长到五六岁时，便经常对小朋友和长辈说："我是峨眉山和尚转世。"为此他常被许多人取笑。到了读书的年龄，父母把他送到南京的一家书院，老师是一位中过进士、在四川做过官的老先生。老先生最爱讲峨眉山的故事，其中一则特别奇特，说的是一次先生独自到峨眉山，在山中走了很久，遇到下雨，看到前面有一块岩石形如倒放的靴子，便跑去躲避，结果脚下一滑，滚下了山坡，起身发现一洞，向里走去，越走越大，也越来越温暖。后来先生发现洞中有光亮，还看到洞壁上有奇怪却不认识的字，便拿出纸笔记下来。回到店中才发现已经过去两天了，店小二还以为先生遇到了强盗。只可惜那张纸搜遍全身也找不到。听故事的其他孩子，都把这当成神话，有两个孩子却相信是真的，并发誓要到峨眉山去寻找更多的故事，其中一个是蒋超，另一个就是后来在伏虎寺的住持可闻大师。

　　蒋超中探花后，成为正七品的授翰林院编修，其后被吏部委派去浙江主持乡试，后又任顺天提督学政，但他却对繁华的京城生活日渐厌倦。一日，蒋超在书房打盹，忽然门开了，一位慈眉善目的老僧人走进来，蒋超急忙施礼，老僧人环视四周，轻声说：

"徒儿，师父在峨眉山上等你几十年了，望你速速回家。"说罢飘然而去。蒋超醒来，觉得似梦非梦，急唤老仆。老仆说刚才有个老僧化缘，他施舍了些馒头、水果，老僧小坐一会儿便离开了。蒋超细问长相，觉得和自己梦中所见老僧一致。这时他才猛然意识到，在外飘荡半生，真的该回家了。于是他以病体衰弱为由向康熙皇帝写了辞呈并得到恩准。

蒋超来到峨眉山，受到少年时的同窗好友、伏虎寺住持可闻大师的热情接待，并被安置在伏虎寺静室龙凤堂居住。当他走近这里，心中突然生起一种异样的感觉，似乎被什么牵动了一下，心怦怦直跳，当可闻推开龙凤堂大门，中堂悬挂的老僧画像让蒋超大吃一惊，因为自己与老僧是如此相像，就连可闻也十分惊讶。蒋超迫不及待地问："画中老僧为何人？"可闻说他是原伏虎寺住持慧源，伏虎寺被毁时由他修葺了此处静室，当时已90多岁，此后在此闭关未出，无人见过，就连肉身都没有留下。蒋超又问慧源闭关的日子，得知正是自己的生日。在心中埋藏了几十年的疑问刹那间被破解，原来自己正是慧源的转世。蒋超顿时泪流满面。可闻告诉蒋超，慧源闭关前，对他的弟子讲，自己会转世回到峨眉山，并请人为他画了一幅像，说将来谁到这里相认，并且相貌相同，谁就是自己的转世。此像起初挂在伏虎寺，伏虎寺被毁后又挂到了龙凤堂，没想到竟然是蒋超。其后，蒋超拿出全部银两将龙凤堂修整一新，塑佛像供养，并依山峰之名将此地更名为萝峰庵。

峨眉山萝峰庵（刘睿摄）

蒋超于康熙十一年（1672年）春在伏虎寺披剃为僧，法名智通，随后他着手撰写《峨眉山志》。全书18卷，总计13万多字，囊括了东晋至清初的72座庵、38座寺、15座堂、15座楼、13座亭、12座阁。

《峨眉山志》呈送四川按察使曹熙衡，于康熙二十八年（1689年）将《峨眉山志》木版刻印行世。道光十四年（1834年），峨眉县令胡林秀又对此书加以校订。1934年，印光大师又对该书进行重修，由叶恭绰题签后出版发行。

18. 新开寺

李家俊

新开寺在峨山镇鞠安村的鞠家山上，现属峨山镇报国村 11 组。蒋超《峨眉山志》叙，明万历三年（1575 年）峨眉山僧大用始建，这里仰观峨眉山金顶，重峦叠嶂，诸峰阵列，前瞰高桥、罗目、九里、峨山等镇，沃野千里，阡陌纵横。由于开山能够见佛，故称新开寺。新开寺原有清代顺治年间建造的古刹，寺右有旺相台，通雷音寺。寺左有滴水岩，后临尖峰岭。寺前有一棵形似龙状的巨松，历千年沧桑，刚劲挺拔，寺对岸有两棵千年桂花树，生机盎然。寺前的山坡因形似木鱼而被称为木鱼坡，下坡便到高桥。新开寺附近原有唐代慧觉禅师所建蟠龙寺和罗汉寺。

新开寺洋房（摘自徐杉《中国嘉定往事》　李家俊提供）

赫斐秋辟新开寺为避暑胜地。"峨眉山地处中国文明的边缘……峨眉山是自然与人文的天堂……这里有许多人文奇观，有成百上千的盐井，伟大的丝绸文化，也是白蜡工业的中心。这里的山被雕琢成各种各样的神像，有巨大的青铜造像，以及青铜塔。"这是世界上第一个赞美峨眉山的外国人，他就是美国人赫斐秋。

赫斐秋（1840—1904），美国传教士。1866 年，他不远万里来到中国，辗转 21 年，与中国产生了不解之缘。1897 年在乐山创办第一所印刷厂，开设嘉定教文馆。1892 年，他 52 岁，再次赴中国四川省，在成都建立第一所西医诊所，后来成为成都仁济医院，是今天四川大学医学院的前身（今四川大学医学院"赫斐楼"即以他的名字命名）。1887 年，赫斐秋游峨眉山，为峨眉山美丽的景观和丰富的历史文化所吸引，1888 年出版峨眉山游记 *Western China：A Journey to the Gernt Buddhist Centre of Mount Omei*，是西方人最早、最详尽介绍峨眉山的书籍。1896年，赫斐秋受庐山避暑启发，倡导传教士们到峨眉山新开寺租地建避暑胜地。

19世纪末到20世纪初，经赫斐秋倡导，先后有加拿大医学博士启尔德、英国传教士文焕章（文幼章之父）、加拿大医学博士谢道坚、加拿大传教士孔镜明等在乐山创办医院、教堂、印刷厂、翻译馆。夏天，他们选中了新开寺这片绿草如茵的开阔地带，租用山民土地建房，举家来此避暑。其后到新开寺的外国人越来越多，他们在这一带错落有致地建起了13栋、64套土洋结合的深山别墅，别墅里常年居住着来自英国、美国、法国、荷兰、瑞士、加拿大、比利时、西班牙、新西兰、澳大利亚等国家的200多个外国人。此处渐渐形成了西洋人在峨眉山的避暑胜地，规模最大时，有72栋小洋房。每栋别墅都是木质平房，呈正方形，间隔成四空，每空20平方米，有的是二楼一底的独楼房。每栋别墅四周走廊相通，宽3米，周围用乳蓝色漆粉刷，安装玻璃纱窗以避蚊蝇，走廊可供会客闲聊，可观赏山峦烟云奇景。西洋人夏天来此避暑，每年每栋房屋交地皮租金硬币5元至10元。在20年代初期这里曾住过洋人200多家，这些洋房子都建在可以登高远眺的小丘上，彼此互不相连，形成稀稀落落的小家庭。都是木质平房，每一小栋的最高中柱不超8米，檐柱只有4.5米，上齐望板下至地板只有不过4米。有的设有婴儿摇床，有的用单人行军床，有的搭建乒乓台，有的布置小型桌椅木器。西洋人比较讲究卫生，他们把小厨房和小厕所各设一处，相距较远，约30米外。

随着新开寺规模的扩大，华西协合大学的外籍教授、医生、传教士等相继进入新开寺避暑。外国人兴建了医院、邮局、银行、运动场、游泳池、公共浴室、消费合作社等设施。抗战期间，由于国民政府迁都重庆，峨眉成为抗战大后方，各国来华人员到新开寺的人数不断增加。1935年7月，蒋介石在峨眉山报国寺开办军官训练团，偕行的宋美龄就曾住在一个名叫孔镜明的加拿大人提供的别墅里。美国人费尔扑远渡重洋，来到华西协合大学担任教授，有着加州大学东方学院哲学博士学位的费尔扑，每年暑假都与同在华西协合大学任教的外籍老师到峨眉山新开寺避暑，与峨眉山结下了不解之缘。1936年，他无意中获得一本线装刻本《峨山图说》，爱不释手，"久而益觉其意趣之丰厚"，克服了地名和文言文翻译的种种困难，将此书译成英文，向世界推荐了峨眉山。

19．洪椿坪（二则）

洪椿坪与宝掌法师

王荣益

洪椿坪位于峨眉山皇帽峰下，因寺前原有千年洪椿三株，故称洪椿坪。洪椿坪在峨眉山颇有名气，一是因为"峨眉十景"之一的"洪椿晓雨"，二是因为此地乃名僧、名人的荟萃之地。

"洪椿晓雨"即是雨后初晴时，山林中饱和的湿度，经过凉夜的冷却而蒸发不散的水气，形成一种似雨非雨、似雾非雾的状态，一切都似飘忽在迷茫的境界中，呈现出一种虚无缥缈的朦胧美，人居于此，仿佛周身被浸润，但抚摸衣装，丝毫没有被雨水浸湿的痕迹，却顿感清凉和舒适。

洪椿坪历史上名僧众多，寺中由冯庆樾所撰的"双百字联"，概括说："远哉宝掌驻锡，卓哉绣头结茅，智哉楚山建院，奇哉德心咒泉。"

此处的宝掌就是晋时来中国的宝掌法师。宝掌是中印度婆罗门贵族的儿子，传闻出生时间大约为公元前414年。他生下来时，左手紧握成拳总不展开。9岁时，父母就带他投奔佛陀精舍出家做沙弥。当师父帮他剃度落发时，他突然放开一直握拳的左手，掌心露出一颗珍珠。他虔诚地把这颗掌中明珠呈献到本师像前，并且首次双手合十顶礼，剃度师因此为他起法号叫宝掌。

魏晋时期，宝掌法师从云南到达四川，第一站登峨眉山。宝掌法师到达峨眉山后最初可能在峨眉山山麓今高桥镇某处结茅（此处后建有著名的灵岩寺），然后上峨眉山，先在洪椿坪处结茅居住，后移居于洪椿坪右的一峰，建了一寺，后称作宝掌寺或宝掌峰庵，其所在山峰也就名宝掌峰了。宝掌法师在峨眉山住锡愈久，对峨眉山的感情愈深，他称赞峨眉山"高出五岳，秀甲九州，震旦第一山也"，这一名言千古传颂，一直为人们津津乐道。

宝掌法师离开峨眉山后，住大慈寺十余年。他经常20天才吃一餐饭，而且坚持诵经，相传每日诵经千余卷。他常对人说："我有一个夙愿，要住世一千岁，今年已经是626岁了。"因此，世人都尊称他千岁和尚。后来，宝掌法师前往五台山，朝礼文殊菩萨，到黄梅县搭草庵住了一百多年，今黄梅老祖寺即是他的结茅处。以后数百年，宝掌法师游历中国，唐初才返回黄梅，并礼拜禅宗四祖道信大师。北游回到黄梅后，宝掌法师拜访五祖弘忍大师，两人成莫逆之交。后来宝掌法师至江浙，隐居于浦江与赤岩之间。当时在淀溪的僧人朗圣，原是五祖弘忍大师的法孙，为人淡定从容，独居修行。宝掌法师对他十分友善，经常写信叫白狗送给朗圣禅师，朗圣禅师则养了一只黑猿，由黑猿把回信带给千岁和尚。因此，韦皋在墙上题诗说："白犬驰书至，青猿洗钵回。"洪椿坪"双百字联"中的"白犬衔书，青猿洗钵"，就是写的此事。

传高宗显庆二年（657年），宝掌法师已经高龄1072岁。这年七月初七，宝掌法师向如光和慧云二位徒弟说了一段偈语："本来无生死，今亦示生死。我得去住心，他生复来此。"说完偈语，闭目入定。七日后又苏醒过来，嘱咐徒众："吾灭后六十年，有僧来取吾骨，勿拒。"说完这句话便圆寂了。

宝掌法师生前游历过数十个地方，处处都已建成寺庙，其中以黄梅双峰老祖寺最为庄严壮观，因为是在四祖、五祖弘扬佛法之前所建，所以后人都尊称其为老祖寺。洪椿坪因地处中国佛教四大名山之一的峨眉山，为广大信众所熟知，是峨眉山八大寺庙之一。

20 世纪 40 年代的峨眉山洪椿坪（李家俊提供）

林森题洪椿坪

李家俊

洪椿坪，始建于明万历五年（1577年），楚山禅师建，原名千佛禅院。《峨眉县志》（嘉庆版）载，明崇祯年间，德心禅师继建，因寺外有古洪椿树，故名。《庄子》中有"上古有大椿以八千岁为春，以八千岁为秋"之句，佛家引此，以喻佛法长兴。清顺治年间，峨云禅师扩建，筑殿四重。寺中有康熙帝赐"忘尘虑"匾额和"锡飞常近鹤，杯度不惊鸥"对联，还有乾隆帝赐"性海总涵功德水，福林长涌古祥云"对联。洪椿坪海拔1120米，山抱林拥，壑深林静，草木丰茂，景物优美。夜晚，气温下降，薄雾凝聚。

清晨，雾中含雨，雨浮雾中。人行林中，眼见是雾，沾衣是雨，故有"洪椿晓雨"之胜名。每到夏秋二季，林下溪边，繁花似锦，是避暑佳处。

林森手书（李家俊提供）

卢沟桥事变爆发后，国民政府委员会主席林森宣布迁都重庆。1938年8月，林森为避日军轰炸，寓居洪椿坪主持国府工作。

林森（1868—1943），字长仁，号子超，福建闽县（今闽侯县）人，清末翰林出生。早年加入兴中会、中国同盟会，深得孙中山信任，1931年1月任国民政府主席。1937年抗日战争爆发后，林森于1937年11月20日宣布迁都重庆，并率员于11月底抵达重庆，1941年12月9日，林森代表国民政府对日宣战。

1939年6月，林森的两辆卡车抵达峨眉，在峨眉县城外，受到县长沈功甫的迎接，随后直奔报国寺，吃过午饭，取道上洪椿坪。途经龙门洞，被风光吸引，下轿视察佛教协会管理的茶厂。林森为龙门洞古人题留所忘情，突然山洪涌发，众随从急扶林森上船，登上对岸，回头看龙门洞口，洪水咆哮而下，波浪滔天，众人大惊避过一险。在洪椿坪，林森专程游览了峨眉山十景之"大坪雾雪"，感受了弹琴蛙的特有魅力。"洪椿晓雨"是峨眉山的十大名景之一，林森听溪水潺潺，观洪椿坪山岚缥缈，欣然题写"可听""可观"四字，现刻于石上。今洪椿坪尚存有林森手书"洪椿坪""大雄宝殿"等。在此期间，林森沿峨眉山道上的九老洞，过洗象池，登金顶。7月中旬的一天，林森一行上了金顶，因气候不适，稍稍停留，旋即下山。行至华严顶，发现那里有源于同一岩泉的两口水井，一清一浊，大相径庭。"峨眉山神奇的东西太多了！"林森听抬滑竿的人讲双水井的地名故事，受其启发，留下"华严顶双井分清浊，九岗子一树同春秋"的诗句。

1939年8月的一天，林森接到蒋介石传来电文，说苏联驻华大使潘友新向中国政府递交国书，因林森主席回重庆不便，遂直接到洪椿坪举行国书递交仪式。经过简单布置，在洪椿坪内挂"青天白日"旗，铺红地毯，潘友新一到，林森迎出，宾主入普贤殿小院。国书递交仪式只用了15分钟。事后，林森陪潘友新参观了洪椿坪以及千佛莲灯等珍贵文物古迹，林森非常感叹地对潘友新说，唐朝高僧玄奘不远万里，赴西方取经。今大使先生，远渡重洋来到我国，祝愿你能够成为促进中苏交流的"玄奘"。林森还赠送潘友新一根峨眉山精雕镂空龙头拐杖，并合影留念。

1939年8月19日，林森正在洪椿坪与主持圣权题"护佑四方"，忽闻日军飞机来袭，情况紧急，林森等人急忙逃出寺院，入深山隐蔽。峨眉一方圣地，云深雾缭，日军在罗目丢下一颗炸弹未爆，大摇大摆地向东飞去。林森此次虽有惊无险，但日军轰炸峨眉山不成，便对乐山城野蛮轰炸，犯下又一滔天罪行。8月20日，林森以施主身份，邀请峨眉山高僧30余名，主持法会，超度抗战阵亡将士及死难同胞，由高僧念《法华经》《金刚经》《地藏经》等，林森亲自书写"前方阵亡将士及死难同胞位"灵牌，供奉在洪椿坪大雄宝殿案台正中。抗战期间，林森在峨眉山待了80多天，还为峨眉公园抗战纪念碑题联"抗战阵亡将士纪念碑"。

　　林森寓居峨眉山80多天后，由县长沈功甫调集滑竿队伍，接林森从清音阁下山。然后他乘大卡车到乐山，住乌尤寺，次日乘船顺江回到重庆。1943年8月1日，林森因车祸在重庆逝世，葬于重庆歌乐山林园。

20世纪30年代的洪椿坪大殿（王荣益提供）

20. 华严塔

王荣益

　　伏虎寺位于瑜伽河与虎溪汇流处，与报国寺相邻。晋时为一小庙，唐代重建，南宋绍兴年间改建，清顺治年间，贯之师父率可闻大师重建，历时二十载，为当时全山的大寺庙之一。后来，可闻大师的徒弟寂玩上人在寺周围营造"布金林"，广种杉树、桢楠、柏树，植树时植一株诵《法华经》一字。布金林与大峨寺的旃檀林、白龙洞的古德林并称为峨眉山的三大人工林。古木参天，浓荫蔽日，使整座寺院掩映在密林之中，因附近常有虎患，寺僧建"尊胜幢"以镇之，寺名便由此而来。

　　寺内有华严铜塔，极为珍贵稀有。此塔原置于峨眉县城南郊 5 里的圣积寺，故又名圣积寺铜塔。塔由紫铜冶铸，通高 5.8 米，从下而上依次是须弥座、覆钵、七层大楼阁和七层小楼阁，顶有三重巨大宝珠，大小楼阁之间有塔檐相隔，远望像是大小楼阁相重叠。塔体铸有大小佛像 4700 多尊和《华严经》全文 195048 字，塔门上额有"南无阿弥陀佛华严宝塔" 10 字，故名。这座铜塔的最大特色在于所铸佛像等人物和狮象等动物以及藻饰图案，全都是突出于塔面的高浮雕，立体感非常强。跟其他同类的佛教金属塔相比较，无论其佛像的密度还是凹凸度均可称冠。

　　这座精美的宝塔建于何时，又是谁建造？据峨眉文史学者研究，这座塔建于明万历年间，由陈皇后购青铜铸成，而且所铸之塔不只一座，而是八座，其中一座放置在峨眉山门的圣积寺殿外，传为峨眉山金刚台物，因体量过大难以搬运而留置于此，其他七座悉数供于峨眉山顶。

　　陈皇后为何要建此八座铜塔？陈皇后为明穆宗之孝安皇后陈氏，穆宗登基后册封她为皇后，她无子且多病。神宗即位后，她被尊称为仁圣皇太后，神宗生母李太后则被尊称为慈圣皇太后。慈圣皇太后因与峨眉山殊胜的因缘，对峨眉山佛教大加扶持，如赐金敕建大佛寺（今大佛禅院）、万年寺无梁砖殿等。而陈皇后无子多病，为寻求心理慰藉而殷勤礼佛，神宗时期出资购铜建八座铜塔供奉于峨眉山寺院。后人作诗赞塔者颇多，如万历中期高任重的《圣积寺》有"琳光中路见，塔影半空横"，明晚期吴昌求作《铜塔》："洪炉巧铸现精灵，寸寸金刚不坏身。十五浮屠经万卷，功成还赖世间人。"为纪念陈皇后的功德，峨眉山的佛寺沉香塔中还供奉了陈娘娘之像，万年寺也在楼中建龛祀奉陈皇后。

1938年的华严塔（孙明经摄 李家俊提供）

在妙峰禅师所造的三座铜殿中，仅存五台山显通寺一座，而显通寺就有一座铜塔与峨眉山华严铜塔相似，可见，以铜塔配铜殿是一个系统工程。峨眉山的八座铜塔与金殿建造时间基本相同，所以铜塔应该是与妙峰禅师建造的铜殿配套的。据史料记载，环绕铜殿有小铜塔四座，高约2米，妙峰禅师在云南募铸，以妙峰与皇室的关系，由李皇后出资是完全可能的，可惜在咸丰十年（1860年）因大火而使其中一座烧毁，其他三座也因火气所逼而残缺斑驳，失其光彩。20世纪三四十年代仅存殿后岩边的两座铜塔。

这里还有一件与铜殿有关的事值得一提：金顶铜殿是如何运上山顶的呢？现存的华严铜塔因体量大而被置于山门圣积寺。妙峰禅师想到了将重达数百吨的铜殿运上山顶的办法，于是他大规模募资以新建通往山顶的山道。这条新辟的山道从万年寺上山绕弓背山后上顶，并为今天上雷洞坪的游山公路奠定了基础。傅光宅《峨山修改盘路记》赞曰："盖至峨眉县城，至绝顶，俱无险峻之苦，厥功伟矣。"此山道建于万历三十年（1602年），于次年建成，铜殿也由此运送上山，并于当年安装完备，峨眉顶峰遂得金顶之名矣。

这座精美的铜塔在20世纪50年代险遭销熔。圣积寺当时已被拆除，铜塔不知栖身何处。到了1959年大炼钢铁时期，铜塔被运往重庆，准备在重庆钢铁公司101厂化成铜水。不知何故，塔的须弥座被切割后，塔身居然幸运地保存下来，逃过一劫。四川省文化局于1960年春闻讯，派人到重庆抢运至成都，存于人民公园四川省博物馆内。1964年由峨眉山僧人运回峨眉，置放于报国寺藏经楼下普贤殿内，1972年置于寺内露天处。1980年冬，四川省文化局拨款3万元，在伏虎寺大雄宝殿右侧专门为之建造了一座高大的塔亭，1982年4月5日竣工后，将铜塔迁移亭内，供信众游人朝拜。

伏虎寺内还有一奇景，就是"寺处密林中，片叶不粘瓦"。寺院虽然深藏密林之中，但奇怪的是，自建成至今一千多年来，寺中殿堂的屋顶始终非常干净，不仅不沾尘埃，而且连一片落叶也没有！这种现象使清朝康熙皇帝也感到惊奇。康熙皇帝为伏虎寺题写的"离垢园"三字，至今仍高悬在寺内中殿的门楣上。

据民间传说，康熙帝曾慕名而来寻访得道高僧，与主持对弈。谁知棋下了一半，寺中忽起怪风，一时风卷落叶，落尘入香茗。此时康熙帝怒喝道："朕来此已久，风神竟迟迟未来迎接。自今日起，罚此处风神驻守伏虎寺东、南、西、北四方，不得让浮尘落叶掉落寺中，扰高僧参佛！"后来伏虎寺正殿屋顶竟真的不曾留下一片落叶。伏虎寺难道真的有风神驻守？这一传说为伏虎寺增添了神秘色彩。

据今天建筑学家、气象学家的科学解释，形成这一奇观的原因，乃是特定的地势——古寺位居山坳之中，常年吹东北风，山风浩荡，尤其风吹至此，因地形而形成向上的旋风，自然便将落于屋顶的树叶卷入空中。此外，寺院屋顶比较陡峭，接近 60 度到 70 度，当时是考虑不要积水才这样建造的，因为寺庙都是木结构建筑，如果积水易导致建筑腐烂。

不管怎样解释这种奇特的现象，"离垢园"确实是名副其实。"菩提本无树，明镜亦非台。本来无一物，何处惹尘埃。"这或许就是"离垢园"给予我们最好的启示吧！

21. 布金林

李先定

到伏虎寺游览，走过"三桥"和曲折蜿行的小径，迎面一道丈余宽的高高石阶从绿森森的林间扑下来，抬头望去，是一片莽莽苍苍的楠木林，似屏障，似堵墙，遮天蔽日。树干棵棵高大挺拔，直插云霄，就像千百根擎天柱，奋力支撑天幕，最大的三人或许可合抱。看样子，这些树也有几百年的历史了。我下意识地数了起来："一棵、二棵、三棵……"数着数着，忽又感到幼稚可笑，满山遍野，环寺皆是，数得清吗？

布金林（薛良全摄）

倚在阶边一棵楠树上，耳畔立时传来一阵阵"哗哗"的声音。"初渐沥以萧飒，忽奔腾而砰湃，如波涛夜惊，风雨骤至。"这声音，使人激越昂奋，精神为之一振，啊，多么雄浑、磅礴的林涛！

拾级而上，至山腰处，迎面一座高约三丈、碧瓦飞檐的木质牌坊拔地而起，坊上"布金林"三个鎏金大字赫然入目。我不解其意，问同行者，他对此也很茫然。恰有一老尼法师送客至此，我上前打听，才知这源于一个佛经故事。

相传古舍卫国有个给孤独长者，心地善良，常帮助贫贱者。一次，他为了请释迦牟尼讲经，向祇陀太子借御花园——祇园精舍。太子不肯，又不好回绝，便提出一个苛刻条件：除非用金子将祇园地面铺满。长者果然倾其所有，换金砖铺地。太子深受感动，终于把祇园精舍送给了他。长者便把精舍捐给释迦牟尼，作为弘扬佛法的场所。从此，祇园就改名为"布金林"。

那么，布金林和伏虎寺又有什么关系呢？清代顺治年间，高僧贯之师父的徒弟寂玩上人为了培植风景，护卫寺庙，仿效给孤独长者，数年如一日按《大乘经》字数广植了这十万多株楠木。楠木极为珍贵，不也等于"布金"吗？如今蓊郁成林，遮天蔽日，进入林中，你能悟出"前人栽树，后人乘凉"这句话的真谛。寂玩上人的辛苦付出，也使人反省人们在社会生活中是一味索取，还是应多做贡献。布金林，应是最好的昭示。

"布金林"三字，由当今书法大家沈鹏先生书写。

22. 古德林

黄运泉

在报国寺峨眉山旅游车站乘大巴车至五显岗下车，步行约 6 里到清音阁，沿清音阁右行山道约 5 里，便到一寺庙，名白龙洞。有传说，白龙洞后曾有两洞，乃白蛇修仙处，已被封闭。白龙洞外有一大片人工植树林，名古德林。白龙洞寺门，悬一联，即赞颂古德林：

白龙洞外，点点翠峰迎旭日；

古德林中，片片绿云带春烟。

联中的古德林，系高僧大德所植，或称功德林。

这里的古德林是峨眉山著名的人工林木景观。清音阁往上经象牙坡、白龙洞，方圆两里都是古德林。白龙洞左下，有古德林坊。

要说起这片林子来，故事不少。

有一高僧，俗姓汪，湖广德安府云梦县人，名慧宗，又名别传。1534 年至峨眉山，住山 40 年，创建白龙洞，营造功德林，铸造圣积晚钟……建树颇多，神宗赐号洪济。

古德林，系别传所植，有 451 年的历史。明隆庆元年（1567 年），高僧别传率众僧，在白龙洞方圆两里的荒坡野岭上，按《法华经》的字数，念一字，种一株，礼一拜，共种下 69777 株松、柏、杉、楠。是时，春风喜雨，好鸟和鸣。为纪念别传大德的善心、善愿、善行、善缘、善果，造福百姓，后人将这片林子命名为"古德林"或"功德林"，敬称为"祇树林""祇林"。

对古德林，明巡按史马如蛟和稍后一点的胡世安，都有描述，"郁葱佳树佛慈云，幻出槎枒避斧斤。老衲得知山是佛，令人同诵法华文"（马如蛟）；"一望浓翠蔽岭，别传和尚手植也。"（胡世安）另赋诗曰："德林满字植，修竹间塘围。客问寥天去，僧从古洞归。"

别传禅师，爱树如命。"树乃人的生命，没有树，便没有人类。""要细心爱护它，养好它。"据说，一次别传禅师外出检查树苗的长势，归时，雪掩盖了归途，差点跌落岩下，幸被寻找的徒儿背回寺里，冷敷冷搓，才脱离生命危险。

这祇林的松、柏、杉、楠，植根仙山净土，沐浴着惠风喜雨，吸纳着灵秀清气，又深受僧俗善众的呵护庇爱，铆足了劲往上长，眨个眼，就繁柯荫径，浓翠蔽天了，引路人驻足，居士合掌。而樵夫不入，斧斤不加。康熙帝下特旨"免伐"。

普贤护佑下的祇林是有福的。

岁月悠悠，沧桑迭变。

祗林，在战火频仍中也未能幸免于难，到新中国成立时，已受到严重损毁。1984年，中国人民解放军56089部队指战员，勇敢承担起修复、再造祗林的任务，会同峨眉山管理局、峨眉山佛教协会，出动678人，用了三天时间，在祗树林原址上，植楠树两万一千多株。是时，春风拂拂，喜雨纷飞，好鸟唱和，山岚吐瑞，新苗展颜。有"古德新风"碑记其事。

而今，祗林以崭新的风姿迎接四海宾朋。在白龙洞道旁，有一株全山最大、最高的古楠，是祗林的始祖，已451岁高龄，仍腰直胸挺，大可四人围，繁茂蓁蓁。正所谓祗林嘉树，淌金流银，泽惠后人。

祗林，彰显了别传禅师的善心和善行；也展现了佛国仙山的峨眉山，对公益事业的担当与责任；要如别传大德所说，爱护这绿水青山，如同爱护自己的生命。

祗林，青春永驻，永远年轻。

拙文，用旧稿来打住。

雪梅香·祗林春霭

白龙洞，祗林错落动高风。望森森修木，株株挺逼长空。尘外高僧植青翠，眼前春霭袅丹红。万千株，绿荫仙山，行愿丰功。

遗踪。喜今世，步武先贤，代有英雄。汗舞银锄，播春细雨蒙蒙。紫柏杉楠带烟种，鸟鸣嘹呖绕长松。前缘续，岭岭山山，繁茂葱葱。

23. 九老洞（三则）

九老仙府

李先定

旅游峨眉山，徒步攀登上行，转过海拔 1700 多米的仙峰寺右侧，在林荫竹丛中走约两里，便到了九老洞。九老洞本是一个自然形成的溶洞，却有许多扑朔迷离、神秘莫测和引人入胜的地方。

20 世纪 20 年代的九老洞观景亭（李家俊提供）

相传轩辕黄帝访天皇真人至此，见一老人独坐洞口小憩，问："仅翁一人么？"答曰："九老居此。"言毕，忽然不见。故后人称"九老洞"，又名"九老仙府"，是峨眉山十大胜景之一。

其实，关于九老洞还有一个故事，听笔者慢慢道来。

相传唐朝时，大诗人李白仗剑出游，浪迹天涯。那一日来到仰慕已久的峨眉山仙峰寺，下午时分，信步走出寺门，耳聆雀叫蝉鸣，眼观流泉飞瀑，沿一条羊肠曲径踽踽独行。走着，走着，忽见前面有个山洞，洞前一片草坪，九个白发老翁坐在石凳、石几上，神采飞扬，或相对弈棋，或品茗清谈。李太白不禁暗暗吃惊，心想，这深山老林中何来如许老叟？便趋步上前，双手一拱，说道："众位前辈，学生有礼了！"九位老者见李白谦恭有礼，便让他一块儿坐下喝茶。谈话中，李白才知道，这几位老人都是附近靠采药、种庄稼维生的百姓。闲暇之时，相邀在这儿游山玩水。李白请教九位老者身体为何如此健康，老人们哈哈大笑，其中一位捋了捋银须，首先开口道："我不缅旨酒"；第二个老者莞尔而笑说："饭后百步走"；第三位点头赞同："淡泊甘蔬糗"；第四位甩甩双手，泰然迈腿："安步当车久"；第五位卷起衣袖，伸出黝黑的臂膊："服劳自动手"；第六位舒拳运气，在草坪上耍了一套拳路，脸不红、气不喘，说道："太极日月走"；第七位对着落日的余晖做一个深呼吸，摸摸鼻子说："空气通窗牖"；第八位仿了一个挖地的动作："早起亦早休"。李白正要听第九位老者开言，抬眼一看，却不知去向。正惊疑间，忽听林中一阵朗朗的笑声，第九位老者舒展双眉，张开两臂说："心胸坦荡荡，无忧又无愁！"

　　从此，后人把李白遇见九老的那个山洞取名"九老洞"，又称"九老仙府"。

九老洞与财神赵公明

王荣益

　　赵公明，终南山人氏。据《封神演义》，商朝末期，纣王暴虐无道，周武王兴兵伐纣，武王的姜子牙和纣王的闻太师各司其职，搬动了天兵天将，许多神仙也参与其中，出现了一幕幕惊险激烈的人仙混战场面。在斗阵斗法中，闻太师被姜子牙攻破，损兵折将，正无计可施时，忽然想起峨眉山的道友赵公明，便亲自迎请赵公明出山相助。赵公明随同前往，也未挽回局面，反受其害。后姜子牙封神，封赵公明为"金龙如意正一龙坛真君"，率领招宝天尊、纳珍天尊、招财使者和利市仙官等，统管人世间一切金银财宝。

20世纪初九老洞长老及其弟子（王荣益提供）

在峨眉山民间传说中，赵公明是手执金鞭、跨黑虎的财神。相传他自秦时避世山中，精修至道，功成封"正一玄坛元帅"，故又称"赵玄坛"，主除瘟解疟、祛病禳灾；凡讼冤伸抑，使之解释公平；买卖求利，使之宜利。据说赵公明原为一县衙的差役，有一次，他奉命去捉拿一个交不起租的贫困老人，天黑后住在老人家里，老人怕得罪公差，要杀鸡招待他。赵公明睡到半夜，听到母鸡对鸡子说："明天主人要杀我招待差人，我死后就只欠主人一双草鞋钱了，以后你替我还了吧。"赵公明听后又惊又怕，一双草鞋钱都要还，替官府敲诈百姓不知要背多少的债啊！第二天他叫主人不要杀鸡，也不催他交租，脱去差衣，到峨眉山九老洞修炼去了，后来得道成仙成了财神。据说有一年，峨眉山下报国寺旁的森林里出现了一只黑虎，伤害过往居士香客，被赵公明驯服了，收为坐骑，所以人们看到他的坐骑是黑虎。后来人们在赵公明驯虎的地方修了一座庙，就叫伏虎寺。

神奇的九老洞

朱华高

清光绪十七年（1891年）谭钟岳《峨山图说》卷下《仙峰寺·九老洞》载："洞深莫测，旧有燃炬入者，行三十里，闻鸡犬鼓乐之声，蝙蝠如鸭扑炬，乃出。中有观音水一勺，可资掬饮。岩下即卜应泉也。"

林黎《萍踪识小》一书说，所谓九老，即天英、天任、天柱、天心、天禽、天辅、天冲、天芮、天蓬九个，他们都是天字辈，乃道家九老。

1997年版《峨眉山志》载：九老洞是距今6亿年的寒武纪白云岩层所构成，基本上是东西走向，洞内大洞套小洞，小洞有岔洞，曲曲折折，黑暗阴森，洞壁石乳凝聚，斑斑驳驳，奇形怪状，共有洞室67个，所有洞室总长1510米。洞口最深点为800米，最低点比洞口下降84米。1986年，四川省207地质队入洞考察，发现洞中"绚丽璀璨之状，在我国也不多见，是我国溶洞的精华"。洞中的钟乳石、石笋、石柱、石枝、石牙、石山、石兽，比比皆是，是奇异而美丽的地下"迷宫"。我国特有珍稀植物珙桐树，遍长附近林中，花为乳白色，盛开时节，山风吹来，如群鸽立树，故又有"鸽子花"之名。

相传九老洞乃赵公明隐修洞府。洞中130米处供有赵公明神像，游人入洞到此止为宜，再往前走就是危险区，有迷路、死亡的危险。相传宋时有人举火而入，行约5里，过一小桥，便闻龙吟虎啸之声，惊骇而出，返家后几乎病死。1984年，三个学生入洞，迷路，被困12天后才被人救出。

2012年12月27日，儿子伟东陪笔者前往考察。九老洞口高约3米，宽约2米，上窄下宽。洞门一副石刻对联：泥桥风远留黄石，古洞云深护素书。横批是"九老洞"三个稍显模糊的金色草体大字。

刚入洞，右侧岩壁上是佛教经文刻碑。穿洞出口不远，右侧岩壁竖着一手执鞭、一手持金元宝、骑虎的赵公明金身。正面对着的岩壁左侧刻制《大悲咒》经文，有两副对联，其中一副：南无观世音菩萨，净瓶杨枝洒甘露。右侧旁边一道大门，横楣：福禄财神赵公明宝殿，上联：志诚恭敬有求必应，下联：风调雨顺国泰民安。进得洞内，只见整个洞穴高大、深邃、宽阔。20世纪60年代赵公明石像不知云游何方去了，洞中约100米处塑了一尊高大的赵公明金身：骑黑虎，手持钢鞭，目光炯炯，背后是一座金山。左右洞壁一副对联倒还不错：手持金鞭威震峨山留万古，身骑黑虎名扬天下传千秋。

九老洞内赵公明塑像（朱华高摄）

赵公明神像后面仍然是高大深邃、形状怪异的岩洞。往前走不远，两个稍大的洞口被铁门锁着，一些小洞也被木棒拦住。这些都是保证游人安全的措施。伟东伏在一个筑铁栏、上铁锁的低矮洞穴说："就是这个洞，那年我们几个同学来此探洞，于洞中迷路，几乎葬身。"原来，20世纪80年代中期，他们几个男女同学相约同游峨眉山并钻九老洞。进了此洞，同学们缓慢匍匐前行。洞穴时宽时窄，时高时低，七岔八分，如入迷宫，不知不觉，大家迷路了，东寻西找，总不见来时的洞径。洞中不时见到不知有多少年的骷髅，也有倒在洞壁的尸体。一位女同学吓哭了。伟东和几个男同学冷静沉着，寻找回路，大家齐声大喊救命。洞外民警听见呼救声，寻进洞来，救了大家性命，如今看着这阴森洞穴，仍感后怕。如今窄洞封闭，宽阔主洞有宽敞的石梯、扶栏、路灯，通道安全通畅。

24. 清音阁与牛心石

许德贵

峨眉山山腰清音阁，牛心亭下，黑白二水从左右深谷中奔流而下，汇聚后冲击着一块黝黑光滑的大石头，叫"牛心石"。

至今，峨眉山区还流传着关于牛心石的动人神话。

很久以前，峨眉山上正是道教盛行时，大大小小的道观布满了全山。一天，太上老君骑着青牛来到峨眉山。只见山上处处是怪石奇峰、飞瀑叠泉、奇花异草、异兽珍禽，便决定在山上住下。

太上老君在峨眉山住下以后，常常化作一个白发苍苍的老翁到附近的穷苦百姓家里嘘寒问暖。他见附近农民种庄稼都一锄一锄地开荒、挖地、碎土，十指刨泥，异常辛苦。心想，为什么不用牛耕地呢？细打听，才知是山下的牛不服山上的气候。因此，长久以来，山上的农民都是用锄头挖地。

这天晚上，老君闷闷不乐地回到观里，想到农民气喘吁吁、汗流浃背的样子，叹息不止。老君的心事被他的青牛看在眼里，记在心里，忍不住开口说道："老君，让我去帮那些百姓耕地吧。"老君说："你不是一条凡牛。怎能吃得下凡牛的苦差？"青牛扬扬头，大声说："老君都体恤百姓疾苦，我哪能怕苦怕累？"老君见青牛一片真心，点头答应道："你去试试吧。"

第二天一早，老君带着青牛来到清音阁附近姓何的老大娘家里，说明来意。何大娘见老君化作的老大爷慈眉善目，又听说是牵牛给她耕地的，感激不尽，忙着进屋倒茶水。等她端茶出来，老大爷不知去向，而青牛还在那儿没走。

何大娘十分惊诧，但眼下地里活路正忙，也顾不得去想许多，立即请来青年刘三，借来犁耙，不到两天，不但把她家里的地耕完，还帮着附近几家农民耕地耙地，大家喜笑颜开。

过了不久，何大娘那住在山下的弟弟到山上来向她借钱买牛。原来，坝上农民的牛害了瘟疫，都快死光了，无法播种。何大娘弟弟的话，被屋侧的大青牛听见了，它望着峨眉山的小道，暗自有了主意。

这天清晨，青牛悄悄地离开了何大娘家，径直往山下走去，来到坝上一户人家，主人赵老头七十多岁了，他正在为家里没有牛耕地发愁呢，突然看到跑来一头大青牛，对着自己摇头摆尾，心想："附近从未见过这样的牛，它跑来干啥？"

一会儿，这青牛用盘着的角顶着屋檐下的犁头、耙。赵老头一下明白过来，赶快请人来把这头牛牵到田里去。青牛很快耕完了赵老头家的田，接着又去附近几户耕了田，几天之内，把这一村的田地都耕耙完了。

青牛耕完这村的田地，在一个夜深人静的晚上，悄悄地回到了山上老君的住处。

勤劳苦做的青牛突然不见了，全村的人都感到奇怪，四处寻找。从山下找到山上，山上的何大娘也在找牛，却没见牛的影子。

过了许多日子，山上山下的粮食丰收了，人们又怀念起青牛来，一些年老的人说："这恐怕是一头神牛吧！""是呀，它来无影，去无踪。"大家你一言我一语地越说越像，于是，就决定在青牛最后出现过的清音阁下面塑一座青牛像。

消息传出以后，顿时山上山下，大人小孩都来帮忙。大家有钱的出钱，没钱的出力，还请来了山上的塑像老手，花了七七四十九天时间，将一块巨大的青石雕琢成一个盘坐的青牛像。

这儿有青牛像的事，不久被老君与青牛知道了。青牛想，这下可惹出麻烦来了，山上山下哪有供青牛像的事儿？它心里盘算着该怎么办。

办法想出来了，又是一个漆黑的晚上，青牛来到清音阁旁，踏入白水，四脚用力一刨，岩上立即刨出两条缺口，黑白二水一下就从缺口奔流而下，直冲青牛石像。青牛像被冲倒了，青牛正要上去用盘角把巨石撞碎，忽而身后有声音："慢来！"

青牛随声音转头一望，只见太上老君手执拂尘站在路口，哈哈大笑地说道："青牛，跟我回去吧！"青牛摇头不愿走。老君生气地说："青牛，跟我回去吧！"青牛仍摇头不愿走。老君更生气地说："难道你就这样不顾黎民百姓的好意吗？"说罢，将手中拂尘往青牛角上一挥，拂尘缠着青牛的角，拉起便走，青牛不敢抗拒，只好乖乖地随老君去了。

人们发现青牛像倒了，便想请人修好，但无论怎么修，始终都无法修复，只好作罢。

天长日久，春去秋来，这倒下的青牛像长期被黑白二水冲刷，慢慢地变成了心脏形状，人们说，牛的心好，石头又像牛心，就把它叫成了牛心石。人们在坡上筑了一座雕梁画栋、翘檐飞角的琉璃亭"牛心亭"，柱上还刻上对联：双飞两虹影，万古一牛心。

牛心石成了峨眉山一道亮丽的风景。

清音阁牛心石（刘睿摄）

25. 白龙洞（二则）

白娘子修行白龙洞

王荣益

白龙洞，位于清音阁上 2 里，海拔约 800 米。明嘉靖时别传禅师始建，清初重建，清康熙皇帝曾赐经书、字联于该寺。明隆庆丁卯年（1567 年）别传禅师在寺旁种植桢楠，占地方圆两里，口诵《法华经》，一字一株，共植 69777 株，枝叶扶疏，蓊郁成林，绿云蔽天，空翠欲滴，至今尚存不少，故称"功德林"。山门外"白龙洞外，点点翠峰迎旭日；古德林中，片片绿云带春烟"对联，描绘了四周的迷人景色。寺后原有上下两个洞，即金龙寺和白龙寺，原金龙寺早毁。寺右白岩石上曾刻有"白龙洞"三字，传为《白蛇传》中的白莲仙姑修真处。过去有上白龙洞和下白龙洞之分，而今上洞口早被淹没，下洞口已自然封闭。

白龙洞（王荣益提供）

白龙洞相传为白娘子修行得道之地。传说西天佛祖的莲台下有一只乌龟，因久听佛说法，也有了点道行。一天，这龟趁佛讲经，悄悄溜了出去，看上了峨眉仙山，就在清音阁附近落脚了，想修炼成人，但还差了 500 年道行。它天天想办法，如何能一蹴而就道行圆满。不久，它打听到孙思邈在牛心寺附近的丹砂洞炼丹，仙人吃了此丹可以增加道行。这龟想，如果偷来一粒仙丹吃了，岂不是一下子就修炼成人了？于是趁孙真人打盹时爬进洞偷吃了一颗，这一下果然道行大增，变化成了人。可惜这龟变成人后心术不正，天天欺男霸女，无恶不作。后来这事被白龙洞中修炼的白蛇知道了。一天，白蛇听见外面有人在喊救命，伸头一看，原来是乌龟变成的一个黑大汉正在追逐一个青年妇女。白蛇本想去救，无奈自己道行太浅，见大汉就要追上了，白蛇心生一计，对着洞外吹了一口气，顿时沙尘满天，什么都看不到，那妇女趁机逃脱了。

又有一天，白蛇将头伸出洞外，见空中有一颗仙丹，认得是乌龟偷吃的那颗金丹。乌龟每天修炼时，都要将这颗金丹吐出以吸纳天地之灵气，练完再吞入腹中。白蛇见金丹在空中盘旋，有了主意。它昂头对准金丹一吸，就把金丹吞入腹中。乌龟被打回原形，而白蛇一下增长了500年道行，变成一位着白衣裙的姑娘，自称白莲仙姑。

后来，白莲仙姑将乌龟甩回了东海，又认识了来峨眉山采药、家住杭州清波门外的许仙。在许仙回杭州后，她又变成一个身穿白衣白裙的姑娘，自称白娘子，飞到杭州西湖与许仙成就了姻缘。至于白蛇盗仙草、水漫金山寺、永镇雷峰塔等故事，就是后话了。

白娘子与青儿

许德贵

在峨眉山万年寺下面有一寺，名白龙洞，亦名白龙寺。为明嘉靖年间别传禅师所建。寺后有一大洞，传为白蛇修炼成仙的洞府，故名白龙洞。传说"白蛇"在洞里修炼成白娘子入世后，有缘与青儿相遇。

峨眉山白龙洞（朱华高摄）

相传，很久以前的一个早晨，峨眉山山巅雷音洞里传出了一千记巨大的雷声。正在山腰白龙洞里修炼的白蛇，忽然听到这清晰、悦耳般的雷声，心中暗喜：一记雷声表示一年，一千记雷声正表示它已修炼到一千年，该入世了。

山神爷打开洞门，白蛇心花怒放，从洞中欢快地游出来，刹那间竟变成了一个身穿白衣白裙的美貌姑娘。"女人嘛，本该素雅好。"她自言自语后，便给自己取了一个名字，叫"白素贞"。

白素贞初出洞府，只见山势雄伟、峰峦叠翠，沿途溪水潺潺、小鸟啁啾、鲜花盛开、彩蝶飞舞，真是美丽极了！

白素贞一路走着，路道不熟，不知道往山上爬了多久，沿途只见冷杉树和丛丛翠柏苍松及少数桫椤花，不见人迹。不知不觉到了白云深处，遇见早已得道的蕊芝仙姑，白素贞便迎上前去参拜。

蕊芝仙姑是黎山老母的得意门生。她问明白素贞的来历后，十分称赞她的修炼成果，遂将她收为弟子，传授给她各种呼风唤雨、变幻无形的法术。

话分两头：就在山上雷音洞里，传出"千记雷声"那天，在九老洞下面的"黑龙潭"正在修炼的青蛇听到雷声，以为修行期满，心急火燎地出了洞，后被山神爷发现了，说它修炼的时间还没到，尚差两百年。

青蛇不耐烦了，和山神爷大吵一场后，背着山神爷偷偷地溜了出来，在潭上大石背后，十分惨痛地脱去蛇衣，着青衣、青裤，变成一个青衣后生，自称"青儿"。

他游到普贤寺（万年寺）门口时，遇上了白素贞。白素贞正从蕊芝仙姑那里下来。不过，青儿道行少两百年，不识白素贞，而白素贞并非凡眼，看到他贼眉鼠眼，便跟随着他。

青儿游了明月池，瞅了瞅几个"功德箱"。然后，出得山门往下走到"象牙坡"时，看到几个女香客，便动了色心，上前调戏一妇女，有人一声呐喊，惊跑了众人，不敢靠近。白素贞大步上前，轻轻一举手将他打翻在地，他动口骂了一句："贼娘子！"却被白素贞两脚踢得告饶。那被侮妇女对白素贞感谢不尽。青儿狼狈地爬了起来，白素贞令他向妇女赔罪。

青儿挨了白娘子的打，"痛有所思"，悔当初不听山神爷言，吃亏在眼前。他心绪烦乱地在峨眉山转了几天，耳闻有人说药王孙真人炼制的"百草金丹"，吃了可添道行。他便想方设法偷得一粒，添了一百年道行，能识别仙人、凡人，还会一些法术。但总的道行并不如白素贞，可他自认为已是"天下第一"！

然而，青儿邪道仍没除尽。

这天，青儿在宝现溪下一坝上，调戏往来行走中的一美貌女子时，被白素贞遇到。白素贞前去劝阻，不料青儿仗着肚里吞进了"仙丹"，两眼圆睁，一拳朝白素贞打去，双脚用劲踢她下身，可是白素贞的头轻轻一动，身体稳稳地立在原处，似座小山。她这次不想跟他斗，因为听从蕊芝仙姑传授的"入世之道，不可重武"，况且，都是蛇祖所生。

可是，青儿哪里会想那么多啊！他性子急得很，仍冒着怒火，顺手在草丛里扯了一株笔杆草，使出法术，立刻变成一把银剑，用力向白素贞刺了过去。

说时迟，那时快，白素贞一躲，腾身飞到树上，扯下一树枝，拿在手里，立即变成一把金剑，轻轻一挡，便挡了回去。白素贞没被刺中，倒震得青儿手疼。

青儿怎肯善罢甘休，使劲用剑刺向白素贞的眼睛，白素贞的头往右一偏。再来一剑，她凭来剑声音，头或左或右偏躲。十几回合，青儿早已累得出虚汗。

白素贞大喊："停止打斗！""停止打斗！"

可是有好心，无好报。青儿说："我要和你斗个输赢！"

白素贞心想，对方吃了秤砣——"铁了心"，便问："斗输了，咋办？"

青儿太狂了，满以为自己绝对会赢，就大声而且坚定地回答道："斗输了，我心甘情愿地变成女辈，当你的奴婢！"

话刚说出最后一个字，他就用剑朝白素贞胸中刺去，白素贞急忙用金剑相拨。几经相拼，互未近身，双方力气倍增、花样翻新：双方或弃剑徒手对打，或各退十步再拼；青儿或"燕子穿帘"，白素贞或"回身摘果"；青儿或"朝天一炷香"，白素贞或"白鹤亮翅"；青儿或"探海求珠"，白素贞或"白蛇吐信"。如此，白素贞与青儿就在这奇、幽、险、雄的峨眉山山腰上大战起来，远远能见树丛中金光耀眼、银光闪烁。天空中似飘着一朵又一朵金色彩云，又夹杂着一朵又一朵银白色云彩。

这时，蕊芝仙姑在山上，突然发现了这"奇云"，知道小弟子正在"拼斗"，便急忙下来，隐身在旁，想看个究竟。

这个时辰，青儿正被斗得渐渐招架不住，直往后退，白素贞紧紧追赶上，挡住了退路，青儿急转身耍了一个"回马剑"，白素贞立刻来了个"白蛇戏水"。只见那金剑弯弯曲曲、曲曲弯弯直指青儿胸口，但白素贞却故意不让剑尖刺进青儿身体。青儿惊吓得虚汗直冒，全身青筋暴露，脸色铁青。

白素贞想："你嘴不求饶，我心也疼你。我不会刺死你的。当初是蛇时都未伤过生灵，何况今时呢？"

青儿想："今时恐怕不输在女流身上，就会死在女流手上。我斗输了，我的颜面搁在哪儿呢？"想到此，他便使鬼花样了。

当白素贞第二次用"白蛇戏水"剑法进击，还没退回时，青儿虚晃几剑，故意把白素贞两眼晃花，然后用剑直刺白素贞咽喉。幸好白素贞眼疾手快，将手中金剑往空中一抛，纵身腾空接住，然后转身用剑朝青儿对刺下来。青儿闻风识别，头朝左偏，剑刺右肩；头朝右偏，剑刺左肩。白素贞左击、右击数次，青儿招架不住，双手抱肩护痛，躲在一旁，自知再也不是白素贞的对手，只好道："我服输了！我服输了！"

白素贞笑了，朝山上方喊道："输了就输了，咱俩从此分道而行，祝你走好人生十字路。"可青儿不领这情，蹲在那里不动："大丈夫不食诺言，心甘情愿地做你的奴婢，我坚决不走！"

白素贞怎能忍心让一个男儿变身呢？再说，一个人还是自由自在好。因此坚决请青儿离开，青儿见白素贞这般厚爱，反而更要履行自己的诺言。

双方争执不休时，蕊芝仙姑现身了。白素贞一见，喜出望外。青儿忽然遇见这非凡之人，似遇上救星，恳请蕊芝仙姑"公断"。蕊芝仙姑说："命运就像自己的掌纹，虽然弯弯曲曲，却永远掌握在自己手中。'四海之内皆兄弟'，也可说'四海之内皆姐妹'。白素贞有个妹妹，好。"

双方只笑无语。于是，蕊芝仙姑略一布法，青儿就地自转了三圈，双手上下舞了七次，头部左右摇晃了九回，立即变成了一个苗条的青衣女子。蕊芝仙姑大喜。

从此，姐妹"求和善存"，入世后传出很多佳话。

26. 纯阳殿与第七洞天

王荣益

由雷音寺上行，过华严寺旧址两里便是纯阳殿。纯阳殿最早建于宋代，原名吕仙祠，供奉纯阳子吕洞宾。明代万历乙酉年（1585 年），信仰道教的御史卫赫瀛游峨眉山，见山中道观绝迹，于是出资请峨眉县令重建，以便延续道教的传承。明崇祯六年（1633 年），四川监察御史刘宗祥游山，见此殿破败不堪，捐资请峨眉县令朱国柱增修，塑吕祖像，更名为纯阳吕祖殿，又称纯阳殿。百年后道士离观，僧人居之，增修新殿及静室香厨，供奉大士、弥勒，遂成为佛教寺院，唯有"纯阳殿"的牌匾及卫、刘二人所立石碑作为山中的道教遗迹留存下来。

纯阳殿（刘睿摄）

道教初期，把天下名山分为十大洞天、三十六小洞天和七十二福地，峨眉山在三十六小洞天中位列第七，名"虚灵洞天"，纯阳殿附近的"千人洞"，即是第七洞天的洞府遗址。既然是神仙洞府，就有许多神仙故事流传。《神仙感遇传》就记载了一则寻找第七洞天的传说：

僧人悟玄，虽是佛教徒，却潜心道术。到峨眉山后，遍访包括雷洞坪的所有洞穴、石室。一次他在一块大木头上歇息，忽来一老者，相互施礼后，老者问来此何求，悟玄说寻访名山灵洞。老者说："名山大川皆有洞，不知究竟可不可进去，要将《洞庭记》《岳渎经》研究透彻，知道洞的名字、远近，与书相合，确定是神仙所居才可游，否则若是妖鬼、龙蛇所居之洞，误入其中会伤及性命。"悟玄问："峨眉洞天可游否？"老人说："神仙之事不敢多说，可去问洞主。""洞主为谁？""洞主姓张，一个肥胖的中年人，在嘉州市场上卖肉。"悟玄于是去见此人。张洞主从地下拿起一瓦块，递给他说："入山后到一座山峰下，找到一个洞，门口有松树，下有溪流，上有峭壁，这就是天皇真人所居住的洞，用瓦块叩门二三十下，门开后即可进入，进入此门后如遇另外有门也依此扣之，便可到神仙所居之处了。"于是悟玄依其所说进入山中，果见此洞，以瓦扣洞门许久，洞门打开。洞内又高又平，可通车马，两面墙皆青石，光亮洁净，路两边时有泉流。他走了十余里，又遇一门，扣之又开，又是一番景象。此地宽广平整，与寻常所见不同。人来人往，摩肩接踵，多是贵妇丽人、仙童玉女，还有仙官道士、武士骑兵。又遇一门，久扣至瓦块破碎而不开。许久，传来雷霆之声，似是山崩地裂，因恐惧而往回奔逃，谁知走了三五十步已身置洞外，沿途也没有来时的景致了。于是急忙到嘉州寻找洞主，此时距上次相见仅月余，屠肆尚在，而张洞主已去世十多日。自此，悟玄立志栖身名山，普度众生，于是重入山中，不知所踪。

27. 大庙飞来殿（二则）

飞来殿

商振江

大庙飞来殿，始建于唐代。殿内供奉东岳大帝像（即道教所祀泰山之神。根据道教的阴阳五行学说，泰山居东方，是太阳升起的地方，也是万物发祥之地，因此，泰山神具有主生、主死的重要职能。传说人死，魂归泰山，故造庙宇供东岳大帝像，以祈护佑）。宋太宗淳化四年（993年），因嫌庙宇狭小，拆除重建。南宋嘉定年间（1208—1224）被军队占据，县里儒生杨震炎以私宅交官，换取庙宇。理宗开庆元年（1259年）因元兵入侵，杨氏料理不及，庙宇因而废败。

元大德二年（1298年）由杨震炎后人出资重修正殿，泰定元年（1324年）竣工，取名东岳庙（即今天的飞来殿正殿），供奉东岳大帝铜像。铜像高6米，净重25吨，规模仅次于峨眉山万年寺的铜铁佛像。明万历三年（1575年），峨眉山天台庵僧人借居此处，开始供奉佛像，取名"飞来寺"，但依然保留了东岳大帝铜像。

因这里佛、道共存，后俗称"大庙"。清道光年间，添修大殿祀供十殿阎罗。每年的农历正月初一至十五是飞来殿庙会，其中，正月初八相传为阎罗王生辰，赶庙会的人群达到了高潮，人们从四面八方蜂拥而至，飞来殿内外人山人海。在通往飞来殿的奈何桥上，虔诚的信众纷纷焚烧纸钱、香烛等祭品，祈求阎王让已故亲人得以投胎转世。妇女们到桥下"血河"边上，为死去的亲人亡灵烧钱化纸，以缅怀先人，哭奠已故亲人，寄托哀思。人们用芦秆做成梯子，将一头插入河中，让亲人的灵魂顺着梯子从血河中爬上来，从而免受血河之苦。同时，信众到殿内为阎罗王敬香，以求阎罗王对已故亲人宽恕，庇护自己，保佑后代，此风俗延续至今。一年一度的飞来殿庙会以其独特的祭祖方式，被列入四川省非物质文化遗产名录。

元泰定四年（1327年）碑文记载："庙之经始，莫能究，淳化、景佑断碣略云，庙址神所自择，当一夕有风雷之变，迟明小殿巍然，自是民无蔢藜，年谷丰登。"后人故曰："飞来殿"。飞来殿三字为明代嘉洲太守郭卫宸书写。

《峨眉山市不可移动文物名录》等资料记载：大庙飞来殿现存有宋、元、明、清四个时期的木构建筑，建筑面积2119.6平方米，总占地面积19432.18平方米。古建筑群由低到高，依山而建，在中轴线上主要由山门、九蟒殿、香殿、飞来殿、灵霄殿组成，一殿高出一殿，气势宏伟。飞来殿坐西朝东，背倚峨眉仙山群峰；南、北双溪环抱，山峦环拥；东面旷野平畴，登高俯瞰，山川河流拱卫。这里长年东风与西流双溪相撞，造势成气脉环流，仿若太极，暗合了中国道教传统文化的风水，东西南北中五行相生的格局。1980年7月7日，川府发〔1980〕154号文件，公布飞来殿为四川省文物保护单位。1988年1月13日，国发〔1988〕5号文件，公布飞来殿为全国重点文物保护单位，更名为"大庙飞来殿"。

山门：清代，坐西朝东。木结构重檐庑殿式屋顶，穿斗式梁架，面阔5间19.5米，进深4间6.5米，通高7.04米，素面台基高2.55米，垂带式踏道17级。梁上有清道光十四年（1834年）题记。

九蟒殿：明代，坐西朝东。为单体，木结构，单檐，歇山式屋顶，抬梁式梁架，八架椽屋用三柱。檐下施斗拱24朵。面阔3间12.25米，进深2间6.25米，通高6.8米，素面台基高1.2米，垂带式踏道13级。梁上有明崇祯五年（1632年）重建题记。

香殿：元代，坐西朝东。为单体，木结构，单檐，歇山式屋顶，抬梁式梁架，面阔3间12.8米，进深2间6.2米，通高8.2米。前檐斗拱9朵，后檐斗拱与山面斗拱15朵。梁上有元至治二年（1322年）题记。

毗卢殿：明代，坐南朝北。为单体，木结构，单檐，歇山式屋顶，抬梁式梁架。四周檐下不施斗拱。面阔3间9.4米，进深4间10.1米，通高7.5米，素面台基高0.2米。

观音殿：清代，坐西朝东。为单体，木结构，单檐，悬山式屋顶，穿斗式梁架。面阔间21.5米，进深5间11.4米，通高7.4米，素面台基高0.2米。梁上有清同治三年（1864年）题记。

飞来殿：宋元时期，坐西朝东。单檐，歇山式木构，琉璃屋面，抬梁式梁架，面阔3间18.2米，内柱为5间，进深4间13.3米，通高13.15米。前檐斗拱12朵，后檐与山面斗拱26朵，斗拱雄大，出檐深远，殿前月台阔19.5米，深10.5米，高1.5米，垂带式踏道10级。两条金身泥胎蟠龙盘旋于前檐柱上，塑造精致，栩栩如生。

在这里我们可以领略到宋元以来，传统建筑造型上所表现出的巨大的出檐、柔和的屋顶曲线、雄大的斗拱、粗壮的柱身等特色，稳重、严谨的追求建筑的结构美和构造美，清代建筑更着眼于建筑组合、形体变化及细部装饰等方面的美学形式，以及整个建筑史的发展变化过程。整个建筑造型雄伟，风格独特，是研究我国古代木构建筑断代与分期的珍贵实物依据，实属我国西南地区之少见。

另外，值得一提的是灵霄殿（原西坡寺大殿），该殿建于清康熙五年，坐西朝东，木构单檐歇山式（现为悬山式）小青瓦屋面，抬梁式梁架，檐下不施斗拱。1988年4月2日，峨府发〔1988〕11号文件公布其为峨眉山市级文物保护单位。1977年搬迁至大庙飞来殿。殿内"钱山馆"，存放并展示着2005年8月5日峨眉山市罗目镇阳光村十组出土的宋代铁钱16.32吨，约160多万枚，是目前我国出土铁钱最多的一处，号称中国"第一钱山"。研究人员对散落的钱币进行处理，发现有宋代17个年号的钱币，前后跨度近220年。它的出土，对研究两宋时期的政治、经济、文化，提供了非常珍贵的实物资料，具有很高的历史考古研究价值。

大庙飞来殿（袁学方摄）

大庙庙会

朱华高

大庙位于峨眉山市城区北郊，距城中心约 6 里。大庙每年重要民俗活动之一就是庙会。据史料，大庙庙会已有 400 多年历史，如今已是峨眉山市非物质文化遗产之一。如此算来，庙会初始时间当在 1618 年明朝万历年间。

新中国成立前，每年正月初七、初八、初九这三天是庙会期。新中国成立初停止，"文化大革命"后恢复，但只有初八一天。

庙会期，峨眉山市内和周边县、区赶庙会的人蜂拥而至，从朝至暮络绎不绝，甚至通宵不息。平日空旷的大庙顿时水泄不通，高峰时达数万之众。庙会主要活动大致有三：一是，信众前往朝拜大庙主神。主神是专管人间生死轮回的东岳大帝，信众暗求消罪释恶。二是，儿女想其母生育受苦，欲除其苦难，是日携带香烛、纸钱，或搭芦梯，或请道士诵经，申文上疏。三是，观庙会春游。赶庙会者呼朋唤友，扶老携幼观看彩龙、花灯。庙会期间商贩沿途摆摊设点，贩卖各种冥钱、冥服、香烛、芦梯、小吃、书籍、图画、小儿杂耍等。

如今，大庙庙会热闹依旧，活动内容依旧。2013 年正月初八庙会这天，笔者从峨眉城内出发，步行至大庙。出北门外雁门街口，见沿途都有为庙会而设的个人小摊位，最多的自然是卖冥钱、香烛的，另外就是小吃、生活小用品之类，每隔 10 米或 8 米就有一个。过了西环路，路边摊点陡增，如同一条热闹的小街。横穿西环路，步入至大庙原有窄小土公路，沿途都是小摊点，三步一摊，五步一点，用的、吃的、玩的，应有尽有。路上赶庙会之人，男女老少，络绎不绝。到了奈何桥，两边摊位一个挨着一个，几乎没有空隙，绝大多数是卖香烛、纸钱、芦梯等祭祀用品。奈何桥头，烛火摇曳，香烟袅袅，路上行人摩肩接踵。奈何桥至大庙山门的十数亩空旷场地和路边农田草地都是祭祀人士，燃烛的、焚香的、化纸的、磕头的、祈祷的、哭号的，各自以自己的方式祭祀、求拜。奈何边，沿河上下 300 米岸边，摆放满芦梯，人们在芦梯旁燃纸祷告。

进入庙内，人山人海，拥挤不通。各座神像前、各个香炉前、各个烛架前和纸窟前都是祭拜人群。烛光映红天边，香烟如雾气在空中缭绕，人们在烟雾中晃动，模糊不清。

大庙庙会（张林摄）

28. 蒋坝掉枋池

冯志远

峨眉山市城北 5 里有一庙宇，名飞来殿，位于绥山镇大庙村。关于这座庙宇，当地有不少传说。

一、蒋坝的变迁

飞来殿一带，流传着一首古老的山歌：

蒋坝的水哟浪涟涟，蒋坝的白灰儿鸟歌满淀；白虎头山前的芦苇哟望不到边哟，睡美人山下的恶龙哟害人不浅！

山歌记述了很久很久以前，峨眉城北麓一个坝子的辛酸故事。在那里，本来土地肥美，住着几十户姓蒋的人家，故称蒋坝。那儿，北面的睡美人山袒胸仰卧，双乳高耸挺拔，娇态万千；南面白虎头山像一只盘踞的猛虎，傲视东方，屏然而立；后面，上下尧山连绵逶迤，蜿蜒几十里，前边的光骨头山，怪石嶙峋，峻岭陡峭。在四山环抱下，形成一个筲箕样的大坝子，几十户人家世代住在这里，男耕女织，过着无忧无虑的生活。

有一年夏天，大雨滂沱，一连下了十几天，还不停，天上的雨水与地下的流水，汇集在这个坝子里，足有五六尺深。偏偏这个时候，虎头山下又来了两条龙，喷云吐雾，兴风作浪，把整个坝子搅得昏天暗地，日月无光，水势猛涨，整个坝子似汪洋大海，里面的人畜、庄稼、房屋荡然无存。两条龙也趁此凿成洞穴，潜伏下来。美丽富饶的鱼米之乡，成了荒凉冷落的烂泥沼泽，芦苇荡成了野鸭子、白灰儿鸟、雁鹅栖息的地方。前面的山歌便由此而生，流传下来了。

二、鲁班仙师移建飞来殿

话说鲁班仙师正在美丽的西子湖畔的飞来峰上建造一座气势宏大的殿宇，由于连夜筹划操作，大殿主体工程的结构已初具规模。这天，他看着自己心血的结晶：斗拱飞檐，碧瓦琉璃，宏丽壮观，满意地笑了。高兴之余，他顿觉倦意浓浓，伏几睡去。朦胧中，竟神驰意奔，游目天下名胜。当他看见秀甲天下的峨眉仙山时，不禁拍案叫绝，赞叹不已。然而，当他移目仙山北麓形胜之地时，却见芦苇满淀，野物飞禽凄厉悲号，荒凉不堪。与游人如织的西湖比起来，真乃天壤之别。睹景思情，黯然神伤，为之惋惜。仙师恍惚中，突然有了一个灵感：我为何不把这即将完工的殿宇移建到峨眉山下，让那偌大一个沼泽变成肥沃膏腴之地，形胜之地更加壮美，也给峨眉山添加些秀色呢？意念之下，这座宏大的殿宇便倏忽拔地而起，向西飞去。

百鸟鸣随，祥云簇拥，大殿在空中飞行。不知越过了多少高山，跨过了多少河溪，终于飞到了峨眉北麓的水泽芦乡。

话说那白虎头山上住着一户药农，夫妻俩和一个瞎眼老娘，其媳妇刁泼骄悍，总嫌瞎眼婆婆光吃不做，是个大拖累，甚至趁她丈夫不在时，还动手动脚地打，瞎眼老娘拿她没办法，就天天咒她说："总有一天要遭报应的！"三月间，瞎眼婆婆的儿子上山采药去了，一个月余还没回来，她实在受不了媳妇的虐待，上吊死了。这天，那妇人实在要得无聊，端着泡了几天臭气熏天的衣服，到山下烂泥凼中去冲洗。她刚蹲下，突然被一阵"叮咚叮咚"的声音吸引，她抬头一张望，猛然间，看见一座金光闪闪的房子在天空飞，好像直向她扑下来，她慌忙喊道："快看呀！天上咋有栋房子在飞呢！"这一喊不打紧，却惊动了正在殿堂中聚精会神做工的木匠，一不当心，那匹刚要放到脚马上的穿枋掉了下来。枋在空中翻翻滚滚，朝着妇人的头顶砸了下去。那悍妇本已吓傻了眼，这下更懵了，忘记退让躲闪，"啪"的一声，将她打在水凼里边。后来，人们把这烂泥凼叫"掉枋池"。如今，在飞来殿的围墙后边，尚有这个遗迹，来观看的善男信女更是络绎不绝。而现在的飞来殿中，确实缺了那匹穿枋。后来，不知有多少能工巧匠，都试图做一匹枋梁把缺了枋的地方配装完整。可也奇怪，明明量好了尺寸，做好了又不差分毫，但一安上去，却不是长就是短，所以至今飞来殿还是缺了那匹枋。

木枋掉落时的震动，把正在酣睡的仙师惊醒了，他展眼一看，这不正是自己刚才梦中所见的地方吗？方觉察到自己意念之下，偌大一座殿宇已飞离西湖，搬到峨眉山山脚，他高兴极了，马上叫领班把殿宇降下去。可瞬息间，殿宇又飞行了一箭之地，降落在芦苇荡中最深的烂泥凼中间，刚一着地，芦苇荡马上颤抖起来，只见波涛翻滚，芦花飞扬，凼中马上冒起一个大土包，托住大殿，上升到一丈来高。但是土包和芦苇荡却越颤越凶，像马上要沉坠下去似的。鲁班仙师觉得这儿地皮浅薄，不堪重负。他环视四周，朝着虎头山一指，喝声"起"！大殿又像先前那样，倏地而起，朝南飞射出去。这冒起的土包，方圆30多亩，人们给它取名叫"塘包山"，意思是从烂泥塘中冒出来的土包。

殿宇往南飞射了一箭之地，就在刚才掉枋的前边，顺东方落下，也像之前那样，烂泥凼中冒起一个土包，约两丈多高，牢牢地托住大殿，奇怪的是：芦苇荡和土包却安安稳稳的，没有抖动，也没有出现异样的变化，鲁班仙师纵目四望，大殿头朝东方之艳阳，后枕尧山之后土，右倚虎头山之威，左仰睡美人山之仪容，殿压双龙洞窟。皇天后土深得天地之灵气，钟山毓秀，气势巍峨，果然是胜景添秀。他满意地笑了。这时领班上前道："大殿已坐落得平稳，请仙师赐名！"仙师不加思索，信口诵道："飞来，飞来，飞来峰上巧安排，擎龙地穴闭，美人足下天地开。荡中淤水东流去，祥瑞纷沓从此来。就叫飞来殿吧！"吟罢，化一道清风而去。说来也奇怪，领班往四周看，蒋坝沼泽中的水正哗哗地往东流去，野物飞禽早已销声匿迹，只见遍地是泥巴浆……此后，一座金碧辉煌的飞来殿立在那儿，为峨眉山山脚下第一大庙，凡游峨眉山的人必先从大庙开始启行。从此，蒋坝又恢复了往昔那稻花飘香的丰收景象。

掉枋池（袁学方摄）

29. 猪肝洞（二则）

猪肝洞
朱华高

二峨山曾经是峨眉山道教兴盛之地，方圆百里之地道观遍布，猪肝洞道观区是其核心区，后逐步废圮或拆除。

猪肝洞有广义和狭义之分。广义乃指以猪肝洞为中心的周边道观建筑群，狭义指猪肝洞道观本身。猪肝洞名的由来是，洞内顶部岩壁上有一块石头，极似吊在岩壁上的猪肝，此道观就名猪肝洞了。猪肝洞及周边道观建筑群位于峨眉山市南面罗目镇高枧村11组。此地乃二峨山山麓，古称绥山。出罗目镇，沿罗目中学外公路南行约500米抵达临江河，过桥约200米便至猪肝洞道观建筑群的五祖殿，沿殿后小道爬行约20分钟，便到了猪肝洞道观遗址。

清光绪十三年（1887年）谭钟岳等奉旨来峨眉山现场考察后绘制的《峨山图说》之"图五十二"就是猪肝洞道观建筑群。绘图说明载：古有纯阳楼、观音殿。洞前436步至紫芝庙，左观音岩、五祖庙、石佛殿。洞左667步至九皇亭，左112步至一洞天。猪肝洞后上54步至老君殿，又上83步至三皇殿，又上115步为清虚楼。

据此图观之，规模最为宏大的是五皇楼和清虚楼，次为三皇殿，再次为观音殿。清虚楼位于建筑群最高处。

绘图者以猪肝洞为中心，向四周辐射，介绍周边宫观。根据绘图所示，经考察，在方圆不足四里的范围内，海拔从低到高的建筑有：一洞天、九皇亭、石佛殿、紫芝庙、紫南洞、纯阳洞、紫芝洞、五祖庙、观音岩、紫芝洞（第二）、猪肝洞、纯阳楼、观音殿、老君殿、五皇楼、三皇殿、清虚楼等17座道观建筑。当年道教兴盛可见一斑。

猪肝洞、清虚楼等宫观建筑群，一直延续到1970年前后。

据笔者考察，猪肝洞距市区13公里，位于罗目镇高枧村11组。11组山脚距罗目镇政府约1.5公里，有一条临江河相隔，是去猪肝洞的起点。从山脚到猪肝洞约1.5公里。从山脚到猪肝洞以中等速度行走，耗时20分钟。猪肝洞前有一片平坦的荒草坪，海拔500米，面积约30亩。

猪肝洞是一个很大的敞开穹隆式熔岩穴，坐南向北，沿着靠西的岩壁有一石梯通到穴底。岩穴前面的荒坪有一堵用石块砌成的保坎，高高矗立在岩穴前，如一道高高的石墙。猪肝洞岩穴底部石壁和保坎之间是一块平地，从岩壁到保坎宽7.5米。

269

岩穴顶部靠东的岩石壁上有一块悬吊着的土黄色溶岩石，极似一副有两叶肝脏的猪肝，"猪肝洞"因此而得名。目测那悬吊在穹隆顶岩石上的"石猪肝"，宽约 2 米，高约1.5 米，底部离地面高度约 7 米。抬头仰望"猪肝"，它就像一个直径约 1.5 米的大吊灯。上面吊着长短大小不一的溶岩石。

猪肝洞岩壁底部有 5 个大小深浅不一的积水池。所有池中的积水都是从上面岩壁缝中浸出来的，清澈冷沁。

经测量，猪肝洞"洞"宽 1.95 米，可见到的洞顶离地面约 7 米。溶洞深不可测，可见到的洞口直径约 1.5 米。从洞口到洞底的岩石上有明显的水波纹，看情形，洞中曾有一股很大的水流出，且不知历经多少年的冲刷，才形成那样的波纹。传说此洞同大峨山上的九老洞相通。

猪肝洞顶上的石"猪肝"（朱华高摄）

拾级而上，即为洞前平地。洞外岩壁尽头地面处，还有两个干溶洞，一大一小，深不可测，但无水流冲刷岩石的痕迹。对照《峨山图说》，此两洞可能就是猪肝洞旁的紫芝洞。

猪肝洞周围曾经是大片树林，古木参天，遮天蔽日。峨眉及外地游人便络绎不绝。新中国成立前，鞠槽（现罗目镇和平村）的大户林友如管理猪肝洞，他曾打算从青龙场（罗目镇）街上修一条能遮雨的长廊直到猪肝洞、观音殿，可惜后来没建成。

清朝时期，清军攻打青龙场，猪肝洞众多道士和大峨山寺僧团结一致，共同联手，击败了清军的多次进攻。清军被迫撤退。

虽然猪肝洞及周边已无佛道建筑和神像，但每年农历六月初六，仍有人到这里祭拜吕洞宾。

"猪肝洞"为何不漏米了

帅培新

"猪肝洞"地处二峨山山麓，离古罗目县城又近。这里山清水秀，树木参天，寺庙巍峨。在二峨山众多庙宇中，"猪肝洞"占尽了天时地利，其寺庙宏大。更有奇者，庙内有很大一块悬空在岩壁上的极像猪肝似的稀罕大石，吸引着无数游客，寺庙因此得名"猪肝洞"。

传说这"猪肝洞"还有一奇：寺内岩壁上有一大一小两个洞，大洞漏水，小洞漏米，无论游客多还是少，每日洞内所漏米和水只管够而所剩无几，更不会断水缺米。这简直就是天下奇闻！

冲着这天时地利，冲着这奇石、奇闻、奇事，人们奔走相告，一传十，十传百……因此，去"猪肝洞"的游客络绎不绝，庙内游客摩肩接踵，常常忙得道士们汗流浃背，仍然应接不暇。于是，周围不少人主动来帮忙。说也奇怪，就是游客盈庭，需耗再大，那洞内所漏之米和水都能管够。

日复一日，年复一年，"猪肝洞"人多香火旺，盛景依然。

一天，当值道士眼看这人多米多，人少米少，没有盈余的情景，觉得每天都空忙活了，心想：若是把米洞捅大一点，就有米可剩，积少成多，也可换点香油钱，便不假思索地拿起铁杵用力捅去，只听"哗"的一声，米洞里涌出一股水来，却再也不漏米了。那当值道士后悔不迭！住持道人也万般无奈，只得令人去市场买米，以供道士们与游客之需。

"'猪肝洞'不漏米了！"这消息不胫而走。真是"好事不出门，坏事传千里"！从此，"猪肝洞"尽管占尽天时地利，但已失人气，一日不如一日，从此衰败下来。真应了那句古话：天高不算高，人心比天高。到头来只落得搬起石头砸自己的脚！

后来，随着县城由罗目迁至峨眉，"猪肝洞"更是"门前冷落鞍马稀"，以致衰败不堪了。随着时光流逝，时事变迁，最后"猪肝洞"便人走洞空了。

亲爱的读者，"猪肝洞"由盛而衰直至踪迹全无的故事告诉我们一个浅显而又深刻的道理：凡事都应适可而止，贪得无厌没有好下场。

30. 刘海洞

朱华高

九里镇临江村有个地名叫林村，位于二峨山尖峰顶半山，这里有个天然岩洞，当地人叫它刘海洞，传说是刘海得道成仙的地方。

从古到今，峨眉九里地区流传着一句俗语："大家不得好死，抽合刘海成仙。"或者说："你我不得好死，抽合刘海成仙。"什么意思？这是一句峨眉方言，"不得好死"是得不到好处的意思，"抽合"是成全的意思。

原来，这句俗语说的是刘海在二峨山成仙的故事。

刘海是个孝子，家中只有他和母亲两人相依为命。家里穷，没有房子住，母子两人就住在山洞，就是现在的刘海洞。刘海以打柴为生，日子过得很苦。

一天，刘海到尖峰顶去打柴，爬过一个陡坡，钻进一片荒林，突然见前面地上躺着一个女子。刘海吃了一惊，心想：哪家女子如何到这深山老林来了？万一碰上老虎、豹子、野物咋办？刘海赶忙上前问："你是谁家姑娘？咋独自到这儿来了？哎呀，你腿上咋有血？"姑娘说："我家就住这山顶上。前一阵，我爹要把我嫁到山外一老财主当三房，我死活不从，偷跑出来。今天上山采野果，不小心被竹桩戳伤了。"刘海一看，果然雪白的衣裙浸红了鲜血。刘海赶忙把自己的衣服撕下一块，包扎住姑娘的伤口，说："姑娘，我送你回家吧。"姑娘说："我不敢回家。我逃出来住在一个山洞里，你把我送回那里就行。"于是，刘海扶着姑娘到了那个山洞。

安置了姑娘，刘海又出洞扯回些草药，给姑娘敷药。姑娘深情地看了刘海一眼，说："劳慰（麻烦、多谢）你，刘海哥！"

刘海听了很吃惊，问道："你咋认得我？"姑娘说："咋不认得？这二峨山山上山下方圆百里，哪个不知道有个孝子刘海郎？"刘海问："你独自一人住山洞，不怕野物？"姑娘说："豺狼虎豹我不怕，只要挨近你住就行。"一句话说得刘海红了脸。

就这样，刘海和那姑娘认识了。一来二去，两人渐渐熟悉了。刘海不时给她换药，送些饭菜，采些野果。姑娘就教刘海读书写字。刘海虽穷，但很聪明，学问长进大，还写得一手好字。

原来，这姑娘是条狐狸。二峨山是仙家之地，这条狐狸久居山中，沾了仙气，就在洞里修道，已能化人形，说人话。刘海上山打柴，常常从她洞前经过，狐狸精暗暗爱上了憨厚老实的他。那天，她出洞采野果，被一猎人看见，穷追不舍，一箭射到她后腿。她强忍疼痛，躲过猎人，但失血较多，行走困难，化为人形。正好遇到刘海救了他。

时间长了，刘海也喜欢这个聪明漂亮的姑娘，两人感情日渐深厚。狐狸精三天两头就到刘海家，帮助刘母洗衣做饭，缝缝补补。刘母见姑娘聪明伶俐，端庄美丽，打心里喜欢，又见两个年轻人情投意合，就巴不得快把姑娘接进门。

刘海洞下边山上有一块大石头，是块疙疙瘩瘩的癞石包，很像一个罗汉，人们就叫它石罗汉。这石罗汉感受日月精华，沾了仙山灵气，也在修道，也能化人形，说人话。

石罗汉看见狐狸精和刘海亲密相爱，生怕狐狸精得了凡人精液道行比他深，便设法要害狐狸精。一天，石罗汉对刘海说："那个女子是狐狸精，你千万别和她来往，否则，她会害你。"刘海不信，说："她好好的一个女子，如何会是狐狸精？"石罗汉说："你如不信，可在天亮前悄悄去看她梳头。她一定会把头抱下来梳。"刘海半信半疑，悄悄去看狐狸精梳头。果然，狐狸精把自己的头抱下来放在面前梳。刘海心里害怕，忙去找石罗汉。石罗汉说："别怕。她有一颗宝珠，你哪天去找她，就说肚子痛，她会用宝珠给你治病，你就趁机吞下她的宝珠。她就没法力，也害不了你。"

刘海听了石罗汉的话。一天，他到狐狸精那里去耍，不一会就装肚子痛得很。狐狸精当真把宝珠取出来为刘海治病，说："这是我家祖传的一颗宝珠，可治百病。你把它含在嘴里一会儿，肚子就不痛了。千万小心，别吞到肚里了。"刘海接过宝珠就含在嘴里，又顺势一吞，把宝珠吞进了肚里。狐狸精见刘海吞了宝珠，知道是石罗汉出的鬼主意，但事已如此，却不好发作。

过了不久，刘海母亲病了，无钱治病。狐狸精对刘海说："那个石罗汉脑壳里有十二个金钱，你只要用铁锤打开它脑壳，取出金钱，就有钱为你母亲治病了。"刘海问："石罗汉脑壳又大又硬，我怎么打得开？"狐狸精说："我给你画一道符，在太阳初升，阳光刚照在石罗汉身上时，你把符贴在他心口上就打得开了。"刘海按狐狸精办法，打开了石罗汉脑壳，里面果然有十二个金钱。

那天晚上，电闪雷鸣，瓢泼大雨从天降。突然，一声惊雷震得窗户发出响声，人们说，怕要出啥事吧？第二天，上山的人回来说，石罗汉垮了，散了一地，满坡都是。那个坡就是现在的癞子坡。

虽然刘海得了石罗汉的金钱，但母亲病重，医治无效死了。刘海买了口黑漆棺材把母亲埋在山脚下河湾旁。天长日久，这口木棺材变成了黑石棺材。

一天，狐狸精对刘海说："海郎，你已知道，我是修道的狐狸精。本来我快要脱离兽身，化成人体了。我想，完全成人后，就和你同结连理，共享人间美满。哪个晓得石罗汉害我，我已不能遂愿。"刘海忙说："没关系，我把宝珠吐出来还你就是了。"狐狸精说："海郎，宝珠已无法吐出了。你有成仙的命。那石罗汉是修道的罗汉妖怪，我设法让你把他除了。你得了这两样宝物，再差一步，就可成仙了。我要离开你。七七四十九天后，你到安葬母亲旁边的河湾，那里有一根黄荆树，树上有个金蝉，就是我。你把她捉下，放在手心说：'胡娘胡娘，我要升天。'"又说："你成仙之后，莫把胡娘忘了。"说罢，洒泪而别。

刘海忍着悲伤，闭洞修道。过了七七四十九天，他来到河湾，河边果然有一根黄荆树。树干上，果然有一只像黄雀一样大的金蝉。刘海把金蝉捉下小心放在手心里，对着金蝉说："胡娘胡娘，我要升天。"一刹那，金蝉变作一只硕大的金翅鸟，刘海一步跨上鸟背。金翅鸟展动翅膀，直上二峨山山巅，上天去了。

　　刘海成仙后，一年清明，回乡祭拜老母。来到河边，见黄荆树已枯死，感伤不已，提笔在树干上写上"金蝉湾"三个大字。刹那间，金光一闪，黄荆树化作一通高大的石碑，屹立河边。碑上"金蝉湾"三个大字金光闪闪。

　　现在，那块碑还竖立在河边呢。刘海成仙的那个洞，人们就叫它刘海洞。

刘海洞内刘海身边道童残像（朱华高摄）

31. 五祖殿

朱华高

峨眉山市罗目镇高枧村 11 组山上有座道观，叫猪肝洞，猪肝洞山脚有一座庙子，当地人说这庙子以前叫"五祖殿"。对照清谭钟岳《峨山图说》，其名称为"五祖庙"。

2012 年 7 月 20 日，农历六月初六，是信众祭拜猪肝洞吕洞宾的日子，笔者前往考察。

如今的五祖殿是一间普通民房，木制建筑，小青瓦屋面，高约 4 米，长约 10 米，进深约 5 米。房屋中间有一道双扇木门。进入屋内，有一个天然石窟，高有 3 米多，宽约 5 米，窟内共有大小 6 尊神像。笔者仔细察看，五祖之一就是殿中主神吕洞宾。吕洞宾石刻塑像，坐姿位于神像的中心位置，也在房屋的中心位置。塑像身高 2.2 米，宽 1.3 米，头戴瓦楞巾，眼睛炯炯有神，眼珠的睛体，似乎是用黄金镶嵌，多少年风霜雨雪，依然闪闪发光。他身背一剑，被红布盖着。他的身后右边是一尊现代佛像，坐姿，下有一小帖：释迦牟尼佛。显然不入五祖列。佛像背后右侧石岩壁上绘有一个似道神的女神像，彩色，坐姿，坐在一头分不清何名的黑色兽像身上。女道神左侧石岩壁上，有一尊很小的站立彩色道神塑像。此 4 尊神像全都在一个高至屋顶，宽度约 7 米，进深约 3 米的天然石窟内。吕洞宾背后左侧最高处石壁窟内有一尊塑像，坐姿，左手握着一把似乎是蒲扇之类的东西。吕洞宾右前侧有一尊身绕青龙的道神塑像，坐姿。在此殿道神中，大小仅次于吕洞宾，此像可能是药王，也不列入五祖列。靠房屋左侧房壁处有一尊和释迦佛大小差不多的现代佛像，坐姿，下有一残缺的小帖：消灾救难佛。靠里是一尊手握净瓶、疑似观音的立佛，但形体远不及另两尊佛大，自然不是五祖。

笔者以为，所谓五祖，当是北方全真道五祖，即王玄甫、钟离权、吕洞宾、刘海蟾、王重阳。又有一说，五祖指对道教影响极大的五位道教祖师，即太祖太上老君老子、始祖东华帝君王玄甫、教祖王重阳帝君、宗祖丘处机真君、中兴之祖王常月真人。那岩壁上的彩绘应该都是五祖，但不见太上老君形象，且主神是吕洞宾。显然此处五祖当指前五祖而非后五祖。

当地村民说，新中国成立前五祖殿庙子很大，也很热闹，旁边还有一个很大的戏台，常有唱戏活动。五祖殿内那尊道士像和石壁上的画像是新中国成立前早已就有的，村里的老人也不知道它们建于何时。其余塑像都是前些年才塑的。据此，道神及壁上画像至少有百年以上的历史了。

　　五祖殿的左前面有一栋木制瓦房，靠湖边，长约 15 米，宽约 4 米。此房以前叫斋堂，是庙内人员和游客用餐的地方。五祖殿下方约 10 米，有一座由整座岩石雕刻的大佛，清道光年间刻塑，已被列入峨眉山市文物保护名录。

32. 三清观

朱华高

三清观位于今峨眉山市水西门旁的一条小巷内，巷名为三清观巷。新中国成立后三清观逐步收归国有，乃峨眉县西门粮站所在地之一。三清观是峨眉山道教在县城内颇具规模的一座道观，位于县城水西门符汶河畔，老霄顶下，古为广福观，是人们祈晴祷雨所在地，始建信息不详。

清乾隆版《峨眉县志》卷四《祀典·道院》载："三清观，城内西北隅。水文其左，霄顶其后，即古广福观。祈晴祷雨醮祀所也。（明）万历丁亥年（1588年）知县宜训重建，历久圮废。康熙庚戌年（1670年）间，合邑士民捐修正殿三楹。迭岁，杨张龙、张含英、李琦、张含馨装拜庭一进，真武雷坛一进，香火炬然。雅胜概。"后又修葺，为三重殿，曾有三皇殿、吕皇殿、灵祖殿、真武殿、轩辕殿、三清殿、斗姆殿、客堂、斋堂、库藏、舍室等。

三清观规模大，徒弟多，并派往各地建脚庙。新中国成立前夕，它有30多座脚庙，如夹江的万松庵、遂宁的龙池观等都是。

三清观属子孙庵，即可以收徒，在道派上属全真道邱祖龙门派。观内子孙排行，二十字轮转，曰：一阳来复本，合教永远鸣，治理宗诚信，崇高慈发新。

已知的三清观道人有：志远道、王信林、向崇文、王崇练、陈高原、李高基、尧高珍、曹高福、冯高良等十多人。

目前所知，对三清观贡献最大、德高望重的道士是向崇文（法名）。他出生无考，全真道邱祖龙门派第27代传人。在光绪三十四年（1908年）时，他已在三清观从教并在社会上招道童。他长期在三清观任住持，至1950年前后因年事已高，将住持之职交徒弟曹高福。他一辈子行医，医术一流，医病好下猛药，所以道士和社会俗人都尊称他是"火神菩萨"。

向崇文的师长、师兄、徒弟很多，例如，成都青羊宫张元和、青城山祖师殿孟崇慧、遂宁龙池观李清果等。

向崇文的内功很好。一次，他当众和一头很健壮的大牯牛赌劲。他拉着牛的尾巴往后走，牛往前走，双方较劲，那条大牯牛把脚下的石板蹬烂了也没跑脱。

1950年，向崇文从峨眉到徒弟陈高原住持的夹江万松庵小住。离开夹江一个多月后，徒弟陈高原到峨眉去看他，一直找不到他。陈高原和几位师兄到处寻找，先后到了川北、遂宁、涪陵、万县、重庆、资中、资阳等峨眉三清观在各地的脚庙，都没找着他，从此不知去向。时年向崇文约九十岁。

三清观住持曹高福（法名），俗名曹玉清，乐山罗汉场人。1936年6岁时在天宫堂道观出家（今峨眉山市黄湾乡境内），后转拜向崇文为师。1948年遵师命转入峨眉县城内三清观，任三清观住持，是三清观最后住持道士。后来三清观收归国有，改建为县粮食局城西粮站粮油加工厂，曹高福还俗，以缝纫为生。1978年落实宗教政策，政府在城南三台山街为其安置了居所，曹高福重返黄湾天宫堂。1999年曹高福在峨眉城内三台山街民宅去世，时年86岁。终身未婚。

已知三清观道徒到各地传道的有：尧高珍，转峨眉山市双福镇朱坎露华寺；冯高良，转乐山王爷庙；李高基，转夹江中庆宫；陈高原，转夹江万松庵。

三清观遗址（位于原粮油工业公司）

33. 福音堂

商振江

夜幕下的峨眉河畔，灯光璀璨，圣歌悠扬。当灯光映照到峨眉河北岸时，风光旖旎的河畔有一座建筑物，醒目的十字架呈现在眼前，这就是峨眉山市有史以来唯一的一座福音堂。

基督教传入峨眉最早要追溯到1897年，当时第一个到峨眉传教的是内地会教派的传教士英国牧师艾进城和顾怀芝（译音），他们在罗目镇（原青龙镇）租房传教。峨眉人王知孝当时加入基督教，不久英国牧师离开峨眉，由王知孝主持传教，并在门上挂起了"福音堂"的木牌。由于峨眉山是"佛教圣地"，因此当时基督教信教群众很少，所以王知孝改行行医，传福音的工作就此中断。

1938年，基督复临安息日会川西区会长黄子强牧师看中了这个地方，邀请住重庆总堂的牧师王安息（湖南衡阳人）赴峨传教，建立峨眉安息日会。王安息租下城区北街夏某的住房作临时布道所，传扬福音，后因房主夏某不断提高租金，出现纠纷，王安息牧师就向总会申请资金，于1941年以25000元（花费30担米价买成）买下峨眉县城白炭市街蔡全章地皮四百多平方米（整个地块呈长方形，长10丈，宽4丈），建成了一个小教堂，取名"基督复临安息日会福音堂"。在此期间美国牧师柯尔义、盖乃德（译音）及中国牧师李德馨等先后来峨眉短期传教后分别离开，仍由王安息牧师一人留在峨眉传教，主持教务活动，教徒约30人。

1949年新中国成立后，党和政府实行了宗教信仰自由政策，王安息非常高兴，照常进行宗教活动，但因当时信教群众很少，又因周围环境影响，活动断断续续，后由于"文化大革命"等方面的原因，峨眉福音堂于1966年停止礼拜。之后教堂由峨眉县印刷厂使用，王安息牧师全家搬到公共宿舍居住。

1983年党的宗教政策进一步得到贯彻落实，由当时的峨眉县委统战部宗教科会同双方商定，并经峨眉县清理宗教团体房产工作领导小组同意，原福音堂仍由峨眉县印刷厂使用，由峨眉县印刷厂出资在峨眉河北岸新建教堂（民居样式）。同年，恢复礼拜。王安息牧师全家又搬到归还给教会的房屋内居住，重新开展家庭聚会活动，后有一些亲友参加。教务活动由王安息牧师之妻李秀英暂时主持（王安息牧师于1980年去世）。1986年经峨眉县委统战部宗教科批准，成立了峨眉县基督教"三自"爱国领导小组。

从此以后，"三自"爱国领导小组积极协助党和政府贯彻落实宗教信仰自由政策，帮助广大信教群众和基督教界人士不断提高爱国主义和社会主义的觉悟，行使基督教界人士的合法权益，组织正常的宗教活动，办好教务。

1986 年，峨眉县城市规划扩建滨河路，福音堂再次拆迁。拆建工作由县城建部门负责，在原址后退 50 米（现绥山镇滨河路 27 号）处修建新教堂，占地面积 266.48 平方米，建筑面积 102.64 平方米，但福音堂仍是普通民居建筑，分上下两层，下层为峨眉县基督教"三自"爱国领导小组办公室及生活用房，上层用于宗教活动。整座建筑使用传统红砖，在每间房子的房梁下面，墙体稍厚向外凸出，使整个墙体显得不单调，这样既增加了墙外表的竖线条，又增加了墙的刚度，使平面有了变化，不致让人产生压抑感。圣堂内，靠近圣台的墙壁十字架上方贴有"以马内利"（神与我们同在）四个金字。内部装饰既神圣又简洁，圣堂内摆有整齐的木制长椅。此外，房间采用直接光源，窗户排列及大小相间恰到好处，白天可不用电灯照明。

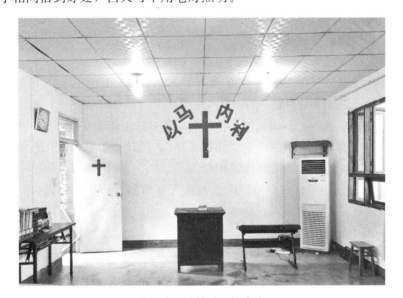

位于滨河路的峨眉福音堂

34. 拆楼圣堂

朱华高

　　峨眉山市出城区小南门，到桂花桥镇拆楼村，有一座很有名气的宗教建筑——拆楼天主教堂。它坐落在峨眉至九里和夹江到峨边过境的峨眉高速公路的交叉口处。夹峨高速路有一个路口直通教堂前一个数百平方米的水泥硬化场地。

　　教堂坐西向东，正面是一栋高大屏风似的门楼建筑，彩绘，顶上是高大的十字架，大致分为三部分。最下面是三孔门洞，中间门洞最大，宽约3米，高约4米；两边稍窄，宽约2米，高约3米，门楼高约5米。门楼上面是"玫瑰圣母院"五个大字。四根门柱上有两副对联，中门对联：玫瑰花开天庭乐，救星光照普世间。侧门对联：慈母圣德传四海，玫瑰芳香飘九州。第二级仍然是四根门柱支撑的门楼，高约4米，两副对联从内往外：内联，无始无终真主宰，宣仁宣义大权衡；外联，金殿万代坚，宝塔千年固。横批：万有真原。第三级是两根中门柱延伸向上，中间是两个人像相对的图案，图案上是一个金色十字架，高度约3米。门楼两边分别是有门洞的房屋建筑，高约5米。门洞都是穹隆式建筑，总宽度约30米。两边侧殿依然是穹隆式门洞，各4间，宽度约16米，顶梁高度约8米。门面有大幅宗教活动图片和文字宣传画。教堂正面前空坝有一块文物保护石碑，1988年峨眉山市政府公布，建筑名称：拆楼圣堂。空坝靠东有一座圣母站立塑像，白色，高约5米。

拆楼村天主教堂正门（郭志安摄）

1991年版《峨眉县志》对拆楼天主教堂有如此记载：清道光年间（1821—1850），法国巴黎外方传教士汪神甫来到峨眉传教。先在城南拆楼坎和龙池场上修建天主教堂。拆楼坎天主教堂是法国哥特式建筑教堂，十字牌坊高达16米。经堂可容800人跪着诵经。空间宽阔，黑色顶壁，上嵌金星，宛若秋天夜空。祭台上供金色耶稣十字架，壁上挂有若瑟、圣母和耶稣受难十四处苦相等彩色画像。中央三盏明灯悬空，鲜花供台，崇宏壮丽。经堂两厢有房80多间，粉壁围护，绿树遮阴，园内花木扶疏，中西结合式木质结构房屋，形成一座幽静富丽的大庭院。其后，汪神甫派其助手到县城、龙池、符溪、雷场、十里山等地发展教徒。光绪十三年，汪神甫又在十里山修建天主教堂。接着上峨眉山到钵盂山、五显岗、石笋沟等地发展教徒。在民国初年，拆楼坎教堂购置田产，大部分租给非教徒耕种，收入除供养三个教堂的神职人员，还上缴乐山教区，直到新中国成立前夕才终止其活动。

2011年峨眉山市《不可移动文物名录》载：拆楼天主教堂位于桂花桥镇拆楼村。现存经堂、钟楼牌坊和男学堂，占地面积1290平方米。经堂坐西向东，木结构，悬山式屋顶，穿斗梁架，面阔5间20.15米，进深11.4米，通高10米，内用卷棚天花板，板上饰五角星图。紧邻经堂山面（东面），是砖石结构的牌坊（钟楼牌坊），坊为四柱三间，通高12米。经堂北为男学堂，呈三合院布局，木结构，单檐，悬山式屋顶，小青瓦屋面，穿斗式架梁，素面台基。其是乐山市保存最完好、规模最大的法国哥特式天主教教堂建筑。

这座教堂矗立在峨眉山报国寺前面不远处，不同宗教建筑遥遥相望，交相辉映，给峨眉山旅游平添了一道亮色。

35．龙池天主堂

陈文治

天主教于明朝末年传入我国。崇祯十五年（1642 年）传入四川成都，清代道光年间（1821—1850）法国传教士汪神甫来峨眉传教，先后在燕岗拆楼坎、龙池镇、胜利十里山修建供信徒祈祷的天主堂，龙池天主堂建于清道光戊申年（1848 年）。

龙池天主堂位于龙池镇上街龙池湖畔。天主堂建成后曾经有 4 位神甫传教，其中，第一、二任神甫都是法国人，第三任神甫为中国人黎某某，第四任神甫为严肇丰。

龙池天主堂建立后，曾吸引了峨眉、峨边、金口河等县信徒，鼎盛时在此地进行宗教活动的信徒达数百人。

龙池天主堂（吴坤蓉摄）

龙池天主教的建筑极具我国园林建筑特色，白色的围墙，条石砌成的大门上圆下方，犹如上海的石库门，配以两扇厚重黑漆大门更显庄重。进大门穿过地坝就是四合院，整个建筑系穿斗式木结构，穿枋和吊磴上都雕有精美的飞禽走兽或花鸟图案，显得古色古香。院里三方是厢房，均系一楼一底，西面是可供 200 多人祈祷的圣堂，圣堂上方供有耶稣像及鲜花。经堂有多条木凳，高挂着三盏油灯。屋顶外安有天主教标志的十字架。圣堂顶壁呈天蓝色，上嵌有无数金色星星，宛如夜空。

四合院中有水池、假山、花园，院中还栽有山茶、桂花、海棠、兰花、菊花、牡丹等花卉，一年四季都有花开。

四合院东厢房外是菜园，推窗可见烟波浩渺的龙池湖，风景十分优美。楼上还有高耸的钟楼，钟楼上挂有一口铜钟，钟声清脆悦耳响彻龙池全场。

新中国成立后天主堂曾设立峨眉县第四区（后改为龙池区）区公所，20世纪60年代区公所撤销后又设龙池镇政府。直到20世纪90年代为落实宗教政策，镇政府迁出，天主堂重新开展宗教活动。

36.　峨眉清真寺

商振江

峨眉山市的穆斯林，主要有苏、马、米、张、海五姓，于清同治年间（1862—1874），由山西、湖南、四川成都唐家寺、犍为罗城古镇、仁寿青岗乡迁入定居。他们和其他兄弟民族一样，在漫漫的历史长河中，逐渐形成了较为固定的生活方式和风俗习惯。从这些习俗的特点来看，绝大部分来源于伊斯兰教教义的一些具体规定，也有一部分是与其他民族相互影响而形成的，主要有讲究卫生、注意饮食、提倡学习、维护团结、热爱和平、善待双亲、丧葬仪式等。峨眉山市现有穆斯林 400 余人，主要分布在绥山镇、峨眉水泥厂、峨眉铁合金厂、峨眉半导体厂以及少数乡镇。

20 世纪 80 年代初的峨眉清真寺

峨眉穆斯林初始数人旅居客栈，后随着穆斯林的增多，推举马海山、马金海等人领头，广为募捐，于光绪三十三年（1907 年）六月在峨眉河南岸（现峨眉山市金顶北路中段 20 号）建清真寺一座。新中国成立前夕，国民党溃军四处骚扰，部分经商回民被迫关门停业，清真寺宗教活动也基本停止。

清真寺坐南向北，门额高悬"清真寺"竖匾，客堂上方有"开天古教"横匾。客堂左为教职人员生活用房，右为书房及食堂等建筑。客堂后，左是地坝、花园，右是清真寺的核心建筑——礼拜大殿，坐西向东，肃穆而静谧，门前悬挂"有教无类"横匾。大殿内朱漆明柱、绿色地毯、与金色经字共同衬托出一种安详和煦与温馨的气氛。

中共十一届三中全会后，宗教信仰自由政策在当地得到全面落实，被占用的清真寺清退给穆斯林，并恢复了正常的宗教活动。1985 年 10 月 23 日，经相关部门批准，清真寺正式对外开放。同时，峨眉山市伊斯兰教清真寺管理委员会成立，设办公室于该寺。同年，因清真寺礼拜大殿为木结构，蚁毁虫蛀，年久失修，已破败不堪，各级民族宗教工作部门高度重视，四川省宗教局、乐山市民委、峨眉山市政府及相关部门陆续拨款，整修了礼拜大殿、客堂、换水房、住房、食堂等设施；新建了围墙、花园，购置了桌椅板凳，并添置了日常用品，基本上满足了广大穆斯林宗教活动的需要。维修后的清真寺，占地面积 483.94 平方米，建筑面积 267.5 平方米，其中大殿 63.71 平方米。

每逢"古尔邦节""开斋节""圣纪节"三大节日及重大宗教活动，清真寺都要举行隆重庆典。除开展宗教活动，清真寺还积极参与扶贫助教等公益事业，受到社会的普遍赞誉。

第四篇 武术篇

1. 中峰寺（二则）

中峰寺——峨眉武术发源地

王荣益

中峰寺位于峨眉山低段山区，与圣水禅院相望，左有宝掌峰，因地处白岩中峰之下，故名中峰寺。这里风景秀丽，绿水青山，石阶蜿蜒，鸟语花香。相传，春秋时期的楚狂接舆不领楚王请他做官之情，隐居峨眉山，就住在这一带。寺院依地势而建，呈二级台阶状，纯木构建筑，是一座坐北朝南的四合院，由前后两重大殿及两旁的厢房和回廊组成。山门为普贤殿，上有"林峰大振""中峰古刹"的横额，字体苍劲古朴，浑厚深沉。中峰寺晋时为道教寺庙，称乾明观，那它如何又成为一座佛寺了呢？这和一位高僧明果大师有关。

东晋时期，初春的一个傍晚，夕阳西下，一位清瘦的僧人着芒鞋，拄竹杖，正急匆匆地行走在峨眉山浓荫遮蔽的崎岖小道上，赶往乾明观，他就是资州人明果大师。大师自幼在龙游山削发出家，曾到长安大兴善寺拜谒"敦煌菩萨"竺法护，请教佛法，当他听到"如来坐者，一切法空"时，茅塞顿开，领悟禅机，不久便到峨眉山，住锡宝掌峰。

大师急匆匆赶往乾明观所为何事？原来是为射蟒救人。乾明观的道士每年三月三皆效仿瞿武，举行升仙仪式。瞿武，东汉人，传说在峨眉山得道，乘白龙升天，故观中道人皆迷恋此升仙之法。大师知此白龙是妖蟒所化，升仙乃道人为蟒所吞食，于是设计除害。当晚，大师与几位猎人暗伏道旁，观中道士已在升仙处，暮色之中，大蟒缠于浓密树冠之上，正张开大嘴欲咬向道士的头颅，正当此紧要关头，大师一箭射去，霎时山野震动，蟒蛇掉落地下，走近看，已不见踪迹。大师循其踪迹，从洞窟中找到了白蟒的尸体，蟒侧白骨累累，道士之冠服堆积。于是道士醒悟，知人生无常、羽化幻影，乃转信佛教，迎接明果入观住持，改乾明观为中峰寺。

佛教入蜀前，峨眉山就是道家第七虚陵洞天。佛教传入峨眉山后，佛道两家并存于一山，教义辩论、地盘相争是常事。乾明观是西晋道士乾明修建，乃四川境内最早的两座道观之一。乾明观的建立，结束了峨眉山中道士各自分散、穴居野处的生活，使峨眉道教有了一次飞跃，乾明观不仅成为一时之名观，也成为道教之大本营。明果大师以射蟒之功，改观为寺，成为峨眉山佛道之争的转折点。

中峰寺大雄殿侧之祖堂，堂上供奉着淡然大师画像。画中的大师安坐于宝座之上，着朱色袈裟，头戴佛冠，怒目圆睁，左手执拂尘，抱剑童子侍立于左，忠义白犬蹲立于右，画面将大师赳赳武夫之气与拳拳慈悲之心融于一体，颇具匠心。

淡然大师，俗姓林，名时茂，原为东魏"镇南将军"，因与权贵不和，为避祸到泽州析成山问月庵削发为僧，法名太空，号淡然。晚年辗转来到峨眉山中峰寺，他将高超武功传授给年轻沙弥，并留下了"驯虎救妇"的美谈。

淡然大师圆寂前作有《辞世颂》云："杀人如麻，立身以砥。宠辱不惊，恬淡是非。酒吸百川，肉吞千豕。醉卧中峰，羲皇自拟。皓月清风，高山流水。长啸狂歌，何分角徵。心证菩提，法舟相舣。生彼莲花，逍遥无已。"大师对自己一生的回顾，表达了一种超越自我、洒脱自在的大无畏英雄气概，以及在峨眉山中峰寺与清风明月相伴时无欲无求的喜悦心情。

淡然大师是峨眉山佛教史上有记载的第一位习武僧人，对峨眉山僧人习武有首倡之功，被奉为峨眉武术祖师之一。峨眉、武当、少林为当今中国三大武术流派。《峨眉山志》记载，峨眉武术首创于战国时期，当时，一位名叫司徒玄空的武士隐居峨眉山中，他模仿猿猴的动作，编创了一套动作灵活的"峨眉通臂拳"，并广收门徒，世代相传，因他常着白衣，故徒众尊称他为"白猿祖师"，这是有史记载的中华武术第一人。自淡然大师后，峨眉山僧人便将练拳习武作为自己修身养性的必修课，历代峨眉山佛门武术名家辈出，白云禅师的"峨眉十二庄"、德源禅师的"白眉拳"、湛然法师的《峨眉拳谱》、普恩禅师的"峨眉枪法"皆名垂宇内，而这一切皆肇始于淡然大师！

中峰寺的峨眉武术发源地标志（李家俊摄）

正因为中峰寺是历代武林前辈经常居住与活动之地，且是峨眉武术第一武僧淡然大师住锡之地，因此，2017年11月第七届世界传统武术锦标赛在峨眉山举办前夕，中峰寺被政府有关部门命名为"峨眉武术发源地"，可谓实至名归。

峨眉山道教第一观

朱华高

沿峨眉山纯阳殿往北前行约3公里，有一座峨眉山名寺——中峰寺，海拔750米。中峰寺最早名乾明观，是西晋年间乾明道人在峨眉山建造的第一座道观，规模宏大。此观的建造，开创了峨眉山道士从岩洞修道到居室修道的历史，在峨眉山道教史上具有里程碑式的意义。

原中峰寺牌坊（朱华高摄）

中峰寺后公路边有一座"中峰寺"古牌坊，建筑年代不详。这是以前古路进寺的山门。沿山门逐级而下约150米是寺的后殿，下行绕场约300米便是寺的正大门。现存两重大殿的前面，有寺庙遗址，种植着红薯、蔬菜之类的农作物。再前面一大片参天桢楠树林的空地里种着红薯，遍地藤蔓，面积数十亩，可以想见乾明观曾经有过的恢宏。

或问，乾明观为何更名为中峰寺呢？

史料载，东汉末年，道教在峨眉山初创时期，道士都是在岩洞修行，到了西晋，峨眉山道士日增，道士乾明率众多道士在集云山下修建道观。观成，以乾明道士之名命名，曰"乾明观"。此时观中有道士百人。

在峨眉山，佛教的发展迟于道教。晋时，峨眉山上尚无一座像样的寺庙。后来，住在山后的明果师父为道士排解纷争，得到道士信任，于是佛教进驻，改观为寺。1991年版《峨眉县志》载："北魏武帝时期（424—451），乾明观中道士之间意见不一，裂派纷争，不能睦处。这时，住宝掌庵的明果和尚，遂入观中，说服了一部分道士皈依佛教……由是改观为寺，塑供佛像，更名中峰寺。"唐僖宗中和元年（881 年），慧通禅师将中峰寺拆除重建，易名集云寺。宋仁宗时，茂真禅师将其扩建。绍兴年间，密印禅师对其进行修葺，广招门人，成为山中六大寺庙之一。明成化年间，蜀藩捐建普贤殿。清初中峰寺被毁，修复后，民国初又遭回禄（失火），寺僧募建。1984 年中峰寺修葺一新，峨眉山佛学院比丘班设此。寺后曾有呼应庵、茂真庵、普贤阁，侧有雄黄石庵、三仙洞庵遗址。上行途中曾有观音寺（建于唐代）、龙升岗（亦名龙神殿）、香炉寺。

如今，中峰寺已被列入乐山市重点文物保护单位。

2. 皇人山　轩辕习剑

朱华高

古籍《山海经》载，古时，中国有座山，叫皇人山。或问：果有皇人山否？答曰：有。皇人山就是今天的峨眉山。

从善觉寺看皇人山宋宝皇坪（朱华高摄）

出峨眉山市城区乘公共汽车约5公里，就到了峨眉山景区山麓的第一座著名寺庙——报国寺。出报国寺往伏虎寺方向前行约1公里右拐，沿一条山间道路曲折向上约2公里，就到了善觉寺，又叫二坪。沿二坪后山蜿蜒曲折向上攀登约40分钟，就到了一个有名而神秘的地方——宋皇坪。

宋皇坪又叫凤凰坪，是古时皇人山中最为庄严神秘的一处地方。据传，古时有两个有名的人物在皇人山相会于此地。一个是天真皇人，一个是轩辕。在皇人山宋皇坪，这两位都有什么传奇故事？且听笔者慢慢道来。

轩辕黄帝是远古时代华夏民族的始祖之一。他听说华夏南方有一座皇人山，山中宋皇坪隐居着一位天上神仙，便不辞辛苦，千里迢迢来皇人山问道。

皇人山何在？相传，很久以前，峨眉山就是皇人山。为何叫皇人山呢？因为山中住着一个神秘的神仙，名叫皇人，皇人又叫天真皇人。轩辕为何要从遥远的北方到僻远的南方皇人山问道？因为轩辕听说皇人文武双全，既有安邦治国的妙计，又有天下无双的武力。那时，轩辕刚打败炎帝榆罔不久，面临与九黎首领蚩尤争霸天下。虽说轩辕剑十分了得，但蚩尤、刑天可是铜头铁额、以砂石为食、天上下凡的魔君，加上蚩尤刀、刑天斧非凡人可挡。因此，轩辕既想有治国谋略，又想有打下天下的武功。

皇人洞府在什么地方？道教经书《五符经》载：皇人住峨眉山北绝岩之下，苍玉为屋，黄帝往受三一五牙经。此地就是如今峨眉山报国寺背后的宋皇坪。

轩辕黄帝为了问道皇人，在宋皇坪上修建了一座巍峨壮丽的授道台。皇人在授道台举行了隆重的传授经书仪式。道教史书《元气论》说："黄帝至峨眉求道于皇人，皇人问所得者凡一千二百事。"皇人向轩辕传授了安邦治国、修身养性的《三一五牙经》并训示轩辕：一人之身，犹如一国之象。神气犹如国君，精血犹如国民。能知道调养自身，就知道治理国家。真正爱自己的子民，就能使国家安定。若欺骗国民，国家就要消亡。

轩辕和皇人纵论天下大势后请教皇人，如何武力安邦。皇人说，听说轩辕剑天下无双，可否展示剑技。轩辕心想，我正想请皇人传授武术呢，岂不正中下怀。随即在授道台大厅摆开架势舞剑。

轩辕剑为青铜铸就，一剑出鞘，寒光闪闪，锋利无比，剑技变化莫测。只见轩辕前刺后防，左挥右舞，上砍下劈。人在剑中舞，剑光绕人游。献技毕，轩辕躬身道："轩辕献丑了，请皇人赐教！"

皇人笑答："轩辕剑果然名不虚传。"遂走下台来，对轩辕道："人皇，本山人和你切磋两招，请放剑过来。"轩辕疑虑道："上仙如何称我人皇？"皇人笑而不答。轩辕又惶恐道："凡夫如何敢与上仙切磋剑术？"皇人道："你不是要请教武力安邦吗？不切磋如何提高你的剑术？"轩辕见皇人如此说，便躬身施礼道："凡夫就此冒犯了。"言罢，亮剑向皇人刺去。皇人只用手中尘拂轻轻来回遮挡，轩辕却感到如铜臂铁膀，剑不能靠近，连忙弃剑在地，跪拜道："请上仙赐我剑术！"皇人上前扶起轩辕，道："人皇，老夫有一本武籍赠你，你可细心揣摩。"言罢，手一招，一本金光闪闪的帛籍便在轩辕手里。只见书面四个大字赫然在目：《皇人武籍》。轩辕欣喜若狂，连忙翻阅，谁知翻了一页又一页，都是白纸。轩辕茫然，问其缘故，皇人笑道："无缘即白纸，有缘即天书。你可在此山走走，看看是否有缘。"说罢，转身进屋。

轩辕无奈，怀揣《三一五牙经》和《皇人武籍》，遍游皇人山。

一日，轩辕来到一个岩洞前，身感疲惫，便在洞外一块大石头上歇息。不一会儿，一位道童自洞内出来，口称："人皇，洞中九老有请！"轩辕颇为诧异："洞中九老？何为九老？从何而来？"道童道："人皇不必问，进了洞自然知道。"

原来，此洞名九老洞。因为里面住着天上九位神仙而得名。皇人山乃洞天福地，满山都有神仙洞府。九老即天英、天任、天柱、天心、天禽、天辅、天冲、天芮、天蓬，他们都是天字辈，乃道家九老。

轩辕进得洞内，又是另外一番天地。只见亭台楼阁，泉水叮咚；绿树花草，燕舞莺歌；满目蓝天，明月当空。正诧异间，九位道骨仙风的老者接踵而至，皆向轩辕致意问好。为首天英道："闻听人皇仙山问道，甚感欣喜。皇人赠你秘籍两本，其中一本《皇人武籍》，可否一阅？"轩辕道："九位上仙，轩辕正疑惑皇人所赠秘籍为何满篇白纸，还请众上仙释疑。"言罢从怀中摸出《皇人秘籍》，双手奉与天英。天英接书在手，来到一台榭，十人围玉石桌坐定。道童奉来仙果和琼浆。天英将武籍置于玉桌展开，忽见满纸金光闪耀，行行黑字跃然纸上，且有不同兵器及使用图谱。轩辕仔细看去，见那武籍首页便是"皇人拳"，接着是剑、棍、刀、枪、刺、鞭等，共九种，唯拳无器械。轩辕惊诧道："我遍游仙山，此书皆不见一字，为何在此洞内字迹历历在目？"天英道，皇人不是说，书要有缘。人皇在此洞内能阅此书，说明此洞和人皇有缘，当珍惜机会，好生研习。

轩辕恭敬致礼，请教剑术。天蓬道："人皇莫急。若要精剑术，当先练拳术。皇人在此山中授道时，终日和山猿为伴，长期观察山猿动作而创立的皇人拳，是其余八种武器之首，天英长者乃皇人高足，皇人拳系天英独有。"说话间，除天英外八位老翁各人皆亮出一门武器。轩辕大喜过望，便在洞中向九位上仙虚心学习拳法和各种武器技艺。

也不知过了多少时日，轩辕辞别九老出洞。谁知那本《皇人武籍》却不翼而飞。轩辕十分为难地向天英启齿，问是否见着秘籍？天英笑道："人皇请看洞壁。"轩辕抬头一看，只见高大的岩壁上忽然闪现一行大字：皇人武籍，镇山之宝，有缘人可遇不可求。轩辕恍然大悟，欣喜告别九老出洞。

3. 伏羲洞　司徒玄空创立通臂拳

朱华高

峨眉山风景雄、秀、奇、幽、险。险者之最莫过洞。峨眉山岩洞多，白龙洞乃白蛇修道处，药王洞乃药王孙思邈炼丹处，九老洞乃轩辕问道遇仙处及财神赵公明修道处，雷洞坪半山岩上的三霄洞乃赵公明三个妹妹修道处。凡此种种，难以一一道尽。史料载，峨眉山有七十二洞，洞洞有险，洞洞有仙，洞洞有传说。今笔者不道那众人皆知的洞府故事，单说一个鲜为人知的岩洞——伏羲洞。

伏羲洞何在？雷洞坪半山岩上，除三霄洞外，附近还有鬼谷洞、女娲洞、伏羲洞。伏羲洞洞幽深邃，鲜为人知。

清雍正版《峨眉县志》卷二《山考·洞》载："伏羲洞、女娲洞、鬼谷洞俱在大峨山雷洞坪下。相传鬼谷隐此得道上升。著书号琭琭子。"鬼谷子者，春秋战国时期有名的思想家、战略家、军事家。相传他流传后世的著名作品《琭琭子》就在此洞著就。至于伏羲洞和女娲洞，相传乃伏羲、女娲二人未婚配以前各自居住的洞府。后来，为繁衍人类，上天旨意要他们婚配，二人遂结为夫妻，女娲移居伏羲洞。他们的子女稍大些就别居女娲洞。再后来，天上的一个恶魔造反，欲推翻玉皇统治，大闹天庭，撞破天罗，导致天河决口，天河水倾泻而下，人间酿成洪灾。女娲为拯救人类，发誓炼石补天。她率领天下子女在峨眉山采集五彩石，在峨眉山天池化炼五彩石补天。但最后一道裂缝想尽办法皆不能完全弥合。女娲遂以己之身投入裂缝，方最终完成补天治水大业。期间伏羲成为女娲最得力的助手。女娲补天后，伏羲独自一人在伏羲洞率领天下子民继续排洪治水。后人为永远记住伟大的先祖，遂将他们在峨眉山住过的岩洞命名为女娲洞、伏羲洞。

伏羲洞还有一个传奇故事，世人知者甚少，它就是"伏羲洞司徒玄空创立通臂拳"。故事是这样的：

相传，春秋战国时期，峨眉山下是战火激烈的古战场。古蜀国不同势力为争夺峨眉仙山，展开了长时期的生死搏斗，使用的武器有剑、刀、斧等。蜀国有一谋士司徒玄空，姓白，名士口，字衣三。因国王不听他的建议，致使军队大败。衣三不忍互相残杀，萌生隐居之意，辞别国王，隐居于峨眉山伏羲洞。

那时，峨眉山树木葱茏，山泉淙淙，鸟语花香，风景优美，是神仙修行的洞天福地。山上动物多种多样，豺狼虎豹当道，毒蛇猛兽成群。也有不少温顺可爱的熊猫、野鸡、山兔，还有灵性极强的山猿。

白衣三先拜谒宋皇坪上的授道台，瞻仰皇人和轩辕塑像，然后沿山间小道攀登，经九十九道拐，来到天下闻名的雷洞坪。雷洞坪海拔一千多米，悬崖上多山洞。伏羲、女娲、鬼谷等洞皆在此地。白衣三来到一洞口，只见仙雾朦胧，似乎置身九天之外，顿感心旷神怡，有飘飘欲仙之感。忽然间，洞内跑出一大群灵猿，齐聚衣三身边。为首灵猿，伸手拉着衣三，往洞里走去。进到洞里，环视四周，只见深邃宽广，灵猿群居于此。为首灵猿似乎极通人性，把衣三拉至一石桌旁坐下，让其它灵猿奉上山桃等众多水果，又向衣三示意石桌旁的山泉。只见泉水汩汩，清澈透明。一灵猿用洞中陶罐取来一罐山泉，奉到衣山手里。衣三接过，啜吸一口，顿觉犹如饮食甘露，神清气爽。

衣三早已闻说伏羲洞、女娲洞乃山中神仙洞府，当年伏羲、女娲二人就在此洞率天下子女采峨眉仙山五彩仙石炼石补天。如今自己被灵猿邀请入洞，不如就和灵猿为伴。打定主意，衣三便用动作和灵猿交流，表示自己要入住山洞。为首灵猿理解了衣三的意思，兴奋不已，知会群猿。群猿喜形于色，欢呼雀跃。从此，白衣三就在伏羲洞内安身，与灵猿为伴。每日，衣三和灵猿一道采野果，一道玩耍，一道吃食，一道睡觉。他融入灵猿生活，灵猿也把他视为同类。

一日，白衣三和灵猿正在林中采食山桃，突然，一只斑斓老虎从林子里钻出来，向灵猿靠近。灵猿先是一阵惊恐，四处逃散，为首灵猿见状不好，一声呼叫，众灵猿便迅速集聚在灵猿首领和白衣三周围。白衣三此时临危不惧，随手拾起地上一根木棒，和灵猿一道，左冲右突，同老虎周旋。在灵猿和白衣三的齐心协力下，老虎知道占不到便宜，转身进了山林。众灵猿在首领的率领下，跪在白衣三面前，顶礼膜拜。

回到洞里，白衣三暗想，为了防止虎狼袭击，还真该学习一门防身之术。可是，在这荒山野岭，拜谁为师？满山遍野，除了自己是人类，其它都是野兽，难不成要拜野兽为师？正踌躇间，洞外突然有人声传来：衣三先生在否？白衣三大吃一惊，自己远离战火，独自悄悄上山，同僚和家中亲人都不知自己的去向，何人在外呼喊？正疑虑时，一位相貌伟岸、武将打扮的中年男人自外而进，向白衣三拱手施礼："鬼谷这厢有礼了！"白衣三起身还礼，问道："先生何人？衣三不识。"来人道："山人王诩，久闻先生大名，今日特来拜访。"白衣三疑虑道："王诩？鬼谷？你莫不是闻名华夏的鬼谷子先生？"鬼谷道："正是山人。"衣三忙上前躬身施礼，道："先生乃天下高人，如何来此荒山野岭？"鬼谷子道："如今天下纷争不已，鬼谷为避开红尘，来此峨眉山深幽之地著书立说。早已知道先生来此仙人洞府，久欲拜访，今日幸会。"二人边说边至石桌旁坐下。灵猿为二人奉上野果。

原来，鬼谷子先生不愿参与人世间纷争，悄然离开繁华之地，来到峨眉山，初居伏羲岩洞隐居著书立说。他和灵猿早已熟悉，因灵猿过多，又过分热情，鬼谷子不能静心，乃移居伏羲洞旁的清幽洞独自生活。他隐居的山洞，后人称鬼谷洞。在白衣三和灵猿为伴期间，鬼谷子早已观察多时。谈及那日老虎袭击险情，衣三感慨万千，希望拜鬼谷子为师，学些武术防身。鬼谷子笑道："你终日和灵猿为伴，不少动作已经不由自主地在模仿灵猿的动作，已灵动有加。何不就以灵猿为师，专注拳法，自成一门猿拳，岂不是好？"这一语点醒梦中人。衣三从此自号动灵子，整日模仿灵猿动作，创立猿拳技法，自命"通臂拳"。

如此数年，白衣三拳法日臻完善。一日由灵猿首领带路，到鬼谷洞拜访鬼谷子先生。鬼谷子看完衣三的猿拳，点头称赞，道："以猿猴动作创立的拳法，尚属天下第一。"从此，白衣三不时移步鬼谷洞，和鬼谷子先生探讨通臂拳，且不时受鬼谷子先生指点。一日，鬼谷子先生道："你的拳法，独树一帜，攻防得体，日臻完善，峨眉山山上山下，众多山民以打猎为生，多有生命危险，先生何不招些猎户，传授拳法，也是功德一件。"白衣三谢过鬼谷子先生教诲，不日下山，招得几名猎户到伏羲洞传授猿拳。很快名声大振，山上山下众多有志者纷纷到伏羲洞拜师学艺，白衣三通臂拳得以流传后世。

4. 紫芝洞　吕洞宾学剑

朱华高

峨眉山市有座山叫二峨山，古称绥山。绥山山麓曾经设置过罗目县，后废县入峨眉县，罗目改为镇，称罗目镇。与罗目镇隔河相望的绥山山麓曾经是道教兴盛所在，其中一处洞穴猪肝洞，尤其有名。猪肝洞位于罗目镇高枧村 11 组，过罗目河沿山间小道爬行约 20 分钟即可到达。

猪肝洞的得名，源于洞中岩顶高悬着一块大石头，模样极似吊在岩上的一副猪肝，人们便称"猪肝洞"。经过千百万年的风霜雨雪，这副"猪肝"仍然高吊岩上，毫无风化痕迹。后来，猪肝洞又名紫芝洞。据传，乃吕洞宾在此洞修炼学剑期间更名。吕洞宾因何将猪肝洞更名为紫芝洞，暂按下不表，单来说说吕仙是如何在洞中练得青峰斩龙剑的。

相传，唐朝全真道五祖之一吕洞宾曾在此修道、传道。他的青锋斩龙剑就是在紫芝洞练就的。

吕洞宾，名岩，字洞宾，号纯阳子。全真道奉他为北方五祖之一，世称"吕祖"，俗称"八仙"之一的吕仙。吕洞宾的随身武器是剑，"吕祖剑"十分了得，"吕洞宾飞剑斩黄龙"用的就是在紫芝洞练就的吕祖青锋斩龙剑。

传说上古时期，轩辕黄帝千里迢迢到峨眉山问道。在宋皇坪拜见天真皇人。皇人传授轩辕一本治国修身的《三一五牙经》、一本武术秘籍《皇人武籍》。谁知《皇人武籍》乃无字天书，轩辕在九老洞中和九老一起才能看见天书显字。轩辕由此在九老洞学得一身好武艺。

今不表轩辕故事，单说《皇人武籍》。此秘籍留在九老洞中，不知过了多少年月，被汉朝阴长生所得。阴长生知此书是峨眉山镇山之宝，将秘籍用锦绸包裹，封装于白玉匣内，秘藏于二峨山的紫芝洞中。此书也是与吕洞宾有缘，吕洞宾在终南山拜别钟离师父后，背着青锋剑，一路南下，到峨眉仙山寻道、修道。东寻西找，鬼使神差地看中了紫芝洞。

一天夜里，吕洞宾在洞内打坐练内功，突然一身材矮小的老者出现在眼前，向吕洞宾施礼道："小神乃此地土地神，奉仙命禀告吕仙，此洞岩壁缝中藏有一玉匣。吕仙可自取观看。"吕洞宾道："在何处？玉匣内有何物？"土地道："小神不知，吕仙自寻。"言罢忽地不见。吕洞宾下了台座，在洞内四处察看。黑暗之中，啥也看不见，正在思虑明日再找，忽见一处岩壁缝里放出一丝光亮。吕洞宾向那岩缝走去。果然，一个玉匣从岩缝中缓慢露出，犹如一个人在岩缝里往外递送。吕洞宾小心翼翼地打开包裹严实的玉匣，里面现出一本丝帛精制的书籍，上书《皇人武籍》。打开细看，里面是拳、剑、刀、刺、棍、鞭等九种武术图谱。吕洞宾自语道："听师傅说，峨眉山有一本皇人传给轩辕黄帝的《皇人武籍》，留在九老洞中。原以为只是虚妄传说，谁知如今竟在我手里。这原本在九老洞中的秘籍如何会在紫芝洞出现呢？休管它，传说有缘人才能得见此书，看来我是有缘人了。"

紫芝洞下五祖殿吕洞宾塑像（朱华高摄）

从此，吕洞宾便在紫芝洞中钻研剑谱。说来奇怪，那秘籍只在洞中方会现出字来，拿到洞外，即使艳阳高照，也不显一字。吕洞宾的剑法本就精湛，再有峨眉剑图谱研习，日渐精进。一日，那秘籍忽然从吕洞宾手中飞走，四处寻找，也不见踪影。吕洞宾十分懊恼，如此镇山宝籍，为何在我手里不翼而飞？正在埋怨自己不小心，一个声音自洞外传来："多口道人，你的剑术已成，《皇人武籍》已奉旨收回。你即刻到宋皇坪下为百姓除害。"吕洞宾慌忙跑出洞外，并无一人，自己暗自思忖，要我去除何害呢？

欲知吕洞宾要除何害，且听另则分解。

5. 吕洞宾剑划十字洞

朱华高

　　纯阳殿曾经是峨眉山供奉纯阳吕祖的专殿，殿后迄今还有两座古碑，记载重修吕祖殿的事宜。经数百年风吹雨打，石碑仍然屹立，碑文依旧。

　　纯阳殿背后不远处，有一荒芜岩洞，名十字洞，传说是吕洞宾在此修道除孽时，用青锋斩龙剑划成。传说此处洞中有洞，乃灵陵太妙第七洞天，是峨眉山神仙聚会的地方。关于吕洞宾刻画十字洞的原因，说是与他奉命斩除龙门洞中的黑龙有关。

　　这是咋回事呢？

　　话说吕洞宾奉师命到峨眉山修道，他先在二峨山猪肝洞中潜心修行，偶得天真皇人留在峨眉山的武术秘籍《皇人武籍》，刻苦研习，学得一身好本领，尤其是那柄青锋斩龙剑，更是锋利无比，无坚不摧。且能按主人要求随心所欲，变化莫测。一日，他正在洞中练功，洞外突然传来一个声音："多口道人，你的剑术已成，《皇人秘籍》已奉旨收回。你即刻到宋皇坪下为百姓除害。"

　　吕洞宾不敢怠慢，他身背青锋剑，脚踏履云鞋，瞬间就到了宋皇坪山脚下。吕洞宾颇为踌躇：宋皇坪下，东南西北，哪一面呢？东面乃报国寺、善觉寺，有众多大神镇守，应无事。南面，有伏虎寺、雷音寺众多大神镇守，也不应有事。北面乃宋皇坪千丈陡崖，下到金顶游山大道，道边有一条从清音阁流下的符汶河。崖底便是符汶河的一泓深潭，名龙门洞。西南面有一座山峰，峰上有一池，名玉女池。玉女池和宋皇坪之间，有一寺庙，名中峰寺，在此沿游山大道西行约10里，乃清音阁。清音阁和中峰寺也有众神把关，料无大碍。看来，如有妖孽祸害人间，当在龙门洞和玉女池。一想到玉女池，吕洞宾顿时心中一惊：玉女池乃天上玉女们下凡峨眉山沐浴之处，难不成那妖孽要打玉女的主意？想到此，吕洞宾匆匆赶往玉女峰下，在一山林避风处寻得一块大石坐定等待。

　　一连三日，峨眉山都艳阳高照，百鸟争鸣，百花争艳。游山道上，游人欢声笑语，络绎不绝。吕洞宾每天早晨从猪肝洞出发，到玉女峰下至龙门洞来回巡视，夕阳西下，他又返回猪肝洞歇息，如此每日往返百里的崎岖山路。夜晚，吕洞宾细想，神仙传话我到宋皇坪下除妖孽，为何一连三日毫无迹象？休管它，既有仙人传话，必不会是诳语。明日依然早早启程。

　　吕洞宾一如往日，寅时起床，诸事完毕便身背青锋剑出发。谁知这一日满天阴雨，一路泥泞。吕洞宾到了玉女峰下，雨不但未停，反而越下越大。道上游人也稀少。他冒雨巡视到龙门洞边，突然，潭内飞身窜出一条黑龙，一飞冲天，再俯冲而下，将路上一位行人一口吞下，潜入水中。啊，原来有妖龙孽障在此潭中害人。说时迟那时快，吕洞宾毫不犹豫，跟在黑龙后面，潜入水底。到得水底，四面搜寻，却不见黑龙踪影。无奈，吕洞宾只得返回。

如此数日，黑龙再不出现。这一日，吕洞宾刚从龙门洞返回玉女峰下，突然一个黑脸大汉手持双锏，直向吕洞宾扑来。吕洞宾闪身让过，抽出青锋剑，厉声问道："哪里来的毛贼，在此拦路打劫？"那黑脸大汉回道："我乃龙门洞新潭主黑龙大王。你我各行其道，你为何挡我口食？"吕洞宾这才明白，眼下的黑汉就是那潭中孽龙。吕洞宾道："我奉上天旨意，来此为民除害。你若不改邪归正，必死于我斩龙剑下。"黑汉高声狂笑："上天旨意？我不日还要到玉女池接那池中沐浴的舞蹈玉女回潭中成亲呢！你若成全我的好事，就请到潭中喝我喜酒。"吕洞宾道："你是何方孽龙，不但祸害人间，还妄图抢娶天庭玉女，妄想！"黑汉道："你还不知道我是谁吧？我告诉你，我乃南海龙王四太子黑四。我爹爹已向玉帝禀明，我要娶舞蹈玉女为妻。"吕洞宾道："我奉旨除害，你休想！"言罢一剑刺向黑汉。黑汉举双锏来迎。

吕洞宾的青锋斩龙剑本是师傅钟离权赠的如意剑，再加上在猪肝洞研习《皇人秘籍》，青锋剑更是如虎添翼，天下无双。然黑汉乃是南海龙王四太子，其功夫非凡人可比。玉女峰下，这场剑锏大战，真是棋逢对手，势均力敌。然而，邪不敌正，几十回合下来，黑龙难以招架，虚晃一招，化成黑龙飞向龙门洞。吕洞宾也做起法来，履云鞋一蹬，飞赶上前。来至龙门洞，黑龙一冲，钻进水里。吕洞宾也一个猛子，追进水中。谁知到了潭里，倏忽间黑龙便又不见踪影。

无奈，吕洞宾回到玉女峰下，坐在大石头上叹息，想不出如何才能除掉黑龙。夜色已晚，吕洞宾大战后十分疲倦，他遥望宋皇坪，心里一亮，那坪上不是有座供奉轩辕黄帝的轩辕观吗？何不到那里歇息一宿。

宋皇坪上，轩辕观高大巍峨，殿内轩辕大帝如同活人，神采奕奕。吕洞宾来至殿前，虔诚下跪，道："人皇在上，小道吕洞宾奉旨除祸害人间的黑龙，然其两次均逃脱，如何才能让其无法遁身，还请人皇神示。"拜罢侧卧殿里，和身假寐。恍惚间，见一银须持拂尘的道人飘然而至，道："我乃天真皇人。人皇已将你所求上告于我。龙门洞中黑龙因违天规，被罚至此，令它思过悔改，它却变本加厉，不但祸害人间，还妄图强抢舞蹈玉女，天理难容。本道赠你四句偈语，识破之日，便是擒龙之时：'玉女峰下，十字洞开；堵住阴河，除掉祸害。'"言毕不见。

吕洞宾一觉醒来，天已大明。他一边向玉女峰下走去，一边思索梦中的偈语："玉女峰下，十字洞开。"分明是说，在玉女峰下，有一个十字洞，只要洞开，就能擒龙。既如此，要紧的就是找十字洞。他匆匆来到玉女峰下，放眼望去，整座山岩都在眼底，哪来十字？更遑论岩洞。吕洞宾握剑在手，从早晨到中午，从中午到下午，来回山岩下不知多少趟，眼睛把岩壁几乎都看穿了，怎么也找不到十字洞。眼看天就要黑了，吕洞宾调侃自语，没有十字，我就画一个十字；没有洞，我就明天开始，自己挖洞。说罢，举起手中青锋剑，在岩壁上挥剑划去。那青锋剑何等锋利，一剑下去，只见岩壁金光闪耀，直冲云天。吕洞宾再一剑下去，突然间，一阵震天动地之声，岩壁裂开一道裂缝，随着裂缝扩大，一道石门出现在吕洞宾眼前。只见门楣现出"灵陵太妙第七洞天"八个大字，金光闪耀。吕洞宾顺势推门，石门洞开。吕洞宾欣喜若狂："啊，原来是要我自己开洞啊！"进得洞内，又是另外一番天地。山水田园，日月星辰，亭台楼阁，琼楼玉宇，一应俱有。吕洞宾环顾四周，顿时明白，"听师父讲，峨眉山乃福地洞天，是神仙修道聚会的第七洞天所在，原来在此啊！"往前走，洞里一条小河，河水淙淙，如银铃作响。到了一处，是一个一人高的山洞，河水从洞口流出，瀑布高悬，一泻而下，发出轰响。吕洞宾心里自语，我在洞外这段时间，听见山洞有泉水奔涌响声，总是不见，原来是此处声响，传到外面。再看那出水洞口，圆润光滑，全是被水冲刷而成。吕洞宾顿时明白，龙门洞中之水，就是此洞从潭底涌出。那黑龙在潭底飞身一跃龙门，不就到了这里吗？我在潭底如何能擒它？堵住阴河，不就是堵住此处洞口吗？他立时作法，洞口即被封住。

接下来的故事，就不多讲了，黑龙被擒。吕洞宾再开洞口，淙淙清泉依然一如往日，流入龙门洞。

自此，吕洞宾就将修道之地移到此处。后人便依据此传说故事，在玉女峰下，十字洞旁修建纯阳殿宇，雕塑纯阳吕祖金身，供人祭拜。

6. 牛心寺　孙思邈传道

朱华高

从峨眉山市城区乘公共汽车出发到五显岗车站下车，沿一条平坦宽阔的山间大道前行约5里，便到了峨眉山十大景观之一——双桥清音。沿清音阁背后一条蜿蜒曲折的山间小道前行约5里，便到了一座并不起眼的小寺庙牛心寺。寺庙虽不起眼，但名气不小。传说唐朝时期，有名的道教高人、著名的医学家孙思邈就在此牛心寺修道炼丹。牛心寺后面有一岩洞，传说就是当年孙思邈的炼丹处。

牛心寺山门（朱华高摄）

孙思邈，唐代道行高深的道士，也是一代名医，是医术医德皆一流的一代宗师，后世称为"药王"。

峨眉山清音阁背后有一座不起眼的小寺庙牛心寺。寺中，有一座孙思邈塑像，铜质。孙思邈坐一猛虎上，神采奕奕。他乃一文静的道士，为何坐猛虎？原来，孙思邈在牛心寺修道期间，赵公明降复的猛虎出没危害百姓，后被孙思邈降服为坐骑。故事是这样的：

孙思邈在峨眉山传道期间，有一黑虎常常出没伤人。官府多次悬赏，组织猎人围捕，虎没捕着，反而丢了一个猎户的性命。当地百姓更是谈虎色变，出门行走都要成群结队。孙思邈听得此说，便借上山采药的机会，搜寻老虎出没之地。一日，孙思邈和徒弟勾度一道采药，遇到官府组织的打虎队。孙思邈请求他们带路搜寻。打虎队队长见孙思邈乃一介文弱老道士，诚恳道："道长，你如此一位柔弱老人，如何能伏虎？有你在一起，我们还要费神照看你，保护你，如何捕杀老虎？还是让你徒儿陪你回庙去吧。你也别上山采药了，待我们捕杀了老虎再出门。"

孙思邈笑着说："我不会给各位添麻烦的。"徒弟勾度也道："各位高手放心，我师父内功高超，若有老虎来，他只会帮你们，不会拖累你们的。"但打虎队长还是不同意。孙思邈说："这样吧，为了让你们放心，请你们其中一人前来擒我，若能擒得住我，我自会知难而退。"打虎队长见孙思邈如此发话，便吩咐其中一位年轻人道："牛二，你和老人家比试比试。注意，点到为止即可。"牛二听队长吩咐，便摆开架势，对孙思邈道："老人家，对不住了。"说罢，一个老虎扑食，飞步上前。孙思邈一手轻轻一推，牛二离孙思邈尚有一丈开外，竟然不能上前，反而趔趄倒退几步才收住身。牛二不服，再次用老鹰抓鸡之势向孙思邈靠近。孙思邈仍然用手轻轻一推，牛二已倒退一丈开外。牛二只好向孙思邈躬身道："老人家好身手！"打虎队长见孙思邈有如此功力，这才转忧为喜道："啊呀，老人家，失敬失敬！您老功力让在下见识了！"孙思邈为了彻底打破他们的疑虑，道："队长，你们几个一起来吧，若能胜了我，我自当离开，不给各位添麻烦；若不能胜我，还请让我为除虎害出力。"队长见孙思邈如此放话，便道："既如此，我辈青年人就斗胆了。"说罢，五位打虎队成员围成一圈，向孙思邈逼近。谁知，无论如何，他们都近身不得，个个都感觉孙思邈身上有一股强大气流逼过来，不由自主地往后退。队长这才心服口服，率队员们齐齐向孙思邈跪拜，恳求孙思邈传授功夫。孙思邈请众人到了牛心寺，围着石桌坐定，缓缓道："其实啊，我这点功夫，还是你们峨眉山的呢！"众人一听，顿感惊奇，忙问缘故。孙思邈道："你们身在峨眉山，没听说轩辕问道峨眉山的故事吗？"众人皆摇头。孙思邈说："传说轩辕黄帝时期，峨眉山又叫皇人山。因为皇人在此不远处宋皇坪向轩辕黄帝授道。皇人传他两本书，其中一本是《皇人武籍》，包含拳、剑、枪、刀、刺、棍、鞭等九种武术图谱。轩辕得此秘籍，在九老洞中向九位神仙学习武术。后来，战国时期，有一位叫司徒玄空又名白衣三的道人在九老洞中和山猿为伴，偶见秘籍，创立了猴拳，后人称'峨眉通臂拳'。老道这点内功和拳法就是峨眉山的得道高人一代一代传下来的。"队长道："我辈只听说过这些传说，没见过真人露面，今天算是开眼了。您老可要把这身内功拳术传给我们。"其余四人也齐声道："请老道长收我等为徒！"孙思邈见五人态度诚恳，就答应了。

后来，他们七人就一边传道、修道，一边上山寻找老虎踪迹。

一天，在牛心寺对面的青峰岭上，七人和老虎相遇了。这只老虎全身黑毛，高大凶猛。原来，它是赵公明的坐骑。那年赵氏兄妹擒虎后，这只黑虎被赵公明降服，收为坐骑。后来赵公明在商周大战中，死于姜子牙打神鞭下。老虎无主约束，又在山上到处伤人。这只老虎自然不是孙思邈对手，很快便被孙思邈擒拿降服，成为孙思邈坐骑。如今峨眉山寺庙中，多有药王孙思邈坐黑虎的塑像，就是这个缘故。

打虎队长等五徒弟在牛心寺拜师学艺期间，见师父吃的都是清淡饮食。饭是稀粥，菜是野菜，便请教师父为何不食荤？孙思邈道："健康长寿的方法很多。其中之一就是饮食。饮食要清淡。峨眉山的野菜很多，不但是很好的菜食，还是很好的药品。食药同源。例如，我们每天吃的这种普贤菜，既味道鲜美，又有保健效果，多吃这些野菜对健身有好处。峨眉山满山遍野都是药材，是中华民族的药物宝库。我来峨眉山修道，这里不但是道家仙山，还是药物宝山。这里的空气清新，环境优美，山泉水还有明目作用。峨眉山真是修身养性的好地方啊！"

牛心寺后山岩边有一岩洞，名为"炼丹洞"。据传此地就是孙思邈修道炼丹所在。

7. 李白舞剑轩辕观

朱华高

　　峨眉山有座宋皇坪，位于善觉寺背后的高山上。此地乃皇人向轩辕授道之处，千百年来充满着神秘色彩。然世人很少知道，唐朝诗仙李白曾来此学得一手好剑。

　　诗仙李白，天下皆知。李白的诗对剑的抒发也是情有独钟，《全唐诗》李白诗中"剑"字共出现了 107 次，除去作为地名的"剑阁"3 次、"剑壁"1 次，武器之"剑"有 103 次。其中，有"铗""吴钩""吴鸿""湛卢""干将""莫邪""青萍""秋莲""霜雪""匕首""龙泉"等。

峨眉山二坪上的宋皇坪（李家俊摄）

　　何以如此？传说，和李白游峨眉山宋皇坪学剑及"剑情"有关。

　　李白少年得志，风流倜傥。他的诗词歌赋成就非常高，而且好仙道，喜弄剑。听说峨眉山乃仙山之地，前有轩辕问道，后有葛由骑羊，食桃成仙，他便寻思，何不到峨眉山走走，若能访仙得道，岂不是好？即便不能，听闻峨眉山武术高超，若能访得一位身怀剑术的高道，拜他为师，学些峨眉剑术，也是不枉此行。一日，他从家乡江油启程，腰仗青萍剑，来到峨眉仙山。到得山上，果然山山胜地，水水灵泉；云雾缭绕，宫观凌空。这日，他仗剑信步，来到宋皇坪。宋皇坪乃当年轩辕问道之地，不但授道台巍然矗立，而且有一位得道道长王仙卿率数百道童在此讲经传道。

　　宋皇坪上，坪地广阔，一望无垠，果然比其他各处更胜一筹。尤其矗立在授道台一侧的轩辕观和授道台一古一今，一祥一和，巍峨壮丽，金碧辉煌。王仙卿道长乃峨眉山道教第一高人，他不但道德修养在全国一流，武术剑技也是十分了得。

两位道童在坪口迎接李白。王仙卿道长已在轩辕观外亭阁恭候李白，躬身施礼道："仙卿在此恭候李公子光临。"李白躬身还礼，不解地问道："道长如何知道李白前来？"王道长笑而不答，只说："请亭内品茗。"对饮之间，二人侃侃而谈。李白说道："李白在山上游览时，其他道长皆称，王道长道法高深。"王仙卿道："惭愧。那是众多道长对贫道的期望。"李白道："既如此，还望道长收李白为徒。"王仙卿婉拒道："李公子学道，乃我道家之幸，然学道非一日之功，需在山上长年清心寡欲，累月吃苦受累。李公子乃当今天下奇才，国之栋梁，当以国家大事为重，不宜久居山野。"

无论李白如何费尽口舌，王仙卿就是不肯。李白见王仙卿态度坚决，便不再强求，只提出请王仙卿授其剑术，恳切道："学道之事，暂放一边，白欲学剑术，无论如何，请道长赐教。李白这就拜您为师！"言罢，虔诚跪地，道："师父在上，徒儿李白这厢有礼！"王仙卿连忙起身扶起李白，道："李公子将来是大有可为之人，不必如此多礼！"李白仍不肯起身，道："师父不答应，徒儿不起身。"王仙卿见李白如此诚恳，道："弟子请起，为师答应就是。"李白欣然起身。

品茗之间，王仙卿问李白："公子乃天下大文才，文武难以兼得，为何对剑术情有独钟？"李白道："弟子不知。弟子只是一看到别人舞剑，便有一种想要舞剑的冲动。"王仙卿微笑点头，问："李公子可否在师父面前略微展示剑术？"李白欣然应允，起身至亭外坪地，拔剑在手，躬身道："弟子献丑了！"几招后，王仙卿示意李白停住，对身边道童道："去把为师的剑取来。"不一刻，道童双手捧剑，送到王仙卿手里。只见王仙卿刷地亮剑在手，对李白道："看清了！"接着便前三后五，上刺下劈，把剑舞得寒光闪耀，不见人和剑，只见一道白光在眼前晃动。李白大开眼界，钦佩不已。

从此，李白便在宋皇坪上整日和王仙卿或学剑，或吟诗，或品茗。王仙卿知道李白好酒，便把珍藏多年的"峨山神泉"拿来与李白对饮。一日，师徒二人喝得高兴，李白乘着酒兴问王仙卿："师父，弟子请问，师父剑术师承哪位高人？"仙卿道："峨眉剑术，说来话长。最早当追溯到上古时期，轩辕黄帝来峨眉山问道，皇人在此宋皇坪收轩辕为弟子，传授天书两本，一本乃治国之道《三一五牙经》，一本乃武术秘籍《皇人武籍》。后来，轩辕在九老洞遇九老仙翁，共同论治国之道和习武之术。《皇人武籍》由此留在九老洞中。后来赵公明兄妹来峨眉山修道。赵公明居九老洞，其三个妹妹居三霄洞。那秘籍中有拳、剑、刀、棍、刺、棒等九种武术。赵公明由棍、棒悟出鞭，大妹云霄习剑，二妹碧霄习刀，三妹琼霄习刺。这些武术都在峨眉山传与后人。为师亦仰望峨眉仙山久矣，尤其敬佩我中华始祖轩辕黄帝不远千里来此问道。为师亦召集三百道童来此仰慕中华始祖，以祖师太君《道德经》为训，潜心研习。峨眉山中，多有虎狼为患，为保道观和诸多徒儿安全，为师拜山中众道长，研习峨眉武术。可能是虔诚所致，在九老洞问道时，偶见《皇人武籍》天书，习得剑术。回到宋皇坪，苦心钻研。谁料一夜，为师在轩辕观中研习剑术时，因困倦睡着了。梦中一身材伟岸、身穿虎皮裙的古人赫然眼前，自称道：吾乃轩辕，知你虔诚研修《道德经》和峨眉剑术，特来教你两招。你可持剑与我共舞。为师闻听大喜，即随轩辕起舞。不知不觉，天明梦醒。醒来之后，仰望殿中始祖金身，叩头礼拜。从此剑术大增。"

师徒二人饮罢佳酿，仙卿道："徒儿可随师父到轩辕观参拜始祖。"

进了观内，正中轩辕金身高大，面目慈祥。仙卿师父于殿前跪拜，道："轩辕始祖，今有弟子李白，来此瞻仰你的圣颜。他一心学剑，仙卿武技浅陋，不敢在始祖前搬弄。始祖若能显灵，教李白一招半式，也不枉他此行。"言罢再拜。李白也随师父虔诚跪拜。

是夜，皓月当空，万籁俱寂。宋皇坪融入明亮的月色中。李白在坪地按仙卿师父白天教的招式，反复研习。夜色已深，便进轩辕观厢房解衣就寝。因白天苦练，上床后便很快入睡。忽然，见轩辕始祖款款走来，对李白道："诗仙，本祖见你虔诚学剑，趁今夜月色明朗，就教你两招。你可随我到观外坪地。"李白不解问道，始祖何故称弟子诗仙？轩辕道："休得多问，快随我来！"

李白慌忙起身，随轩辕来至白天练剑坪地。只见轩辕亮出轩辕剑，白光一道，直冲斗牛。李白忙持剑跟随轩辕前刺后劈，左腾右挪。正在兴头处，忽听道童呼叫："天亮了，请李公子起床浣洗！"这一叫，惊醒了李白的美梦。李白躺在床上，细细回想梦中情景，起身兴冲冲禀告师父。王仙卿听李白如此述说，十分高兴，道："弟子持剑随师父到练剑坪地。"师徒二人来至坪地，摆开架势，你进我退，演练剑术。李白剑术果然比昨天大不相同，精进不少。王仙卿高兴地对李白道："弟子和我道家有缘！峨眉山中，能得轩辕梦中授剑术者，除为师以外，你乃第二人！"李白听得此说，自然十分高兴。

从此，李白在宋皇坪上或同王仙卿品茶论道赋诗，或随仙卿师父练剑谈武。不久，李白剑术已达上乘水平。一日，王仙卿对李白道："李公子，你乃未来我朝少有之文才，不是持剑上阵拼杀之人。剑术到此为止，峨眉仙山还有不少胜景，你当各处走走。"李白道："弟子久闻绥山有葛由仙人洞，久欲前往瞻仰，就此别过。"王仙卿点头，并派两名道童陪同前往。

此一去，生出一段情剑佳话。欲知详情，请听另则分解。

8. 李白情剑桃林村

朱华高

话说李白在宋皇坪学剑后，辞别王仙卿，到二峨山寻访葛由仙迹。王仙卿派两位道童带路陪同。葛由何许人也？传说，他乃西周羌人，制作的木羊可以行走，听说二峨山乃修道成仙的胜地，他便骑着自制木羊来二峨山修道。后人尊称他为葛仙翁，在二峨山上下，遍建宫观祭祀。

二峨山古称绥山，位于峨眉山市南面约 50 里之遥。这一日，李白到了二峨山桃林寨，即今日沙溪乡桃林村。此地位于高桥镇到沙溪乡公路半道，海拔约 800 米。桃林村产桃历史悠久。清谭钟岳奉命考察峨眉山时，就曾到桃林村考察，对该村的蟠桃有详细描述，云：绥山"产桃，谚曰，得绥山一桃，虽不得仙，亦足以豪。……桃花红而实白，土人呼曰蟠桃，味甘香。"1991 年《峨眉县志》载："绥山桃，俗名白花桃，又叫白米桃，少生虫，肉质白嫩，水分重，有清香，含蜜味，回味香甜，可以饱腹。当地人呼之'仙桃'。绥山桃的主要产区是如今沙溪乡桃林村。"

李白见满山遍野都是桃树，树上硕果累累，正是成熟季节，满树红桃十分逗人喜爱。李白在林中徜徉，见此美景，十分高兴，诗兴大发，正欲吟诵，忽见桃林深处走来一位仗剑姑娘。那姑娘喝问："林中谁人？快报名来！"李白上前道："鄙人姓李，单名白。这厢有礼！"姑娘上前笑道："和我有缘嘛！"李白不解，问道："何以有缘？难道姑娘也姓李？"姑娘道："你姓李，和我这满山红桃，不是有缘么？"李白一怔，猛然笑道："对，有缘，有缘！姑娘乃育桃之人，桃红李白，确实和李白有缘！"说着抬眼看去，只见姑娘年方二八，婀娜多姿，面若红桃，一身紧身衣裙，身佩长剑，英姿飒爽。李白问："姑娘，不知如何称呼？"姑娘道："我姓杜，名桃红。人们都叫我桃红。"李白道："名如其人，你真如红桃一样漂亮。哦，不，比红桃还漂亮！"桃红道："多谢李公子夸奖！不知公子何处人氏，来此深山野岭有何贵干？"李白道："我乃江油人氏，听说先人葛由骑羊自北方羌地来此修道成仙，李白特来巡访仙迹。"姑娘高兴道："好啊！我祖先就是随葛仙翁一道来此修道之人。"

原来，桃红姑娘乃古蜀国杜宇的后人。当年葛由南来，途经成都，蜀国不少王公大臣亦跟随同来二峨山。他们没有吃的，就以此地蟠桃充饥。桃红姑娘先祖一日在山中寻找野果，被一只豹子追踪咬伤，眼看就要落入豹口，当地一林姓猎户及时赶到，杀退豹子，救了杜公，迎入家中。林猎户有一女儿，整日守在杜公身边，熬药做饭。杜公伤好后，就和林姑娘结为夫妻。李白听桃红姑娘如此述说，备感亲切，邀请桃红带路寻访葛由仙迹。桃红也乐于作向导，陪着李白到了葛由洞。

这是一个天然山洞，在离桃林不远处的半山岩上。桃红身材敏捷，带着李白，在坎坷崎岖的羊肠小道上缓慢行走。李白虽酷爱游山，然如此险峻小道，还是第一次行走。好在有桃红姑娘时时照看，倒也有惊无险，反而有一种别样情趣。如此在山中数日，每日都是桃红带路，遍游道观和胜景。有时，在桃林品尝熟透的蟠桃；有时，在月光下听桃红讲山中数不清的仙道故事；有时，桃红听李白吟诵诗歌；有时，李白和桃红切磋剑术。最难得的是桃红姑娘的剑术和李白不相上下，这令李白惊诧不已，问其剑术何人所传？桃红道："说起来，桃红剑术和李公子剑术都同出《皇人武籍》一门。传说，赵公明兄妹在峨眉山修道之时，都有缘在九老洞见到天书。云霄专习剑术，后人称云霄剑。此剑术先在大峨山传承，至晋乾明道长带徒弟上百人，在乾明观学剑术。后来一些弟子来二峨山建观修道，就把剑术带到二峨山。桃红是在附近龙泉观中向道长学的。"

时间过得真快，月圆月缺，到了新月时节，他和桃红姑娘情感日渐加深，大有难舍难分之意。李白本来想在山中修道，成为世外之人，却被桃红劝住，勉励李白在文才诗歌上精进。一天晚上，二人在桃林话别。天上，一弯新月高挂天空；地上，一对年轻人依偎桃林。二人将身佩"青萍""秋莲"剑互赠对方。李白道："桃红姑娘，待我回家禀告家父，便来桃林找你。"桃红道："公子前途为重，桃红在山上等你。"

第二天，李白依依不舍，离开桃林村，踏上去渝州访友的路途。他在青衣江弱漰渡登舟，遥望峨眉山半轮明月高挂，手扶腰间"秋莲"，沉吟道："峨眉山月半轮秋，影入平羌江水流。夜发清溪向三峡，思君不见下渝州。"

后来，李白因诸事跌宕，虽再也没有到二峨山见桃红姑娘，但游峨眉山的经历终生难忘，写了不少关于峨眉山的诗，寄托自己的思念之情。在《胡无人》中，诗人写道："流星白羽腰间插，剑花秋莲光出匣。"在《峨眉山月歌送蜀僧晏入中京》中，诗人写道："我在巴东三峡时，西看明月忆峨眉。月出峨眉照沧海，与人万里长相随。"

天长地久，桃红望断秋水，总不见李公子到来，郁郁寡欢，入了附近葛仙观，终日守护葛仙翁。

9. 兴圣寺　和尚显武功

李先定

　　早年间，出峨眉城南门约 3 里，可见一四合院型寺庙，精巧幽雅地坐落在苍松翠柏间。这寺庙名为兴圣寺。

　　《峨眉伽蓝记》载，兴圣寺原名兴圣庵，明万历年间兴建，清康熙年间重建，改名为兴圣寺。寺宇两层，佛像庄严，遥望金顶诸峰，历历可数，殿宇明净，香火兴旺。

　　阖寺僧人，除参禅打坐、念佛烧香外，十分注重耕地种菜，打拳练武。

　　据老辈人传说，清代乾隆年间，一天，做完佛门功课，本寺住持定尘老师父通知徒弟觉一到他禅房来一趟。觉一心中忐忑，多年来跟随师父修行，小心行事，从未出现过错，难道师父对自己有什么怨尤吗？他惴惴不安，走进定尘禅房，参拜师父毕，站立一旁，静候吩咐。

　　定尘平静地看了看觉一，说道："你自 12 岁出家随我，至今已经十年，勤习经典，一心念佛，身上武功也非一般庸碌之辈可比。但长时蜗居一庙，也非出家人志向。自今后，你可云游名山大川，若遇大德高僧，净心学习，自可成就将来。你下去准备行装，明日就出发吧！"

　　觉一不敢违背师命，唯唯应诺。第二天清早，拜别师父，大步出了兴圣寺。

　　一路上风风雨雨，化缘兼程，不知不觉来到了山东某县的弥陀寺挂了单。

　　在庙内住了几天，一日上午，觉一在房内念完经书，出房帮其他僧人干些杂务，忽听外面闹声嚷嚷，原来是一富商布施一千两银子，来寺内随喜功德，了却心愿。

　　富商吩咐随从抬银进庙，与弥陀寺住持在客堂品茗谈禅。正聊得投机，有一小沙弥急急匆匆跑进客堂报告住持，说山门外有人闹事。

　　住持走出山门，见一彪形大汉，身后有四五个人，摩拳擦掌，高吼"还钱"，住持心知，庙内并不差此人的钱。此人是一地方无赖，仗势自己有点武功，经常来寺内讹诈。住持正与无赖争执间，无赖一挥手，四五个随从冲进庙内，扛起富商布施的银两就往外跑，后面十几个僧人大步追去，都被无赖拳脚交错，打倒在地。

　　觉一见无赖拳脚不凡，甚有功底，寺僧皆非对手。上前对住持说："此劫银者，武功非比寻常，寺内诸师父难以胜他。贫僧在峨眉山时也曾习武数年，懂得些许峨眉功夫，待贫僧前去夺回银两。"说罢，飞步奔向无赖面前，无赖急忙双手迎面扑来，觉一一闪过，以长拳逼近无赖胸前，无赖回身坐马步，两手相对。觉一急退回原路，遂以朝天之势双手紧紧直通无赖命门。无赖见来者身手不凡，急往后退，丢下银两，落荒而逃。

　　原来，觉一多年来在峨眉山练习峨眉派武术——火龙拳。此拳讲究巧打严防，内外兼修，直进疾退，体用结合。

　　不久，觉一和尚告别弥陀寺，又持钵云游别处古寺丛林了。

《峨山图说》中的兴圣寺

10. 龙神堂　武僧伏猛虎

李先定

《峨眉伽蓝记》记载，伏虎寺相传为外地僧人心庵开建，心庵为何时何地人已很难考证。宋绍兴年间寺名龙神堂，四周树高林密，时有虎狼为患，寺僧非常忧虑。

老辈人说，龙神堂怎么改名为伏虎寺的，其中还有一段较为精彩的故事。

一日，龙神堂住持了因师父正在禅堂打坐诵经，忽有人急匆匆来报，附近有一采药山民被老虎咬伤，现已送城内救治。了因心中十分着急，吩咐阖寺僧人外出小心，无事不要外出，凡外出者也要结伴而行，早出早归。

冬去春来，天气渐渐变暖，老虎出没的时间也越来越多。那一日，龙神堂僧人吃罢午膳，稍事休息，了因问知客僧，进城买物品的两位僧人回来没有？知客僧答尚未回。了因说，那二人新来挂单，路道不熟，恐遇不测，快到山门外看看。

正说间，猛听门外有人高呼："师父，快开山门，师父快开山门！"知客僧喊道"不好，有事"，急忙跑至山门，抽开门栓，打开沉重的山门。门外，挂单僧元悟上气不接下气地说："快派人抬虎，快派人抬虎！"知客僧不明就里，连问："还有一个人呢？"这时，寺中了因住持和另外两个僧人也走了出来，元悟抹了抹额上的汗珠，向大家缓缓道出了实情。

原来，那天元悟和另一僧人常智奉知客僧吩咐，进城购买寺内所需油盐柴米之物，元悟背着背篼，常智手提扁担，两人说说笑笑，往城内走去。

两人买好东西，一个背着，一个挑着，急急忙忙往庙里赶。不觉已走近虎溪，常智向元悟说："师兄，你看林中一堆黑团是什么东西？"时近黄昏，光线渐暗，元悟也未看清楚。二人正说间，忽然那黑乎乎的东西呼啸一声，直向二人扑来，两人大吃一惊，心中念叨："今天真的遇到老虎了！"赶忙往后退缩，老虎一步步往前逼近，元悟腾出背篼，常智手提扁担，双方对峙间，元悟见老虎向他冲来，迎面用背篼对着虎头冲去，恰恰罩住虎头，常智趁机用扁担向虎身要害处乱打，老虎又蹦又跳，元悟力不能支，背篼一下落到地上，虎眼如灯直射元悟，张开血盆大口，露出两排利牙，恨不得立马吞下元悟。元悟趁势侧身一跃，跳上虎背，双手死死抓着虎鬃，老虎张开大口，掉头直向元悟，元悟对常智高喊："快用扁担对准虎口！快用扁担对准虎口！"常智用尽全身力气，说时迟，那时快，双手紧握枣木扁担，对准虎口猛刺进去，随之搅了几搅，老虎痛得直往后退，失足掉进一个高坎，老虎在地上滚了几圈，越滚扁担越在体内翻搅得厉害，不一会儿便气息奄奄，二人上前又用石块猛击虎头，老虎终于毙命。

二人气喘吁吁，又累又饿，元悟先回寺叫人。了因上前一看，只见扁担从虎口进屁股出，老虎首尾直冒鲜血，闭眼紧念："阿弥陀佛，罪过罪过！"

众僧把虎抬进寺内，第二天又抬进县城向县衙报告打虎经过，受到县太爷嘉奖，夸赞龙神堂僧人为民除害。

此后，龙神堂附近虎患逐渐减弱，人们都呼龙神堂为伏虎寺。

不久，了因师父了解到，元悟和常智两人自小在龙池本庙练习峨眉法象拳，此拳动作生动奇巧，劲发快柔，变幻莫测，两人到龙神堂挂单，本想寻师访友，最后却亮出了真功夫。

11. 凉风洞 湛然写拳谱

李家俊

　　峨眉山中有两个凉风洞，一个在伏虎寺后的凉风桥，一个在万松山。蒋超《峨眉山志》称凉风洞"大小深坑，上十字洞，在宋皇观右，吕纯阳以剑划之，此洞深广叵测，水自龙门对山，飞作瀑布，尝见竹箪随水流出"。两个凉风洞相距不远，下洞临凉风桥，古人上峨眉山必经之地，溪水潺潺，夏天凉风习习，是练武养生的绝佳处；上洞在纯阳殿右上的岩壁下，古传吕洞宾用剑划出，由于在峭崖上，鲜为人知，一般人也难以攀登，洞里冬暖夏凉，是读书静修的好地方。

　　一树开五花，五花八叶扶，

　　皎皎峨眉月，光辉满江湖。

　　这是在凉风洞修炼、精通峨眉武术之枪法和棍法的湛然法师，在其《峨眉拳谱》一书中对峨眉武术分布的概括和总结。

　　武林中有传，湛然法师以上洞为静修之处，以下洞为练武传授之地。他文传千古，武惊当世。一部《峨眉拳谱》成为武林传世之著，一杆禅枪打出了峨眉武术的神威。

　　《峨眉文史·峨眉武术专辑》载，湛然法师，清末民初四川名山县人，俗名何崇政。何崇政早年刻苦研习峨眉武术，对枪法和棍法非常精通。太平天国运动爆发后，何崇政投奔翼王石达开，因文武双全，受石达开重用，任翼王府"记室"（秘书）。清同治二年（1863年）夏，石达开率部进至越厅紫打地（今四川石棉县安顺场）兵败，何崇政凭武功高超得以逃生。他先是在川东参加反清活动，不断遭到清军追杀，于是逃往峨眉山避难，隐姓埋名，以图东山再起。何崇政在峨眉山纯阳殿削发为僧，法号湛然。

　　凉风洞上洞无路，法师怎样上去，仍是古史之谜，一说湛然法师有古传飞檐走壁之功，上凉风洞轻松自如。上洞幽静，自然是法师读书著作的禅舍。冬季来临，凉风洞内却温暖如春，湛然法师在上洞清静苦读，百思有悟，历三载，写成传世之作《峨眉拳谱》，把峨眉武术的分布和传播做了全面总结，书中的"一树、五花、八叶"，后人据此认为，"一树"就是指峨眉武术，"五花"指在当时巴蜀与武术有关联的组织帮会，大致分布在五大地区的五大派系即点易、青牛、铁佛、黄林、青城。而"八叶"则指巴蜀武林的僧门、岳门、赵门、杜门、洪门、会门、字门、化门八个分支门派。

　　再说下洞，洞外上接雷音寺，下连伏虎寺。洞外有木桥，桥边是太湖石，古人取太湖石煎汤服用，谭钟岳在《峨山图说》称有"疗心气之效"。不远处旧有凉风亭，亭后万仞绝壁，飞鸟难越，亭前溪水交汇，冲积成一块小坪，旧有"震旦第一山"牌坊。凉风洞既可观山望景，又可旅途歇脚。湛然法师在凉风亭平台习武，闻讯而来者众多，法师在古柏林中置石锁、吊环、梅花桩等，教人练基本功。法师名声越传越远，也引来武林豪杰比武切磋。传闻，一日，从中原某地来了一群习武者，仰湛然法师武功，希望与大师交手，大师不语，默默地让其中的领头大汉耍了一段枪法，心中便有了底细。法师要徒弟拿出黄荆木杆制作的峨眉枪，做出一个防守姿势，请对方出手，那猛汉操起长枪，大喝一声，腾空而起，直向湛然法师扑来，"好枪法"，法师一边称赞，一边侧身，躲过枪尖。猛汉忽然转身，枪尖横扫过来，再一个回旋，直刺湛然法师心口。"妙!"法师脱口而出，轻轻一弹，让飞枪从脚下划过。那猛汉随即挥枪劈头盖脸地从空中打来，"好!"法师再次喝彩，一个旋风闪到大汉身后，话音落地，法师的枪尖从后面刺破猛汉的衣袖。法师再大喝一声，声随枪同步，瞬息刺中大汉的腰部，在腰间画出个十字，虽未伤皮毛，却让那猛汉的佩物散落一地。猛汉自知不是法师对手，立刻扔掉手中的长枪，磕头便拜法师为师。原来法师修虎步功、重捶功、缩地功、悬囊功、指穴功、涅槃功六功，善以静制动，以守为攻，巧用峨眉武术的五峰六肘之力，避实打虚，出其不意克敌制胜。

凉风习习，洞里有世界。湛然法师看重武德，以武会友，比武切磋，点到为止，不伤对手，在武林中被传为佳话，这也让凉风洞更加庄重神秘。

12. 鞠槽"将军府"

李家俊

峨眉鞠槽，仰金顶祥光，俯万亩桑田，钟灵毓秀，人杰地灵。文承孔孟之道，武传临济禅功。林氏家族的林梯云，军功显赫，获千总衔，封"武功将军"，成林家英豪。为表此殊誉，林氏家族再兴土木，在鞠槽林家大院内林家祖基"莲花穴"一侧，营建了将军府。1939年，四川大学迁峨眉期间，即在将军府办学。

林梯云是鞠槽林氏第十九代林青岱的次子，"奉政大夫"林汉云堂兄弟。《林氏宗谱》记载，清同治五年（1866年），林梯云获千总衔（武官正六品），赏戴蓝翎，封"武功将军"。林梯云便由老祖屋迁出，在宗祠右侧，兴建将军府。与此同时，其父林青岱蓝翎都司衔，诰封三品武翼都尉。

相传，林梯云自幼好武功，家父教育严格，六岁被送新开寺，拜武术大师洪圣为师，苦练峨眉武术。林梯云中等个头，身体灵活，悟性很高。在洪圣师父的严格调教下，林梯云的峨眉拳炉火纯青。同时他习练峨眉刀，一丈多长、百十余斤的关羽刀，在他手上挥舞自如。他每天从鞠槽跑步上新开寺，练得好身板。在新开寺右侧的滴水岩，高丈许的光滑的石壁上仅有几个小窝，手指勉强可触，林梯云常到此处练轻功，多次从石壁摔下，头破血流，终练得一身功夫。他所习飞檐走壁的轻功，可轻松自如跃上滴水岩，为日后比武奠定了厚实的基础。见儿子武功日进，父亲林青岱思索着把林梯云送进军营以图功名。在清军营，林梯云非常勤快，头脑灵活，武功出众，深得带兵将领的器重。在一次演武场上，林梯云持峨眉刀上擂台，凭借练就的硬功夫力克群雄，拿下对手无数，屡获众彩。当念到获奖名字上演武台授奖时，其他兵士都顺从地沿梯步上台领奖，唯林梯云把擂台当新开寺的滴水岩，一个鱼跃翻身，腾飞上台，平缓自如落地，再次赢得阵阵喝彩。此动作引起军中参将（清武官三品）的重视，将其收为贴身，林梯云因此被重用，屡立战功，军衔节节高升至千总。

为彰显林梯云功绩，林氏家族辟地建将军府，占地约50亩，前门呈八字形，有一门厅，前为大门，后又有三道门，门前一对石鼓，八字门墙各长六丈，一道照墙，一对石狮。进门为演武厅、跑马圪，上三级阶梯，一连二进，入大厅，中堂供祖宗，两廊厢房，中厅为演武厅，两边客厅俱是两道大月亮圆门，中厅前壁可移动，每扇厅壁精雕细刻，镂空，油漆，彩绘，贴金。前面临演武场门楼高耸，饰以各式雕塑彩绘，中厅两廊，有楼，有侧厅、客房、正房。正房两侧一连四个长方形天井，四周厢房为生活用房及佣工、马夫住房，马棚，储藏室，右边有一砖石大侧门，内也有两个长方形天井，两厢是主人起居室。上下两层，大院后有一大广场，有马道，射箭坪。八字形大龙门的右侧是一排厢房。后有花园、楼台、亭角、鱼池巧列其中，名曰"后乐园"，有一大匾悬于厢房正中。整个将军府用红条石砌底，高五尺，上又用青砖砌成围墙，从宗祠砌到八字形大门。庭院中各有水井三口，常年水深而清洁。据说建将军府，花去十万两白银，历时两年才建成。1939年四川大学迁校峨眉，其新生院就在将军府。四川大学进驻后，在广场上建筑教室、办公室、宿舍等，可容一千多人。将军府演武场成为学生集合升旗的广场。四川大学迁离峨眉后，林氏家族原打算在将军府办中小学，不料，1946年一场大火，焚毁了将军府。

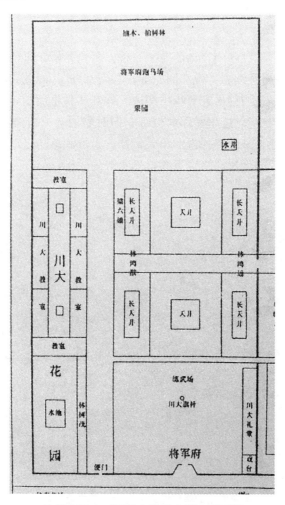

鞠槽将军府（四川大学新生院）平面图

13. 回龙寺　许超痛扁郑八爷

李家俊

　　峨眉旧城南门，古称胜峰门，出门有一石桥，名化龙桥，过桥有儒林街，穿过儒林街便是古回龙寺。《峨眉县续志》说"回龙寺，县南郭外"。回龙寺距峨眉县城南门只有三百步，寺虽小却幽静，谭钟岳在《峨山图说》称其"寺小而幽，比丘尼居之，前临涧水，碧玉萦回，古树数株"。这里紧邻西坡寺，旧时峨眉县只有矮小房屋，所以回龙寺是观峨眉山诸峰的佳处。又因寺外古木参天，是古人习武练功之地。清朝道光年间，被皇帝赐封"武功将军"的许超，在这里痛打郑八爷的故事，至今流传不息。

清末时期的峨眉城外回龙寺（李家俊提供）

　　《峨眉县续志》载："许超，字云台，本城人，由峨边营行伍出身。"许超少年英武，聪明过人，自幼拜峨眉武术大师通天禅师为师父，刻苦修炼峨眉临济功。许家距离回龙寺很近，故许超常到回龙寺树林练功。18岁时，许超已身高过一米八，双臂垂下可及膝盖，浑身肌肉发达，臂力是寻常人的两倍，腿发有奇力，一秒钟内可伸发数次。许家在峨眉算得上大户之家，故让许超进了私塾，习读《论语》《孟子》《中庸》《大学》《诗经》《尚书》《礼记》《春秋》等经典著作。许超文修孔孟之道，武俱峨眉功夫，在邻里伙伴中是个孩子王。有一次几个小伙伴把附近旧庙的门拆下，抬到回龙寺旁的小河边，让许超比试武功，哪知许超双手一点，门上部便击出十个洞，小伙伴们还没有回过神来，许超的右腿劈在门下端，门立马就变成碎片。

峨眉城南的江湖武术拳师郑八爷听说了许超的事，却不以为然，三次上门挑战，都被许超拒绝。郑八爷以为许超徒有虚名，临场胆怯，更加肆无忌惮地在回龙寺树林纠结一帮徒弟卖弄功夫，叫人画了一张许超的像，贴在练拳击的草人上，供徒弟们踢打。有一天，正逢峨眉县赶场，人流络绎不绝，郑八爷故伎重演，带上徒弟在大树下再次摆起摊子，令徒们对准贴有许超画像的草人，轮番攻击。此时，围观的人越来越多，里三层外三层，阻断了回龙寺门前的道路，吆喝声、尖叫声、孩子的哭声不绝于耳，郑八爷让喽啰们敲锣欢庆，自己则脱掉外褂，故意露出胸毛和全身结实的肌肉，双手抱拳，连声道："雕虫小技，雕虫小技。"话声未落，忽听围观的乡民"哇"的一声惊叫，只见一少年从回龙寺护墙上腾空而起，悬空三百六十度，"呼"的一声，稳稳当当地扎进人群中间，那魁梧的身影，如松柏挺立，那矫健的动作似英雄岳飞再世。那少年大吼一声："八爷欺人太甚，许超在此与你一决雌雄。"瞬息间，郑八爷及其徒弟像灌了铅似的凝固了，不知如何是好，围观的乡民个个屏住呼吸，观望着接下来的事态发展。老谋深算的郑八爷醒悟过来后，立刻给大徒弟和二徒弟使了个眼色，两个徒弟回过神来，大徒弟做出虎拳动作，二徒弟亮出鹰爪功夫，左右夹击，上下联动向许超猛扑过来。眼明手快的许超腾越而起，一个头打盖地虎的招式，从空中劈头盖脸地向大徒弟袭来，狠、准、稳地落在大徒弟头上，只听"啊"的一声惨叫，大徒弟倒地痛哼。二徒弟见势不妙，"呼、呼、呼"连叫三声，鹰爪从空中向许超划下来。说时迟那时快，许超一个鱼跃转身，半蹲在地，飞出长腿，劈向二徒弟的右脚，二徒弟打了一个战栗，重心失落，鹰爪失去全身的支撑，完全丧失攻击力。许超乘势以连环腿之功，扫击二徒弟的左腿，二徒弟立马挨了个狗吃屎，许超翻身上来，像武松打虎，骑在二徒弟背上，挥起少年拳，雨点般地擂在二徒弟头上。郑八爷见状，自知不是许超的对手，想用缓兵之计避其锋芒，以后再聚江湖高手，与许超一决雌雄。郑八爷遂双膝跪地，双手抱拳，口中不停地向许超求饶："大兄弟是盖世英雄，郑某人有眼不识泰山，求大兄弟手下留情。"威风扫尽的郑八爷带着徒子徒孙，颜面尽丢，灰溜溜地离开了树林。在场的乡民无不被许超的功夫倾倒，欢呼雀跃。从此许超的名声在峨眉县家喻户晓。

得罪了地方土豪，许超回家免不了受家法斥责。许超本是有志向的年轻人，为了避开风头，寻找进身之阶，他决定投军从戎，到峨边县成卫军营，开始了行武生涯。当时的峨边县，少数民族与汉人经常发生冲突。当地头人熟悉地形，抢劫汉人后立即无影无踪，清朝政府对此非常头痛却又无计可施。许超在峨边营艺高胆大，冲杀在前，屡破敌军阵营，令人闻风丧胆。为了长治久安，许超献计，引诱头人进入县城，以数倍兵力围困，活捉头人，再施以安抚政策，恩威并重，降服了当地头人。许超因功晋爵，升任赵家渡把总，成为正七品武官（清朝的武官比文官低二级）。带兵有术的许超，在沙场上游刃有余，不断克敌制胜，屡建奇功。几年工夫，军阶连升四级，战功记录十次，先后任保安营千总（正八品武官）、建昌中营守备（正五品，一般由侯、伯、都督充任）、安徽芜莱营游府（从三品武官）、安徽营参将（正三品武官），许超战功卓越，名声大噪，一跃成为清军的重要将领。清宣宗皇帝（道光皇帝的庙号），为许超战功所动容，三次在宫中召见许超，钦点表彰许超的功绩，一时间，许超的英雄功绩如雷贯耳，朝廷内外莫不称赞。许超再接再厉，调署雍国营参将，升补安庆协副将（从二品，地方镇守武官），再调署太湖协镇都督府（从二品，地位高于副将，属地方大员），达到了许超人生的顶峰。道光三十年（1850年），许超年事已高，无意再续军旅生活，遂带着一身的刀伤与满身的荣耀，告老回籍，清政府准予许超继续享受从二品大员待遇，在峨眉县安享晚年。

回到峨眉的许超，居许将军府，即使已经可以享受荣华富贵，但许超仍坚持每天习武，教化家丁练就功夫。他早读晚诵，儒风不怠，不以军功炫虚，不以赐封炫富。此时，被许超教训过的郑八爷已经离世，再没有机会报回龙寺之耻，他的二徒弟在大树下虽然没丢命，但从此落下歪脖子病，闻许超载誉归来，却贼心不死，自知无法与许超抗衡，于是想出一条毒计，勾结从峨边过来的乱军，以数百人的武力围攻峨眉县衙门和许将军府。峨眉知县秦象曾从未见过这样的阵势，惊慌失措，差员向许超求助。许超虽老，宝刀锋刃不减，率领家丁二十余人，突破乱军北面防线，在峨眉县城南门外的回龙寺与清军对峙。许超站在寺门外，俯瞰城外乱军的阵营，一面令清军骑兵从马路桥包超过来，切断退路；一面令神箭手对准站在化龙桥上为叛军摇旗呐喊，当向导的郑八爷二徒弟射杀。"嗖"，快箭飞出，"啊"，二徒弟应声倒地，滚入河中而毙。在许超的指挥下，由夹江过来的援军从西面进攻乱军，驻守县城的清军从育贤门向回龙寺压境，乱军不知所措，军心动摇，顿时溃散，被清军一一斩获。老将军许超为保卫峨眉县城再立大功。

许超78岁时病逝，道光皇帝追封为"武功将军"。许超之子许应雄、许应雄之子许万艮因此世袭受封赠，许应雄之妻李氏亦受封为诰命夫人。许家三代受皇恩封赐，遂在峨眉城南建有许氏宗祠（亦称许将军府）。

14.　鬼谷洞　徐矮师结缘猴群

李家俊

　　鬼谷洞在峨眉山雷洞坪的悬岩陡壁下，蒋超先生的《峨眉山志》记载："鬼谷于此著书，名《珞琭子》"。鬼谷洞不深，却非常神秘，虽距雷音寺不远，但其险要，非常人可至。至今，这一带山猴出没，猴群在寺庙前伸手向游人要食物，稍不如意还出手打人，旋即又躲进山洞中，常居庙中的僧人也拿这些"山居士"无可奈何。然有一武林中人却与峨眉山灵猴非常默契，相惜成趣。峨眉武术传人乔正权介绍，相传徐矮师尚在襁褓时，其母在上雷洞坪途中晕厥，徐矮师被峨眉山上的猴子救下，带入猴群里，被当成小猴哺养。到六七岁时，徐矮师才走出猴群，跟随峨眉山僧人学习武功。徐矮师不忘猴群抚养之恩，选峨眉山鬼谷洞隐居，他有姓无名，其身形矮小，下颌刚到桌面，俗称"徐矮师""徐矮子"。

徐矮师画像

　　民间传说，自童年起，徐矮师白天在雷洞坪习练各种功夫，晚上入鬼谷洞睡觉，呼洞中空气，饮洞中滴水，采山崖草药治病，食山林野果果腹。冬去春来，人虽矮小，却异常健壮。徐矮师成年后遇奇人传授，开始闯荡江湖，遍访名师高士，技艺始得大成。

　　徐矮师隐居鬼谷洞，潜心研究技艺，翻筋斗、走软索无所不习，内外家、南北派无所不通，综其所学，对各种门派的武术潜心研究，并独辟蹊径，融各派精纯之长于一炉，始创独特武术拳法，并命名为"自然门"。据传徐矮师在龙池湖能踩水而行，如履平地，一夜之间能飞步往返于大峨山、二峨山、四峨山之间，可谓天盘功夫。

民间还传，清末民初，一代侠士杜心五，早闻徐矮师之侠名，千辛万苦在雷洞坪拜访徐矮师。徐矮师教杜心五一些峨眉武术的基本功之后，便把杜心五带入鬼谷洞继续习艺，这是徐矮师在鬼谷洞收的唯一的徒弟。开始，杜心五见"徐矮子"身材矮小，便不甚礼待。而徐矮师并不计较，终日手持小旱烟袋蹲于石凳上吸烟。杜心五心里一直想试探其武艺深浅虚实。一日，在鬼谷洞的石榻，趁徐矮师熟睡之际，杜心五持棍潜入洞中，见其卧睡正酣，猝然举棍劈下，眼见就要打着其头，忽然徐矮师翻身朝里，鼾声如故，而杜心五的棍却劈断了徐矮子的枕头。杜心五后来在训练或切磋中都有意试探偷袭徐矮师，却从未能一沾徐矮师衣襟。杜心五自此恭谨尊师，跟随徐矮师习艺八载，成为武林流传的佳话。

峨眉有一拳师，在武庙前黄桷树下贴告示比武求师，如果谁能打败他，他就拜谁为师。告示一出，找拳师比武的人门庭若市，可惜的是谁都没本事打赢这位拳师。这个结果让拳师有几分失望，又有几分得意。有一天，拳师在峨眉城南门的家里练功，家丁传唤说又有人上门比武了，拳师看到此人又矮又瘦，嘴里还叼了一根长烟杆，心凉了半截。俗话说"真人不露相，露相不真人"，且看两人比武时，拳师拿出自己的大刀，而徐矮师什么兵器也不用，只用了自己的大烟杆。拳师看到徐矮师一点也不畏惧自己，怒气冲天地提刀砍过去，却被徐矮师轻轻一闪躲过了。拳师的刀法出招凶狠，而且变化多端，不少有名的武师就是败在这套刀法之下。可是没想到，拳师无论用什么招式，无论使多大的力气，徐矮师都很灵巧地躲闪开了，丝毫无损。三十回合之后，拳师别说砍中徐矮师了，就连徐矮师的身子都近不了。五十回合之后，徐矮师利用拳师的一个空档，将铜烟杆在拳师的大腿划了一下，拳师顿感疼痛无比，功力全无。黔驴技穷的拳师，这才看出来徐矮师是位高人，二话没说便跪地拜师。谁想徐矮师纵身一跃跳上墙头，对拳师说："壮士如有心，峨眉山相会。"说完便离去。峨眉山这么大，矮师姓什么名什么都不知道，拳师当天晚上就不顾家里人的劝阻，收拾了行李，奔上峨眉山，终于在鬼谷洞找到了徐矮师。

15. 呼应峰　"杜癫"习武

李家俊

　　峨眉山呼应峰在中峰寺后，与白云峰、宝掌峰遥相呼应。蒋超在《峨眉山志》说呼应峰为"智者大师道场，下有茂真尊者庵，孙真人隐峨眉时，与大师尊者常相呼应，故名"。呼应峰后有一棋盘石，相传是智者大师、茂真尊者、孙真人经常下棋的地方。《峨眉县志》载，呼应峰附近"有温泉、三仙洞、雄黄石"。温泉、仙洞、雄黄石都是古人养生必备。呼应峰前有一草坪，被一片巨大的桢楠林包围，四季云烟氤氲，白云峰、宝掌峰时隐时现，潺潺流动的溪水伴随悦耳的古寺钟声，呼应峰习武蔚然成风，草坪实为演武场。加之峰下的中峰寺有南北朝时期淡然法师演武传法的遗风，呼应峰因此成为峨眉武术发祥地和习武的佳地。民国时期的"杜癫"，相传就是在这里精研自然门而成宗师的。

　　在武术江湖里，人称"杜癫"的武术大师，是自然门的集大成者。20世纪20年代，因为不愿出世，在家装疯，所以有"杜癫"之称谓。"杜癫"家庭殷实，饱读诗书，有文武双全之修。9岁，"杜癫"开始拜师习武，打下良好基础，后习少林武术，研练鹰爪拳、梅花桩以及运气站桩拳。13岁时，"杜癫"已名噪江汉平原。

　　坊间传说，"杜癫"早在湖南结识徐矮师，16岁那年，为追随徐矮师上峨眉山，苦苦寻觅整一年，方在鬼谷洞见到徐矮师，拜徐矮师为师，专攻"法于天地阴阳之理，顺乎自然规律之道"的自然门轻功。在徐矮师的调教下，"杜癫"夏练三伏，冬练数九，八年持之以恒，终成自然门集大成者。八年期间，他在呼应峰结舍练功，行于鬼谷洞与三仙洞之间。呼应峰上的棋盘石是"杜癫"练桩功的器械，从蹲马步到单腿蹲，无一不在棋盘石上完成。棋盘石旁的石座，实际上就是用来练习臂力的。"杜癫"在温泉中洗涤，享大自然之酣畅，用碾压成粉末的雄黄石抹身，身体健壮且能适应大自然的风寒暑热。他悟道的自然门，有自己的武学思想和秘籍，讲究无中生有，以气为归，不失自然之本旨，自成一体。他的自然门技击拳艺实实在在，无多余程式，无花拳绣腿，实用价值强，被誉为武林界奇技。

　　徐矮师传真谛给"杜癫"后，便消失在峨眉山了。"杜癫"谨遵师念，行走四川、贵州之间，寻师访友，不断接受磨炼，不断深造，功夫不断精进，以腿功著称，尤精轻功与独行术，世有"神腿"之称。

　　光绪三十一年（1905年），武艺蜚声遐迩的"杜癫"，经宋教仁、贾振介绍加入同盟会，投身反清行列。孙中山先生非常赏识杜心五的功夫，收为贴身保镖。这个时候，慈禧太后秘派宦官张某赴日，张携带巨款，乔装富商，收买日本浪人，刺杀孙中山。宦官的阴谋诡计被"杜癫"识破，捕捉到张宦官的行踪，在宦官与日本浪人见面之前，潜入私宅，悄悄处死了宦官，使慈禧太后的阴谋破败。"杜癫"以峨眉武术功夫，为辛亥革命立下了功勋。

武林界流传着"杜癫"以峨眉武术的"神腿"扫三刺客的故事。辛亥革命时期，有一次孙中山和黄兴、宋教仁、柳亚子等在东京牛町区若宫町开会，清廷驻日使馆暗派刺客伺机行刺，宋教仁闻讯，要"杜癫"去保护。他发现三个行踪诡秘的华人在附近逗留，料定是刺客无疑，轻轻从后面挨近三个刺客，以一记峨眉武术之"神腿"功夫，迅雷不及掩耳之势将三个刺客扫翻在地，挥出重拳，利索地废掉了刺客功夫，三个刺客没来得及还手，已被"杜癫"搜缴了随身的凶器。由于"杜癫"的护卫，会议顺利开完，孙中山先生及其他同志们得以安然离开。

16. 舍身崖　罗子舟飞越避险

李家俊

　　峨眉山金顶舍身崖是根据佛语"舍身，登极乐"而来。舍身崖，又做摄身崖，顶端叫睹光台，面向东方，是峨眉山最高最宽的重叠层悬岩。从脚底的思秋坪到岩顶，高1000多米，悬岩陡峭，怪石嶙峋，气势雄险。舍身岩有思秋坪、圣灯光源、崖中猴群、木打天、蛇儿岗、死亡谷等六大奇观。

　　神秘的舍身崖以其雄壮险峻而令人惊叹，崖下那片人迹罕至、岩壑交错的深谷，一直都是峨眉山最神秘的地段。

　　《四川政协报》2011年10月9日有载，罗子舟女儿罗良英说，其父罗子舟在清末民初反清举义中，勇跳舍身崖，引出一段真实的传奇故事。

　　罗子舟原名罗曰增，号子舟，生于1857年农历九月十三，家中排行老八，自幼习武，先是在名山县投王寓堂，后拜各路名师，武义超群，尤其精通峨眉棍术，是公认的"硬汉"。他喜交友，重义气，轻钱财，在当时嘉定府、雅州府以及峨眉、夹江等地颇有声誉。罗子舟的大哥是清朝廪生，要罗子舟去应武举考试，罗子舟却说："今朝廷昏聩，天下动荡，何必去迷恋那镜花水月般的功名富贵？"后来罗子舟加入袍哥组织，成为川南雅安袍哥义字旗首领。

　　1905年，孙中山先生在日本成立同盟会，命川南袍哥首领佘竟成回川开展武装起义，佘竟成在日本东京向孙中山介绍了罗子舟的情况。佘竟成回川后，带孙中山先生的亲笔信与罗子舟联络，邀其加入同盟会和从事革命活动，罗子舟欣然应允，被推为川南水陆全军统领和上川南雅安同志军首领。

　　1911年8月上旬，龙鸣剑、王天杰、秦载赓、罗子舟等人在资中罗泉镇秘密聚会，筹划武装起义。会后，罗子舟回家乡组织民军，在荥经大相岭阻击赵尔丰从西昌、康定来支援省城的清军主力部队，为川西同志军解除了后顾之忧。后来又转战于今洪雅、夹江、峨眉、乐山、宜宾、荣县等地，歼灭了赵尔丰部队的大部。

　　曾壁光是光绪皇帝的父亲醇亲王奕譞的师父，后为贵州巡抚，是洪雅县有名的富豪巨室。罗子舟为显示反清力量，决定洗劫曾家。曾家雇有保镖多人，附近又有清兵驻扎，但罗子舟丝毫不惧。他带领十来名随他学武的徒弟潜进曾家，与众保镖恶斗，曾家死伤多人，被劫掠一空。此事传扬蜀中，官府震骇，上川南分巡兵备道黄炳琨下令通缉罗子舟。罗在雅安一带已无法立脚，于是远走嘉定暂避，准备与嘉定袍哥首领胡朗和联络武装起义。他带领两个徒弟，从雅安沿青衣江下行，经过夹江县时被清廷奸细认出是朝廷要犯"江湖巨盗"罗子舟，当即密报县衙。满城清兵刀出鞘、枪上膛，欲一举擒拿罗子舟。罗子舟见势不妙，乃不走嘉定大道，从僻静处涉河潜入峨眉山暂避。两天之后，罗子舟到了峨眉山巅的金顶。罗子舟以为此地平安，每日便在华藏寺中打拳练功，颇为自得。却不料华藏寺中僧人见罗子舟颇有江湖豪气，身边又有两个随身侍从，猜测罗子舟定是"绿林盗贼"，佯作殷勤款待，暗中派僧人下山急奔峨眉县衙密报。知县闻报，推断定是罗子舟，当即令一把总率领步兵两百余人封锁山径，将金顶华藏寺严密围困。罗忽听庙外人声鼎沸，心知有异，急与徒弟各操长木棍跑出庙门，欲杀出血路逃下山去……三人持木棒猛打横扫，清兵以长矛大刀相斗。罗子舟一根木杖舞得呼呼作响，打伤十来个清兵。无奈清兵蜂拥而上，三人且战且退至庙中。清兵穷追不舍，把华藏寺围得水泄不通，罗子舟等越窗逃至庙后。且战且退，渐渐三人已被逼围在舍身崖边。这舍身崖是金顶最高处，海拔 3000 多米。山下云涛翻滚，人立岩上如浮于云海之上。那个清军把总见罗子舟等已被迫退到悬崖上，插翅难飞，狂笑吼道："罗匪听着，你等难逃朝廷法网，宜马上归顺听命。如怙恶不悛，拿获从重论处！"喊毕，令清兵齐举毛瑟洋枪对准罗子舟三人。罗子舟怒目骂道："我罗某铮铮铁汉，岂降狗奴！"罗子舟又对两徒弟道："情景险恶，与其束手就擒受辱，不如跳崖一死。"罗子舟大喊一声"二十年后又是一条好汉"，言毕，打开木杖的按钮，木杖立刻撑开成为一把伞，长啸一声飞向那万仞深谷……两徒弟也随之向悬崖处跳去，皆被摔死。出人意料的是，罗子舟靠特制伞的阻力，在临谷底处落于荆棘丛中，仅受轻伤，随后逃脱。历来金顶每年都有人跳崖"舍身成佛"，绝无生还者，故称之为舍身崖。舍生取义，大难不死，民间称罗子舟为"罗八千岁"。

舍身崖（薛良全摄）

17. 灵官楼　董和尚挥棍护寺

李家俊

　　灵官楼在峨眉山万年寺山门前，原大峨楼。清代蒋超著《峨眉山志》称大峨楼"相传鲁班造"。谭钟岳的《峨山图说》也说："灵官楼，古大峨楼，是公输子所造，明末毁于兵火"。现灵官楼为清代总督重建。灵官楼是古峨眉山道的要冲，上至洗象池，下行清音阁，是游山必经之地。灵官楼也是古代的关隘，外观像古城门，门上建小楼，可警戒观望，亦可留步歇脚。瞭望远道，石梯坎坎坷坷，白龙洞、古德林相距不远，回望万年寺，犹如天梯之上，梵音缭绕，华宇重辉。灵官楼自然成为万年寺的护院。这里出了峨眉武术宗师释通永长老，传承佛教文化，研习峨眉武功，镇守古寺，为保护万年寺里的千年珍贵文物，传承峨眉佛教文化，演绎了一场惊心动魄的故事。

灵官楼（大峨楼）旧址（李家俊摄）

　　峨眉民间广泛流传着董和尚挥棍护寺的故事："文化大革命"期间，受造反派唆使，一群学生涌上峨眉山万年寺，他们要砸碎万年寺的铜像和砖殿。领头的造反派首领姓王，他一边领呼口号，一边组织人马从清音阁围向万年寺铜塔，经过灵官楼，见楼里有塑像，遂吆喝一声："砸！"正准备挥起铁锤砸文物时，忽听一声怒吼："休得无理！"只见一僧人从楼上腾越而出，手中的一根棍子在空中挥舞，回响着"咻、咻、咻"的声音，学生们顿时被镇住了，不知所措。造反派首领不甘就此罢休，仗着人多势众，喝令学生们持手中的工具，把僧人团团围住，几十个学生咄咄逼人地向僧人扑来，只见僧人摆开弓步，右手做一个阿弥陀佛姿势，左手把僧棍抢在背后，斥责道："铜像是佛家圣物，不可乱来。"王首领却说："我们要砸毁一切牛鬼蛇神！"再次命令学生们向前一步。僧人再问："你们要文还是要武？"王首领大喊："文攻武卫！大家上，拿下这个和尚。"僧人怒发冲冠，喝令一声"休怪贫僧"，话音一落，冲向人群，只见禅棍飞舞，只听乒乒乓乓一阵声音，僧人左右开弓，挥棍横扫，棍到之处，哀嚎一片，领头的被打得趴在地上动弹不得，其他人有的被打得哭爹喊娘，有的满地找牙，有的丢盔弃甲，猖狂遁逃。

挥棍护楼的董和尚，是峨眉武术的一位传奇高僧，法名通永，俗姓董名明开，苗族，贵州省大方县人氏，生于1899年2月。1947年，董明开在峨眉山大坪净土禅院出家，礼普明上人为师，赐法名通永。1944年于成都文殊院受具足戒，并住堂三年。回山后通永受派五通桥多宝寺驻守两年，新中国成立初期返峨眉山万年寺常住。通永长老一生爱国爱教，坚守戒律，在众弟子和僧众中颇有威望，任峨眉山大坪净土禅院监院和万年寺监院。释通永长老是峨眉派猴拳当今唯一的传人，对峨眉棍也有独到的功夫，他勤学苦练，虽炉火纯青却默默无闻。20世纪三四十年代，通永长老多次代表峨眉山前往成都参加武林擂台赛，力克众多武林高手，并与海灯法师切磋武艺。

释通永遗照（李家俊提供）

为挖掘峨眉武术文化资源，年逾百岁的释通永被礼聘为峨眉武术联合总会顾问。"峨眉武术七雄"的张林、李保明、杨烈洪、江德忠、王超、张世忠、沈贵华，均拜释通永为师。2010 年 4 月 28 日，释通永在峨眉山报国寺安详圆寂，世寿 111 岁。

18. 蔡沱与白眉道长

许德贵

宋代，峨眉山已成为我国的佛教名山，其中有不少武僧崭露头角。南宋时期，峨眉山有个叫德源的道人，武艺高强，能打善坐，因其眉毛为白色，故人称"白眉道长"，亦称"白眉道人"。

这里搜集到一个关于蔡沱与白眉道长的传说。

蔡沱在绥山镇，县城东门外至胜利镇两里处。

相传，在很久很久以前，这峨眉河畔的蔡沱，有一古色古香的峨眉武馆。馆内有因酷爱武术而山盟海誓聚结的蔡氏八位兄弟，外界人称他们为"武八郎"。

"八郎"的八个家庭都富有，他们聚来了银两，置了田地。平时，操练武功；农忙时，抓紧种地。渐渐地，他们的功力倍增，并傲气显露，扬言："只有他人负八郎，休想八郎负他人！"

他们忘了"强中还有强中手"。附近赵沟堰就有五位赵氏亲兄弟，暗暗夜间子时练武，功夫早已超群，便在某天登门向"八郎"讨教，"八郎"却置之不理。

这赵家大哥赵昆仑就说："只比试比试。"蔡大郎却说："不配！"气得赵大哥一巴掌将一楠木方桌打了一个五指洞。双方几个回合后，对方五人将"八郎"击败，气得蔡大郎三天不说半句话，五天不喝"功夫茶"。七天后，他向兄弟们只说了一句："我要上峨眉山去请白眉道人来传授武功。学好再讨教赵氏兄弟。"

蔡大郎虽为大哥，其年龄却不过 20 岁。他知道这白眉道人德源禅师武功高强，于是遍寻山前山后，终于从山上请来了白眉道人。

一番打听得知要向赵家兄弟寻仇，白眉道人说："明天就去请他们来，说是我欢迎他们来共议武行。"

第二天，刚吃过早饭，赵沟堰的五位弟兄就到了，他们给蔡八郎带来了"枕头粑"，还送白眉道人"糯米酒"。赵氏大哥赵昆仑说："我们早就想登门向武馆道歉，就是没有勇气，多亏大师给了一个难得的机会。"蔡大郎在旁听到这些话，像喝了碗蜂蜜水，说："我们也感谢大师的教诲，不然也没勇气邀请你们前来一同参师学武哩。"

赵大哥说："好好！快请老人指教指教。"

但白眉道人却说："我们今天先不论武，先看看我表演，轻松轻松好吗？"众人都道好。

白眉道人说："快与我斟茶来。"三郎快速把壶斟茶，可那茶碗明明是满的，三郎的手就缩了回去。

"快斟茶呀！快斟呀！"白眉道人又喊道，三郎再闪立身旁，欲举壶斟水，但怕茶水四溢，有伤大雅，又坐回原位。

"我自己来。"白眉道人说完就将壶接过去又斟，只见茶碗里的水已满，多余的茶水往桌上流，三郎急忙用帕子去擦，白眉道人说："且慢，且慢。"

在场的人都不知其意，白眉道人方才说道："我们每个人都不是容器，我们要当导管。假如这茶碗没有底座，这水就会溢出来。赵家兄弟给你们一次颜色看，你们就装不下了，在心里积淀发酵，有一天时机一到就会大动干戈，你死我活，何必呢？不能像这茶碗，只进不出，要当导管，要让烦恼穿心过，快乐心中留。我们应敬重每一个人。人类命运如一个人的身体，少一个零件都不行。所以，不能乱动干戈。"

蔡大郎首先感悟："说得好！说得好！"

赵昆仑也暗自内疚，表示大家要团结。

接下来，众人请白眉道人传道表演。他说："我不表演，不好意思回山。那请都不要动，原位坐好，只请人拿 12 个茶碗来，提几壶茶水来。"

正当众人不解他意时，12 个茶碗整整齐齐地摆在了桌中央。桌子是长方形，长有三丈，宽有两丈。白眉道人叫人把那茶壶递与他后，他右手把壶揭开，左手平举，口中对着吹一口气，12 个茶碗陆续装满。他见大家又惊奇，便说："我不会叫你们吃不净的水。"

当众人正在夸他的功力特异时，他说："第二个表演，我只会端茶送水。你们不要动，我也不动，我每次递五个人的茶水，然后你们又还给我，我轮流敬完。"

说时迟，那时快，众人面面相觑时，这茶水就摆在了眼前，在场的人没见他动，只好像离了一下身，收到茶水的五个人按要求快步离开座位走了数步才将茶碗递与白眉道人手中。

白眉道人这端茶功夫好像不费吹灰之力就表演完毕，有人终于悟道："这是大师的通臂功夫。"但看不出窍门，不知他有没有行走，有人说他用了障眼法。有人又说，我们的眼睛都没眨啊！

表演完毕，大家欢迎他再来一次，想要再学点功夫，但他说："师父领进门，修行在个人。你们要求和存善，共研武功。要活在心态里，别活在心情里。"

不觉到了中午，赵家几兄弟也留下来与白眉道人共吃了午饭，蔡家、赵家相互敬了酒，友谊更进了一层，白眉道长看到这情景后，高兴地笑了。

19. 径山寺 武僧退贼

杨松泉

径山寺曾是峨眉山的东部第一寺，因是朝拜峨眉山的起点，所以就叫"径山寺"。迳山寺占地60余亩，常年香火不绝，每到正月，香火最旺，热闹非凡。

径山寺创建于东晋。寺庙似静卧金龟，坐东向西，与峨眉山遥遥相望。寺内建有天王殿、大雄宝殿、观音殿、藏经楼等四座佛殿。各殿金碧辉煌，雕梁画栋，气势雄伟。天王殿的房顶屋脊上是"二龙抢珠"的雕饰，中间是个硕大的金光闪闪的圆球，两条彩龙朝向"宝珠"左右相对，两条龙尾分别在屋脊两头向天翘起，拱曲的龙身形成游动的争夺状，非常壮观有趣。天王殿中的菩萨如活人一般，眼睛特别神奇——无论你走到左边或是右边，那菩萨的眼睛都一直盯着你。

径山寺除了塑有四大天王、三尊大佛、十八罗汉、南海观音、赵公明、无常、鸡脚神，以及刘备、关羽、张飞等菩萨神像，还塑有教化世人的"炼狱"场景和用浮雕艺术表现的唐僧师徒西天取经的石刻雕塑，创意独特，颇具匠心。寺内古木参天，枝繁叶茂，那些高大挺拔的桢楠树、苍翠欲滴的柏树、遮天蔽日的黄桷树最引人注目。而且黄桷树顶端白鹤成群，桢楠枝头喜鹊翻飞，好一派生机勃勃的景象。寺中还有花园、凉亭、荷花、鱼池。一年四季鸟语花香，真是个修身养性的佛教圣地。

径山寺内有皇帝、丞相、名人亲书的碑、匾、对联。早有苏东坡题写的"望峨"碑，后有"北渡符溪人走马，西奔峨麓客雷鸿"的对联，表明了径山寺在峨眉山佛教中的重要地位。特别值得一提的是院坝中的康熙皇帝御题的"别峯"（峰）碑，碑身长满了青草和苔藓，而"别峯"（峰）二字却很干净，其字迹十分清晰。康熙时期的瀛洲先师有诗赞曰：

　　古碑剥落草芊芊，留得别峯（峰）御墨鲜。

　　不是鬼神常拥护，几经兵焚独然全。

径山寺后门外有个小山丘，名曰"青龙嘴"。据说，有一条青龙将迳山寺的庙宇盘围在中间，名叫"青龙嘴"的小山丘就是青龙的头，不远处的两口水井就是青龙的眼睛。由于这条青龙的护卫，径山寺历来平安无事。沙门外一对蹲坐的石狮子，常年深得金顶祥光照射，久感仙山灵气，终于有了灵性，便有时在夜晚脱离蹲守岗位，四处游荡。起初，僧人们也睁只眼闭只眼，石狮子便逐渐放肆了起来。有一天夜里，这对石狮子久游不归，直到肚子饿了，竟然跑到沙门外的麦田里去吃麦苗，后被一个早起挑水的僧人发现，便手执扁担，一声大喝，两只石狮子"倏"地腾空而起，向北飞去，僧人一扁担甩去，便打中了那石狮子的一条腿，石狮子一头栽到接引殿后面的沟里。这以后，两只石狮子才老实了。不过，那受伤石狮子的腿就断在狮身之下，石狮子掉落的那条沟，得名"狮吼沟"。笔者儿时就听大人们多次讲起这一奇闻。尤其是沙门处石狮的断腿更让笔者深信不疑，因那石狮的断腿若干年来都一直没人敢移动它。于是，笔者和其他小孩都不敢把石狮的断腿拿起来玩耍。直至"文化大革命"时期，两尊石狮失踪。

径山寺的僧人武功高强，力大无穷，能单手将沙门前的石狮子举过头顶。这一奇闻笔者在刚学干农活的那年就听说了。那时的农村是集体劳动，中途休息时，大家就"吹牛"（俗语，讲故事），一位老辈人讲到这一奇闻时便遭一"毛头小伙"的否定，但随即就有人举出僧人力大无穷的佐证。一是《峨眉剑侠传》中就有径山寺的僧人双手提起两个石狮子抢得像风车一般吓退对手的描述。二是有一则传说，一个保长带人到径山寺旁的一个村里去抓壮丁，见一农夫正用牛耕田，便上前去抓。农夫说："你们同我一起回家，我换件衣服就跟你们走。"农夫到家后便说："我先给你们倒碗茶。"农夫就用家中的杵海椒面的石碓窝当茶碗，用石磨盘当茶盘，连同石磨盘和倒上茶的石碓窝一起端上，对保长等说："你们先喝茶，待我把牛抱去洗了脚后就跟你们走。"吓得保长等人慌忙逃去。原来，这个农夫正是径山寺的俗家弟子。于是众人都相信那武功高强的径山寺僧人定然力大无穷。

修葺后的径山寺山门（朱华高摄）

径山寺天王殿房顶上塑的"二龙抢珠"的宝珠是个镀金铜球，每当阳光照射时便金光闪闪，一般人都说那圆球是个金球。径山寺本来香火就旺，香客众多，这颗"金宝珠"被香客们传遍十里八乡，甚至传得四海皆知。有年入秋的一个深夜，有两条黑影一前一后飞上天王殿的房顶，正欲盗取那个碗大的"金宝珠"。这时，径山寺沙门前那断腿的石狮突然发声怒吼，声震长空。寺庙里的僧人听得狮吼，心知不妙，大家抄起禅棍，冲出门来。天王殿上的一个盗贼心中一惊，脚下不慎踏碎一片槽瓦，一个僧人高声大叫："房上有人！"话音刚落，冲在前面的大师兄和二师兄"倏"地飞上天王殿的房顶，但这两个盗贼却非等闲之辈，一个使出三节棍，一个抽出两把短刀迎战两个僧人。此时，寺内的松脂火把纷纷燃起，四人在火光映照中打斗起来。大师兄挥着长棍，上击下扫，"短刀盗贼"近身不得，将手中双刀挥得上下翻飞，刀光闪闪，拼死抵挡长棍；二师兄抢开禅棍，忽上忽下雨点般地击打着"三节棍盗贼"，只听得那"乒乒乓乓"的打斗声十分激烈。双方的轻功都十分了得，他们从天王殿直打到大雄宝殿，再打到厢房屋顶……大师兄的木禅棍被双刀不断砍击，大师兄自知禅棍对刀不占上风，便卖个破绽，佯装败退，待"短刀盗贼"举着双刀扑来时回身来个"黑虎掏心"，一棍戳他下房来，不料这"短刀盗贼"立即来个"鲤鱼打挺"，一下跃起，"倏"地窜上厢房，飞上了旁边的黄桷树。树下一小沙弥把手向树上一扬，只听"唉哟!"——"咚"!"短刀盗贼"掉到了地上，被刚赶来的大师兄一脚踏住，迅速拿下，原来那"短刀盗贼"是被小沙弥的飞镖打中了大腿。那边的二师兄趁"三节棍盗贼"一慌神，一棍扫中其小腿，"三节棍盗贼"便从房上滚落在地，被四根禅棍架住。二贼被押到方丈面前，只得哭叫求饶，保证痛改前非。方丈慈悲，只点穴废了二人武功，送了些银两，让其回家治伤，做点小本生意谋生。

第五篇　乡里篇

1. 绥山镇

朱华高

　　绥山镇乃峨眉山市第一大镇，市政府驻地。故绥山镇乃峨眉山市政治、经济、教育、文化、商贸中心。峨眉山市内有一座二峨山，古时名绥山，故镇名为绥山镇。

　　史料载，隋开皇十三年置峨眉县。县治不详。唐乾元三年（760 年），县治移置于观东。唐朝中期，县城始筑城墙，周长 4 公里。城内乃县署和县政府驻地。明正德七年（1512 年），县城开四门。嘉靖十九年（1540 年），县城开 6 门。明崇祯十七年（1644 年）、1928 年、1943 年，县城发生过三次重大火灾，其中最后一次（"六·八"火灾），损失惨重，全城几乎烧光。幸好当时存放在西门外武庙（现峨眉一中）的大量故宫文物因指挥得当，军民配合，竟然全部完好无损。

　　清咸丰九年（1859 年），设立中区于此，分东南西北四总甲。1926 年改中区为第一区，1934 年置绥山镇，1941 年绥山镇分拆，又设瞻峨乡。

符汶河绥山镇段（薛良全摄）

　　1949 年底峨眉解放后，县城为人民政府驻地。1950 年初，设城乡联合办事处。1950 年底，改为城关镇人民政府。1953 年，改设城关区公所，1956 年，恢复城关镇，改称人民委员会。1958 年，与符汶、胜利合并为胜利人民公社。1959 年，又恢复城关镇人民委员会之称。1981 年，更名绥山镇人民政府。1992 年 9 月，撤销符汶乡、大庙乡，并入绥山镇。

如今，绥山镇地处峨眉山市北部，东邻符溪镇、新平镇，南接胜利镇、峨山镇、黄湾镇，北连双福镇、普兴乡。镇政府驻地绥山镇玉兰街52号。全镇辖6个社区，18个村委会，面积56.5平方千米，总人口11.43万人。全镇地势西北高，东南低，呈不规则长方形。海拔423~1260米。境内气候温和，雨量充沛，冬无严寒，夏无酷暑，四季分明，属亚热带季风气候。全镇种植业、养殖业、交通运输业、商贸服务业、旅游业发达。茶叶、白蜡、水果、蔬菜、粮食、油菜等都是极具特色的农作物品种。

因峨眉山是道教仙山，佛教圣地，绥山镇县政府驻地自然有过不少道佛遗址，如禹王宫、文昌宫、天上宫、紫云宫、万寿宫、桓侯宫、三清观、文庙、武庙、城隍庙、报恩寺及县城周边的西坡寺、峨神庙、大佛殿、王爷庙、普济寺、观音堂等。抗日战争时期，为防遭国难，7000多箱故宫文物被运抵峨眉，存放于大佛殿、武庙、土主祠、许氏祠堂等处，经数年，无一毁损。

境内有大佛禅院、大庙飞来殿等名胜古迹。本地白蜡加工工艺被列入四川省非物质文化遗产名录。"喔山号""梆鼓"等民俗文化极具特色。乡村旅游方兴未艾。

2. 夏祠堂

朱华高

出峨眉城区北门外雁门，原李祠堂今峨眉钢锹厂左拐，沿一条乡村公路可达大庙。在公路过半处的绥山镇符北村曾有一座夏祠堂。夏祠堂坐落在符北村往峨眉河的麻萌堰渠大路边，坐北向南，四合大院。中华人民共和国成立后，峨眉山市农业局种子站在此建库房，祠堂被拆除。

传说这座祠堂大有来头。据夏家后人说，其祖先原来是某朝大臣。有一年，皇宫中的车、马、段、夏姓四位大臣护送太子来游峨眉山。谁知太子到峨眉山后因病猝死，四位大臣不敢回朝廷，就在峨眉山落草。他们把太子停放在一座房子里，后来又盖了一座大房子，正殿供奉太子的坐式遗像，左右两边有守护太子灵位的文武大臣塑像。祠堂里有兵将持刀把守。又在房子外修了一座八字形牌坊，牌楼上有“夏氏宗祠”黑色大匾，四周刻上人物和战场。牌坊外面还修有八字龙门似的行人院墙，百姓从此经过，只准埋头走路，不准抬头观望，如有违犯，就被杀头。这座停放太子的大房子，就是后来的夏祠堂。祠堂里还有一座望乡台。望乡台指向大庙，后来被火烧了。夏祠堂的位置，就在麻萌堰西北方向，现是符北村，里面曾经办过小学校。现在祠堂早已不在了。

夏祠堂的夏家出过一位很有名气的人，叫夏天官。夏天官武艺高强，后来人们叫他“草狗儿皇帝”。

传说夏天官的头发和胡子长得又多又硬，很少理发。一次他去城里理发，要进城时，四城门都在抖动。又有一次，要去理发，路上碰见一个道士。道士对他说，三个月内，千万不要出门，更不要进城理发。没过三个月，他嫌胡子太长，就进城理发，结果回家后不久就出事了。

一天，朝廷差人来逮捕夏天官。此时夏天官正在犁田，看见来逮他的差人，说：“别忙，我把牛脚洗了再说。”他把那犁田的大牯牛抱起下河洗脚后又抱上岸。差人跟着他回到家里。回家后，他把家中磨子上扇提下来放到地上，把舂（方言，捣）甘蔗的碓窝提起来放在磨盘上当茶杯，装满茶，跷起二郎腿喝茶。差人见此情景，什么话也没说就走了。

一天差人又来了，拿了皇帝的圣旨，说请他到朝廷去赴宴。到了朝廷，皇帝用金杯给他斟茶。他以为皇帝要杀他，就把金杯捏烂了。后来皇帝捏骨（方言，故意找差错）命人把他推出去斩了。推出去时，皇帝还特命人为他铺了红地毯。

夏天官的尸骨被运回峨眉安葬。后来朝廷又派人来敞夏天官的坟（敞坟，方言，指故意将别人家的坟挖开，毁掉），几处都没敞到，最后只得在燕儿窝敞了一座。坟里面有蚂蚁正在筑像：一个人一只脚正在跨上马背，但人还没上马，坟就被敞了，所以夏天官只落得了个"草狗儿皇帝"的名。

后来夏家才发现，夏天官如此遭遇，是因修麻萌堰时挖断了石龙的龙脉。那石龙像龙鳞甲一样，现在都还在堰底下。人们挖堰沟时挖断了石龙，又开了一条穿山堰，于是夏家就这样衰败了。

3. 龙马池

朱华高

出峨眉山市城区西门峨眉一中，沿乡村公路前行约 3 里，便是绥山镇星昇村。村委会背后有一座古庙叫白马庙。古庙坐北向南，进深约 30 米，宽约 30 米，主殿屋顶高约 8 米，庙里供着坐白马的观音和唐僧等像。殿宇基本完好，但已很荒芜破败，无人问津。

绥山镇星昇村传说中的龙马池（朱华高摄）

距白马庙直线距离约 300 米处，有一冲漕烂包田，宽约 50 米，长约千米，一直到川主乡高河村，如今已建成多个鱼塘。当地人说，此地曾经叫龙马池。又有不止一人说，龙马池在川主乡高河村地界铁科所附近。2018 年 7 月 12 日，笔者电话采访了峨眉山市人大农工委主任熊忠良（川主乡高河村本地人）。他说，龙马池在高河村 5 组，那里曾经有一坝烂田，有三四亩的样子，就是以前的龙马池，现在已回填成公路。当地人都只看见过龙马池是烂包田，没见过龙马池以前是啥模样。星昇村 2 组 86 岁老人董世焕也说，他自小时见到的龙马池就是烂包田，地点就在高河村铁科所附近。看来，龙马池这个地名在绥山镇星昇村有一个，在川主乡高河村有一个，多数人称的龙马池在川主乡高河村铁科所外，两地距离约 4 里。

关于龙马池和白马庙，当地有一个传说，还和唐僧取经有关，不然，为何庙内如今还供有唐僧像呢？

传说当年四海龙王共有九个龙子，东海敖闰龙王有龙子曰白龙三太子。一日，以他为首，邀约几个龙子同游峨眉山。息居九龙湖期间，因扰乱凡间，违法生事，当处剐刑。后经太上老君说情，将功折罪。白龙三太子自知罪孽深重，愿意立功赎罪。其余八龙子在白龙三太子的率领下，一夜之间在大庙烂田坝壅土，让从浙江飞来峨眉山的东岳庙能安稳坐落，由此立下功劳。川主乡玉屏寺的观音奉释迦牟尼之命，让白龙三太子在峨眉河畔的一个水池栖居修行。修行期间，白龙三太子经常做善事帮助凡人。

一年，在峨眉山黑龙洞修行的黑蛟作孽，趁大雨时在峨眉河上游川主河兴风作浪，欲毁坏大桥。白龙三太子奋勇护桥，如此数次。一次，黑蛟趁白龙三太子到玉屏寺听观音讲经说法之际，突然潜入川主河，在马口大桥处作法，终于毁掉大桥，乘机吞吃了不少落水凡人。

大桥被毁后，白龙便不时从水池中跃出，变作白马，在河岸边吃草，随时观看。若有老弱幼小者涉水过河，他便变作一个体魄健壮的男人将涉水渡河人背过河岸。人们都感谢不已。此事惹怒了黑蛟，时常来此和白龙三太子作对。白龙三太子为不惊扰凡人，多采用避让策略，从人变作白马。但黑蛟一直纠缠，欲置白龙三太子于死地。白马便化作白龙，飞入水池。黑蛟不敢侵入。天长日久，人们便知道水池里有一条白龙，白龙不时变作白马，遇涉水困难者，就变作凡人背人过河，于是称那水池为龙马池。

龙马池附近有一村落董坝。一日，董坝老医生董老伯到川主山上采药，回家时恰逢大雨涨水，黑蛟早已守在河边，欲吞吃董老伯。白马见状，化作白龙，奋力向前，勇斗黑蛟，黑蛟败逃。白龙三太子再变身凡人，将董老伯背渡过河。董老伯跪在地上感谢不已。白马道："老伯，我知道董坝有病人等你急救。你快去吧。"董老伯拜别白马，匆匆回到董坝，用扯回的草药挽救了一个临盆产妇和她孩子的性命。此事很快传遍董坝。于是，董老伯家承头，众人集资，在董坝修了一座庙宇，取名白马庙，后人时时敬奉香火。

由于受了人间香火，白龙三太子道行快速提升，可以轻松应对黑蛟的侵扰。黑蛟见道行远在白龙三太子之下，便不敢再到川主河边祸害凡人。川主河因此有了一段时间的太平。白龙三太子想，我是受观音点化，来此修行，等待西去的求经僧人的。我可能随时都会奉命前往。我走之后，川主河安全如何保障？于是他向观音恳求，在河上修座桥。观音见白龙三太子从善，欣然应允。白龙三太子回到龙马池作起法来，霎时乌云密布。只见一条白龙从龙马池直冲云雾。不一刻，白龙变作白马，来到河边，出现一座石桥已连接两岸。白马欣喜不已，再化白龙，潜入龙马池中。

白龙三太子的这些举动，被附近的人看得一清二楚。

一日，观音驾着莲花彩云，从玉屏寺来到龙马池边，对着池水呼喊道："三太子安在？"只见池水翻滚，突然间，一条白龙一飞冲天，来到观音面前。观音道："西天取经僧人已在路途，你可前去鹰愁涧等候。"白龙道："小龙谨遵菩萨命，然小龙有一事尚挂念在心。"观音问是何事。白龙道："小龙担心走后黑蛟又要出来危害凡间。"观音道："此事本菩萨已有安排，你不必挂念，放心前去，保护西去取经的师父。"白龙叩头谢恩而去。

传说，白龙离开龙马池之时，原本晴空万里，突然雷雨大作。一条白龙从龙马池直冲云天，在董坝上空徘徊三次，久久不愿离去。人们望空跪拜。白龙挥泪而行，转瞬不见。

4. 观音湖

朱华高

出峨眉城区北门桥，经峨眉半导体厂区，过斗量村，沿通往天池村的乡村公路上行约 5 里到绥山镇炳灵村，有座人工湖，叫观音湖，是将盐井河拦河筑坝而成。观音湖最早为老鹰岩水库，为灌溉库外水田而修建，因湖畔高高的山岩犹如一只展翅高飞的老鹰，故名。后来，因湖堤大坝左侧岩壁上不知何时出现一尊观音菩萨神像，有人提议将其更名为观音岩水库，最后经各方协商，去掉岩字，改库为湖，故名。

观音湖（薛良全摄）

传说，很久很久以前，这里有一座天然湖，比如今的观音湖大两三倍，叫九龙湖。

一天，四海九龙子邀约到峨眉山游玩。到了这里，只见山清水秀，犹如人间仙境，美不胜收。九龙子玩得高兴，乐而忘归，就歇居九龙湖。他们不守天规，时时扰民。玉帝闻奏，令炳灵公和张果老查处，并降旨其可自行处置。

一日，二仙下凡，见九龙恰在湖中戏水，刚才还太阳高挂，一片蓝天，突然就黑云密布，大雨倾盆，湖水浑黄。湖边几家农舍被洪水卷走，农人在水中挣扎，不一刻便被翻腾的浊浪卷入湖底。二仙大怒，张果老拂尘一挥，把东边围湖大山一劈两半，湖水霎时奔涌流入峨眉河。大湖顿时水干，成为山间小河。九龙又被张果老拂尘一挥，化作九座山岗，围在河边。白龙三太子强行显出真身，一飞冲天，直朝张果老扑来。炳灵公眼疾手快，"刷"地飞出斩龙剑把白龙三太子斩为三节。白龙三太子顿时化作三段山岗，就是如今的三节岗。

百姓为感谢两位仙人除害，也为永远镇住九龙，就在山口处修了一座庙，叫炳灵殿，供奉炳灵天子。百姓又在月呀岭上凿岩塑了一尊张果老神像，把张果老、炳灵品茶汲水的那口月呀井改名仙人井。如今，张果老神像仍在，那炯炯有神的眼睛仿佛随时注视着九龙的一举一动。晴朗时节，站在湖岸，还能看清他的头、脸、眼和胡须。用仙人井井水泡的茶，特别甘醇。

传说那次白龙三太子被斩后，龙血流入童贞河（后来的盐井河），把河水染成血红色，民畜不能饮用，农田不能灌溉。一日，王母下驾峨眉山玉女池沐浴，池旁玉屏寺供奉的观音出殿迎候。王母道："菩萨，炳灵斩龙虽已为民除害，然血水河总得治理，就用你那玉瓶甘露洁水吧。"观音菩萨领旨而行，飞上天空，将柳枝轻蘸甘露，洒向童贞河。只见河水立刻变得清澈透明，凉爽甘甜。为使河水永不混浊，观音又在关山顶上洒了一滴甘露，立时化作一口泉水池，里面不停涌冒出甘露水。这水通过太阳沟，流到童贞河，经大庙流出峨眉，汇入长江。从此，这条河的水不但清澈，还有了清心明目的功效。当地百姓便把那池叫天池，并在炳灵殿对面张果老劈开的山岩下修了一座观音庙，岩上凿塑观音神像祭祀。当地人称上观音、下观音。如今虽修坝堤，神像不再，但大慈大悲的观音菩萨仍永驻百姓心中。

九龙被困峨眉山，白龙三太子被斩，四海龙王不服，状告玉帝。玉帝问太上老君如何处置？太上老君奏道："三太子违反天条，罪孽深重，理应当斩，炳灵公并未枉法。玉帝虽心存仁慈，欲存东海龙王血脉，但也得让他吸取教训，惩己戒人。"玉帝道："老君此言甚善，你可替朕处置善后。然九龙均年幼无知，久困峨眉山不能归海，又当如何处置？"老君道："小仙有一偈语：若要九龙归海，除非山湖再现。"玉帝无言，准奏。

太上老君出了灵霄殿，下降峨眉山，来到三节岗，拂尘一挥，漫山长出一种水果：果大，核小，肉厚，肉核分离；果脆，果皮紫红，味道甜中带苦。白龙三太子早已饥饿难耐，便向化作老农的太上老君讨果子吃。太上老君道："满山皆果，想吃就吃。"白龙三太子便张口大吃起来，却感果皮味苦，问道："此果为何皮苦？"太上老君道："苦果是你自讨的，岂能怨种果人？"言罢，一转身，显出真身。白龙三太子一见，恍然大悟，慌忙下跪。太上老君道："此果虽苦，然苦中有甜，越苦越甜。果皮虽苦，却能清热解毒，于你恢复元气有利。你要好生反省，改过自新。以后能否重回大海，皆看你的修为。"

据说，太上老君的母亲当年就是在一棵李子树下生下了他。太上老君为怀念母亲生育之恩，便将种子带上天庭。当地农民都称这种李子叫苦皮李，对其倍加珍惜，精心培植。

如今，九龙湖早已恢复为观音湖，太上老君的偈语已经应验。九龙千年修行，已成金龙，太上老君便奏请玉帝准九龙归海。玉帝准奏。九龙得知，忙上天奏请玉帝准他们留观音湖，称，如今峨眉山和天堂已无区别，自己愿留在湖里，为当地百姓效力。玉帝准奏。

5. 麻萌堰

朱华高

　　峨眉山市城北绥山镇有一条古堰,人称麻萌堰。麻萌之名,不知源自何处。麻萌堰源头在斗量村的符汶河雷湾,堰尾流入新平乡的粗石河。麻萌堰曾经是峨眉县灌溉万亩以上的大堰之一,流经绥山镇的符北村、符桢村、符汶村、安川村、五一村、太泉村和新平乡的新平村、仙塘村。1991年《峨眉县志·水利建设》载,麻萌堰,长16公里,灌溉面积15601亩,是县内灌溉面积万亩以上的4条渠堰之一。

麻萌堰源头,斗量村雷湾(朱华高摄)

　　关于麻萌堰的修建年代,清乾隆版《峨眉县志》卷三《堰务》中有相关记载。清嘉庆版《峨眉县志》卷二《方舆·水利》载:“麻萌堰,县北三里。引符文水灌溉田约四十顷亩零。每年堰户照亩派钱修理。”并云:“以上十五堰(含麻萌堰)多半雍正年间县令文曙创修。”民间传说麻萌堰是符北村夏家老头修的。那时夏家势力很大,地界上起斗量村老马山一带,下至大庙金字牌,南面到坛儿沱河岸,东面很远,不知道在什么地方。

　　麻萌堰最早的堰长叫夏玉仲,是总堰长。另外还有11个分堰长。分堰长可改选,但总堰长不变。每年腊月三十晚上,全体堰长要到县长那里报告下一年的值年堰长。最早的一次选堰长是在校场坝。12个堰长提名后，第二天在旁边的北门大桥头张贴红榜公布结果。说来也怪，第一次头天张榜，第二天天刚亮时，不知被哪个人撕了，只好再张榜公布。第三天天刚亮时又被撕了，如此三次，也不知是哪个人撕的榜。第四次张榜在天麻麻亮时，每个堰长都到场，喊一个人，就上一个榜，鸣锣、打鼓、放炮。榜上是谁就是谁。这一次，再也没人撕榜了。

麻萌堰现在的堰头在斗量村靠河的雷湾。原来的堰口在"白火儿滩"（"白火儿"是白鹤带儿话音的峨眉方言，白火儿滩就是白鹤滩），但是堰埂扎起后，堰口高了，把河对面城西坝张家的田淹了。张家不依，告到法庭。张家胜诉，夏家后来才把堰口改在雷湾沱下面福音河坝的白火儿滩。

说起筑过河堤坝，还有个说头。在堰头那里要横着开挖符汶河过河，人们头天挖通了，第二天又合拢了。如此几天，不知为啥。一天晚上，天下着毛毛雨，几个为首的工人扛起锄头到河边去守，要看个究竟。到了河边一座土地庙，正想进去躲雨，忽然听见庙子里有两个讨口子（乞丐）在摆龙门阵。一个说："不知为啥这拦河坝总是头天挖通第二天又合上了。"另一个说："你不知道吗？有一句话'千把锄头万把刀，当不到铜钉钉断腰'。"这几个人听得此话，就回家了。第二天，赶紧派人到铁匠铺打铜钉。在挖到河中间时，把那铜钉钉在河里，从此河沟再也没合拢，堤坝便顺利筑成了。

麻萌堰修通后，夏家渐渐衰败了，河对面的张家渐渐兴旺了。说是开堰那天，白火儿滩对面那片竹林里响起"噼里啪啦"的火炮声，红旗山上一片红旗招展，却不见有人放炮摇旗。你说怪不怪？

每年正月十六开始扎堰埂；正月二十封龙口，时间选在天麻麻亮时。龙口一封，上游的筏子就下不去了，所以选在天麻麻亮时。堰堤旁边还有一个堰子桥，是拱桥。那里是一个涨洪水时放水的泄洪口。麻萌堰每年正月封龙口时，都要赶堰会，在堰头唱会。赶堰会很热闹，有成百上千人参加。卖东西的人不少，啥都卖。

麻萌堰一直到新平乡仙塘坝，灌田上万亩，碾坊几十处。

6. 太泉寺

朱华高

　　如今的峨眉城区北大门有个车站叫北门汽车站。车站前面有一个宽敞的广场，叫太泉广场。因此广场位于绥山镇太泉村，故名。若要问太泉村地名之由来，很多人皆不知。

　　太泉村有个泉水塘，距太泉广场北面约500米远。20世纪70年代前，泉水塘是一个或人工挖掘，或天然形成的水塘，无考。池塘直径看上去有30米，塘深不可测，呈不规则形。池水四季不涸不混，清澈透明，冬暖夏凉，供本地及周边村民取用。享用者无不称赞此池水真乃人间仙泉。太泉村是否以此而名，无考。20世纪70年代初期，峨眉县在符汶村原砖瓦厂旧址修建氮肥厂，需要大量冷却用水，泉水塘的池水因此成为最理想的水源。于是，千人大"会战"，将泉水塘打造成宽大深邃的氮肥厂水源供应基地。从此，池塘便被抽水机房压在地底下，再不见天日。

清甲子年竖立的太泉寺古碑（朱华高摄）

　　太泉村有一寺庙叫太泉寺，位于太泉广场西北面约300米的太泉村2组，寺庙因村而名还是村子因寺庙而名，无考。一些当地老人说，当是寺庙因村而名，因为，村名早于庙名，此说自然有理。据清乾隆版《峨眉县志》卷四《祀典》载，峨眉县北路有太泉寺。

2017年2月15日，笔者到太泉寺现场考察，庙已不存，遗址位于太泉广场西环路往大庙方向前行约100米右拐，沿一条宽约4米的土路往北延伸，约150米处。一位66岁名叫耿淑莲的大娘家就曾在太泉寺侧殿。她说，她结婚时的新房就在太泉大队二队的太泉寺侧殿里。如今的一栋现代房屋就是她家在原庙宇基础上重建的。房屋的北端有一大片菜地，和一片空地。在菜地和空地之间，竖着6通红石碑，全是功德碑。其中5通是当代立的，上面刻的是捐款者的姓名和金额。靠最南一通的前面就是以前的古路。这通碑是否被移动过，不得而知。上部左角已被敲掉，残存部分有"永垂"二字。碑文依稀可辨，是捐款者的姓名和金额，绝大部分碑身有人为刀斧毁损的痕迹，落款有"太泉寺僧古松"年代是"××甲子××年××月十四日书"。关于庙子年代，耿淑莲说，26年前，她家拆庙子修房子时，房梁上写有字，当时人们推算，距今330年，如此算来，到现在已是356年。查清代甲子年，最早是康熙二十三年（1684年），距今334年。如果当地人推算准确，则竖碑时间是在康熙二十三年。这座庙子坐西向东，南北宽约40米，东西进深约30米。目前，空地处一条石灰样硬化地面，是通往庙子正殿的路。正殿大门就在路旁的当代石碑处。进去约10米是大殿正中，大殿后面有一个天井，再后面还有房子。房子后檐差不多就在现在的西环路边。耿淑莲结婚进新房时，就是通过正殿正中的一条路从正殿处左边进新房房门的。她颇为神秘地对我说："你说怪不怪，昨天晚上我做梦还梦见结婚走这里进新房，今天你就来看这里！"她还说："那时在这正殿路和我家房子之间是学校的教室。我结婚大概有40年了。我的男的（方言，丈夫）叫黄云华，今年72岁。房子是解放后政府分给他两母子的。分的房子是太泉寺侧殿，三空（方言，意为三间房）。大殿对面的侧殿是分给一个当兵回来的，那边房子好，原来是和尚住的，一楼一底。中间是大队的。"

7. 麻柳沟

朱华高

麻柳沟位于绥山镇北面麻柳村。古时候，从今夹江县或洪雅县到峨眉县有多条古道，汇合于麻柳沟。一条是从古南安县到麻柳沟的古道，就是今夹江县南安乡。在夹江县千佛岩古灵泉渡横渡青衣江，到古南安县城，经峨眉县普兴乡、绥山镇天泉村、麻柳村、大庙村抵峨眉北门进县城。路线是：夹江县灵泉渡（横渡青衣江）—古南安县址（今夹江县南安镇和木城镇）—南坝—王大桥—南安青龙嘴—下岗（普兴乡双邑村和夹江县龙沱交界处）—普兴乡胡场村—普兴乡安全村—下观音场—石炉—莴坡—双土地—绥山镇天泉村—绥山镇麻柳村—绥山镇洪川村—绥山镇大庙村—峨眉县城。

灵泉渡自古是水运码头，据称从远古开明氏丹犁古国起就有这个渡口。有史料载，战国时秦惠王灭蜀，移民万户到此，先设泾口戌，后置南安县。隋开皇十三年峨眉置县以前，属南安县管辖。这条古道，是南安县城到峨眉地域的主要古道之一。古道在普兴乡安全村、石炉村，如今绥山镇天泉村、麻柳村等地还保存着不同路段，都是石板路。如今，到木城的古道很少有人走，不少古道又改造成乡村公路，保存下来的不多。古道石板大多长1米左右，宽40厘米左右；路宽约1.3米至1.5米。不少石板留下了人马踩踏的凹形痕迹。

另有一条从南安经五显岗到普兴场、合兴、麻柳沟的古道。线路是：南安—五显岗（夹江县地域）—双福镇纸厂村—普兴乡凉风村—（过铁索桥）普兴乡千佛岩（永安村）—普兴场（福利村）—（石磴过河）汤河坝、代沟（大河村）—应沟（合兴村）—竹儿子埂（合兴村和麻柳村交界地）—麻柳沟。

还一条古道是从洪雅县华头经麻柳沟到峨眉县城。路线是：华头（古洪雅，今夹江辖）—沙坝（洪雅县地域）—观音堂（普兴乡地域）—石炉（石炉村）—莴坡—双土地—天泉村—麻柳沟。

三条古道在麻柳沟合成一条，都通到峨眉县城。路线是：麻柳沟—（过安乐桥）豹子沱—（过风洞桥）风洞子—梅石梯（寨子门口）—梁坝（洪川村）—槽口—（过铁索桥）周嘴—大庙金子牌—李祠堂—雁门口。

关于夹江、洪雅到峨眉县城的古道，清乾隆版《峨眉县志·山考》的"山县界"有如此记载："（峨眉）县西北一路自雁门楼分路坦行五里至周家嘴（今周嘴）山行二十五里至石香炉绵亘观音堂，山插交洪夹山界，一自张家岗分路十二里过千佛崖再进十里至老虎荡交夹江山界。"

出麻柳沟到大庙路上曾经有三座古桥。第一座叫"风洞桥"，木制廊桥，小地名

"风洞子"，在麻柳1组。风洞桥于咸丰二年修建。以前桥上有块匾，匾上记有修建时间。大概是1975年或1976年，大队拆了木桥修石桥。

第二座叫"安乐桥"，也是木制廊桥，在麻柳2组，比风洞桥修得迟。《峨眉山市不可移动文物名录》载：安乐桥，建于清代，坐落绥山镇麻柳村麻柳河上，西北至东南走向，占地面积96平方米。为石墩木构平梁廊桥。桥长16米，桥宽4米，桥高3米；廊桥为木结构，歇山似小青瓦屋面，通高4米，桥面为圆木并排做梁，木板平铺成，两侧木栏杆高1.2米，桥两头为如意踏垛4级。

第三座叫"周嘴铁索桥"，原名复兴桥，跨粗石河上。清宣统版《峨眉县续志》卷二《建置·津梁》载，复兴桥有两座。一座在县南八十八里，另一座在县北五里。此处复兴桥为当时第二座。《续志》载："……一在县北五里。初修石桥，甫竣被毁。乃易以铁，故名复兴。"1982年7月，改建为跨径29米的单孔石拱桥，更其名曰：群英桥。

建于清代的麻柳沟安乐桥（朱华高摄）

8. 寨子门

朱华高

　　绥山镇麻柳沟古时有两个地方，都叫"寨子门"，一个在麻柳村，一个在洪川村。说起它们，还有点故事。

　　先说洪川村寨子门。洪川寨子门在绥山镇洪川村地界，距今峨眉山市城区至天泉村公路1公里多点。何人何时修无考。修建目的是防"棒客"（方言，强盗）。寨子门宽度近2米，高度近2.5米。两边用红条石自然垒成，无灰浆砌缝。上面有条石盖顶，好比一道石洞门。门的两边依山形略环形向内弯曲，用同样条石垒砌成防御工事，有观察或放枪放箭的工事凹口，高宽各40厘米左右，两边各垒砌2~3米远。此寨子门是洪川到三界的必经要道。寨子门下是一个坡度很大的陡坡，两边是峡谷，无路可走，真可谓"一夫当关，万夫莫开"。三界到洪川、盐井、麻柳、天泉、炳灵都要过此石门。寨子门里供有观音菩萨。从洪川石梯坎起，到寨子门全是石板路。原来三界村管洪川村，属太和乡管。抓的壮丁要全部送太和乡。当地有一首民谣：阳雀对打鼓，金银万万五。因为那背后有两座山相对，一座阳雀山，一座打鼓山。

　　再说麻柳村寨子门。小地名叫"梅石梯"，梯坡很陡，地势险要。修这个寨子门是为了防土匪、棒客来抢劫。两边用红条石砌，无灰浆，每边三四根。高2米多，宽1.5米左右，无横梁。条石很长很大，大家叫"焖墩儿石"（方言，形容又长又大，长1米多，厚50~60厘米），比洪川寨子门石头长得多，大得多。这里有观察或放枪放箭的工事凹口，高宽各40厘米左右。因为曾经放"文笔炮"（火药猎枪）打死过一个来抢劫的棒客而出名。当地人说，这是一百多年前，蓝大顺造反时修的（笔者注：清末蓝大顺起义）。寨子门里装有黑火药，又砍树子拦在寨子门上，再放石头，坡又陡，敌人来时就把树子拦的石头放下去。有一回蓝大顺的人来攻打寨子门，已快走到了，不知道还有多远，就问当地人，回答说还有二里多，谁知转过弯就是寨子门。上面一砍绳子，石头滚下，打死了进攻的人。结果蓝大顺攻了好几回，还是没攻下来。

9. 夷王坟

王雪林

出峨眉城区北门，沿丁天乡村公路进山，便到了绥山镇麻柳村村委会所在地——麻柳村3组。在此，往左手向山上攀登约5里，乃麻柳村2组地界，有一座山叫打鼓山，海拔800多米。此地有一座古墓，叫夷王坟。夷人族居千里之外的大小凉山，为何此地有一座夷王坟？有一个古老的传说，说它和峨眉白蜡生产的千里古道有关。

明朝中期（距今500多年前），凉山州昭觉县地处大凉山腹地，聚居着多个与世隔绝的夷族原始部落。这里经济非常落后，夷民们过着十分贫困的生活。昭觉县是到云南和西藏茶马古道的重要驿站。某年，夷王得知古道上每年都要运出大量的峨眉白蜡销往东南亚。由于白蜡用途广泛，经济价值很高，于是夷王带着管家和几个随从，沿凉山经汉源、峨边、峨眉的茶马古道，翻山越岭到了峨眉县的麻柳沟（今麻柳村）。其时，麻柳沟是峨眉县白蜡的主产地。夷王说明来意，受到麻柳沟族长和族民们的热情接待。族长陪同夷王参观了白蜡林和白蜡加工作坊。夷王对白蜡生产技术非常感兴趣，再三恳求族长传授。族长见夷王态度诚恳，便同意传授技术，还告诉他，麻柳沟每年都需要大量的白蜡种虫，而生产蜡虫的寄主树之一女贞树在昭觉县有很多，夷王如果愿意，可带点种虫回去试绑。如果成功，麻柳沟可以大量购买。夷王满口答应，高兴地带了3斤蜡虫回昭觉试绑。次年，蜡虫试绑大获成功，收获繁殖蜡虫近30斤。

夷王亲自将蜡虫带到麻柳沟试产白蜡，亦大获成功，秋收后共产白蜡100多斤。族长还给了夷王不菲的蜡虫价格。夷王大受鼓舞，决定在昭觉大力发展蜡虫生产并恳请麻柳沟族长派蜡虫生产技术能手到昭觉传授技术。麻柳沟族长欣然应允，决定派两名能手随同夷王前往昭觉。临行前，族长和蜡虫生产能手陪夷王一行攀登打鼓山。来到高处，放眼四望，只见打鼓山下满山遍野都是蜡树。此时正当蜡花盛开季节，棵棵蜡树在阳光下银光闪耀，宛如银花世界。夷王感慨道："族长，放眼打鼓山下，蜡林遍山，蜡花满树，真是蜡山银海，风光无限啊！"族长道："夷王，我们的合作才刚开始呢。待昭觉蜡虫生产发展了，你再来此地重游，恐怕更为惊叹呢！"夷王道："对。我回去立即组织各村寨大力发展蜡虫。到时候我一定再来见证我们夷汉两家千里之外结成的虫蜡友谊。"

夷王回到昭觉后，雷厉风行，召集各村寨头领来商讨发展蜡虫之事。由于此前已有试种成功经验，各村寨头领参观了满枝头的蜡虫，听了夷王关于养殖蜡虫收入的讲述，大家都感到这是发展经济增加收入的好门路，纷纷要求参与。于是，短短几年，蜡虫在昭觉有了飞速发展。先是几个村寨，再到十多个村寨，再后来整个凉山州十多个县都产蜡虫。夷民们过上了好日子。夷王决定率各村寨头领到峨眉县麻柳沟致谢。谁知就在筹备过程中，夷王不幸身患重病，卧床不起。弥留之际，他把儿子小夷王和各村寨头领叫到床前，安排后事："我死之后，小夷王按原定计划率众头领到峨眉县麻柳沟致谢和参观学习，务必将我安葬于麻柳沟打鼓山上，我们夷族务必和麻柳沟族民世代友好。"说完，夷王平静地合上了双眼。

小夷王遵照父王遗嘱，率众村寨头领，派人抬着夷王，沿着崎岖坎坷的蜡虫古道，来到峨眉县麻柳沟。麻柳沟族长按照夷族风俗，将夷王安葬在了他曾经俯瞰蜡林银海的地方。

10. 何氏始祖碑

朱华高

　　麻柳沟位于绥山镇麻柳村。麻柳沟有一大家族——何氏家族，乃"湖广填四川"时来川族人之一。何氏先祖墓地位于麻柳沟对面山坡，小地名"庙岗子"，又叫何坪，在今麻柳村6组地域。从麻柳村1组一条乡村公路蜿蜒曲折向上，路程约6里。此处是一大片墓地群，最惹人注目的是何氏始祖墓碑。门楼用红条石砌就，底部三块碑文石是青砂石。四重，仿木结构。门楼上部有"何氏联坊"四个大字，下面是"祖功宗德"四个大字，碑文模糊不清。正中墓碑刻的是始祖姓名和竖碑后人姓名、时间。两边的"光前""裕后"碑文是何氏先祖来峨眉的历史。始祖有八、九、十、十一祖。其中十一祖何辅和江氏是来峨眉的始祖夫妻，八、九、十祖都是他们的后辈，辈分数字大者为高。据2017年3月《庙岗子何氏家族族谱》载，何氏原籍湖北省麻城县孝感乡，在"湖广填四川"时入四川川西坝子，后迁入峨眉太和场元通庵（原新平乡袁村），再迁入绥山镇麻柳村6组庙岗子定居，至今已是370多年，时间一长，人口一多，当地人便称呼庙岗子为何坪。

　　始祖碑竖碑时间是咸丰四年（1854年）冬月初一日。何氏排行是：甫凤有先开世登，文万永联大玉成；绍起忠良储国用，明伦正学献朝廷。

　　据麻柳沟何氏族人讲，祖先是在张献忠剿四川后，"湖广填四川"时来的。那时四川人遭张献忠杀了不少，又闹瘟疫，本地人很少。何氏来麻柳时，只有宿姓、沈姓本地人，其余全是孝感乡来的（后来听说此二姓也是外地迁来，只是早于何氏而已）。何氏来了到第五、第六代才发旺。才来时，地多人少，插签为界。何家来时有母子二人，因生活所迫，儿子到袁家上门，所以后来就有"何袁不开亲"之说。到后来何家人多了才起排行。何家发家主要是靠"挂虫子"，做白蜡生意。麻柳沟发家的人家差不多都是靠虫子和白蜡生意。

　　何氏后人何玉勤向笔者讲述了他的祖先和何氏祖屋的历史。

　　父亲何大煜，生前是抗战时期到缅甸的国民党部队老兵。回家后主要务农，一直以挂白蜡为主，直到去世。

　　祖父何联煜，因进德昌买虫子病故。祖父一生务农，主要挂白蜡。

　　曾祖父何承刚，一生务农，挂白蜡为主。

　　何玉勤祖屋位于麻柳村1组公路背后的麻柳沟河畔。三台阶石梯拾级而上，共计72级，宽约4米，两边长条石护边，全部是红雅石。护边条石最长的约4米，经历100多年，不见其风化痕迹。

上台阶过一开阔平地，即是八字龙门，左侧房屋已垮烂。进入里面是一正方形大天井，长宽约 20 米，檐廊宽约 3 米。房屋高大、宽敞，基本完好。此屋建于清咸丰六年（1856 年）。古院靠河一侧有旧房，曾养马，经营马帮，故那院落俗称"马房"。后不再养马，改养马房为学堂，何氏先祖在此教过私学。

建于清咸丰四年的麻柳沟何氏始祖碑（朱华高摄）

古屋是何玉勤高祖何万椿主持修建的。修房的经济来源主要是卖白蜡所得。未在此修房前，先祖住在庙岗子（上李沟，麻柳村 6 组）。古屋有两个天井，半边住人，半边生产白蜡和养马赶马帮。马房有三间，四面通光，连为一体，有拴马桩。当时这里最少养了五六匹马。马帮经营是请人赶马驮子，开工钱。运川主的石灰、高桥的碗，还有茶叶等，有啥生意就运啥。石灰运到普兴场、夹江县等地造纸用，碗运到洪雅、华头等地。现在这条路上都还有人经营马帮。例如，普兴乡凌云村 4 队刘本太的儿子，外号"刘狗儿"，1982 年土地下户后他们叔子就开始赶马帮，喂了起码有五六匹马。天泉村现还有人养马赶马帮。

11. 水兽池

邱仁全

出峨眉城北门，过七三九厂，沿斗量村往绥山镇天池村前行约5里，有一湖名观音湖。观音湖湖面及周边很大一部分地区，便是炳灵村所在地。

炳灵村有这样的传说。

很久很久以前，雄浑连绵的环山下，是一块碧绿海湖。海湖中有一大水兽，经千年修行，成了水兽仙。

水兽仙与东海龙王三太子常有往来。一天，龙王三太子邀约其他龙子来到水兽仙居住的海湖戏水。群龙一时兴起，把湖水搅得浊浪滔天，天昏地暗，大风怒号。水兽仙几次三番好言相劝，龙王三太子一点也听不进。此时，炳灵天子和张果老正在环山东面的月儿岭上品尝月牙茶。炳灵天子见此景，颇感扫兴，好是生气，顿时挥手一拍，大声喝道："孽畜，休得无理！"正在戏水的九龙被这突然的厉声惊呆了。水兽仙听到炳灵天子的斥责，吓得直打哆嗦，猛地转入海湖最深处躲了起来。张果老看着这浑浊的湖水，将拂尘一挥，一声霹雳把环山劈成两半。浑浊的湖水迅猛地向东奔腾而去。当九龙子清醒过来时，只见湖泊早已干涸，四面高大的环山东面出现了一个大缺口，环山中央成了一块大盆地。盆地西南有一条小溪，溪水滚滚向东流去。金龙、潜龙横竖困在盆地中央。连龙王三太子也难逃厄运，被困在了南面山谷中。其他小龙困在环山两面的脚下。金龙左侧有块小水池，这水池正是水兽仙躲过劫难而能生存的一片小水域。

不知又过了多少年，有移民先后迁居在这块肥沃的盆地中开荒种地为生。人们没有想到，盆地中的小溪会常常闹洪灾，水淹没耕地和农作物。水患给山民带来了莫大的灾难。一次洪灾后，山民正在安葬一位被洪水淹死的老人，忽然，人群中一个声音说道："这是九龙闹海造的孽。你们找炳灵天子，他有法解决。"众人循声望去，只见一位头戴斗笠的老人向盆地东北面走去。有人急忙问道："老人家，炳灵天子在哪里？"那老人用手向东面崖顶上一指，头也不回地走了。有一位好奇的少年远远地悄悄地跟着这位戴斗笠的老人。见那老人翻过山岗（金龙背），向水池走去。瞬间，老人在池中间不见了。那少年惊得几乎叫出声，转身跑回家中，把所见全部讲给了村里人。一位老人说："可能是池中的水兽仙吧？"

山民们安葬好老人后，按照戴斗笠老人的话向东面的山崖望去，只见山岭中有一块似长须老人的巨石，于是人们向巨石老人烧香化纸，叩拜祈求……原来那山中长须老人巨石是张果老因劈山放湖困九龙受到天庭惩处，被关押在月儿岭山中闭门思过的化身。张果老听了山民们的祈求，立即把消息转告给炳灵天子。天子沉思了很久，说道："只有向南海观音菩萨求助了。"南海观音菩萨得知炳灵天子求助的消息，立即腾云来到九龙困地。菩萨站在龙王三太子困体旁的一块巨石上，插上一面令旗，上面有"炳灵化舟，九龙归海"八个大字。这块插令旗的巨石，远远望去像一面红旗，这里的人们叫它红旗石。菩萨手握玉瓶向西北方向轻轻洒出瓶中的甘露，口中念念有词。念罢，沿着张果老劈山放湖的崖谷扬长而去。

从此，盆地再没有闹过洪灾，山民们过上了安居乐业的日子。山民们为了纪念炳灵天子治水降龙的功绩，集资修了座庙，以天子姓命名：炳灵殿。正殿供奉一座高大的炳灵天子塑像，朝拜的人颇多，香火旺盛。同时，在张果老劈开的谷底，依崖壁建了观音庙，在崖壁上精雕观音菩萨石像。来往行人常给菩萨烧香化纸求祈福。张果老帮助山民传信息有功，遂获得自由，在月儿岭上守护着盆地中的村民，也监护着那九条困龙。被困的九龙也遵纪守法，按观世音"炳灵化舟，九龙归海"的意旨，久久地等待着。

再说那池中的水兽仙。前面讲过，好奇少年看到戴斗笠老人进水池的事，确是水兽成仙变成人的化身。水兽仙善良，有同情心，为山民做了许多有益的事，能与山民和睦相处。人们把水兽居住的地方叫水兽池，把水兽叫水兽仙。逢年过节，人们都到池边向水兽仙奉送新鲜食品。

到了清代中期，这里的张、先两姓打了一场土地边界纠纷官司。官府昏庸判决，以破坏大自然为代价，让村民挖山填平了水兽池。水兽仙看透了人间的善恶美丑、官场腐败和斗争的残酷，头戴斗笠愤愤地离开了水兽池，向西南的龙池湖去了。水兽池虽然早已不复存在了，人们还是传颂着水兽仙的故事。

12. 官厅岗

邱仁全

从观音湖大坝乘船往西北行驶约一公里处，湖的南畔有一条小埂。这就是"九龙归海"传说中的潜龙。那小埂是潜龙横卧湖底露出的一条小尾巴。观音湖未建时，山区来往行人必须从"潜龙"脖子上翻过。很早以前这里叫"潜龙岗"，后来人们叫它"官厅岗"。关于官厅岗名字的来历，还得从炳灵殿盆地中一桩土地边界纠纷官司谈起。

据张家老一辈人说，在官府指地插签为界时，张家先祖张大勋率家眷来到炳灵殿安家。张家管辖地界：下起寨子（现观音湖大坝），上至沙包嘴、盐井坡，南北各抵炳灵殿盆地环山的顶。根据张家宗祠排行推算，距今约四百年，估计张家是明末清初来炳灵的。再说先家，光绪二十五年《永垂万古》碑记载："肇祖先公讳登荣聚族铜河碥葫芦坝迁峨眉炳灵殿，百有余年——于同治十二年捐化各族特立一庙……"根据碑文记载，我们可以推算出先家是在乾隆前期或雍正年间来炳灵的。

同治年间，先、张两大家族发生了土地纠纷。当时有这样的说法："守县城门的守兵关城门时，要问先大爷出城门没有，如果没有，守兵不敢关城门。"还有两句是针对家族的："不怕张家志龙、志虎，就怕先家一支兵。""不怕张家'顶子'，就怕先家势众。"从这些史料和传闻，可以看到先家的崛起并逐步走向强势；张家原属官宦人家，由兴旺逐步走向衰落。先、张两家土地纠纷就是在这种背景下发生的。下面是先、张两家土地纠纷案发生的经过。

盆地中的金龙埂南面，居住着一家姓张名志甫的大户人家。盆地北面的山麓下，聚居着先家大族，其中有一位是在峨眉地区享有名气的姓先名嘉宾的人。金龙头前有座叫金甲庙的古刹，先、张两家兄弟常在庙内赌钱。一天，先嘉宾做东，张志甫等人下注。张志甫屡赌屡输，先嘉宾盘盘皆赢。据说，张家从山里用骡驮银回家也无法挽救败局。张志甫无银还赌债，经双方协商，达成划地抵债的一致意见。

金龙埂北面有条小溪，名叫春沟碥，春沟碥的水从水兽池旁边经过，流入炳灵河。春沟碥北面有数十亩田土，张家先祖张大勋等四代祖坟都安葬在这片山地里。春沟碥南与金龙埂中也有数十亩田土。金龙埂南到炳灵河心还有数十亩好田土。双方达成以土地还债的土地边界：以春沟碥沟心为界，春沟碥北面张家的所有田地。

先嘉宾当场找来了执笔先生。执笔先生写好了土地抵债契约，当场与众念曰："……以春沟碥沟心为界，北面张氏所属田土抵还先氏债务……"契约两份，张志甫先过目，看罢，无异议。然后先嘉宾拿过契约反复翻看，随即将契约放在桌上，拿出印章在两份契约上签字盖章。张志甫随即也在契约上签字按了手印。当签完第一张时，张志

361

甫已经泪水满盈，签完第二份文约后痛心地说："一场赌博，连自己的先祖坟山都输出去了。"此时，先嘉宾已拿着桌上的一份契约放在衣兜里。张志甫拿起桌上剩下的一份契约，久久地看着，然后一言不发地走了。

签约后不久，先嘉宾带着众兄弟，号称有以炳灵河心为界的契约，驱赶金龙埂南的张家大户。张志甫据理力争，无效。从此，先、张两家大族地界之争不断。炳灵河的南岸，张家有一条跑马道，下起潜龙岗，上至斑鸠嘴，约4里。先、张两家为边界之争斗殴，从跑马道东端打到跑马道西端，又从西端打到东端。这样的场面，不知发生过多少次。

无休止的边界斗争，已经拖垮了张志甫。无可奈何的张志甫只好选择打官司这条路了。但打官司并不容易。当时，有这样的民谣："八字衙门朝南开，有理无钱莫进来。"张家卖了些田和地，凑够银两，写好诉状，呈告到峨眉县衙。

峨眉知县受理后，乔装成道士来到炳灵殿。知县站在潜龙岗上，纵观了先、张两家人文地貌，走访了两大家族，了解了两大家族的发展史和现状，弄清了土地边界纠纷案的来龙去脉。临走时，知县还进炳灵殿给天子敬香叩拜，祈祷。

知县回到县衙，立即遣派衙役在炳灵殿前的潜龙岗搭建了临时官庭。

之后，知县带着全部衙役来到刚搭建的官庭。知县端坐公堂，衙役分站两边。知县面向西北，击案升堂。衙役齐声长啸"威——武——"。原告张志甫，被告先嘉宾跪在堂前，各持契约。原告张志甫陈述了以春沟碥沟心为界的地契，被告先嘉宾陈述了以炳灵河心为界的地契，双方陈述完备，各自向知县呈上了契约。知县听了原告、被告的陈述后，细看了两份契约：第一，两张契约字迹出自一人，文字无有更改之迹；第二，两张契约上双方当事人、执笔人和证人签名印迹相同；第三，两份契约签约时间相同；第四，两份契约各述边界位置确实不同。知县踌躇片刻，大声呼道："原告、被告抬起头来，看着本官？"两人抬头一看，惊呆了，这知县正是前几天在村上卜卦算命的道士。两人低下了头。"啪"，知县又把惊堂木一击，厉声道："带上地契执笔人。"两个差人押上地契执笔人。地契执笔人早已吓得魂不附体，瘫跪在堂上。知县问道："这两张契约是你写的吗？"执笔先生答道："是。"知县厉声宣道："上枷，充军到黑龙江。带出去！"差人给执笔先生带上枷，押出了公堂。知县举起惊堂木，连击公案桌三下："原告、被告，听本官宣判。"知县面对金甲庙，指着金龙埂，道："你们两家各自组织村民，将前面的山埂挖平，相交处为界。"被告和原告见知县判执笔先生充军黑龙江，早已吓破了胆，对这桩地界判决，哪敢说个不字，连忙答道："是。"知县宣道："退堂。"

退堂后，知县面对金甲庙，久久地站着，两眼凝视着匾上"金甲庙"三个大字，联想到唐末农民起义首领黄巢的"冲天香阵透长安，满城尽带黄金甲"，看到当时的太平天国革命，又从这次乔装道士所见先家人的发展势头，意味深长地说道："好一个'金甲'！"说罢，带着众官扬长而去。

再说，先嘉宾、张志甫退堂后，各自回家立即组织人马，挖断了金龙的脖子。金龙埂北挖的石土填满了水兽池，水兽仙走了；金龙埂南挖的石土填平了炳灵河，河道堵塞了。先、张两家以金龙断脖处立石为界，长达几年的边界纠纷结束了。金龙埂填平后的几天，一场大火烧毁了金甲庙。当月，一场暴雨，山洪猛涨，盆地的洪水淹没了先、张两家大院。据先、张两家后人讲，先辈把金龙埂的龙脉挖断了，先、张两家大族就渐渐地败落下来了。

后来，人们把知县办案的潜龙岗叫"官庭岗"，逐步演绎成现代的名字"官厅岗。"

这就是"官厅岗"地名的来历。

13. 炳灵殿

邱仁全

出北门大桥，行车过七三九厂，山行六七里，寨口一转，一座古老的四合院瓦房矗立在眼前的小丘上，这就是炳灵殿。它坐东向西，面向炳灵河上游，背向峨眉。庙左有一条丈余宽的石板镶成的古老街道，街道两旁有几家铺店，古庙厢房也有两个铺店面向古街。来往行人经过炳灵殿都要歇一歇，聊一聊，买点什么回家。走过古街，下几级石步子，往右一转，便是炳灵殿古庙山门。山门左右有石雕山门菩萨和大佛菩萨。山门的匾上还依稀可见"炳靈殿"三个饱经风霜的大字。走进山门，全是站立的石菩萨。正殿是高大的炳灵天子塑像。

老一代人都说炳灵殿是峨眉山古道上的一座脚庙。先氏"万古"碑记载，"……肇祖先公讳登荣聚族铜河碥葫芦坝迁峨眉炳灵殿有百余年，而宗庙未修，虽斯男则百，何兴八世裔……于同治十二年捐化各族，特立一庙"。从碑文中可以看出，早在清雍正年间，炳灵殿就在乐山地区有名气了。张家是"指地插签为界"时期迁居到炳灵殿的。"指地插签为界"在四川指的是明末清初的一段时间。这间接地告诉我们，明代时期就有炳灵殿了。20世纪70年代末，有位八十多岁的国民党老兵先忠定从台湾回大陆探亲，他只晓得老家在峨眉的炳灵殿，随同护卫是位中年学者，他按古城古庙找到了先忠定的老家——炳灵殿，找到了先忠定失散数十年的亲弟弟先忠林老人。护卫随同先忠定在炳灵逗留期间，拿着炳灵古庙上的一片古瓦片仔细地看了一下，指着压脊的石灰做成的图腾说，这是宋元时期的山寨庙宇古建筑，还说这里地层结构好，地势站得高，是个建水库的好地方。这位台湾学者说的也有道理。古庙后不到两百米的地方，确实有个寨子。寨子是用条石砌成的有射孔的防御建筑，还有大门。根据《峨眉县志》（1991年版）大事记，1911年符溪哥老会首领董步海以办"神会"为名，在炳灵殿召集各"牌首"和群众近千人，组织"保路同志军"。从人文地貌看，炳灵殿曾经可能是古代或近代军事、政治、经济、文化、交通要点。

一次，我拜访了炳灵村土地改革时的村主任先艮华老人。先艮华住在炳灵殿附近，已90岁高龄，听力还可以，说话清楚，思路清晰。由于我们是本村人，谈话很随和。提到炳灵殿，老人讲了小街上的事。他说："炳灵殿不管是清代还是民国都热闹得很。庙里年年办神会，有人在这里组织过'保路同志军'。这是102岁的奶奶给我讲的。我亲眼看到的炳灵殿，小街上有杂货铺、铁匠炉、银匠店、草药店、方子（棺材）铺、卖笆篾箩箩、卖菜、设案卖肉的，还有开烟馆、设赌场的……应有尽有。逢场天，小街上人来人往，拥挤不通。"谈到庙宇中的僧侣时，老人说："我没有看见过庙内的和尚。"

老人停了一会儿说："在'乌龟沱'的故事中讲到过庙里一个叫同真道人的事。"

故事是这样的：炳灵殿前不远的地方有个沱，叫乌龟沱。乌龟沱这个地方原来不是沱，是段石骨坡。坡上有个方圆十多米形似乌龟的巨石。龟石伸出长长的脖子，窥伺着炳灵河南岸的潜龙埂（官厅岗）。炳灵殿内有个叫同真的老道说："龙龟对峙，炳灵不利。"一天，老道涉过小河，在乌龟石胸前贴上一道"紫微高照"的令符。老道回到炳灵殿的当天晚上，电闪雷鸣，狂风暴雨，大雨整整下了一夜，炳灵河洪水猛涨。第二天早晨，大雨仍然不停地下着，村民们披着蓑衣，戴着斗笠，站在潜龙埂上观洪水。只见汹涌澎湃的洪水沿着潜龙埂直捣炳灵河北岸的乌龟坡体。坡体不停地塌方，洪水吞噬着塌方的泥土冲出老鹰岩谷口，不到一支烟的时间，乌龟坡成了一壁旋空的山岩。那块巨大的乌龟石无可奈何地直落洪水中。洪水退后，原来的乌龟坡没了，成了一个深深的大沱，那块巨大的乌龟石窜在沱中。这个新形成的沱，就被后来的人们叫作乌龟沱了。

河沿上的村民一边看着新形成的沱，一边谈论着昨天同真道人贴令符的事，人群中有人问道："紫微高照是啥意思？"有人回答说："到炳灵殿找同真老道就知道了。"村民来到庙内，只见同真道人道服端庄，打着盘腿，双手合揖，两眼目视前方，一动不动地坐在炳灵天子前的紫薇木椅上。人群中有人说："老道坐着千年乌龟到紫薇星空的极乐世界去了。"在场人恍然大悟，走到同真老道身旁，见老道早已羽化。老道的遗体像一尊冻僵的金刚，静静地坐在木椅上。同真道人生前为村上人做了许多好事，村民把同真道人的已僵硬的遗体制作成了肉身菩萨保存了下来，敬供在庙内。据说，每年峨眉县城举办高桩会，村民都要把这尊肉身菩萨抬往县城参加游行。

故事讲完后，先艮华老人说："虽然故事中讲了炳灵殿的肉身菩萨的事，但是我没有见过这尊肉身菩萨。"

接着老人讲了土改时砸除炳灵殿古庙内菩萨的事。老人深表歉意地说："土地改革时，炳灵殿要建村公所，要办学校。当时，我当村主任，形势所迫，没有办法，是我带领着村民拆除殿中的天子塑像和大小菩萨的。"老人喝了一口茶后又说："当天，我们拆除天子塑像时，出现了一件奇怪的事。我们把天子像的坐身快拆完时，发现坐身内还有一尊小型天子塑像。这时，住在庙内开草药店的民间医生先隆章老人抱走了这尊小型天子像。老人死后，也没有人知道这尊小型天子像的下落。过了多少年，我曾回忆起这件事，猜测过这尊小型天子像可能就是故事中讲的同真道人的肉身塑像。可惜小型天子像消失得无影无踪了。"老人最后说："不管是改朝换代，还是政治变革，炳灵这个名字都没有改变过。这座古庙宇一至保存到现在。今天的炳灵村、炳灵小学也是因炳灵殿而得名的。"

2005年，观音岩水库大坝工程动工，拆除了历尽沧桑的炳灵古庙。

14. 盐井沱

邱仁全

出峨眉北门外约 8 里，有一人工湖名观音湖。观音湖上游尽头，有一地名盐井沱。观音湖后山，有一段海拔 800 余米横卧南北的大青石岩层，仰面向东，斜插入湖底。大青石岩后山，是一段长 600 余米、深 200 余米的横截面。仰面大青石岩层南段山顶与王山青石岩层间，张着宽 200 余米、深 200 余米、长 1000 余米的三角大裂口（即庙子沟）。

天泉溪、太阳沟合流后，沿着大青石后山截面山脚从北向南横泻而下。行约 500 余米，东转，穿越三角大裂谷东流。溪水流到仰面大青石岩与王山青石岩断谷夹口时，形成了一个深不见底的夹角沱。这个夹角沱就是人们叫的盐井沱了。

盐井沱既有地名，也有传说和遗址。

盐井沱有这样一个耐人寻味的传说：不知多少年前，有人在夹角沱旁的仰面大青岩石板上舂过盐井。盐井舂成功后，开井主人往盐井中撒下一把谷壳，下方盐区人从盐井里抽出的盐水中发现了上方开井人撒下的谷壳。因此，下方人提出了"上方开盐井，下方饿死人"的诉状，到官府告发了上方开盐井的人，并诉求上方人赔偿下方人的损失。官府立案判决："上方铁水封井烧石灰，下方木桩舂井晒食盐。"铁水封存上方盐井后，夹角沱自然改叫盐井沱了。

根据传说寻找凿盐井遗址。盐井沱北岸，仰面大青石板上有一条小溪叫刘岩沟。它从盆地北面环山向南沿着大青石板山麓流入主河道，形成的沱叫坦巴沱，与盐井沱几乎同一水平面，相距 20 多米。刘岩沟出水口的青石板上，有 20 来个大小不一、深浅不一（最深的不到 30 厘米，浅的约 10 厘米），并能辨认清楚是立过木桩的连山石坑。在沟的出口处，用几根棕树棒搭起的小桥下有条 2 米多深的簸箕形石坑。石坑底装满石块和沙粒，终年不断的潺潺流水，经石坑口流出。多少好奇的人们寻找过"铁水沉封"的盐井坑，都未曾找到过。

世世代代对"盐井沱"地名感兴趣的人，都是按名字的"趣"，传说的"奇"，遗址的"谜"，在"迷宫"里根据"传说"无端地遐想和猜测，未曾找到过答案。

未找到答案的原因有两点：

其一，在遗址中，没找到"铁水沉封"的盐井坑。即使找到"铁水沉封"也只能说明古人在这里舂过盐井，并不能证明井下是否有盐，若揭封"铁水沉封"的盐井坑，同样走了前人开盐井的老路了。

其二，传说的内容中，有明暗两条思路。明线是"井下有盐"，暗线是"井下无盐"。明线是："春井成功，撒谷壳"，"盐水中有谷壳"，诉状"上方开盐井，下方饿死人"，这是有盐论；暗线是：开井人在新开的盐井中"撒谷壳"，"饿死人"指"铁水封"，"烧石灰"是无盐井的暗示，这些暗语呈现的是开盐井失败的情景和惨痛的后果。"谷壳"象征农民一年辛勤劳动后颗粒无收，暗示开盐井的失败；"饿死人"暗示开盐井在人力、物力、财力上造成的巨大损失；"诉状"是受害者无可奈何之举；"铁水封"暗示地下无盐，永远封存；"烧石灰"也暗示大青石板下无氯化钠。

盐井沱掘井之谜，需要专家的考证和科学证据方能解开。

15. 将军岗

邱仁全

　　峨眉城出北门，过七三九厂、斗量村，再往山里约 4 里，有一人工湖名观音湖。

　　观音湖库区中段的南岸有片山地，山地上有一条近千米长的石板坡道。在清乾隆后期，这片山地是张家主人送予仆人的，后来人们就把这片山地和这条石板坡道都叫"送坡"了（北岸的送湾名，也如此）。"将军岗"就在"送坡"坡道的岗顶上。下面是一位老人讲述"将军岗"的一段历史故事。

　　"将军岗"得名距今快 150 年了。清同治年间，送坡后山有家姓魏的人家，家中有位在县城当学徒的少壮青年参加了太平军。在一次突围中，这位青年壮士被清军虏杀。魏家人得知消息后，一面托人寻找亲人尸体，一面找石匠为亲人修山国墓。外出寻找尸首的人，不仅没找到亲人尸体，还遭到清军的追杀。寻尸人逃回魏家后，又被当地民团告发，峨眉县衙的人得知这一消息后立马派衙差进山捉拿魏家人。持刀的衙差还在送坡山脚下，好心的山里人早已把消息传到了魏家。衙差扑空离开，魏家人全额付给修建山国墓工匠的工钱后，带着家人逃匿而去，从此不知去向。修山国墓的工匠在回家经过送坡山山口时，用工具在岗口南面的岩层截壁上刻凿了一尊佩剑将军的石窟壁像。

　　工匠走后，过往人们常在将军石像前烧香化纸钱。这尊石窟壁像在"文化大革命"时期被毁，现在只留下一块残窟坑穴了。

　　观音湖筑成，公路改道，将军岗就消失在荆棘丛生的送坡古道的山岗上了。

16.　白衣庵

邱仁全

　　出峨眉城北门，过七三九厂、斗量村，再往山里前行约4里，便是人工湖——观音湖。湖底曾有一座古庙白衣庵，解放后改办小学，名丰收村小学。白衣庵有这样一个故事。

　　"白衣庵"是"白衣古院"的简称。它是峨眉山西北面古道上一片香火旺盛的古庙群落。它位于炳灵河北岩山麓下的一条小山埂上。这条小山埂是炳灵"九龙"传说中的"白龙"。人们叫它白龙埂。埂前还有一口池塘。宣统版《峨眉县续志》记载，白衣庵是明代时期建筑。白衣古庙建在"小白龙"的头、脖、脊上。正殿坐北向南，山门坐西向东。整座庙宇由山门、三婆殿、普贤殿、观音殿四个部分组成。山门建在"白龙"的头顶上，大门的匾上有"白衣古院"四个鎏金大字，其倒影落在池塘里随波荡漾。走过山门，小坪上有一棵直径一米多的桢楠古树，它的枝叶几乎把山门遮在绿荫里。往北上一道石阶就是三婆殿（民国中后期烧毁）。再上一道石阶，就是普贤殿。殿里宽阔敞亮，殿的顶上有楼阁，殿外两侧建有亭院管所。穿过普贤殿，是个大"天井"坝。坝中有一条石板镶成的宽道，道两旁是花圃。天井坝两侧的厢房是楼房。厢房底楼是两间宽敞明亮的教室。楼上有对称的雕栏、过道、宿舍。经过天井过道，再上十几级台阶，就是高大庄重的观音殿。

　　古院左右花圃、林园，前后苍柏翠竹，高大的桢楠树、柏树、银杏树把古庙群落遮掩在古木丛林中。

　　如此规模的"白衣古院"建筑群，不是新建，而是在盆地环山上，北可以俯瞰青衣江，南可以仰望峨眉山的燃子庵古庙。古庙因遭遇山体滑坡、庙体倾斜，濒临倒塌，尔后选址拆迁到盆地的白龙埂上重建，原名燃子庵更名为"白衣古院"。这里还有一段传奇的小故事。

　　水兽池干涸的前一年，峨眉山中的白龙女在白水溪边见到了游峨眉山的龙王三太子，他俩一见钟情。白龙女便带着三太子在山上游玩了几日。惜别时白龙女深情地说："三太子，明年，水兽池龙舟会相见。"三太子点头后腾云东去。

　　第二年五月，一年一度的水兽池龙舟会按期举办。白龙女怀着小白蛇蹒跚地来到了水兽池。她发现当地的龙兄龙弟早已在池中戏水游玩了。龙王三太子与青龙女紧紧地缠绵着，亲吻着，早已把自己和白龙女的山盟海誓抛在了九霄云外。白龙女拖着沉重的身躯，在水兽池北岸水边的小坪上正准备躺下休息，瞬间感觉地动山摇，天旋地转，白龙女晕过去了。白龙女醒来时发现自己已做了妈妈。依偎在身旁的小白蛇不停地叫着：

"妈妈……"旁边水兽池的水没了，群龙被困在谷中了，自己也不能动弹了。白龙女对女儿说："白儿，不要怕，妈妈虽然不能动了，但是能说话，可以口传你峨眉剑法。练好此剑法，可防身健体。长大后，你到峨眉山找九老、八仙，想办法救出被困在谷中的九龙。"

小白蛇聪明伶俐，很快便学会了妈妈传授的峨眉剑法。

一天，小白蛇带着比她小一岁的青儿弟弟来到白龙女身边说："妈妈，这是青儿阿姨的儿子，青儿弟弟。"白龙女点头说道："青儿乖，今天我有话给你白衣姐姐说，你回家代我向你妈妈问声好。"青儿应声顺从地去了。

青儿走后，白龙女把小白蛇叫到身边，语重心长地说："白儿呀，你已长大了，剑也练得不错了。你可以去找八仙、九老了。还有，青儿弟弟，是你同父异母的弟弟，今后你要多担待些。"

临行前，小白蛇在白龙埂前的池塘里洗了个澡。她想到母亲体弱多病，又不能动弹，便在她身边徘徊着，犹豫着。

正在此时，有位猎人持弓路过小冈，发现冈前池塘边上放了一件白衣。猎人环顾四周，不见有人，便用弓挑起地上的白衣。正在池中游泳的小白蛇，早已发现猎人落在水中的倒影。小白蛇见到猎人挑白衣，大吃一惊，化成白衣少女，腾空而起，向峨眉山飞去。"白衣，白衣，谁的白衣？"猎人挑着白衣大声地喊着。小白蛇听到这熟悉的声音，回眸俯瞰，那挑住白衣的猎人不正是母亲吗？小白蛇深深地知道，母亲用心良苦，自己一定要记住母亲的嘱托和希望。小白蛇大声地回答："妈妈，放心吧，女儿会回来的！"瞬间，塘边的猎人不见了，空中的白衣少女也不见了。

人们期待着白衣少女归来，故把重建的燃子庵更名为"白衣古院"。

17. 月儿井

邱仁全

出峨眉城北门往绥山镇天池村方向前行约8里，有一座人工湖——观音湖。观音湖管理处对面的山顶茶园林中有口井，叫月儿井。传说这口井是炳灵在岭上修道时，挖的一口沏茶用井。月儿井还有段故事。

大峨山与四峨山之间，有一片群山环绕的水域，水域上段是古天池，下段是水兽池。这里的风景迷人，一年四季游人络绎不绝。尤其在夏日，四仙娥常在天池戏水游泳，九龙聚会水兽池，七仙姑在七仙峰翩翩起舞，阳雀林的鸟声不断，打鼓山鼓声阵阵，好生热闹。炳灵在水兽池的月儿岭围湖山岭上修道，还开发了一片野生茶林，供过往游人饮茶之用。

有一年初夏，同门师弟张果老游峨眉，专程拜访师兄炳灵。师兄弟一见面，不亦乐乎，相互寒暄，诉说别后的情景。正在此时，一位道姑打扮的茶女，用茶盘端着两杯热气腾腾的茶走来，轻声呼道："二位道仙，请用茶。"张果老接过茶杯，看着杯中清澈透明的茶水中半沉半浮的茶尖，像一芽芽游动的弯月，茶香扑鼻，举杯喝了一口赞道："好茶，好一杯月芽茶。"他虽然喝着茶，但两眼却直勾勾地盯着茶女，嘴里说道："姑娘，你嫁给我吧。"茶女低着头，犹豫了一会儿回答说："道仙若能做到两点便可。"张果老说："你说吧。"茶女道："一是留下帮天子管理岭上这片野生茶林；二是沏出如杯中一样形、色、香、味俱佳的茶。"张果老举杯看着杯中茶，随口答道："行。"待他转眼去看茶女时，茶女已不见了，只见井中一弯小月。

张果老留下来了，接管了炳灵的茶园，起早摸黑地在这片野生茶林里忙碌，采岭中茶尖，取井中水沏茶，供来往行人饮用。行人饮茶后多是对他道声谢谢，却没有一人夸过茶的味好。

张果老云游九洲，本是一位品茶高道。他想亲手采摘制作月芽芽尖，沏出更好的月芽茶，也相信茶女会遵守诺言。但事与愿违，他沏出的茶总也比不上茶女沏出的形、色、香、味。

每当新月升起，张果老便沏一杯月芽茶，坐在井旁，举头望着天上的月儿，低头看着井水中冥思苦想，琢磨着，期盼着……

张果老虽然未能沏出形、色、香、味俱佳的茶，但是他对爱情的追求、坦诚、执着，还是令人钦佩。后来，人们便把这口曾沏过月芽茶的井叫"月儿井"了。

18. 三节岗

邱仁全

遐迩闻名的"三节岗苦皮李"产自峨眉山观音湖的炳灵村。站在观音湖大堤上，迎着碧绿的湖面远望，大湖南面环山上有一条从南向北蜿蜒而下钻入湖心的山埂。这条山埂就是"三节岗"了。著名的"苦皮李"就产在这条山岗上。若乘坐湖中快艇，约两分钟就可以到达三节岗的岗口了。上岸后，当你走进苦皮李园后，总有"只听人语声，不见行走人"的感觉。

春天，三节岗的岗上岗下，岗里岗外，漫山遍野，全是雪白的苦皮李花。夏天，正是三节岗苦皮李的成熟期，粉红色的苦皮李果沉甸甸地挂满枝头，弯着枝腰似乎在向游人打招呼："欢迎您，远方的客人们，请品尝三节岗苦皮李。"

早年，笔者听过当地一位果农——曾经教过私塾的张时刚老人讲过，三节岗苦皮李是朝廷供果。在清代，三节岗苦皮李就很著名了。张家在朝廷为官者甚多。每年到苦皮李成熟期，三节岗的果农都要摘选苦皮李精心包装，快马送往朝廷。老人告诉笔者，苦皮李皮苦青脆、清热解毒、生肌益血、易消化，肉核脱骨、果肉甜嫩、色香味醇、清香可口。

笔者曾问过老人关于三节岗的得名和苦皮李的来历，老人是这样讲的：炳灵地区在古代是一片水域，古人叫它兽仙湖。兽仙湖干涸后，有九龙归海的传说，龙王三太子困在谷中石化的山埂就叫三节岗。三节岗名和苦皮李名的来由有段传说。

兽仙湖干涸后的某一年五月，峨眉山仙娥四姐妹在天池的瀑潭里游泳玩水。四姐妹在瀑流直下的水池里玩得十分开心，各自讲述着在峨眉山上的趣事。

在天池瀑潭游泳后，仙娥四姐妹各自回了家。四娥妹沿着小溪，绕道回峨眉山。四娥妹经过干涸的兽仙湖底的一条小埂处，一位眉清目秀的俊男站在路中央。四娥妹定睛一看，原来是被困在兽仙湖中的龙王三太子。三太子虽然被困，化成了一条山岗，但是生命尚存，灵性未变，喝着小溪的水，顽强地活着。四娥妹知道三太子心存不轨，厉声叫道："三太子，让路！"三太子见四娥妹识破了自己的真面目，恼羞成怒，露出了小尾巴。四娥妹往左走，三太子的小尾巴往左缠，四娥妹往右走，三太子的小尾巴往右缠。

此时，正在天空中护送四娥妹的阳雀，早已监视着三太子的一举一动了。阳雀见四娥妹有难，大声地叫起来："李——贵——啊，李——贵——啊……"顿时，打鼓山上天鼓雷鸣般地响起来了。大仙娥闻天鼓声，知道四娥妹有难，腾云迅速地向北飞来。在天空中，大仙娥见到三太子缠着四娥妹不放，大声叫道："三太子，休得无理！"

正在月儿岭中炒制月芽茶的炳灵天子听到大仙娥的叫声，握起斩龙剑，飞身跳到干涸的湖底，见三太子还是死缠着四娥妹不放，怒火顿生，上前一步，举剑向三太子劈去。三太子见势不妙，掉头就跑。炳灵天子手起剑落，把三太子卷住的尾巴劈成了三节。炳灵天子举剑再向三太子的头劈去，忽然传来了张果老的喊声："天子，剑下留命。"炳灵天子打住了手中的剑，只见三太子拖着三节断尾，鲜血直流，跪在地上大声地哭叫道："天子，饶命，我再也不敢了！"天子用剑指着三太子说道："孽障，兽性不改。看在张果老面上，饶你性命。"说罢，众仙道别，各自回了家。

原来，那飞在空中的阳雀及叫的李贵是大仙娥派遣在兽仙湖围湖山岭上暗中保护四娥妹的小仙。人们把阳雀仙鸟栖息过的那片树林，叫阳雀林，李贵小仙擂鼓的山叫打鼓山。

再说，九龙被困，三太子又被劈砍成重伤，东海龙王不服，状告玉帝。老君握笏①奏道："三太子强暴民女，违反天条，理应当斩。炳灵急救民女，劈砍太子，留其性命，并未枉法。"玉帝道："老君言之有理。王子犯法，与民同罪。龙王教子，切勿护短。老君下界峨眉山，处置善后。"

老君领旨走出了灵霄殿，下界峨眉山，来到了九龙困地，见到三太子三节断尾血流不止。老君从葫芦里倒出三粒果，说道："三太子，你亲自把这三粒苦皮果放在伤口上，用土覆盖起来，可以立即止血，镇痛。"三太子接过苦皮果，照老君的话做了。一会儿，血止了，伤口也不痛了。老君见三太子的脸色好些后说道："三天后，伤口上会长出三棵树苗。以后就靠三太子自己的领悟和造化了。"说罢，老君不见了。

老君走后的第三天，三太子的伤口上长出了又弱又瘦的三棵树苗。三太子精心地照管着瘦弱的树苗。不久，三棵树苗长成了大树。每天，三太子都坚持给树除草、松土、浇水。过了几年，三棵大树开出了雪白的花朵，几个月后，枝条上挂满了粉红色的苦皮果。三太子支撑起又饿又累的瘦弱身躯，不由自主地摘起树上的苦皮果吃起来。原来，这苦皮果并不苦，肉质十分甜脆，好吃极了。不知不觉中，三太子把三棵树上的苦皮果吃光了。

这时，奇迹出现了。三太子的三节断尾愈合了，身体长壮了，有力气了，有精神了。奇怪的是，在伤口愈合的时候周围长出了无数的苦皮果树苗。三太子把这些树苗移栽到岗上岗下，岗头岗尾上。几年后，岗上的苦皮树开满了皑皑白花。四仙娥看到岗上雪白的苦皮花，知道三太子经过磨炼修成了正果，便派阳雀到岗上帮助三太子看管苦皮果。

山里山外的人们，来往不绝，到岗上欣赏苦皮白花。站在山岗上，会听到类似于"李——贵——呀"的鸟语声，并闻到一阵阵苦皮花香。

夏天，岗上的苦皮果成熟了。三太子邀请来往行人采吃苦皮果，还向人们讲述着老君赐苦皮果治伤，自讨苦果吃的故事。

由于三太子的故事，人们寄情于物，把这条岗命名为"三节岗"；以老君姓，把苦皮果名为"苦皮李"，故称其为"三节岗苦皮李"。

每年夏季，人们听到"李——贵——呀"的鸟叫时，就从四面八方到三节岗来采苦皮李吃。

从此，因鸟声的传递，人们的传颂，三节岗苦皮李扬名峨眉内外。今日的三节岗苦皮李在省内外市场上都有销售。

　　三节岗苦皮李虽然产量很大，但是三节岗的果农是不到县城卖苦皮李的。每年，三节岗苦皮李开始成熟，村里村外的购果人会络绎不绝地来三节岗苦皮李果林里"判树"②。"判树"议价后，购果人把钱付给果农，由购果人自己采摘苦皮李上县城贩卖。临走时，果农还要向购果人赠送一袋苦皮李。

　　人们把"判树""自摘苦皮李果""送果"，这段最热闹的时期叫"三节岗李子会"。

　　这就是老人娓娓道来的三节岗苦皮李的故事。

　　一年的一个夏日，笔者在三节岗上看管苦皮李。有一位金发女士带着一位翻译人员，沿三节岗直下湖边。返回时，金发女士见到笔者这个黏着泥土的老头问道："老人家，这里是三节岗吗?"翻译用中文说了一遍，笔者点了点头说："是"。女士接着说："我是法国人，从成都来。想了解一点三节岗苦皮李的情况。"于是笔者把三节岗苦皮李的品质、特点、功效、种植、产量、销售等方面做了详细介绍。

　　"像这样的生果，无苦味，也无酸味，你可以尝尝。"

　　金发女士亲自摘了一个苦皮李一边咬一边说："嗯，不错，不错，可以，可以。"

　　临走时，金发女士说："合个影，行吗?"笔者看着自己一身的泥，犹豫了一下说："行。"我们站在三节岗苦皮李树下，翻译人员拍下了两张照片。拍照后，笔者向金发女士说："中国人是爱好和平的。两三个星期后，欢迎你们到这里来吃苦皮李。"

三节岗苦皮李

　　金发女士向笔者挥手致谢，离开了三节岗。

　　笔者站在苦皮李树下，看着金发女士和翻译人员在果林里渐渐消失的背影，望着波光粼粼的观音湖湖面，遐想无限。

　　①笏（hù）：古代官吏朝见帝王时拿着的狭长板子，用玉、象牙或竹制成，上面可记事。

　　②判树：一种交易方法。这里是指购果人向果农购买一棵或几棵李树上的苦皮李，先付款后采摘，自负盈亏的买卖方式。

19. 箱子石

邱仁全

出峨眉城北门，往绥山镇天池村方向前行约8里，有一座人工湖观音湖。

观音湖大坝溢洪闸门的石崖上，有一块伸出崖面的长方体岩石。传说这块岩石是炳灵道人装过捐银的石箱。

这是张果老劈围湖山埂若干年后的事了。

水兽湖干，九龙困谷，张果老崖囚，炳灵着急，召众道，八方化募，九州求援，多年辛劳，集募银于石箱。炳灵到南海请来观世音菩萨造化筑坝复湖。炳灵一边向菩萨报告捐银，一边开着石箱。刚一开箱，炳灵大惊失色，呆若木鸡，一句话也说不出。菩萨神色自若地说道："捐银早已被窃。炳灵，请看箱面爪印。"正说时，石崖中传来了声音："菩萨，金龙偷走了箱中捐银犯赌去了。"炳灵查问金龙，尽管人证、物证都有，金龙仍然不承认。炳灵无可奈何道："菩萨，有何办法？"菩萨道："炳灵，不要惊慌。我具状上告玉帝面议。"

观世音菩萨上灵霄殿向玉帝递交了奏折。玉帝看罢大怒道："大胆孽障，竟敢偷盗募银豪赌。斩！"下令牌转交峨眉县令执行。菩萨及时向玉帝求情道："张果老举报有功，请求释放张果老。"玉帝答道："准奏。"

菩萨带着玉旨下界，同炳灵到峨眉县衙，向县令转交了玉旨。县令下跪接玉旨，立即化装为道士，实地核查。经查，金龙盗巨银聚众赌博等罪行属实，借"审办官厅岗土地纠纷案"之机，号令众百姓用百把锄头千把锹，挖断了金龙的颈脖，巧斩了金龙，其余困谷群龙也随着消停下来。之后，张果老被释放。此时的张果老已不是年轻时的模样，成了白发长髯的老道了。

张果老拜过菩萨，谢过师兄，倒骑在驴背上，看着那口空空的石箱，看着囚过自己的石崖，望着岭上的茶林，想念着沏过月芽茶的茶女，带着思念和遗憾，随驴悠然远去。

菩萨告别炳灵回南海去了。炳灵因要看守困在谷里的群龙留了下来。

20. 张公堰与沉犀坝

许德贵

《峨眉县志》记载的古代水利建设中就有张公堰。因为古，故又名"张公古堰"。它长4公里，灌溉面积1520亩。它在绥山镇沉犀坝半山岩壁，乃人工开凿河。沉犀坝，坝如弯月，三面环水，一面依山，方圆十数里。峨眉自古流传"先有张公堰，后有沉犀坝"之说。

关于张公堰的传说有两个：一是在离铁索桥不远的山脚处，有一座太公坟，堰水绕前流过，村民们说，埋的是张公；二是在峨眉城西，西坡寺外，路旁不远处，有一个名叫张必通老人的墓。古有夏禹治水，三过家门不入，而张必通凿堰，一天四次受伤不离岗。这高河村姓张的人最多，都说那叫张太公墓。为我们讲传说的人，脸上总是充满得意的神情，其意显示：我祖宗张必通，人称"张太公"，在峨眉历史上，曾经是一位修堰引水，造福沉犀坝的功臣，叫我们世世代代，吃水别忘挖井人。

沉犀坝呢？相传古时，坝中原有一小丘如犀牛昂首伏卧，故名沉犀坝。

沉犀坝的人说，传说八仙之一的韩湘子曾游到这里，在茂密的翠竹林盘里，折节竹儿当洞箫，箫声引来了犀牛。后来韩湘子离开了，当地人将他丢在地上的一节竹子拾起来吹，可怎么都吹不响。那地上丢了很多节，他们捡起来接好后一吹就好听了，又吸引了犀牛来听。这回不只是一只雄犀牛，还带来了一只雌犀牛。

据说，犀牛形状像牛，颈短，四肢粗大，鼻子长，有一个或两个角。皮粗而厚，没有毛。传说，犀牛角有纹，感觉灵敏，故称犀牛角为"灵犀。"因此，当地人很喜爱犀牛，看到有犀牛来听箫声，吹得更上劲了。后来把这似铜号的箫，改叫"喔山号"。

这样一来，这两只犀牛常来听号声，还爱听西坡寺悠扬的钟声。它们遇人不惊，与人和谐相处，特别喜爱小孩。有几次，它们还把玩耍时不慎掉进大深沟里的小孩救了上来。

不知是哪年哪月，天上下起大雨，山洪暴发。两只犀牛正如人类夫妻一样，恩恩爱爱地生活在这里，张公堰突然涨大水，城西坝被滔滔的洪水淹没了，它们被海龙王派的官差接回去了。此后，峨眉人就将"城西坝"喊作"沉犀坝"。

如今，人们可以在那古堰取水口，看到市政府立的石碑，高约3米，横跨堰沟，上刻"张公堰"三个雄劲的大字。

至于"先有张公堰，后有沉犀坝"的说法，想必是，没有张公堰的水灌溉，沉犀坝不会是五谷丰登的田野，只会是一方大大的干坝子。

21. 双福镇

朱华高

　　双福镇地处峨眉山市北大门，距峨眉城区约 8 公里。海拔 400~600 米，属半丘陵半平坝地区。北交夹江县。双福之名，得于境内有福岗、福河一山一水。镇政府驻地双福场，紧靠泥溪河。

　　明代，设泥溪乡。清初，泥溪乡包括太和场、普兴场、双福场。清咸丰九年（1859年），分区设团，峨眉县分六区。北区设双福场，领双福、太和、普兴。1934 年，设区公所，区下分乡、镇，此时就有了双福乡的设置。1941 年，双福乡分设普兴乡，至1949 年底峨眉县解放。1950 年 11 月，双福乡分 5 乡：中心、小河、石岗、塘坊、净居。1956 年 11 月，合并中心、小河、石岗、净居为双福乡。1958 年 10 月，合并双福、新民、平城、福利、悦连 5 乡为双福，改名双福人民公社，政府驻地为双福场。1959年 7 月，从双福人民公社分出新民、福利公社。1961 年 10 月，从双福人民公社分出平城公社。1963 年 10 月，设双福区公所于双福场，辖塘坊、新民、福利、双福、悦连 5公社。1984 年 4 月，恢复乡建制为双福乡。1992 年，撤销双福、塘坊、普兴、悦连乡，合并后建双福镇，驻地仍然是双福场。1995 年，分出普兴置普兴乡。

　　双福镇农业以茶叶、水果最具特色。双福场有西南茶叶大市场之称。每年初春，会有大批来自福建、浙江的茶商来双福镇采购茶叶。

双福四桥（郭志安摄）

　　双福镇交通运输发达。成昆铁路、省道 103 线过境。政府驻地双福场是古时成都经夹江周渡到峨眉的重要节点，是夹江过千佛岩灵泉古渡到南安、木城，再沿古道经普兴到双福再到峨眉县城的重要节点；也是夹江过陶渡横渡青衣江到顺河场，再沿古道到双福场抵峨眉县的重要节点。峨眉县修的第一条公路，就是从夹江经双福场到峨眉县城。如今，双福场在不到 500 米距离内有桥 5 座，成为境内一道独特的风景。其中，铁路桥 2 座，公路桥 2 座，人行桥 1 座。人行桥双福廊桥是双福镇的标志性建筑，也是目前峨眉山市内最高大、巍峨、宽阔的一座水泥廊桥，还是最早的夹峨公路桥。如今，双福场有公路通城区，通普兴达悦连，通木城达洪雅，通平城、符溪；有峨眉绕城路经新平、符溪，过燕岗到沙湾或峨边。

双福镇文物古迹甚多，据 2011 年《峨眉山市不可移动文物名录》，市内共有 24 处，最具代表性的是紧邻双福场双福村地域的磁佛寺、塘坊村的陈金山洋楼、四峨山弥勒佛、双福廊桥、小河坝石墩桥、跃进渠渡槽、汉代的小河坝崖墓及多处清代古墓等。

22. 双福纸市

刘世晓

双福镇曾经是川南最大的纸市场。纸张来源，主要是峨眉普兴乡、悦连乡及邻近的夹江县。后来，市场越来越兴旺，买纸客商来自全国各地。

有纸才有市。双福纸市源于清康熙时期。清顺治十七年（1660年），湖广孝感乡人刘开沛兄弟三人因移民政策，到了四川。刘开沛在普兴乡凌云寺落户（今凌云村2组）。第二年，刘开沛和同样移民而来的凌云寺的骆浔阳一家三口开始生产仿宣纸。全部技术由刘开沛负责，骆家在刘开沛指导下生产。当年他们生产出一大批峨眉产仿宣纸，在双福场出售。

第一代第一批仿宣纸在双福市场出售，一炮打响，引起了纸商惊叹"穷山沟里飞出了金凤凰"。仿宣纸以优质优价占领了市场，以后造纸业在峨眉、夹江有了飞速发展，由此在双福场形成远近闻名的纸市场。双福场由此以纸闻名，成了四川纸业销售的大市场。康熙三十七年（1698年），经过二十余年的发展，双福纸市规模进一步扩大，出产的纸品绝大多数通过青衣江运销各地。双福纸市的鼎盛期长达两百余年。从康熙十七年至四十七年的三十年间，由于纸市兴盛，造纸人遍及整个夹江、峨眉、洪雅，还辐射到雅州、邛州、眉州，双福成为川纸集散中心。每年有上百名外地纸商慕名而来，销量年年增加，从青衣江转口外运各地，尤其是长江一带最为畅销，形成了有名的纸帮行会。其中，名望最大的有上海申帮，南京、武汉下江帮，重庆、宜宾渝戎帮，成都周边川西帮，乐山周边嘉定帮。他们每年中秋开始云集双福，直到冬月初二"蔡伦会"之后，购足了所需纸张，才纷纷带货离去，双福也因此热闹繁荣。

双福场原来是泥溪乡政府驻地，从康熙年间起，每10天赶3场（二五八），后因川纸繁荣，由民间改名"双福场"，逢双日赶场，一直沿袭到现在，已有四百余年。过去，双福纸税是地方主要税源，只征买方，在军阀割据时，24军刘文辉加重了民间税赋，改为征买卖双方，名曰"交易税"，沿袭至解放。由于纸税可观，成为毗邻地区之间地方税官争夺的一块"肥肉"。他们总是千方百计地想分割"油水"，洪雅、夹江的税官尤其"眼红"，便采取行政命令"截流控税"，各自"划地为牢"，限制造纸户到本县指定市场交易，严重影响了"货畅其流"。但这一规定遭到造纸户的反对，因没有名气，纸卖不起价，不得人心，所以逼得造纸户星夜翻山越岭，逃避边关设卡检查。这种行政手段阻拦，一直延续到中华人民共和国成立以后。到1955年，由乐山专署明令调整行政区划，将夹江县的悦连乡划为峨眉辖区，这种风气才得以纠正。

当地大搞产销结合，由供销社收购纸张，并挂牌指导市场参考价格，明码、分等级，由市管会监督执行，公平交易，按质论价，取缔陋规旧俗。银行对困难造纸户可给予贷款扶持，按时发放，及时收回。由此，市场管理井然有序，双福纸市出现了有史以来的最繁荣景象，深受百姓称赞，连续两年成交量超过 20 万担（每担 1 万张，约重 70 公斤），创历史最高水平。1955 年初，市场保证了供销社收购任务的超额完成。供销社通过外贸手段，将川纸大批量出口到东南亚等地区，销量空前。

遗憾的是好景不长，1958 年"大跃进"，使双福纸市发生急剧变化，市场一落千丈，无法挽回。1959 年又因"过粮食关"、"毁林种粮"、连续三年自然灾害等，元气大伤。本来造纸业已是奄奄一息，加上关闭集市贸易，停止收购，到了 1966 年"文化大革命"时期，双福纸市由此衰亡，享誉三百年繁荣盛景的双福纸市，一下变成了过眼云烟。

23. 双福廊桥

陈元昌

双福镇地处峨眉山市北大门，位于夹峨公路旁，距峨眉山市 10 公里。《峨眉县志》记载，双福古镇源自明代崇祯十七年（1644 年）的双福场，因其境内有福岗、福河而得名，至今已有三百多年的历史。该镇的标志性建筑就是位于集镇古街双福河上的双福廊桥。

双福廊桥最早建于明朝初年，是一座铁索桥，后垮塌。《峨眉县志》记载，清光绪辛巳年（1881 年）铁桥破断。清末，改成木桥。《峨眉县志》第二十二篇第二节公路省道记载："夹峨公路民国 17 年 3 月动工，民国 19 年竣工（粗成）。未逾两年便道桥坍，民国 26 年修补通车。民国 36 年双福、朱坎、峨眉北门三座大桥颓败，重建。"夹峨公路双福桥改建为石磴木桥。"1954 年，峨眉县人民政府拨资加固双福、朱坎两桥河底，并重建两桥。"河上建起重檐飞角、古色古香的廊桥，桥头高挂"双福大桥"横匾。1985 年，被洪水冲毁；1986 年，重建后成为古镇的标志性建筑。

1983 年的双福廊桥（薛良全摄）

原廊桥桥面宽 6 余米，河中 4 柱 5 梁（石桥磴和木梁）。据该镇老人讲，木料多是拆庙宇的上乘好料，桥梁系木方镶嵌在石柱上。桥面横铺木方，在汽车轮距两侧纵向铺有两排一寸多厚的木板，该桥面仅比两端街面高约 50 公分。桥限载重 5 吨的卡车单车在桥上通过。1960 年，有一人乘一辆道奇卡车途经该桥，发现桥中有一块铺垫木板已坏，导致车辆难以通过，后来从车上找来一块木板垫上才顺利通过。

桥面上是木方榫卯结构搭建的两层房檐，上盖小青瓦。罩屋檐尖顶骑梁式游廊 14 开间。桥上遮天蔽日，和风习习，再加上桥头两端有几株百年大榕树，更显得古色古香，令人特别惬意。夏日炎炎，人们喜欢在桥上徜徉小憩。桥廊南端还开有一小茶馆。赶场天，桥上常常拥挤难行，卖饴糖的，卖水果的，卖凉糕的，赶场的，都汇集在此，车水马龙，热闹非凡。1981 年上映的电影《被爱情遗忘的角落》，拍摄就曾借用这座廊桥，"双福大桥"摇身一变成了"天堂镇大桥"了。

《峨眉县志》记载："1985 年 8 月 25 日，双福区降雨量 197.3 毫米，双福大桥被冲走。"

1986 年，峨眉县政府拨专款由市建设局负责仿照原桥重建，新建的廊桥在原址上高于街面 3 米，桥宽 8.8 米，长 55.5 米；采用 2 柱 3 凸，桥面增高，礅少，跨度加大，增大了泄洪排水量。桥两端采用梯步上下，不能通车。桥面过道两侧安砌有坐板，桥墩及桥面全部以钢筋混凝土筑造。凭栏立柱虽是钢筋水泥，但朱漆浮雕古色古香，仍有原廊桥风貌；两层檐盖歇山屋面上安砌有古青色仿古瓦脊；山墙两翼飞翘着游龙飞兽的角，龙飞凤舞，十分壮观。楼台亭阁，端庄典雅，颇具大家气概。

24. 陈金山洋楼

李家俊

峨眉双福镇的塘坊，原是一个单列建置乡；1992 年，峨眉山市、镇、乡合并，并入双福镇。塘坊北接双福场，南靠峨眉城，东有成昆铁路，西临四峨诸山，夹峨公路穿梭而过。2017 年版《峨眉山市地名录》介绍，塘坊村的得名，缘起陈金山洋楼和洋楼前的荷塘。陈金山洋楼是峨眉唯一的民国西式风格的建筑，中西合璧，别具一格，富丽堂皇，韵味十足。陈金山洋楼连接着古代与近代的建筑品相，见证着峨眉建筑的吸纳与传承，是体现峨眉多元文化的实物资料。2012 年 7 月，陈金山洋楼被列入四川省级文物保护单位。

民国初期的陈金山洋楼（李家俊摄）

《峨眉山市不可移动文物名目》记载，陈金山洋楼建于民国初年，是一座坐北向南的五层结构建筑，占地面积 295 平方米，建筑面积 803.4 平方米，为中西合璧的单体建筑。据原峨眉山市政协文史委员会主任李先定介绍，陈金山是峨眉一方富豪，靠做生意起家，经营药材、白蜡等致富。

民国初期，陈金山为了给女儿出嫁撑面子，遂打算建一幢楼房作为女儿的陪嫁。如何建？建什么风格？让陈金山颇费脑筋。他决定到繁华的大都市成都看样板。在成都华西坝，陈金山看中了一幢教堂，其典雅的风格，弯曲的回廊，欧式楼梯，圆拱式的窗台，中高四低凸出的圆亭阁，都让他心生奇念，流连忘返。于是，陈金山决定比照教堂的建筑风格，在峨眉为女儿建造楼房。那个年代，懂西洋建筑的人比较少，陈金山不惜重金请洋人设计方案，又花大价钱从成都请工匠施工，费时两年，方建成这幢洋楼。

洋楼外观呈方形，三重檐八角攒尖顶，周围饰西洋扶栏，中间高四周低。洋楼内设计有电梯亭，可用绞车向上搬运物品；每个房间有欧式百叶窗，通风良好。楼下有宽大的饭厅和西式厨房。今天我们观陈金山洋楼，清晰可见砖木结构三重檐八角攒尖顶，五层楼房通高 19.7 米。一至三层的面阔为五间 16.25 米，进深五间 16.48 米；第四层被顶覆盖，呈隐蔽层；第五层为顶层，屋顶建重檐攒尖八角亭，该顶亭高 5 米，共用 8 根亭柱。亭下楼顶为斜面坡式，四面坡顶共设 8 个采光通风孔，东西两侧还设瞭望台 2 个。一至三楼外缘四周为通走廊，廊宽 1.9 米；一层廊道外沿无栏杆。每层有通道和厕所。楼房中部竖 4 根实心砖柱，踏道绕柱可盘旋至楼顶。楼房室内有壁炉 8 个。该楼所用青砖是专门设计烧制的，总体保存基本完整。洋楼前面有一个大池塘，长满荷花，中间可划小船。

中华人民共和国成立后，陈金山洋楼被辟为峨眉县粮食局塘坊粮站，后成为塘坊小学校舍。今已由政府保护起来，立乐山市文物保护单位碑。

25.　大龙湾

许德贵

传说，很久以前，双福镇静居村的徐湾，像一条龙，因此，原叫"大龙湾"。大龙湾的水，清凌凌的；大龙湾的天，蓝蓝的。

相传，从前这里有一徐家大族，家族中有位叫徐向春的，家虽有良田万亩，但好善乐施，常捐钱修桥铺路，济贫济穷，人敬称——徐善人。

徐善人的儿子徐跃龙天生聪慧，读书勤奋，加上严格的家教，常常天不亮就起床学习。

徐跃龙的父亲眼睛不大好，几乎瞎了，经常把夜里的月亮当成黎明的星星，以致时不时就得叫 11 岁的儿子半夜爬起来用功。

经过艰苦的学习，又请名师教化，跃龙很快到了该考秀才的年纪。但徐善人还是有些担心，因为考秀才需过三道关。县试，由县太爷主持，需连考五场；府试，由知府老爷主持，需连考三场；府试考上才有资格参加省的院试，院试由省学政（类似今天的教育厅厅长）及朝廷钦差派来的考官主持。能通过院试才算是中了秀才。

徐跃龙这娃儿很争气，他心里不惧，可以说他是"瞎子吃汤圆——心中自有数"啊。不但县试和府试通过，并且 18 岁就考上秀才，22 岁中了举人，24 岁考取进士并入翰林院。百姓敬重他，称"徐翰林"。

有人说徐家坐在风水宝地上了，徐向春不信这些。曾有几位风水先生前来示意观风水，他只是设宴招待，不纳这桩事儿，因而得罪了一个姓白的风水先生。

而徐向春的父亲徐永春向来相信风水，那白先生便去见老人家。徐永春一听便说妙。于是一顿酒肉饭饱之后，白先生便端一罗盘转了转后说，那大湾桥背后需筑一座七七四十九丈的青塔，河水留桥影，河水留塔影，桥影塔影并向前，鹏程万里。

白先生想利用小小歹心铸大祸，报复徐向春。果然，这塔铸不久，父亲的心口痛，仿佛针刺，徐向春自己则双眼疼痛，疼得难忍，便去请刘一民医生来治。

刘一民不仅医术超群，且又懂得风水，可几付药后，两人的病不见好转，反而加重了。他心起疑团，无意中触及罗盘，便由徐家人带路观徐家风水走向。刘一民发现那塔应该拆掉，便和徐永春讲了。

拆了塔后，徐永春心情好多了，还同儿子也讲了。徐向春似信非信，只觉心情似乎好些了。两父子接着又分别吃了刘一民的药。果然，徐永春的心口不痛了，徐向春的眼睛也恢复了。

这刘一民是风水看得好还是医术好呢？父子两不清楚，便带重金一面去酬谢，一面去讨个实情。刘一民只好道出心语。

医术是实，病好没好，由身体来说；风水是虚，是好非好，由心境说，信则灵，不信则无。行医是实，看风水是虚，这地方已是个龙穴宝地，可那位白先生有意捉弄人。他的歹心可以用十四个字概括：桥是弯弓塔是箭，箭箭射准翰林院。

徐家父子感谢不尽，离开刘一民家后去找白先生说理。可这白先生早已逃之夭夭。从此，徐善人又像从前那样，兴旺发达不说，还获喜讯：徐跃龙时逢大考，高升六品翰林院编修。

因此，这儿原名大龙湾，后改成了徐湾。

今双福镇静居村徐湾水库（李华英摄）

26. 金天庙

赵 划

出峨眉县城北门外约5里，有一地名太泉广场。广场对面是峨眉城北汽车站。在广场往西的西环路约150米处，曾有一古庙叫金天庙，又名惊天庙。这里有一个传说，惊天者，惊了天子康熙驾也。

相传康熙一生多次微服私访，目的是了解民意，彻查贪官污吏。他微访到成都，听说四川有座峨眉山，是佛教圣地，就到成都昭觉寺对思空方丈说："你带个信给峨眉山普贤菩萨。就说我要去礼拜他。"但康熙并没说自己什么时候去。侧边的土地菩萨听见，马上托梦给峨眉山土地说："康熙皇帝要来礼拜峨眉山普贤菩萨。"这一来，峨眉山上山下的菩萨、土地、城隍、知县、地保都被惊动了，到一起商量此事。他们商量着，首先要在粗石河架一座桥，然后在河边田坝修一幢房子，给皇上小憩。房屋修好后，城隍、知县、土地呈报普贤，并问能否将离城十里的皇帝小憩庙定名为"普贤庙"。普贤回："非也。我普贤乃大门大法，已定坐峨眉山万年寺，并塑刻有大铜像，自西晋至今，计万人朝奉。而今在这小庙憩宿无异于贬低佛威。"于是城隍等商量现修的房屋暂不定名。他们派人到夹江千佛岩联络菩萨，要求配合迎接康熙。康熙一到，马上就有人拿鸡毛报，过夹江传报峨眉粗石河土地神。一切安排妥当后，峨眉大小神都到粗石河边修的临时迎皇庙等候。庙摆供普贤神像神龛、茶桌、斋堂，样样具备。只等皇帝驾到。这一等就是三天，还没有等到皇帝来。天气炎热，大小官员都穿着满袍玉带，热得五股汗流。城隍动议，大小官员可脱衣乘凉，即使皇上驾到再穿也来得及。于是城隍、知县带头，脱个赤膊。他们在等待期间，闲来无事便三五成群，八九成堆，自由结集。有的说古论今，有的下老和尚棋，有的翻跟斗。个个喜笑颜开，心乐开怀。

突然外来一群人，其中一人高喊：当今皇上驾到。顿时惊恐了在场的城隍、知县、土地等。大家都来不及穿带锦袍玉带，不知所措。众人急忙下跪，作揖，叩头。城隍和知县、土地吓得哆嗦，异口同声喊："小的有罪，罪该万死。"城隍、土地、知县等唯恐有诈，即抬头一瞄，见一高汉，麻脸，两旁有御伞护驾，想确真无假，便不停作揖。

康熙侍从有小桃红、三德子、慧静、凤儿（宜妃）、法印和尚等数十人。康熙见这群神官和县令属本君下臣，而今赤身露体，成何体统。即喻："臣下脱袍给峨眉山群神护体尊灵。"群臣即脱袍转装。峨眉群神用宰相以下五品、六品、七品官袍、官帽改了装。土地带上乌纱帽，升为七品；城隍带冠，升为宰相；知县带玉冠，升为府台。大家齐吼：谢龙恩，皇上万岁，万万岁。

康熙皇帝在峨眉山二坪善觉寺作了道场，回京去了。云雾和尚在二坪善觉寺里塑了康熙像，供信士朝拜。粗石河坝子上的康熙小憩庙，被正名为惊天庙。

27. 符溪镇

朱华高　帅培新

　　符溪镇位于峨眉山市东北面，面积约 44.5 平方公里，和乐山市中区交界，故有峨眉山市东大门之称。东邻乐山市中区苏稽镇，南接桂花桥镇，西连胜利镇、新平镇，北挨双福镇、夹江县顺河乡。

　　镇之得名，乃因顺符汶河。镇政府驻地镇子场，距市区 9 公里。

　　宋时，此地名符汶镇，属峨眉县辖。符溪一名，最早见于龚煦春的《四川郡县志·清代疆域沿革考》。文载，乐山县辖十乡：嘉乐、怀苏、符溪、古市、观峨、映碧、安仁、凌云、双鹤、平羌。明崇祯十七年（1644 年），明将杨展驻嘉州时，将峨眉之铜山、沐东、茶土溪、羊镇以下地区，划入嘉州，符溪当在此列。民国时期，为乐山县符溪乡。1950 年，为乐山县符溪镇。1951 年，划分为符溪、红山、乐峨、民主、符坪、平城 6 乡，属乐山县辖。1954 年，合并符溪、红山、乐峨、民主 4 乡为符溪乡。1958 年 9 月 6 日，由乐山县划入峨眉县辖，同年 10 月成立符溪人民公社。1962 年 1 月，从符溪公社分出红山公社。1984 年，恢复乡建制为符溪乡。1988 年，撤乡建符溪镇。2002 年，撤平城乡并入符溪镇至今。

　　符溪镇历史悠久。1975 年，在符溪的柏香林出土了多件新石器时代的双肩石斧、双肩靴形石斧、双肩石铲等；1963 年至 1980 年，在柏香林墓葬群出土了战国时期的青铜器 36 式、194 件，其中著录于《中国文物精华大辞典》的有铜钺、带盖铜鉴、人虎铜戈、鱼凫纹戈等 12 件。1973 年，在天宫村以柏香林为中心的周边区域发掘出东周时期的古墓群，出土了战国铜剑、铜戈、铜斤、铜盛器等文物，具有典型的巴蜀文化特征。后来，陆续在符溪镇黑桥村许河口发现汉代古墓群 44 座；在黑桥村河耳岗发现汉代古墓群 34 座；在黑桥村对河山发现汉代古墓群 30 座；在黑桥村福林包发现南北朝古墓群 24 座；在钢铁村小坟坝发现清嘉庆二十二年（1817 年）的黄氏古墓群。由此看来，至迟在新石器时期，符溪镇已有人类活动，距今有 4000 年以上历史。这也是峨眉山市内出土的年代最久远的文物。

　　符溪镇宗教文化历史悠久，镇上和周边区域建有不少道观和寺庙。古街上和古街东尽头有火神庙和张爷（张飞）庙遗址。最有名的是东晋时期初建于古镇旁的径山寺。符溪镇西，乐西公路边旅游学校对面曾经的古道边有一座建于明代的道观——玉清观。再往前，是"徐花铺"。古道上曾建有贞节牌坊和一座钟罄（忠靖）寺。还有新乐村的白象庵、天宫村的夏庙子等。

　　符溪镇曾是南方丝绸之路乐山至峨边、云南的重要节点。符溪镇附近的古城山，在清代建有驿站古城铺；古城山往乐山方向约 4 公里，是如今峨眉、乐山分界处高山铺，曾经也是古道驿站。符溪镇到平城的大桥河边曾经是非常重要的水运码头——符溪码头，出符溪甑子场到如今符溪派出所背后是古道"马鞍桥"（现符溪村）。

如今的符溪镇子场，亦是符溪古镇所在。据笔者现场考察，最早的古场镇所在，如今已难以寻觅。今符溪镇子场，原来只有一条贯穿东西的主街道。长约 800 米，宽约 6 米，最窄处约 4 米。曾经是石板路面，如今是水泥路面。东端尾部略向南，西端尾部略向北，中间两边有两三条街道相连接。主街两头窄、中间宽，犹如一艘长条形小船，两边小街犹如划桨的桡片。所以当地人说镇子场犹如一只水中划行的船，称"船儿形"镇子场。

主街中间向南的一条街叫白水街，将主街分成上下两部分，分别称上街、下街。

下街以台子坝为起点，向东延伸，长约 500 米。沿街东行，两边仍有不少木质古屋，多为一楼一底。问及年代，八九十岁的房屋主人都说不知哪一代所建。将到拐弯处，街上有一口被两块水泥板封盖的古井，曰白水井。关于这口井，有一个神奇的白水卖钱的传说。再往前不远的拐弯处，是火神庙遗址，如今是楼房。远处尽头是张爷庙遗址，曾供张飞，后为符溪小学、中学校址，现已拆建为商品房。

主街的上街虽较下街短，但却热闹繁华得多，是符溪镇商业繁华区之一。街上来往行人摩肩接踵，拥挤不堪。偶尔可见一两栋古屋。街尽头往西，小地名狮呀沟北边，曾有一座国民党时期建筑的碉堡，早毁。街西南边原有一座庙宇接引殿，早毁。出了街口沿大路便是到峨眉县城的乐西公路。

主街和白水街方向对接的是小街王巷儿，再往前是余巷儿；过主街和余巷儿对接的是李巷儿。如今，白水街和王巷儿经加宽整治，都比主街宽阔和现代许多，只有主街还保留着些许古朴气息。

余巷儿因此地早为余氏族人传承发展，故名。此地余氏族人乃元朝皇帝后代。2017 年乐山沙湾沐东坝余氏族谱编写组出版的《余氏族谱》载，该族人乃元朝皇帝后代。其中有一个"九子十进士"的传奇故事。

符溪镇曾是乐山市农业科技教育中心。20 世纪 50 年代，良种场、农科所、乐山地区农校均在此落地。

符溪镇的农业特色产业有蔬菜和草席。符溪镇地处峨眉河两岸，土地宽阔、平坦、肥沃。古往今来，这里的蔬菜产业极具特色。笔者考察古街古屋时，见一栋古屋门楼上有一块竖挂古商号匾——"华新时菜行"，同一扇木门一般大小。过去的商号很多，但"菜行"类商号凤毛麟角。符溪过去的蔬菜产业由此可见一斑。符溪草席业历史久远且长盛不衰，是四川省远近闻名的席草和草席生产基地，远销全国各地。如今随着草席需求大幅减少，种席草的农户日渐减少，制席人家也急剧减少。陪同笔者考察的帅培新先生弟媳妇家，是符溪镇仅存的几个制席户之一，现在只有三台制席机，一年草席产量近 10 万条。制席厂里草席堆积如山。符溪还有曾经辉煌一时的产业——孵鸭业。解放前和解放初期，极其辉煌，如今早已凋败。

符溪镇如今不但是全市最大的蔬菜生产基地，还有金威利鞋业、仙芝竹尖、龙马木业等一大批轻工业和科技企业落户。省内知名民营中学博睿特外国语学校也落户此地，并面向全省广招人才。

符溪镇古街（李华英摄）

28. 符溪镇古码头

朱华高

符溪镇位于峨眉山市东大门，在峨眉山市和乐山市中区的交界处。

在峨眉山市内，符溪镇政府驻地镇子场有一个有名的水运码头，叫符溪码头，是乐山到峨眉、峨眉到乐山货物转运的重要水陆交通枢纽。1994 年《峨眉山市交通志》载，20 世纪 30 年代前，进入峨眉的日用百货、盐、糖、布匹等和运出的茶叶、药材、白蜡、粮食等主要是凭借峨眉河间日一趟的筏运。符溪镇子场则是发运物资的主要码头。峨眉城北顺河街的周茶店次之。由此可见，符溪镇水运码头在峨眉交通运输历史上曾经的地位和作用何其重要，功绩何等辉煌。

符溪码头历史久远。经笔者考察，它曾经是峨眉县经夹江县和成都连接的重要地点。夹江县今甘江镇有一个水运码头叫陶渡，其前身叫弱漹渡，在唐宋，甚至之前的汉朝，就是连接成都到峨眉、青衣江、长江沿江各地的重要水运码头。路线是：成都到夹江弱漹渡横渡青衣江到今顺河场上岸，沿乡间古道经平城到符溪码头，再横渡峨眉河登岸，沿陆路到峨眉县城。李白的千古绝唱《峨眉山月歌》很可能是途经符溪到弱漹渡登舟去重庆时写的。古时峨眉、夹江都属南安县辖，夹江、峨眉分别置县后的很长一段时间内，符溪都属乐山辖。所以，符溪镇码头是古时东西南北重要的货物和人员往来的重要场所。符溪及平城、红山、胜利等周边乡镇都是峨眉县的平坝区，不但是粮、油、蔬菜、草席的主要产地，而且也是峨眉县很大的商品需求、供应地。每年有大量各类商品在符溪码头交换转运。

沧海桑田，在岁月流逝中，符溪镇码头经历了天翻地覆的变化。20 世纪 30 年代后，峨眉山市内相继建成夹峨、乐西两条公路，陆路交通大为改善。而峨眉河沧桑变迁，日趋淤塞，筏运渐衰。1950 年以前，货载筏运可抵城北顺河街周茶店。1954 年，在县主管部门支持下，伐木公司在符汶河黄湾、斗笠坎、城西坝、水西门漂放木筏。这是峨眉河上最后一次水运活动。可见，至迟在 1954 年，符溪镇码头还具备水运能力。

古码头遗址，今符溪镇滨河路（朱华高摄）

后来，峨眉河经符溪镇段因洪水冲刷有过改道，符溪码头彻底退出了历史舞台。改道入口处在今符溪镇西端符溪村 2 组，原主河道是沿如今金丰路上段，经场边流过，到如今符溪村 1 组河边一个叫漩儿沱的地方——此是出口。后来河往北改道，主河道成为河石坝、河滩，如今已成宽阔的街道。主河道靠北的原河滩、田地如今成为主河道。如今，金丰路下段靠河边一侧，一栋叫"古桥家私城"的房屋建筑，就是原来码头的埠岸。据笔者现场目测，此处距如今峨眉河岸边约 200 米。河边上游距明星大桥约 50 米，下游距漩儿沱约 100 米。河边与岸上大道和建筑距离约 30 米。河滩距河岸高处高差 3 米以上。站在河边，笔者不禁感叹，这真是"三十年河东，三十年河西"。

29．万徐氏贞节牌坊

朱华高

如今，符溪镇旅游学校附近的原乐西公路边，有一个老地名——徐家铺。中华人民共和国成立前，徐家铺旁边有一座贞节牌坊。乐西公路修建时穿过牌坊，几乎没有对它造成影响。关于这座牌坊的来历，笔者母舅万祥永，家住徐家铺的徐叔明，曾分别向笔者讲述过。其时母舅年高八旬，徐叔明年高七十有二。他俩不但向笔者讲述了康熙赐名万隆章的故事，还讲述了"向前之女，隆章之媳"的贞节牌坊的故事。

话说当年，徐家有一女嫁给万隆章的儿子，成了万隆章的儿媳妇。万隆章的儿子英年早逝。徐家女美貌端庄、贤淑守节，官府为其立了贞节牌坊。当时徐家有权，有人在峨眉县衙做官，官职相当于现在的检察长。徐、万两家，一家有权，一家有钱，可谓门当户对。

贞节牌坊是用青石做的，从雅安用船运来的石料。万祥永讲，此牌坊竖立在从乐山到峨眉的道路上，在玉清观上面（西面），离农场一里左右。此牌坊在1958年修农场时才被拆除。拆下的石料用来修农场了。笔者的大哥和两位姐姐都说，小时候到外婆家去时，在路上是见过此牌坊的。

徐叔明说，牌坊很高，有三层楼高，很大。上面刻有人物战场，有武将骑马射箭，也有文官之事，还有碑文。牌坊上悬挂有铁制风铃，风一吹，"呜呜"直响。"向前之女，隆章之媳"刻在牌坊的上面，不是两侧。"向前"是指徐家女的父亲，徐向前。两侧还有其他字，徐说记不清了。牌坊有三道门，正中大，两边小。

"向前之女，隆章之媳"之说，从母舅家中的万家始祖牌得到了证实。始祖牌上，五世祖万隆章的儿子六世祖，万×福，娶妻徐玄清。此徐玄清应该就是徐向前之女。徐玄清的贞节牌坊突出了其父徐向前和其翁公万隆章的地位。这又从另一侧面印证了徐家的权势和万家的钱势及徐向前、万隆章在当时社会上的名望。

按时间推算，万徐氏贞节牌坊建于清朝中期的可能性较大。

30. 白水街

杨松泉

出峨眉城东门约 20 里，乃峨眉山市东大门符溪镇，今天的符溪镇政府驻地原来叫镇子场，过去的镇子场有两条街，正街呈东西向，另一条街呈南北向，处于正街的南部，并与正街中段连接，构成了"丁"字形格局。这条呈南北走向的街特别热闹。每到农历逢双赶场日，这条街上人最多，那些常年卖黄糕粑的、卖粽子粑的、卖油炸豌豆粑的、冬卖醪糟汤圆的、夏卖凉糕冰粉的摆摊小贩一家紧连一家，把街道两边都占满了。加上农夫种的农副产品也拿来交易，这里便常常挤得水泄不通。这就是镇子场的白水街。

这街怎么叫白水街呢？

传说在很久以前，一个云游道士来到了镇子场。道士中午肚中空空，便挤进街边一家小店，这家小店顾客稀少，生意冷清。店主见到来客，赶忙上前热情应酬，并与道士叙谈哭穷。道士顿起恻隐之心，随即叫店主拿来纸笔，画了一道符，交与店主，让其于当晚子时将符投入自家的井中。

第二天，店主从自家的井里取水做饭，突然闻到井水有白酒气味，尝之，真是酒。这井水成白酒了！

就这样，店主卖无本之酒，不几年，渐成富豪。

今符溪镇白水街（李华英摄）

一天，那云游道士又来到这家店中，店主认出了自己的恩人，自是更为热情地招待了。饭桌上，店主提起当年道士让自家的井水变白酒之事，感谢有加，不厌其烦地说着感谢的话。但店主的老伴在旁插嘴说："谢谢恩公，井水变白酒好是好，就是没有酒糟喂猪。"道士听罢，沉吟片刻，吩咐店主拿来笔墨，于墙壁上题诗一首：

　　天高不算高，

　　人心比天高。

　　白水当酒卖，

　　还嫌猪无糟。

　　写罢掷笔于地，拂袖而去。

　　店主看罢道士的题诗大惊失色，赶忙追出店去，可道士早已不见踪影。从此以后，这家井里打起来的就不再是酒而是白水了！店主所在的这条街就以此典故得名为"白水街"。

31. 胜利镇

朱华高

　　胜利镇地处峨眉山市东面，是峨眉山市东部新区建设的重点区域，也是峨眉山旅游乐（山）峨（眉山）通道的必经之路。据称，镇名之得，取中国革命胜利之意。此镇东接符溪镇，南靠桂花桥镇，北与新平镇相接。

　　史料载，宋时，胜利镇当属迈东镇地域。明时，当属虹溪乡地域。清初，当属雁林乡。1934 年，当属燕岗乡。1941 年，燕岗乡分出，新设桑园乡，胜利镇地域当属桑园乡，直到峨眉解放。1950 年 11 月，桑园乡析胜利、民主二乡。胜利乡政府驻地当在原桑园乡驻地桑园子。1956 年 11 月，胜利、民主、白塔三乡合并为胜利乡，政府驻地当在桑园子。1958 年，城关镇、胜利乡、符汶乡合并成立胜利人民公社，驻地城关镇。1959 年 7 月，从胜利人民公社分出城关镇和符汶公社。1984 年，恢复乡建制，改称胜利乡。1985 年，驻地夏荷塘。1992 年撤乡建镇，更名胜利镇至今，驻地桑园子（现桑园小区）。

　　全镇是峨眉平原重要区域，地势平坦，土地肥沃，雨量充沛，气候宜人，自流灌溉面积大，曾是峨眉重要的粮油蔬菜基地，是颇具盛名的峨眉大蒜最主要的生产基地。这里还一度是峨眉颇具规模的猪、鸡养殖基地。历史上，该镇是峨眉最重要的蚕桑种植基地。政府驻地周边桑园成片，成为峨眉蚕桑产业发展的龙头。故民国时期，胜利镇曾名桑园乡。政府驻地桑园子就是曾经重要的桑园。明清时期，这里还建有全县唯一的一座祭祀蚕桑始祖嫘祖的寺庙嫘祖庙。此庙虽一度毁于战火，后来又得以重建，最后在民国后期才彻底被毁。

　　胜利镇交通运输四通八达。普通公路、高等级公路、高速公路纵横交错，各等级铁路穿镇而过，是南来北往旅游的重要集散地。曾经的峨眉客运站如今已打造成四川省国际旅游交易博览中心，每年都要举办国际旅游博览交易会。

峨眉河畔东湖湿地公园　李家俊摄

胜利镇是峨眉重要的旅游度假区。曾经的白塔公园、工业部 525 厂、铁道部峨眉疗养院，如今的大佛禅院、中信国安体育馆、易镇广场、水晶广场均久负盛名。过去的农业大乡，如今已成为峨眉重要人居、商住、商贸、体育、医疗、旅游、交通运输等的综合核心区域之一。峨眉新城正在崛起，并将不断发展兴旺。

32. 梅子坡

黄 平

梅子坡在新中国成立前地属峨眉县桑园乡，为峨眉通往嘉州府（乐山）的必经之地。现今为峨眉山市的胜利镇红星村 2、3 组所在地，从蒋店子到今仙芝竹尖，居于峨眉火车站向东至乐山方向一公里处，全程路段只有几百米长。此地名缘何而来？道路左边有一片梅子林，其间有一小坡，梅子坡因此而得名。这段路原是二米宽的石板道，周围树木遮天蔽日，中间有一片大坟岗，比较阴森恐怖。20 世纪 90 年代建设红山至符溪公路时，将坡铲平，成为峨眉城区到红山乡的必经之地，也是燕岗火车站货物疏散的重要通道。它连通着粮食转运站、水果批发市场、工业园区等。梅子坡的坡虽不存在了，但当地老百姓仍然习以为常地称这一带为梅子坡。

比梅子更有名的是，民国时期，这里土匪频出，常出"棒客"。

话说这梅子坡，也并非穷山恶水之地，此地一马平川，粮田千顷，当地百姓栽桑养蚕甚是福裕，然而单单就这二里来地的官道，却成了凶险之地。周边的梅子林、桑树林蔽日遮天，道路两旁，麻柳树、野皂角树参天林立。加之路旁有一处名为脚坟坝的乱坟岗，月黑星稀之夜，鬼火四起，阴风凄凄，着实有些阴森恐怖。

老一辈的人还记得这首歌谣："梅子坡啊梅子坡，过往行人不爬坡。路途不过两里地，'棒客'老二有一地。路人要想从此过，丢下钱儿才能活。丢钱保命最要紧，别把脑袋掉那里。"这歌中唱的就是桑园子的梅子坡。

梅子坡的匪患始于何时，谁也说不清。他们中有路过的商人、行人，也有打着花脸的土匪。当地人管这花脸土匪叫"棒客"。太平年间，梅子坡已有抢劫之事，在后来兵荒马乱的年月里，抢人之事更是频频而发，官府纵然出兵也总是雷声大雨点小，安宁一阵便又死灰复燃，匪患不绝。特别是到了新中国成立前夕，匪患可谓猖狂之至，光天化日之下，一天便有三五起拦路抢劫之事，但是，这并不是梅子坡的"棒客"所为，而是国民党败下阵来的兵匪们所为。

何为"棒客"，据当地一位张姓老人讲，梅子坡的"棒客"，多为一些游手好闲之徒，他们三五结伙，七八成群，白天不敢作恶，只对夜间路过梅子坡的行人、商旅下手。拦路抢人抢物之时，为防止被他人认出，脸上常常涂抹锅烟灰，手提烧火棍，也有个别带刀带枪之徒。有势力的"棒客"带头大哥，也会勾结官家、社会黑势力对那些地方上为恶不仁或没有社会背景的财主、商家大户下手，一二十个"棒客"手举火把，公开抢劫，稍有差错，一把火把房子烧个尽光。"棒客"足迹遍及峨眉、夹江、苏溪等地。

中华人民共和国成立后，"棒客"遭到政府的打击，但峨眉梅子坡拦路抢劫的事件也偶有发生。直到 20 世纪 70 年代"农业学大寨",农村大搞农田基本建设,平整了脚坟坝;八九十年代,乐峨公路三次扩建,周边树木砍伐一空,这抢劫之事才算是绝了踪迹。

33. 桂花桥镇

朱华高

桂花桥镇位于峨眉山市东南部，东邻乐山市中区平兴乡临江镇，南接九里镇，西连罗目镇、峨山镇，北挨胜利镇。镇政府驻地桂花桥镇燕岗路63号，距峨眉城区6公里。镇之得名，乃因镇驻地桂花桥著名。

峨眉解放前，此地为乐山县平兴乡，1950年，建政时为乐山县红山乡。1958年，划入峨眉县，为符溪公社三大队。1962年，从符溪公社分出，成立红山人民公社。1984年，恢复乡建制，为红山乡，政府驻地董庄。1988年，撤红山乡，成立桂花桥镇。1992年，燕岗乡并入桂花桥镇，驻地桂花桥。历史上，有燕岗场，清初属雁林乡辖。咸丰九年（1859年），县分六区，东区区址在燕岗场向北寺，领燕岗、九里、南天庙。1934年，设燕岗乡。1941年，从燕岗乡分出设桑园乡，至解放前的1949年，驻地燕岗场。1950年11月，燕岗乡分成燕岗、杨河、折楼三乡。1956年11月，燕岗、杨河、折楼三乡合并为燕岗乡。1958年，九里、燕岗乡合并成立九里人民公社，驻地九里场。1959年7月，从九里人民公社分出燕岗公社。1984年4月，恢复乡建制，为燕岗乡，驻地燕岗场。

桂花桥镇地处平坝。地形东、西部为浅丘，中部为平原。海拔402～482米。平坦开阔，土壤肥沃，基本自流灌溉，是峨眉平原的主要地域。这里水稻、油菜、蔬菜、草莓、葡萄高产优质。这里素有"峨眉第一大粮仓"之称。这里还是鸡、猪的重要养殖基地。

桂花桥是峨眉山市重要的繁华集镇。"文化大革命"时期，桂花桥因市场繁荣，民间有"小香港"之俗称。这里很早就是国家集镇建设试点镇之一，曾被评为"全国村镇建设先进镇""四川省经济百强镇"。镇内贯穿成昆铁路、成锦乐城际铁路、乐雅高速公路、省道103线、峨九公路等，交通四通八达。燕岗火车站扩建为成昆铁路上最大货站。这里还有西南最大的输变电站、国家粮食储备库等。

镇内文化历史久远，南天庙是远近闻名的古场。当地有清朝蓝大顺、蓝二顺农民起义的传说。

前进村有一地名余庙子，乃余氏族人祭祖所在。据2017年乐山沙湾沐东坝余氏族谱编写组编写的《余氏族谱》，该族人乃元朝皇帝后代。其中有一个"九子十进士"的传奇故事。

红山村9组有一地名朱山，乃红山朱氏先祖初居地。《红山朱氏族谱》载，朱氏先祖吴守仁，"湖广填四川"时从湖广麻城县孝感乡迁徙而来。

今桂花桥镇桂花大道（李华英摄）

34. 燕岗

周宗云

原燕岗乡，在峨眉所辖的十几个镇乡中，是唯一一个既无山区又无丘陵，甚至连一个浅丘中的小山包都没有的纯农业平坝区。为什么取名为"燕岗"？它的"岗"又在什么地点呢？

"燕岗"地名的来历有几种说法。一种来源于远古的传说。相传古时峨眉龙池湖里曾出现一条青龙，长有九里，就是现在的青龙、九里镇。它用燕尾鳍（龙尾）在湖中翻云覆雨、兴风作浪时，常把龙尾甩在"岗"上，称之燕岗。一种传说是，燕岗的"岗"，以峨九路丁字口为头，至桂花桥原老邮政支局处为尾，恰似一条蛟龙，长约2.5公里，场镇（原乡政府驻地）又正好坐落在龙的肚脐处；右侧有一片几十户人家的村庄，地名燕村，住户几乎都是清一色的燕姓人家，故燕岗的地名由此得来。

燕岗的"岗"，与其说是"岗"，还不如说它是一条东西走向的、隆起的一条长长的土埂更为恰当。

燕岗丁字口至桂花桥的这条公路，在20世纪50年代以前还是一条沿"岗"脊边的人行小道，只供行人、独轮车、架架车往返。在20世纪50年代"大跃进"全民大炼钢铁时，这条人行小道就加宽成了"土马路"。还有一说是在西南"三线建设"中，为加快修建成昆铁路，修筑了这条公路。后因不断扩修，就把原凸起的山岗削平成了现今的公路，从此彻底改变了它原有的独特的地形地貌。如果现在从燕岗丁字口顺公路一直往东行至桂花桥镇，仍然可看到这条公路两侧宽阔的田野要低于公路两三米，这就是原燕岗的"岗"。

燕岗自有场镇以来，一直是燕岗建乡后的政治、经济、文化、商贸中心。每年逢单月双日或双月单日赶场时，周边乡村的农副产品、日用小商品等物资就在这里汇集交流，集市非常热闹和繁华。

燕岗场镇是一条不足200米长的独步街道，沿街两边分布有乡政府、日用百货商店、副食品店、饮食店、理发店、缝纫店、农村信用社、粮店、诊所、屠宰场等，有居民住户60余户。或许是名称不那么出众，在20世纪六七十年代，知识青年上山下乡运动中，来自成都、重庆、自贡、内江等地的知青，都不愿意选择在此地落户，而是选择了地名好听但环境条件更艰苦的金鹤、玉龙、龙门、悦连等山区。其实，燕岗、红山才是平坝区。

在燕岗场镇的场头和场尾各有一棵两百多年的老黄桷树，长势十分茂盛。场头的一棵在"文化大革命"时被毁，场尾的一棵也差点被移走。2001年，因一寺院竣工后，要征购古树，就盯上了这棵老树。就在挖掘起吊、大卡车即将运走之时，突然从场镇四面八方闻讯赶来了数百村民，愤怒地将树挡了下来，保护了这棵古树。之后，村民自发捐款两千多元，义务投工，又重新将这棵镇场之宝移栽在了原燕岗乡政府门口的小空坝上。移栽当晚，老人们围坐在这棵古树的周围，回忆过去，话叙旧事，弥漫着浓浓的乡情，久久不愿离去。百年老树见证了燕岗的历史变迁，以及场镇曾经发生过的故事。

燕岗场的老黄桷树与功德碑（李家俊摄）

35. 朱山

朱华高

　　沿桑（园）燕（岗）公路往燕岗火车站前行约8里，即原红山乡政府的所在地，地处红山村。此处往右过河约百米，乃桂花桥镇红山村九社地面，多有朱氏族人居住。房后有一条小山埂，叫朱山。如今，朱山泛指红山村8队、9队一带地域。

　　此地为何叫朱山？说来话长。朱山朱氏家族的祖先姓吴，在"湖广填四川"时期由湖北省麻城县孝感乡迁徙而来，始祖为吴守任。吴守任有七弟兄，排行老七。他名下有两个儿子：吴文宣，吴文明。吴文明有三个儿子：吴阴、吴雄、吴全。吴全的后人之一叫吴世德。吴世德名下有五儿一女。他将其中三儿改姓为朱。缘由是：其时地方实行"三丁抽一""五丁抽二"的兵役制度，为让儿子躲避壮丁，将五个儿子中的老大、老二和老三改姓为朱，为他们修建房屋，让他们自立门户。朱氏三弟兄的三座四合大院紧挨着建在今红山村9社，从此各自成家，繁衍后代，人丁兴旺。因朱氏三座大院背后是一条小山埂，当地人便称那里为朱山。此乃桂花桥镇红山村朱山的由来。

　　朱山吴有才主编的《吴氏家谱》载，朱、吴两姓于1924年春，由吴廷章、朱世荣为首，在朱山修建"吴朱祠"，并在祠中央供奉始祖牌。牌位写明吴朱氏一世祖到五世祖的姓名。在第五世祖中，刻有朱兴祖、朱俸祖、朱培祖、吴万堂、吴万成五兄弟姓名及配偶。此始祖牌今保存在红山村吴德培家中。始祖牌用硬木制作，黑漆，金边金字，已有多处残缺，金粉和油漆也多有脱落，但字迹清楚无损。

桂花桥镇朱山朱吴始祖碑（朱华高摄）

据朱华高、朱华忠编著的《朱山朱氏家谱》，从吴守任开始到第六世祖即朱氏第一世始祖的全部谱系和《吴氏家谱》完全相同。

2018年初，红山吴朱祠堂族人朱华高、吴定中、吴盛均欲在红山村朱山吴朱祠堂旧址竖建吴朱祠堂始祖碑及祭祀场地，以便清明时族人有追思先人之场所。此议得到族人广泛而积极的响应，推选出竖建和祭祀工作组组长朱华高、副组长吴盛均，成员吴德江、吴定中、吴志刚、朱华忠、朱华成、朱家全。在工作小组成员的共同努力下，始祖碑的竖建和祭祀场地建设于2018年3月30日在今红山村9社（朱山）原吴朱祠堂前告竣。

2018年4月5日清明节，吴朱祠堂族人近300人在朱山吴朱祠堂始祖碑前举行了隆重的祭祀活动，祭拜朱吴共同的祖先。

36. 南天庙

朱华高

桂花桥镇前锋村有一座庙子叫南天庙,原名蓝天庙,如今是前锋村村委会所在地。如今人们都把它叫作南天庙。当地有蓝姓老人说,啥子"南天庙",那是乱说,应该是"蓝天庙"才对。

原来,南天庙大有来历。那是清朝年间,起义军领袖蓝大顺留在峨眉的后人和部下修的,供奉蓝大顺。他的神位牌子叫"蓝大顺天王",所以叫"蓝天庙"。同时供奉的还有蓝二顺、蓝三顺。当地人分别称他们为大蓝天、二蓝天和三蓝天。

史料载,清咸丰九年(1859年)十月,李永和、蓝朝鼎(蓝二顺)在云南大关牛皮寨发动了反清起义。义军势如破竹,一路往四川进发。蓝大顺攻占了峨眉县城达月余,还派了一个部下当峨眉县令。赵划的《峨眉逸文》载,官兵围攻峨眉县城,蓝二顺设总司于飞来殿。义军在纸火铺、周嘴与官兵激战数昼夜。后择路麻柳沟经天泉到普兴场,屯兵蓄锐,操练兵戈,增加武器,筹粮充源达数月。义军整顿后,往洪雅、丹棱方向进军。留下老、弱、病、残隐居,耕作生息。

《乐山文史资料》第五辑《李蓝起义专辑》,有多篇文章写到蓝朝鼎攻占峨眉县的事。清咸丰十年(1860年)冬,李、蓝义军仿太平天国制称顺天王,建年号为顺天,义军旗号为顺天军。参加起义的人员中,蓝姓有:蓝朝鼎、蓝朝柱、蓝朝壁、蓝朝宏、蓝朝元、蓝朝鲁。

由于历史久远和人们称呼、书写的习惯,蓝天庙不知何时被写成了南天庙,一直延续至今。南天庙(现前锋村)老人讲,最早在蓝天庙旁边有一座庙子,叫齐元寺(音),后来合成一座,叫蓝天庙。庙里面供奉大蓝天、二蓝天、三蓝天和其他佛像。庙子坐西向东,宽约50米,进深约40米。当地老人吕金洪说,有一年天干,要求雨,他父亲和另外一些人就抬着三蓝天到红庙子求雨。求雨后,三蓝天流着泪不回来。当地老人周福珍说,不是哭,是很重,无论如何抬不动了,只好把三蓝天放在红庙子供奉。这件事情发生在1935年左右。

中华人民共和国成立后,南天庙所在地改为南天村,庙子设为村委会,开办南天小学。如今,学校拆了,修建了前进村村委会和老年活动室。当地老人还在老年活动室里供奉着大蓝天、二蓝天、三蓝天三幅高大的"蓝天大王"布画像。

新中国成立前后南天庙都有人赶场,只有一条街,就在南天庙沙门外,长六七十米。赶场时很闹热,乐山平兴、临江、加农、罗汉、水口、峨眉九里、汪家、红山、符溪、燕岗等周边居民都来赶场,卖大米、猪肉、蔬菜、树苗、木材等。直到1969年,才没有人赶场。

37. 九里镇

朱华高

九里镇位于峨眉山市东南部，东邻峨眉山市乐都镇，南接沙溪乡，西连罗目镇，北挨桂花桥镇。镇政府驻地九里镇车箭路 46 号。

九里镇又名九里场，是峨眉山市南面的一个重要集镇，历史悠久。唐朝时期，九里东面约 2 公里处置绥山县，西面约 4 公里处置罗目县。九里当是此二县辖地之一。宋时，废绥山县、罗目县为镇入峨眉县后，峨眉领地分绥山、罗目、合江、迈东和南村五镇，九里属绥山或罗目镇辖。明时属易林乡。清初，峨眉县分四乡，其一雁林乡辖地包括今九里场、燕岗场和南天庙场。清乾隆版《峨眉县志》有九里场记载，卷三《街市》载："九里场，县南三十里，一四七场期。"清咸丰九年（1859 年），峨眉县分六区，东区区址在燕岗场向北寺，领燕岗、九里、南天庙三场。1934 年，设九里乡。1935 年，为九里乡联保所在地，属第二区。1949 年，九里乡驻地九里场至峨眉解放。1950 年 11月，九里乡分为九里、郭家、圆通、保宁四乡。1956 年 11 月，九里、郭家、圆通、保宁四乡合并为九里乡。1958 年 10 月，九里、燕岗二乡合并为九里人民公社，驻地九里场。1959 年 7 月，从九里人民公社分出燕岗公社。1959 年 10 月，从九里人民公社分出九里场，建立九里镇人民委员会。1968 年 4 月，九里镇并入九里人民公社。1976 年 1月，复置九里镇。1984 年，恢复乡建制，九里人民公社改称九里乡。1985 年，九里镇驻地寿鹤亭。1987 年，九里乡并入九里镇。

史料载，羊镇兴旺时期，尚无九里场。羊镇衰落后，对岸的九里场才逐渐兴起，故有"先有羊镇场，后有九里场"之说。所谓"九里场有九里长"之说，指从临江河边付河坝起到古罗目县外今变电站止，共九里。路线是：临江边付河坝（古时木材筏运水运码头）——如今六七厂大公路合路——徐塘村——变电站（即古罗目县遗址罗目街附近）。

九里场是峨眉古道上的重要节点。一条古道从嘉州今乐山市中区平兴、临江进入峨眉乐都红卫，经古绥山县过临江河到九里场。一条古道从峨眉县城小南门出发，经十里山、彭桥、折楼、燕岗到九里场。再从九里场出发沿古道到古罗目县。如今，九里场是峨眉到沙湾区和罗目镇的重要交通节点。

九里镇地处半丘陵、半平坝，海拔 450～1350 米。北部平坝区土壤肥沃，自流灌溉，主产粮油蔬菜，是峨眉山市主要粮食产区。南部山地主产茶叶和林木，矿产资源储量丰富，尤以石灰石、石英砂、玄武岩、黏土矿驰名。

九里镇是峨眉山市重工业区。峨眉铁合金厂是三线建设时期国家的重大工程，是上市公司。胜利水泥厂从胜利镇迁至九里镇后规模不断扩大，如今是四川省最大的水泥厂。

九里镇宗教文化底蕴深厚，如今尚有多处宗教文化遗址。镇上和附近有寺庙多处。九里场及附近有南华宫、文昌宫、寿鹤亭、白衣庵。临江村的二郎寺、白衣观、刘海洞，不但历史久远，而且有丰富动人的传说故事。刘海洞是道士修行的洞穴遗址。

九里镇川剧文化深厚，镇上多有川剧爱好者。九里场有个台子坝，很大。戏班子在九里场唱戏一天两场，要唱一个多月，很热闹。

二峨山下的九里镇街区（李华英摄）

九里镇汪家村的汪氏家族，史上有名。汪氏族谱载：九里镇汪家村汪氏家族始祖黑肱，是春秋时期鲁成公次子，世称公子汪，距今约2600年。汪家村（大兴场）汪氏一世祖（始祖），乃汪氏第23世汪高三子汪浍，在"湖广填四川"中由湖广麻城迁来。后裔相传十几代，分布广泛。峨眉山市几乎各个乡镇都有汪姓后裔，外地也有不少。峨眉汪氏后人，多为汪浍繁衍。

38. 白衣观

朱华高

峨眉山市有个九里镇。九里镇有个临江村，距九里镇约 2 里。临江村 4 组有一座年代久远的白衣观。这座道观除供奉其他神像外，还供城隍菩萨。当地人说，在峨眉山市内，这尊城隍不但资格最老，还有两个神奇的故事。

一、城隍戴皇帝帽

从前，峨眉县有三座城隍庙，供着三尊城隍菩萨，白衣观的城隍为老大。为何是老大？一是他供得最早，二是他头上戴的是皇帝帽。

当地人说，先有白衣观城隍，后有罗目城隍，最后才有峨眉县城隍。为啥？因为最早建绥山县，县衙门就在白衣观旁边的九里场。白衣观城隍就是绥山县城隍。后来才建罗目县，才有罗目县城隍。最后才建峨眉县，才有峨眉县城隍。

不是说白衣观城隍资格最老吗？

白衣观城隍戴皇帝帽的故事是这样的。

说是有一年，也不知哪朝哪代，皇帝微服私访，到这里来朝庙子。事先城隍不知道，到了这里，才知道皇帝来了。他来不及穿戴整齐，帽子也没戴就慌忙出门接驾。皇帝见了就问："你来迎接朕为什么不戴帽？"城隍答："小神昨夜外出办案，鸡鸣方回，不知皇上大驾光临，仓促迎接，还望恕罪！"皇帝听了，道："难为你如此勤政为民，免你无罪。如此天寒地冻，不要着凉。"不但没怪罪他，反而把头上帽子揭下戴在城隍头上，说："你就戴朕的帽子吧。"从此，这里的城隍就戴皇帝的帽子了。

二、彭桥姑娘嫁城隍

白衣观里的城隍有两个娘娘，一个大娘娘，一个小娘娘。小娘娘是一位彭桥姑娘。这里的人都说，这件事是真的。

民国初年，峨眉县有个燕岗乡，燕岗乡有个彭桥村。有一年，彭桥村有一家母女二人一起去二郎寺朝会。朝了二郎会后，母女俩又到这里来拜城隍。拜了城隍回家后，女儿就一病不起，母亲请了好几个医生给她看病，也没见好。女儿直到临终时才对母亲说："那天去拜城隍时，我磕头后抬起头来看城隍，见城隍正对着我笑呢。这是城隍喜欢上我了。那一刻，我想起这位城隍是勤政为民的好官，皇帝封的，也突然喜欢上他了。"母亲这才明白，女儿是得了相思病了。母亲哭着问女儿："这可怎么办？"女儿说："我就是死了，也要嫁给城隍。"

不久，女儿就去世了。

母亲在痛哭声中安葬了女儿，并为她塑了一具木偶像供在家中。事后不久，母亲便托人找到白衣观住持，说明来意。住持听来人如此说，欣然应允。于是两边各自筹办嫁娶事宜。到了迎亲之日，白衣观组织了隆重的迎亲队伍，吹吹打打到彭桥迎亲。彭桥女方家也将女儿木偶像披红挂彩，送上迎亲花轿，一路抬到白衣观行叩拜合婚礼仪。礼毕，母亲将女儿木偶像放置在城隍菩萨一侧。另一侧当然是早已有的城隍娘娘。

从此，白衣观城隍就有两个城隍娘娘了。

九里镇临江村白衣观（朱华高摄）

39. 二郎寺

朱华高

　　二郎寺位于九里到二峨山沙溪乡古道上的九里镇临江村2组，峨胜水泥厂背后，二峨山余脉浅山脚下，海拔460米。

　　笔者前往考察，见二郎寺目前有四座建筑。主建筑是供神像的殿堂，长约20米，进深约10米，木制小青瓦平房，屋脊高约10米。殿堂正中供释迦、药师、观音三尊神像，塑像为彩色，造型高大。旁边供二郎神，站相威风凛凛、气宇轩昂。神像前烛光摇曳，香烟缭绕。殿堂前是一个水泥地坝，一半位置是一座敞篷木制房，作为信众活动的主要场地和斋堂。殿堂对面是一座挂单、捐功德房，旁边是厨房。此房侧面，一隅小屋，内供韦陀神像。韦陀神像外是一通高大的功德碑。庭院入口靠房一侧，供着土地神，庙矮神小，一副对联最为有趣：职小神通大，身矮法力高；横批，有求必应。土地庙旁边是两通功德碑。靠大门一面是厨房的附属房，用于准备菜肴和开斋前的菜肴摆放。入口右侧有一个纸窟，高约3米，1米见方。纸窟旁地下有两块残石，是原来的二郎寺纸窟遗迹。整个场地，占地约3亩。

　　临江村2组现年89岁的郭陞培说，二郎寺初建时间，是元朝三十二年，依据是原来的庙子拆除时，房梁上有字。笔者以为，此说尚需确认证据。原寺正殿是七柱四排列，大殿里供的是二郎神，三尊大佛：释迦、阿弥陀佛，大十字菩萨，还有关羽。主殿高7米左右，长20米左右，进深12米左右。

　　原寺坐南向北（和现在的朝向一样），最前面（北面）是山门。进了山门，是一座观音殿，像主殿一样宽，一样高，七列四间。观音殿供南海观音像，手握净瓶。观音像前有太子菩萨，背面供韦陀。观音殿再进就是主殿。现在的主殿就是在原殿屋基上修建的，其檐坎就是原来的檐坎，没动过。主殿西面是一长排侧殿，分三部分：靠主殿一端是厨房，中间是库房，靠山门一端是佛堂。此西侧殿长约20米。靠主殿东侧和主殿同一并排，隔一过道是一排长房东侧殿。现场有一个房基石遗迹，外方内圆，经测量，直径40厘米。东侧殿分两部分：靠主殿一端是斋堂，靠东一端（目前大门一端）是厨房。

二郎寺内的二郎神像（朱华高摄）

山门六列五间，长约20米，进深六七米，供龙神、厨师神。在场有老人说里面还供火神，有说只供龙神，没供火神。

如今山门和遗迹，有一半已拆除建成砖木房，一半空着，破坏严重。因无人照料，一些房梁已朽垮，房上青瓦掉了一地，一些房梁摇摇欲坠。空房里堆着很多的杂物。

山门外面还有一段残垣遗迹，墙高约1.5米，厚约40厘米，都是泥土，是山门八字围墙的一边。历史上的二郎寺是四合大院，四周是土墙，面积约10亩。柱头很大，一个人抱不了。解放前，庙子设过学校，就在观音殿。解放时，二郎寺是和尚庙。这里的最后一个和尚叫方清银，是汪和尚的徒弟。方和尚在外面物色了一座叫保大堂的庙子（笔者以为就是后来去考察过的宝掌堂），在乐山地界，现在划归峨眉山市乐都镇，小地名水沟。刚解放时，方和尚就走了。解放后，庙产归村公所，把山门、佛堂、库房分给穷人了。庙子无人管，无人住，就垮了一些。"文化大革命"时期，这里住过知青。1987年，公社把庙子卖给木货贩子方长贵，1000元钱。后来方长贵把庙子拆来卖了。

二郎寺第一次被毁是1957年，打（毁）菩萨。菩萨是木制的，被人打来烧火取暖了。只剩二郎神未被打坏，因是泥塑的。1988年和1989年，当地村民自发凑钱在原主殿上修庙子，仍然取名二郎寺，塑二郎神、三尊大佛、观音像。第一次挂的是布画，后来才泥塑，但后来都被破坏了。现在的菩萨是1991年塑的，经费是牵头人先出一部分，再去化缘凑。

每年农历九月二十一、二十二、二十三是二郎神的生日，二郎寺都要举行隆重的活动，非常闹热。解放前兴旺时，朝拜二郎寺的人很多，从青龙场龙凤桥开始，到九里场过河，沿途砌灶卤刀头。峨眉县城、双福、九里、龙池、峨边、乐山都有人来参加。

这三天要办九大碗，从早到晚吃流水席。就是现在，庙会人多时一天也有一百几十桌。

如今二郎寺是临江村老年活动室，也是二郎神祭拜日的活动举办地。平日，老年人都爱来这里唱歌、跳舞、打牌、拉家常。

40. 乐都镇

刘友箭

乐都镇位于峨眉山市的东南部，地处乐山市中区、沙湾区和峨眉山市的交界地带，是 1985 年新设立的一个乡镇。

镇境内矿产资源丰富，主要为石灰石（生产水泥的主要原料）矿，含量达 56.7％，蕴藏量达三亿多吨。镇内的峨眉水泥厂是为支援国家"三线建设"的重点工程，周恩来总理曾亲自指示要加快峨眉水泥厂建设，就地解决"三线建设"所需水泥。该厂于 1970 年建成投产。由于地处乐山市中区、沙湾区和峨眉县三区县的交界地带，为便于工厂的建设发展，更好地协调厂地关系，1985 年，报经国务院批准，由九里镇划出元通、顺江、红卫三个村，又从沙湾区新农乡划出新埝、新农、张沟、新河四个村，七个村组成一个新的镇，被命名为乐都镇。

关于乐都镇名的来历，据考证，在唐朝武则天时期的久视元年（700 年），分绥山县，地置乐都县，辖区为今天的乐都镇、桂花桥镇（部分）、符溪镇等地，《新唐书》记载："久视元年，析绥山县地置乐都县，寻省。"《元和志》《四川通志》等均谓，乐都县在峨眉县东。乐都县存在的时间不长，后又并入绥山县。绥山县在北宋乾德四年（966年）改为镇的建制，并入峨眉县。

明末清初，参将杨展驻嘉州时，将峨眉县的铜山（今铜街子）、沫东（今太平场）、茶土溪、羊镇以下地区（今沙湾区新农乡，峨眉县红山乡、符溪镇等）划入嘉州，这些地方就是原绥山县和乐都县的范围。1958 年，又将符溪、平城、红山从乐山划归峨眉县。1984 年，为建立乐都镇，又将沙湾新农乡的四个村划归峨眉管辖。

乐都镇历史悠久，2013 年 9 月，四川省考古队在新农村 8 组发掘出并排的三座南宋时期的家族合葬石质古墓，墓顶及两边均用石条砌筑，有避水石围封土，呈半圆形，墓门石上阴刻有"丙辰庆元孟夏、绥山住唐子忠"题记。有省考古专家判断，庆元年为公元 1195 年，南宋宁宗时期，距今八百多年。每个墓室内均有雕刻，墓门两侧刻有题记，题记内容相似。墓室左右两壁雕刻有"折枝牡丹""莲花""鹿衔草"等图案。后龛设有仿木建筑结构雕刻，特别是顶部雕刻出屋顶。后龛内立有墓主人造像，造像的两侧立有雕刻着"花卉"或"武士"图案的立石。

该墓葬形制完整、独特，建筑结构特殊，特别是石围封土和墓室内特殊的构造，在四川地区的宋代墓葬中尚属首次发现，也是峨眉第一次发现保存完整的南宋石墓，具有重要的考古价值。这种墓葬形制在江浙一带发现较多，具有沿海一带风格，是南宋时期峨眉地区重要的历史印证，反映了当时由于外族入侵，在宋与金的对峙中，江浙沿海一带的民众大量由沿海向内地迁移的历史事实，为研究南宋时期人口历史、民风习俗、服饰、生活、经济文化发展水平等，提供了极其珍贵、生动的实物资料，同时也说明当时的乐都地域也是人口聚居之地。

乐都镇属平坝与丘陵结合地带，物产丰富，盛产粮、茶、果、矿石。交通方便，成昆铁路、省道103公路横跨该镇。

今乐都镇街区（李家俊摄）

41. 羊镇

朱华高

　　过九里场临江大桥左拐，距临江大桥约 300 米，是乐都镇顺江村 12 组地域。此地古地名羊镇场，也叫羊镇。有些古籍写作杨镇场或杨镇，错也。为啥这里叫羊镇呢？有个传说，是关于葛由骑羊成仙的故事。

　　传说距今 3000 年前的西周时期，蜀国西北方有一个民族叫羌族，族里有个人叫葛由。他是一个能工巧匠，能制作可以行走的木羊。他常常把制作的木羊骑到集市售卖。一天，葛由听说蜀国绥山是修道成仙的好地方，便骑着自己制作的木羊赶往绥山。绥山就是如今的二峨山，古称绥山。到了成都，一些王公大臣听说葛由要到绥山修道，便纷纷追随一路同行。

　　羊镇位于距古绥山峰顶 40 多里的绥山山麓。葛由一行到了这里天色已晚，就住了一宿。当地人见葛由骑了一只木头制作的羊子，感到很稀奇，纷纷上前围观并互相交谈。葛由由此和当地人结下友谊。当地老人讲，前辈人传说骑羊人是个白胡子老者。他上二峨山后，也常来羊镇赶场，和当地人成了朋友。甚至场上有人打腔子（方言，打架），也只有老者才能镇得住。

　　为了考察是羊镇还是杨镇，笔者咨询当地两位 80 岁左右的老人："你们说的羊镇，究竟是木易杨还是叉角羊？"他们马上异口同声回答："叉角羊，叉角羊！"笔者又问："为何如此肯定？"他们说："前辈传下来的啊，都说是叉角羊。白胡子老者骑木羊，咋不是叉角羊呢？"

　　当地老人讲，羊镇是一条独街，很长，有上羊镇和下羊镇之分。上羊镇出了什么事，下羊镇都不知道。下羊镇北边一直到红卫村的团山子，上羊镇南边差不多到临江大桥。长度有 1 里多路。东西两边有多宽不知道，只说是条独街。当地人还说，先有羊镇场，后有九里场。是说，羊镇场衰败后，场镇才转移到了九里场。1947 年，刘君泽的《峨眉伽蓝记·西禅寺》亦载："羊镇废而兴九里场"。乾隆版《峨眉县志·治图》里描绘了羊镇场和九里场。羊镇场在清乾隆时期还有官方仓库储粮。乾隆版《峨眉县志》卷五《积贮》载："羊镇场贮社谷一百二十九石五斗零"。

　　据笔者考察，这里是古绥山县遗址，也是古荣乐城遗址。

42. 伽蓝寺

朱华高

　　伽蓝寺位于乐都镇顺江村 7 组，小地名刘坎。如今，遗址是一个名叫欣瑞包装的包装厂，四周是围墙围住的房屋建筑，中间是一个大空坝，粗略估计，占地面积在 10 亩以上。伽蓝寺虽早已不存，但在研究峨眉山市历史中却有非常重要的作用。史料载，伽蓝寺靠河一侧羊镇，乃古绥山县治所在。

　　2017 年 1 月 21 日，笔者前往伽蓝寺考察。当地人说，伽蓝寺遗址坐北向南，寺庙前面原有两棵很大的黄葛树，不知哪年雷打断了一棵。剩下的那棵树在 1958 年被砍，当时那棵树遮阴 1 亩左右。在黄葛树那里有一堵"照墙"，就是像人家户进门前有一堵屏风似的建筑。过了照墙是沙门，两处相距十多米。进了沙门左边是龙神殿，坐东向西，供有龙神菩萨，坐像，和成人一般大小。神像威严，口大张，一手高举。一个当地人说，他小时候淘气，常把一些草往那张开的大嘴里喂，所以记得清楚。龙神殿里有一空坝，空坝右边有一排殿宇，四列三空（间），坐西向东，也有菩萨，和成人一般大小，不知名。龙神殿往里走 30 米左右是三婆殿，供三婆娘娘，就是送子娘娘，坐像，坐东向西，和成人一般大小。三婆殿后是白衣殿，四列五空（间），很高大，一间有一丈七八宽，共有十多米宽，坐南向北，正面供三尊大佛菩萨。左边挂有一口大钟，很大，有一人多高，直径有 1 米多，比如今挂在报国寺前面的那口钟还要大。钟声可传到沙湾鞋儿市（沙湾丰都庙），距此 25 里左右。钟上全是字，绝大多数是名字。钟的对面是韦陀菩萨，再后是大地坝。过了地坝就是正殿，两边是五百五十罗汉。正殿有三楼，楼板地砖，楼上供有雷神菩萨。庙壁上有很多题字，77 岁的当地人廖明清先生说，他记得很清楚，有一壁题字的落款是"东鲁人拙笔"。庙子背面有一菩萨叫接引佛，有 2 米多高，最大。庙子里所有菩萨都穿金衣，泥塑。接引佛后面是斋堂，解放后改成学堂了。

　　伽蓝寺的规模很大，周边住户有的说有一二十亩，有的说有二三十亩，有的说至少三十亩以上。争论的结果是大家一致认为，最少有二十亩以上。

　　庙子的建筑年代，当地人都说很早，但具体不知。有人说，比报国寺早，前辈人说是"先有伽蓝寺，后有报国寺"。清乾隆版《峨眉县志》卷四《庙宇》条目载，南路庙宇中有伽蓝寺，说明在清乾隆五年前，已有伽蓝寺。清嘉庆年版《峨眉县志》卷二《建置·寺观》载："伽蓝寺，县南二十五里。"上述两志书提到的伽蓝寺，当指本文所称的伽蓝寺。

　　关于庙基地，他们说和一个叫齐翰林的家庭有关。齐翰林姓齐，哪个齐，不知道。翰林，是他的官。传说，齐翰林犯了罪，遭到满门抄斩。庙子就是他家被抄后用其充公的地产修建的。当时齐翰林家中有一个小孩，不知何因，逃脱了，躲在山里面。很多年后，每年三月间，人们总会看见一个七八十岁的白胡子老者到庙子里来，仰睡在殿堂上，望着天花板出神，一大晌午才走。人们说，这个老者很可能就是那逃脱的齐翰林家小孩的后代。

关于伽蓝寺，有一条叫绥泉堰的，和它有点关联。据说，绥泉堰是明朝时期修的，它的源头在冷水河上头的张沟。堰渠是从冷水河的鱼洞口到伽蓝寺，再流入旁边的临江河。说是有记载，以前堰渠无人管理，渠埂多有漏、垮，民国时期，当地政府让姜汉清管理，让杨国涛出钱，因为杨国涛的田最多，是当地很有实力的人。杨国涛不肯，一个外号叫"张黑脸"的人写了状子告到乐山。乐山乡政府接了状子，派人将杨国涛捆到乡政府，强行要杨国涛签字。后来，这条堰被编入了乐山水利协会写的书里。查县志，清嘉庆版《峨眉县志》记载的"鱼洞堰"和上述描述基本吻合。该志书在卷一《方舆·水利》中记载有两条鱼洞堰，其中一条云："鱼洞堰，县南三十五里，引冷水河水，灌溉田约十五顷亩零。每年堰户照亩派钱修理。"查清乾隆版《峨眉县志·堰图》绘有冷水河及下游的鱼洞堰。在卷三《堰务》中有鱼洞堰记载。从上述史料可以推测，鱼洞堰或者就是绥泉堰，若是，则可以推测伽蓝寺的修建时期至迟在清雍正年间。

乐都镇顺江村伽蓝寺遗址（朱华高摄）

新中国成立初期曾在伽蓝寺和元通小学教书的朱华清回忆说："我在峨眉师范毕业后最初在凤林村凤林小学（现符汶村符汶小学）教书。1951年春节开学后，我被调到九里乡刘家村小学教书。学校就在伽蓝寺内。我去时，庙内好像不见菩萨，有一个大坝子。那所小学是新办的，就两个老师。我们两个老师就是学校的首任教师。进门左边是空房子，三间。第一间是住房，住了一个守庙的人，女的。再里面有一个台子。学校只有一个班，一间教室，一年级新生有二三十人。我的印象中，伽蓝寺庙子前有一棵大黄葛树，距庙子大门约20米。庙门前有一条大路，一边通往刘家村元通乡政府，一边过临江河到九里场。我在刘家村小学只教了一年。一年后，我在元通乡政府里面办元通联小，就是把几个村的小学集中在这里，有一、二、三、四年级。我们老师和乡政府干部一起吃住。一直到1953年，我调到拆楼小学去了。"

朱华清的妹妹朱华平回忆说："大姐在伽蓝寺教书的事情，我记得的情况和她说的差不多。那时大姐生了一个小孩，我去帮她带小孩。大姐到九里开会，我也一道去，因为要带小孩。我记得伽蓝寺到九里要过河。过河前要过一坝烂田坝，里面有不少摇尾巴的小骐蚂子（方言，指蝌蚪），印象最深。好像过河没有桥，要叉水（方言，涉水之意）过去。"

43. 罗目镇

朱华高

峨眉山市出南门20里，有一座千年古镇——罗目镇，曾经是古罗目县治地。

罗目古镇（张星元摄）

据《唐史》《嘉定府志》等史料，罗目县址最早在沫州陀和城，即距峨眉山市南面约120里的峨边县址沙坪。那里有一座山曰"罗蒙山"，罗蒙与罗目谐音，罗目县即以罗蒙山取名。《元和志》：县东北至州九十五里，汉南安县地，麟德二年（665年）招慰生僚，于今县西南一百八十三里置沐川及罗目县，因僚中罗目山为名。前上元三年（即仪凤元年，676年）州县俱废。仪凤二年重置，属嘉州。《旧唐志》：县初置泹和城。如意元年，又自峨眉县界移今治。宋乾德四年省为镇入峨眉。清雍正版《峨眉县志·古迹》载，罗目废县在县西南二十里，唐置。民国龚煦春《四川郡县志》载，《旧唐志》：麟德二年，开生僚，置沐州，治罗目县。上元三年俱废。仪凤三年，又置泹和城，属嘉州。如意元年（692年），又自峨眉县移罗目今于所。《新唐志》：麟德二年，开生僚置，以县置沐州。高宗上元三年，州废，县亦省。仪凤三年复置。《寰宇记》：罗目去州西南二百七十里，伪蜀明德三年，僚乱，移于今所。又云：罗蒙山在旧县北三里，俗语呼讹为罗目山。治今峨眉县西南九十（公）里（《四川郡县志》卷七，第250页）。《峨眉伽蓝记》载，罗目镇古罗目县治地。唐麟德二年（665年）招慰生僚，初置罗目县，据今县（峨眉）一百八十三里，在今峨边之沙坪，唐如意元年（692年），移置此地。又有一说，按唐《地理志》，仪凤三年（678年）后置罗目县，乃今之罗目镇，非旧置之罗目县（沙坪）也。北宋乾德四年（966年），省为镇入峨眉。今为聚落，俗称罗目街。

明末清初，罗目镇驻地旧址因累遭水患移至今址。

若按唐麟德二年建县，宋乾德四年废县计，罗目建县到撤县，共301年。若按如意元年移县治至今罗目镇计，罗目县从峨边移置峨眉县罗目撤县，共274年。

据传，西周时期，有古蜀北方羌人葛由骑木羊来绥山修道成仙。其间，葛由在罗目街卖木羊，故罗目街曾为木羊街。史料载，峨眉县治最早可能就在罗目镇（古青龙场）。1947年，刘君泽《峨眉伽蓝记·西禅寺》载："青龙场相传隋峨眉故治也"。2010年，峨眉山市罗目镇、峨眉山市文体局共同编印的《罗目古镇》载，罗目古镇始建于唐高祖武德元年（618年）："罗目古镇位于大峨山、二峨山之间的临江河畔，始建于唐高祖武德元年（618年）。大峨、二峨两山相对，远远望去，双峰缥缈，犹如画眉，罗目古镇似乎就是这眉下之目。"按此说，罗目镇名称要早于麟德二年（665年）在峨边县初建的罗目县。此段文字未引史料出处，笔者也未在其他史料上见过如此记载。

罗目撤县为镇后，为宋代著名的峨眉五镇之一。明、清时属翔凤乡，名青龙场。青龙场之得名，据《元和郡国志》，隋开皇三年改平羌县为峨眉，九年改峨眉为青衣县，十三年以龙见引军，又改青衣县为龙游县。当地人传说，青龙之名和当地地形有关。罗目县遗址在今阳光村。靠罗目中学背后的阳光村8组，如今有一条罗目街尚存。当地人传说，青龙场之名来源于当地一条山埂，犹如一条龙。龙头在今之罗目中学，龙身在今之罗目镇，龙尾在今之罗目镇水井村罗岗（龙岗谐音）。故当地不少上年纪的人称罗目街为"龙目街"。1981年，因古县罗目名改青龙镇为罗目镇。

罗目镇文化底蕴最为厚重的是道佛文化。镇南数里的二峨山麓，是道教大本营猪肝洞道观建筑群。传其中的猪肝洞乃八仙之一吕洞宾修道传道的洞府。明清时期，二峨山是峨眉山道教活动大本营，方圆数里之地道观遍布。罗目镇几乎村村有寺庙，镇上寺庙多处，有"一街三庙"之说。罗目镇先后出土过许多古代文物、铜器、玉器和有"中国铁钱王"之称的宋代铁钱币。2002年，出土于罗目镇阳光村的"铁钱山"重达16.32吨，约160多万枚铁钱，成串堆积，因锈蚀而粘连成一座"铁钱山"。"铁钱山"中的铁钱币共有宋代17个年号，前后跨度近220年。

罗目镇地灵人杰，峨眉山市有多位名人出自罗目。如"刑法学泰斗"伍柳村，"无冕将军"王国信，著名翻译家、文学家金满城，"红色报人"王达非，以及现代文学艺术界、教育界等方面的名人林之达、张文源、林木、杨万祥，等等。罗目镇流行的"莲箫舞"深受百姓喜爱，被峨眉山市人民政府命名为"莲箫之乡"。

罗目镇是古嘉州到云南以远丝绸之路上的重要集镇，是重要的山里山外商品集散地。这里商业发达，商业精英人才辈出。农商结合的鞠槽林家就是代表之一。高桥瓷厂自明代始，规模大，产品远销各地，其重要瓷窑之一就在罗目镇。

罗目镇物产丰富，特色小吃闻名遐迩。烟熏卤鸭、手工米花糖、峨眉糕、峨秀糕、青龙糕、青龙月饼、晏麻花、千层饼、蒸笼肉、血旺汤、叉烧包、粉蒸肥肠、红烧牛肉等传统风味小吃，琳琅满目；连不起眼的豆腐脑、豆腐干、豆渣粑、臭豆腐等豆类制品，也物美价廉，随处可见。

44. 林家大院

李家俊

峨眉鞠槽，古柏成林，楠木森森，赶山河溪水潺潺。仰望峨眉山金顶，诸峰阵列，护佑万苍。林家大院便坐落在鞠槽原乐西公路与峨眉至罗目公路的交汇岔口。根据峨眉《林氏宗谱》，林家大院呈西南—东北走向，长 500 米，宽 280 米，占地面积达 200 亩，内有将军府、大夫第、林氏宗祠等，居有林家数十户人家，是典型的清末民国时期川西民居建筑。今鞠槽至罗目镇路旁，仍留存有林氏宗祠牌坊遗迹。

林氏宗脉　《辞海》（合订本）说林氏鼻祖始于商末比干，比干因劝诫纣王被杀，其妻逃亡途中，遗腹子在河南牧野荒林中诞生，取名坚。武王伐纣获胜，坚被周武王赐姓林。林坚后代历春秋、战国、秦汉，于东晋避永嘉之乱逃遁福建莆田，其中一脉被林家后人称为海公，东晋末迁峨眉，定居大为，林家始立足峨眉。

栖息鞠槽　林氏十三世祖林登寿，其父病殁后，随母鞠氏回到鞠槽，选宅"泉水井"附近结茅栖息。林登寿经营五倍子等中药材，勤劳致富，在家宅附近置薄田数亩，始有家业。乾隆三十六年（1771 年），林天培寻觅祖先墓地未果，于清嘉庆十年（1805 年）把大为的鞠氏墓，移葬于丁沟的大青杠树下。历经五代，林家在鞠槽生根。

天培创业　林天培是林氏居峨第十七代，《峨眉县续志》（1935 年版）载："林天培，字泉亭，邑增生。"嘉庆十三年（1808 年）曲曲乌猓发动叛乱，百姓四处躲避，林天培临危受命，办理粮草。他迅速组织团练武装，历经"行军千里，大小战役数百仗"，平息了曲曲乌猓的骚乱。在这期间，林天培办理粮草，安抚百姓，为平叛和稳定峨眉立下显赫战功，屡受嘉奖。峨眉知县对林天培尊崇有加，平叛以后，仍请林天培以其威望协助维护峨眉安宁，以至于"数十年县中公事无巨细，必以公领其成"（《曾祖天培公序略》）。林天培德高望重，林家在鞠槽遂风生水起，林天培兄弟始在鞠槽各置田谷拾石，自耕自食。因性情敦厚，与人晋接，勤俭为务，很快发展到有租田五十石，林家渐成鞠槽望族。

林氏宗祠　清乾隆五十八年（1793 年），林天培主持拆旧祠，建新祠，祭林家祖宗。清道光二十二年（1842 年），林家入蜀第十九代林青周、林青岱在家族旧址再次酝酿建祠祭祖。他们各出租田五十石，花费三千余金，建成家族祠堂。林家祠堂圈在旧宅中，坐坤向艮，正楹三间，两廊前厅备具，厅前有坊表，题匾"林氏家祠"，祠供奉林氏祖先昭穆公总牌，其次是从大为迁鞠槽的登寿公，林天培牌位赫然其中，林家列祖列宗尽有其位。捐建家祠的林青周，少年苦读，峨眉书院肄业后，勤学苦读考功名，因读书伤坏眼睛，遂安心治家。在峨边猓夷再生乱时，因其倾力保护族人而受尊崇。在李蓝军攻占峨眉时，捐款并派家丁协助知县保护峨眉城而得威望。在灾难年份时，低价赈粮，以半价卖粮，每天抢购米者众。值道光、咸丰、同治三朝，国家几经周折，日渐衰微。而林青周时期，励精图治，勤劳治家，家势渐盛。他总家政，布董局，置义卷，劝课农桑，奖励幼子读书，使家族走向了兴旺，成为峨眉望族。林氏家祠建成后，林家从此有祭祖的传统。从清末到民国时期，每年春秋二季祭祖大典，五湖四海汇聚起来的林氏家人，多达上千。

天静山馆　林家走盛，有教育为先的传统。林家先是以"林氏家祠"为基地，对族人开展家训和启蒙教育。自林德庵之后，林家在莲花庵开办学馆，聘请名儒，对后代集中教育，发展为"天静山馆"，成为一所独立的学堂。"天静山馆"呈四合院，周建花园、池塘，环有教室、校舍、书房，是峨眉为数不多的家塾。1940年，林家家族家境仍然殷实，决议成立董事会，创办林祠小学，伐古柏数株，新做课桌一百五十套，数套办公桌、黑板等。在林家宗祠两廊进行改造，建教室六间，拆戏堂改礼堂，将大夫第外的六亩地建运动场，有了近代体育活动的秋千、梭梭板、跷跷板、单双杠、沙坑、爬杆等。按新学制，设六个年级，每个年级一个班，每班不超过五十人。生源除林氏家人外，还吸引了外户乃至外县的学生前来就读。办学经费由宗祠祠产拨出二百亩担田租专用，其他由族人捐助。四川大学迁峨眉期间，川大教师也曾在林祠小学授课。川大迁离后，林氏家族拟在将军府办林祠中学。筹备过程中，1946年的一场大火把将军府焚毁，当时中学仅挂了一块牌子。

林家大院　从林登寿始迁鞠槽，历时三百余年，形成峨眉规模空前的林家大院。整体布局从西南向东北坐坤向艮。在东北方向的大龙门外，有一堵高照墙，院落分布在祖屋左右，计有：

"老祖屋"，在林家命脉的"莲花穴"上，原是三间低矮茅屋，从林天培时始兴建，盛时有三进大四合院，还有天井、马房。以后又增许多院落，形成很多独院又由廊相连通的院落群。

"林氏宗祠"，占地十余亩，庄严雄伟，正殿高三丈二，宽九丈多，中间四柱需二人合抱，中门12扇，两侧门各4扇，镂空雕，鎏金。两廊客厅各三大间，正面建有戏台，大门外有砖砌牌坊，门前一对石鼓，另有侧门二道。大院后方两侧有天井，配生活用房。

"大夫第"，因林汉云于辛酉选拔刑部主事（正六品，重特大案件审判官）、广西清吏司（职掌审批案件）而建（详见《鞠槽"大夫第"》）。

"将军府"，因林梯云在同治年间获卫千总衔，赏戴蓝翎，封武功将军而兴建（详见《林梯云与"武功将军府"》）。

"上圣母，下圣母，中间一朵莲花蕊。有德之人站得住，代代儿孙做官辅，画栋连云成甲第，朱门华屋神仙府。金鸡报晓人不知，土地买到成都府。"这是流传了几百年的林家民谣。传说，当年登寿公初至鞠槽，便在"泉水井"附近结茅而居。这三间茅屋本不打眼。不知什么时间，也不知从哪儿来了个老头儿，路过此地，看了看这三间茅屋，又围绕着转了三转，惊奇地说："此家有德，将来必出贵人，儿孙富贵无穷。"仰天长笑，说道："天意啊！天意！"昂然而去。由此，"莲花穴"成为日后林家根深叶茂、兴旺发达的护佑地，是林家大院的灵魂。

中华人民共和国成立后，林家大院先是作为粮食部门的库房，被拆了许多建筑。后由乐山汽车运输公司十三队入驻，又被拆了一些旧房。20世纪90年代初，峨眉医药玻璃厂在此兴建，林家大院所有建筑全部被拆毁。

清末、民国——峨眉县鞠槽林家大院平面图

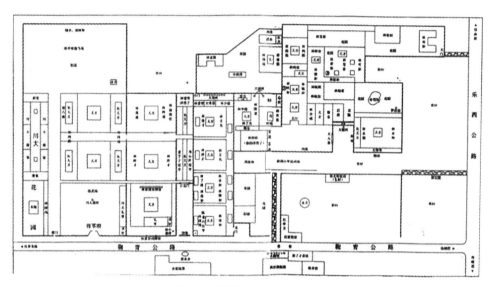

林家大院平面图（李家俊提供）

45. 龙凤桥

朱华高

　　紧挨罗目镇有一条河，曰罗目河或临江河。该河自高桥而下，从罗目上场口紧缠镇身过罗目阳光村，流入九里镇。距罗目镇约 300 米处的罗目河上，有一座桥名龙凤桥。龙凤桥初建时间无考。宣统三年版《峨眉县续志》载，龙凤桥有两座。一座在青龙场，另一座在龙池："一在县南三十里青龙场之东。卷石成五洞，壮丽精致，为邑中石桥第一。光绪十年毁于水。今成铁索。"当地人称，该桥曾经是一座巍峨壮丽的石拱木制廊桥，桥头有高大的石碑，镌刻"龙凤桥"三个大字，龙飞凤舞，潇洒飘逸，据传乃吕洞宾手书。然岁月沧桑，罗目河几经洪水肆虐，桥几度被毁。如今的龙凤桥是一座高大宽阔的坚固水泥桥。它的桥头就是高桥罗目漂流入口处。

　　1994 年《峨眉山市交通志》载：龙凤桥旧桥在青龙场（罗目镇）之东，今钢筋混凝土结构的龙凤桥下游 50 米处，跨临江河上。初，卷石成五洞，壮丽精致，为境内石拱桥第一。明、清两次被洪水冲毁。后来，乡民集资建楼桥 5 列 4 洞，长 30 余米，宽约 4 米，高 4 米余，乃石台木梁重檐楼桥，可与长济桥、育贤桥媲美。桥头立碑数面，高达丈余，宽 4 尺，图案、墨迹雕刻精美。犹以草书"龙凤桥"三字大碑堪称绝妙。1961 年，峨眉诸河暴涨，临江之水尤剧，漂木积物堵塞桥洞，动摇桥墩，致使其中两列下陷，被水流冲坍。1962 年被拆，并砸裂桥头碑石，唯"龙凤桥"三字碑移至新建水库坝首，研平旧迹，改刻"工农兵水库"诸字矗立至今。

　　龙凤桥的来历传说很多，其中有一个极具传奇色彩的故事和轩辕黄帝、嫘祖元妃有关。

　　传说远古时期，轩辕黄帝统一天下后，听闻峨眉山众仙云集，太上老君在此论道说法，便携元妃嫘祖来峨眉山问道，探求治国之道。老君欣然应允，在宋皇坪传经授道。

　　老君授道后，玉皇大帝为祝贺人间始祖黄帝得道，和王母娘娘携众天仙降临灵陵太妙之天，宴请群仙。席间，王母娘娘将蟠桃园中仙桃分与众仙品尝。黄帝感觉味道甘醇甜美，请王母赐福人间。王母欣然赐蟠桃种与轩辕，嘱其播种于人间净土之地。

　　黄帝受道后，心中豁然开朗，治国之道更加清晰明了。他和嫘祖考察巡游峨眉山期间，来到绥山，见此地环境清幽，人迹罕至，乃修仙论道的好去处，便在山上一洞中修道，同时在洞旁种下蟠桃。此洞被后人称为龙凤洞。

　　绥山半山有一座山叫同山，山上人家都姓同，山寨就叫同山寨。同山寨人都以打猎和采摘野果、野菜为生。同山山麓有一条河叫罗目河。对岸有个村子叫心田村，村里人都姓心。心田村的人以捕鱼和采摘野果、野菜为生。同山寨和心田村素来不和。同山寨不准心田村的人上山打猎；心田村的人不准同山寨的人下河捕鱼。两个村寨要交换猎物和鱼虾，就到心田村旁的罗目村罗目街进行。同山寨要到罗目街交换货物，由于有罗目河阻隔，要绕很远的路才能到达。或者向心田村人交一些兽皮和猎物，心田村人才会用独木舟渡人过河。轩辕和嫘祖见山上山下人们都是以树叶遮羞，都以打猎、捕鱼和采野果、野菜为生，便教他们稼穑和蚕桑。不几年，人们都穿上了蚕丝衣裙，吃上了甘甜可口的蟠桃和美味的黍、麦，喝上了清香可口的茶，过上了美满幸福的生活。但是，同山寨和心田村长期不和的现象依然存在。轩辕和嫘祖为此做了不少工作，但是成效不大。

这期间，同山寨一个小伙子爱上了心田村一个姑娘。二人秘密往来，都不敢向外透露半点消息。嫘祖知道后，非常高兴，一心要促成他们的婚事。为了来往方便，嫘祖和轩辕帮助同山小伙和心田姑娘用树木悄悄在罗目河上搭了一座独木桥。有了桥，往来增多，两个年轻人的心挨得更近了。两个村寨的头领发现，一夜之间，罗目河上有了一座桥，就都找到嫘祖和轩辕。轩辕说："是我们为了你们山上山下来往方便，特意为你们搭的。"两个头领知是轩辕、嫘祖所为，自然不好发作，加之木桥确实为他们之间的来往增添不少便利，也都很乐意。蚕桑、稼穑的发展，让山上山下的人们衣食不愁了，猎物和鱼虾不再是他们维持生存的重要因素，双方都不再反对对方打猎或捕鱼，互相交往日渐融洽。同山小伙和心田姑娘的爱情也从秘密到公开。两边头领和家长都乐观其成。

这年夏天的一个晚上，明月当空，万里无云，同山小伙和心田姑娘在桥上相会，憧憬着他们的美好未来。突然，河里洪波涌起，滔天巨浪向桥上一对恋人扑来。顿时，桥被冲垮，一对年轻人被洪水吞噬。原来，罗目河岸边山上有个黑龙洞，一条黑龙在洞里修行，平日它以动物为食，如今道行增进，要以未婚男女为食，今夜正见男女二人桥上相会，便游到河里兴风作浪，要将他们掳到洞里慢慢享用。

正在危急时刻，轩辕和嫘祖飞身赶到，夫妻二人同时施法，洪水立时被止住了。轩辕亮出轩辕剑挥向黑龙。嫘祖将同山小伙、心田姑娘二人从河里救起。黑龙飞向天空，和轩辕打斗。它岂是轩辕的对手，几个回合，便被剑斩为两段，化作两座山包，矗立河边。

轩辕和嫘祖把同山小伙、心田姑娘带回龙凤洞施救。原来，其时轩辕、嫘祖夫妻二人正在龙凤洞外月亮底下练功，知道黑龙作恶，二人便飞身而来救了一对恋人性命。

第二天，山上山下人四处寻找同山小伙和心田姑娘。来到罗目河边，见木桥已被洪水冲走，河水波涛汹涌，两岸房屋也被洪水冲垮不少。两个村寨隔岸相望，都以为同山小伙和心田姑娘定是桥上相会，被洪水冲走了。正在大家悲伤之际，轩辕和嫘祖带着同山小伙和心田姑娘来到河边。两个年轻人讲述了昨晚发生的事情，人们看到岸边一夜之间突然冒出的两座山包，知道轩辕夫妻不但救了一对恋人的性命，还除掉了一大祸害，对轩辕夫妻都感激不已。

轩辕说，为了两岸人们世代友好和往来方便，提议共同重建一座桥，改木桥为石桥，两岸人们齐声响应。很快，一座宽大坚实的红石桥就飞架在罗目河上，把两岸人们紧密地连在一起了。在同山小伙和心田姑娘的婚礼上，两个村寨头领请轩辕为大桥命名。轩辕对嫘祖道："两个年轻人的婚姻，是你促成的，还是你起名吧。"嫘祖想了想，道："就叫'同心桥'吧。一则，今天一对年轻人大喜事，他们是同心人；二则，这座桥把同山寨和心田村连在一起了，两岸同心，共同建设幸福家园。"嫘祖起的名字获得大家的一致赞同。同心桥就这样把罗目河两岸的人连在一起了。

时光荏苒，多少朝代过去了，到了唐朝，在罗目河地域设置了罗目县，罗目街成为罗目县的治所。绥山成为道教胜地。吕洞宾南下在罗目河畔的猪肝洞传道。龙凤洞里，人们供奉的轩辕、嫘祖龙凤神像香火越发兴旺。心田村因同心桥的关系，被命名为同心村。罗目县人民在县官的率领下，将同心桥重新修建成高大、雄伟、壮丽的廊桥。桥上雕龙画凤，一幅幅精美木刻画讲述着轩辕和嫘祖当年在绥山龙凤洞修道期间帮助当地人们共创美好生活的故事。在大桥落成典礼上，人们提议将同心桥更名为"龙凤桥"，以便永远记住轩辕和嫘祖的功德。罗目县官当即拍板定案，并请吕洞宾为桥题名。吕洞宾欣然应允，挥动如椽大笔，写下"龙凤桥"三个大字，字体飘逸潇洒，如龙飞凤舞，栩栩如生。县官命人刻一大匾，悬挂桥头廊坊上，又在桥头竖一高丈余的石碑，刻上"龙凤桥"三个大字，落款吕纯阳书。

如今，龙凤廊桥虽早已不存，但人们仍在传颂关于龙凤桥美丽动人的故事。

46. 高桥镇

朱华高

　　高桥镇之得名，源于明嘉靖二年（1523 年），高桥场场头修建了一座高大的石拱桥，名高桥。

　　高桥镇位于峨眉山市南面 12 公里处，北面和峨山镇、罗目镇相接，南面和龙池镇连接，是峨眉山市从平原向山区的过渡地带，也是峨眉县通往峨边古道的必经之地。

　　高桥镇曾经有过的辉煌，皆因灵岩寺就在高桥场边，或者说因有灵岩寺才逐渐形成高桥场镇，故高桥场有和尚场之说。高桥镇最有名的灵岩寺曾经是峨眉山六大寺庙之一，峨眉山十大景点之一。清谭钟岳在考察峨眉山寺庙后作了一首《灵岩叠翠》赞美灵岩寺："危岩果是凤钟灵，几经风飘复雨零。仿翠摹青情不尽，心香一瓣荐芳馨。"

　　除灵岩寺外，高桥镇的知名古迹就是高桥。高桥在古高桥场头，乃双心拱（鸡蛋拱）单孔石桥。经士民捐修，卷石为桥，至今已历二百余年。旧时，扼沐峨孔道之咽喉。乐西公路建成后，又成为公路桥沿用至今。2011 年《峨眉山市不可移动文物名录》载：跨二道河上。始建于明嘉靖二年，现存为清乾隆年重建，呈南北走向。青砂石质，条石砌成。桥长 24.3 米，宽 6.2 米，高 10.5 米；拱跨 11 米，拱高 5.3 米。桥面平直，两侧有石栏杆，由条石砌成，高 0.9 米。桥头立矩形建桥石碑。刻明嘉靖二年高桥碑。

　　高桥镇曾经有一碗厂曰高桥碗厂。有史料称，其兴起于清朝，也可能兴起于明朝末年，是峨眉解放前历史最久，规模最大，产品最多，销路最广的民间企业结合体。高桥的碗厂有官姓、李姓、徐姓、林姓、罗姓五家，品牌有宝善厂、义利和、明星祥、新华、裕兴祥。各家独自经营，公平竞争，都有自己的技术、品牌和销路。高桥碗厂东起罗目镇白鹿山以下，南至高桥镇汪坎村。生产基地绵延十余里。峨眉解放后，经公私合营，逐步合并为一个厂，后来逐步发展成国营企业，并转产水泥。后来逐步退出市场。

　　值得一提的还有很多峨眉人不知的高桥酒精厂。据赵划《峨眉逸闻》，抗日战争时期，乐西公路通车后，1942 年，天津商人何希珍来高桥建了一个酒精厂，名"金川酒精厂"。他从重庆运来一批机器，有小型发电机、高压蒸压壶等设备。地点在老公路转弯处，现在的高桥铁厂大门处。在本地专收小作坊粮食酒，经过蒸馏成酒精，是抗战时期的医用酒精。抗战后迁回天津。由于当时群众科学文化水平低，有人诬说"酒精厂拉妇女、男童熬皮油"，吓得有人不敢从酒精厂门前通过。

　　如今高桥镇古场尚存，唯一的一条古街尚完整无损，长约 500 米，宽约 3 米。街边两棵粗大挺拔的古黄桷树依然枝繁叶茂，耸入云天。街道两旁古屋和现代房屋错落其间。古迹灵岩寺仅存山门残迹，高桥依然坚固矗立，牢不可破，承载着比古时不知多出多少倍的重载车辆在桥面上"隆隆"碾过。有过辉煌成就的高桥碗厂如今不见一点点遗迹。高桥桥下，前些年已辟为罗目镇漂流入口处。古朴的高桥镇已融入现代文明。

　　距高桥镇1公里处，旁边有一村——余村。2017年乐山沙湾沐东坝余氏族谱编写组编写的《余氏族谱》载，该族人乃元朝皇帝后代。其中有一个"九子十进士"的传奇故事。后因宫廷内乱，十兄妹结伴逃到四川避祸。其中一支后人流落沙湾沐东坝，安家落户，传承后人。余村族人先祖就是这支族人的后裔。

高桥场的古街道（郭志安摄）

47. 高桥（二则）

高桥来历

李先定

位于我市高桥镇南北通衢的乐西公路上，有一座横跨罗目江（今称临江河）上游，历经二百多个春秋的拱形单孔石桥。桥石斑驳，青苔点点，像一位久经沧桑的老人，多年来无声无怨地承负着公路上来往如梭的车辆和熙熙攘攘的行人。

古桥高耸，任桥下流水涨落，春夏秋冬时序变更，它依旧巍然屹立，这就是我们经常提起的高桥。

高桥长 9.5 米，宽 8 米，高 12 米，原系明嘉靖二年（1523 年）建，木制廊桥式样，再早建于何时，不得而知。清乾隆三年（1738 年）农历五月初二，狂风暴雨昼夜不息，上游山洪暴发，泥石树木随水急下，横塞桥柱，木桥经受不住汹涌而至的大水冲击，桥体崩毁，荡然无存，两岸相望，无法过河。第二天，时任县令的文曙（湖南桃源县人，字寅东，清康熙五十二年，即 1713 年中举人，雍正八年，即 1730 年任峨眉知县，在任多善政，升迁去时，百姓送于道者数百人，并立去思碑，以志其德，现城西文公堰即以其姓名之），带人到现场查看，见灵岩寺僧人印稳率领徒弟道纯等正将数根大木横跨水面，以方便两岸行人。文曙甚为赞许，但孔道为南北大路，架木渡人非久远之计，于是心中十分忧虑。到了秋天，水落石出，文曙决定重修大桥。灵岩寺僧人向文曙提出，修桥需费白银千两以上。寺僧领四方化缘集资修建，文曙率先出资，邻近百姓也纷纷捐钱，至第二年（1739 年）农历八月竣工。建成之日，官绅、士民、商贾前往，观其通行者以千计。

清《峨眉县志》载，清人张宏昳（字日升，号如翁，峨眉人，康熙癸酉，即 1693 年中举人，曾任房县知县），在《重建高桥碑》一文中曾对高桥修建形制利弊做过一些分析，颇有参考价值。他说："其前，……桥下通水处，以石柱顶桥梁，以木架扶石柱，故一遭大水迅发，山石崩裂，树木横塞，石柱木架中淤不能通，川壅而溃，固其理也。"

现在新修的石桥并不恢复原制，而是按张文所述"桥梁两头用挑笋法，以其笋甃于两岸石台中，即以其梁寄于数层挑笋上，使其中通水处宽广空阔，无石柱木架之可壅。"当然，高桥应该比原来更高，通水量更大，否则，何以叫"高桥"呢？

随着社会的进步，经济的发展，车辆、人口的增多，这座古桥已不能适应日新月异的需要。目前，夹（江）美（姑）公路已加宽改建，高桥——这位两百多岁的"老人"

也退出历史舞台，取而代之的是一座宽阔雄伟的钢筋混凝土的新高桥。

高桥在 1988 年 4 月，被峨眉山市人民政府公布为第一批县级文物保护单位，定为清代建筑。

修高桥传说

赵　划

今峨眉山市出南门沿乐西公路南行约 30 里，有一古镇，名高桥镇。高桥镇得名，乃镇南端有一古桥名高桥。何时修建，无考。史料载，重修时间在明嘉靖时期。高桥横跨高桥河上，高悬半空，凌空欲飞，非常雄伟壮观。关于高桥的来历，千百年来，当地流传着这样一个神奇的传说。

高桥古桥（袁学方摄）

古，乐山黄桷山至土地关，一片汪洋。乐山船、筏直达土地关。峨边彝地，大小凉山土特产、乐山粮油盐杂货，都用船筏运载。自吕洞宾上了峨眉山，晨上金顶，晚宿绥山，要坐船摆渡，艰难，遂将此事奏报玉帝。玉帝裰剑于吕洞宾，挥剑劈岩，洪水直冲团山成沱七里半。于是土地关至黄桷山变为平原大坝。土地关下黄茅埂，崇山峻岭，悬崖峭壁，虎豹难跳，鸟禽难飞。百姓赶县要绕道九老洞、龙门洞，往返百里。

当地有个王财主想：若能在悬崖绝壁间，修一大桥，收过往行人、驮马过桥费，岂不是一本万利。于是请来泥、木、石三师，砌拱搭桥。经三年六月，终于拱成。但建桥封顶的最后一块乾坤方石却始终放不到位，向左短了，向右长了。三位掌火师，无可奈

431

何。突一卜卦先生，来此处过桥，众请他卜卦问灵。卜卦先生见王财主，便说："大财主，能容一言。"王财主说："尽言指教。"卜卦先生指着王财主说："你面带红釉，两眉衬黄，神色隐逸，必有大患临头。"王财主疑，近日，神魂不定，整夜难眠。问卜卦先生："有何凶险？"卜卦先生说："请洗耳恭听。你面向东南站定，双目紧闭，心默丹田，听音指点。"只听得卜卦先生，口念咒语，浓浓嘘声。卦片落地，一阴一阳属巽卦。卜卦先生对王财主说："大财主，明日半夜子时，你有大难。"王财主疑："我一日三餐，酒足饭饱，难从何来？"

当晚，忽一股冷风吹来，心感寒噤。半夜子时，高烧大发，闷汗直流，喘气困难，昏晕不醒。待天亮，家里仆人上街寻找卜卦先生来救命，找不着。忽见一叟，便问："见过卜卦先生否？"叟答："你知道那卜卦先生是何人？"仆人答："不知。"叟答："他是八仙洞大仙吕洞宾。你要找他吗？"仆人答："是也。"叟答："你闭眼向东方看。远在天边，近在眼前。"仆人转身闭眼向东，一无所见。便转身，见身边立者，乃身穿八卦袍，背插宝剑，银须雪发的吕神仙。仆人即跪说："求吕仙，快去救救我家财主一命。"吕仙问："你家财主现何在？"仆人说："我家财主，已晕迷卧床七日。"吕仙说："带我前去。"仆人前引，来财主家。吕仙闻室内一股妖邪怪气，于是慢步稳立，口念咒语，挥剑撵邪。仆人端碗水来，吕仙挥指弹点，画符念咒后命仆人将咒水喂入王财主口中。顿时王财主眼开，气舒，精神焕发。问仆人："今是何时？"仆人答："七日矣。"财主立刻整衣戴帽下床，跪地，求吕仙指点。吕仙说："你已暂时复还，不过七日，必死无疑。"王财主跪地恳求救命。吕仙说："要救有方，就怕不从。"王财主答："我定唯命是从。"吕仙用手抚嘴，对着王财主耳朵说："如此，如此。"财主连答："是，是，是。可，可，可。"

次日，王财主按吕洞宾主意，一一办理，果然事事顺当。事毕，王财主回到家里，欢喜欲狂。马上跑进八仙洞，向吕洞宾禀报。吕仙听罢，点头默认。王财主告别吕仙回到家中，晚餐毕，蒙头就睡。梦中，吕仙身背宝剑，前来对王财主说："你修大桥，为民办了大好事，现赐你延寿益年，活一百二十岁。玉皇大帝谕旨将桥命名为高桥。"次日，那块四四方方、端端正正的乾坤封桥顶石，顺顺当当，盖上了。

王财主想：桥已修好，若能在桥上设卡，过桥收银，岂不是一本万利。再寻思，若能寻两只猴王来，置卡收银，岂不是万事无忧。猴子只需供食，无需报酬，妙哉，妙也。经高人指点，王财主又历时三年六个月奔波，从河南洛阳高价买回猕猴两只，一公一母，行程万里，回到峨眉山高桥。

猴子来峨眉，因四川地理、气候、人文与河南差异很大，少吃，少睡，吼叫不停，思念故乡。王财主见之愣了，想把它们放回山野，但又寻思，是重金买来，不值得。正在闷闷不乐之时，忽有家仆告诉他："这四川猴子，服河南人牵，你看那耍猴戏的，哪个不是河南人？他们都把猴子训练得乖乖巧巧，灵活通天，动作千姿。"王财主想此话有理，便派人去河南，请了两名驯猴师来。

王财主对驯猴师说明目的、要领，薪资每月一千两银子。驯猴师每天对猴子引导、奖食、纠姿、斥吓、试打，件件有章。

一日，有马帮抵高桥，突然一只猴子挡着去路。赶马人见猴子挡路，手举马鞭，想赶猴子让道。猴子见状，僚齿龇牙，鼓起眼睛，发出"吱吱呀呀"的怪声，挡桥路中，使马队不得通行。马队领班，从未见过如此这般，向后退了几步。瞬间猴子一跳，骑在马帮头人肩上，抓扯头发。帮头疼痛难忍，想强行通过。猴子又跳到一匹马背上，抓着两只马耳朵，抠马眼睛。马不知发生什么，惊得高耸高跳，向后奔跑。后面的马不知前面发生何事，也乱了阵，互挤互蹴，一片混乱。猴子见马乱了阵，也不知何事，蹿跳更凶。突然后面老者高喊："人马都不准动。"又"嘘嘘"几声，猴子乖乖跑来立在老者身边。帮头见之奇怪，连忙跑到老者身边，恭敬地问："咋了？"老者说："你们每匹马准备一两银子，放在猴子箢篼里，保你平安无事过桥。"帮头说："过桥还要给钱吗？"老者说："逢山开路，遇水搭桥，这是我们王财主修的桥，规矩是人马过桥要交银子，如不交就过不去。"帮头听了说："原来如此。早点给我说，不至于落一匹马于桥下。"帮头点了一下马匹只有三十九头，另加十个撵马人，算五十两银子。丢在猴子箢篼里。猴收银后，就跳到桥边栏杆上坐下。马帮顺利通过了高桥。

　　第二年三月初三，帮头又运盐经高桥。在桥上听见头年落下桥的马铃在"叮叮当当"地响。可见桥之高，落下桥的马匹还没落到河底。帮头接受去年教训，带了大棒、刀、匕首。待马帮要过桥时，猴子又来挡路。帮头举起大棒，对准猴子脑壳一大棒。这猴子敏捷，一个射步跳到一个桥磴石上坐起。帮头又举起大棒打下去，正落在桥磴石上，棒断成两节。猴子见帮头手中的棒断成两节，就一纵步，正好落在帮头人胸前。说时迟，那时快，帮头顺手从腰间摸出匕首，向猴肚上捅了一下，猴肠子一串串飙出。帮头将肠子一拉，可怜的猴子顿时两眼一翻，呜呼矣哉。

　　母猴在桥另头，见公猴被人刺死，泪流满面，急得乱跳。欲想救助，见马帮个个手拿棍棒。夜幕降临，母猴独待树下，依岩流泪，孤独凄凉，悲惨忧愁，东串西游，向丛林慢慢走去。走呀，走呀，到一个光石坝山岗，忽觉肚痛非常。母猴估量是腹中小猴作怪。前有一山洞，母猴艰难爬进去，生下两只小猴，一公一母。年过日久，小猴慢慢成长，母猴衰老，死于洞内。小猴再繁衍，一成十，十成千，数百猴群繁衍于峨眉山，受游人欣赏、逗玩。

48. 黄茅岗铺

朱华高

　　黄茅岗位于高桥镇观音村 3 组，乐西公路边，距高桥镇约 10 里，距峨眉山市城区约 40 里，是一条蜿蜒曲折的山埂。黄茅岗之名的来历，无考。有一说法，此条山道，沿途多长茅草，土为黄泥，且常年多阴雨，泥泞难行，多有黄泥浆粘身，故称黄茅岗。

黄茅岗铺的清代古院（朱华高摄）

　　史料载，黄茅岗乃高桥到龙池古道上的一个驿站。清乾隆版《峨眉县志·治图》标明黄茅岗乃黄茅塘。"塘"是古时军队警备的关隘驻地。明、清时，把军队警备的关隘驻地，以一个"塘"字称之。故清乾隆时期，黄茅岗不但是官方交通驿站，还是军队驻守关隘之地。清乾隆版《峨眉县志》卷三《边陲附铺递》载，"黄茅岗（铺）十五里至大围（铺）"（笔者注，里程有误。笔者怀疑手稿抄誊者掉了杨村铺，然后才是大围铺。杨村铺距黄茅岗铺约十五里，大围铺距黄茅岗铺约五十里）。清嘉庆版《峨眉县志》卷二《建置·铺舍》载，"黄茅岗铺，县南四十里"。

　　沿着乐西公路右边一条石板路爬坡向上，就是曾经的茶马古道上的黄茅岗。如今古道宽度约 1.5 米，仍然是过去的块状大石路面，但已残缺不全，时而窄时而宽（窄处 1 米左右，宽的地方约 2 米）。石头都是铁黑色或古黄色，大块的长约 1 米，小块的宽度只有 30 厘米左右。石面光滑但略显凹凸，显示出被人踩马踏的岁月痕迹。考察中我们发现，一块长宽约 50 厘米见方的古黄色石头有明显的马蹄印窝。

　　前行约 300 米，左边约 100 米树林里矗立着一座字库塔。往前约 300 米，就是黄茅古街，也是黄茅岗驿站处。此地仍是观音村3组，海拔830米。在一个缓坡处，当地原住民，70岁的吴庭元先生站在由东向西（靠峨眉山方向）的一段石墙说，这就是古街的闸子门墙，以前左右两边都有，右边长些，左边稍短。原墙高度2米左右。闸子门宽2米左右。闸子门墙内就是黄茅岗古街道，街道两边是有天井的大院落。目前所见，右墙长约30米，高1.3米。当地人说，右边大院早些年房屋已拆除，主人搬家另建。左边一家大院姓伍，以前是一道大龙门，进去两个大院，上下各一。如今大院早已拆除，后人上下各建住房。这左右两边大院叫"第一台大院"。

从闸子门向上是一条长200米左右的古街，2013年改造成水泥路面，宽3米，缓坡。吴庭元和当地其他人都说，以前的古路全是青石板铺就。两排石板，每个石板长约1米，宽50至60厘米，路宽2米左右。原来的石板在修路时都埋入地下了。路是台阶式的，上下级台阶之间是石板梯步，每块石板宽30厘米左右。如此有三级台阶，每一级台阶左右两边就是大院子，故有第一台、第二台之说。

上行一段路，右边有一残存的古大院，这就是第二台大院。地面全是青石板铺就。当地人说，这就是那种古街路面石板；另一种是石梯步石板。天井底部全是青石板铺就。房屋厅堂大门右侧反扣一块大匾，经察看，古匾长约2米，宽约80厘米，黑漆成色较新，为咸丰十年九月初四日立。女主人说，房子是她的姑婆卖地修的。这座房子修好后，租给了一家做生意的。吴庭元马上接话："就是我家租的房子。"他说，他们老家在乐山。在他爷爷一代，家庭经济并不宽裕，爷爷吴世泰便只身一人，外出四处谋生，到了黄茅岗帮人打工。后来积蓄了一些钱财，便租下这座院子开始做生意。最先帮人撵骡子（赶马帮），后来自己开店，主要是饭店和旅店，并在此结婚生子。父亲吴焕文曾说，家中有马4匹，可以住二三十人。解放后在他懂事时，还看见过家中的拴马杠、养马槽，坐在父亲运货的马笼筐里，一颠一簸摇晃行走的记忆历历在目。

离开伍家上行10米左右，便是黄茅小学大门。吴庭元指着右边一片空地说，这里就是第三台古街大院。这座院子最大，后来火烧了，再也没重建。

进了学校，中间是一个大操场，左右两边是房屋。据介绍，左边是学校教学楼，"一"字形建筑，长度约30米。校址曾经是一座庙子，叫川主庙。庙子高大，就如今日的学校一样，房柱直径有40厘米，里面供的菩萨主神是川主神，还有地母和石头刻的牛王菩萨。庙子外的古街从如今学校大门对穿而过，就如现在一样，仍然铺石板，建有房廊，长约40米。出后校门，缓坡向下约50米，就是后闸子门，石板街到此为止。再往下就是普通石板路，一直下行和乐西公路交接。后闸子门右边门墙遗址高度约1米，长度30米左右。左边的闸子门墙已被拆除。

当地93岁的伍应祥老人说，他家就在闸子门右边第一台上，一座大院，无龙门，有一个天井。他记得家中是撵骡子的。最先帮人撵骡子，挣撵骡子的工钱，后来自己买骡子，也帮人运东西，挣驮运费。家里最多时有十多匹骡子。骡子运的货主要是盐巴，一种块盐，从太平场（今乐山临江镇太平场）进盐巴，运到金口河去卖。也有运其他货物，如把金口河的牛夕等药材运回峨眉卖。黄茅岗撵骡子做生意的只有伍应祥一家。吴庭元补充，吴家骡子运货，主要自己用，采购开饭店用的东西，同时也顺便做些买卖生意，不是专业的。

伍应祥老院子对面那家叫伍汉山，是社会上的袍哥人，没做啥生意，但县官还要来见他。他家以前开的是官站，不接待外面的人。有官来要接待，要吃住。笔者和同行人议论，这应该就是曾经的官方驿站。

第二台开饭店的就是吴庭元之父。他开饭店、旅店、烧房（方言，烤酒坊），还有马房。开的旅店可以住 30 多人，主要是背脚（方言，背运人），背苞谷、背烧房这些东西的人。

第三台有一家罗成先，饭店更大，房子更大，有四个天井，一个长天井，两个方天井，一个圆天井，外面有转楼上楼。粪坑是用石条子砌的，还有石梯下去，要装一千多担粪。罗家开的旅店住过修路的人（乐西公路民工）、部队上千人（老人说不清楚是什么部队，估计是国民党部队进云南或追剿国民党的解放军的部队）。

49. 黄茅字库

朱华高

峨眉山市曾经有一条从嘉州出发，抵峨眉县城，出南门，经高桥，过黄茅岗、龙池到峨边县山里，古道过黄茅岗时，设有官方驿站黄茅岗铺和官方军队驻地黄茅塘。在此古道路边，距驿站约300米有一座字库，名黄茅字库。2016年11月16日，笔者在原住民、六七厂退休职工吴庭元陪同下，和江德美一道前往黄茅字库考察。

黄茅字库位于黄茅村3组，建在一块见方约6米，一面高出地面约0.4米，一面紧靠一块高约3米、宽约3米的铁黑色巨石（牛角石），另外两边用古黄色条石砌就保坎。字库基台亦用古黄色条石砌就，正方形，基部宽2米。塔身正方形，基座加三重塔体及塔顶，片砖砌就，下大上小，每重之间是浮雕飞檐等装饰。字库坐东向西，化纸口在西面第一重，口宽约0.4米，高约0.5米。化纸口的上端是一个空的神像窟，大小和化纸口相同。吴庭元说，那里原来塑有一座神像，记得是两手握拳于胸前，具体是什么神像，不知。神像窟两侧，各有一根对联立柱，右联已毁，左联是"传奏达上苍"，横批，"申奏祠"。第二重四周都有砖砌的廊柱，柱体壁上仍有神像窟和不知名的神像。神像两边有对联，右联为"鸟迹池□年造"（"□"表示看不清，下同），左联"珍重圣贤心"，横批"珍天地口"。第三重和第二重基本相同，廊柱上塑龙缠绕，神龛内有神像。右联"宝藏天□□"，左联"龙文此日□"，横批"□□□"。背面第二重，有神龛空位，神龛上方横批"圣诞宫"三字。经粗略量测和观测，石基座高1.05米，第一重高2.15米，第二重高1.5米，第三重高1.2米，顶高1.8米。每重之间的浮雕飞檐层高0.5米。字库总高度约9.2米。

整座字库造型有飞檐回廊，四角如古建筑的上翘尖角。第一重有回廊建筑遗迹，有砖和尖角掉脱地上，疑似被毁。地上有一些飞檐尖角或整块完整的片状砖头。当地村民肖淑容女士说，这些毁坏的东西是20世纪70年代时，小娃儿爬上去弄的。塔顶原来有一个龙形风铃，每重飞檐角也挂有风铃，风一吹"呜呜"直向（吴庭元说，这些风铃他小时候是看见过和听见过响声的），后来被一个小娃儿用弹弓打掉了。

此座字库，和峨眉山市内多处字库的建筑风格迥然不同。对于何时修，何人修，何因修，吴庭元说，听说和当地人同观音桥旁梯子岩那里的人闹矛盾有关，岗上人家为了压过梯子岩人家，就修了这座字库。

此种说法让笔者茫然不解，兴趣大增。一般而言，字库乃古人化烧纸张用。一种是道观寺庙，为化烧敬神冥钱所用；另一种乃古人认为，写过字的纸张乃读书人做学问之用，不能随意丢弃或毁损，否则便是得罪孔圣人，为表虔诚，便在一些读书人居所或聚集地修建字库，供读书人化焚废纸用。当地 93 岁老人伍应祥为笔者释疑：修建字库，传说是黄茅岗是一条龙，龙头在下面石梯坎，这里是龙身，土地关是龙尾。这里的人担心龙头那里的人压过自己，就商量修一座字库，压住龙头。主持修建字库的是伍家，实际上背后撑腰的是青龙场上伍家有势力的人，此处所说的伍家在宗上都是一家人。此说和吴庭元的说法不谋而合，然笔者仍然不解，修字库难道能压人？多少年过去了，黄茅岗和下面梯子岩的人，是否在字库修建后有过什么恩怨情仇，他们没讲，笔者也未详问，权当是当时的风俗使然。

黄茅字库已被列为峨眉山市文物。2011 年《峨眉山市不可移动文物名录》载：黄茅字库塔坐东向西，占地面积 40 平方米。为砖石塔，库基用方形红砂石砌就，须弥座式，边宽 2.37 米，束腰 1.80 米，高 1.1 米。塔身方形，由青砖砌成，三层楼阁式，通高 9.45 米，边长 2.01 米，逐层上收，四角攒尖顶。库身上雕饰有龙凤、葡萄、鼠等精美的吉祥图案。

50. 万槽字库

曾淑清

　　万槽字库，位于万槽村2组。从佛光广场南门出发，往龙池方向，坐公交车或驾车前行约11里，到了高桥磷肥厂路口，往右上乡村公路，前行约1公里，就到了万槽河边。站在河岸往左看，有一个高高矗立的四方塔，它就是万槽字库。

　　万槽字库高约12米，四方宽约1.5米，底座约5米，从下往上分三层，周边有屋檐象征楼房。基础高出河岸约1米，基座牢固，下大上小，最上面小到一个尖顶。风吹日晒几百年后，它依然端端正正地屹立在这里。它象征着万氏子孙孜孜不倦的学习态度。从古至今，万槽学子学业有成的相继有上百名。

　　根据万槽村2组村民万有伦（90岁）、万有如（78岁）讲述，人们传说，万槽字库修建于明末清初年间。清朝年间，万槽中文秀才、武秀才的就有四五名，他们不仅勤奋好学，还正直、善良。现在，万槽村2组人72岁老人万有界的老祖宗，就是文秀才之一。

　　万有界说："我的父亲经常给我们讲，万氏家族是在'湖广填四川'时来到四川的，当时一同到四川的有三兄弟，到万槽的是三兄弟中的老二。他们到了这个依山傍水、美丽富饶的地方。这里丘陵翠绿，四季鸟语花香，良田土质肥美，出产各种粮食作物，祖先们高兴地在这里定居下来。清朝时，万氏家族人员达到上百人，因为这个地形顺河，两边都有大小不同的浅山，中间有平坝与河流，长辈们就将这个地方命名为'万槽'。"

　　清朝年间，万家子孙有读书做文章的，也有习武保卫国家的。万槽这块小小的地方，在朝廷考试中，中了文秀才、武秀才的就有四五名，万槽的长辈们因此扬眉吐气、笑逐颜开。就在这期间，秀才们聚集，他们认为，万槽的地形像条船，两头较小，中间较大，中心有条小河涓涓流淌，滋润着沿河两岸的庄稼，因此万氏家族才有现在的人丁兴旺。如果在这基础上再做文章，那不是锦上添花吗？

　　于是，经当时万有界的上祖老爷万才元主持，秀才们讨论认为：第一，万槽的地形像条船，船上就应该竖根桅杆，这样小船就可以飞速行驶，这寓意万氏子孙通过读书、习武，通向四面八方；第二，这个桅杆要有双重寓意，它不仅仅是地形上的船桅杆，还可以设立万槽学子、文人的字库。大家都热烈赞成。经过秀才们集资，有钱的出钱，有力的出力，齐心合力修建了这万槽字库。后来，凡是人们读书、写字用了的废纸，统统都焚烧在字库里，以此表达对圣人的敬重和爱戴。

万槽字库（曾淑清提供）

　　同样在清朝年间，万氏家族祖辈们还在字库的河对面建了万氏祠堂，供祭奠祖先之用，也是团结族人的聚会场所。大人们耕田、种地、栽桑、养蚕，孩子们认真读书、习武，培养出的文秀才、武秀才们为朝廷办事。人们在这个和谐的环境里，繁衍生息。

　　1988 年，峨眉山市政府将万槽字库设为峨眉山市文物保护单位。

51．棋盘寺与棋盘石

曾淑清

　　棋盘寺位于高桥镇汪坎村2组与观音村2组交界处。如果从小转盘处坐去往龙池方向的公交车或者自驾出发，约25公里，在右方一座水泥桥（乡村公路）处下车，往左上乡村小路爬坡，约1公里，就可看到棋盘寺的屋基。这是一个不大的平坝，有几间寺庙的遗留房，有过往人们的遗物，如石头打凿的盛生活用水的石缸，石头打凿的制作香辣调料用的石臼等，庙后山坡上有树木、竹林。庙基的左上方，还有个挖过地下煤炭后遗弃的煤窑洞，这个地方就是棋盘寺的遗址。

高桥镇汪坎村大河畔的棋盘石（李家俊摄）

　　2018年3月14日，高桥2组村民杨学成（78岁）为笔者带路去寻找棋盘寺和棋盘石。汪坎村2组村民万晓霞（45岁）说："我小的时候就见过棋盘寺里有和尚，但不知道棋盘石在哪里。棋盘寺找到了，没有棋盘石呀！也找不到知情人。"杨学成说："不甘心白来一趟，还是自己寻找吧！"于是，他领着笔者在杂草丛生的庙基四处寻找棋盘石，找了好久，都不见棋盘石的影子。老人坚持着，手里拿着棍子，继续拨开草丛不停地寻找。从庙基里面，扩大到庙基外面。又过了很长一段时间，忽然杨老在棋盘寺前的院墙下的荒坡草丛里发现一个长约1米、宽约0.5米、高约0.8米的长方形石墩，石墩上有凿出镶嵌物体的槽印。我们估计是棋盘石的柱凳。但是，始终找不到棋盘石的桌面，只能很不甘心地下了山。

到了公路上，笔者一行人看见一个老太太，便试着问了问。老太太居然回答说：棋盘石就在公路下面。笔者喜出望外。根据观音村 2 组村民罗淑英（82 岁）的指点，笔者一行人到公路下面的竹林里找到一块长方形的大石头。罗奶奶说："大家都说它是棋盘石，我看见过游人为它烧（敬）香呢！"这块石头长约 1.2 米，宽约 0.6 米，高约 0.3 米，面上有凿出的方行坑迹，下面朝土地的一面两边都有人为打磨过的痕迹，有 0.2 米宽的好像桌子边缘的模样。棋盘石是面朝下的吗？

据说在远古的时候，有师兄妹两个相约来峨眉山游玩。师兄名春哥，师妹名巧姑。他们相约来峨眉山后，巧姑说："峨眉山太美，就是上山没有路。我们为上山人修条路好吗？"春哥说："我想在前山修一条，在后山也修一条，这样一边上山，一边下山，很方便。"巧姑说："后山从舍身岩上去要近些，前山从报国寺上去要远些，师哥你修后山路，我就修前山吧。我们谁先修路上金顶谁就挂上彩旗，谁就赢了！"春哥表示同意。

巧姑开始修路。她一边开石头铺路面，一边在山上栽各种树木和花草。巧姑所到之处，绿树成荫，山花烂漫。春哥到了后山，看见两个老翁在下棋，就想我的路程较近，巧姑她赢不了，我先下两盘棋再修路。谁知春哥两盘棋没下完，巧姑已经在金顶上挂起了彩旗。春哥输了心里很羞愧，一气之下将棋盘掀翻，棋子滚落在地上不见了，棋盘桌面就滚到了山下。后来人们就把棋盘桌面滚落到山下的地方叫作棋盘石。

52. 老鹰山与老鹰沱

曾淑清

　　老鹰山与老鹰沱，位于高桥镇高桥村5组的地界上。乘车从峨眉出发前往龙池方向，到高桥镇桥头往左上乡村公路，约1里的路程就到了。一座翠绿的山峰，山形好似一只展开翅膀飞翔的雄鹰，这座山名叫老鹰山。山下有条河，河里可见一个长约15米、宽约8米、深约7米的幽蓝深潭，是老鹰山煤炭窑洞垮塌形成的，人们给它取名叫老鹰沱。

　　据高桥镇高桥村5组78岁村民杨学成介绍，在清朝年间，有家富人得知老鹰山中有丰厚的煤矿资源，他们就招募商家前来此处开采煤矿。老鹰山里的煤矿质量特好，全是乌黑发亮的无烟岩煤，没有杂乱的夹石掺和其中。在当时，人们只要听说是峨眉县老鹰山的煤炭，都争相购买。煤炭商家几乎把高桥老鹰山的煤炭价格提到了市场最高价。本地煤矿和外地的煤矿老板纷纷竞争开发此处的煤矿资源。

　　当年，有个外地老板认为老鹰山的煤矿好，矿层厚，产量高，好赚钱，就出了比别人更高的价格，竞争到了老鹰山煤矿的开采权。他立马招来了上百名矿工前来老鹰山挖煤。矿山开工后，老板让挖煤工人昼夜不停地在地上挖露天煤，在地下深层开采块煤。老鹰山上挖出来的优质煤炭，用马车运、人工挑、背篼背，都不够卖的。每天，矿山上车水马龙，人山人海。来来往往的人、马、骡子穿梭不停。白天运，晚上点火把加班运。工人源源不断地把煤炭运到河对岸堆积成山。客商把高桥老鹰山的煤矿当作"摇钱树"，争着抢着，运往全国各地销售。客商赚得好多钱后，笑逐颜开地给老板带来更多客商。老板赚了很多钱，高兴极了，更肆无忌惮地命令矿工拼命挖煤。

　　就这样，工人日复一日、年复一年地挖煤，从老鹰山中挖出了数以万吨的煤炭。煤炭老板因此收入了无数的银圆。经过数年的煤炭开采后，老鹰山上上下下，里里外外，被挖得千疮百孔，满目疮痍。矿山下，留下无数巨大的隧道空洞。就在某一年的某一天，老鹰山终于承受不了这个巨大的负荷，山崩地裂。煤窑垮塌了，矿洞塌陷了，地面上的矿工惊慌失措，拼命地惊呼着。眼见矿山煤场的泥石流"哗啦啦"地向山下奔腾；矿井里的污水向外面呼啸着喷涌；来不及逃命的矿工，有的被泥石流卷到了河里，有的掉到矿井里，还有的被污水冲到了河里。刹那间，山石滚滚，只听见矿井下"哗啦啦"涌泉，整个矿场一片狼藉。就这样经过了两天两夜的垮塌后，山不再垮塌了，水不再喷涌了，人们清查人数时，才知道这次矿难夺去了上百名工人的性命。矿场上只剩下寻找亲人的老弱病残，呼天抢地地哀号着。好多父母失去了儿子，沦为无依无靠的孤寡老人；好多妻子失去了丈夫，沦为凄凉悲哀的寡妇；好多儿女失去了父亲，沦为孤苦伶仃的乞丐。矿难发生时，老板对矿工根本视而不见，早就卷款逃得无影无踪了。

人们在悲痛欲绝的时候，把这个矿难归咎于妖怪作祟。于是，当地有善人请来了法师做法数日，超度遇难矿工的亡灵。为了保佑老鹰山这个地方不再有如此灾难，有的智者出谋划策，让大家筹钱请来工匠，在老鹰崖的悬崖绝壁上打造出一个张牙舞爪的图腾，取名叫"吞口儿"，意寓如果有妖魔鬼怪出现，就会被"吞口儿"镇压，不能祸害百姓。就此，人们还不放心，又在老鹰沱的对岸修了一个土地庙，供奉了一尊土地菩萨，寄托土地菩萨与"吞口儿"一同保护这方土地平安，安抚老鹰山周边居民的心灵。

老鹰山部分山体沦为一个硕大无比的深潭，年年都不断有思念儿子的老人，思念丈夫的妇女及生活过不下去的人们，葬身于深潭之中。起初的数百年里，老鹰沱高深莫测，沱里的水是墨黑色的，后来渐渐变成了绿色。经过了数十年河沙的淤积，现在的沱不是很深了，而老鹰沱里的水也变成深绿色。

现在，老鹰沱同样是阴森可怕的深渊。当地有孩子的大人，一到夏天就会严正警告孩子，绝对不要到老鹰沱去玩水。而在高桥这个地方，老鹰沱的故事，在世世代代流传。

高桥老鹰沱（曾淑清摄）

53. 喳口石

曾淑清

喳口石，位于高桥镇福田村 6 组。从峨眉山市绥山镇坐公交车或驾车，从佛光广场往龙池方向大约 10 公里就到高桥镇，从农贸市场西面入口处往右上张沟的乡村公路，前进约 7 里，就到了福田村 6 组三岔路口。站在路口处往左望，一眼就可看到一个硕大无比的巨石，就是喳口石。

渣口石是一块巨大的褐色牛角石头，它长约 6 米，宽约 4 米，高约 5 米，奇怪的是这个硕大无比的巨石被一分为二，两块石头距离的空间，上部分约 1.5 米，往下距离逐渐缩小。不可思议的是，大石头被一分为二后，两块石头又再次分为四块。在分开的大小石瓣空隙中，长出来高矮大小不同的小树和杂草。由于四个石头瓣向天空裂开，犹如张着嘴巴要吃饭的样子，人们就给这个石头取名"喳口石"。

根据高桥镇福田村 2 组村民张可洪（85 岁）回忆："记得儿时经常听我的爷爷说，在很早以前，如果天太旱，庄稼长不起来，就有许多人经过我们的门前，到偏桥沟去烧香拜佛，祈求老天爷下雨，给黎民百姓一口饭吃。这个时候我们这里就有一群孩子，跟着跑去凑热闹。人群里出现一个白胡子老爷爷，他会把孩子们招到一起，给大家讲喳口石的故事。老爷爷说喳口石原来像个椭圆形的巨大鸭蛋，它上下光溜溜的，晴天时在太阳的照耀下特别好看。孩子们爱到石头下面去玩耍。可是在巨石的旁边住着一个姓罗的富人，他家的金银太多，凡是天上出太阳时，这个富人就命令家奴把库房里的金银搬出来，在巨石上面晾晒。金银就发出闪闪的光芒，直耀天空。"

"有一年天大旱，太阳火辣辣地直射大地，晒得地上的庄稼都枯死了。人们的生活变得极其困难。玉皇大帝忧心忡忡，寝食难安。一天，圣母娘娘怕玉帝愁出病来，正好看见远处天边光芒四射，即刻命令天将下去调查是什么状况。不大一会儿，天将回禀说：'有个富人在晒金银。'玉母娘娘大怒，说：'有了钱，不救济受灾的父老乡亲，竟敢炫富，太自私了。'于是，当即下旨，令托塔李天王下凡去收回这些财宝。托塔李天王领旨随即下凡，宣读了圣旨后，顿时，晴天霹雳，电闪雷鸣，大雨倾盆，只听得大石头有'噼里啪啦'的巨响。开始时，巨石一分为二裂开，再各自分为两瓣。此时，巨石上面的财宝随着雨水一同全都掉进了石头缝隙里，不见了。人们认为巨石是上天所赐的镇地之宝。"

张可洪老人还说："自我记事起，我家祖祖辈辈都住在喳口石这块地方。听我们的祖辈们说，自从喳口石被雷劈开后，人们时常看见银白色的母鸡，带着一群小白鸡在田地里玩耍；偶尔，看见金黄色的母鸡带着一群小黄鸡，在田地里玩耍。当大家很好奇要

445

近前去看看时，一眨眼，不管是白鸡还是黄鸡，大鸡还是小鸡，都不见了。就这样不知道发生过多少次。这个怪事被县老爷知道了，于是派了很多衙役把喳口石封锁起来，不让老百姓前去查看。他们探测了好多天，当解除封锁离开时，听说挖走了几坛金子和银子。从此，喳口石旁边再也没有白色或黄色的母鸡和小鸡出现过了。"

祖辈们都说喳口石是这地方的宝贝。我们也见到多次大地震时，天摇地动，山崩地裂。远处的山垮了，楼房倒了，洪水泛滥成灾了。可是，这喳口石却岿然不动。

高桥喳口石（曾淑清提供）

54. 高桥挖断山

曾淑清

挖断山位于高桥镇高桥村 5 组的地界上。从峨眉坐公交车到了高桥车站下车后，打摩的就可以到挖断山了；自驾车到高桥桥头，往左上乡村公路约 1 里，再往右上山路，约 1 里路程就是目的地了。此处可看见一条从上至下约 20 多米（近 6 层楼房高）的沟壑；平视两边，犹如刀砍斧劈的山崖石壁；抬头望见两边都是高大茂密的树林。两崖之间只见一线天。公路在两山之间，由小桥连接，以"U"字形上山。两山横着断开，这里就是高桥的挖断山。

高桥镇云付村 2 组村民王元春（77 岁）说，从前这座山下有座茅草屋，里面住着一对老夫妻，他们日出而作，日落而息，过着平淡的日子。有一天，一个道士来到此地，反反复复地观察了这座山好几天才离开。又过了几天，一群人拿着锄头扁担来此，开始挖山。人们要把山中挖出的石头和泥土挑到河对面的山上堆起来。奇怪的是，这些挖山的人们，没有居住的房屋，没有生活用具；更奇怪的是，这座山今天挖开了明天就长拢了，天天挖天天长。山下的老夫妻也不说话，每天只是笑眯眯地看着这些人挖山。

后来，挖山的消息传到了衙门，县大老爷问："为什么要挖这座山？"有个白胡子的老人回禀大老爷说："这座山的行穴有问题。如果这座山不挖掉，这里就要出草寇皇帝，只有挖断了此山，天下才能太平。"大老爷也没法子，只好由他们折腾着，天天在此挖山。

挖山的人们把泥土挑过河都堆成了小山了，可这山却一点动静也没有。有一天，一个壮汉挑着泥土过河上了山，只觉得肩上的担子越来越沉，越挑越重。到了对面山头，只听得肩上的扁担"啪啪啪"地响，即刻断为两节，两筐泥土再也挑不走了。壮汉一气之下，把两筐泥土倒在原地，泥土马上变成了两座小山，人们给它改名叫作"文包山、武包山"。再说挖山的弟兄们，纵有再大的干劲也挖不开这座山。这时道士又来了，也不说话，只是围着山打转转。有一天，他突然请来了铁匠，搬来了打铁的炉子，烧着红红的炭火，让铁匠为他打二十四颗一尺长的铁钉，二十四颗一尺长的铜钉。

447

位于高桥镇严寺村的挖断山

住在山下的老夫妻，听到了"叮叮当当"打铁的声音。老爷子出门看后，惊慌失措地赶快回家关上门，对老太太说："坏了、坏了，他们要钉山了，敢快逃走吧！"老太太责怪老爷子说："就怪你肚子里装不得话，嘴多找来的麻烦。"夫妻瞬间就不见了。原来，两位老人看见那些虾兵蟹将们多日挖不开山时，在家里偷偷地笑。老太太问："老头子，如果山被挖开了，我们的计划就落空了哦。"老爷子笑眯眯地说："你就放心吧！我们不怕千把锄头、万把刀，就怕钉子钉断腰。"

原来，两夫妻是北海龙王，他们想在陆地上安个家，才来到这座山下。道士（南海龙王）百般刁难来挖山。眼见这山挖不断时，他天天悄悄地在老夫妻门外偷听，当听见了老龙王泄漏了断山的秘密时，喜出望外，赶快找人打造铁钉。后来这座山终于被挖断了，人们就把这个地方叫"挖断山"。

55．虹桥

曾淑清

　　虹桥位于高桥镇万槽村与罗目镇和平村的交界处。从峨眉山市小转盘处坐公交车或者自驾车出发，朝龙池方向前行约 10 公里的路程，就到了罗目机砖厂，往右走乡村公路，前进约 1 里路程，到了万槽河边，往下游约 100 米，就是虹桥的遗址。高桥镇万槽村与罗目镇和平村在地理位置上犬牙交错。万槽村在河的南岸，和平村在河的北岸。和平村的人们要上街购物，孩子要上学读书，都要从万槽村的地界上经过。因此，高桥镇万槽村与罗目镇和平村的乡亲们世代友好，亲密相处至今已有两百余年。

高桥镇万槽村与罗目镇和平村交界的虹桥遗址（李家俊摄）

　　高桥镇万槽村 2 组村民万有界（72 岁）回忆，明末清初，万槽几个文秀才、武秀才商议说，既然万槽在地理位置上好像一条船，两边浅山是船沿，后面河湾处是船尾，那么万槽下游至青龙交界处，就应该是船的前沿了。我们已经在船上修建好了桅杆（字库），就应该在下游修一座桥，万槽这条船就十全十美了。秀才们的这个建议，得到了万氏家族长辈们的一致赞许。于是，万氏祠堂的主持人决定，在枯水季节动工修桥。万槽要修桥的消息一经传出，龙池万氏族人纷纷慷慨解囊，鼎力相助。他们从山里送来了好多修桥木料，还派来了木匠和几十名身强力壮的男子，他们要和万槽的兄弟们一起动工修桥。龙池家族的人有钱的出钱，有力的出力，更增强了万槽族人修桥的干劲。大家十分兴奋，修桥分工有序：有的用石嵌坚固的桥基，有的垒河岸的保坎，有的搞后勤，还有的木匠精心设置桥体的款式结构。大家同心协力，修桥工地上一片热火朝天。冬天过去了，经过了大家的辛勤劳动，一座崭新的桥梁横跨在万槽河的尾端。

虹桥长约 20 米，高约 15 米，上面有重楼，宽约 5 米。桥面是一尺多宽的全新杉树木板铺设，两翼修有向外拱形护栏，护栏下方连着一尺宽的坐凳；重楼两边雕刻有花窗，桥顶盖一尺五长、八寸宽、五分厚的窑烧瓦；桥屋脊中央有个下圆上尖的球状压脊，两旁木雕上有一对孔雀，向着圆心张嘴唱歌。桥的四方有翘角，翘角上雕刻有小龙，小龙张大嘴巴口含木珠，眼睛圆圆的，四肢粗壮有力，脚上龙爪锋利，背上还有一双翅膀，寓意万氏子孙，似龙飞翔四方。

工程竣工了，万氏的主持人让秀才们为新桥取名。年轻人多次讨论，将该桥命名为"虹桥"。寓意：彩虹来接应龙，风向寰宇翱翔。由此，这个地方就叫虹桥。

后来，虹桥毁于洪水，今已不存。河边尚有虹桥遗石。

56. 转儿弯与打儿窝

曾淑清

　　转儿弯位于高桥镇汪坎村 5 组，从峨眉山市绥山镇出发，坐上前往龙池的公交车，经过高桥农贸市场，再向前行驶大约 15 里，向右便可看见一座不知名的高空古桥；当公交车向左转时，就可以见到一个特大的公路弯道，这里就叫转儿弯；悬崖下面有个石头窟窿，这里就叫打儿窝。

　　高桥镇高桥村 5 组村民杨学成老人（78 岁）说，20 世纪 70 年代原有的峨眉山市绥山镇到龙池镇的路面非常窄，只有一个车道，路面也坑坑洼洼。只要是下雨天，汽车过去后行人都要被溅一身泥浆。公路沿途的乡亲要到高桥去赶集买日用品，经过公路时也特别危险。他们对汽车、摩托车从身旁飞驰而过，都会提心吊胆，也常常有大人与孩子"早晨出了门，晚上回不来"的惨剧发生。来回的汽车驾驶员开着车，也是战战兢兢，如果遇到会车，只能到达一个固定的会车地点等待对方的汽车过去后才能通过，有时一不小心就会出车祸，小则碰损，大则连人带车掉下悬崖。

　　20 世纪 80 年代，有关部门决定将峨眉到龙池的公路修建成两车道。峨眉人民都积极参加。但扩大路面谈何容易，一边是高山峻岭，一边是悬崖绝壁；一边要炸山开路，一边要从绝壁垒砌保坎，工程难度巨大。四川省在各地动员，调集了许多男女青年来峨眉支援修路。他们组成了浩浩荡荡的修路大军。为了安全并保障修路的进度，政府领导将他们分队、分段同时开展工程，进行修筑。修建转儿弯的是峨眉的工程队之一。工友们在山上爆破时，要吹响口哨，通知大家赶快撤离现场躲藏；等到爆破结束，同样通过吹响口哨的方式通知大家危险已解除，工人们就赶紧施工。就这样，工地上虽然人多，却井然有序。工程虽然艰巨，但每天都有明显的进度。

　　一天，当地一个年轻的孕妇不小心摔了一跤，要提前生产了，可是家里没有人。孕妇面对这突如其来的状况，不知所措，非常害怕。当时，孕妇的爱人在山下修公路，她要下山去找丈夫。当她艰难地到达修路工地时，恰恰听到了提示放炮的口哨声，行人也马上禁止通行。可是，孕妇等不及了，在她正是需要别人帮助的时刻，却遇到这个特殊的状况，公路上无处躲藏。怎么办？怎么办？她着急得满头大汗。此时，勇敢的孕妇强忍着肚子的阵痛，艰难地下到河谷里，但等到放炮的禁令解除后，她却没有力气再爬坡到公路上了。在这个非常时刻，孕妇灵机一动，拼命爬到岩壁上的一个石头窝窝里，强忍住几个小时剧痛后，终于将婴儿产下。工地上的工友们突然听见婴儿的啼哭声，女同胞们迅速爬到崖洞里救出产妇和婴儿，将他们送到医院，保住了他们的性命。

　　峨眉到龙池的公路竣工了，人们为了纪念这个勇敢的产妇，把公路的大转弯处取名叫转儿弯，把悬崖下的石窟取名叫打儿窝。后来，周围的老百姓认为这个地方吉祥，凡是家里有结了婚没有孩子的媳妇，就要带她到这个地方来，站在河的对岸，向石窟里投掷石头。他们传言，只要把石头投进了石窟里，回家就会生孩子。于是，人们就把这个石窟，更名为打儿窝了。

高桥镇转儿弯（曾淑清提供）

57. 偏桥沟

曾淑清

　　从峨眉山市出发乘公交车到高桥镇农贸市场后，往右上张沟的乡村公路，大约 20 里的路程，就到了张沟电站，再步行爬坡大约 5 里路程，到峨眉山万佛顶下面的原始森林，这里就是偏桥沟的所在地了。

　　抬头看看，两座高大的白崖矗立在眼前。这山崖与世罕见，长 60 多米；两崖之间宽 40 多米，高 70 多米。更奇特的是这两座崖，下面大上面小，不是笔直向上的，而是呈"弓"字形，越往上走越窄小。从下往上看，只能看见一线天。两边的崖上长满树木和杂草，有星星点点的野花，还有名贵的中草药，等等。

　　高桥镇万槽村 3 组村民伍仕贵（81 岁）如是说，偏桥沟里的水是从峨眉山的石头缝里流出来的。沱里的水犹如天上的甘泉，一尘不染，就是特别凉，人们都叫它冰水。偏桥沟下面有两个很大很大的水沱，有一个旁边长了几棵名贵的桢楠树，人们就给这个水沱取名叫作桢楠沱。这个水沱在两个悬崖之间，长 90 米，宽 70 米，深 50 米。离桢楠沱不远的下游同样有一个水沱，旁边长了几棵野芭蕉，人们就给它取名叫作芭蕉沱。这个水沱长 80 米，宽 60 米，深 60 米，沱里的水清澈见底，人站在沱岸上，还可以看见水里的石头，白白的、光光的，一块一块清清楚楚。沱里的水犹如天上的甘泉，就是太凉，寒冷刺骨，简直就像冰块一样。人们就是看见水里有鱼游来游去，也不敢下水去捕鱼。偏桥沟是未经开发的处女地，让游人流连忘返。

　　伍仕贵还说，他在儿时听祖老爷讲过，古时候，有个青年人胆量很大，到偏桥沟去选择了一棵很大的桢楠树准备给母亲做棺木。当他爬上悬崖峭壁，砍倒了这棵大树时，树倒下的"轰隆隆"的声音惊吓了森林里的动物。它们没有见过人类，有的惊奇地大声吼叫，有的逃命奔跑，还有的钻到地洞里躲起来。小伙子本只想砍一棵树，谁料想惊动了这么多从来没有见过的大小动物。大树从悬崖上"轰隆隆"地掉到了桢楠沱里，顿时突下倾盆大雨，小伙子也吓得赶快跑回了家。

　　时间过去了三天三夜，一场大雨后，河里涨了大水，大树被水冲到了下游，随着水流冲出来的还有两条半截鱼。人们把大鱼捞起来一过秤，半条鱼就有 30 多斤。大家这才惊奇地发现，偏桥沟这个原生态的水沱里不但有密集的鱼群，而且鱼还长得很大。

　　后来，有胆大的青年经常成群结队地到偏桥沟去。他们有的打猎，有的采药，有的打鱼。有一次，大家各自都有不少收获。他们聚集在偏桥沟旁，高兴地吃喝庆祝时，发出的声音较大，引起了山谷回音。不一会儿，天上下起了瓢泼大雨，小伙子们赶快冒雨跑回了家。后来人们发现这偏桥沟有特殊的神奇作用，在以后的年岁里，只要天旱时，人们就到偏桥沟去放鞭炮，鞭炮声"霹雳啪啦"天就会下雨了。人们的庄稼有了雨水的浇灌，都丰收了。

这个方法延续到如今有几千年了。现在只要天旱，峨眉政府就组织人员到偏桥沟放上一阵鞭炮，震动天上的云层，天就会下雨。

58. 七仙凼

曾淑清

七仙凼位于峨眉山市高桥镇，从峨眉山市城区出发经过高桥镇—黄茅岗—大沟进山，爬坡向上大约 40 里路程，就到了鸡公啄，再往上爬坡到山顶的原始森林，就可看到七个很大的水凼，人们叫它七仙凼。传说这里是牛郎织女神话故事最初的发源地。

遥望鸡公啄（李家俊摄）

汪坎 3 组村民杨尚金（55 岁）、青龙镇和平村 1 组村民谢有松（76 岁）共同讲述，在他们年轻时经常到七仙凼去采竹笋，亲眼见到原始森林里有七个很大的水凼。在这七个水凼中，六个是相连串着的，一个相隔较远。这个较远的水凼比其他六水凼要大得多。这些水凼一年四季都有清澈的泉水；更奇特的是，它们虽身处原始森林，水里却没有一片树叶和杂草，更没有其他污染物。水凼里的水甘甜可口，清澈见底。春天，山下的人们到山上去采春笋、种黄连时，都住在水凼附近，为的是方便取水煮饭、洗菜、洗衣服等。

当地传说，七仙凼是玉皇大帝专门为七仙女下凡洗澡而修建的。玉皇大帝和王母娘娘都认为，这里是个僻静又远离人间，安静又安全的地方，就没有派天兵护卫，仙女们可以无拘无束地玩耍。

有一年夏天，七仙女像往年一样高高兴兴地下凡洗澡。大姐在认真沐浴，二姐、三姐、四姐一边沐浴一边高兴地歌唱，五姐、六姐和七妹在玩耍。她们一边戏水一边打打闹闹。谁知这时有一个放牛的牧童到山上来，寻找一只跑丢了的牛。忽然听见山上优美的歌声和嬉笑的声音，牛郎忘记寻找丢失的牛，藏在大树后面，悄悄地看热闹。看着看着，牛郎想，这些姑娘是从哪里来的呀？她们的家又在哪里呢？她们的衣裙闪闪发光真好看，我娘一定没有见过，让我抱一件回家，让她看看吧。想到了这里，牛郎就偷偷抱走了放在最后面的一件漂亮的衣裙。姑娘们自顾自地开心玩耍，丢了衣服却一点都不知道。等到仙女们玩够了要穿罗裙回天堂时，才发现七妹的衣服不见了。六个姐姐到处都找不到。可怜的七妹丢了罗裙就飞不起来，回不了天宫。太阳已经下山，姐姐们如果再不飞回天宫，那大家就都走不了了。姐姐们含着泪，依依不舍地离开七妹飞走了。后来牛郎和他的妈妈抱着仙姑的衣服来了，等到七仙姑穿上罗裙时，天已经完全黑下来了，她回不了天宫了。七仙姑着急地流下泪。牛郎的母亲劝七仙姑说："你不要着急，不要着急。今天暂时住在我们家，明天你再回家吧！"七仙姑只好跟着牛郎母子，回到牛郎家暂时居住。慢慢地，七仙姑和牛郎母子熟悉了。她见牛郎心地善良，勤劳肯干，孝敬母亲，对自己特别尊敬和礼貌，便心生爱意。最终，二人在邻居刘大妈的撮合下结成夫妻。

七仙女下凡嫁牛郎的故事不胫而走，传遍了峨眉的山山水水。或许，峨眉山七仙函就是牛郎织女故事的发源地吧。

59.　龙池镇

朱华高

峨眉山市区出南门沿乐西公路驱车1小时，便到了峨眉山市南面重要集镇龙池镇。撤区建镇以前，龙池区公所亦设在此地。那时，它是龙池、大为、金鹤、玉龙、龙门、沙溪六个公社的政治经济文化中心，也是峨眉县多个企业的所在地，兴旺繁荣。如今，虽然只是龙池镇处所，仍然是龙池、大为、龙门三乡的经济文化中心（金鹤、玉龙划并大为镇）和主要的集镇场所。

1991年《峨眉县志》载：龙池镇宋时属南村镇，明清时属翔凤乡。民国初属南二区，民国后期设第三区于此。中华人民共和国成立后，峨眉县第四区公所设于此。唐宋时期，这里是驿站。明宣德年间（1426—1435年）始建龙池场。

龙池镇之名，1959年始设，以近龙池湖得名。然建镇以前的名称，仍然离不开"龙池"二字。龙池之名，最早见于汉李膺的《益州记》：峨眉山下有池，广袤十里，号龙池。池水深黝叵测，相传下有龙居，每开霁，则霞光上昱，隐见大金鲤四尾及水兽龙马等游戏其间。龙池有龙，亦非虚妄，依上述史料可知，龙池者，池中有龙居也。

龙池中的龙长啥模样？是否是中国人传说中的飞天之龙？或是古人臆想之龙？都不是。此处所谓龙，当是远古时代地球上多处皆有的恐龙。峨眉山博物馆地质大厅展示了峨眉山的形成，其中有高10米以上的恐龙化石，称为"峨眉龙"。

峨眉龙生长在何处？亿万年前，峨眉区域广袤，皆是大海，海中就有恐龙。龙池湖中之龙，很可能就是峨眉恐龙。同时，龙池地域还出土有多种亿万年前的海洋生物化石。可以确定，龙池成湖历史和龙池之名，远比人们想象的要早得多。

龙池是嘉州经峨眉、峨边、汉源、西昌到云南及出国的古道必经之路。古道路程90里，是南方丝绸之路、茶马古道的重要节点。抗日战争时期修筑的乐西公路，沿古道从龙池镇绕镇而过，如今卷石拱桥依然毫无风化，完好无损。载重数十吨的货运汽车依然可以从桥上轰轰碾过。

龙池镇不但物产丰富，而且工业发达。煤炭采掘、铁制造、铜制造及现代水泥制造等在峨眉都占有重要地位。如今，铜厂、铁厂早已停办，铁厂改作水泥厂。煤炭厂也大幅压缩规模，工业规模大不如前。

龙池镇现存古街两条，其中一条是南北向主街，长约500米，宽约4米（如今宽约8米）。另一条也是南北向，长度仅及主街一半，宽度约4米，基本保持了古街特色；还有一些古屋。其余古街早已改造，面目全非。龙池镇绕镇到桃园村的公路靠右一侧，曾经是龙池湖及湖边农田，如今早已开发成商住区，由此把龙池镇的场镇规模扩大了一倍以上。

位于龙池镇古街一侧的政府场所早已搬迁至龙池湖畔的上扁担桥头，古街成为纯粹的商业区。背靠雁云山，面对龙池湖的龙池中学，创建于1958年，如今校舍早已全部新修，规模扩大一倍以上，也从初级中学发展成九年一贯制学校。

龙池主街分为两部分，峨眉进场的那条长约30米的街道进去就是横穿主街的十字路口，往东到龙池湖。主街上方（北端）叫上大街，下方叫下大街。这条街道长约400米，宽约8米，是龙池唯一一条宽大的街道，可能也是龙池最早的街道，一度是龙池政治经济商业文化集中地，如今仍然是龙池镇标志性街道。街道早已从笔者读书时20世纪60年代的泥土地面变成水泥路，房屋也几乎改造成现代样式，只是不少屋面依然是曾经的小青瓦。上大街将尽处，有一条小路通往三丰山、龙池中学、龙池小学和龙池粮站，这也是笔者曾经上学时的必经路之一。据赵划先生讲，旁边就是明清时代"衙门口"所在，是大围关办公和关押罪人之地。上大街中段靠东，一条小车道通里，是龙池天主教堂所在地。笔者在龙池中学读书时，此教堂是龙池区委、区政府和龙池公社党委、政府的开会大礼堂。

龙池古镇最大的变化是靠东的湖边和龙池湖出口处镇政府至乐西公路桥头都是街道，有商场等。东面湖畔，以前的大片农田和部分湖面都已建成道路和房屋。龙池湖依然湖水荡漾，然面积大幅缩小，周边生态遭到破坏。

出龙池镇沿乐西公路南行约200米，便是曾经的强华铁厂，如今早已改成强华水泥厂。路边曾经热闹红火的汽车站如今已是民居商店，未留下丝毫汽车站痕迹。

龙池交通方便。峨眉开往龙池的公交车每15分钟一班。龙池到大为也很方便，开车很快就可到达。

龙池镇全貌（吴坤蓉摄）

60. 龙池湖

朱华高

从峨眉山市城区驱车出南门，沿乐西公路行驶一小时，便到了边远山区千年古镇——龙池镇。龙池湖紧靠龙池镇东，湖水从镇西街口的扁担桥下涌出，在深崖陡谷中奔泻而下，注入龙池河。

今日龙池湖（朱华高摄）

关于龙池湖的来历，当地民间有两个传说。

一、沉庙成湖

很久以前，龙池湖是一座山。山上有座庙，香火兴旺。一天晚上，主持庙事的老和尚做了个梦，一个翩翩而至的青衣居士对他说："我是你的邻居，明天辰时我就要走了。请你不要放鸡。切记切记！"老和尚一觉醒来，忙吩咐小和尚关好鸡笼。谁知小和尚早已把鸡放了。

辰时，大殿的香案下泥土松动，一条筷头大的曲蟮（蚯蚓）从地里涌出，向庙外爬去。爬到庙门，被觅食的公鸡看见，猛扑上去就是一嘴。曲蟮疼痛，就地一滚，长大似黄鳝；公鸡再一嘴，黄鳝又是一滚，长大似青蛇；如此三滚两滚，曲蟮变成一条青龙

459

寺庙平地起水，渐渐下沉，山也渐渐陷沉，成为一座大湖。青龙顺水势，出龙池河，经高桥，过青龙、九里，顺江而下，入了大海。

二、沉湖惩昏官

龙池湖曾经是县衙门。有一年，县官审一桩案子，把犯人带到公堂上进行审问。那犯人高呼冤枉，说这是一桩冤案。县官不认为是冤案，在堂上命人严刑拷打犯人，犯人仍不承认自己有罪。县官说不冤，要判犯人死刑。犯人说："如果我是真正的罪犯，你杀我时就我一个人死。如果我被冤枉，我死时，你也一起死。"县官说："好啊，看你死时我如何一起死！"话刚说完，公堂地面突然冒出三根竹笋，它们不停地往上长，长到一尺多高时，就不长了。县官感到很奇怪，堂上公差也感到很稀奇。县官吩咐两个公差把它们挖出来。两个公差拿来锄头，挖出竹笋。谁知竹笋刚一挖出，地下便冒出三股水来。水越冒越大，越冒越多，很快就把公堂淹了。同时，水一边冒，公堂就一边下沉。堂上所有人都来不及跑，最后被淹死了。就这样，县衙门不断下沉，后来就成为一个湖，就是龙池湖。

61. 三丰观

朱华高

　　出峨眉山市城区乘公共汽车南行一小时，便到了峨眉山市南面重镇龙池镇。龙池镇紧靠龙池湖。龙池湖岸边有座高山叫三丰山。当地人说，三丰山最早叫大王包山，后来山上修了道观三丰观，山就以观名了。

　　有关史料载，明朝道教武当派祖师张三丰为了振兴峨眉山日渐衰微的道教，曾来峨眉传道，其间到过龙池。张三丰离开峨眉后，峨眉道士便在龙池湖畔大王包山上修建道观，取名三丰观。山也因观而名。清宣统版《峨眉县志》卷七《人物·张三丰》载："张三丰，洪武中，鹤鸣山修炼，后入峨山，遂隐迹莫考。"

　　龙池湖畔的龙池中学背后有一条山路至三丰山峰顶，几乎都是石板路。过了雁云山（三王包山），路上的石板看上去有些古旧。当地人说，这石板路就是上三丰观的古路。过了二王包山，山路陡升，最陡的路段大有钻天的感觉。行至三丰山临峰顶不远处，路左边有一巨石，上刻"紫微高照"四个大字。石基上有一蒲团，有些燃尽的香烛。此处海拔1170米。过了紫微石几步便是一道石坎，坎下有不少燃烧过的香烛残迹，此处就是三丰观山门和灵官楼遗址。登上台阶，便是一坪开阔的平地，海拔1180米。往前走两三分钟，便是电视差转台。可见一道1.5米左右宽的大门，火砖围墙围住一栋一楼一底的水泥砖木楼房和一座高30米左右的差转铁塔。整座院落面积约1亩左右。空地上有些花圃，楼房二楼壁上挂着两块差转台吊牌，栏杆上挂着一幅红底黑字的布条，内容是此处乃灵官楼三丰祖师神座云云。楼底花圃边插着不少燃烧过的香烛残迹，可知信众们在这里敬奉张三丰祖师和灵官神灵。三丰观里尚健在的道姑万清玉说，差转台位置就是原三丰观遗址。

　　以差转台为基点，靠西（大门一面）两三米、靠东（峨眉方向）两三米、靠南（桃园村方向）20米左右的范围内是三丰观遗址所在地，东西长约25米，南北宽约25米，面积1亩左右。差转台外，有一块约10亩大小的平地，是灵官楼遗址和灵官楼到三丰观的过渡地带。

　　差转台靠南，有很多长约2米的条石，绝大多数曾用作一个简易厕所的围墙和蹲位材料，其余作为铺路石和农民修羊圈的圈坎石。另有两条长20米左右，成直角相接非常明显的地脚石，深深地嵌在地下，是院房地脚石的典型特征。除了这些石料，别无其他遗迹。经万清玉证实，此处的基石都是三丰观遗迹。

　　三丰观毁于解放前的火灾，解放后这里曾经被辟为农耕地，未留下其他遗迹也在预料之中。

关于三丰观毁损之事，万清玉和三丰观道士王清培都说是失火。万清玉说，失火时她还未入道，那天在万村的家中，都能看见山上火光冲天。失火时间，当在1944年以前。

三丰观旧址大致是：差转台外面那块平地是灵官楼，供奉灵官大神。差转台所在地是三丰祖师殿，四合天井，供奉三丰祖师。灵官楼和祖师殿之间有一段距离。

三丰观下的雁云山还有一座道观，叫"万里云山"，是三丰观的别院，由三丰观住持统一管理。

62. 东岳庙

朱华高

龙池镇东岳庙位于龙池镇万村，乐西公路右侧汽车加油站侧面一座小山包，因供奉东岳神像而名。

沿公路边一宽绰的石梯拾级而上约数十级即达东岳庙正面。这是一座三方"U"形建筑，正殿坐西向东，面向公路。靠南是侧殿，靠北是农房、厨房、食堂等生活类房间。靠公路一面敞开，有一低、矮、小，类似土地庙似的小建筑，供奉韦陀和另一不知名的神像。正殿长约 20 米，进深约 6 米，两侧建筑各长约 15 米，进深约 4 米。建筑中间是一块地坝，水泥硬化，面积 100 多平方米。整座建筑全木质，传统穿梁建筑。主殿高约 7 米，两侧高约 6 米。主殿正中是三开古制大木门，宽约 4 至 5 米，大门一侧挂着一块龙池镇万村老年协会的木制吊牌。整座庙宇占地约 3 亩。

龙池镇东岳庙（朱华高摄）

当地老人说，湖广移民来四川时。来了万氏两兄弟，两人分工，一人负责修万氏祠堂，一人负责修东岳庙。庙子从修建到现在，没有任何改变，原模原样。因为这里一直是公路养护段道班，所以一直未损坏。但是，神像被打了，是在土改时被打的。原来的神像都是石刻。正殿塑的是东皇（东岳大帝），还有韦陀。侧殿供有十八罗汉。此外还供了哪些菩萨，老人们都记不清了。现在的菩萨都是当地人自己凑钱修的。

靠南侧殿，供奉了五尊高大神像，从外往里依次是：玉皇、玉皇娘娘、地皇、地皇娘娘、地母。不少信众在此追悼超度亡灵、跪拜叩头，很是虔诚。靠北侧殿供着牛神、猪神等神像。殿外靠房壁竖着三通石碑。一通是"重建东岳"碑，一通是"新建斋堂"碑，一通"功德无量"碑。"重建东岳"碑是戊寅年八月开建，八月三十日完工，查对公历是 1998 年。

东岳庙香火一直都很旺。前去朝拜者大多是龙池镇及周边的乡镇村民，也有邻县峨边县信众。如今每月两次，由当地道士主持祭拜仪式，仪式完后有一餐午饭。

63. 寿皮山

朱华高

　　沿乐西公路出峨眉城南门九十里处，有一座千年古镇龙池镇。镇旁边有一湖叫龙池湖。靠湖有座山叫寿皮山。当地人说，寿皮山出过一匹纯白宝马，此马是龙池湖白岩湾的一头水兽所变。

　　这里有一个"王道陵盗宝马"的传说。

　　当地人说，王道陵是一位得道的道教真人。一天，从白岩湾到寿皮山的一块地里，一农家种的苞谷苗被吃了不少。主人家不晓得是什么野物吃的。有一天他到地里去，突然看见一匹白马正在地里吃苞谷苗。这白马是从哪里来的呢？附近农家并没有人养马。那马见有人来，一眨眼便跳进白岩湾龙池湖里不见了。这人才晓得，那白马是湖中水兽变化的。

　　寿皮山上有五个池子，其中只有一个有水，其他都是干的，这个水池叫鱼池。传说这水兽夏天就住在寿皮山上的鱼池里，冬天就住在山下龙池湖里。

　　有一天，寿皮山上那户种苞谷的人家下山到龙池，半路上遇见一个白衣人在前面走。种苞谷人问那人："到哪里去？"白衣人说："到龙池，你闭上眼，我们一道走要快些。"种苞谷人半信半疑，刚闭上眼睛，就听见耳边"呼呼"的风响。一眨眼，白衣人说："到了。"种苞谷人睁眼一看，果然到了龙池湖边。正诧异之时，一转身白衣人不见了，前面却有一匹白马往白岩湾飞跑，顿时倾盆大雨"哗哗"而下。一眨眼的工夫，白马不见了。种苞谷人这才晓得，带他下山的白衣人就是吃他苞谷的龙池湖里的那匹白马。

　　后来，这匹马被王道陵盗走了。

　　说是有一天，王道陵到龙池收这匹白马。白马跃出龙池湖一直朝峨边方向跑。王道陵在后边追。眼看白马就要跑脱，王道陵作起法来，马的前面突然立起一座高山，像一道圈门，把马圈住了。白马被王道陵收走了。这道山岩就叫圈马山。

64. 杨村铺

朱华高

杨村铺位于龙池镇杨柳村1组，乐西公路右侧。杨村铺之名来源无考。有史料载，杨村铺曾经是丝路古道嘉州过峨眉进西昌、云南出国的官方驿站。清嘉庆版《峨眉县志》卷二《建置·铺舍》载："杨村铺，县南五十里。"

早年在杨村铺开过饭馆的刘氏后人，74岁的刘清华先生说，在幼年和青年时期的记忆中杨村铺只有一条街，位于一条小河边，从峨眉进龙池，过了这条小河的石桥就是街道。石桥长20米左右，宽近2米。街道长300多米，宽约6米（笔者现场考察，宽度不足2米），由青石板铺就。街上住着一二十户人家，以务农为主。街头有一根高耸的灯杆，木质，高约30米，顶端有一个木棚，棚下吊一盏油灯，为街上过路人照亮。路灯由一个鳏夫管理。每天他把灯放下来，掺上油，晚上点亮，用灯杆上的绳子吊上去。街道中段有一座川主庙，高有10多米，建筑占地面积有三四百平方米，靠公路一边，坐东向西，正殿供川主神，坐姿，高大，头几乎至屋顶，戴冕流冠。两边侧神有牛王、谷王、药王，还有观音菩萨。庙子中间是给朝拜人拜忏的空坝。庙子外面有一座字库，比黄茅岗的字库高一倍多。字库由石板砌就，每层有空洞，刻有人物图像。字库前有一座供唱戏用的戏台，叫万年台。戏台前是一块大空坝，看戏用的，可容纳好几百人。庙子香火旺，龙池和本地很多拜忏居士，都说自己和供的某尊神是对应的。这座庙子在解放后被改成杨村铺小学，刘清华先生就是在那里"发蒙"的。

刘清华先生说，街上经营商业的有三家。一家姓罗，经营客栈，有一天井，一转阁楼，一个很宽敞的凉亭子。客栈生意在清代时最红火，民国年间，没有修乐西公路之前也很红火，乐西公路通车后，生意要差些，解放前后歇业。罗家旁边是陈家，开骡马寄住店，是和罗家客栈业务配套的。凡马帮客人住店后，就把骡马寄住在陈家。这里的房屋占地面积有三四百平方米，有很多骡马槽。和罗家一样，清代时他们的生意最红火，民国年间，没有修乐西公路前也很红火，乐西公路通车后，生意要差些，解放前后歇业。还有就是刘家。刘家祖先从外地迁到峨眉县青龙场。后来从青龙到土地关开饮食店。再后来刘氏到杨村铺租房开店，最先卖卤肉，因修乐西公路，民工多，生意很好。乐西公路通车后，刘氏就在公路边买了一块官地修房子开饭店，招牌是"江村便饭店"，也是客栈，有吃有住，称"幺店子"。"幺店子"有两家，另一家姓张，这家在1953年歇业。刘家一直经营到1956年公私合营，后来以合营饭店性质营业。

刘清华先生说，他记得临解放前那几年生意都还很好，尤其是三六九赶龙池，青龙场外面的生意人很早就来来往往了。早晨6—9点钟，人很多，大多是卖土杂百货、瓷器、盐巴，等等。遇到特殊季节，赶山里的生意人更多，有背夫、挑夫、马帮。进山货物有盐巴、百货、食品、土杂、瓷器等。刘清华先生说让他印象很深的有峨眉的土米粉，就是那种用竹篾垫底做的米粉，刚生了小孩的母亲很喜欢吃。瓷器有高桥瓷、清华瓷，厂牌就刻在那些瓷器上。特别是清华瓷，当时他很好奇，怎么和他的名字一样？现在知道，高桥瓷就是峨眉高桥碗厂生产的，清华瓷就是乐山斑竹湾、辜李坝清华瓷厂生产的。马帮从山里回来就驮黄连、牛夕等药材，还有核桃、桂圆等水果，住客有时会给娃娃吃。还有每年一度的蜡虫会。峨眉挂白蜡的蜡农要到西昌赶虫会，买回大挑大挑的蜡虫，到了刘家客店住宿，要把竹笼里的虫包拿出来摆放在地上，以免虫子被烘死了。路上来往行人除挑夫、背夫、马帮外，还有坐黄包车进龙池的有钱人、外国传教士、峨边到峨眉读书的学生等。

乐西公路上有条河，河上面是一座木桥，长宽和石桥差不多。这座桥被国民党宋希濂的部队逃跑时放火烧了，说是为了阻止共产党部队的追击。火烧木桥时刘清华先生亲眼所见。

1941年，乐西公路通车后，古道生意大幅衰退。

2017年1月5日，笔者前往杨村铺考察。67岁的李淑槐女士说，古道一些地段还是原样，一些地段修成水泥路了。古街样式基本还是老样，只是一些人把房子拆后重修成现代房子了。一些地方房子后退，街道变宽了；一些地方修房子往里靠，街道变窄了。徜徉其间，原来的古街距乐西公路约30米。一条山溪小河——杨柳河自西向东，将古街分成两部分。小河过桥后是一条乡村车道，车道南面全是民房，完全不见古街踪影。横跨小河的古街石桥如今已是水泥桥，宽2米左右，两边有铁栏杆和扶手。相隔约10米是乐西公路水泥桥。古桥往北就是原来的古街，两边都是房屋，绝大多数是拆后新建，水泥路面，宽约3米；长约400米的石板路，路面宽一两米。窄的路面明显是拆建新房占据了旧有路面。保持原有的路面宽约2米，铺长条形石板，一些石板有明显的凹印。一些古屋破烂不堪，无人问津。一栋低矮的红砖房就是以前的庙子，后来是学校，再后来被人拆了。现在的房子是在原来的庙基上由当地村民集资修的。现在庙子坐东向西，和古街垂直，长约30米，宽约4米，和对面的房屋间隔约4米。

考察完古街，笔者和79岁的伍仕君及几个七八十岁的老大娘座谈。问及古街历史，他们都说不知道具体有多久，只知道前辈早就在此居住。如今到他们是三四代，再以前就不知道了。街上有商人，也有农民。开脚店（客栈）的有五六家，赶骡马的有五六家。开脚店的，大的不但管食宿，后院还有拴马的马房。因为以前这条路上有不少骡马队经过。小的脚店只管人员食宿。有赶骡马的客人，就把骡马寄养在隔壁的骡马店。也有专门管吃不管住的小店子。开官店（驿站）的人家，有可能是罗永洪家。罗永洪父亲叫罗合顺，民国时当过保长，和官家有来往。他们家的祖辈可能开过官店。

经这里来往的货物，一般都是盐巴、胆巴、布匹、碗，还有西昌、汉源等山里需要的一些东西，运进去卖了，又把里面的药材、花椒等运出来卖。也有专门进去买虫子的"虫子客"。

乐西公路开通后，生意就清淡多了。一些人户把店子搬到公路边继续经营。刘清华家就做得好，很早就把门市开在公路边。解放后搞合营，前后有十多家入伙。

65. 苦蒿坪

雷秀全

从龙池镇出发，过了万村，距富有村 20 多里，那里有一座高山水库，叫苦蒿坪水库。

苦蒿坪隶属于龙池镇，苦篙坪水库由当年的乐山专区水电工程处承建。水库位于峨眉山市大渡河左岸支流的茅杆河上，是龙池镇万坪、石盘、走马坪、月儿山、象鼻嘴五个梯级水电站的龙头水库。工程于 1965 年兴建，1967 年竣工，1968 年投入使用，总库容 300 多万立方米，汛末最高正常蓄水位 1685 立方米。水库大坝为混凝土，浆砌条石及砌块石混合结构的重力坝，大坝最高 38.35 米，坝顶长 126 米。可想而知，工程量之大。在生产力极低下的年代，工人们用手、脚、肩筑起了这个大坝，可知这里面凝集了多少人的心血和青春啊！

一、苦蒿坪传说

1965 年，年仅十八岁的我，随乐山专区水电工程处（以下简称工程处）的建设大军，从乐山城区来到了峨眉山的龙池"苦蒿坪"。山上蒿草丛深，植物万千。山里有劳力的人常挖天麻、山参之类的中药材到龙池街上去卖，还养了许多蜜蜂产蜜换钱，靠种苞谷、红苕度日。山里原本没有路，山民们为了生存，在山上干活时走出了弯曲无形的小坡路。山民们干活时，背着上圆下方、上粗下细，直径约 80 厘米、底约 35 厘米、高约 80 厘米的背篓，手里拿着一根"T"字形，长约 80 厘米、粗约 3 厘米的木棍，在行走时当拐杖用。背着山货走累了，就把"T"形棍撑在地上，垫在背篓下面撑起站着休息。山民们脚上穿的是麻窝子草鞋，鞋底下都钉了脚掌钉，以免走路滑跤跌倒。看！山里人生活得多么艰难！据说山上有活了一辈子从未下过山的人，他们居然还不知道山下的万坪和龙池在什么地方，是什么模样。这，就是苦蒿坪！这，就是苦蒿坪上的山民！

传说古时候，苦蒿坪山上没有水源，山民们靠把雨水积在山上的石头凼里生存。常言道，人往高处走，水往低处流，当山上的水都流到低处时，天又没有下雨，山凼里就没有水了，这样，山上的人就要用木桶到山下水凼里背水回家吃用。因此，山民们的生活很艰难。后来，传说观世音菩萨曾到苦蒿坪云游，见这里的山民生活如此艰辛，就在苦蒿坪旁边的石凼边打坐了片刻，念了一遍大悲咒，然后把手中的净瓶水洒在水凼里，刹那间，山上所有水凼里的水变成了翻波涌浪的山溪水，从山顶往下流，流到没有抵挡的山口时往下冲，形成了大瀑布。当水流到有细小的石缝或有植物蒿草抵挡的缝隙往下时，就形成了万壑飞流。这些流水汇集在苦蒿坪下端，形成了一条天然的河水，从此，山上水源丰富，山民们不再缺水用。为了感恩观世音菩萨，山民们就把这条河取名"观音河"，以此纪念观音菩萨保佑老百姓。此后数千年，山上的水资源一直很丰富。

二、盘龙卧虎空树坪

我们到了建设工地后，乐山三街来的女同志分在第四工程队一工段，我被分在一班，住在万坪至苦蒿坪半山腰的空树坪。我们三十多个女同志被安排住在一家山民的一间木地板大屋里，一个挨一个地睡在用谷草铺垫的木板地上。我们的工作是先修公路，等公路修通后再修水库，目的是为修水库运输水泥、沙石、钢材及日用物质创造条件。

公路从万坪境内的石盘一直修到苦蒿坪，全程大约 10 公里。班长每天把强劳力分成二人一小组打炮眼，其余的人就挖、挑、抬泥石和铺垫路面。打炮眼的人在悬崖峭壁上，一人扶钢钎，一人挥起二锤打炮眼。一个炮眼要打一两米深，打好一批炮眼，就装上炸药进行爆破。等把巨大的石头炸碎后，其余的人就挖的挖、装的装、挑的挑、抬的抬，抬不动的就用绳子套在石头上拉，加上钢钎和抬杠同时撬。就这样，大家发挥聪明才智，把泥石搬到铺路的地方铺成了路。我们就是如此反复不停地劳动，直到把公路修建好。这些活儿说起来简单，可干起来就不那么容易了。

七八月份正是酷暑烈日当空晒、山雨来时淋当头的季节。工程处发的草帽是我们当时唯一的劳动保护用品。山上没有一处可以遮风避雨的地方，就是临时厕所都没有"戴帽子"，只是用竹垫笆围钉在小圆木上遮着茅坑。大家每天上班都戴着草帽，这位"功臣"为我们晴遮太阳阴遮雨。而我们是晴天一身汗，雨天一身水，可是这汗和水又算得了什么？比起那些受了伤流血的，甚至献出了宝贵生命的人，我们已经很幸运了。大家不怕苦累不计较得失，手上肩上磨起了泡，泡破后就成了茧疤子。看！就是这些茧疤子让我们像猛虎一样，吞没了一座又一座山，硬是把一条巨龙似的公路盘旋在高高的云端。

三、苦蒿坪换上了新装

公路完全修通后，我们的住处就搬到了观音河边的山坡上，是茅草盖顶竹笆墙的连窝铺。寒冬之时，山上大雪纷飞，积雪起码一尺多厚，高山瀑布、万壑飞流结成了冰柱和冰棍。我们洗了衣服晾一会儿，衣服上就结成了冰，在工棚里十几天都干不了。没洗一会儿，头发上就结了冰棍，因此洗了头要在电灯泡下或附近山民家的灶台下烤干。苦蒿坪的确很冷，大家来的时候只带了一床不厚的旧棉被，垫的又是草席，冷得都睡不着觉了。后来两人一组，把被子重在一起合盖着睡，我们就这样度过了这一生中最难忘的三九天。

我们到了苦蒿坪先和石头打交道，虽是女孩子，但干着重体力活儿，而且比以前修路时还辛苦。水库前期工程是挖地基，由四队负责，并打混凝土，储备石料。我们把观音河的石头从河坝运到大坝地基附近堆起来待用。河坝里的石头都是青黑色的岩石，小的可用手抱，大的要两人或四人抬，特大的就要打炮眼爆破，炸小后就装在大圆筐里，从河坝抬到公路边装在木头架板车上，由三人拉一辆车，把石头拉运过去。班长安排工作时，男同志拉架板车的中间（称拉中杠），女同志拉两边（称拉飞鹅），上坡时后面还需人帮着推。一辆架板车要装一千多斤重的石料，距堆场有一两里地。拉车的人拉到上坡时，全是扑着身子蹬直腿往上奔，劳累一天下班后，走路的姿势都是扑着身子一翘一翘的，完全不由自主。即使这样，我们女同志也争着拉中杠。拉车时，我们用谷草编成辫子，绑在鞋底下以免滑跤。冬天的山上整天都是雾气沉沉的，很多人的脸、耳朵及手脚都生了冻疮，脸和耳朵冻得发木，脚上穿着水胶鞋。大家就在这样的云雾山中，艰难地搬运石料。我们从河坝搬运到大坝的石头堆成了几座山。

地基填石储备够了后，我们又投入大坝地基挖运泥石的工程中。到进行混凝土浇筑时，才进入小型机械化操作，即用搅拌机搅拌混凝土。混凝土浇筑时，我们又投入抬运混凝土的工作，这时工程就进入了大"会战"。"会战"时，工人工作三班轮换，搅拌机不休息。大家每天抬起石头就像风一样地跑，一心只想早日把水库建成。

今日苦蒿坪水库（李家俊摄）

大"会战"时，苦蒿坪工地工人唱响了"苦蒿坪换上了新装"，写歌词的同志叫温光华，在工作时不幸以身殉职。歌的曲子是一队工人杨克刚同志谱的，写出了水电工人的辛勤劳动成果，写出了水电事业发展的希望，并相信苦蒿坪一定会变成天堂。我很喜爱这首歌，在苦蒿坪时经常唱。五十多年过去了，我还记忆犹新。我们怀念着笔名叫"赵波"的诗人温光华同志，他写的这首歌，伴随着我们完成了苦蒿坪水库的修建任务。

当我们离开苦蒿坪时，亲眼看到苦蒿坪真的换上了新装。

66. 土地关（二则）

土地关与白鹿王

朱华高

　　土地关位于高桥镇观音村和龙池镇杨柳村的交界处，属龙池镇杨柳村管辖。它也是峨眉县到峨边县古道上的一个重要节点，是高桥到龙池的最高点，曾经是官方驿站，又是易守难攻的重要关隘，朝廷多派兵把守。清宣统版《峨眉县志》卷二《建置·关隘》载："土地关，县南五十里，进抚夷厅要路。"

　　古道土地关前不挨村后不挨店。峨眉方向距黄茅铺约4公里，龙池方向距杨村铺约2公里，和黄茅铺相通的是一条长约2公里的高山狭沟，一条石板古道在狭沟内蜿蜒曲折向上。到杨村铺方向是约300米的陡坡，两边是荒山野岭，多有强盗出没。过完陡坡一边是傍岩，一边是临渊的羊肠小道。1943年，乐西公路紧挨黄茅狭沟曲折爬行，到了土地关，海拔1000米，然后盘绕土地关古道蛇行向下，傍岩临渊直到杨村铺。

龙池土地关（吴坤蓉摄）

　　当地传说，三国时期，山里夷人不服蜀国管辖，公然造反。孟获派大将白鹿大王率军进犯成都。孔明亲率大军进山平叛。到了土地关，白鹿大王凭借险要关隘据守，孔明久攻不下，心内怅然不快。一日，孔明派一个探子混到白鹿大王军营里察看军情。探子

471

来到土地关口，见有一座矮小土地庙，里面供有一个矮小的土地神。白鹿大王亲自到土地庙焚香跪拜，祈求土地神保佑他打败孔明。探子回来向孔明如此这般照实禀报。孔明灵机一动，想了个办法。晚上，他派了个矮子兵，打扮成土地公的样子，悄悄地摸上关，把土地庙里的土地公甩了，又摸到白鹿大王睡的军帐，对着他耳朵大声道："我是土地公，我要走了。孔明军队打仗勇敢，赵云先锋有万夫不当之勇，你赶快退兵吧，不然性命休矣！"白鹿大王梦中惊醒，半信半疑。翻身起床，到了土地庙查看，土地公果然不在了。白鹿大王想，土地公都退了，我们还在这儿干什么呢！于是马上下令，连夜撤兵，退到大围关驻守。孔明不费一兵一卒，使巧计破了土地关。

乐西公路修通前，青龙场有一户刘姓人家曾在土地关开过饮食店，生意很好。后代刘冲山经营了一些时日后将饭店转让给黄茅岗的吴培鑫经营小吃，卖汤圆，人称"吴汤圆"。刘冲山到杨村铺开饭店。后来土地关匪患严重，小店生意逐渐衰落。刘、吴在土地关经营期间，那里有一座与众不同的土地庙。一般所见土地庙，庙小神更小，但土地关的土地庙有十多米高，内供土地公也很高大，站像，戴帽。

土地关为何路不干

帅培新

从峨眉南门出发，沿乐西公路南行，经高桥过黄茅岗约4公里，便到了去龙池镇公路的最高处——土地关。

"土地关，土地关，一年四季路不干！"峨眉山的土地关缘何一年四季路不干呢？这还得从三国时说起。

话说徐庶被曹操设计骗至许昌后，便发誓终生不为曹操设一谋。后于赤壁鏖战之前经庞统指点，谎称西凉军反，带兵驰救脱钩而去，从此隐没，杳无踪迹。

传说事隔一千五百多年之后，清康熙皇帝巡游至峨眉山，闻得"峨眉龙池一条青龙有九里长，龙头曾现瓢呀井，龙尾搭在十里山"，兴趣所致，便决意到龙池一游。

这一日行至土地关，只见前面道上一老者鹤发童颜，银须及胸，随风飘拂，手持峨山竹杖，健步走来，一派仙风道骨。那老者来到康熙面前躬身一揖，道："吾皇万岁！"康熙问道："尔是何人？怎么知道朕驾到？"老者曰："吾乃三国徐庶。"康熙惊曰："原来你这老鬼还在！"老者当即气得跌脚捶胸。

这来者正是三国时的徐庶。当年逃脱曹操魔掌后，隐居山林，后又来到峨眉山潜心修炼，得以长生不老。日前得知康熙驾临峨眉，本想得康熙的金口御封褒奖，谁知康熙竟称他为"老鬼"，让他大失所望，怎能不气？康熙走后，徐庶把一肚子怨气撒向土地。

他当即把土地公叫来，揪起就狠狠地摔在地上。这一摔不要紧，恰好把土地公的尿泡（膀胱）摔破了，当即，土地公尿流一地，大哭不止。从此，土地公小便失禁，时不时淅淅沥沥地流尿。

因此，土地关地段三天两天雨不断，终年小雨连连，路面不干。

67. 扁担桥

宋章祥

早前，龙池河独木为桥，一方百姓赶场多有不便。地方上决定集资造拱桥一座。

动工后，一切顺利。耗时半年，石桥将竣工。然而，这时出现了一桩怪事，拱桥合拱时，合拱石料不大就小，总不合适。

揽头姓马，是地方有名的石匠。听工匠们这么一说，起初不信，后来亲到现场，量好尺寸，选中凿石，可是一合拱下石，却厚了一分。马揽头诧异，即用钻削去一分，一落拱却又小了一分，顿时惊得他连呼怪事。

马揽头人老姜辣，见多识广。他琢磨这事蹊跷，眉头一皱便请来秀才，挥笔写下告示，高价收购定有尺码的合拱石。

告示一张榜，四方送石料来卖的确也不少，但一经合拱相试，依是不大就小，不敢取用。

这样日复一日，转眼过去了半年，送石料来卖的愈来愈少，拱桥还是无法竣工。马揽头心里好急，却又一筹莫展。

这时，从峨边方向来一乞丐。这乞丐蓬头垢面，形貌猥琐，肩挑石料两块，到桥头便高声叫卖。马揽头见这两块石料钻路粗糙，色泽也不起眼。但他转念一想，人家好歹是应告示而来，可见心诚。便问："多少钱？"

乞丐伸出两个脏兮兮的指头："一块石料一百两银子，两块石料两百两。"

马揽头觉得好笑，疑这乞丐是个癫子。但又一想，这价贵得出奇，兴许有些来头。答应试试再说。于是将两块石料合在一起，向拱桥合拱处一放。说也奇，只见整整齐齐，严丝合缝。马揽头大喜，激动得忙转身向乞丐示谢。不料那乞丐早已不见，只留那挑石料的扁担端端插在桥头。

揽头十分惊讶，左顾右盼哪里有人，心里直纳闷，难道今日遇上神仙不成。他几步走到桥头，摸摸扁担，又摇了摇，扁担居然生根。他定睛一看，扁担已抽枝吐芽，生机盎然，眨眼间便长出几片翠绿槐叶……

后来，小槐树长大，成了现在参天蔽日的大槐树，扁担桥的名字也应运而生。

68. 钟山寺

宋章祥

　　龙池湖方圆数百余亩，四周青山环抱，云雾缭绕，风景别致。湖水终年绿得发蓝，深不可测。地方传说，湖中有天地一重，夜静更深可见湖中古刹，或见老和尚念经，或见小和尚撒米喂鸡，或见一条孽龙在游动……

　　很早以前，龙池湖非湖，是一座比三丰山稍矮的山崮。崮上有古刹名钟山，大殿五重，内有和尚百余，香火很旺。每逢初一十五，这里佛事不断，居士如潮。

　　寺院方丈，法号慧理，是个年逾古稀的得道高僧。慧理平素广积功德，心怀慈悲，在方圆百里很有名气。

　　一日慧理禅坐，入定不久，魂神飘至异地，忽见五彩金光，中有罗汉尊者若干，簇拥趺坐白象的普贤菩萨徐徐而至。普贤菩萨色相庄严，手秉拂尘向他道："寺下有一孽障，得道千年，近日欲涨潮归海，沿途千里会房翻田毁，死人无数，汝应以慈悲为本。"说完，普贤菩萨携众罗汉尊者飘然而去。

　　慧理禅毕，一思刚才情境，心里好不骇然。平时他知崮中灵气十足，但不知有孽障在暗中修炼，更不知就在自己的寺庙之下，而且已得道千年。慧理暗忖，自己区区一个和尚，怎能斗得过这孽障呢？心里很是不安。

　　他立即将寺中的所有弟子召至禅堂，将禅定中的情境详述一遍，要众弟子严密注意寺庙动静，不得惊慌。众弟子闻言，个个心惊胆寒，但见师父泰然，心里也多安稳。

　　三日后的中午，慧理正为这事未觅得对策犯愁，忽觉异样。侧耳一听，有惊涛涌动之声传来，接下有人向他道："邻居，明日辰时我将离去，你勿放鸡，我留你好庙一座。"言毕，惊涛声止。他定了定神，约一思量，大吃一惊，忙传令众弟子前来议事。

　　他向众弟子道："那孽障明日辰时要走，他怕鸡，今日找雄鸡一只，留以备用。明日一早，汝等在辰时以前速速离开，去三丰山避难吧！为师独留守庙。"众弟子见师父要独留守庙，哪里肯依，纷纷跪在地上，言称与师父生死不离。慧理无奈只好允诺。

　　翌日一早，古刹依如以往，燃灯点烛，早课依然经忏朗朗。慧理独抱雄鸡一只，高坐大坛菩萨下，细观殿内动静。

　　卯时一过，辰时到来，突然天空乌云蔽日，闷雷从远方而至。这时，大殿之下泥土蓬松，爬出一只筷头大小的曲鳝（蚯蚓），一伸一缩径直向庙外爬去，后可见湿漉漉水痕一道。

　　慧理知是那孽障现前，哪敢犹豫，猛将雄鸡一松。那脱手雄鸡一见曲鳝，扑上去猛啄一嘴，那曲鳝痛得一滚，顿时洪水暴涨冲天，山崮垮塌，钟山寺一闪下沉。

这孽障受伤不轻，本欲水涌三丰，顺山溪而下归海，而今元气大伤，便张口喷水，涌向峨边，欲顺河入海。不料途中一头撞在一座形若鱼围的山，痛得它忙又将头一摆，喷水涌向一道山沟，欲涌潮入大渡河归海。不料途中又碰着一道门样的山岩。孽龙又痛又恨，精疲力竭，只好游回原处，头一摇，尾一摆，形成山间湖泊，然后沉下水底，永不现形。

慧理功德无量，与众弟子自然未死，随古刹仙隐湖中。故而有行善好德者，可睹湖下奇观。

那孽龙挣扎之处也多留古迹，碰鱼围山的地方，称为大为；碰门样山岩的地方，称为龙门；它下沉的湖泊，叫龙池湖。

69. 大为镇

朱华高

    大为镇位于峨眉山市南端，距峨眉山市城区约 50 公里（古道 120 里），是嘉州经峨眉到峨边、金口河、汉源、云南出国的必经之地。清初，大为和峨边，均属峨眉辖，嘉庆十四年（1809 年），始设峨边厅，峨边划出峨眉县，属嘉定府，至此，大为一直由峨眉辖，成为峨眉和峨边分界乡。如今大为镇辖原来的大为、金鹤、玉龙三乡。

    大为原名大围，传说"大围"取四周大山包围之意。后有一支兵马途经此地扎营，认为"大围"这个名称不吉利，故而更名"大为"。清乾隆版《峨眉县志》卷二《城池附关》载："大围关，碑载大域关，县南八十里，明设巡司于此。"卷三《边陲附铺递》载："大围（铺），十五里至黑龙溪（铺）。"清嘉庆版《峨眉县志》卷二《建置·关隘》载："大围关，县南八十里。碑载大域关，县南八十里，明设巡司于此。进抚夷厅要路。"可见大为古道历史久远。解放初期，曾在龙池大为工作的赵划先生称，大域关地点在现大为镇所属玉龙场（玉龙村），1950 年时还建有戏台子。大围关具体地点是在过大围河边一个叫鱼洞口的地方上坡。半坡一个关口，半边悬坡，半边斜陡山，在中间开出的一条路，铺有石板，专门过人和骡马，叫大道。巡司设玉龙场，设有一游击，约有三百人，专门到夷地巡视。游击归峨邑管，是峨邑的一支巡逻队，和巡司是平行的机构。巡司相当于政府的派出单位。巡司管到大渡河边界。游击专管大渡河对岸的夷地，相当于现在小凉山。峨眉县和夷地的分界在大渡河。大渡河这边一家夷人也没有。

    大为是典型的山区镇，这里最具优势的是矿产资源——石膏，曾经的国营企业大为石膏矿就在镇旁，乃乐山市辖国营企业，乡镇企业石膏矿也因此非常有名。如今，峨胜集团已在此地作为其重要的水泥制造原料基地。

    境内巨北峰海拔 1400 多米，有国有林场，这里曾有大熊猫出没，后因生态环境变化，几乎没了踪影。近年来，当地农民又多次发现有大熊猫出没的迹象。峨眉山市和四川省林业科技人员现场考察并获取大熊猫粪便，经鉴定，确认巨北峰已成为大熊猫的活动和栖息地。

    大为古场在今乐西公路边，文武桥头，尚有古街，是大为镇重要的集市贸易场地。

    大为镇文武桥位于大为古场头，横跨龙池河大为段，是龙池经大为到峨边的必经处。2011 年，《峨眉山市不可移动文物名录》载，清代县志记载："名文武桥，通抚夷厅大路。"文武桥呈东西走向，长 35 米，宽 2 米，高 5.5 米，跨度 27 米。桥由 11 根钢筋固定在两岸台基，9 根作底链，2 根分两侧作扶手。上原铺木板，现铺 40 厘米宽铁皮，经焊接而成。东接大为老街和乐西公路，西接大为新街和通往金鹤、玉龙以及古驿道，是 1941 年以前入峨边、金口河、汉源、西昌的唯一通道，也是茶马古道的重要通道。

大为镇双峨村 3 组大有客栈主人、现年 86 岁的朱相荣谈到大为古道时，如是说："这条古道铁索桥（文武桥）那头从龙池进来。过了铁索桥，一条路到金鹤，一条路到西昌、汉源、云南。走法是：铁索桥—牙嘴（现大为村）—后溪河（现大为村）—玉龙场（或玉龙街，现玉龙村）—茅草山—蔡沟—观音岩—段烧房（峨边地界）—岩口—椿尖沟—观斗山—梁河坝—风岩—六六坪（音，也可能为六鹿坪）—倒牵牛—石旮旯—木城岗—小河坝—三角石—桐籽林—金口河—寿皮山—大天池—蓑衣岭—冷竹坪—岩窝沟—黄木（主产黄木，有黄木山、黄木场）—富林（现汉源）。"

这条路从铁索桥过来开始，沿途都是石板路，一直到山里头。马帮走，泥路不经踩。石板路是一些马帮老板出钱请人修的。那观音岩就是朱家自己请人拓宽的。古道上沿途都有客店，如玉龙场、大有客栈、大兴客栈，还有煅烧房，是个大店口。这条路上的商铺在乐西公路修通以前生意很好，乐西公路修通后，生意比之前要差些。

大为镇清代文武铁索桥（朱华高摄）

70. 双峨客栈

朱华高

双峨客栈原名大有客栈，位于大为镇双峨村 3 组古道边。2011 年《峨眉山市不可移动文物名录》载，双峨客栈，清光绪十四年（1888 年），大为镇双峨村。客栈坐北向南，建筑面积 841.9 平方米，呈四合院布局，由前厅、正厅和左右厢房组成，均为木结构，单檐悬山式屋顶，小青瓦屋面，穿斗式梁架，素面台基。前厅面阔五间 23.97 米，进深 5.18 米；正厅面阔五间 23.97 米，进深 10.32 米；左右厢房各面阔两间 8.84 米，进深 8.45 米。正厅匾额上有"大清光绪十四年"题记。

从外面看，客栈是一座并不起眼的高大宽敞的古屋。古屋大门外是宽约 7 米的宽敞大道，全部由石板铺就。石板大小宽窄不一，自然形状，无刻意打磨的痕迹。

宅子很大，外面看长约 25 米，如果加上两头的偏房，长约 40 米，宽约 25 米，一字排开。整栋房屋属全木质，旧而不破，有明显的沧桑感。一道双开大门是过厅的一半。过厅宽约 6 米，进深 5 米。进了过厅是一个长约 8 米、宽约 6 米的四合长方形天井。天井四周的檐坎宽约 2 米。天井地坝全是大块鉴凿过的青石板铺就。过了天井，就是一间宽大的堂屋，宽约 8 米，进深约 6 米，高约 10 米。门楣上高挂一块黑漆金字匾，正中是"华栋凌云"四个大字，落款是"光绪二十七年仲秋"。金色略有斑驳脱落，落款依稀可辨认。堂屋正中里壁是雕刻的精美的高大神龛，由多重精雕细刻的木雕花组成，高约 4 米，宽约 4 米。这是笔者见过的最高大的、雕刻最精美的神龛。神龛正中上方悬挂一块黑漆金粉字匾，上书"堂构维新"四个大字，上款：恭维朱亲翁大人荣建志喜；落款：姻弟媳凌妙贞拜，光绪十四年孟秋立。照此推算，客栈建造时为 1888 年，距今 131 年。

大为镇双峨客栈（朱华高摄）

房屋女主人赵淑枝，现年 74 岁，是土生土长的大为镇人。丈夫朱德金，现年 74 岁。赵淑枝说，这座房子共修了四次才修完，前后有 300 多年了。到了奶奶那一辈，有五弟兄分这房子。

客栈另一主人朱相荣说，那客栈叫大有客栈，旁边曾经还有一座客栈叫大兴客栈，也是朱家的，解放后被拆除了。客栈的修建，是由朱家到蔡沟第一代就开始的。朱家祖籍湖北省麻城县孝感乡，在"湖广填四川"时迁到四川青神县，后来朱家有四兄弟又从青神迁到峨眉玉龙场蔡沟，开始修客栈。后四兄弟各自立业。朱相荣这房第一代修客栈，叫朱登美，第二代朱澄学，第三代朱俸需，第四代朱文寿，第五代朱子珍，第六代朱洪鉴，第七代朱兴铭，第八代朱相荣。

朱相荣说，据家谱记载，蔡沟朱家是光绪年迁进来的。来了后就修房子开客栈。一直到这条路没有客商经过了才停止营业。当时客栈卖豆花饭，来往的客人很多，最多时有几百人，都是客商。成都、乐山、峨眉、青龙外面这些地方的客商都有。外面进去的货物啥样的都有，有像丝绸、布匹、衣服、鞋子等日用百货，还有烟、酒、胆水、盐巴、瓷器、坛坛罐罐等。从山里出来的主要是云南的烟土、金银，西昌的虫子，汉源的花椒，等等。

71. 峨山镇

朱华高

峨山镇地处被称为世界文化和自然遗产的峨眉山麓，距市区 3 公里，是峨眉山旅游的门户和必经之路。峨山镇东邻胜利镇、桂花桥镇，西接黄湾镇，南连罗目镇，北靠绥山镇，政府驻地为保宁街 28 号。

峨山镇曾名冠峨乡，驻地冠峨场。该地域宋时属迈东镇，明末清初属翔凤乡。清乾隆版《峨眉县志》有冠峨场记载。卷三之《街市》载："冠峨场，县南二十里，逢双文公时复兴。"文公者，峨眉县令文曙也，雍正八年至乾隆四年任峨眉知县。据此《街市》知，冠峨场在雍正时期已有。冠峨场之名，据嘉庆版《峨眉县志》卷二《建置·街市》载："冠峨场，县南十五里，峨南路场多，此场与县相近，余皆远，故名。"1934 年，设冠峨乡，至 1949 年，驻地冠峨场。峨眉解放后的 1950 年初，仍沿冠峨乡建制。1950 年 11 月，冠峨乡析分冠峨、惠宁、和平三乡。1956 年 11 月，合并冠峨、惠宁乡为冠峨乡。1958 年 10 月，合并冠峨、天今、净水、川主四乡为峨山人民公社，驻地马路桥。1959 年 7 月，从峨山公社分出川主、净水公社。1962 年 1 月，从峨山公社分出天今公社。1975 年 5 月，划出峨山公社报国大队、净水公社茶场大队，归天今公社辖地。1984 年 4 月，恢复乡建制，为峨山乡，驻地马路桥。1988 年 12 月，撤峨山乡建峨山镇。1992 年 9 月，天景（原天今）、净水并入峨山镇。1997 年 5 月，划出原天景、净水两乡设黄湾乡。

峨山镇交通极为方便。成绵乐城际高速铁路终点站即在此落户。省道 306、103 线穿境而过，乐峨快速公路直抵境内，到成都、峨边、沙湾及本市城区，都极为方便。

峨山镇乃峨眉山麓最主要的旅游景区。以峨秀湖为中心的核心景点和旅游度假村鳞次栉比，环境清幽。

峨山镇因长期处于峨眉山朝拜起点，宗教文化底蕴深厚，有多处文物遗址。据称，政府驻地即保宁寺遗址。保宁寺不但曾经是峨眉山麓重要的寺庙，而且在抗日战争时期，四川大学迁峨眉期间，理学院就设在此及万行庄。1944 年，"驼峰航线"上一架美国飞机在峨眉山坠落，死者四人。峨眉县国民政府立即组织人员上山搜救，清得美国飞行员遗体一具。这名美国飞行员就停枢寺中。国民政府在此寺中，召开追悼会。

史料载，峨山镇境内古道历史久远。保宁寺附近有蜀村店肖店子。胡世安《道里记》载，寺右百步，有肖店子，或即古蜀邮店，可见，此古道历史久矣。现峨秀湖旁的冠峨村 11 组有一条峨眉县城过此到凉山州的古道，那里有一坡名孔明坡，据传三国时期蜀国丞相孔明南征孟获时的驻军处。如今古道尚存。中王村 2 组有万圣寺，寺址在白塔岗，当地人谐音白炭岗，曾设官方驿站白塔岗铺和驻军塘站。清乾隆版《峨眉县志·治图》就标明"白塔岗（铺），县南十五里至黄茅岗（铺）"，"前庙后寺，距县十五里"。冠峨场也是峨眉古道上的一座历史久远的街场，场头有一古桥——隔天桥（冠峨桥），横跨赶山河，乃道光十五年（1835 年）举人庞春山倡修。

冠峨乡出过一位名人——陈俊卿（程杰），曾是峨眉县地下党负责人，被捕前任中共雅（安）乐（山）工委书记。可惜他于峨眉解放前夕的 1948 年，不幸被国民党逮捕，押送至重庆，1949 年 11 月 27 日牺牲。

峨山镇境内峨眉院子（李华英摄）

72. 马路桥

许德贵

峨眉山麓峨山镇，有一地名叫马路桥，虽不宏伟，但传说是唐朝有一皇帝来这儿后才有这个名称的。

所谓"马路桥"，当然离不开马。我国养马并非从唐朝才开始。早在三千多年前的周朝，就设有专职官吏选育繁殖马匹，当时马多且优良。

唐玄宗曾说："马能富国，马能强国，马是草原的精灵。"他非常爱马，不仅叫人们养马，还下令保护野马，禁止捕杀野马，捕杀者以杀人罪判处。他曾养过一百匹舞马，"每乐作，奋首鼓尾，纵横有节"。

有一年安禄山谋反，致使朝廷不安。唐玄宗为避乱，逃到四川。可安禄山照样不放过他。东寻西探后，安禄山探知唐玄宗带着将领和军马，已逃至西南的峨眉山，便穷追不舍。唐玄宗到达峨眉山麓，看到这儿山清水秀，百姓纯朴、善良，很是高兴。不多时，"临时朝廷"中的人马精力恢复了，又能"闻乐起舞，闻曲击节"。谁知，乐日不多，官差禀报，安禄山已追寻到四川青城山，正在往峨眉方向行进。这可怎么办？

马路桥（李华英摄）

"临时朝廷"谋事议定，皇帝下旨，朝西昌大山行进。时间紧迫，皇帝派人探道，有人回禀，从"老宝楼"朝西山路多易进。只是山麓离这儿不远的峨眉小河桥不宽，是步行桥，过军马困难，且水又深。怎么办呢？朝廷便派人到当地百姓中寻求老者出谋划策。百姓一时也没有办法，都说这条河上的其他桥也不宽，只有在旁边另修，反正"安兵"一时还追不到这里。

修桥要材料，百姓办法多。附近几家农户把家中准备做棺材的木料都献上了，皇帝得知后十分感激。"人心齐，泰山移。"没两天，一座可供"皇帝一行"的新桥，"横架两岸"。皇帝虽心中忧着"安兵"赶到，但见百姓人心向他，于是龙颜又展，特别是看到了那些马安然过桥，夸奖道："峨眉山秀，峨眉人好！"

斗转星移，朝代更替，这座桥建了又建。如今，峨眉人还是把当年"皇帝一行"的这座桥叫"马路桥"。

73. 冠峨场

朱华高

古时出峨眉县大南门，有一条通往凉山、云南的可出国的古道。距县城约 10 里的冠峨场就是这条古道上的一个久远而重要的场镇。如今，冠峨场名虽在，然早已无场可赶，已成为峨山镇冠峨村村委会所在地。

冠峨场何时有名，不详。关于场名来历，清宣统版《峨眉县志》卷二《建置·乡场》载："冠峨场，县南十五里。峨南路场最多，此场与县相近，余皆远，故名。"清乾隆版《峨眉县志》载，乾隆五年（1740 年），"冠峨场，县南二十里，逢双（赶场），文公时复兴"。文公即文曙，雍正八年（1730 年）至乾隆四年（1739 年）任峨眉县令。若照此史料，冠峨场早在雍正八年前已有。2017 年《峨眉山市地名录》（初稿）载：冠峨场，因在清朝年间是发展集市最早的场镇，且地处峨眉山脚，故名。在"冠峨村"条目下载：据传，此地系清朝年间全县第一个农村商贸、艺演、集会场地，且地处峨眉山脚，故名冠峨场。

据 1991 年版《峨眉县志》，宋时以前的乡场设置无考，至宋，方可查到有"镇"的记载。明代，有"乡"的记载。明崇祯十七年（1644 年），峨眉县设四乡：翔凤、雁林、泥溪、归化。冠峨场归翔凤乡辖。清咸丰九年（1859 年），始设冠峨乡。1949 年，仍为冠峨乡，驻地冠峨场。1958 年，撤冠峨乡并入峨山公社，冠峨场仍存。1962 年，冠峨降为大队，队部设冠峨场，其后大队更名村，村公所仍设冠峨场。至今，冠峨场名虽一直存在，但随着乐西公路的通行及行政中心的迁移、旅游市场兴起等诸多因素的影响，冠峨场作为场镇功能日渐萎缩，"场"已名存实亡。

1978 年，古冠峨场失火，一条街几乎烧光。后来，政府在街的背后修了新街，把火烧户全部安置在那里。（原场址只留有少数几家人户。古场呈"Z"字形，总长约 500 米。路中间是三块青石板并排错落铺就，每块石板长约 70 厘米，宽约 40 厘米；青石、黑石都有，以青石为主，几乎全部成破碎状。街道宽约 7 米，左侧是房屋失火后的空荒地，还可见火烧遗物、火烧未拆除的炭黑房屋架。再往前走，是几户新建房屋。这段街道路面所见石板路面有三段，总长度约 80 米，其中铺有石板的有五六十米。往前走，左拐，过一条长约 50 米古街，转入一条长约 500 米笔直水泥街道，宽约 8 米，两边一律小青瓦低矮房。南端，有 2 个绿树大院，一个大门挂牌："冠峨村委会、村支部委员会"，一个大门挂牌："冠峨村文化大院"。这里面就是曾经的冠峨小学。这条街就是冠峨场火烧后安置的农户，属冠峨村 2、3 组。出了街道南头，就是冠峨村 4、5 组地域。沿着一条 2 米左右宽的大道继续往南，过了枇杷坎上的 5 组，就进入罗目镇地域。）这条路是古道的延续，目前仍是冠峨通往罗目镇的主要小道。沿路以泥土路面为主，路中偶尔有几块河卵石，或有河卵石保坎，或有河卵石用石灰浆砌就保坎。

古冠峨场北端是公路，过了公路就是古桥隔天桥（冠峨桥），横跨赶山河。1991 年版《峨眉县志》载，此桥为道光十五年（1835 年）县里举人庞春山倡修，卷石成桥，共三孔。长 30 米，宽 10 米，桥头桥尾各有石狮一对，砌石梯上桥。雕游龙一条，附于桥底，昂首张目，势欲腾飞。两侧壁上，刻有楹联和人物花鸟。桥拱左侧刻有"南通"，右侧刻有"北达"横额，左撰"长桥因此设，奇石自天开"，右撰"精严光堡郡，气势冠峨眉"联语。如今，隔天桥依旧傲然横跨赶山河。只是桥上一个雕塑的石龙的龙头在"文化大革命"时期被捣毁。

今冠峨场街道（朱华高摄）

74. 鸭子池与冲水岗

赵　划

　　峨山镇有一古场名冠峨场，距峨山镇政府约 5 里，历史悠久，曾是冠峨乡政府的驻地。如今冠峨乡已更名峨山镇，此地乃冠峨村村委会所在地。

　　冠峨场有一传说：鸭子池有个大石包，石包旁有个水池。一天，天上飞来两只鸭子，在池中游荡。忽见有过路人来，鸭子"扑通"一声，就钻进大石包里去了。过路人很奇怪，就到大石包上一瞄，四面无洞无缝，鸭子是从哪里钻进去的？过路人俯下身子伸耳往石包上一听，鸭子还在石包中"嘎嘎"叫唤。过路人想，这块石头一定是神仙石，鸭子一定是神鸭，于是就叫这个地方为鸭子池了。

　　鸭子池边有股泉水直喷，叫冲水岗。挑夫挑酒过此岗，就拿瓢舀三瓢酒起来，再冲三瓢泉水在酒里，收货老板过秤就能不少分两。挑夫用三瓢酒，可换二十个烟泡子，老板不知不晓。

峨秀湖（李华英摄）

　　冲水岗有座坟，人称牛贩子坟，又有人叫神仙坟。坟上四季香火不断。凡人走此坟边过，都要往坟上丢块石头，保护赶场人不遭"撬杆"（方言，指小偷）。进山烟贩，购白蜡虫老板，都要丢石头，烧纸钱，保佑进山去不遭土匪、"棒客"抢。这牛贩姓甚名谁，无人知晓。只听前辈人传说：这里有股泉水，长流不断，流入田中，水是冷的，不长庄稼。有一牛贩子牵着牛途经此处，牛突然奔脱鼻索，穿到大石包里去了。牛贩子就追牛，刚追到大石包边时，被一块突然落下来的大石头轧死了。牛贩子死在路边，日晒雨淋无人管。有一财主经过此处，看一尸体抛野无人过问，就请人挑石头来堆坟。突然乌云遮天，倾盆大雨，所有人都跑了，坟只堆了一半，露尸在外。后来过路人见了就一人丢一块石头，渐渐石头越堆越多，像个坟茔。凡丢过石头的人都说，万事如意，一帆风顺，进山客商，没遇到过"棒客""撬杆"。自从有了牛贩子这座坟，鸭子池种的庄稼也特别好，年年都有好收成。

1979年，这里建了工农兵水库，1984年开发旅游。时任中央军委副主席张爱萍题有"峨秀湖"三字，因此改名为峨秀湖，题字现存档案局。

自从修水库后，鸭子池、冲水岗、牛贩子坟都淹没库底。传说在每年农历夏至这天，午时三刻，人站在大坝东头看峨秀湖，湖水清澈见底，可见鸭子池大石包旁有两只鸭子在游荡，冲水岗喷泉涌涌，牛贩子坟一清二楚。过了午时三刻，这些景象就无影无踪了，只有等到第二年夏至这天这个时辰再来看。

此传说现在还在民间流传。

75. 吟翠楼

李家俊

　　吟翠楼在报国寺七佛殿，是独具风格的寺中小院。楼院子不大，也不是非常气派，却有一典故很有名。

　　报国寺原名会宗堂，位于峨眉山麓瑜伽河上，供祀普贤、广成、楚狂，取儒、释、道会宗之义，故名。明万历四十三年（1615年），明光道人创建。清顺治十年（1653年），可闻禅师由虎溪对岸迁建今址。康熙四十二年（1703年）御题"报国寺"三字，王蕃手书成匾，悬于山门，从此便名报国寺。其后，僧人在山门上左方挂"鹤驻云归"，右方挂"普放光明"。经过清嘉庆、同治、光绪年间的重建和扩建，遂成为四重殿宇和有亭、台、楼、榭及水池、花苑的宏大寺庙。第一殿是弥勒殿，第二殿为大雄宝殿，第三殿为七佛殿，供祀毗婆尸佛、尸弃佛、毗舍婆佛、拘楼孙佛、拘那含佛、迦叶佛、释迦牟尼佛，皆为丈六金身，端坐莲台，双目微闭，神态庄重。七佛为脱纱塑造，是珍贵的佛教文物。七佛殿后有一尊高2.4米的瓷佛，身缀千佛莲衣，仪态丰满，神情庄重，是明代永乐十四年（1416年）惠光和尚去江西景德镇烧制的。

　　峨眉山佛教官网述报国寺七佛殿左侧是"抱月山房"，右侧是"吟翠楼"，为一排颇具特色的清式建筑，古朴的小月门上有蒋介石题写的"精忠报国"四个字；门左侧挂北宋抗金名将岳武穆的《满江红》，大文豪苏东坡手书，恢宏大气。进门是典型的清代回廊，长约20米，右边的长栏是曲形的木弓组成排列的，站可凭栏望小园；一殿、二殿错落有致，凭栏处，耳听鸟语，手触樟枝翠叶，嗅四季华芳。长长的回廊亦可为坐凳，在此听佛音与木鱼声，闭目修行，享佛国境界。廊庑向左延伸，围吟翠楼折回，形成封闭的院落。进门的左方，是三间雅致的客房，客房的中缝有一条不足2米宽的通道，再进入，便是一个精致的小四合院。院里有天井，隐蔽而别有天地。这本是一幢小巧玲珑，古风别趣的木质平房，却因是报国寺二殿后的台榭，临老树，生新枝，藤本植物横长，四季葱郁，春来碧翠，故名吟翠楼。

　　1935年8至10月，国民政府举办"峨眉军官训练团"，团部就设在报国寺，军官训练团团长蒋介石的办公室就设在吟翠楼。门外左上方，挂有蒋介石题写的"精忠报国"四字。时任报国寺主持的果玲，喜欢向往来峨眉山的名人索取字画，挂一些在吟翠楼里，还专门立碑，把蒋介石题写的"起舞扬子江头，挥戈峨眉山下"立于报国寺门前。

　　1939年6月，时任国民政府主席林森，从重庆乘车到峨眉，在县城辞别县长沈功莆，径直到报国寺。林森非常喜欢吟翠楼的环境，果玲不失时机地邀请林森住下。1935

年夏秋期间，果玲迎于右任至吟翠楼，于右任赠其草书"立身苦被浮名累，涉世无知本色难"。1936 年 4 月，黄炎培携家人及朋友到报国寺，果玲安排其一行人留宿吟翠楼。1938 年 8 月，代理第五战区司令长官的白崇禧上峨眉山拜见国民政府主席林森，其间留居吟翠楼，现留有手书"祖国至上"碑存放峨眉山报国寺。1941 年 3 月 9 日，国民政府军事委员会副委员长冯玉祥第二次来峨眉，住报国寺吟翠楼。冯玉祥题写"名山起点"，建牌坊在报国寺附近。

1950 年以后，吟翠楼的旧设施逐渐被改造，今仍然是报国寺的客房，除"精忠报国"匾外，其他陈设已不复存在。

报国寺内吟翠楼一角

76. 保宁寺

朱华高

出峨眉山市城区大南门，过峨眉二中、金佛宾馆、杨岗抵马路桥十字路口右拐，一条小街前行约 200 米，便是峨山镇政府所在地，此地乃保宁寺遗址。

有史料载，出峨眉县城南门古道，有圣积寺，下坡至瑜伽河边，有一古寺，名保宁寺，今已不存。1947 年，刘君泽《峨眉伽蓝记·保宁寺》载：保宁寺明之卓锡菴也，嘉靖乙丑，僧定宽德统建。万历辛卯，僧道禅德左重建。清康熙之际，峨云禅师复加修葺，乃易今名。雍正时，连壁禅师，嘉庆时，仁宽禅师均有经营，增其壮丽。门傍瑜伽河，古木参天。环临殿阙，山田十亩，高墙范之，佛殿僧寮，空宽雅洁，昔人称荣回水抱，平远山环，不亚圣积真境，信哉！佛教总会设佛学院，沙弥数十，独经其中，书声琅琅，俨然玄经之地也。

1944 年，抗日战争期间，"驼峰航线"上一架美国向汉中运送汽油飞机坠落，四人亡。峨眉县国民政府立即组织人员上山搜救，找到美国飞行员遗体一具。这名美国飞行员就停枢寺中，国民政府在此寺中，召开追悼会。

该文又载，范石湖山行记所载"白水庄"古蜀邮店，胡世安《道里记》所载"三一菴"均在寺附近。寺右百步，有肖店子，或即古蜀邮店。自乐西公路修成，肖店子废而马路桥兴。寺外渡瑜伽河，行百步，有寺曰"万行庄"，道光间建，称古"海会堂"，然方志不载。或白水寺海会堂，原已迁建于此。殿在光明坝，林园宽广，草屋数十间，川大理科教室也。殿之左廊，僧房明洁，是峨眉县政府自治人员训练所在地。原寺为金顶下院，传钵上人之徒圣观居之，庄左蓬莱桥，桥头子龙庙。1944 年秋，瑜伽河大水，全桥冲坍，庙水淹浸，今甚败乱矣。

据上文，若此古道上曾有古蜀村店——肖店子，说明此条古道历史久远矣！

关于《峨眉伽蓝记·保宁寺》提到的抗日战争时期，四川大学迁峨眉设教室于保宁寺一事（汤明嘉在 2017 年 4 月《静居》杂志刊文《四川大学在峨眉》）。1939 年初，中国的抗日战争到了最艰难的时刻，日机接连轰炸重庆和成都。为了保护全校师生的安全和正常的教学活动的开展，同年 4 月，校长程天放毅然决定将四川大学全部迁往峨眉。当年 9 月 21 日，四川大学在峨眉山下正式开课。按照当时学校的规划，峨眉低山区几大寺院、峨山、中王、鞠安、报国寺等为四川大学校区。校本部及文、法两院设在伏虎寺，理学院设在保宁寺及万行庄，新生院设在鞠槽将军府，校职员宿舍设在报国寺。为了弥补校舍的不足，在报国寺周围征用了一些民房以及搭建竹棚作为补充。

20 世纪 30 年代末的保宁寺一角（李家俊提供）

　　如今，古道早已不存，古时房舍和寺庙早已不存，四川大学校舍在保宁寺的遗址遗迹也不存。保宁村及马路桥到"天下名山"坊，早已被打造成繁华的商旅之地。商住、餐饮酒店鳞次栉比，游人如织，非常热闹。

77. 万圣寺

朱华高

　　峨眉山市很少有人知道万圣寺。万圣寺建于何年何月，名称来历如何，无考。它位于峨山镇中王村 2 组，小地名白塔岗，当地人谐音白炭岗，曾设官方驿站白塔岗铺和驻军塘站。清乾隆版《峨眉县志·治图》就标明白塔岗是"白塔岗塘"；卷三《边陲附铺递》载，"白塔岗（铺），县南十五里至黄茅岗（铺）"；卷四《祀典》载，"前庙后寺，距县十五里"。

　　万圣寺长期无人料理，处于破败荒芜的状态。如今，寺庙中有一常住尼姑，自称是2008 年当地队长专程去夹江县正觉寺接来做住持的，现年 70 岁，身材魁梧高大，犹如一尊大佛。她是高桥镇汪坎二组人，到峨眉山上当了 8 年居士，后到夹江千佛岩出家，再后来就到了万圣寺。

　　释果智初来万圣寺时，寺庙仅存一个侧殿排列，其余全毁，破烂不堪，一片荒芜。其间坐落一两尊矮小神像，饱受苦风凄雨。如今眼中所见，完全是一派兴旺景象。一条大道从乡间公路起步，缓坡向上，起步处两边各塑一尊石狮之类的守护神兽。缓坡半路靠山林边竖有几通功德碑。释果智指着一通条柱石碑说，只有这通碑才是古迹。此碑高1 米有余，宽约 0.3 米，正面为正方形，青石材质。上面刻的都是功德人姓名及所捐功德款。此碑风化严重，字迹模糊，落款时间是道光十六年（1836 年），距今一百八十多年。寺庙大门上有"万圣寺"三个大红字，庙门古朴。据传，此乃古庙侧殿。进了庙宇，两边是威武的四大天王像，后面是观音、韦陀之类的神像。出了侧殿进入主殿，大门三开宽敞，万圣寺匾高挂。开首供弥勒菩萨，两边是十八罗汉。所有这些神像的造型、着色都非常完美。尼姑称，这些神像，都是她专程到成都订制的，果然不同凡响。主殿后面，有三尊灰头土脸的矮小神像。释果智介绍，神像一尊是老君，一尊是包文正，一尊是牛王，皆古庙古迹。牛王像是她来此后当地人从地下挖出来的。

　　寺庙坐西向东，面积约 2 亩。尼姑说，初来时除侧殿破烂不堪外，其余皆一片荒芜，是她经十年辛苦经营，才有了如今的景况。据说，古万圣寺比大庙还早，主神是钩鼻大王。传说先有万圣寺后有大庙。万圣寺是峨眉山万年寺的脚庙。寺旁有一座白塔，所以这里小地名为白塔岗。当地人传说，后来白塔"飞"到荣县去了。那里人怕白塔再飞走，就用一根铁链拴住它，白塔就再也没飞回来了。

万圣寺旧门（朱华高摄）

古时白塔修建非常讲究，不但和地理风水有关，还和思想文化有关，尤其和地缘政治关系密切。

78. 黄湾镇

朱华高

黄湾镇地处峨眉山市西南部。东邻峨山镇，南接罗目镇，西连洪雅县高庙镇，北靠川主镇。政府驻地黄弯村1组（景区路三段346号）。镇名之得，乃政府驻地黄弯村和此地黄姓居多。

黄湾镇明清时属翔凤乡。1934年，属复兴乡，直到峨眉县解放。1944年，从一区划出石佛乡、复兴乡和峨山特编保，从三区划出黄岗乡，成立第三指导区。1949年，属复兴乡，驻地净水寺。1950年11月，石佛乡分出川主、太阳、东岳、天今、盐井五乡；复兴乡分出净水、黑水、麻子、龙门四乡。复兴乡和石佛乡分辖黄湾。1955年11月，并净水、黑水、麻子为净水乡；并天今、龙门为天今乡。1958年10月，净水、天今乡并入峨山公社。1959年7月，从峨山公社分出净水公社。1962年1月，从峨山公社分出天今公社。1979年，将峨山公社报国大队、净水公社茶场大队划归天今公社。1980年5月，天今公社更名天景公社。1984年4月，恢复乡建制，改为天景乡、净水乡。1992年，撤天景乡、净水乡并入峨山镇。1997年4月，将原天景乡、净水乡从峨山镇分出，合并成立黄湾乡。2017年12月，黄湾乡更名为黄湾镇。

黄湾乡位于世界自然与文化双遗产之地峨眉山风景区，地形以山为主，海拔450～3099米，素有"一山有四季，十里不同天"的美誉。这里有植物5000余种，野生动物2300余种。这里以优美景色闻名世界，以道教仙山、佛教圣地著称中外。除了耳熟能详的报国寺、伏虎寺、双桥清音、万年寺、洪椿晓雨、九老洞、雷洞坪、金顶日出、舍身佛光、千佛顶、万佛顶外，还有不少秀色美景鲜为人知。如蒋介石官邸、蒋介石训话台、红珠山传说、萝峰庵蒋太史修志、宋皇坪轩辕问道、纯阳吕祖碑、灵虚第七洞天、药王洞孙思邈炼丹、鬼谷洞鬼谷先生述著、三霄洞赵氏三姐妹修仙等。

峨眉山下黄湾小镇（李家俊摄）

　　总之，峨眉山是美妙无穷、千奇万化之所在。植物学家、动物学家、地质学家、气象学家、营养学家、探险家、医者、登攀者、赏景者，男女老少，各色人等都能在这里找到期望。

　　如今，黄湾镇正在打造特色小镇，昔日游人匆匆来往，毫不惹人眼的普通小山湾，已有了翻天覆地的变化。游人游览峨眉山，必能找到新的感觉。

79. 三霄洞（二则）

三霄洞
朱华高

三霄洞，位于峨眉山九老洞右侧 20 余里的舍身崖下断层地段的天然洞穴。传说这里曾是赵公明三个妹妹云霄、琼霄、碧霄修炼的洞府。赵公明在三霄洞上边的九老洞修炼。周、商大战期间，赵公明被师弟申公豹骗下峨眉山助战商纣王，死于战阵。申公豹又上峨眉山骗云霄三姐妹下山助战商纣王，替哥哥报仇，大摆黄河阵，又致其死于周丞相姜子牙阵中。

1997 年版《峨眉山志》载："三霄洞原名三仙洞，在仙峰寺西南 10 余公里处，海拔 1750 米。相传为神话故事《封神榜》中三霄娘娘修炼的洞府。据初步考察，洞口位于峭壁上，呈扁圆形，高 4 米，宽 6 米，左侧残存灶基。洞内一厅，地面平坦，高 3 米，面积约一百二三十平方米。内有方形石龛、长方石台各一；7 米深处变狭，有数条岔道。洞道总长 213.8 米。离洞口 150 米处，另有一室，高 5 米，宽 8 米。洞内恒温 12 度，干燥，无滴水。"

1925 年，自贡籍峨眉山僧人演空看中了这蔓草丛生、山荒地僻、人迹罕至的悬崖陡壁，便开辟三霄岩洞为寺庙，供奉财神爷赵公明和三霄娘娘。

1991 年版《峨眉县志》载："演空和尚不辞辛苦，来往于成都、重庆、宜宾、自流井等地，四处化缘募捐，在入洞处修起了佛堂。又在洞里供起了三霄（云、琼、碧）塑像，颇为严肃。"

1927 年，演空和尚家乡几十人为表庆贺，送一口大钟到三霄洞，晚上在三霄洞内唱戏，不幸发生火灾，包括演空在内的几十人葬身洞中。不久，成都《新新新闻》刊出特大消息："峨眉山大摆黄河阵，三霄洞娘娘显灵，七十余人丧生！"一时成为四川一大新闻。由此三霄洞被四川省、峨眉县政府下令封闭。

三霄洞起火原因有多种版本。其中一种在民国时期较为权威的版本是说，洞内一氧化碳浓度高，唱戏时，因燃木炭取暖，被引燃从而引起爆炸。此说因是成都某大学学者亲临考察得出的结论，具有一定科学性和权威性，被官府和社会大众所接受。但是，20 世纪八九十年代，又有探险家和学者再次进洞考察，推翻了一氧化碳起火说，认为根据多方面检测和科学推论，洞内不可能存在一氧化碳。起火原因，仍然是迷。

从距峨眉山市城区 15 公里的高桥镇可步行到三霄洞。20 世纪五六十年代，高桥万槽村不止一人多次到三霄洞附近扯草药、种黄连和刮菩萨身上的金粉卖。这些人多次进洞住宿。他们到三霄洞的路线是：高桥镇福田村—大坡岗—大店—钟宝岗—糖包子—河心（雷动坪下方）—银板岩—三霄洞。从上述路线步行到三霄洞需一天。到了银板岩前要钻一个洞，到了三霄洞下要搭梯子才能爬到洞口。洞口像房子一样高，有四五米，宽约六米。那时洞里东西都还在，如菩萨、桌椅、生活用具、云板等。也有一些遗体。有的男女遗体在神龛前并排躺卧，穿戴整齐，似为殉情。洞里有三殿，从洞口到最里面，长 500～1000 米，要走两照火稿（方言，火把），时间为 20 至 30 分钟。殿里塑的神像有三霄圣母，还有戴高帽的神像，不知道名字，都是木头贴金的。神像下面是石头条桌。

九老洞三霄洞亡故缪沟井民众碑，1920 年立（朱华高摄）

他们说，钟宝岗离三霄洞还有二三十里远，那是放钟的地方。解放前，三霄洞出事的那天，抬钟的人走得慢。钟抬到钟宝岗时天色已晚了，就说第二天再抬上去，谁知晚上就出事了。那个地方后来就叫钟宝岗。糖包子的地名来历是，三霄洞没修好以前，人们是在糖包子那个地方弄饭吃。那天搞庆祝，也在那里做饭，做糖包子，后来那里就叫"糖包子"了。糖包子到三霄洞还有约两个小时的路程。

三霄洞遇难者亲人的回忆

曾淑清

我在儿时，隐隐约约听过老人们在茶余饭后说，很久很久以前，峨眉山上有个和尚

497

叫演空，他开辟了三霄洞为佛寺，为纪念赵公明与其三位妹妹。演空和尚不辞辛苦，到重庆、自贡等地化缘，经历了千辛万苦，终于筹足了修庙宇的钱。他回到峨眉后就马不停蹄地购买建材，挑选工匠。他要在舍身崖上开工，修建三霄洞。谁知庙宇刚刚竣工，在庆祝大会上，成都戏班子唱戏时瞬间一条巨大的火龙从洞里窜出，夺去了七十二条人命。我的大伯，就是受害者之一。

小时候，我也曾经问过父亲，我们是不是有个大伯？峨眉山上三霄洞受害者有我们的亲人吗？每每这时，我的父亲总是悲泣地跟我说："孩子，你还小，等你长大后就会知道的。"就这样，这个谜团伴随着我长大成人。

1987 年冬天，父亲病重，我到他身边陪护时又想起了峨眉山上的三霄洞和大伯的事情。于是我请父亲告诉我三霄洞的故事。

我的父亲名叫曾玖铭，又名曾汉武，生于 1920 年，家住峨眉山市绥山镇大南村 7 组。当我提起这件事时，他哀伤地对我说："峨眉仙山舍身崖上有个'三霄洞'，它在金顶正面的悬崖绝壁中间；经过仙峰寺，离九老洞很近。'九老洞'是赵公明修道练功的洞府；'三霄洞'是（云霄、琼霄、碧霄）三位圣母娘娘修道练功的洞府。该洞高 5 米，宽 6 米，长 214 米，洞中有洞，好似迷宫。"

"民国年间，重庆、自贡等地有很多居士，他们为修建峨眉山三霄洞，捐助了很多的银圆，后来还筹钱铸造了一口大大的铜钟。到了三霄洞竣工时，众多香客千里迢迢来到峨眉山舍身崖上，为庆祝三霄洞开洞做祭祀，举行'献钟'仪式。谁料想，祭祀前一天的晚上，就在三霄洞里，大家正在高兴地看戏时，刹那间洞里窜出一条巨大的火龙，将和尚、师傅、徒弟、工匠与香客全都烧死在洞里。当年，你大伯还不到十八岁。就此，三霄洞的喜庆变成了灾难，三霄洞的事情也再没有人提起了。"

"三霄洞开工前，演空和尚要挑选手艺最好的木匠，到舍身崖上去修建神仙庙、雕刻菩萨等。他经过多次择优挑选，最后选中了技术精湛的杨木匠（父亲大哥的师傅）。杨师傅接受了在舍身崖上修建三霄洞庙宇的重托。择日，他带领众徒弟祭拜了鲁班祖师爷，辞别了家中父母，向峨眉山舍身崖上进发。过了两年多，一天，我的哥哥突然回家来了。他一进家门就高兴地比比画画：'三霄洞修得太好看了，洞门盖有柏木的飞檐瓦房；庙门高大双开，刷红色油漆，上面有很多颗黄色的又大又圆的铜锭；大门两边站着（木雕）两个高大的门神，听师傅说，一个叫关公、一个叫张飞。门神威武雄壮，穿戴武士盔甲，手里分别握着长枪和大板斧。洞里，是坚硬的檀木雕刻的赵公明、三圣母娘娘和十八罗汉身像。大殿里供奉赵公明神像，二殿里供奉三圣母娘娘神像。神像的神情端壮、慈祥。大厅两旁排着十八罗汉像。罗汉们的相貌非常吓人，个个手里都握有神器。每个罗汉头上、身上都贴了金片。洞壁两旁安装了许多灯，如果点燃神灯，灯光照亮罗汉身上的金片，那洞内就是一片金光闪闪。大殿侧面修有和尚的住房、客房、储藏室等。储藏室有的堆放粮食、蔬菜，有的堆放香火祭祀用品，还有的堆放经书。大殿里放着很多桌子和板凳等。三霄洞外修建了厨房、饭堂、茅房等。'我的哥哥还说：'演空对我们打造的家具非常满意。他决定放我们回家休息三天。并要求大家假期满后，都要回到山上，参加开洞祭祀，然后领取工钱。'"

"然后，哥哥还拉着我的手说：'弟弟，等你长大些，我带你到三霄洞里去，拜拜菩萨，让他们保佑你好好读书；长大后，像我一样挣好多的钱，让一家人过上好日子。'不过，听我师傅说，进洞以后，不能乱跑，如果跑进小洞里，就找不到路出来，很吓人。我使劲地点头，说：'哥哥，我记住了。'哥哥走后，我天天数时间，期盼哥哥早点回家，早点带我上山去拜菩萨。"

稍事休息，我的父亲含着眼泪接着说："我万万没有料到，哥哥上山后，第三天就有人惊慌失措地来我家传信说三霄洞里出事了，演空和尚、木匠师徒、工匠和香客们，都死在三霄洞里了。我们一家人哭成一团。哥哥他前几天回家，竟成了与亲人的永别，我再也看不见哥哥了。你们的爷爷听到噩耗后，气得捶胸顿足。他禁不住这突如其来的打击，顿时口吐鲜血，一病不起。过了几天，他老人家就撒手人寰了。才十多天的时间，我家就去了两条人命。母亲哭得死去活来。她为了一双年幼的儿女，在大病一场后坚强地活了下来。当年我只有十岁左右，为了母亲和我们的家，我只好依依不舍地离开学校，回家种田养活全家。"

三霄洞祭祀（李小洪摄）

最后我的父亲期盼地说："孩子们，你们要好好读书，等到长大以后，帮我问问，神仙洞为什么有妖怪要杀人？你们大伯的师傅、师兄们好心修了庙子，雕刻了菩萨像，为什么还死在了洞里？"

时过境迁，现在回想起来，对于峨眉山舍身崖上三霄洞里大伯师徒的死因不明，死难者的亲人们都苦不堪言。现在，就是峨眉山市 70 岁左右的老人，大多都不知道舍身崖三霄洞里曾发生过的故事了。

80. 龙洞

张素珍

说起峨眉山龙门洞、白龙洞，许多人都很熟悉，而对峨眉山龙洞，就鲜为人知了。听说峨眉黄湾乡龙洞村，就是因为这里有个龙洞而得名。龙洞又是怎么一回事呢？我怀着一颗好奇的心去寻觅它，探索它。

到了峨眉山，沿着去洪雅方向的乡村公路下行两三百米，向右瞰，映入眼帘的是竹海葱茏，绿荫如盖，给人一种神秘感。再行几十米，见路边竹树稀疏的斜坡上，绿毯般的青草中摇曳着黄白相间的艳丽山花，中间贯穿一条曲径，这是游人踩出的路。因为龙洞这一景点尚待开发，还没有旅游大道可去。坡与对面一座浅山对峙，形成了中间的低谷。透过竹树，仿佛见有小桥流水。一打听，龙洞就在那低谷浓荫下。

我沿着小径来到山谷，并不见有水源，更没有喷水如龙的龙洞。只见一个旱洞从山底伸展出来，数米之后有浅滩，浅滩以下有个深浅莫测的沱，宽四五米，长七八米。顿时，心绪有些不悦：这算什么龙洞？本是沱，并不是"洞"，更无"龙"的迹象。我想象的龙洞，至少悬在几十米乃至百米的峭壁上，有一个洞喷射出桶粗般的水柱，如龙跌下深谷，浪花四溅，气势恢宏，令人炫目。可是在对岸离水面几米高的坡上，又明明立了一块刻有"神奇的龙洞"的石碑。这到底有啥"神奇"呢？沱水绿如蓝，平如镜，似乎没有流动，可不腐，是怎么回事？为考察沱里水到底是死水还是活水，我扔下两片树叶，蹲下细看，树叶竟然在微微往下移动。我激动起来，正惊喜时，只见阳光照射水面，奇迹出现了：沱面空间显现出了五彩光环，犹如金顶上的佛光花环。这时，我被这神奇的景象深深吸引了，如痴如醉。

往下行，见沱上凸起一块十来平方米的土丘，它越过深沱，与两岸接壤，将沱拦腰截断。但奇怪的是，却不见上段水往土丘顶上溢。这说明土丘悬在沱水中而未触沱底。所以，上半沱的水仍是那样平如镜、绿如蓝，不竭不涨，微微往下移动。越过土丘再行，又见一绿似碧空的深沱。与上沱不同的是，人能见它似动非动，似流非流，而不是平如镜。此沱末端有两条沟壑淙淙流淌，继后汇注于一阔浅沱。一阵迂回，会合于一狭而深的石谷，然后猛冲出去，在二十余米宽的滩扩展成河，"哗啦啦"的水声在山谷回荡，一里之外也能听见。

峨眉山龙洞深不可测，源头在哪里，至今仍是个谜。

由于龙洞神奇难解，民间就流传着关于它的传说。

据传，若干年前的一天，诸神仙聚于峨眉山金顶。韦陀菩萨早到一步，忽然看到金刚嘴一带在震动。一经查看，发现不好！一条恶龙正试图把峨眉山凿空。韦陀急忙用手中的神棒拄了八八六十四下，恶龙见势不妙，慌忙逃到这后山，妄图穿山而出，去沙湾欣赏大渡河风光。恶龙刚凿了个洞，韦陀又在金顶拄了几下，搞得恶龙急忙往洪雅方向钻。它凿呀凿呀，凿了一条暗道到了洪雅河。洪雅河的水源源不断地从暗道流过来，成了龙洞的第一沱，即主沱，又称无底洞。雅鱼和瓦鱼也随流水到了主沱。后又随流水径直流到了龙洞河。所以，至今龙洞河都有不少雅鱼和瓦鱼（瓦鱼即洪雅瓦屋山沟的鱼）。

土丘以下的一个沱即龙洞河头的第二沱，这又是怎么回事呢？据说恶龙去到洪雅河，可是洪雅河已被青城山下来的黑龙霸占，只好又沿暗河返回风景迷人的龙洞河头，但不敢再上山作恶，就悄悄潜入无底洞口，往下凿了一个暗洞。那洞上凸起的土丘，就是它拱起堆成的。往下凿了十来米，恶龙心想，只要自己不再作恶，韦陀菩萨也不会再惩治自己了。于是就从洞底深处钻出来，形成了龙洞河头的第二沱——方沱。方沱的水就是从土丘以上的主沱底流下来的。难怪方沱的水和主沱的水一样绿如蓝。恶龙就在主沱、方沱之间钻来钻去游乐。

时间久了，不免感到狭窄烦闷，于是便往下游动。方沱下的那条水沟就是它的足迹。方沱的水跟随恶龙往下流。没流多远，到了一个宽而长的坝。恶龙高兴极了，就在坝上转了几圈，打了几个滚，形成了龙洞河头的第三沱——长沱。大坝上还有些小窝凼都是它的足迹。

以上三个无底沱，统称龙洞。

恶龙在清澈亮丽的浅水长沱游乐、观光，见安全无恙，就一天天放肆起来。它继续往下走，走出龙洞尾外滩，不料遇见女娲的女儿娲妹。恶龙劣性未改，一见娲妹，就向她扑去，想一口将她吃掉。勇敢的娲妹将梳妆镜往背上一背，就与它搏斗起来。激战中，恶龙招架不住，吐出龙宝而死。据传，龙洞河尾第一滩上那块圆滑美丽的石头，就是当年恶龙吐的那块宝石，所以，这滩又叫龙宝滩。恶龙死后，变成四脚鱼，与雅鱼、瓦鱼同游在龙洞河，不再作恶。娲妹在这场恶斗中，也受了重伤，最后死在河滩上，变成一个巨型神蛙，高高昂起头，伏于水室之中。这就是龙洞河尾外第二滩，又叫神蛙滩。她的梳妆镜变成了神蛙滩上那个又圆又大的明光闪闪的莲花池。莲花池中，有一朵美丽的莲花，花瓣中的一个莲花仙子，亭亭玉立，她就是娲妹的化身。你们去看："神蛙"背上还有三个小莲池。涨水时，莲池如米锅滚沸；如遇特大洪水，三个莲池会朝天喷射数米高的水柱，蔚为壮观。据传，这是娲妹死后，女娲来寻觅女儿，看到女儿早已成为土石之蛙，伏在四面环水的龙洞河滩上，于是流下了悲伤的眼泪。这三个小莲池就是女娲晶亮的泪珠。

绕过神蛙滩往下行，就是龙洞河的尾外第三滩，又名自然滩。再往下行，是龙洞河尾外第四滩，又名蓄水滩。三、四滩，也是雅鱼、瓦鱼、四脚鱼聚居处。四滩水深，常有轻雾弥漫于水面，或高或低，或层层叠起，或一线绕旋，有时随风飘逸融入山雾，升上金顶，令人神往。

龙洞景区，处于峨眉山山腰的后山西北隅，海拔约一千四百米，群山环抱，犹如婴孩躺卧在温暖的襁褓中。无高山空气稀薄的不适，无城市的喧嚣繁杂，无狂风袭击，无烈日炙烤，这里春和冬暖，秋爽夏凉，山清水秀，百鸟朝龙洞，千鹊闹茂林。而且龙洞村1组乡亲们自筹资金，自己动手，对龙洞做了些初步开发，有些基础设施——光洁如玉的水泥板，依几个沱岸的曲折形状铺就的桥——"自然天成"，在翠竹茂林缝隙中影影绰绰，恰好形成一个"之"字状，与"洞"交相辉映，如龙戏水，如诗如画。去龙洞河坐游船或从此岸过到彼岸，可自由饱览龙洞景区的无限风光，抑或置身于桥上，体验回归大自然的无穷韵味。

峨眉山"神奇的龙洞"，真是神奇。去峨眉山，如不去龙洞一游，实在遗憾！

今日龙洞湖（李华英摄）

81. 筏子坝

朱华高

　　高高的峨眉山上有一个水运码头——筏子坝。筏子坝码头位于高庙到峨眉的高峨古道上，就在如今峨眉山旅游公路上的黄湾乡桅杆村。

　　说起筏子坝，20世纪五六十年代还有个笑话。中华人民共和国成立初期，筏子坝被称作麻子坝，概因筏子坝的"筏"字被读成"麻"字，麻是筏的讹音，"筏子"谐音"麻子"，时间一久，就习称麻子了。外地人不知内情，以为此地人脸上麻子多，导致筏子坝人嫁娶都困难。当地人强烈要求更名，上级体谅民意，遂将"麻子村"更名"桅杆村"。

　　为什么更名桅杆村呢？筏子坝边是上下峨眉山和往返峨眉洪雅的古道。坝子处有一根高高的桅杆，上点油灯，夜晚照亮过路游人，也照亮放筏商人。所以，筏子坝也称桅杆坝，更改地名时，便取桅杆坝之意，更名桅杆村。

　　桅杆村的河边曾经是放运竹木的码头。这条河是峨眉河的源头之一，曾经河宽水深，直流下游。山里人欲卖竹子和木材，就利用河流水运，在此地将竹、木捆绑成竹筏或木筏，放入河流。或者欲卖药材、茶叶等山货，也将货物装在竹木筏子上，筏子既是商品又是运输工具。人在筏上，用竹竿划水或支撑，沿途经两河口、黄湾、川主，进入宽阔平缓的大河道，过峨眉县城，下符溪镇，在杨湾和青衣江合流，再沿河而下，在草鞋渡和大渡河合流，再往下，在大佛脚下和岷江合流，入长江。竹木交易可在峨眉县城北门大桥码头，也可在符溪镇码头，或在杨湾、草鞋渡等码头。

　　如今，桅杆村村民在筏子坝周围修建了不少农家乐和旅游度假酒店。这里空气清新，环境清幽，食品都是当地所产的绿色产品，村民服务热情周到，价格合理，吸引了不少旅客来此度假。

黄湾乡桅杆村筏子坝水运码头遗址（朱华高摄）

82. 黄莲山

宋章祥

峨眉山盛产三种黄连，若论品级，以岩连为优。岩连生长在悬崖峭壁，不易采摘。采连人攀岩走壁，临危登险，据说并非全是为了此物价昂，还是为在其中觅宝。原来，凡岩连多被吃掉的，叶丛中必有其物，噬叶如蚕，但形与蛇同，只是遍体黄绿透明，可见五脏。采连人称之为黄连蛇。

相传：清同治二年，有樵夫打柴，不慎从树上掉下，左腿折断，血流不止。正躺在岩下闭目等死之际，忽见岩上悠悠坠下一物，状若雨滴，色黄黏稠，不偏不倚坠入腿伤处，渐渐润化，浸入骨肉。少顷，樵夫痛楚消失，伤口不见。心中无比惊喜，起身试步与常人无异。抬头一看，见峭壁上有岩连一簇，中有拇指大小黄蛇一条。那物在叶丛中边吃黄连叶边向下排便。方才坠落之物，正是其所排粪便。

樵夫欣喜，顺便从岩下拾起星点蛇粪回家。而后分三次运用，居然救活一婴儿，治好一个已眼瞎 26 年的盲人，治愈一癞头，让其新生满头乌发。

樵夫的奇遇可叹一绝，可惜片鳞只爪，不足读者奇心。唯有一说倒是有头有尾。

1929 年，黄湾有孤儿马晓，年仅 12，人小志大。见村人进山采黄连发财，也跃跃欲试。可谁也不想带他，怕老林荒莽，人小出事。

一次，马晓尾随村人偷偷进山，不久掉队迷路。他生性胆大，居然敢一人在深山老林瞎闯，过夜。

他没采得黄连一两，却拾得一筐被人遗弃的生叶。

马晓回家，即将连叶送到镇中叫卖。可是从上市到下市均无人问津。他又饿又困，一气之下正欲弃掉回家，这时来了一外地人，蹲下细看筐中之物，对马晓说："我都买了。"说着塞了一叠钱给他，这让马晓惊喜不已。

这夜，马晓做了一梦，梦见一裸体小孩，细皮嫩肉，腰系绿肚兜，满面泪痕向他哭诉："都怪你，把我带出深山。这下好，把我当药用来泡酒，我必死无疑了！"他一惊醒，知道做了错事。

天刚明，马晓径直到小镇客栈。那外地人还未起床，他将钱往他床上一放，道了声"不卖了"，背起那筐黄连叶便走。

那外地人慌了，忙翻身下床，追出客栈。马晓见他不罢休，知回家不妥，便往山里逃。

马晓逃到山里，那外地人追到山里。马晓人小腿短，眼看被追上，心里一慌，脚下一踉跄摔倒在地。那人见状几步窜上，正欲抢过药筐，忽见筐中连叶松动，窜出一条指头大小的黄蛇，心中大喜，正欲伸手去擒。"嗖"的一声，那小蛇黄光一闪，变得碗口般粗，毒信直颤，顿时骇得他面作土色，仓皇逃遁。

马晓摔倒在地，回头一看，见筐中窜出蟒蛇，当下吓昏。昏迷间，他恍惚听到有人在说："药筐有粪便 32 粒，可救 32 人性命，所取之财，够你足用终生。"说毕，他苏醒过来，睁眼一看，自己正躺在床上，窗前端放着那筐黄连叶。

他忙下床，将连叶倾筐倒出，果然从中觅得蚕粪状颗粒 32 粒。他知是宝物，心中又惊又喜。

一切如梦，马晓得黄连蛇粪 32 粒，历时 11 年，救活病死伤 32 人，获酬金酬物若干，足他享用终生。

龙池黄连种植基地（朱华高摄）

83. 木鱼山

黄 平

　　木鱼山，地处峨眉山万年寺后山的茶场村。据传，当年普贤菩萨路经峨眉山万年寺，其座下宝象驻足于此，因下了几个"金蛋"，遂形成木鱼山。每逢天下大雨，雨水撞击山体，岩石就会发出悦耳之声。并且，山上生长着一种古茶树，枝繁叶茂，千年不死。唐朝李善所著的《文选注》中记载："峨眉多药草，茶尤好，异于天下。今黑水寺后绝顶产一种茶，味佳，而色二年白，一年绿，间出有常。"

　　而至清朝，传说康熙为寻遁入空门的顺治帝，于康熙四十一年（1702年）钦派大臣葛哈齐、头等侍卫海清、兵部员外郎德其内等人，到峨眉山降香。而康熙皇帝自己，则微服装扮成四大臣的随从，前来峨眉山。万年寺僧人奉上当地木鱼山的清茶，康熙饮后，赞不绝口，当即命人将此作为贡茶，送回京城，献与孝庄太后，并赐名"圣寿一枝春"。

　　四川自古以来，便是我国栽培茶树的主要地区，远在三千多年前的西周，蜀地便以茶叶闻名。"圣寿一枝春"产于海拔800～1200米峨眉山山腰的万年寺木鱼山一带。这里群山环抱，终年云雾缭绕，翠竹茂密。此地产出的茶叶茶香清雅，滋味鲜嫩，有提神益思、生津止渴、消除疲劳的功效。

峨眉山万年寺木鱼山上的圣寿茶苑（李家俊摄）

84. 龙门洞与石船子

陈文治

龙门洞是峨眉山的重要景点之一。

发源于峨眉山北麓尖子山的龙门洞河带着峨眉仙山的神韵和山野清香，一路穿山越岭，跌宕起伏，奔流而至龙门洞。

龙门洞是游览峨眉山金顶的必经之地，也可说是登山的重要门户。因其双峰笔立，林木森森，故称龙门。这里处处飞瀑流泉，草木萋萋，景色十分壮观。

20 世纪 30 年代的龙门洞景区（李家俊提供）

龙门洞河边山崖上原有一个溶洞，相传洞中有石桌石凳，洞口上方有南宋年间嘉州（乐山）太守孙富春于乾道六年（1170 年）题写的"龙门"二字。洞中崖壁上还刻有古代诗人的题咏，给古老神奇的龙门洞增添了许多文化色彩。其中，以民国年间上海游人蒯镜海先生在游经龙门洞时的题咏最让人回味。他想到自己已年过半百，唯恐今生不能再来，故而题写"再生同来"四字，寓意今生不能来，来世也要重游。由此可见，蒯先生对龙门洞的景色何等痴迷。

今龙门洞石船子（袁学方摄）

说到龙门洞，还有一段神奇的故事。原来龙门洞河水流很大。解放前，峨眉如发生天旱，久不下雨，禾苗难以生长，峨眉人就要到龙门洞的那个溶洞安虎脑壳（方言，老虎头骨）。安放时由水性好的男子手持老虎头骨潜入水下，游至溶洞安放，然后回到岸上鸣放几枪（火药枪）。当人们还未走到黄湾，天就下雨了。这样便可缓解旱情。这一习俗流传多年，直到峨眉解放，因反对迷信才废止。据当地人说，因为在龙门洞安虎脑壳形成龙虎相斗，必然下雨。其实，用科学的观点看，早年峨眉山龙门洞一带森林茂密，常年云遮雾罩，空气湿润，加上鸣枪震动空气，导致下雨，是符合科学原理的。

可惜岁月更替，历史沧桑，龙门洞河经历了漫长岁月，地质变化，再加上20世纪50年代修建峨眉至洪雅的公路损坏了原有的地质地貌，导致水量减少，许多瀑布消失了。加上多年泥沙淤积，原来古老神奇的溶洞再难觅踪影。

从龙门洞沿河逆流而上约1公里，河中有一段长约30米、宽约2米的岸石裸露河中，像一只船，故被当地人叫石船子，峨眉山上的僧人则叫它普贤船。传说当年普贤菩萨带了很多经书来峨眉山，先是用船装着经书到了龙门洞，看见河道越来越窄，水流更加湍急，滩多浪高已无法行船，只得将船停在河边，再用白象驮着经书上山。多年后，木船化成崖石，这就是"石船子"的来历。

清代游人何永骏曾题《咏石船子》一诗：

隐踞云溪障紫澜，高呼石船渡溪难。

可知普贤当年事，留得慈航待我看。

还有一个叫寄铨的游人也曾题诗：

谁泊石船野涧滨，梵王应恐我迷津。

何缘缆系深山里，漂荡中流不渡人。

这些诗极其生动地描写了石船子古老而动人的故事，而历尽沧桑的石船子至今仍留在河中，带给人们无限的遐想。

85. 五显岗

许德贵

自峨眉山清音阁往下走不远处，在停车场旁，有一山岗，叫五显岗。故停车场名五显岗车站。传说，这岗原来叫天岗，是因为佛门的"腊八粥"更的名。

从前，不知何年，峨眉县的县官已判了一个人死刑。后来因为这个人家年年都供应给行人喝腊八粥，救了他一命。

据说，这个被屈打成招判死刑的"囚犯"名叫天林，家居山腰清音阁下山路边的天岗上。天林常常爬山扯草药来维持生计。

别看他家穷，可他母子最信佛，常去寺里拜佛不说，每年的腊八节，他家都要熬好多好多的粥摆在路边棚里，请下山上山的客人喝。母子俩脸上的微笑，有如金顶佛光一样灿烂；母子俩口里"祝福平安"的话，有如峨眉山上普贤菩萨祝福众生平安一样温暖。

虽说天林家的腊八粥每年只供应一天，但是，母子俩要准备一年。即第一年腊八节过后第二天就要动手准备第二年的了。母子俩先将当年煮粥腾空的器具洗晒。第二天开始，儿子便上山一边采药，一边见到能吃的野豇豆、山核桃、菊花果等都一一弄回家。母亲就一一洗晒收藏。

时间过得快，天林转眼二十多岁了，还没有娶到妻子。他是一个孝子，山上山下都有招他做上门女婿的，但他都一一拒绝了。母子二人就这么年复一年地，将做腊八粥当成一生大事来做，当成生命的一部分。

真是天有不测风云，人有旦夕祸福。且说这天夕阳刚落到峨眉山背后，有个三十多岁的男子，说是来讨歇（方言，意为住宿）。母子俩见他可怜，便答应了。

谁也不会料到，第二天早上，他家的大门被打得"砰砰"直响，随即闯进两个持枪的人，自称是奉峨眉县令之命，要将这"讨歇者"捉去县衙。

只听山上邻里说，讨歇的是峨边县附近的人，衙役说他犯了法，他便逃到山上躲藏。

难料，没隔几天，县衙派人将天林传了去，说他是同案人。

事情坏就坏在那位男子，他不该在苦刑下乱咬，硬说是来山上找同伙天林的，几审几动刑后，天林与那男子一样，判了一个死刑，丢监，只待嘉州府批下执行。

真是"缘自佛意"。儿子的噩讯，母亲一点不知，丢监后没两天正是腊八节，母亲一人照样熬腊八粥。

花开两枝。再说当年的县官曾孝孝，执法粗粗，却孝心浓浓。为官后就将老母接在身边住，问寒问暖，大孝感人。

曾县令的母亲曾刘氏，从小随母信佛。别看她平时衙门不出，却佛门常进。特别是每年的腊八节，她都要邀约好友——那嘉州府官的夫人王太太（王简氏），一道上峨眉山清音阁敬香，再下山往回转，到天岗来喝天林母子熬的腊八粥。

天林被县府传走了，其母就找了住在县城的侄儿天音来帮忙。

中午时分，县官老太太、府官夫人仍像普通朝山居士婆婆那般穿着，与两三位老居士一道就位喝粥，嘴里直夸这儿的腊八粥特别好喝。

她们吃饱喝足，闲谈时，忽听天林母亲大哭起来。她们同坐的人都走过去，想问个究竟。

原来是侄儿天音的父亲天大爷，特地从城里赶上山来，把听到的天林的祸事一五一十地告诉了天林娘。

听众无不动情，山上人都知母子底细，纷纷劝她别伤心过度，想法救儿子才是要紧。人们主张第二天到县衙门口集体请愿。

听众中的两位官太太如何反应呢？她们不禁动容，详细问了山上老居士，老居士都说天林是大好人，他们不认识那"讨歇者"。

第二天，县官曾孝孝刚入衙门，就见一大群人在衙门内席地而坐，问其由，与昨夜母亲讲的一样。便分开人群，大步走到人群前面，没等大家发话，就大声宣布道："乡亲们，我是曾孝孝，对天林一案的判决，幸好州府还没批下来。现发现疑点，我决定明天重审，请乡亲选派两人来旁听。父老乡亲们，请大家回去吧！"

曾县官送走来人，刚在太师椅上落座不久，嘉州府官来令，明日重审"天林谋反"一案，嘉州府官、峨边县官都要来此听审。

这天，峨眉县衙出现了很难见到的"三堂会审"。被告者天林，是个勤劳善良的聪明青年，听了县官一改往次大堂的威严，言语大有改变，便吞了吞口水，挺了挺腰，将"讨歇者"的事一五一十地说了出来。

案件审查结果，天林被宣布无罪释放。

再说，天林母见儿子平安回来，喜泪扑面，择日又重熬腊八粥感谢乡亲。

常说"人在做，天在看"，乡亲们热热闹闹地重喝腊八粥那天的正午，天林家的天空中，一朵又一朵地飘着彩云。人们数了又数，共出现了五朵。人们正议论这罕见现象时，其中一位才从金顶上下来的邻里说，天林回家那天，金顶出现了佛光。

后来还发生一件令人开心的事。距天林家不远的一位年轻、美貌、聪明、贤惠的姑娘与天林喜结良缘。

峨眉山上出现了"腊八粥救了人命案"一事，惊动了天岗的天姓家族，老族长天爷爷毅然决定改地名，将此作为永远的纪念。天爷爷派人查了查，天林一家行佛事，单是路旁布施腊八粥，已传承至五代，又因"重煮腊八粥"那天，天空中五次祥云显现和天林获救回家那天金顶展现佛光，便决定把佛光普照的"天岗"改成了"五显岗"。

鸟瞰五显岗（郭治安摄）

86. 斗龙坝

彭建群

很多人都听说过峨眉山白龙洞，但对斗龙坝却了解甚少。斗龙坝距新十景之一的清音平湖不远，位于峨眉山清音阁下方约 500 米的旅游道边。峨眉山黑白二水流到清音阁交汇后，经过牛心石，形成宝现溪，溪水里有一白石坝，人们便叫它斗龙坝。关于斗龙坝，有一个动人的传说故事……

峨眉山黑白二水分别来自当年在峨眉山上修行的两条巨蟒白蛇与青蛇的修炼之处——白龙洞和黑龙潭。白蛇和青蛇是一对修炼千年的蛇妖，它们经常结伴在宝现溪一带修炼，如影相随。青蛇属雄性，多年来一直暗恋雌性白蛇，但白蛇太美丽了，让青蛇望而却步。

斗龙坝（朱华高摄）

有一天，在习武休息的间隙，青蛇终于鼓足勇气向白蛇表达了爱意。此时的白蛇心中已经有"白马王子"许仙，但又不好直接回绝多年相伴修行的青蛇，就开玩笑说："想与我成婚，打赢我就成！"

青蛇自恃修炼多年，功力不差，应该和白蛇有一拼，就爽快地说："好，如果我打赢了你，你就嫁我为妻。"青蛇随手折断一根竹子，向空中一抛，把它变成了一把银光闪闪的宝剑。

白蛇立即说："如果你打输了，就回你的黑龙潭。"

青蛇想：万一打不过白蛇，我又不愿离开白蛇，就默默陪在她身边，岂不也好？便说："不行！如果我打输了，不再回黑龙潭，我就变成女子，做你的女婢，一辈子服侍你。"

白蛇立即说："好，一言为定！"

于是他们在这个白石坝上开始比武。青蛇性急，没等白蛇站稳，就挥剑刺去。他们上翻下滚，飞腾空中，打得昏天黑地，日月无光。他们你来我往，斗力斗法，大战了三天三夜。青蛇技不如白蛇，败下阵来。

青蛇重感情，守承诺，就地转了三圈，两手上下舞动三次，脑壳左右摇晃三回，向空气中喷了三口青烟，顷刻间变成了美丽的姑娘，成了白蛇的侍女。白蛇不忘多年在一起修炼的感情，把青蛇认做了妹妹。后来，青蛇陪着白蛇下峨眉到杭州，相随一生，见证了流传千古的白娘子与许仙的爱情故事……

后来，人们把白蛇与青蛇比武的地方取名"斗龙坝"。

87. 峨眉山"三顶"

张素珍

峨眉山闻名遐迩，每年吸引游客千千万。1996 年，经联合国批准，峨眉山成为世界"自然"与"文化"双遗产。这不仅在于它具有"佛光""圣灯""云海""日出""雪景"，也不仅因它是世界佛教圣地。它最奇特之处还在于三个顶并排矗立入云，似永不分离。

三个顶，即金顶、千佛顶、万佛顶，据传原本不是山，而是人，是三个同胞兄弟。年龄最大、个头最高的是长兄，较矮一点的是老二，最矮的是老三。他们不仅相貌长得非常相似，而且脾性、爱好都相同，相处很和睦，志同道合。从小，他们便立志皈依佛门，诚心修炼佛法，决心修成正果，普度众生。修炼时，长兄居右，老二居左，小弟居中。修炼中，他们不怕一切艰难困苦，长期坚持，发愿不修成正果、普度众生，誓不罢休。最后，连体大山的三个顶端逐渐呈现出蝴蝶头部，十分美艳，人们称它们为"峨眉山"。

由于他们坚持修炼，终成正果，成为美丽、稳固的连体山，具有了仙气，引来千千万万游人。

他们三兄弟并没有就此停止修炼，到了暮年，仍在坚持。

远眺金顶、千佛顶、万佛顶（郑德辉摄）

一天，他们正闭目打禅，突然觉得飘飘欲仙，就飞起来了，飘到了"三顶"背后下方隐居起来。

人们认为三僧灵气已飘走，就把"蛾眉山"改称"峨眉山"。实际上，三僧的灵气并未飘走，向峨眉山仰望、凝目的人和游峨眉山的人不但没有减少，还越来越多。

三僧修炼成正果，普度众生，隐居在山后，的确不假。你如不相信，就从金顶后山下去，沿着新修的林荫大道，向着制高点万佛顶攀登。行百步后，可见路边有一石碑。碑上刻着本文开头所传述的传奇的故事。该碑上图形似万佛顶、千佛顶、金顶连体状，名曰"三峰石"。

三僧修炼成功后，暮年飘到万佛顶腹部隐居，故有"心中有佛，佛在心中"之说。

后人为纪念三僧普度众生而坚持苦练成仙的感人故事，就在他们隐居的地方竖立了类似"三顶"的石碑。

88. 思秋坪

张素珍

我来到峨眉半个多世纪了，峨眉是我的第二故乡。

峨眉山舍身崖下有个思秋坪。

思秋坪位于高桥镇境内，沿公路到高桥镇下车，往右走，沿峨眉山方向步行约4小时，便可到达。我和一同伴请了高桥镇一个老药农卢月洪当向导，披荆斩棘向海拔一千多米的思秋坪攀登。经过四个小时的攀爬，我们终于到达了思秋坪。

思秋坪，其实不是一块平平展展的坪，而是一个北高南低的缓冲带，绿油油的草坪形如一张诺大的展开的绿绒毯，面积约两公顷。六座小小房舍缀于绿毯较为平坦的地方。房前屋后，有一小片地种着玉米、蔬菜、药材。这些农作物长势都不够好。然而最引人注目的是山坳上、路旁边自由牧放的黄牛群。它们不需要主人跟着，鼻上也未穿绳，只是每只牛脖子上系了一个铃。一旦某只牛离群走失，主人可循着铃声寻觅。早晨三三五五群出，午后三四点钟，已吃饱饮足，便沿着狭窄的凹凸不平的山路，鱼贯走进"绿毯"内较平坦的地带。它们追逐嬉戏，宛若大草原上的奔马驰骋。一只只黄牛膘肥体壮，油光水滑。它们身上披的似乎不是毛皮，而是一匹匹棕红色的罗绮，在"绿毯"上飘来飘去，成了峨眉山舍身崖下一道美丽的风景。

远看舍身崖，像一道矗立的屏障。而站在思秋坪看舍身崖就真切得多了：它是四道大断层组成的叠形山崖，各层之间都有一道沟壑相隔。思秋坪就是它的最底一层，中间一条十来米宽的沟壑叫"木打天"。深谷南边是思秋坪，北边是舍身崖的第三层岩壁。两边悬崖对峙，让人望而生畏。三道岩壁——即思秋坪崖正对面有一挂七八米宽、十多米高的瀑布泻入"木打天"，溅起如烟似云的水雾，在阳光照映下，五彩斑斓，熠熠生辉，煞是壮观美丽！

由于思秋坪常年温度都低，农作物长势差，不能解决乡亲们的温饱，所以几户人家生活来源除采药卖钱买口粮外，春秋两季向平坝出租牛也是一笔收入。

思秋坪这名是由何而来的呢？据乡亲们说，由于这个地方地处阴山，常年云遮雾绕，冬春没有多大区别，又拉得长，盛夏温度也仅有二十几度，夏时短，似乎一晃而过就又到了冬季，没有明显的秋天和好的收成。而秋天象征收获，象征希望，乡亲们都盼望硕果累累的秋天和大丰收，但这个地方总是没有秋天。盼呀盼，那硕果累累的秋天何时到来啊？所以，就把这个几乎没有秋天的地方叫作"思秋坪"。

据说，当年莫江等八位索道公司青年职工下舍身崖探险，目标是去思秋坪，就是想勘测地势后向政府建议在舍身崖到思秋坪之间建一条索道，让游客们可饱览舍身崖的无限风光，同时也可减轻金顶索道的压力。

他们的愿望很美好，但未能实现。听说，现在政府已有在舍身崖那边建索道的规划，如能实现，那么靠着旅游业就会把思秋坪，乃至高桥一带的乡亲们带上富裕之路。

思秋坪（薛良全摄）

89. 麻子坝

黄　华

　　说到蜀中胜景，无人不知峨眉山；谈到避暑览胜，无人不晓峨眉景区万年寺、清音阁一带；但提起一个避暑养生的佳境——麻子坝，却还不为远方游人所知晓。

　　麻子坝是个特别的地方，地处峨眉山半山腰，海拔约1090米，四面环山，由哨楼口、弓背山、鹿颈岗、老鹰顶、道竹山和戚山的针叶、阔叶林怀抱。在这些高山密林之间，高腔沟、玉沟、张沟、冷水河、干河子等大小溪流汇集成一条大河沟，流过麻子坝，汇入峨眉河，成为峨眉河的源头之一。顺着这条大河沟，一条景区公路上通峨眉山、右通洪雅高庙、瓦屋山，下至峨眉山市区。麻子坝就在此公路17~19公里处。得天独厚的地理位置造就了麻子坝的奇妙山水景观和风土人情。这里夏季气温20摄氏度左右，在最炎热的时候也不会超过28摄氏度，是人体感觉最舒适的温度。

　　麻子坝现辖于峨眉山市黄湾乡，是桅杆村和茶地村交界的地方，因特殊地理气候环境，特产黄连、茶叶、竹笋、干果等。过去，峨眉山由于交通不畅，信息不发达，当地山民只是枕着宝山做梦，千百年来过着自给自足的农耕生活。一条羊肠古道连接山里山外，唯一快捷的交通就是门前的大河沟。

　　麻子坝以前没有名字。峨眉山中众多小溪穿林跃崖，由涓流汇聚到方圆约四平方公里的今麻子坝上数里，形成一条湍急的大河沟；再跳下一段段陡坎，在这深谷两岸中经年复一年的山洪冲刷，渐渐形成坝（方言，平地）。临水有坝就宜人居，不知何时沿岸零星升起了炊烟。明末清初大规模"湖广填四川"，以骆、苟、牟、欧等姓氏为主的外乡人不远万里迁徙到了峨眉山，定居在麻子坝一带繁衍生息。随着岁月的推移，移民们用勤劳的双手在大河沟湍流歇息的地段临河建起了一条两百来米榫卯结构的房屋小街。

　　清澈湍急的流水成为山民背山货出山的唯一快速通道。山那边和山这边的物贸由人肩挑背驮运上半山七里坪、麻子坝一带，再通过两边的溪流，利用竹筏或木筏漂流下山。山那边的集散地为洪雅高庙，山这边的集散地为峨眉城西。由于麻子坝是峨眉山上峨眉县境内放流筏子的起点，被人们约定俗成称为"筏子坝"（筏子，峨眉方言，读作"pa zi"）。由于峨眉方言筏子和麻子发音相近，不知何时被好事者戏说讹传成了"麻子坝"。再后来，这莫名其妙的称呼被标定为今天的地名——麻子坝。说到这些讹传，与笔者交谈的骆姓老汉幽默地说："我们这里不产芝麻，不产蓖麻，更不产麻脸，哪里来的麻子嘛！"

　　同时，还有一个关于筏子坝凄美的传说。很久以前，筏子坝上坝一户人家有一小子，下坝一户人家有一丫头，他们两小无猜，青梅竹马。及至小子弱冠、丫头豆蔻，小子长成英俊健壮的大小伙，丫头出落成水灵清秀的大姑娘，二人情窦初开，暗许终生。小伙每每从上坝放筏漂流过下坝，姑娘就会深情地临窗迎送。在一个青杏初黄的时节，勤劳勇敢的小伙同往日一样捆绑搭载好老板们的山货，顺水放筏而下。姑娘亦同平日一样临窗眺望。小伙的放筏山歌带着姑娘的目光和心儿飞下山去。不料风云突变，大雨倾盆，山洪暴发。三天以后，小伙被人从山外某个地方的回水沱里找到，只是再也不能看姑娘一眼了。乡人把小伙抬回坝上，在小伙家人和姑娘撕心裂肺的哭喊声中，把他葬在上坝左岸大河沟拐弯处。不久，姑娘哀思过度，一缕香魂也随风而逝，被其家人葬在下坝自家临河岸边。多年后，上下坝小伙和姑娘安息的地方各自长出一棵含笑树和香樟树，入云参天，上下遥望。

有一年，此地路过一白眉老道，听了乡人讲述的小伙和姑娘的故事，沿大河沟巡视一周后，手摇拂尘掐指念道："善哉！善哉！天地精灵，筏子穴也！水打不走，火烧不垮。行穴不改，风水轮回。"筏子坝从此在乡人口头传开。

至今，到此的客人逆流出上坝二里地左岸，可见大河沟拐弯处一峭岩上岿然耸立着一棵三人才能合围的高耸入云的含笑大树。此树年年翠绿荫庇，黄花满枝，乡人俗称香花树。笔者到此时正值这棵含笑树花满枝头，芬芳四溢，遗憾的是下坝那棵同样高大的香樟树数年前已倒伏。

如果说在那些封闭落后的年代，乡人们只能把对美好生活的向往和丰富的情感寄托于想象中，那么自改革开放以来，那些想象和寄托已然变成现实。自推行土地退耕还林，当地村民响应党和政府的号召，靠山吃山、靠水吃水、艰苦奋斗、改革创新，兴起农家乐，大搞特色旅游经济。在为四面八方的游客提供经济实惠的旅游服务的同时，这里的村民的生活质量也得到了大幅提高，几乎家家都有摩托车，不少还有货车、面包车、轿车。麻子坝人同峨眉山乡亲们一道，正一天天走向小康。但愿那白眉老道的"水打不走，火烧不垮"的筏子坝这块风水宝地，"行穴不改，风水轮回"，千秋永驻。

麻子坝古街（朱华高摄）

90. 川主镇

朱华高

　　川主镇地处峨眉山市西部，东邻绥山镇，南接黄湾镇，西连洪雅县桃园乡，北挨夹江县华头镇。政府驻地峨山路 18 号。镇名之得，乃因境内曾有一著名的川主庙。

　　川主镇在明朝及清初属翔凤乡。清咸丰九年（1859 年），县分六区，西区区址石佛寺，领石佛、复兴二乡。1934 年，石佛、复兴二乡依旧。至 1949 年，二乡依旧，石佛乡驻地玉屏寺。峨眉解放后的 1950 年 11 月，石佛乡分出川主、太阳、东岳、天今、盐井 5 乡。川主乡辖梧桐、赵河、两河、顺河 4 村；太阳乡辖蔡郎、灰厂、杨河 3 村；东岳辖玉屏、五福、荷叶、梁坪 4 村。1956 年 11 月，合并川主、东岳、太阳 3 乡为川主乡。1958 年 10 月，川主乡并入峨山人民公社。1959 年 7 月，从峨山人民公社分出川主公社。1984 年 4 月，恢复乡建制为川主乡。2017 年 12 月，撤川主乡建川主镇。

　　川主镇地形如"T"字形。政府驻地在"T"字尾部最东端，临符汶河，海拔 485 米。一条乡村公路沿"T"字中部蜿蜒西行，曲折向上，海拔最高点 1322 米。公路两边是狭长的山沟，两边皆是大山。这里生态环境优美，植被丰富，森林覆盖率达 90% 以上，有页岩、红石、青石、石灰石、煤炭、硫黄温泉等丰富的矿产资源。其中，尤以石灰石和煤炭最为有名。川主镇以石灰石为原料烧制石灰历史悠久，石灰品质优良，川主镇曾经也是峨眉最主要的石灰产地，产品供应峨眉、洪雅、夹江等县。峨眉、夹江、洪雅兴旺发达的造纸业和川主石灰紧密相连。如今的太阳村有一条灰厂沟和一个太阳坪，遗迹尚存，曾有许多生动丰富的故事。川主煤矿（峨山煤矿）曾经是峨眉县重要的煤矿资源之一，专门有一条公路从峨眉县城直达这里。

　　境内以农业为主。如今粮油作物种植面积日趋减少，经济作物得到大力发展。颇具特色和规模的有茶叶、食用苦竹笋、白蜡、黄连、银杏栽植等。玉屏寺的茶叶曾经被作为贡茶进贡朝廷。如今杨河茶叶、蔡郎茶叶、东岳茶叶，也都闻名遐迩。川主镇是峨眉山市最大的苦竹笋生产基地，有"中国苦竹之乡"的美誉。尤以东岳、荷叶一带的苦竹笋最为有名。产品粗大鲜嫩，苦中带甜，苦后有甜。每到采收时节，有不少外地商人开着大车小车到产地采购。峨眉城内，大街小巷都卖苦竹笋，家家户户几乎都吃苦竹笋。峨眉苦竹笋还运销到省内外各地。白蜡是境内另一知名特产。峨眉白蜡历史悠久，据传乃唐朝时期药王孙思邈来峨眉山静修期间发现的，遂和当地农民共同研究，终于成功。长期以来，峨眉白蜡远销世界各地，成为中国白蜡的代名词。川主镇是峨眉白蜡最主要的和最大的种植加工基地之一，顺河、赵河等村是境内白蜡的集中产地，有"白蜡之乡"的美誉。如今，白蜡仍然持续发展，一到产季，满山遍野的蜡树银花，成为一道独特的风景。

　　川主镇因地形独特，对外交通曾经只有一条峨川公路。如今正在修建的峨眉山景区环绕川桃公路，依原有公路改造和新建，正进入竣工收尾期。公路宽阔，公路通车后，可极大地缓解峨眉山旅游道路交通拥挤的状况。全镇有望成为颇具特色的生态旅游新景区。

川主镇清代建筑刘氏宗祠和廊桥（李家俊摄）

　　川主镇曾经是峨眉通往洪雅县的古道。沿途有多处文化遗址、遗迹。修建于清代的嗣禄桥就是古道颇具特色的石拱桥，如今依然矗立不倒。全镇有多处宗教文化遗址、遗迹，如川主庙、东岳庙、玉屏寺、石佛寺等，都颇负盛名。

　　如今，川主镇政府正在全力打造旅游精品景点，和近在咫尺的黄湾小镇连为一体，为川主镇旅游业的发展添上美丽的色彩。

91. 白虎岗

朱华高

　　峨眉山市有一条从城区出发，经川主乡通往洪雅县桃林的公路。在这条公路上的太阳村到朱界门之间，有一座山岗，叫白虎岗。整座山岗坐北朝南，像一只俯首欲扑的老虎，虎头朝南，虎尾在北。白虎岗的下面有一座小山包，好像一个牛心，当地人称为牛心子或牛心岩。这里有一个故事。

　　传说在很久很久以前，这里有一只白虎，四处危害百姓。有一天，白虎正要下山进村寻食，突然看见山下有一头水牛在那里吃草。白虎立马向水牛扑去。正在危急之时，水牛连忙将自己一颗心剜出，朝追来的白虎甩过去，就甩在牛心岩那个地方。白虎追到跟前正要下口吃牛心，谁知牛心突然变成一座山岩，形似牛心，这就是牛心岩的来历。白虎恼羞成怒，继续朝水牛追去。眼看就要被追上了，谁知那水牛就地一滚，变成一座小山包，山旁边还留下两个大大的牛蹄印。

　　牛心没吃成，牛也没吃成，白虎大发虎威，咆哮如雷，就要闯进一户人家吃人。突然，屋里跑出来一个美女。白虎一见，就朝美女追去。美女见了白虎，吓得直往前跑。转眼之间，白虎没追到美女，又返身进屋。进得屋来，见一白发老者挂根拐杖颤颤巍巍地从屋里出来，对着白虎一声吆喝："孽畜，还不快快出去，想在这里找死！"说也奇怪，那白虎见了白发老者，竟夹着尾巴出了屋。老者拐杖一挥，那白虎竟又跑回白虎岗。老者大喝一声："变！"白虎便变作石虎，卧在白虎岗。这就是白虎岗的传说。

白虎岗上鸟瞰牛心小山包（朱华高摄）

再说那个美女一个急转弯甩掉白虎，一口气跑到一个叫"长石头"的地方，不知啥时候跑掉一只鞋。这里有个水池，水还冒着热气。美女见白虎没追来，才发现自己掉了一只鞋，脚上的袜子也沾满了泥。于是美女来到水池边洗脚，谁知一洗就把水池的水弄臭了。那个臭水池，后来被老君化为温泉。

原来，这只白虎是申公豹的坐骑。后申公豹助纣为虐，被姜子牙打败，便来峨眉山求救于赵公明。至九老洞，申公豹放出坐骑祸害人间。那水牛乃天上太上老君的坐骑。那美女乃老君牧童所化，他是随同老君一道前来制服白虎的。那老者乃老君所化。

老君的那头水牛，就在旁边不远处化成一座山岩。

92. 太阳坪

朱华高

峨眉山市有个川主乡，川主乡有个太阳村，太阳村有个太阳坪。太阳坪海拔约 950 米，有一群古石灰窑遗迹。解放前，从峨眉县城到太阳村约 50 里路，全是山间小道，如今早已通公路了。

当地村民说，太阳坪虽没有在高山顶上，却经常被太阳照到。早晨太阳出来了，要照到它，下午太阳要下山了，也要照到它。当地人说，天上有多少星星，地上就有多少山坪。山坪都映着天上的星星，唯独一年四季既映照着星星又映照着太阳的山坪是太阳坪。因为太阳坪有名，解放时这里就叫太阳乡，后来撤销了，并入川主乡，这里就叫太阳村。

还有一个说法。这太阳坪长年累月烧石灰，晚上太阳坪上的烧窑火光，映红一片天，白天太阳照，晚上也好像有太阳红光，就叫太阳坪了。

太阳坪烧石灰历史悠久。它和夹江县造纸历史紧密关联。夹江造纸有多长时间，这里烧石灰就有多长时间。究竟哪个时间更长，太阳村人说不清。有的说先有烧石灰后有造纸；也有说先有造纸后有烧石灰。不管是哪种说法，太阳坪烧石灰和夹江造纸紧密相连，互为依托，这是没有问题的。

解放前，夹江的造纸业很发达。夹江境内几乎所有造纸厂都用太阳坪的石灰，如三宝、华头、木城、谢马等。还有洪雅县的桃园，峨眉县的普兴、悦连造纸都用这里的石灰。

太阳坪的石灰因为质量好而广受欢迎。这里的石灰岩品位高，质量好，烧出的石灰被称为"岩灰"，化灰后几乎没有杂质，全是细绒绒的灰粉。粉糊壁头，白中带青色，闪闪发光。用于造纸，效果非常好。

太阳坪石灰最早起源于一个叫"芦独子"的地方（芦独子，一种矮生灌木野生水果）。这里只有两口窑。最早烧石灰的是童家和李家。后来地方窄了，才往太阳坪这边发展，再后来太阳坪又窄了，就朝灰场沟方向发展。灰场沟在杨河村和朱界门之间，有 3 公里长。沿沟都是石灰窑，所以叫灰场沟。有多少窑口？少说也有几百口，不会少于 300 口。后来魏家也烧石灰。这几百口窑都是童家、李家和魏家的。

关于灰厂或灰厂沟的历史，清乾隆版《峨眉县志》卷一《疆域》载："（峨眉）县西门四十五里至灰厂夹江山界。"据此可知，至迟在清乾隆五年以前，灰厂沟就因烧石灰而出名了。

挑石灰的要从沟里过。从下沟走到上沟要来回过灰场沟 24 次，所以以前有一句俗话叫"二十四道脚不干"。意思是说，在灰场沟来回往返 24 次，脚打湿了，干不了。

灰场沟有一个货场叫灰场，是卖石灰的场地。这里曾经因石灰买卖形成一条街，有十几二十家人户。在石灰窑上没卖完的石灰就运到这里卖。从杨河牛屎沱到灰场约 2.5 公里，都是石灰买卖市场，交易火爆。每年农历五、六月间，每天晚上有两三百人在这里住宿，等到第二天一早买石灰。为啥要住一晚？是因为买石灰的人多。当时全是小路，不通车辆，买石灰全靠肩挑背扛，远地方来买石灰的人，有的下午才赶到，当天肯定回不去，就住下来了。有时候窑上石灰卖完了，要等到第二天出窑才有。

当地 78 岁的刘永华老人说，解放前他就住在灰场。解放后他和李先成还负责卖过石灰。解放前这里还有字库、土地庙。因为石灰生意，还带动了餐饮、住宿的生意。解放前，卖豆花饭的有十多家，每天流动人口有 2000 多人。除了买石灰的，还有运石灰的、背煤炭卖煤炭的。

这里的石灰窑窑壁大部分是就地取材，用烧石灰后的"釉包"砌起来的。所谓"釉包"，就是煤炭烧石灰后有些没烧完的"夹石"（煤矸石）在高温下形成的像釉陶一样坚硬的石块。垒窑就是用这些"釉包"一块一块砌上去的。

随着夹江造纸业的萎缩，这里的石灰业也萎缩了。现在石灰主要用于修房子了。1958 年川主公路（峨眉县城区到川主乡荷叶村川主煤矿）修成后，荷叶村交通方便，那里的石灰窑就发展起来了，太阳坪的石灰窑便没法经营了。前些年，峨眉山市政府治理环境，规范小石灰窑，川主乡的石灰窑就全部停烧了。

93. 朱界门

朱华高

峨眉山市有一条正在修建的川桃公路。公路以川主乡为起点，下连峨眉山市城区，上接洪雅县桃园村，经川（主）杨（河）公路改造而成。朱界门就是如今川桃道上的一个小地名。

朱界门的朱界石碑（朱华高摄）

朱界门是川主乡荷叶村到杨河村的分界，也是原来川杨公路的制高点，海拔1100米。"朱界门"因为和"猪圈门"音似，常常被不明实情的人甚至一些史料误称为"猪圈门"。人们都很纳闷：怎么起这么个奇怪的地名，有什么典故吗？

朱界门最先在荷叶村9组地界。朱家曾经在这里竖过一通朱家界碑，界碑就竖在没修公路前的老路边。老路界碑两侧两座山岩高耸，犹如一道高高的石门，人们就叫它"朱界门"，久而久之，谐音讹为"猪圈门"。

朱界门的朱家是到这里安身的早期家族之一。他们这一支祖籍峨眉山市双福镇露华村，老地名朱坎。那里的朱家祠堂就是他们的祠堂。他们的先辈是从老地名为"童庄"

的地方搬来的。童庄就在原来峨眉城区大佛殿背后，又叫童街子。他们先辈最先安身荷叶九组，后来又搬到荷叶八组，最后才搬到朱界门。搬上山有两百多年了。朱界门那里最早有朱姓、刘姓和彭姓，人口较多。为防边界纠纷，朱家就在那里竖了界碑。

这块界碑解放前就被人推倒了，是一天夜里推倒的。朱家人大度地说，推倒了就算了，以后就再没竖了。碑上刻有字，包括朱家姓氏、竖碑时间等。

笔者考察时，当地人吴大成说，界碑还在，就在他家里。他说，好多年前，他在朱界门旁边的荒地里看见一块大石板，认为家中还用得着，就搬回家了，现在还在家中。他和当地朱氏族人朱学元带着笔者及同行人到他家屋旁小沟处，指着一块横搭小沟的石板说，就是它。这是一块高约 110 厘米，宽约 50 厘米的青黄色石板，上方椭圆，犹如一块墓碑，正面朝下。我们翻转它，用水冲洗泥土，隐约可见不多几个字。顶部正中是一个"山"字，很清楚，左右两边好像是"辛""乙"二字；正中石面的字已不存，底部刻有某某氏、某某氏；其余无字。石板上有两处明显的磨刀缺陷。左侧依稀可见的字是：某某某十二年某四月十二日立。

94. 九龟寻石

王雪林

峨眉山市西面有一乡，名川主乡。乡政府驻地距峨眉城约 6 里。

川主乡境内有一条古老的川主河，又名袁沟河，发源于川主乡荷叶村的梁坪。

鸟瞰川主河畔的九龟石（李家俊摄）

川主河流经赵河村、梧桐村，到南岸侧耳岩下一碗水（地名），那里山势陡峭，林木森森。北岸壹支山山崖上与河中间有几个状如乌龟的石头，人称九龟石，那就是九龟寻父故事的起源地。

川主河一带的农民世世代代都有挂蜡虫生产白蜡的习俗，因当地不产蜡虫，所以全靠从西昌（古称建昌）或云南昭通购买蜡虫。每年农历 2 月中旬前后，当地村民就结伴进虫山，远走建昌或昭通，买到蜡虫后再日夜兼程赶回峨眉。到 4 月中旬，把蜡虫挂到树上。7 月中旬收获。

相传一碗水对面的壹支山半山住了一对中年夫妇，主人叫张世昌，他们养育了四个儿子和五个女儿。当第九个孩子出生半年后，张世昌的老婆因上树摘蜡时不幸掉下摔成重伤，不治身亡。张世昌既当爹又当娘，拖儿带女，艰苦度日。有一年，张世昌告别儿女远走建昌购虫。按理说 3 月底就该回来，可是到了 4 月还没有回来。同去的人回来后告知，张世昌在去大凉山的路上被强盗抢劫后带走，下落不明。为此，张世昌的九个儿女每天都跑到山顶上瞭望，他们想总有一天父亲会回来的。谁知一等再等，望眼欲穿，就是不见父亲回来。春去秋来，斗转星移，几年过去了，张世昌还没有回来。九个子女终于化成了一块块岩石，有的在山顶上瞭望，有的在河里、路旁守候。几百年过去了，大自然鬼斧神工塑造了这群石龟。

今天，在川主河下游，峨川公路旁的一碗水处，依然能望见对面山崖上一只大石龟在翘首西望，身后几只小石龟时隐时现，九龟石成为川主蜡乡的一处风景。

95. 玉屏寺

朱华高

　　出峨眉县城沿乐西公路南行约 2 公里，再右拐向西，就进入川主乡地域。过川主乡政府旁的符汶河，便进入由川主公路改道加宽而成的新的峨眉山旅游大道——川桃公路。从川主乡沿川桃公路西行约 5 公里，便是川主乡东岳村地域。在东岳村 2 组，有一破旧的古庙叫玉屏寺。该寺在清雍正版《峨眉县志》卷四《庙宇》篇有载。清嘉庆版《峨眉县志》卷二《建置·祠庙》载："玉屏寺，县西二十里。"

　　如今，玉屏寺仅存半座正殿和一侧殿。正殿高约 10 米，进深约 10 米，廊柱直径约 20 厘米。侧殿高矮和正殿大体一致，进深较浅，长约 20 米。因久无人居，现已荒芜破败。据当地人讲，原寺庙是一座四合大院，寺外有鱼池水榭，有茶园，总共占地十余亩。寺前有一条宽约 2 米的石梯道，长约 40 米，通往前面的山门。若算山门和寺庙之间的面积，则有二十余亩。寺前有高大山门，山门外有一对高大石狮，"文化大革命"时期有毁损。如今，石狮基本完好，略修复，尚矗立于距寺庙大门约 40 米的山道处。据称，那里就是曾经的山门。玉屏寺正殿主神是手持净瓶的观音菩萨站立像，其余神像很多，然今人已不知其名。所有神像不知何时被毁。

川主乡东岳村玉屏寺遗迹（朱华高摄）

当地传说，玉屏寺乃由"御坪寺"讹音而来。玉屏寺地处山坪，不但产茶历史悠久，且很有名。这里出产的茶不但味道甘甜，而且冲泡时牙尖一律朝上。虽说现在的竹叶青也是茶叶尖朝上，但比那茶叶迟多了。那茶叶因味道清醇甘甜，后来成了贡茶。皇帝品尝后，赞不绝口，就赐一匾额。当地人便称此地"御坪"。从此，当地人就把那产茶的山坪叫御坪。在那修的一寺庙取名为"御坪寺"。时间一久，人们讹传"御坪"为"玉屏"，御坪寺便成玉屏寺了。

峨眉的山地多雨阴湿，所产茶叶品质优良，不仅独有玉屏寺茶叶，几乎满山茶叶皆品质上乘。自古以来，峨眉茶叶享誉国内外，是峨眉山市极具特色的农产品之一，曾同白蜡、蚕桑、黄连一道被列为四大农产品支柱产业。峨眉山市所产茶叶，不仅供当地自用，还通过丝绸之路输送到各地。

96. 新平镇

朱华高

新平镇位于峨眉山市城北，距市区4公里。北邻双福镇，南接绥山镇，东临符溪镇，西靠绥山镇符汶村、太泉村。政府驻地太和场。境内地势平坦，取新改平坝之意，故名。

明清时期，有太和场，属泥溪乡。1934年，设太和乡；1950年，仍为太和乡。1950年11月，太和乡分出新民、新建、大庙三乡。1956年，合并新民、新建、塘坊为新民乡。1958年10月，新民乡合入双福，改名双福人民公社。1959年7月，从双福人民公社分出新民公社。1962年1月，从新民公社分出塘坊公社。1981年，新民公社更名新平公社。1984年4月，改新平公社为新民乡，驻地太和场。1985年，更名新平乡。2018年9月，撤乡建镇，更名新平镇。

新平镇地处城北，镇驻地太和场东有古道和夹江县顺河场连接，并有码头横渡青衣江到夹江县甘江镇。甘江镇有一有名渡口——陶渡，汉唐时期名若沔渡，乃知名的大渡口。经陶渡不但可横渡青衣江到峨眉，还有舟船直达古嘉州，顺江而下出川。太和场有一古道过新民河到双福场，有一古道沿今峨新公路一线到峨眉县城或到绥山镇安川村再到县城。

太和场古街新貌（朱华高摄）

新平镇地域有多处宗教遗址遗迹，现在政府驻地曾经就是寺庙，其他尚有武侯殿、仙殿、水月庵、西来寺等，犹以武侯殿、仙殿最为有名。

新平镇地处平坝，平畴沃野，水利发达，乃农业作物高产优质区。除水稻、小麦、油菜、蔬菜、水果、花卉外，鸡、猪、鸭、兔等养殖业亦十分兴旺。尤其值得称道的是人工食用菌种植业闻名遐迩，是峨眉山市第一大食用菌种植乡，无论是产量还是规模都占全市70％以上，曾被四川省命名为"食用菌之乡"。2013年12月15日，时任国家副主席的曾庆红来峨眉调研时，还专门到新平乡视察食用菌产业发展。

新平镇驻地太和场旁，曾是峨眉县农场和农科所所在，占地约500亩。峨新公路因此而建。如今，农场农科所已经撤销，土地全部用作工业建设。相信撤乡建镇后，新平镇经济当有新的发展。

97. 武侯殿

朱华高

　　新平镇万福村曾经有一座庙宇叫武侯殿。万福村位于峨眉到新平镇的公路边，同佛光医院所在地符汶村7组隔着条石面堰。堰西是符汶村，堰东是万福村。

　　2018年7月12日，笔者和峨眉山市民政局的张林一道，采访了当地人耿学银。耿学银74岁，万福村10组人，曾任万福村支部书记多年。

　　谈到武侯殿，耿学银老人先讲了万福村的来历。他说，清朝时期，还没设置太和乡以前（现新平镇），万福村叫什么地名不知道，只知道这里归峨眉县北路泥溪乡管。民国时期设置太和乡后，这里是太和乡第7保。那时太和乡管15保，西北边管到石香炉。解放后，第7保要改设村农委会。关于名称问题要求各地提名，各地互不相让。以王姓为主的提议取名为王李村；以李姓为主的提议取名为李王村。后来，有人提议，以麻萌堰水头那里的地名为参考命名。万福村6组那里有个地名为万巷巷，有一家信佛的有一架碾坊叫佛碾坊。有人提议就叫万佛村农委会。最后由这里的工作队队长代廷才决定，把佛字改为福字，万巷巷福碾坊连起来就是万福。万福村之名就是这么来的。

　　再说武侯殿。武侯殿有上武侯殿和下武侯殿之分。民间传说，不知何故，上武侯殿供的主神是三国时期魏国大将邓艾，下武侯殿供的是魏国大将邓艾的儿子邓忠。

　　耿学银老人说，听老一辈讲武侯殿修建时间大概是洪武年间，距今1300多年。上武侯殿坐西向东，有沙门，是一座牌楼。进去后一个小殿供观音菩萨和韦陀菩萨。过了小殿就是一个小天井。过了天井就是二殿，进去是地坝，再进去是大殿（主殿），两边是侧殿。大殿进深约9米，横排四列三间，两边加耳房，共约30米。地坝边长约4米，二殿进深约7米，小天井边长约3米，牌楼约3米，进深共约30米。

　　武侯殿的菩萨是1950年捣毁的。那时，万福村农委会就设在上武侯殿。1952年，在上武侯殿里办了小学，就叫万福小学。一直到1973年，学生多了，学校小了，当地政府就把武侯殿拆了，在原址上新修小学，后叫万福小学。

98. 仙塘

朱华高

峨眉山市区出雁门口沿峨太公路前行约 10 里，便是新平镇政府所在。于此沿符溪镇方向的乡村公路前行约 3 里，便是仙塘村地域。仙塘村又名仙塘坝，是一个纯平坝村落，村民祖祖辈辈靠种田为生，因堰渠水多塘多，田地肥沃，倒也旱涝保收，年年五谷丰登，村民安居乐业。

仙塘（李华英摄）

古时，仙塘村有座庙子叫仙殿，位于今仙塘村 8 组。庙里主殿供的神像身着道袍，背有宝剑，头戴瓦楞帽，手持拂尘，胡须飘拂，面目慈善，目光炯炯有神，真是神仙气度。每逢初一十五，参拜信众熙熙攘攘，络绎不绝。尤其是每年六月六，庙里更是人山人海，水泄不通，香火不断。这座殿宇，当地人取名仙殿。供奉的主神，乃八仙之一吕洞宾。其中的缘由，当地有一个传说。

原来，仙塘坝虽然地处平坝，田土肥沃，人们勤劳，但此地缺水。人们耕种，多靠"天花水"，田地多为冬水田。遇到天干年辰，一条小小堰渠的涓涓细流，人们都要你争我抢，以致械斗不断。

仙塘坝原名谢颜坝。坝上有三大姓氏，一姓何，一姓谢，一姓颜。传三大家族族长几乎每年春耕前都要召开氏族联席会，商量用水事宜。可是，一到抢种时节，各家都巴不得赶快抢水栽秧。一年，遭百年不遇的大旱，春耕时节，何氏族人便派强壮男子守住堰头，优先保证何氏族人用水。谢氏族人和颜氏族人当然不依，纷纷高举锄头前来拆除拦水堰堤。双方发生激烈械斗，何氏族长受伤倒地不起。谢氏和颜氏族人也有多人受伤。

正在各方争执不休之际，远处突然来了一位背剑持拂尘，面目慈善的道人。他把三位族长请到一起，当着械斗众人，用拂尘在堰渠边一挥，地里立时长出一株茂盛的葫芦来。上面结了三个葫芦，又长又大，水灵灵的，很是逗人喜爱。他指着葫芦慢慢开口道："你们看，这株葫芦长得好吗？"众人都点头称赞。他又问："为何如此茂盛？"何氏一族人答："不就因为长在水沟边吗？土地滋润，当然长得好！"道人用手一指，葫芦上的大片叶子都萎蔫了，不一会，三个大葫芦都萎缩了，干瘪瘪的，犹如三根干油条。道人又问："为何葫芦干瘪得如油条呢？"谢氏、颜氏族人回答："太阳如火，叶子都晒蔫了，不能制造养料，葫芦岂能不干瘪？"道人问何氏族人："果然如此吗？"何氏族人不住点头。道人道："一株葫苗三朵花，藤上长了三个瓜。有水瓜苗长得壮，秧苗萎蔫岂有瓜？"

躺在地上的何氏族长听了，挣扎着站起来对道人说："这位道长，当是天上神仙，特地来点化我们。老朽这厢有礼了！"说罢跪在地上叩头。何氏族人也跟着族长一起跪下叩头。

谢氏、颜氏族人尚不明就里，何氏族人为何下跪。何氏族长对谢氏、颜氏族长道："葫芦苗不是堰渠吗？三个瓜不是我们三个氏族吗？要三氏族都好，首先得堰渠好。大河有水堰渠满，堰渠无水稻田干。我们得共同努力把堰渠修宽修深，把符汶河里的水引进来。"

谢氏、颜氏族长一听，果然有理，连声说好。可是，颜氏族长又担心道："不管如何，你们何氏是上水，谢氏是中水，我们颜氏是下水。水还没流到颜氏地界，早就没有了。"谢氏族长道："那三个葫芦是啥？不就是要我们挖三口水塘吗？各自地界一口，不用水时，引水入塘。用水之时，引塘水灌溉。岂怕天旱？"颜氏族长连连点头道："对。有理，有理！神仙确实是在点化我们！"

三个族长立即和族人商量如何修堰，如何挖塘。待要请道人共同饮酒言欢时，却早已不见其踪影。原来此道人是在猪肝洞修道的吕洞宾，为了化解谢颜坝用水的矛盾，特地来此点化。

此时正是农忙时节，大家也来不及多想，三个氏族当场商定了如何开渠引水，如何开挖水塘。众人拾柴火焰高，很快堰渠修宽了，三口大水塘也开挖成功了。当年谢颜坝不仅成功抗御了旱灾，三个氏族粮食丰收；而且从此人们不受旱灾危害，人们也不再屯蓄冬水。

何氏、谢氏、颜氏再没有了争水的矛盾，大家和睦相处，并且决定修一座殿宇，感谢道仙指点迷津。大殿修好后，因为不知道道仙是何方神圣，大家一致决定取名仙殿，按照道仙出现时的神像，塑造金身，时时参拜。又因道仙点化开渠挖塘，人们便称此地为仙塘，谢颜坝改名为仙塘坝。

99. 太和场

朱华高

太和场是新平镇的一个古场，自太和乡（现新平镇）设置以来，它一直是乡政府驻地。新平镇是峨眉山市东北面的一个纯平坝镇，从峨眉山市城区雁门口出发，沿峨（眉）太（和场）公路行驶约10里，便到了新平镇政府驻地太和场。

如今的太和场除原来一条古街外，还有几条新街，其中一条是从峨太公路通往新平镇政府的街道。街道一边有新民村村委会办公所，有新平镇文化中心，有电信营业大厅。峨太公路场头有汽车站，峨眉城区有一班10路车每天从早到晚，滚动发车到新平镇。原来的农场场所部所在地已经改建为其他单位。场头市场兴旺，宽广的水泥公路四通八达。正在兴建的农贸市场焕然一新，不久即将开放。

太和场之名，据1982年《峨眉县地名录》，取"致中和，天地位焉，万物育焉"的哲学意蕴命名，2018年《峨眉山市地名录》沿用此说。

太和场何时建置？如今场上古街的任仕洪大爷（87岁）和他的老伴江大娘（81岁）说，他们祖祖辈辈都住太和场，太和场是老场，自来就有。但这里为啥叫太和场，却不知道。笔者查史料，清嘉庆十八年版《峨眉县志》有太和场的记载。1991年版《峨眉县志》载，清初，峨眉县地分四乡，乡分12里。四乡之一有泥溪乡，泥溪乡包括太和场。1924年，始设太和乡。然太和场何时设置，仍不详。查明朝峨眉县乡场设置，仅见乡设置，未见有场记载，应该说，那时有场，只是未载入县志。所以，笔者据史料推测，太和场的初设很可能在明末清初时期。

任仕洪和江大娘谈到古太和场赶场场景时，不断地重复"很热闹""热闹得很"等赞美之词。他们说，太和场赶场，隔天一赶。卖粑、卖饭、卖饺子、卖抄手、卖菜的，啥都有。场上有猪草市、牛草市、菜市、柴市。卖猪的有五张案板，卖糖食糕点的有五六家，还有卖油、山货的，等等。还有牛市，赶场通常有五六条牛在市场上进行交易。来赶场的，除本地附近的，还有夹江的过来卖花生，还有雷场的、甑子场的，等等。

他们说，在以前，太和场就是这条老街，从农场那头的新平诊所起，到这头去双福场的河边止。笔者估计街长约100米，宽约5米。街上住满了人户，其中一些人户做生意，开店铺，很热闹。街面都是石板路，原来路基底，现在的路面提高不少，都是水泥路面了。

场上还有唱戏的戏台子，从乡政府出来经过姜淑群家横街到这条街的街口就是戏台子。台子高，有房子罩着。

他们说，现在的乡政府以前是庙子，后来改成了小学。江大娘说："我就是在这里面读的小学，大概从 1944 年或 1945 年开始的。我读书时，有 1 年级至 6 年级。以前我读书就是在那所小学。庙子叫什么名字不知道，只知道有个三婆殿，供奉的什么菩萨也不晓得。庙子坐南向北，里面很大。庙子里有两个天井，里面一个，外面一个。河那边还有操场。姜淑群家大门口那两棵大黄葛树就是庙子的，那里就是庙门，也是学校的校门口。任仕洪大爷上小学也在这里。小学是由庙子改建的，里面还有菩萨。"任仕洪大爷说，庙子叫川主庙，有两百多年历史了。

太和场和外面的古道有连接，一条古路是从夹江的顺河场经汪坝（白马）到太和场；一条是符溪雷场到太和场；一条是太和场到双福场：出这里的场口，过廊桥—任莲村—冲水沟—郑坝子—洋房子（塘坊）—十八罗汉（路边上供着的）—双福场；一条从太和场到县城：沿乡政府后面河边一条古路—武侯殿—白林子（符汶村 7 组，皂角树那里）—雁门口—茶店—进城。

过河到双福的那座桥是廊桥，上面有廊柱，有栏杆，刻有人物、战场。桥头上面有一块大木匾，木匾上刻着桥名，桥面是宽木板铺就的。可惜在 1958 年到 1961 年间，有一次涨大水，廊桥地基受到冲击。此后，桥被拆了。

100. 普兴乡

朱华高

普兴乡位于峨眉山市北部，东邻双福镇，南接绥山镇、川主镇，西连夹江县华头镇，北靠夹江县龙沱乡、南安乡。乡政府驻地福利村 2 组 30 号，距峨眉城区 20 公里。乡名之得，源于一掌故：明朝宝昙和尚于洪武十五年（1382 年）来普兴兴建普贤寺，并随建一场，取名普兴场，意为普贤兴建和普天兴旺。1991 年版《峨眉县志·行政区域》载：清初，峨眉县地分四乡，乡分 12 里。泥溪乡包括太和场、普兴场、双福场。此处所谓"清初"，不知具体年代。查史料，清乾隆版《峨眉县志》中并无普兴场记载，清嘉庆版《峨眉县志》卷二《建置志·街市》方有普兴场记载："普兴场，县西北三十里。"故场是否和佛寺同建，待考。

普兴乡明清时期属泥溪乡。1941 年，从双福划出，新设普兴乡，辖区为大牙仙、石香炉、凌云，西北连夹江。至 1949 年，有普兴乡，驻地普兴场。1950 年 11 月，普兴乡分出福利、石炉、麻柳三乡。福利乡辖永乐、仙牙、永安三村；石炉辖鸣凤、凌云、双地、和平四村；麻柳辖天泉、安乐、五祖三村。1956 年 3 月，划夹江县悦连乡归峨眉县领治。1956 年 11 月，合并福利、石炉、麻柳三乡为福利乡。1958 年 11 月，双福、新民、平城、福利、悦连五乡合并成立双福人民公社。1959 年 7 月，从双福人民公社分出新民公社、福利公社。1962 年 1 月，从福利公社分出悦连公社，同时，以福利公社的天泉、麻柳和符汶公社的太泉、大庙、洪川、三界、符桢等大队建立大庙公社。1981 年 11 月，福利公社更名普兴公社。1984 年，恢复乡建制，改为普兴乡，驻地普兴场。1992 年，普兴乡、悦连乡并入双福镇。1995 年，原普兴乡、悦连乡从双福镇分出设立普兴乡，驻地福利村。

普兴乡地处山区，海拔 461~1303 米，以农业为主。最具特色的种植业和林业是茶叶和水果，是峨眉山市著名的优质茶叶主产区。黑包山茶叶、青春村茶叶均以海拔高、云雾多的绿色茶叶为主。全乡几乎村村、组组、户户都有不同规模的茶叶或水果种植，是峨眉山市有名的茶山和花果山。近年来，以仙芽村为代表，每年都要举办桃花节活动。昔年以贫穷著称的穷乡僻壤，如今已成富裕乡村的代表。

普兴乡因地理位置所致，虽然实现了村村通公路，然只有一条从双福镇到悦连的主要乡村公路干道，其余有从普兴乡政府到绥山镇麻柳村的不同方向的两条乡村公路同县城连接。

然而，普兴乡曾经是峨眉有名的古道节点。普兴乡距夹江县、洪雅县最近，历史上互相往来密切，有古道相通。距普兴乡很近的南安、木城，曾经是南安县治地，其时峨眉尚是南安属地。从南安有一条古道经普兴乡安全村（余坡）蜿蜒到普兴场，再从此地出发，有多条古道分别到双福、麻柳再到峨眉。如今，尚有不少古道地段保存。古道上的古桥合江桥、卷洞桥、达仙桥、观音桥等都是曾经的古道见证。石香炉又叫石炉，传说是诸葛孔明到凉山南征孟获路过此地铸箭的遗迹。

普兴乡道佛文化底蕴丰厚。距政府咫尺的明代普贤寺和宝昙和尚石窟仅是其中的两个代表。在峨眉山普贤寺修建以前，此寺早有，现不知其名和建筑年代。故当地有民谣：先有普兴普贤寺，后有峨山普贤寺。佛教以前，普兴乡早有道教。永安村千佛岩目前仅存的两幅岩刻，一幅为鸿钧道祖，一幅为赵玄坛财神，是道教在普兴传承的证据之一。其他如泉龙寺、二郎寺、大牙仙、龙神庙、土主庙、仙钟寺、华龙寺、东岳庙、观音堂等，无不显示着曾经的道佛文化在此地的影响。仙芽村字库（司文阁）上的题词传说乃李调元所题。当地传说，仙芽村乃李调元家婆屋。一年，他游峨眉山后匆匆来仙芽村扫墓，当地一个才女出了嵌入李调元三字的上联，让其对下联。李才子来去匆匆，文思拥塞，竟未对上，抱憾离去，声言来日再来对。可惜他从此一去不返，留下了被当地才女难倒的故事。

福利村所在普兴场是久负盛名的古场，如今古场仍完整无损地保留了下来，见证着普兴发展的历史。它自然也成为开发普兴乡乡村旅游的一大景点。

安全村又称余坡，乃元朝皇帝后代之一支，他们改铁姓为金姓，再改金姓为余姓，为避祸落脚此地。如今，余坡尚有几十通清朝时期余氏古墓群向后人讲述着余氏避祸的故事。

张岩村石佛沟纸坊遗址，则向人们讲述着刘邦后人刘开沛在"湖广填四川"时期，从湖广麻城县孝感乡移民而来，落户凌云寺，开创峨眉仿宣造纸，带动峨眉、夹江、洪雅周边三县发展造纸业，名震全川的故事。

2011年《峨眉山市不可移动文物名录》载，普兴乡登记文物有62处，计有古建筑19处，古墓或古墓群36处，古遗址、石刻7处。

普兴古街（薛良全摄）

101. 祝家大院

李家俊

普兴乡的光明村1组，居凤凰顶西北，后枕岩洱，左扶上罗湾，右顺后河通普兴场，其高台之处，便是始建于清咸丰末年的清代民居祝家大院。《峨眉山市不可移动文物名录》载，2012年，这座川西木质四合院，被列为省级文物保护单位。

《百家姓》引祝姓发源于今山东长清，西周、东周两代祝姓除繁衍于其发源地外，因仕宦等原因，逐渐进入今陕西、河南等省。《乐山新闻网》说普兴祝氏家族可考证的历史可追溯至明朝时期，祝家原籍乐山绵竹镇附近，因夹江县境内的一次地震导致祝家大院所在的光明村周边人口骤减，祝家才被迁移至此。大院始建者为祝学坤，在其父造纸起家，耕地守业，家业扩大后，祝学坤仍然省吃俭用，用结余的钱建成了祝家大院的第一个四合院和一个小四合院；其后第二代、第三代祝家后人，均继承父业，先后建成了第二、第三个四合院。直至民国时期，祝寿南、祝明镜两兄弟将祝氏家族推向了鼎盛，最终建成了这个四进吊脚楼的四合院。祝寿南是祝家顶梁柱，亦官亦商，曾任当时的夹江县永兴乡乡长、民团团总，以其职务之便，结交当时的国民党四川省府、嘉州府官员。祝寿南利用这些人脉关系，经营买卖生意，经常运送自家生产的土纸到重庆、上海等地销售，获得了可观的收入。同时，身为民团团总的祝寿南，在家中备有数十支步枪，上千发子弹和成箱的手榴弹，为运送钱货保驾护航。其弟祝明镜，传承了父辈的造纸技术，把自家的造纸作坊做了改进，形成流程式生产，产销两旺，生产做得风生水起。此外，祝家的山地竹林每年有4000多两的租银。据说，祝家每年收租银时，因为银两太多了只能用撮箕搬运。除了造纸和竹林，普兴乡及周边多个乡镇半数以上土地均为祝家所有，估算祝家每年水田收租粮就超过5000担。

祝家大院占地总面积2970.35平方米，由两个独立相连的建筑组成，是目前峨眉山市保存规模最大、最完好的吊脚楼四合院特色民居建筑。大院在全村的制高处，坐南向北；完整的四合院由正房、前房、左右厢房组成。大院均为木结构，单檐，歇山式屋顶，小青瓦屋面，穿斗式梁架，通高7米，素面台基。其中正房，面阔四柱三间，长16.7米，进深七柱六间，宽10.3米，通高7米；前房为吊脚楼，面阔六柱五间，达16.7米，通高6.4米；明间为通道，有垂带式踏跺17级；左右厢房各有面阔十柱房屋九间，深30.75米，进深四柱三间，宽4.9米，通高7米。

沿青石条铺成的石阶向上，入大院正门，四进吊脚楼的四合院，呈"一"字形布局，现仅存一进半。进入正门上方为一鼓乐楼台，正堂开三道大门，正中大门以平板样式上挂铜质吊门环，两边各一道门稍小。完整的四合院由正房、前房、左右厢房组成，单檐、悬山式屋顶，小青瓦屋面，穿斗式梁架。所有的门上方都有木雕花格，下方则雕有山水花鸟、人物战场木刻，外房每道窗户都雕刻花格为饰。在大院内木柱石墩上，还留存着各类雕刻精细的花纹，大院的所有木梁都是由弯曲弧度一致的上乘木料做成的，经百年风雨侵蚀而不腐。屋内的旧有家什（峨眉地方语，称家具为家什），尚存四个木制大柜和两条长凳。家什从细微处的浮雕凿刻仍然可见其精工细做。

中华人民共和国成立后，祝家大院被收归国有，左侧曾被改造用于学校校舍，右侧则成为当地供销社的办公场所。1992 年，悦连乡并入普兴乡，供销社撤出，之后便一直空置无人管理。20 世纪 90 年代末，祝家后人返回大院居住，祝家大院得以保存。

祝家大院一角（余继全摄）

102. 千佛岩

朱华高

　　本文所称千佛岩不是夹江县千佛岩，而是普兴乡境内的千佛岩。普兴乡千佛岩位于永安村地域，双福镇到普兴乡的公路边，此处过河到凉风村。

　　千佛岩上还有"千佛岩"三个大字。现任安全村支部书记何平安告诉笔者，那是"文化大革命"后修公路时，是他爬上去写成的。如今，高高的岩壁上那三个红油漆大字"千佛岩"依然清晰可见。他说，这里曾经是古道。最早的千佛岩古道在公路下侧靠河边，它和如今的千佛岩是连成一体的，公路是从千佛岩半岩通过的。

　　古时，峨眉尚未置县前属南安县辖地。南安县治一度设在今夹江县南安乡。古人从成都到峨眉山，有一条古道就是从夹江县灵泉渡（今夹江千佛岩所在地）渡江到南安县县城，再从南安经普兴乡、双福镇到峨眉。如今，南安到普兴乡安全村古道的行人很少，基本荒芜。从安全村到普兴乡或双福镇路线是经胡场，过普兴河石桥，到永安村千佛岩（过河上公路便是）。上行到普兴乡，下行经曹坡到双福镇，都是 6 米到 8 米宽的水泥公路，交通十分方便。

千佛岩石刻像（朱华高摄）

千佛岩之名，乃因此处山岩上曾经刻有不少道神佛像，虽不及千尊但也为数不少。何忠华《普兴乡普贤寺》载，古道千佛岩岩壁上刻有400余尊摩岩神像刻石。第一尊像是赵公明财神菩萨，高约2米以上；第二尊是洪钧道祖，高约一米左右；第三尊是周朝的李靖天王，高约三米以上；另有许多小神像，一排排有序地坐在石岩中间，千姿百态，或怒或笑，神态各异。1979年冬天，修筑双福至悦连公路，爆炸岩层时岩上神像几乎全部炸毁。若据何先生文，则上面罗列的都是道神而非佛像。笔者所见两通岩刻遗迹，也都是道神像。2017年3月21日，安全村村支书何平安陪同笔者到千佛岩路边房屋岩脚考察尚未被毁的两幅摩岩像。一幅就是洪钧道祖，宽约2米，高约1.5米，内凹约30厘米，长方形，整红岩凿雕，两边是门柱似门枋，顶部是门框式横梁；岩像内陷，共五尊，主像有三，中间一尊看上去显然是洪钧道祖，左右两尊是其随侍，皆坐姿，戴官帽，脚下是彩云和左右各一名被踩在脚下的小卒。另一幅在其旁边，造型和第一幅基本一致，稍小。全身，坐虎，一手高举鞭，神态威武，栩栩如生。石门枋上是"福德宫"三字。笔者估计是赵公明。两幅摩岩像均色彩鲜明，毫无风化迹象。此岩像距脚下河流约5米。何平安说，原来的古道在河坎上，公路是当年他和村民们一道开筑的。

103. 仙钟寺

杨佑明

出峨眉城北门约 10 里，有一镇名双福。沿双福至悦连公路西行约 15 里，便到了普兴乡政府驻地。

从小悦公路终点站直上罗湾，那里就是普兴乡仙钟村。村里有一奇异地貌——由九条山埂拱起的一个大坪。坪上古木参天，苍翠欲滴。传说清朝年间，有一僧人云游到此，久望这奇异幽境出了神，继而心生念想，于是四方化缘聚资，在大坪上修建了一座寺庙，名曰"仙钟寺"。并在四合院庙前挖了一口塘，塘水清澈见底，终年不枯。朝拜香客络绎不绝，寺庙一时香火旺盛。从此，人们便把这由九条山埂拱起的坪上所建的寺庙誉为九龙顶珠。

仙钟寺东面是左侧高、右侧低之木梯岩，西面是突兀如鹰喙之鹰嘴岩，南面与凤凰岭对峙，北面可看见夹江县龙沱石马，故庙里有两副楹联：

仙钟寺上小下大，木梯岩左高右低。

罄响三声惊动龙沱石马，鼓乐齐奏响过鹰嘴岩边。

不知何年何月何因，僧去庙空，未有记载，故无从查考。

新中国成立前，该村保长罗星斗等人为了修学校，将仙钟寺前殿拆走。1958 年剩余三合院被全部拆除，林木砍伐一空，塘水干涸。合作化时期，该村以造土纸为业，取名为幸福造纸社。在人民公社时期，改为幸福大队。改革开放后实行乡、村建制。仙钟村因仙钟寺而得名，虽几易其名，今仍承其旧名。

远眺仙钟村鹰嘴岩（李家俊摄）

104. 张岩

张安福

张岩村原属悦连乡，1995 年 9 月，合并于普兴乡后，现为普兴乡的一个行政村。

该村是由夹江县木城南安坝张村张龁之子张汉卿一代，其孙张仲世，于明嘉靖四年（1525 年），由城西坝迁居于火石岩。据前人所传，那时田土荒芜，山林广阔，人烟稀少，尔后张氏族人逐渐兴旺，遍布火石岩周围，故以姓氏和地形而得名"张岩"。1941 年 6 月份前，属于洪雅县余坪乡（乡长彭益修）和夹江县南安乡（乡长王嘉珍）两县所管。同年 6 月份，在行政区域规划调整时，统一划归夹江县新设悦连乡（乡长张定华）所辖，该村为第五保十个甲。解放后 1950 年冬建政，成立村农民协会时，取名张村，有 10 个组。1956 年秋，高级农业合作化时，改名为凤凰农业生产合作社。1958 年秋，人民公社化，又称凤凰农业生产大队。1968 年冬，"文化大革命"期间，更名向阳农业生产大队。在 1981 年 10 月的地名普查中，峨眉县人民政府根据国务院〔1979〕305 号文件精神要求，报经县人大常委会第十一次会议批准，恢复其原名张岩大队。1980 年 10 月将公社管委会改为乡管委会，村名未变。1984 年 4 月，又将乡管委会改为乡人民政府，从此张岩大队就改为张岩村了。

今日张岩，又名火石岩、滴水岩（李家俊摄）

105. 胡场（二则）

胡场村的来历

张安福

胡场村是普兴乡北面的一个行政村，在 1941 年 6 月 15 日以前，全村一直属于洪雅县所管。起初是保安乡、义和乡，中期是三宝乡，后期为余坪乡联保第七十四、七十五、七十六三个保，人称"洪三保"。该村为七十五保，当时余坪乡的乡长是彭益修，联保主任是胡鉴恒。同年 6 月 15 日以后，在行政区域做规划调整时，统一划归夹江县，属新建悦连乡（乡长张定华）的第四保。那时悦连乡公所的驻地就设在该村的胡场。临解放，因时局较乱，时任乡长祝守义将乡公所迁至其在祝沟的家。

胡场村百年民居（李家俊摄）

至于胡场村的历史，一是全村绝大多数人都姓胡，历来地名就叫胡村，还分上胡村、下胡村；后因胡家三兄弟分家，各住一处，又分上房、中房、下房。二是胡胜宗在洪邑天池坝落业兴家，于明朝洪武年间自誓出家，僧名净贵，法号春山，修建天池寺。正德年间胡觉道、胡觉昶、胡觉全、胡觉桂兄弟叔侄在天池坝分家，于夹江、峨眉、洪雅、乐山四县插花飞地交界集中要道处修建胡场（遗址尚存）和胡氏宗祠。后胡觉桂之子妙聪，在胡场之侧又修家庙泉龙寺。（注：在当时，朝廷以宗庙为尊，庶民以宗祠为重。）1950 年冬，建立村农民协会时，以老地名胡村为村名。1956 年秋，高级农业合作化时，取名和平农业生产合作社。1958 年秋，人民公社化时，称胡场生产片区。在 1981 年 10 月的地名普查中，更名胡场生产大队。1984 年 4 月，随着公社管理委员会改名为乡人民政府，大队改名为胡场村民委员会，地名一直沿用至今。

胡场戏台四县管

赵 划

胡场，在普兴乡安全村与胡场村交界处的山坳上，由东向普兴千佛岩上行 10 里，西从洪峨公路吊岩子上行 15 里。所谓胡场，只有三户农户，因古有二郎庙，香火盛旺的香灯会而得名。

古二郎庙，始建何时，无考。新中国成立后已毁迹，改建为胡场小学。

昔日，二郎庙存在时，庙前有座戏台子，台子上有四根柱头，由乐山、夹江、峨眉、洪雅四县会首各管一根，负责保养、维修和更换。古二郎庙原坐落在夹江县悦连乡的地界上（1956 年划归峨眉）。

戏台上对联：

> 日月灯，山河障风雷，
>
> 胡场瑟，天地间戏场。
>
> 旦丑净目，来往多少角色，
>
> 古今逸事，世上有戏上有。

庙和庙会，在清朝时由洪雅三保管，当时悦连还未成立乡。1941 年悦连成立乡后，归夹江县管。1956 年后划归峨眉。

古二郎庙属道教。道书记载，二郎即水神，宋以后才有信奉。胡场地处高山，易遭雨旱，若遇暴雨，山洪暴发，百姓房屋、牲畜、农田、庄稼皆受灾害。农田无收，封建迷信时代，百姓只有求神拜佛，靠神保佑，消灾福祉。

古二郎庙香灯会。每年农历六月二十四，为纪念二郎神诞辰举行香灯会。四县弟子、信徒、居士、道释、商贾等，蜂拥云集，达三五千人。

清光绪七年修建的胡场村胡氏民居　李家俊摄

离二郎庙下山 3 里，地名小岩口。蹲岩眺望，能观乐山三江汇合，大佛镇三江。岩上有一大黄桷树，叫园树子，耸立悬岩，树冠遮天蔽日，数十里如伞，独蠹孤峰。

106. 合江村与合江桥

张安福

　　合江村是从峨眉山市城区进入原悦连乡境内的第一个村。1995 年 9 月合并普兴乡后，为普兴乡北面的一个行政村。1941 年 6 月前，属夹江县永兴乡（乡长赵万傑）和洪雅县余坪乡（乡长彭益修）两县所管的插花飞地。其村坐落在张迢黄沟，东有符溪乡所管的乐山埂，西有黑包山仙芝竹尖茶叶，南有鸣凤村鸡公（庙），北有祝家大院，一路畅通峨（眉）悦（连），两河贯穿上下——正是该村景象的写照。

今日新旧合江桥（李家俊摄）

　　清乾隆三十七年（1772 年）四月二十六，祝沟（张河坝）下有一条河，张岩田坝下有一条沟，在两岔河沟汇合之处名伍沟（因伍姓住此得名）。由祝顶成等 15 人为会首，求化四方长者，施舍资财，修造一座大石拱桥，因此取名合江桥，距今两百多年，现拱桥碑文尚存。2011 年 1 月，经峨眉山市人民政府公布为第二批县级文物保护单位。1996 年，因张岩和胡场两村干部、群众响应市委、市政府的号召，努力改变山区农村落后的面貌，实现农村道路的公路化，在原古桥上再升高一个拱，使桥高度为 13.3 米，长度 35.3 米，宽度 4.5 米。

　　合江村的来历：1950 年前是悦连乡的五、七、九保部分甲，1950 年冬建立村农民协会后，是张村、祝村、张祠村部分组。1956 年秋，高级农业合作化时，统一组成一个社，当时每个农业社需要取一个社名，大家议论纷纷，恰逢笔者回村，建议伍沟大桥早年叫合江桥，以桥取名可否。大家议论片刻，一致赞同，就取合江农业生产合作社之名。1958 年秋，撤乡并入"一大二公""政社合一"的人民公社时，属悦连生产片区。1961 年冬，从福利公社分回成立悦连公社时，叫合江生产大队。1984 年 4 月，将公社管理委员会改为乡人民政府后，合江生产大队就改名为合江村了。

107. 普兴挖断山

杨佑明

普兴乡青春村有座佛顶山，佛顶山有一支脉逶迤而下，经尖峰顶到今挖断山，然后蜿蜒起伏绵延至白果顶，再陡下前庵。

传说清朝年间，前庵出了个力大无穷的胡大汉。有一次，在小观音堂路旁一石厂歇息，顿见一长约六尺，宽近两尺，重逾千斤的长条板石，他十分高兴。因为他想到门外那条沟没有桥，但凡遇上洪水天，过往行人皆无奈叹息。于是胡大汉把腰带一紧，蹲身将条板石扛上肩。他没有歇气，连下几里坡路回到门前的沟边，然后缓缓把条石放下，搭在沟上。从此往来行人风雨无阻，大家对他的这一行为夸赞不已。

一个炎热的夏天，胡大汉去双福场挑货。途经行施庙时，坝子上人头攒动，古木建筑的戏台上正在唱戏。他拨开人群来到戏台前的右侧檐柱下，返身只手毫不费力将半米直径的柱子抬起，随手把脱下的白汗衫塞进柱脚磉墩石上，还自言自语道："赶场转来取。"据说他回来取汗衫时，调皮的孩子们已把汗衫露出的部分扯碎了。从此，胡大汉的名声不胫而走，远播嘉定府、省府，直至京城。

据说一日早朝，有谏议大夫向皇帝进言："陛下，近闻四川峨眉普兴前庵出了个无人能匹的胡大汉，望圣上降旨，将此人招来京城为我朝廷所用，亦可免除他日后患。"皇帝批准。不久，两公差便来到前庵，一打听，方知胡大汉还在犁田。赶到田边，公差令他接了圣旨。他粗声粗气道："等我把牛抱到沱里洗了澡即回，请二位稍等。"胡大汉回家后把两个舂盐碓窝倒上茶放在磨盘上，对来使道："请用茶！"二人一见果然惊服，令其收拾行李即刻起程。

到了京城，胡大汉满目新鲜，喜不自禁。考官为他摆了一桌丰盛的酒宴，还亲自为他满斟一杯酒。胡大汉端起酒杯一饮而尽，正值此时，门外突然三声巨响传来，他惊吓之下竟将手中尚未放下的酒杯捏碎了。考官察其惊惶神色，再试其谋略战术之类，皆一窍不通，认定他是一介没有知识的莽夫，根本不堪重用。那官员又揣测，前庵能出这么一个力大无穷之人很可能与后山龙脉有关。于是派一监官带上风水先生暗中来到前庵后山察看。经过数天仔细详察，发现尖峰顶余脉蜿蜒而下横亘起伏后便折下前庵。其间挖断山处俨然如一道屏障，高逾六丈，顶端宽约六尺。风水先生指了指说："就是这里，下挖吧。"监官点了点头。

第二天，监官便火速组织人工挖掘，傍晚时分已挖出三丈多深一道缺口。翌日，大家精神抖擞地带着工具到缺口处，都瞠目结舌，惊疑不已。原来昨天挖出的缺口居然又被填满了。大家摆开架势又拼命挖起来。但第三天到所挖缺口一看，竟然又如昨天情形无异。监官和风水先生诧异、无奈，他们决定夜晚搬到缺口处睡觉，欲探究竟。果然，到了万籁俱寂的三更时分，只听得四脚地神埋怨道："他们白天挖，我们晚上回填，夜夜劳累。"继又一声长叹："真烦人！"另一个说："千把锄头万把镐，不如铜钉铁钉钉断腰。他们若晓得这个奥秘就好了。"大家听了四脚地神的对话，如喜从天降。未待天亮，监官和风水先生即赶回住处。早饭后，监官一边派人前往普兴场打制铜钉、铁钉，一边组织民工继续狠挖。至黄昏已挖下六丈多深、五尺宽的一道壕沟。随即将铜钉、铁钉，钉于深挖之缺口处。翌日前去观察，尽皆惊喜，果见所挖缺口没能再回填。

挖断山由此而得名，至今尚存被挖断残痕。

据传，胡大汉去京城后从此杳无音信。

今日普兴乡青春村挖断山（李家俊摄）

108. 梅沟

赵　划

梅沟现在在普兴乡福利街村 5 组，离场 3 里，新中国成立前属乐山管辖。梅沟地形像撮箕，进出必翻越一山垭，垭名叫乐山垭。垭内居户有胡、谯、徐三姓。新中国成立前只有十多户，田土数十亩。1941 年，普兴乡由双福乡划分出来单独成立乡，首任乡长谯培选，当时未把梅沟由乐山划回普兴乡。垭外居户很少到垭内来。这个世外桃源的特点有：

（1）无保、甲制度，因之无苛捐杂税。

（2）无屠宰税（当地人叫拿理经），自养、自宰、自食。

（3）藏穴避难所。垭内青年无壮丁、劳役义役。相反，普兴乡烟鬼、赌棍、棒客、橇杆、疑犯等，遇政府禁令、查缉、追羁、逮捕，都到垭内隐藏，特别是普兴青年为了逃避壮丁，只要逃入垭内，乡、保长便无可奈何，不敢跨入垭内抓人。

老人们说："自从蓝大顺造反到普兴就有此垭了。"

杨朝银老先生说，蓝大顺本人还来过普兴。蓝家有兄弟二人，长兄小名叫平川，正名叫蓝大顺。次子叫二顺，正名叫蓝平原。家里一贫如洗，蓝大顺前往云南求生，帮盐帮、烟帮驮货。因受地主、奸商、绅富剥削，难维生活，官逼民反，清咸丰九年（1859年），蓝大顺和地方贫民李永和在云南昭通老雅滩组织烟帮，广结社会英雄好汉，率众造反，杀知府邓占龙，攻占叙州（宜宾），溯江攻占嘉州、峨眉、青神、丹棱等县。官兵围攻峨眉城，蓝二顺设总司于飞来殿，在纸火铺（飞来殿奈何桥前有几家卖香蜡钱纸的铺子）、周嘴与官兵激战数昼夜。一日，蓝义军突然黉夜进攻，择路麻柳沟，经天泉到普兴场，屯兵蓄锐，操练兵戎，筹粮充源达数月。义军千余人住普兴乡普贤寺，日日习武。现在普兴场口还有校场坝、道子河坝等练武、习武的地名。义军整军后，由蓝二顺（平原）率领义军攻打洪雅、丹棱。后又分兵两路，一路攻成都，一路攻雅安。蓝义军进军后，余留老、弱、病、残隐蔽在梅沟。1941 年，普兴由联保办公处改制为乡。首任乡长谯培选多次到乐山联络交涉，要求将梅沟划归普兴乡管辖，后户籍转于普兴乡，但是完粮仍然在甄子场。新中国成立前几年，梅沟农民是自耕自食，无公粮、无劳役、无税捐，像世外桃源。现在的梅沟群众还习惯性地说："我们是乐山人。"

今日普兴乡梅沟（李家俊摄）

109. 黑包山

蔡永红

　　峨眉山市普兴乡有一座山，叫黑包山。为什么叫黑包山呢？

　　相传元朝末年，峨眉山后山有一座寺庙，来了一位云游老僧，法名宝昙。老僧年逾古稀，银须白眉，却面如童颜。他穿着古怪，身着佛门弟子灰衣灰裤，却在外罩了一件黑袍。

　　原来，这黑袍大有来历。这年早春的一天，宝昙大师在寺庙外拾到一件黑袍，四处寻找失主，然无果。天太冷，他便将黑袍披在身上，不想，雪落在黑袍上融化后将衣服打湿了。黑袍上竟然出现奇怪的文字与图。仔细研读，内容是教授如何制作茶叶的，图画的也是制茶工艺。

　　宝昙大喜，便按黑袍上的文字所写方法采来新发茶芽，精心烹制。不久，一种叶片微黄带绿、香味浓厚、汤色嫩绿明亮的名茶诞生了，甚至名噪一时、声播八方。远近乡民纷纷前来讨教，宝昙一律应允，授其绝术。此制茶之法得以推广，茶农日渐增多，茶业日渐兴旺。

　　由于宝昙大师常年喜欢穿黑袍，人们就叫他黑袍师傅，将他主持的寺庙称作黑袍寺，将这座盛产茶叶的山称作黑袍山。

　　后来，由于匪患猖獗，这里的居民逃离，寺庙也因不慎失火而被毁，黑袍寺从此消失。很多年后，人们从寺庙废墟里的石碑上发现模糊的碑文，其内容依稀可辨。由于日久风化，碑文黑袍山的"袍"字的衣旁被侵蚀，成了"包"字，后人便将此山称为"黑包山"。

普兴乡黑包山（薛良全摄）

110. 仙牙

蔡永红

　　峨眉山市普兴乡有一个村，叫仙牙村。为什么叫仙牙村呢？

　　很久很久以前，印度洋上有一个海岛，名叫锡兰岛（今斯里兰卡），岛上有个桫椤谷，谷里生活着一群剑齿象。象群中有一头孤独的青年公象，它有两处与众不同，一是全身雪白，二是比其他大象多一颗牙。它七颗洁白如玉的象牙整齐地排列在长鼻两边，左边三颗，右边四颗，弯曲上翘，仿佛七柄弯弯的宝剑刺向天空。因为它的牙长得特别美，因此，大家送了它一个美丽的雅号——仙牙。

　　然而，非常不幸的是，仙牙正被牙疼折磨得寝食难安。它走向了海边上那块突起的花岗岩，将头狠狠地朝岩上撞去。

　　"咔嚓"一声巨响，右边第四颗象牙当即折断，年轻的仙牙痛昏在海滩上。

　　不一会儿，大海上漂来一只木船，普贤菩萨端坐船中，小船随风顺水向海岛漂来。

　　普贤菩萨将汲来的山泉，轻轻地洒在仙牙的身上，仙牙慢慢地苏醒了。

　　望着只剩六牙的仙牙，普贤菩萨惊讶地发现，这六牙不正好代表着自己提倡的六度吗？

　　普贤菩萨扶起了仙牙，问它愿不愿意皈依佛门，成为自己的坐骑，跟随自己去峨眉山宣道修行。

　　仙牙回答说，只要普贤菩萨能医治好自己彻骨钻心的牙痛，它愿永远跟随效力。

　　普贤菩萨告诉它，峨眉山自古便产仙木瑶草，效力神奇，必能解除其痛苦和烦恼。

　　于是仙牙恭恭敬敬地匍匐在地，皈依佛门，迎接自己的主人——普贤菩萨。

　　木船载着普贤菩萨和仙牙穿过茫茫的印度洋，向峨眉山驶去。

　　那时的古巴蜀一片汪洋大海，峨眉山是海中突兀而起的秀丽山岛。山岛共有四座，大峨、二峨、三峨和四峨，合称峨眉山。

　　在四十九天后，一个阳光灿烂的早晨，木船停靠在四峨山山脚下。

　　四峨山半山腰中有一个巨大的山洞，能容两百多人，里面的石桌、石凳一应俱全。石桌上供有一颗弯弯的石笋，状如象牙。仙牙见状，勾起了痛苦的回忆，不觉心火上攻，牙痛复发，牙龈充血肿胀起来。

　　普贤菩萨让仙牙在洞中休息，自己亲上四峨山顶，寻找到那棵千年老茶树。普贤菩萨从树上采来嫩芽，微火炒制，制成一条条碧玉般的茶条，再取山泉烧开后冲泡。

　　碧绿、清亮、芬芳的茶饮流进仙牙口中，滋润了它的心田。仙牙顿觉神清气爽，心火也立马消去，牙痛再不复发。仙牙欢快地驮上普贤菩萨，直奔朝拜中心——峨眉山金顶，去那里参禅礼佛，普度众生。

从此，此村此洞此茶皆有了名，村叫仙牙村，洞叫仙牙洞，茶叫佛璐茗。

今日普兴乡仙牙村司文阁（李家俊摄）

111. 泉龙寺

朱华高

沿双福镇到普兴乡的双悦公路往普兴乡方向前行，到永安村千佛岩过河，沿安全村公路前行约5里，便是普兴乡安全村1组。此地曾经有一寺庙，名泉龙寺，此地修庙前无名，修庙后时至今日就一直叫泉龙寺，是以庙名命名。

当地老人说，泉龙寺有山门，高大宏伟，赛过临近三州六县寺庙的山门，连峨眉山上的山门都没法和它相比。进了山门就是四大天王殿，供奉四大天王。再进去就是孔雀殿，又叫经楼。左侧是斋堂、厨房、厕所。孔雀殿两侧供有神像，一侧是比干，另一侧是三婆娘娘（又叫三霄圣母，就是赵公明的三个妹妹），还有骑黑虎、手持打神鞭的赵公明。

孔雀殿的背后，隔一木壁。在殿外有三尊石像，一尊坐牛，一尊坐麒麟，一尊坐白象。当地老人说，根据坐骑，这三尊石像应该是老君、文殊、普贤。孔雀殿后是大殿，大殿供奉三尊大佛，两边侧殿供奉十八罗汉。大殿殿前两根门柱上各塑一条龙，很是威猛，活灵活现。过了大殿，就是观音殿，是泉龙寺最后、最高的一座殿，里面塑千手观音，很高大，约三丈高。两边侧殿同样供有神像。

泉龙寺占地面积十多亩，房屋面积约四亩。每殿后面都是台阶，一殿高过一殿。寺庙斋堂后面有一口泉水井，是天然泉水。可能就是因为这口泉水井，此地就被命名为泉龙寺。

民间传泉龙寺的建筑时间比普兴乡福利村宝昙和尚建的普贤寺要早。泉龙寺前曾有一通石碑，上面刻有建庙经过。碑上记载，此寺原名白龙寺，经三次修建才完工。第二次建的寺庙名称不清，第三次才叫泉龙寺。

此寺庙似庙非庙，似观非观，亦庙亦观。很可能如峨眉山其他寺庙一样，乃先观后庙，并且由观改庙后，依然保留了道观原有的道神，或者有些道神还是后塑的。若如此，则可以推测普兴乡山区一千多年前乃道教传道之地，后来道教逐渐式微，佛教逐渐兴起。

112. 盘头石

朱华高

　　出峨眉城北门约 10 里，乃峨眉北大门双福镇。从双福镇出发，沿双悦公路西行约 15 里，乃普兴乡政府驻地福利村。在此沿右边石梯山道拾级而上约 300 米，便是普贤寺。

　　普贤寺背后约 600 米，有一小山包。站在山包最高点，可与北面的凤凰山遥遥相望，看上去直线距离约两公里。山包最高处有一巨石，当地人称为盘头石。关于盘头石，当地流传着一个久远的传说。

　　盘头石是一块巨大的红岩石，正面远看，犹如一个巨大的馒头。细看，左右各宽约 10 米，底部至顶部高约 5 米，正面站立处的山包地面和石顶高差约 3 米，有人工刀劈斧凿的脚踏步和手抓凹痕迹。脚踏步长 30～40 厘米，凹陷宽 10～15 厘米。手抓凹刚好可以伸进一只手掌，深约 5 厘米。当地人说，这些石步、石抓手也不知是何人何时开凿的。上面有一块平台，笔者提出要爬上去看看时，当地人胡先生说，你这把年纪了可要注意呢，万一滚下来，掉在坡下，可危险了。笔者还是打算上去一探究竟，于是我小心翼翼地爬上石顶。上面果然是被人为开凿的一块红石平地，呈不规则四方形，面积有 35～40 平方米。

　　胡先生说，当地村民都知道一句话："先有普贤，后有峨山。"这句话就和这块盘头石有关。

　　传说，曾经有一仙女飞到盘头石上盘头梳妆，盘腿打坐，修炼功夫。就在她盘完头闭目静修之际，普贤寺所在的整座山不堪重负，都在摇摆。仙女见此情景，就腾空而起，飞到峨眉山顶。后来，不知过了多少年，有一个远方和尚云游到此处，听了当地人讲述这个故事后，就提出要去看看盘头石。到了此处，和尚围绕盘头石上下左右打量，随后又观看四周地形，口念"阿弥陀佛"，说可在此山包下方建一寺庙，镇之。于是，便四处观看地形，最终选定了一处地方，建了一座寺庙，不知其名。过了些年月，不知为何，一到深夜，寺庙房梁不时地"吱吱"晃动，不到几年，寺庙无端垮塌。和尚道声"阿弥陀佛"，又云游他方去了。又过了些年月，宝昙和尚来此，见寺庙破败，遂找人重修。寺庙不日落成，高大巍峨，金碧辉煌，取名为普贤寺。说来也怪，从此寺庙再没出现过夜间晃动的情况，而且寺庙香火旺盛，远近善男信女络绎不绝前来朝拜。

　　这里先修了普贤寺，峨眉山上才开始修庙子。所以，当地说先有普贤，后有峨山。

普兴乡普贤寺后的盘头石（朱华高摄）

113. 龙门乡

朱华高

　　龙门乡位于峨眉山市西南部，距峨眉山市城区约 52 公里，是一个纯山区。龙门乡东面与沙湾区范店相邻，南面隔大渡河同峨边县毛坪镇相望，西面和本市大为镇相接，西北紧接龙池镇，北面与沙溪乡相连。境内有公路和龙池、大为、沙溪相通，成昆铁路经杨漩、代坪、大村、鸭池四村进入峨边。杨漩有火车站，是成昆铁路过峨眉最多村的乡镇。境内还有三个和大渡河相通的水运码头，是峨眉山市唯一一个尚有水运码头的乡镇。

　　龙门乡政府驻地毛天村 1 组，即龙门场。场外有一河曰龙门河。河水流经龙门场尾便是险峻的玄武岩断崖，河水从断崖倾泻而下，恰似龙跃，龙门场由此得名。乡政府以驻地龙门场而名。

　　宋朝时，龙门乡属峨眉县南村镇。明清时期属翔凤乡，清咸丰年间及民国初年，峨眉县分六区，龙门场属南二区。1934 年，设龙门乡，一直到中华人民共和国成立。1950 年，龙门乡分出双河、木厂、杨岗三乡。1956 年 11 月，三乡合并为龙门乡，以驻地龙门场为名。1958 年 10 月，改乡名为龙门人民公社。1984 年 4 月，龙门人民公社改称龙门乡，至今未变。1988 年前，归龙池区辖，1988 年撤区后，直属县辖。

　　龙门乡是峨眉山市光照条件最好的乡镇，降雨量也最少，有"干龙门"之称。因温度、日照条件好，农作物产量高、品质好。20 世纪 80 年代初，峨眉县农业局在全县组织高产竞赛活动，每年水稻高产冠军都出自龙门。

　　龙门乡是全市唯一一个曾经开采过黄金的乡镇。有资料载，大渡河从金口河到沙湾因沿途两岸产沙金，故称铜河。其中，峨边县共和乡东下石板溪、金山包至峨眉龙门乡鸭池村河口、猫儿坝、杨漩，都是峨眉的淘金地段，全线约 30 里。迄今，鸭池村尚有开采金矿遗址——金厂坡。2011 年《峨眉山市不可移动文物名录》载，龙门乡鸭池村的金厂坡遗址源于清代，位于大渡河北岸金厂坡上。目前，大多数金洞被封。

今龙门乡农民新居（李华英摄）

龙门乡虽地处偏僻，但文化底蕴深厚。2011年《峨眉山市不可移动文物名录》载，该乡被列入文物名录的有七处。除清代金厂坡遗址，还有清代古墓五处，明代圆通寺遗址一处。其中，明代圆通寺遗址有明代佛像，还是儒释道三教融合的重要场所，这在峨眉山市也是极少见的。

114. 杨林圆通寺

朱华高

据有关资料，龙门乡有一座古寺——圆通寺，年代久远，颇有历史价值。为了一探究竟，2018年7月19日，笔者和民政局地权股股长张林在乡民政员万虹秀的陪同下，一同到龙门乡杨林村考察圆通寺遗址遗迹。出龙门乡政府，沿蜿蜒曲折的乡村公路东行约15分钟，一行人便到了圆通寺所在地杨林村5组。村支书董祥宣找来当地老人王贤清（92岁）和寺庙侧面一住家户杨雪枝（66岁）详谈圆通寺的情况，当地村民王明富、刘永高也热情参与。

圆通寺遗址坐西向东，为台阶式布局。上沙门（山门）后的一个台阶是下殿，再一个台阶是中殿，最后一个台阶是上殿。现场所见，每一台阶的保坎条石尚在原址未动。从山门以下开始的台阶式通道尚存且基本完整，均是长条石铺就，宽约2.5米。在下殿遗址保坎处，矗立着一对石狮，高约2米，宽约1米，基本完整无损，几乎无风化。石狮顶上是一个木制小门楼，悬挂着一块写有"圆通寺"的木匾。

现在所见的圆通寺，乃古时的中殿和上殿。中殿是一座由现代人在遗址上新修的小庙，宽约15米，进深约5米，高约5米。大门门楣是黑色的"大雄宝殿"匾额，字金色。门紧锁，据称里面有古神像。殿外是宽约4米的古石板平地，右侧竖一红石碑，高约1.3米，宽约0.7米，字迹风化严重。当地人说，此乃古碑。

绕到殿后，地上有一古红石基座，高约30厘米，直径约40厘米，长方形。可见的两面，一面刻字：洪雅县信善胡秉秀、龚氏、南德进、马氏施银二两四钱。大清乾隆五十四年（1789年）十二月十七日立。还有会氏、刘氏等一些模糊不清的字。另一面刻字：本寺住持源祺徒广合等发心修接引佛一尊。石座上塑一尊高一米多的佛像。当地人说，此石座乃古迹，佛像乃新塑。

中殿后仍然是一块宽约6米、长约20米的古石板平地。再上一台阶，又是一座在上殿遗址新修的殿宇，圆拱形大门，四列三间，宽约15米，进深约5米。大门上挂一块门楣木匾，黑漆，长约2.5米，宽约0.7米。匾正中是"有仙则名"四个白色大字，仙字为古繁体，刚遒有力。上款：敬献圆通宝院重建志喜。落款：乐峨弟子等。民国己未年（1919年）十月初五立。原始匾，背后有几根新木条固定。从匾名看，当时此殿乃道教宫观。

石梯右下角竖有一青色石碑，高约1米，宽约0.5米。此乃功德碑，字迹多风化，模糊不清。可依稀辨认上款：翔凤乡白□山圆通寺……落款：皇清光绪十八年（后不清）。

殿内，塑有多尊神像，主神是一位不知名的女神。右边是玉皇大帝、王母娘娘，左边是天宫、地母；左侧是猪王神，右侧是牛王神。

王贤清说，他们的祖先是"湖广填四川"时从孝感乡迁来的。祖辈来时已有圆通寺。众人说，庙子修建人是杨登高，在房梁上写的。圆通寺很大，宽有 100 米，进深有 100~150 米。庙子分三台修建。大殿下面是沙门（山门），沙门再下是石板路。沙门呈八角形，有翘角，宽 12 米，高 5~6 米。

进了沙门就是第一台大殿，叫下殿，为一四合大院，有天井。殿里主神供奉刘备、孔明、关羽、张飞。

第二台是中殿，也是一四合大院。供有接引佛、龙神、观音老母、城隍、地王、玉皇、牛王、猪王等。

第三台上殿，也是一四合大院，就是现在的后殿，供有三尊大佛。现在上殿里供奉的菩萨，都是以前庙子里供奉的。上殿主神基座是古时就有的，不在原地，是从下面搬上来的。上殿外的石碑、中殿供接引佛的底座都是古时留下来的。正殿外那块没有字的碑也是古碑。石狮及所有石板都是古时留下来的。庙子里还有斋堂、厨房、茶殿，设茶座、小卖店等。杨雪枝住的这栋房子和现在庙子之间的那栋民房，都是以前的侧殿。以前的中殿的四根大立柱，都塑有绕柱彩龙，四龙抱柱。

圆通寺以前很热闹，四面八方都有人来朝拜。尤其是七月七，是这里的朝拜日，朝庙子的人，除本地、龙池的，还有峨边、峨眉、嘉定的。庙里和尚最多时有七八桌，庙子周围几百亩土地都是庙产。

圆通寺上面还有一座庙子，叫沁林寺，就是在沁口林矿山那里。下面玉兰村有一个化堂寺。

圆通寺后来衰败了。如何衰败的？说是与圆登（音）和尚中状元的事有关。

圆登曾是圆通寺里的一个和尚。后来，他考中了状元，骑着白马回圆通寺。圆通寺主持打开沙门正门迎接。圆登和尚骑着白马从沙门正中进了庙子，凤凰穴的凤凰就飞了，从此圆通寺就慢慢衰败了。寺里的香火少了，和尚也就走了。

朝拜圆通寺的古道路线：嘉定—峨眉—龙门—天池—桥炉子（有古碑）—（2 里）白庙子—（2~3 里）圆通寺—（6 里）沁林寺。道上都是 1 米宽的石板路。

关于这座古寺，2011 年《峨眉山市不可移动文物名录》载，遗址坐东向西，坐落在一东西（上下）长 150 米，南北宽 60 米的缓坡上。寺庙始建于明代，目前尚可见残存的建筑台基三重，圆雕佛像一尊、碑刻两通，柱础石和残损石刻若干，垂带式踏道及石狮一对。圆雕佛像左臂上刻有"大明洪武二年（1369 年）"的题记。

按当地人的描述，圆通寺是峨眉山市极少数儒释道三教融合的寺庙，且是目前笔者所知的峨眉山市境域内唯一供有刘备、关羽、张飞、孔明的寺庙，但不知三教融合发生的年代和过程。笔者感慨，圆登和尚考中状元的故事线索太过简单，如能有更为翔实的内容，该有多好。

杨林圆通寺（朱华高摄）

115. 鸭池杨氏宗祠

朱华高

　　龙门乡有个鸭池村，位于龙门乡政府南面约十里。鸭池村因鸭池而名。鸭池又名鸭子池，位于鸭池村委会正面约 200 米处。池子东西窄，南北长，因其形状如一只鸭子，故名。

　　鸭池村有一大姓杨氏。鸭池村村委会是杨氏宗祠的所在地。杨氏族谱记载和杨氏老一辈人讲，鸭池村杨氏祖先是在明末清初时从湖广来的。不是移民，是士兵。事情是这样的：那时，张献忠军队进军四川，鸭池杨氏祖先是明朝军队的士兵，他所在军队奉命追踪张献忠，一路追到峨眉。杨氏祖先所在军队在龙门乡黄店村杨岗一带包围了张献忠部队。双方激战，最后明军消灭了张献忠军队。战斗结束后，杨氏祖先被就地安置。杨氏祖先开始就住在黄店，并结婚生子，婚后有两子，一个留在黄店，一个外出了，这个就是彭桥、苏稽杨氏后人的祖先。

　　黄店山高，土贫，产量低。鸭池平坦，土肥，产量高。这里还有一个很大的水池。水池装满水时，站在高处，看上去就像一只鸭子。后来杨氏祖先迁到鸭子池了。

　　再后来，杨氏族人就在这里修建杨氏宗祠。具体哪一年修的就不知道了。以前族谱上有记载，可惜族谱在"文化大革命"时被抄走了，如今不知下落。

　　杨氏宗祠占地约三亩，坐北向南，四合大院。祠堂大门前挂有一块大匾，早已毁了。祠堂里面供了很多祖先牌位，在"文化大革命"时被毁了。现在的村委会所在地全部都是杨氏宗祠遗址。

　　笔者感慨，惜杨氏族谱已无下落，如能再见天日，即可见杨氏祖先随明军追击张献忠军队的历程，尤其可见明军和张献忠军队在龙门黄店的战斗情况，这对研究张献忠进军并占据峨眉的历史有极其宝贵的价值。

116. 金厂坡

朱华高

　　龙门乡有个金矿采掘遗址——金厂坡，为了一探究竟，2018 年 7 月 19 日，笔者和民政局地权股股长张林一道，在龙门乡民政员万虹秀的陪同下，前往鸭池村采访。鸭池村村支部书记杨仕宣、村主任杨玉平、村民杨国伦，在村委会接受了我们的采访。

　　他们说，鸭池村金矿开采有一百多年历史了，地点叫金厂坡，在鸭池村 2、3、7 组间，离鸭池村委会两里路，坡下就是大渡河。矿区有 200 多亩，实际采矿洞只有几十亩。采矿洞大洞有八九个，进去后分很多岔洞。他们的祖父辈就在金厂坡采过矿。金矿采矿权是大村一个老板在鸭池村将土地买下的。买下采矿权后自己不采矿，而是对外租赁，按采矿洞数量和采矿年限收租金。采矿组织有两种基本形式：一种是当地有钱人向矿主出钱租矿。租下后，洞主就请人采矿，给采矿工人工资，所采的黄金归洞主所有。另一种形式是一些人合租采矿权，共同采一个洞。他们在一个洞里各自打岔洞，各自采矿，安全自负，采到的黄金归自己所有，自己在市场上进行自由买卖。那时，外地有不少黄金生意人到金厂坡来收购粗黄金，根据成色自由议价，自由交易。鸭池金厂坡的粗金含金量很高，很受黄金生意人的欢迎。

金厂坡（薛良全摄）

　　采矿要点灯。最早点桐子灯，后因为没有桐子，就点桐油灯，再后来点煤油灯。采矿有常年进行的，有农忙干活、农闲采矿的。

　　采矿流程：采矿—矿砂运出洞—在洞外水沟里或河里淘矿。一般说来，金矿被乌砂包裹，乌砂外又是普通矿砂。淘矿就是将矿砂放入一种筛子，淹没在水里反复筛动，最外面无用矿砂随水淘走了，剩下的就是含金量很高的乌砂。再将水银加入乌砂中，黄金就会裹上水银。最后将裹有黄金的水银在火上烧，去掉水银，剩下的就是黄金了。

采矿兴盛时期是在民国。新中国成立后就很少了，大致在 1998 年停止采矿。在此之前，集体和个人都还断继续续采过，但收效甚微，后停止了。

赵划在《峨眉逸闻》一书中的《大渡河为何叫铜河》一文中提到，大渡河从金口河到沙湾因沿途两岸产砂金，故称铜河。其中，峨边县共和乡东下村石板溪、金山包至峨眉龙门乡鸭池村河口、猫儿坝、杨漩直到代湾，都是峨眉的淘金地段，长约 30 里。淘金方法有旱淘和水淘两种。旱淘在龙门乡河口山上，有直径 50 厘米的圆洞，是淘金洞。淘工是十二三岁幼童，称"蚂蚁子"。他们进洞淘砂，运出洞外。外面的人再传到河边淘砂金。

2011 年《峨眉山市不可移动文物名录》载，龙门乡鸭池村的金厂坡遗址源于清代，位于大渡河北岸金厂坡上。当地村民讲，在鼎盛时期，这里有一百多个金洞。目前大多数金洞被封砌，仅见一个未被封砌的金洞，洞口部分垮塌，金洞呈拱形，无支撑架，洞高约 1.3 米，宽约 1.1 米，深度不详。解放后，龙门公社曾开采过，后因价值不高，停止了开采，并封闭洞口。

117. 沙溪乡

朱华高

　　沙溪乡地处峨眉山市东南部，东邻乐山市沙湾区范店乡，南接龙门乡，西连龙池镇，北挨九里镇、罗目镇和高桥镇。政府驻地连峨村 2 组 58 号，距城区 30 公里。乡之得名，乃因沙溪河穿境而过，故名。

　　宋废绥山、罗目入峨眉后，此地域当属南村镇。明代，属翔凤乡。清初，仍属翔凤乡。清嘉庆版《峨眉县志》卷三《建置志·街市》有沙溪场记载："沙溪场，县南四十里，以溪名。"1934 年，全县共十三乡，沙溪乃其中之一。1948 年 5 月，全县三区。第三区驻龙池场，辖龙池、大为、龙门、龙溪四乡。龙溪乡当为沙溪乡。1949 年，仍为龙溪乡，驻地沙溪场。1950 年 1 月，龙溪乡为沙溪乡。1950 年 11 月，沙溪乡分出连峨、兴宏、京枢三乡。连峨乡辖复兴、顺河、中心三村，兴宏乡辖林坝、七里、新路三村，京枢辖回龙、袁岗、桃林三村。1956 年 11 月，合并连峨、兴宏、京枢三乡为沙溪乡。1958 年 10 月，沙溪乡更名沙溪人民公社，驻地沙溪场。1984 年 4 月，恢复乡建制，改为沙溪乡至今，驻地沙溪场。

　　沙溪乡地处二峨山境内，多山地，海拔 610～1909 米。因气候所致，林业以森林为主；森林覆盖率 70% 以上，绿化率 95% 以上。峨眉国有林场就在二峨山上。

　　交通不便是该乡最大的不足。九沙路是 1970 年才贯通的，高沙路也是前些年才通的。如今九沙路、高沙路可通到政府驻地，村村通公路。九沙路可通大型货车，然运载矿石货车往往超载，致九沙路常处于维护状态，不时断路。高沙路路窄，蜿蜒曲折，只能通小车。全乡最大的资源优势是生态环境好，也有丰厚的道佛文化底蕴。

　　绥山桃犹仙桃，1991 年版《峨眉县志》对绥山桃有如此记载："绥山桃，俗名白花桃，又叫白米桃，少生虫，肉质白嫩，水分重，有清香，含蜜味，脆爽可口，回味甜香，可以饱腹。当地人呼之'仙桃'。"

　　绥山桃的主要产区是如今沙溪乡桃林村。在这个方圆 10 公里的山村里，满山遍坡，沟边路旁，房前屋后，都是成片桃林，故名桃林村。农民采下后，运到罗目镇出售，上市量大。占半条街，成为县里有名的桃市。外乡镇的桃贩，来此进货，运销各镇。新中国成立后，农民种桃积极性更高。1952 年产量达 20 万千克。售桃成为桃林村农民的主要经济收入。1959 年，由于重农轻副业，桃树发展受到影响，产量急剧下降。从 1977 年起，为发展山区多种经营，绥山桃得到恢复和发展。

沙溪乡兴宏村彩林（李家俊摄）

　　沙溪乡尚有不少道观佛寺遗址遗迹。这些遗址遗迹大多分布在九里到沙溪、高桥到沙溪的古道沿途或沙溪乡境域内。在沙溪乡境域内的有连峨村的龙泉寺、张道人墓地、二峨山顶祝公顶。其他还有代音寺、山王庙、团庙、瓦窑坪、汪庙儿、窑道坎。高桥到沙溪的古道除高桥境内的寺庙，还有沙溪桃林村的风火殿，连峨的仙人洞、神农庙、玉皇坪，兴宏村的兴宏寺，七里村的谷王庙，回龙村的倒座庙，林坝村的八角庙，新路村的双土地，大岗村的山神庙，等等。

　　沙溪乡林坝村有余氏族人，自称是元朝皇帝后代。

118. 风火殿

朱华高

　　风火殿位于沙溪乡桃园村 9 组，海拔 850 米，是一片地势较为平坦，视线开阔的台地，正对大峨山金顶。

　　风火殿之名，源于此庙供奉的是风火神和风火娘娘。风火殿原来占地约 5 亩，坐东向西，山门和正殿正对大峨山。当地人说，庙宇落成时，有"送官"代表朝廷送来一把"万民伞"，是何含义，不知。庙子有山门，进了山门就是一道高大的屏墙，有四五米高。屏墙正中塑有石碑像，屏墙前面是一块大地坝，建有一座大戏台。戏台后面就是正殿，庙里供的主神是风火神，风火神手持宝剑，风火娘娘身穿官服，头戴官帽，都是坐像。其他还供有祖佛、牛王、太子、千手观音等。

　　当地村民讲，新中国成立前，风火殿归大峨山管，是和尚庙，里面有五个和尚，地里到处都是和尚坟。1952 年打（毁）菩萨时，把木质的菩萨打来烧了。庙子大约是1956 年拆的，但还有一栋房子未拆，戏台和太子像还在。后来庙子里办起了桃林小学，1973 年学校合并停办。大概 1992 年时，乡政府把庙殿未拆的房子卖给刘大银。2011年，老年协会向刘大银买了一部分房子作为老年活动室，就是现在庙子旧址后坎上的那栋房子。

　　学校篮球场遗址边一字排开竖着七通石碑，是当地村民在建老年活动室时从地里挖出来的。总共有十多通，其余的都埋在地下了。

　　七通古碑从入口开始，第一通顶部圆尖，主体为长柱形，是修建戏台的纪念碑，刻有文字。正面大意是：修戏台一座，今功果告竣，勒石标名以彰众善，永垂不朽矣，是序。落碑时间："大清咸丰九年岁次己未"。侧面刻有捐款人姓名及捐款数额。

　　第二通为长方形片碑，碑楣为"永垂万古"四个大字。落款："大清光绪二年正月下浣六日立"。中间是捐款人姓名和捐款数额。

　　第三通碑楣为"自有源润"四个大字。落款："皇清光绪十六年岁在庚寅中秋月朔三日阖会等敬"。中间是捐款人姓名和数额。

　　第四通为长方形片碑，高 104 厘米，宽 60 厘米。上部长圆，下部以长方形为主体，有人物的无字碑，是原屏墙塑像。

　　第五通，长方形片碑，碑楣为"正堂宋示"四个大字。碑文自右至左，自上而下为"特授山川嘉定府峨眉县正堂五级记录十次为据情禁示"，中间是正文。落款："光绪十六年十月三十日右谕通知　宝贴烽火殿晓喻"。

　　第六通，为长方形片碑，碑楣为"永垂万古"四个大字。序文后面是捐款人姓名和捐款数额。落款为"大清咸丰三年十月初一立"。

第七通为长方形片碑，碑文自右至左，自上而下为"特授四川嘉定府峨眉县正堂三级记录三次为禀恳示禁以……"（后文不清），中间是正文。落款为"道光二十四年二月右渝通知"。

根据第五通和第七通碑文推测，碑文似乎来自清朝廷对风火殿管理记录的一种公示性通知公文，相当于现在的布告、通告。这在峨眉山目前所知的碑文中尚未出现过。何以如此，不得而知。结合落成时"送官"送"万民伞"，显然，风火殿可能隐含着什么秘密。

风火殿何时初建？碑文最早时间是道光二十四年，是"特授四川嘉定府峨眉县正堂三级记录三次为禀恳示禁以"的朝廷公示性通知，且已记录三次，由此可以肯定风火殿落成时间在道光二十四年以前。如上碑文，记录第十次是光绪十六年，距第三次历经四代皇帝，间隔46年，平均每六年半有一次碑文公示。如此推算，第一次记录公示当在道光二年，建筑时间至迟当在清嘉庆年间。

风火殿肯定是逐年建成的。因为有一通"大清咸丰三年十月初一立"的"首为化募"捐款碑，有一通"大清咸丰九年岁次己未""修戏台一座，今功果告峻"的捐款纪念碑，有一通"大清光绪二年正月"捐款功德碑，有一通"皇清光绪十六年岁在庚寅中秋月"捐款的功德碑。结合公示碑文，庙宇是在至迟嘉庆末年到光绪十六年至少七十多年逐步建成的。

风火殿遗迹（朱华高摄）

119. 龙泉寺

朱华高

二峨山有个葛仙洞，传说是西周羌人葛由在此洞修道成仙之地，后人称葛由洞或葛仙洞。清光绪年间，谭钟岳奉旨到峨眉山考察并绘制道观寺庙图。他在《峨山图说》中，标注有二峨山葛仙洞位置，附近有洗月池和龙泉寺，并云"葛仙洞在白岩溪上，为周成王时羌人葛由骑木羊处"。

龙泉寺位于峨眉山市沙溪乡连峨9组，在二峨山主峰的山脚，海拔970米，距二峨山顶30里。龙泉寺现有两栋房屋，一栋靠山向河（坐西向东），是原龙泉寺主殿位置；另一栋坐东向西，和原正殿遗址成垂直状态，中间隔9米左右走道，乃龙泉寺侧殿。

当地人说，龙泉寺原名龙泉观，是一个叫张道人的在几个县化缘凑钱修建的。清嘉庆版《峨眉县旧志》卷二《建置·寺观》载："龙泉观，县南八十二里，在二峨山顶，前有洗月池，右有葛仙洞。"可见，嘉庆年间，龙泉寺尚名龙泉观。

2012年笔者现场考察时，原正殿门外有两通大石碑，其中一通是一块捐款功德碑，碑楣为"积善余庆"四个大字。细看碑文，都是捐款人地址、姓名、职务、身份。其中，地址有湖北荆州府、山东、陕西等，职务有五品、八品、吏员、职员等，身份有举人、监生、贡生、文生等。

当地人称，龙泉寺是乾隆年间修建的。庙子是四合头一字天井，八字龙门，龙门外供有石狮，就是现在正殿遗址门口的这一对。这是一座和尚庙，是大峨山九老洞的脚庙。庙里山门处供奉三尊大佛，主殿供奉龙神、雷神、灵主，主殿下面的侧殿供奉燃灯佛。

当地人梁远贵说，龙泉寺最开始的名字叫龙泉观。当地老人都叫龙泉观，他小时也听大人叫龙泉观，但庙门上的匾是龙泉寺。龙泉寺旁边有一座瓦窑遗址，那是当时专门用来烧瓦建龙泉观的。

第六篇　编余篇

1. 峨眉山名考

李先定

峨眉山名甚多，佛门称它大光明山、震旦第一山，道家称它胜峰山、皇人山、第七洞天、虚灵太妙洞天。不计佛道称谓，另见诸诗文典籍的，它还名叫峨眉山、峨眉山、峨眉山、娥眉山、牙门山、蔡山等。

峨眉山

峨眉之名最早见于汉扬雄《蜀都赋》："南则有犍牂、潜夷、昆明、峨眉。"晋左思《蜀都赋》："带二江水之双流，抗峨眉之重阻。"（晋）常璩《华阳国志》："南安县……西有熊耳峡（即今青神县小三峡），南有峨眉山。"（唐）李白："我在巴东三峡时，西看明月忆峨眉。"（宋）苏东坡："若说峨眉眼前事，故乡何处不堪回。"（明）解缙："峨眉春月斗婵娟，雷坪夜响空中泉。"（清）朱彝尊："万古峨眉雪，孤城五月寒。"今人论述就更是难以计数。

峨眉山

将峨眉山称为峨眉山的，其代表人物是清末名士、荣县人赵尧笙（即赵熙）。他在《九老洞碑记》中说："峨眉在百里之外，其山如大云蟠空。"在乐山凌云寺正殿一副楹联中，他也书为"峨眉"。20世纪30年代，"峨眉公园"名号，也是赵先生的手笔。至今，一些书画作者在其作品中，也写作"峨眉"。据说，赵尧笙称峨眉为"峨眉"，是因峨眉山居大渡河（古名峨水）之滨，山以水名，故称"峨眉"。

峨眉山

北魏郦道元《水经注》云，峨眉得名，是因"去成都千里，然秋日清澄，望见两山相对如峨眉"。《犍为郡志》对峨眉山的描写更加绘声绘色："此山蠖云凝翠，鬟黛瑶妆，真如蟫首峨眉，细而长，美而艳也。"据此，明都给事中、嘉州人安磐曾写诗镌刻于凌云山上，诗曰："树竹斑斑日上迟，鸟啼花暝暮春时。青衣不是苍梧野，却有峨眉望九凝。"（清）渔阳山人王士禛在《池北偶谈》中评此诗说："盖凌云九峰，枕青衣江之东，而峨眉三山，正置其西，至其地，知其诗为工也。"同样，他也赞同峨眉作"峨眉"。

娥眉山

峨眉山具有雄、秀、奇、险、幽的特色。"有峰皆秀色，无壑不幽深"，民间有四仙女化山传说，云大峨、二峨、三峨、四峨四山皆是四位仙女化身。"峨"者，女性美称也，故也有把峨眉写作"娥眉"的。日本高僧良宽题《峨眉山下桥桁》一诗，便把峨眉写作"娥眉"。现建良宽诗碑亭于峨眉山清音阁处，其诗碑自日本运来，竖于亭内，游人上山，可一饱眼福。

牙门山

《续汉志·犍为郡》中，刘昭注引张华《博物志》云："南安县西百里有牙门山。"据《中国地名大辞典》载，牙门山即峨眉山。《华阳国志·蜀志》中曰："七国称王，杜宇称帝，更名蒲卑，自以功德高诸王，乃以褒斜为前门、熊耳、灵关为后户，玉垒、峨眉为城廓。"城廓为一地之关口，牙为口之门户，音近意近，称峨眉山为牙门山有一定道理。

蔡山

《尚书·禹贡》载："岷嶓既艺，沱潜既道，蔡蒙旅平，和夷底绩。"蒙为蒙山，在雅安境内，"扬子江中水，蒙山顶上茶，"即指该处。蔡为蔡山，清代学者胡渭在《禹贡锥指》一书中指出蔡山为峨眉山。

大光明山

《华严经》载，峨眉山为普贤菩萨现相处，以其山顶常有光明之象，世称"佛光"。"佛光"为峨眉金顶四大奇观之一，梵宇缈缈，宝相庄严，七彩光环幻映大千世界，故佛门称曰"大光明山"。唐贾岛《赠卧云庵僧》诗曰："下视白云时，山房盖木皮。垂枝松落子，佛顶鹤听棋。清静从沙劫，中终东日敧。金光明本性，同侍出峨眉。"1988年，峨眉山佛教协会名誉会长，高僧遍能法师书横匾"大光明山"悬于万年寺山门。

震旦第一山

王世性，明万历年间礼部给事中，于明万历十六年（1588年）游峨眉山后在《游峨眉山记》中写道："《志》云，宝掌三藏千岁来自天竺，指其地为震旦第一山，与夫睹佛光与西域雪山，盖皆谓峨眉云。"宝掌是印度高僧，据《峨眉山志》载，相传于周烈王三十二年（前414年）生，唐高宗显庆二年（657年）卒，活了1071岁，故称"千岁宝掌和尚"。峨眉山洪椿坪是他结茅故址，寺右有以他的法号命名的宝掌峰。"震旦"是秦时古印度对中国的称呼，意思是"日出东方"。20世纪60年代，伏虎寺前布金林牌坊一块横匾，即书"震旦第一"四个大金字。明清时，在往雷音寺去的解脱桥附近山道上，曾竖有一高大巍峨的"震旦第一山"木坊。

胜峰山

道家称峨眉山为胜峰山。传说黄帝（即轩辕氏）曾到峨眉问道于天真皇人。天真皇人渡轩辕成仙，后人把他授道之处取名"授道台"。明万历嘉定知州袁子让于万历三十年（1602年）游峨眉山后在《游大峨山记》中说道："出郭，过胜峰桥。峨眉旧名胜峰，昔黄帝问道于胜峰之天真皇人。"按"胜"亦作优美的山水或古迹解，柳宗元《永州崔中丞万石亭记》云："见怪石特出，度其下必有殊胜"。范仲淹《岳阳楼记》："予观夫，巴陵胜状，在洞庭一湖"。因此，可释为峨眉山景色幽美，风光佳妙，称胜峰山。

皇人山

《古今图书集成·山川典·峨眉山》记载，《山海经·西山经》中所说的皇人、中皇、西皇三山即今之峨眉三峰。《五符经》说："皇人住峨眉山北，绝岩之下，苍玉为屋，黄帝经受三一五牙之法。""三一者乃上皇之首篇也，能得三者，万祸不能干矣。"轩辕黄帝曾到峨眉山向皇人求道，故皇人所居之地为皇人山。

第七洞天

世传，神仙所居之处，大都在名山洞府之中，名之曰"洞天"。道教典籍《雲笈七籤》载，洞天有十大洞天与三十六小洞天，乃真仙所居之处，峨眉山属第七虚陵太妙洞天，山上一些地名按仙道洞府取名者甚多，如左慈洞、九老洞、三霄洞、药王洞、龙门洞、雷神洞等。神水阁前，曾有明督学郭子章书"灵陵太妙之天"石碑，一字一石，十分壮观。

2. 清雍乾时期峨眉疆域考

朱华高

峨眉置县建市已有一千四百多年，今日之峨眉山市疆域有非常准确的边界，那么，古代峨眉县的疆域如何？笔者考证，记载峨眉县疆域最早的是清乾隆年官方出版的《峨眉县志》。

一、清乾隆五年版《峨眉县志》考

笔者所见乾隆版《峨眉县志》共4本，每本封面是手写体毛笔字"峨眉县志"，分别以（一）、（二）、（三）、（四）编号。16开，线装，疑是印刷版的手抄本。全书皆用毛笔手写楷体，字号大约相当于如今宋体二号，常见古籍竖排。序文6篇。第一篇乃明嘉靖辛丑年尹宗吉撰，大意云，此前峨眉县尚无县志，有关峨眉县之事均附于州志，遂着手编撰云云。第二篇是明天启乙丑年（1625年），范醇撰。文中有云：峨眉故蜀之旁隅，汉嘉之僻壤，旧原无志，嘉靖尹宗吉创立志书十余载，因鼓楼遭火，志稿毁失，范君多方苦寻，方得残编断简十之二三。遂采州志集之，参互考订纂辑云云。第三篇乃康熙乙丑年（康熙二十四年，1685年）房星著。文有云：……幸嗣得旧志一本，顾乃首尾残缺断续难摩，而且记载仅及明天启之乙丑后数十年事，仍无稽也。幸本邑杨学博及杨处士协力赞勷删考订云云。第五篇乃康熙丙申年（康熙五十五年，1716年）杨世珍撰邑志存序。该文叙述修志之艰难，尤其史料收集之艰辛：旧本易散，新本难全，百年后将亦存焉寡矣。用是剥苔摩碣烧烛鉴书，收其前帙所逸，妄加添补，更为新缀故，条之缕之，而集已成。第六篇乃乾隆五年（1740年）峨眉县教谕马文倬序。此序乃官方印制县志的序文：是岁，邑侯文公慨然有修志之举，都人士群起而应之。时有乡人杨氏家藏志书。……境内山川人物节烈艺文飞潜动物之类条目列于前，品汇详于后，分门别类，开卷了然；记事详而约，为文简而赅始终，本末轻重大小序之厘然不紊，条理可循，而贯通扼要……

志书"鉴定"，嘉定知府宝容恂；"鉴修"，峨眉县知县文曙；"纂修"，候选知县张弘昳；"讨论"，峨眉教谕马人倬，等等。

志书共12卷。卷一有旧志、县境全图、县署图、峨山图、沿亘、疆域等，卷二有山考、山道、水道、城池等，卷三有学宫、学校、公署、街市等，卷四有祀典、道院、庙宇等，卷五有田赋、课税等，卷六有职官、名宦等，卷七有风俗，卷八有土产，卷九至卷十二都是艺文及记灾、记闻、附考等。

综观乾隆《峨眉县志》版本的六篇序文和县志编写目录，可以认定，《峨眉县志》

初撰于明嘉靖辛丑年（1541 年），作者尹宗吉；后几度跌宕，几人续修，至康熙五十五年（1716 年），方由峨眉邑人杨世珍收集整理前人志书史料，汇集成辑，然仍属民间个人行为，仅有坊间手抄本，并未出版印行。直到雍正八年（1730 年）后，峨眉知县文曙将峨眉县志书修撰列为官府行为并付诸实施。成书印行时间在文曙卸任（乾隆四年）后的次年。至于此前杨世珍纂修的《峨眉县志》，是否刊刻印行，面目如何，杨序和马序均未明确，且迄今世间未见其版本，故或有之，亦湮没在历史长河中，暂不能确定认可。

1991 年版《峨眉县志》载，文曙乃清雍正八年在峨眉县任知县，徐坦在乾隆五年任代理。若期间无其他知县，则文曙任峨眉知县时间是 10 年。《峨眉县志》评价其"多善政，重耕读，修县志，改建文庙，筑文公堰"。可见其政绩卓著。

二、清乾隆时期的峨眉县疆域

清雍乾时期，峨眉县疆域及抵周边县、省、京路程，乾隆版《峨眉县志·疆域》载：按邑以雷封，逼近南蒙，巉崖周匝，边塞盘桓，平陆无多，沧桑屡更。虽经瓜削而形胜犹然。东望嘉阳，西控邛部，南面绥山，北带渼水。

县属川南，在嘉定府西，省城南，幅员东西距十里，南北距二百六十里。东十里交副府乐山县界，南二百四十里交夷界，西四十五里交洪雅县山界。东至嘉定府城陆路六十里，水路笆行七十里（原文注：下府顺水易，上县逆水难。偶天旱干笆亦难行）。北至省城陆路三百五十里。水路到府雇舟京师陆程六千五百里，舟行九千八百四十五里。

其时峨眉县连接周边县的道路山界，该县志载：县东门十里至桑园子再七里至界牌铺（笔者注：符溪和乐山交界处）交乐山县界。县南门坦途二十里至高桥，山行八十里至中镇（笔者注：峨边沙坪）。县西门四十五里至灰厂夹江山界（笔者注：灰厂，今川主乡太阳村灰厂沟）。县北门二十里至双福堂再五里胡家山交界夹江。县东南三十里至羊镇场再五里两河口交乐山县界。县东北五十里至净土庵交乐山县界，自此北行七里至屋茅山脊交夹江界。县西南一路由峨山孔道三十里至四会亭，北向山行二十里至分水岭交洪雅山界。县西北一路自雁门楼分路坦行五里至周家嘴（笔者注：今周嘴），山行二十五里至石香炉绵亘观音堂，山插交洪夹山界。一自张家岗分路十二里过千佛崖（笔者注：今普兴永安村千佛岩），再进十里至老虎荡交夹江山界。

上述疆域是笔者所见自峨眉置县以来最早的县志疆域记载。

三、乾隆时期的峨眉县治

清乾隆时期峨眉县治是何模样？县城内有哪些街道建筑？乾隆版《峨眉县志》有一幅手绘县治平面图，标有"县治图"三字。该图可以清楚地回答上面两个问题。该图以县衙为中心，四周有围墙和城门，同时标注城墙外地名。房屋建筑都绘有房屋示意图。方位按上北下南、左西右东布局。县城围墙略成南北窄、东西长的长方形。中心县衙建筑是南北窄，东西宽，有围墙的长方形院落，标注"县治"二字。东、西、南、北共有 6 道城门。北面围墙有两道城门，靠东是北门，靠西是水字门；南面有两道城门，靠东墙角处的城门未标名称，疑为育贤门，靠西标注南门。西面正中标注西门，东面正中标注东门。城内绘出的"县治"建筑东边和东门之间有"副府"和"报恩寺",副府外绘有两根旗杆和高挂的旗帜。"县治"西边有"守府""城隍祠""三清观"。三清观位于西北墙角处。在三清观和城隍祠旁边各绘有一株高大的树木。西南角有"肖公祠"和"养老院"。东南角有"节孝祠"。城内标出的街道有8条。该县志"街市"载:十字街、正东街(俱治东)、鼓楼街(县治南)、育贤街(治东南)、城隍庙街(治北)、衙后街(治北)、儒林街(治西南)、正北街(治东北)。

四城门外,正北面无建筑标注;东北角有一竖旗杆高挂旗帜的建筑,无名;东门外有校场、大佛殿、先农坛三座建筑;南门外无建筑,标有"三台山"及山形示意图;西门外,西南角有西坡寺;西门出口处有关帝宫和火神庙。上述城墙内外的建筑都被一条护城河环绕包围。

3. 峨眉姓氏来源考

朱华高

　　姓氏是一个人一生最重要的身份代号。中国56个民族，每个民族都有自己的姓氏确定规则。中华民族姓氏众多，以前有百家姓之称，如今，姓氏早已超过百家。

　　峨眉山市都有哪些姓氏？都来自何方？问及峨眉山市的姓氏宗源，绝大多数人说自己的祖先来自"湖广填四川"时的湖北省麻城县孝感乡。笔者在搜集撰写姓氏家规、家训时，访问了二十多个姓氏，除两三个姓不是来自麻城县孝感，其余都称祖先乃麻城县孝感人，都是因"湖广填四川"而来。绥山镇麻柳沟何氏后人何玉勤在寻宗时，曾到麻城县考察。据他讲述，何以众多峨眉人祖籍来自麻城县孝感乡，根本原因是明朝时期，张献忠屠川，四川本土人死亡太多。填补人口稀少的来源地以孝感为主，有三个原因。一是，张献忠起兵时，曾在孝感大量招兵，近5万人之众，这支队伍到了四川。在张献忠失败后，所带队伍有残余留在了四川。二是，孝感当地政府认为孝感人彪悍难管，多与政府为难，对孝感人采取多种限制政策，并将原来的孝感县压缩为孝感乡，鼓励外流。孝感人中不少循张献忠孝感兵踪迹，迁徙至四川。三是，清政府在恢复战乱后的四川人口政策中，主要迁徙孝感人到四川。如此一来，孝感人在四川人口总量中就占了大多数。

　　据史料，在唐宋时期数百年间，峨眉、乐山、夹江、洪雅等广大地区被凉山里面的僚人所据，原住民大量外迁。峨眉县、罗目县、绥山县、乐都县的设置，多同安抚僚人有关。僚人是否有少数留在峨眉本地并逐渐汉化，或与本地汉人通婚，亦未可知。故秦人迁入蜀地后至唐宋僚人作乱前后，峨眉人的姓氏演变是一个复杂的人口学课题。

　　早在秦朝时期，就有北方人迁入四川的史料记载。例如，乐山市金口河区和夹江县就有秦人入蜀的记载。峨眉人中自然不例外，在"湖广填四川"前的居民中，有相当一部分就是从外地迁来的。

　　再往前推，春秋战国时期呢？据符溪镇柏香林出土文物，早在4000年以前，峨眉就有先人在此劳作和战斗。这些人的始祖来自何处？无考。

　　刘君泽对峨眉人大多来自孝感心存质疑，并对峨眉人姓氏来源有一定考察。据1947年刘君泽《峨眉伽蓝记·龙虎院》载：李氏，明初自陇西徙川南，祠在（龙虎）院前。林氏，明时自福建莆田县入蜀，转徙来峨，其始祖林海亨，初居大为，康熙中徙鞠槽，道光壬寅建祠。贺氏，清初自江西来峨眉居沙溪，继迁青龙镇。王氏，关中人，明时迁蜀南部县，清初迁峨眉。进士王国祚，其显者也，祠在燕岗乡邓祠侧。张氏，元末自江苏江宁入蜀，居眉州，明张景贤其显者也。继迁峨眉，清张玉田其显者也，玉田道光进士，著有《花洋山馆诗集》。邓氏，江西临江人。邓镇为汉口总兵，明季入蜀，居峨眉，祠在燕岗乡。万氏，明初万寿一自楚入蜀，居眉山。明万安其显者也，万历时，万永春再迁峨眉，今金万坎希成议长之祖也。金氏，清初由浙江入蜀，居峨眉青龙镇。周氏，滇人，宋时游宦来峨眉，始祖周纲墓在今圣庙侧。周祯能文，门生甚众。童氏，元时入蜀，居嘉州犍为、峨眉、乐山等处。符镇径山寺侧有童氏总祠，明成化进士童瑞，字士奇，官吏部尚书，卒葬盐溪口凤凰山，正德六年，与徐文华、安公石等主修乐山城池。伍氏，明正统间衡州进士伍文泰令仁寿县升夔州府，后居峨眉，因家焉，祠在龙池伍坪。魏氏，江西人，明时入蜀，居乐山水口场魏落渡，明末，魏正极始迁峨眉，省参议员，崇元、乾初之祖也。乾初善篆隶工刊刻。王氏，明时入蜀，祠在卧云寺右，及寺倾圮，有乘夜移佛入祠者，因让祠为寺，即今慧灵祠也。杨氏，祠在八庙子侧。汪用珩近韩，撰杨荣霞行纪，有云：公邑人也，始祖籍楚北汉川，由淤泥港播迁来蜀，居犍为青衣，旋徙峨眉，距罗目旧县东家焉。近韩善书，杨氏外孙也。何氏，明天启中，自湖广德安府麻城县孝感乡太平村奉谕填川，初居嘉定柏香林，康熙五年迁峨眉雁林乡，祠在燕岗乡仙殿。庞氏，明景泰七年丙子庞武宝自楚来蜀，初居富顺，弘治九年丙辰，乃迁峨眉翔凤乡，今青龙场庞坎是也。鞠氏，明天顺间入蜀，卜居峨眉，始祖曰鞠君馨，祠在鞠漕。郭氏，自湖广麻城迁大云山，再迁峨眉鞠漕泉水井。吴氏，明万历时吴绍兄弟三人由楚入蜀，临别，碎所负锅，称锅铁吴志同本源也。宪琛先生之祖也。尹氏，明尹宗吉修县志，有明靖士尹见吾之墓，与夹江尹氏一家。尹相臣之祖先也。李氏，明时入蜀，始祖曰李觉，明末李师程，其显者也，李秀醴之祖也。秀醴字斗垣，署理昭通府，能诗善书。刘氏，始祖勤公、智公，明万历时自湖广麻城县孝感来蜀，居县东南天庙、泉水塘等处，家庙曰南天庙。康熙初年重建兴场，八世祖永盛公入县学，祖墓葬桅杆山、罐儿山、泉水塘各地，历十六世，阅四百年，谱系难考，祖德长潜。杨氏，杨洪礼，自湖广麻城县孝感乡入蜀。初在县南龙门鸭子池，后有迁乐山水口者，有迁桢楠坝者。桢楠坝之杨有迁青神者。其迁杨河坝者处士杨毓峨之祖先。毓峨为瑞五旅长之祖父也。李氏，祠在燕岗乡李岗。明李纲子大邦之后，入蜀初居嘉州，继迁峨眉，李泗源之祖先也。万氏，万寿一，湖北麻城人，入蜀居峨眉，今二十一世矣，祠在龙池，万于一之祖先也。杜氏，杜稔和，明末入蜀，祠在慈云寺。

当然，峨眉姓氏及来源远不止上述所考，还有不少少数民族姓氏，亦从外地迁来。最明显的就是回族苏氏，峨眉就有不少。他们的祖先及迁峨始末，值得考究。

4. 峨眉花灯

朱华高

峨眉山市有一种民间演唱曲艺，叫花灯。花灯之名，来历无考；花灯源起何时亦无考。它是一种男女二人对唱曲艺，类似北方二人转。花灯演员二人，一名男演员叫"三花脸"，一名女演员叫"幺妹子"。"三花脸"都由男性扮演，一般化妆是头戴一顶博士帽，身穿一件蓝色长布衫，淡妆，道具乃一把纸扇。"幺妹子"可女可男，大多由男性扮演，一般化妆是身穿一件大红拖地长裙，头顶一方红方巾，遮住脸面，类似女子出嫁时的打扮，淡妆，道具乃一方手绢。"三花脸"和"幺妹子"是一对夫妻。他们的演唱背景是春节"三花脸"陪"幺妹子"回娘家拜年。

除这两个主要演员，花灯队还有乐器伴奏人员。通常乐器有锣、鼓、钹、铃铛等。乐器演员一般不化妆或淡妆。另外就是"吼包儿"（方言）、财务及其他后勤人员（乐器员、财务都充当"吼包儿"），整个演出队伍在 10 人左右。

演出时间通常在每年春节正月初六至正月十五期间，每天上午 9 点以后到晚上 10 点左右。演出由头是给各家拜年。演出前，后勤人员要到各家各户散帖子，相当于演出通知。帖子上载明，某年某月某日某时，某花灯队要到贵府拜年，敬请赏光之类，一则是对主人的尊敬，二则是告知主人，希望早做准备。

演出场地没有限制，只要有一块空地就行，主人家的堂屋、檐坎（大户人家的檐坎很宽，足够一个小舞台）、地坝都可以，由主人确定。演出唱词一般都是春节的喜庆祝福、祝贺之类，一般都是"三花脸"独唱，极少两人对唱。两人边唱边舞，像扭秧歌一样，你进我退，我进你退，极少穿插。曲调旋律通俗简单。除了通用唱词，还要有针对每一家主人不同特色的临时唱词，如某家是富贵人家，某家是官宦人家，某家有何喜事等。这既是衡量"三花脸"的水平所在，也是获得主人奖赏多少的重要标准之一。花灯队表演得好，主人越高兴，奖赏就可能很多。

花灯队演唱时不配乐器伴奏，只在唱完一段后才有乐器齐奏，相当于过场。一曲完后，主人便有奖赏，钱物都有。赏钱金额一般在 1 元以上，10 元以下。若赏 1 元，财务"吼包儿"就高喊："赏钱 10 元！"其他随行附和："赏钱 10 元！谢赏！"如果赏物，一般都赏香烟，数额一般在 1 包到 1 条之间。如果赏烟 1 包，"吼包儿"就高喊："赏香烟 1 条！"其他随行也如同收到赏钱一样高声致谢，也有主人既赏钱又赏物的。

20 世纪六七十年代以前，农村比较流行唱花灯。笔者所在老家绥山镇符汶村有一支广受赞誉的花灯队，笔者幼儿至青年期，每年春节，几乎都可以看到花灯队登门演唱。"文化大革命"时期则完全停止了，过后又逐步恢复。20 世纪八九十年代，花灯演唱之风盛行，演唱对象，发展到城里各单位各企业。笔者所在的企业，也有不少花灯队光顾。后来，随着现代文娱活动内容日渐丰富，花灯逐渐失去了吸引力，慢慢淡出了百姓视线。

5. 峨眉年俗

朱华高

春节，是千百年来中国人最盛大的民俗节日。全国各地都要举行隆重的民俗庆祝活动。峨眉山市的一些年俗和外地大致相同，又具有一些自己的特色。主要有以下一些。

（1）大扫除。进入腊月，农户人家就开始做彻底的大扫除。首先，彻底铲除房前屋后杂草，清理阴沟淤泥，对屋里的厨房、檐坎、厅堂、宿舍等犄角旮旯进行彻底清扫。其中一项工作是用一根长竹竿，一头绑上扫帚或苦竹叶在屋内房顶打扫蛛网之类的垂吊垃圾，谓之"打扬尘"。最后把打扫出的所有垃圾集中在一起，堆成一堆，经几个月堆沤发酵后成优质堆肥，供来年生产用。

其次是清洗。将铺盖、床单、罩子（蚊帐）、窗帘等（统称"铺笼罩被"）全部清洗；个人穿的，从里到外，从上到下，彻底换掉清洗。

这项工作可以延续到腊月三十做年饭前。

（2）杀过年猪。各家农户几乎都要养猪过年。到了腊月，各家各户请当地杀猪匠到自己家中宰杀。一般都是当天吃猪血；猪的内脏、猪蹄或炖吃或腌制；当天熬猪油；其余猪肉一部分腌腊肉，一部分灌香肠。如果是一个院子住几家人或隔壁紧邻门户，各家杀猪后炖了内脏都要给其他人家品尝，分享杀过年猪的喜悦。由于杀过年猪是轮流的，一个生产队几十户人家，到了腊月几乎每天都会听到猪的号叫声。小娃儿跑到各家看热闹；大人们出工期也要大讲特讲自家猪边口（方言，净重）多重，自己过年猪如何安排，等等。每到此时，空气里都弥漫着过年的喜悦气氛。

（3）做过年粑。各家农户几乎都要做过年粑。平坝农村以做糯米粑为主。糯米粑有以糯米为主、籼米为辅的叶子粑（叶儿粑）和枕头粑，以籼米为主的泡粑（米包子、发粑），以糯米为主、籼米和红豆为辅的粽子粑（粽儿粑）。叶子粑有红糖馅甜粑、猪肉馅咸粑和红糖与粑粉子混合糅在一起的混糖粑。特色产品枕头粑很大，犹如枕头，故名。枕头粑用纯米粉制作，食用时切成小块煎炕或水煮，拌以红糖吃。上述米粑的包裹材料是一种叫"粑叶"的宽大叶子，草本。做过年粑时，各家各户或在沟渠边清洗粑叶，或在家中清洗，年味很浓。粽儿粑是用一种叫"粽叶"的草本叶子包裹，呈三角形的粑粑。粽子可以是白味，食用时蘸糖；也可以在糯米中加入红豆、腊肉，少许盐，做成咸粽子。

蒸粑一般最迟在腊月二十八以前完成。蒸叶子粑和煮粽子、枕头粑一并结合进行。蒸笼上蒸叶子粑，锅里煮粽子或枕头粑。

同一院子或隔壁紧邻不同人家做好粑后，一般都要给别家送些去，请别人品尝。

（4）做醪糟。做醪糟大多在冬月、腊月，供腊月和正月、二月吃。煮醪糟时一般要加入米粉做成的小汤圆，或是将枕头粑、红糖粑切成小块共煮，也有打入鸡蛋的。一般醪糟打鸡蛋是招待贵客或家中长者吃。如果再加入蜂蜜，更是上等的美味佳肴。

（5）贴春联。不论贫富贵贱，城市、农村过年都要贴春联，或街上买，或请人写。有的只贴在大门，有的也贴在厨房、寝室。

（6）吃团年饭。不论贫富贵贱，城市、农村过年都要吃团年饭。团年饭大多数是晚饭，称年夜饭，也有少数人家或少数年份吃午饭。团年饭有两味菜不可少。一是鱼，二是大红公鸡。公鸡有肾，和鱼配合寓意来年有余有剩。大红公鸡也寓意来年生活红红火火。

（7）祭祀祖宗。吃团年饭前要先祭祀祖宗，不能先吃团年饭再祭祖，那是犯忌讳的。有些人家很讲究，要在团年前的八仙桌上摆上丰盛的饭菜、酒和水果供品，在神龛上燃点红烛和香，由家中长者带头祭祀，若最长者年迈体弱，则由家中实际当家人主持祭祀。祭祀结束，全家开始吃团年饭。

（8）给年幼孩子发过年钱（压岁钱）。各家根据自身条件，不论多少，图的是喜庆。孩子们一般也不争多少，只要是大人给的，就很高兴。

（9）给孩子新衣服、新鞋子、新帽子。贫苦人家，一年半载难得有钱给孩子做新衣服。过年了，大人总是设法给孩子做套新衣，睡觉前放在孩子枕头边，第二天新年时穿。

（10）年三十晚洗脚。吃完团年饭，发了压岁钱，全家就要洗脚。说是三十晚上洗脚，来年有好运气。

（11）摇竹子。农村一些地方或人家，孩子们吃了年饭、收了压岁钱后就到竹林去摇竹子。大人说，小孩摇竹子，第二年长得高。

（12）吹喔山号。喔山号是一种乐器，如铜号。这一风俗在绥山镇农村比较流行。一般腊月和正月是吹喔山号盛行的时间（另文）。

（13）吃团年饭后禁止扫地。年三十的清洁卫生止于做年饭前。一开始做年饭，即停止打扫卫生，尤其不得扫地，忌讳把钱财、运气扫出门。

（14）初一吃汤圆，名曰抢宝。有的只是纯粹吃汤圆，有的在一个汤圆中包进一枚钱币，谁吃到（抢到）谁当年就有好运气。

（15）初二吃挂面。以前面条被视为珍贵食品，平日很少吃。春节吃挂面视为美餐，且含有长长久久、福寿绵长之意。

（16）初三吃过年粑。初三早餐，将自家做的年粑各样蒸一些，一家人共同品尝。虽然初一、初二的午餐和晚餐不讲究，也可吃粑，但不是正式的年粑品尝。过了初三早餐，吃食不再讲究。

（17）开印。什么叫开印，如何开印，笔者不知，但风俗有开印的说法。例如，你是不是要让我给你开印？就是警告对方，小心我要打你，教训你，即称开印。再如，初六碰见熟悉的朋友，就友好地给一拳，笑着说："给你开印了。"笔者认为，所谓开印，就是打破过年期忌讳的说话和做事，让生活进入正常之意。开印时间，一般在正月初六，就是说，初六以前，说话做事有很多忌讳、讲究。初六开印后，就不再忌讳、讲究了。开印时间，也有定在初三或初四的。

开印前，不扫地，万不得已扫了地，也不能把垃圾倒掉，忌倒掉了金银财宝。开印前不能打人、骂人，忌给对方来年带来不利，或有灾祸发生。开印前也不宜做一些犯忌的事，以免来年让自己运程不利。

（18）正月初一不走亲戚。这一忌讳逐渐不存。

（19）唱花灯。花灯是一种男女二人对唱曲艺，类似北方的二人转。

（20）朝庙子、赶庙会。新中国成立初期，朝庙子主要是朝报国寺、大佛殿，爬白塔。赶庙会主要是去大庙庙会。新中国成立前，每年正月初七、初八、初九三天是庙会期。现在庙会只有初八一天（另文）。

（21）正月十五闹元宵。此乃官方组织。正月十五这天，各乡镇组织特色民间活动，集中在城内游行，供百姓观赏。活动的主要内容有扭秧歌、打扭连扭、耍龙灯、耍牛儿灯、吹喔山号、打腰鼓、打威风锣鼓、走高桩等。其中，玩龙灯的特色品种是玩草龙，这是符溪镇最具特色的活动之一。走高桩是人站在高高的平台上做人物造型，如水漫金山、唐僧取经等故事人物，供人们观赏。双福镇高桩最具特色。

看热闹的百姓有来自龙池大山区，他们头一天赶到峨眉，投亲靠友，第二天早早进城占据有利位置守候。看热闹的人在街道两边站立，里三层外三层，围得水泄不通。街道两旁楼上的窗户、阳台也站满人，近水楼台高高看。

（22）燃放焰火。此乃官方行为。每年正月十五晚上，峨眉政府在宽大空旷的场地设立高高的焰火架，燃放焰火。各镇乡甚至远在百里之外的龙池百姓会齐聚焰火架旁，观赏五彩缤纷、绚丽多彩的火花。

（23）偷青。正月十五夜晚，一些好事青年不论男女，相约去某家地里"偷"白天查看好的蔬菜，在野外或某家煮吃，有的再配备些酒肉，吃喝取乐，名曰"偷青"。第二天，主人发现蔬菜被偷，知道是偷青者所为，一般忍而不发，自认倒霉。有的家庭主妇不忍，便要开口大骂。偷青者不以为耻，反以为乐。因为风俗是，你骂得越凶，他今年的运气可能就越好。此不文明风俗随着时间推移，越来越少。

正月十五一过，春节结束，一切恢复常态。

6. 峨眉山歌

许德贵

峨眉山歌，是峨眉山上山下，峨眉民间音乐中民间演唱部分的统称，是峨眉山人千百年来集体创作、口传身授的民间歌曲。2006 年 11 月 14 日，这一民间音乐被列入乐山市非物质文化遗产。

峨眉山人唱山歌大都是在山岭野外，那里环境空旷。山歌大多为独唱，一边劳动，一边唱歌，唱歌者可无拘无束地抒发感情。因此，山歌的音乐节奏一般比较自由，曲调中长音、高音、自由延长音用得较多，听来气息悠长，高亢辽阔，粗犷奔放，起伏跌宕。其山歌有便于远传的特点。

峨眉山歌主要分布在山区。山歌的演唱方法属原生态唱法，歌声高亢婉转，尤以高腔山歌为代表。音乐内容十分丰富，种类多样，大体可以分为山歌类、号子类、灯调类、杂调类。灯调演唱生动活泼、幽默诙谐，句式一般为四句。号子、灯调、杂调，山区平坝均有。

近年来，国内知名作曲家，乐山市、峨眉山市的音乐工作者和音乐爱好者，为展现峨眉山的神韵和峨眉山人的精神风貌，从峨眉山山歌中汲取营养，创作出了《峨眉山组歌》《砍根竹儿做洞箫》《峨眉秋色》《峨眉四季美》《中国有座峨眉山》《震旦第一山》等大量音乐作品。

如组歌《巍巍峨眉山》，林木作词，马幼陵作曲，其歌词为：

　　巍巍峨眉山，缥缈彩云间，群峰叠翠，峭壁参天、峭壁参天，金顶灿烂，游人万千，似仙境，半露半掩，似画图，高挂云端、高挂云端。

又如《砍根竹儿做洞箫》这首歌，林木作词，汤重稀作曲。演唱时，中速稍慢，很具山歌味，其歌词为：

　　一根竹儿哪九尺高呵，砍一根竹儿哪，做洞箫呵，咙，洞箫声声荡春风啊，满山翠竹起歌谣。惊了林中的鸟呵，吹绿了田中的苗；吹醒了山中的宝，吹红了树上的桃；今年吹的"富贵花"，明年再吹"步步高"，一曲更比一曲美，年年都有新调调。

峨眉山歌分布区域广，大致在五个区域：峨眉山（俗称大峨山），包括黄湾乡、高桥镇、峨山镇；二峨山，包括九里镇；三峨山，包括绥山镇、川主乡；四峨山，包括双福镇、普兴乡以及与小凉山接壤的龙池镇、大为镇、龙门乡、沙溪乡等广大海拔 1000 米左右的地区。桂花桥镇、胜利镇、符溪镇等平坝地区也有唱山歌的村民。某一区域内的山歌，由于环境的改变，加上收集整理的不多，濒临消亡。目前，已收集的山歌仅有 120 首，例如以下情歌类和生活类山歌：

1.《手把栏杆哭一场》。

水担弯弯三尺长，情妹挑水送情郎；

今日送郎回家转，手把栏杆哭一场。

2.《我的郎来我认得》。

石榴花儿叶子长，这方没得我的郎；

我的郎来我认得，葱白衫儿袖子长。

3.《眉毛弯弯接郎君》。

月亮出来亮铮铮，照过田坎十二根；

田坎弯弯好接水，眉毛弯弯接郎君。

4.《太阳出来喜洋洋》。

太阳出来喜洋洋，情妹出来洗衣裳。

衣裳搭在井坎上，手把竿竿望情郎。

5.《脚软手软几个月》。

远望情妹白如雪，好比天边小梳月。

那天与你擦身过，脚软手软几个月。

6.《夜晚共枕睡一头》。

鸡公打架头对头，两口子吵架不记仇；

日里三餐同凳坐，夜晚同睡一枕头。

7.《望夫归》。

正月望天椿酒美，盐鱼腊肉满酒杯。

无心无意过新岁，眼泪汪汪望夫归。

8.《劝郎莫吃鸦片烟》。

阳雀叫唤嘴朝天，劝郎莫吃鸦片烟。

两口三口吃上瘾，房子屋基一齐掀。

9.《一封阳来一封阴》。

唱歌要唱针对针，打鼓要打鼓中心。

做官要做包文正，一封阳来一封阴。

山歌对唱：

包对包来岩对岩，唱块山歌甩过来，

你是行家来接到，你是唱家两边排；

叫我唱来我就唱，手巾搭在肩头上。

手巾落地脚来勾，唱歌老师走前头。

你在唱歌我不慌，我在房中编斗笠。

编起斗笠锁起口，陪你情歌唱两首。

随着时代的变迁、社会的进步，峨眉山的交通和传媒有了飞速的发展。停耕还林，改变了传统的农耕模式。生活中呐喊现象越来越少，闲暇时可供人们娱乐的形式越来越多。现在能唱山歌的歌手越来越少，峨眉山山歌失传的濒危度极高，亟待抢救。

7. 双福镇高桩

许德贵

　　双福镇位于峨眉山市北大门，四峨山之东麓，1995 年被峨眉山市人民政府命名为"高桩平台之乡"。

　　高桩平台是双福镇的拳头文化产品，传承多年，独具特色，在峨眉、乐山颇有知名度。中央电视台、四川电视台曾多次对其进行采访报道。

　　双福镇的高桩平台起源于清光绪年间，当地人将川戏人物演变在高桩平台上，以高桩平台模拟制作，人们随时可观。

　　高桩造型的特点：险、奇、美、惑。高桩造型是将人物高悬、腾空，或立在指尖上，或吊于刀尖下，以示其险；将人物立于转动物上，或立于飞带之中，或扮物（虎、狼、猴）等，嘴能说会唱，脚能动，以示其奇；将"会娃"的童颜稚气装得逼真，服装道具制作精美，加之整体造型大方、美观，以示其美；将整台高桩造型，藏其机关，暗中安上滑轮、录音道具等，让观者大为迷惑不解。

　　平台是在台面上造型，不往上重叠，无惊险动作。平台的造型较高桩容易制作，或站或卧或蹲或坐，没有假动作，形象逼真，做工精细，好比美术中的工笔画，格外追求造型美，内容新，容量大。对其技艺，观众往往叹为观止。

1983 年高桩表演水漫金山寺（薛良全摄）

新中国成立前，双福镇高桩平台很盛行。一是民众喜爱；二是双福场会多，如财神会、蔡伦会、张爷会、关爷会、飞龙会、梨园会、长年会、城隍会等。每个会的庆祝日，几乎都有高桩平台登场，互相攀比谁的会办得好。

新中国成立后，双福镇高桩平台这项独占鳌头的特色文化活动，更加受到政府的重视。经过几十年不断探索和发展，内容不断丰富。土改时以《白毛女》《小二黑结婚》《梁山伯与祝英台》等故事情节来制作；"文化大革命"时期以《智取威虎山》《蝶恋花》《红灯记》等内容来制作；改革春风吹来，以《八仙过海》等内容来制作；峨眉山申遗，以宣传峨眉山的内容来制作，如《李白听琴》《白龙下山》《峨眉神功》等。其形式有极大改进，从前是人抬（八人抬、四人抬），现在大多数是用汽车载。造型面积根据汽车的车身而定，隐形技术大大提高，加之声、光、电的运用，录音的播放，更是栩栩如生，使高桩平台大大增辉。

8. 符溪镇草龙

许德贵

符溪镇位于乐峨路中，1958 年前属于乐山市中区管辖，1958 年划给峨眉县管辖。全镇主产水稻，还种有大量席草。1964 年，笔者在符溪中心校教书时，写了一稿《峨眉草席上市》，刊在《四川日报》，介绍符溪、红山、平城等公社共种 150 多亩席草，比去年增加了四倍面积，之后面积逐年增加。符溪镇席草多，爱玩席草龙的人也多。符溪镇草龙远近闻名。1992 年，符溪镇被四川省文化厅评为"四川省一级文化站"；1994 年，被峨眉山市政府命名为"草龙之乡"。

"符溪草龙"起源于明末清初年间。起初，草龙全由稻草制作，称为金龙，因草似金色。传说是峨眉山上有一金龙寺（在白龙洞上面），从前常有金龙下山到径山寺外河里游玩，人们后来便以"金谷草龙"模样制作，逢年过节玩耍，象征吉祥。后来，因符溪盛产席草，农民为庆祝席草丰收，就改谷草为席草制作龙，从此席草龙成为符溪一大特色。

起初，草龙只有三节，后来发展为九节，象征久长久远。因为符溪盛产席草，从 1992 年起，当地人将席草制成草席，远销云南、广西、西安、海南，甚至已打入日本市场。1995 年，当地人特制成彩色席草毛虫龙，有 29 节、55 米长。1998 年春节，当地人制成席草龙，但似草席纺织样，仍然是 29 节、55 米长，观众十分喜爱。当年中央电视台、四川电视台还分别进行了报道。

通过多年的努力，符溪草龙不仅在制作上有其特色，在玩法上也有其特色，逐步形成了"长草龙、短草龙""稻草龙、席草龙""毛虫龙、瓦片龙""彩色龙、素草龙""单角龙、多角龙"等具有明显地方特色的草龙系列。这在峨眉、乐山一带很有影响力。1997 年 5 月，四川省电视台"金土地"专栏又对其进行了展播。

现在，该镇舞龙人数已达到 1300 余人，遍布每个村落。草龙已成了符溪镇的象征，亦是峨眉山市的一张名片。

符溪镇草龙表演（许德贵提供）

9. 胜利镇灯舞

许德贵

胜利镇位于峨眉山市东大门，因各式各样的"灯舞"闻名，是峨眉山市一级文化站。1992年，胜利镇被峨眉山市人民政府命名为"灯舞之乡"。

灯舞，即有灯有舞。灯有西瓜灯、船儿灯、高脚灯、矮脚灯、龙灯、牛儿灯等，舞有秧歌舞、莲萧舞、蝴蝶舞、蚌壳舞、舞台演出舞等。这些灯舞一般都是在民间流传的传统文化，多年来常见于农村传统节日及喜庆节日活动中。目前村村已有灯舞，家家爱灯舞，灯舞成了胜利镇一大特色文化活动，受到该镇政府重视，坚持"统管"。遇重大节日活动，都以镇为中心，组织精彩的灯舞，再深入村组活动，其群众性、广泛性影响极大，已深深地扎根于群众之中。

"灯舞之乡"胜利镇不仅抓灯舞，而且抓"板凳龙"、话剧、小品、相声、音乐节目，已将这些节目融于"灯舞之乡"的特色之中，并突出其古今特色。

其中，牛儿灯，即扮作牛样的灯。竹编牛头，黑麻布作身，黑麻细绳作尾。中间两人摆动游玩，旁边前后有牧童逗玩。玩的花样较多，有钻火圈、站高凳、高台亮相等。牛儿灯的来历，据老人们讲，是因为胜利地区耕地多，用牛用得多，有些牛累死了，人们不忍心吃，于是将它们埋下，扮作牛样祭奠它们。后来人们用牛儿灯舞作为喜庆节日的娱乐活动项目，祈盼牛儿给活着的人送来好运，送来平安祥和，送来丰收。

灯舞表演（许德贵提供）

其中，西瓜灯，是因20世纪80年代胜利镇产的西瓜出了名，人们将灯制作成"西瓜"模样,有大有小,由一人或多人表演。

　　胜利镇"灯舞之乡"的由来还有一个原因。该镇原来是乡,1983年,组建了一支农村文艺宣传队。队伍成员都安排在该乡的文化站办的企业里工作,周年宣传、演出、排练不变,干出了成绩,上了报刊,影响极大。人们见他们能歌能舞,能演各种曲艺节目,重大节日还有多种灯舞,所以公认胜利乡为"灯舞之乡"。其灯舞表演曾多次参加峨眉山朝山会开幕式等大型文艺活动。

10. 九里镇高跷

许德贵

　　九里镇位于峨眉山市南面，系全省小集镇建设之一。1995年，九里镇被峨眉山市人民政府命名为"高跷文化之乡"；1999年，获"乐山市特色文化乡镇"；2000年，获"四川省先进文化乡镇"，属峨眉山市一级文化站。

　　九里镇十分重视文化建设，1995年上半年镇政府行文〔九委发（1995）2号〕创建"特色文化之乡"，组建领导小组，制定规划并具体落实，很快形成了以"高跷"为龙头的特色文化，以龙灯、花灯、莲萧、秧歌、曲艺、川剧为辅的特色格局。

　　这儿的高跷历史悠久，据九里老龄协会八十岁老人周永年介绍：民国初年，当地有人表演"高脚狮子舞"（即高跷），此舞与一般的狮子舞一样，有两个人披着狮皮玩，一人持文帚伴着玩。不寻常的是，这三个人的脚都是用既厚又硬的竹片绑着的，他们差不多有街边瓦房的屋檐高。观众易观、易赏，无不赞其"奇、险、绝"。特别是表演高难动作扯卡子、翻跟斗、跳高台时，观众嘴张得大大的，心为之高悬。

　　后来，人们觉得表演"高脚狮子舞"的难度太大，有摔跤的危险，便不披狮子，不持文帚，而是戴上假面具，手持芭蕉扇，扮成峨眉山上神话传说中的人物，如白娘子、许仙、青儿等，一样可以表演出"奇、险、绝"的技能。

　　中华人民共和国成立时，这儿的高跷灯舞与秧歌队、龙灯、花灯等一起进行了大会演，九里场"漫天过海"，"欢庆解放"半月不散。其中，高跷倍受欢迎，令观众印象深刻。

　　随着改革开放和时代的进步，人们不断探索、发展和更新，高跷由以往的一种发展成高、中、低三种。最高的可达1米，最低的有40厘米，以往只有男的扮演，现在男女皆有。其表演技巧，完全可以随音乐节奏的不同而变幻，比以往更精彩、优美、动人，集艺术性与趣味性为一体。其类型可分为素剧、闹剧、古代戏剧、现代戏剧等。它充分反映了劳动人民的生产生活情况，表达了人们对幸福美好生活的追求、向往，展示着人间的美好，鞭挞着人间的丑恶。现在，"九里高跷"已遍及全镇各村、组、户。

11. 川主乡唢呐

许德贵

　　川主乡（现为川主镇），位于峨眉山市的西面，系秀丽的峨眉山山麓的一个山区乡，1997 年被峨眉山市人民政府命名为峨眉山市级特色文化"唢呐之乡"。

　　唢呐，属器乐类，在鼓吹乐中，是主要演奏乐器。伴奏分为吹奏和打击两种，近年来，有些地区加入拉弦乐器。经常使用的乐器多为唢呐、笙、笛及鼓、梆、锣等。唢呐的技巧性强，由娴熟的师傅掌握，伴奏一般由徒弟担任。

1993 年，唢呐闹元宵（薛良全摄）

　　"川主唢呐"的演奏起于明朝，在当地很受重视，也很受群众欢迎。唢呐艺术的传承多系父子、近亲、亲友世代相袭，口传心授。

　　中华人民共和国成立后，川主乡唢呐受到了党和人民的重视与喜爱，每逢大型集会，峨眉人都要观看唢呐队的表演，将他们视为上宾。唢呐队成为当地促进生产发展、精神文明建设不可缺的排头兵。

　　唢呐的演奏方式分高棚和低棚两种。高棚是指专为舞台演出的乐队。"川主唢呐"属低棚（其中也有高棚人员），用于民间操办婚丧事的演出。峨眉的民俗：从前，凡中产阶层以上的群众的婚宴要请鼓乐助兴，丧葬务邀响器致哀，借以炫耀和抬高自己的身份与地位，这就是该器乐当时的社会功能。

　　"川主唢呐"是以文吹为主，即以吹咔技巧为主。吹唢呐者，既能吹奏《社会主义好》《歌唱祖国》《没有共产党就没有新中国》等歌曲的调门，也能吹《落地金钱》《快二流》《浪当调》《二泉映月》《双月花》等旧调门。

"川主唢呐"的特点：①器乐行当分工细致，可表现出男女老幼不同人物性格和喜怒哀乐的各种情绪；②表现出川主山区人纯朴爽朗的性格，善于表现出热闹欢腾的情绪和排山倒海的雄伟气势。

川主乡唢呐发展很快，已普及乡村每个角落，而且在每个村小学开设了一堂唢呐业余爱好课，选课人数达1100多人。川主唢呐队吹奏了几十年，全靠乡政府常抓不懈。他们在经费十分困难的情况下，每年都要拿出一定的资金用于唢呐队伍建设。1997年2月，四川电视台记者专门来这儿采访、拍摄，后在该台的《文化多棱镜专栏》进行了播放。这对山区人民鼓舞很大，抓经济建设更有劲了。

12. 峨眉珙桐树（二则）

峨眉山活化石

商振江

峨眉山上的野生观赏植物资源十分丰富。其中，珙桐树为中国特有的单属植物，是1000万年前新生代第三纪留下的孑遗植物，素有"中国活化石"之称，也是全世界著名的观赏植物，为我国独有。因其花形酷似展翅飞翔的白鸽而被西方植物学家命名为"中国鸽子树"，为峨眉山四大名花之一。

珙桐树，别称水梨子、鸽子树、鸽子花树，主要分布在峨眉山大坪、仙峰寺、遇仙寺、洗象池等海拔1400～2000米处。20世纪80年代以来，经过培植，珙桐逐步由中山区迁移到万年寺、报国寺等海拔1100米以下的低山区。每当春末夏初，珙桐林中数不尽的"鸽子花"次第怒放，远远看去，如同落了满树的鸽子。珙桐从初开到凋谢，色彩多变，花奇色美，在峨眉山形成一大奇观。

峨眉山珙桐花（薛良全摄）

关于珙桐树还有这样一段佳话：说的是很久很久以前，有位君主，他只有一个独生女儿，叫白鸽公主。白鸽公主不仅姿容秀美，还十分喜爱骑马、射箭。一天，公主在森林中打猎，被一条大蟒蛇死死缠住。正在危急关头，一位名叫珙桐的青年猎手用刀斩断蟒蛇，救了公主的性命。公主十分敬慕青年猎手的机智和勇敢，取下头上的玉钗，从中间折断，彼此各执一半，作为信物。

公主回家后，将来龙去脉告诉父王，并恳请父王将自己许配给珙桐。不料此事遭到君主的坚决反对，他连夜派遣侍卫将珙桐射死在深山老林之中。白鸽公主知道后，哭得死去活来。一天，她卸下华丽的宫装，穿上洁白的衣裙，踉踉跄跄逃出了深宫，来到珙桐遇难的地方，放声大哭起来。忽然，雷声大作，暴雨倾盆，只见一棵小树苗破土而出，恰似立着的半截玉钗，转眼间便长成了一棵大树。突然间，雷声息了，大雨停了，哭声没了，公主不见了。只见树上开满像白鸽一样洁白的花朵，让人不能不联想起白鸽公主与青年珙桐凄美的爱情故事。后来人们就把这棵树称作珙桐树，用以纪念这对忠贞不渝的情人。

罗斯福与峨眉山上的鸽子花

许德贵

峨眉山上的"鸽子树"，躲过了新生代第四世纪冰雪覆盖时期，幸存到今天，被当代生物考古学家称为"活的化石"。说起它，曾有一段美国总统罗斯福与中国鸽子树的故事。

1933 年，美国第 32 届总统选举，罗斯福赢得多数选票，当选为总统。那时候，在美国戒备森严的白宫中，就有一株中国鸽子树，其名不叫珙桐。在有树有花的庭园里，鸽子树在春夏之交陆续开着花，凋谢过程中也色彩多变，初开始为玉白色，盛开时为牙黄色，凋谢时呈浅绿色，一树万花次第，众彩纷呈，被观花者赞颂为"奇花"。

罗斯福当选为总统后，最喜爱这一树奇花，这是前任总统留下来的，他认为是幸运的象征。罗斯福常常向他人夸耀，并说这是鸽子树，是和平的象征。

不料，这株树不知何因，花渐渐地少了，很快就要枯萎了。罗斯福非常着急，立马向世人宣告，谁有此树，愿以重金相求。后来，四川大学一位教授电告这位美国总统，说中国峨眉山上有很多鸽子树。于是，他立即派他的儿子远涉重洋，千辛万苦地从峨眉山上移去种植。从此，峨眉山的鸽子树，便在新大陆美国繁殖起来。

1981 年，中国园林工作者代表团出使美国，他们高兴地看到波士顿哈佛大学的植物园里，有中国峨眉山的鸽子树，茂盛地生长着。这里的人向代表团介绍，这是从白宫那儿移来的树种，还说哈佛大学是罗斯福总统的母校，总统非常关爱这所大学。

13. 金顶雪魔芋

刘一丁

金顶乃峨眉山次高峰，海拔 3077 米，是峨眉山旅游的重要景点之一。

峨眉山盛产魔芋，可入药，也可加工食用。山里人习惯将魔芋加工出来的食材称为黑豆腐。用清油加泡菜合炒黑豆腐，是寺庙招待朝山居士的上等美味。

20 世纪 30 年代，峨眉金顶华藏寺内，有一位德高望重的主持，法号圣渭。他大度睿智，在每年大雪封山之前，都要吩咐伙房僧厨们大动石磨，尽量多做一些黑豆腐，以备春节前后香客突增给寺庙带来的菜肴短缺之所需。

相传，在 20 世纪某年冬至节的前几天，天气骤冷，僧厨们照例摆开石磨，赶制黑豆腐。历经几个昼夜的辛劳加工制成的黑豆腐，装满了伙房的石窖、盆钵。待收磨之日，正逢当年的冬至节，寺庙晚宴散席后，疲惫的僧厨们正围着在炉膛烤火，突然，伙房内传出一阵阵翻盆、倒钵的声音，被惊动的伙房小沙弥跑过去一看，瞧见有七八只山猴子，各自抱起几块黑豆腐，飞快地向寺外山坡逃窜了。就在当天晚上，一场突如其来的漫天大雪很快覆盖了整座峨眉山。次日凌晨，面对大雪，举目望去，冷杉林琼枝坠玉，沟谷间瀑泉挂冰，山寺山崖完全被笼罩在一遍白雪皑皑之中。大雪连续下了两天三夜。

三天后的一个上午，金顶之上，一片艳阳碧空，圣渭法师起床做完佛事后心情格外舒畅，于是乘兴带上小沙弥，一同漫步寺外，观景赏雪。行进间，圣渭在伙房后门之外的雪坡上发现有三大块被大雪冻成冰块的黑豆腐，便顺手拣起了那三块冻疙瘩，交给了小沙弥，并吩咐用其做几道素斋送上。

小沙弥回到伙房，细心地将那些冰块用热水解冻之后，竟发现先前嫩脆的黑豆腐已经变得晶莹剔透，通身还排满了密密麻麻的蜂窝孔，质地状如海绵，捏上去直冒水，松手后即回原状。这东西还能吃吗？小沙弥两眼疑惑地将其递给了师哥大厨。师哥大厨随手掐了一小块，放入口中，嚼了嚼，点了点头，又摇了摇头说道："等我烹制成菜肴之后，再下定论吧！"

师哥大厨经过一番精心摆弄后发现，这些经过冰雪渍过的黑豆腐，不仅容易吸收香油佐料，还可以随意造型。于是，师兄弟俩别出心裁，很快烹制出了三大盘色、香、味、形俱佳的素"荤"大菜，香味儿飘满整座庙宇。待圣渭法师和各位大和尚入席坐定之后，小沙弥托着掌盘将大菜一道道送上来，师哥大厨徐徐报响菜名。第一盘是"夹沙肉"，第二盘是"咸烧白"，第三盘是"脆皮鱼"。只见桌面之上，以假乱真的烧白、夹沙肉酷似猪肉坯子，连"精肉""白膘"一应形色俱真。再看"脆皮鱼"，鳞、甲、鳃、鳍栩栩如生，味香爽口，入口即化，无论品相与口味，都可谓极中之品！圣渭立即躬身合掌，连连赞许这天赐的美味佳肴！圣渭言道："是灵猴给峨眉山寺庙贡献了一道道别致的山珍美味，功德无量！"席间，众僧称道不已，圣渭乘兴为冰雪冻过的黑豆腐赐名"雪魔芋"，并即兴赋诗一首，曰："灵猴偷窃俗物丢，琼花冰针千孔炙。峨眉素荤留佳话，天降瑞雪孕真馔。"从此以后，峨眉山各大寺庙、四周的山野乡民，都到此学会了加工制作雪魔芋的原生态工艺。

贺龙元帅对峨眉山雪魔芋情有独钟。他在 1957 年和 1963 年两次登临金顶之际，视察过金顶雪魔芋的原生态工艺及天然晒场。还对随行的地县领导指示说："雪魔芋，很有发展前途，应大力扩大生产，以满足人民群众的生活需要。"

1988 年，峨眉县政府将雪魔芋产业化纳入农业星火计划，很快便创出了金顶牌雪魔芋知名商标。从此，雪魔芋也成了外地游客首选的地方特产，随着雪魔芋产品走进城市的各大超市，走向千家万户的厨房餐桌，峨眉山灵猴与雪魔芋的传奇故事也伴随着峨眉佛家多道素"荤"佳肴名典，远播海内外。

金顶雪魔芋生产场（1976 年林萌摄）

14. 大为镇野生大熊猫

朱华高

　　大为镇民主村巨北峰是峨眉山后山，海拔约 1500 米，距峨眉山金顶仅数十里，和峨边、金口河三县交界。2010 年 6 月，四川省林业厅、省林科院的科技人员来峨眉，到大为镇巨北峰提取疑似大熊猫粪便回省林科院检测。检测结果是确认此为大熊猫粪便，由此，四川省林业厅确认峨眉山市大为镇巨北峰为野生大熊猫栖息活动环境地。

　　有关史料载，峨眉山市大山深处曾经有过野生大熊猫出没，后来随着人类社会活动区域不断扩大，大熊猫生存环境日益遭到破坏，以致大熊猫几乎绝了踪迹。如今，随着人们对生态环境的日益重视，峨眉山植被一日好似一日，不知不觉中，大熊猫又悄悄回到曾经的栖息地。20 世纪 90 年代，大为镇民主村巨北峰的村民就不止一次发现野生大熊猫的出没踪迹。2010 年，峨眉山市老科协为此组织了一些科技人员和大为镇村民共同开展追寻大熊猫踪迹活动，取得了一些成效。当年 11 月 6 日，峨眉山市老科协和科技局联合举办了野生大熊猫生态环境研讨会。会上，多次发现大熊猫踪迹的大为镇民主村 4 组村民林永清向与会者展示了他几天前刚收集到的大熊猫粪便和被咬食过的箭竹，讲述他发现大熊猫的经过。

　　"我最先听村民说起大熊猫的事是在 1990 年，在一次工作中，民主村 6 组林永刚提起有村民在 1989 年、1990 年到山上去套野鸡时，在麻柳槽一带多次看见一堆又一堆竹节粪便，不晓得是什么动物的。我当时因忙于工作，没把此事放在心上。"

　　"2007 年某月（记不清是哪月了），民主村 6 组林永兰在麻柳槽套野鸡。一天，他到山上看套着野鸡没有。到了下套子的地方，看见一只像电视上大熊猫一样的野兽正在吃他套住的野鸡。这只野兽大概 130 斤。林永兰走近它，它就慢吞吞地进林子里去了。当时还看到周围有野兽吃过的竹竿和满地的竹节粪便。"

　　"2008 年 5 月某日，我和饶德金、林小明兄弟等 4 人一同上山采药。到了长坪，我们看到一堆堆竹节粪便，周围还有野兽吃过竹子的痕迹。这个地方地势平坦，箭竹生长茂盛，根据林永刚说的我们认为，这野兽应该是大熊猫，这竹节粪便应该就是大熊猫的。"

　　"2008 年 7 月、9 月、10 月，我、饶德金、林小明、刘泽君等 7 人一起上山采药。我们在葛家山、麻柳槽、麻子坪、上码头等地发现了箭竹和多处粪便。"

　　"2009 年 5—7 月，我们先后两次上山采药，在长坪发现多处有两种大小不同的竹节粪便。大堆的竹节粪便长 15~17 厘米，直径 5~7 厘米；小的竹节粪便长 4~6 厘米，直径 2~3 厘米；大堆小堆的粪便堆在一起。我们议论说，恐怕是大熊猫生了小熊猫吧?"

"根据这 3 年我和村民多次多人上山采药和套野鸡见到的情况认为,巨北峰山上的这野兽,应该是大熊猫,并且还生了小熊猫。它的数量应该不少于 3 只。我想这是件大事,回家后我就同在农业局上班的家乡人葛君武通电话。葛君武听了我说的情况后,引起他的重视,便商量着 8 月 4 号上山,想要看个究竟。"

"2009 年 8 月 4 日到 11 日,我和葛君武、饶德金、林小明一行 4 人,向巨北峰出发。我们从麻子坪开始搜寻,沿路都看到有大熊猫吃竹子、活动的痕迹,时间应该在 2 个月前后。后来我们又追踪到峨边地界的花石沟,没看见熊猫的活动痕迹。随后到了巨北峰顶,然后顺山沿另一条路下行,到了麻柳槽发现大熊猫吃的新鲜箭竹和新鲜排泄物。我们一直跟踪到长坪,又找到有大熊猫、小熊猫吃的新鲜箭竹和新鲜排泄物。葛君武拍了几十张照片后,我们于 11 日下山。"

"后来,葛君武把这件事向峨眉山市林业局做了报告。6 月 8 日,四川省林业厅动物管理处、四川省林科院来了两位专家,由峨眉山市林业局潘敏、赵茂林两人带队,加上我、葛君武、林小明共 5 人,又到长坪取样。9 日上午取到大熊猫成年和幼崽的新鲜粪便表样。"

当年,林业局、农业局、畜牧局等单位的老年科技工作者 19 人参与了会议。会上,农业局农艺师王正引经据典,谈到从宋朝起就有关于峨眉山大熊猫的记载,到现在,不同朝代、不同地点都先后多次有人发现大熊猫的活动踪迹及其粪便。这说明峨眉山从古到今都有大熊猫栖息和活动。

农业局农艺师葛君武以见证人的身份讲述了他和林永清等人在大为巨北峰几次看到大熊猫粪便的经历。

林业局工程师陈尧说:"大为镇巨北峰一带新近有大熊猫活动分布,无可置疑。我们需要进一步研究的是巨北峰可为大熊猫栖息、繁衍提供的生态环境。"他特别谈到,近几年来,巨北峰一带的生态环境有了很大改善。曾经开山的隆隆炮声早已不在;曾经很多人上山砍树、打猎、采药,如今仅有很少人上山了。当地的林木是国有林区,是国家的天然林保护区,近年来竹木得到了很好的保护和发展,这为大熊猫栖息、繁衍提供了适宜环境。

此次研讨会,与会科技人员形成共识:峨眉山市有大熊猫,无可置疑。与会者认为,根据目前掌握的种种资料,可以估计巨北峰的大熊猫应该不止一只,且不但有成年大熊猫,还有幼年大熊猫。这说明大熊猫在巨北峰已有繁衍。

15．龙池黑鸡

陈元昌

《峨眉县志》记载，峨眉黑鸡"为清代蜀中贡品"。

峨眉山市（县）山区主产的峨眉黑鸡，原名龙池黑鸡。该鸡主产于龙池镇、大为镇、龙门乡、沙溪乡、高桥镇等。该鸡具有体大、肉嫩、油多、蛋重、前期增重快等特点。经过长期的风土驯化，该鸡变得适应性强，耐粗饲，耐寒，适宜高山放养。中华人民共和国成立后，峨眉山市畜牧部门做了大量的培育繁殖推广工作。1981 年，峨眉黑鸡被列入《四川家畜家禽品种志》。

听老人讲，厨师用峨眉黑鸡烹饪，可以"一鸡三吃"：半边清炖，半边白宰，再加泡椒芹菜炒鸡杂。白宰鸡集麻辣、鲜香、嫩、爽于一身，有"名驰巴蜀三千里，味压江南十二州"的美称。后来有人只要一说到白宰峨眉黑鸡，口水都要往外流。白宰鸡在峨眉一时成了抢手的美食，人们便把用峨眉黑鸡烹饪的白宰鸡叫作"口水鸡"了。

听老人讲，中华人民共和国成立前，乐山有名的"周鸡肉"、峨眉盛名的"口水鸡"、沐川出名的"棒棒鸡"就是以峨眉黑鸡为主要原料制作的白宰鸡。名声在外的"周鸡肉""口水鸡""棒棒鸡"给峨眉黑鸡提高了声誉。《峨眉县志》记载，"峨眉县1951 年鸡存栏 73375 只"。峨眉黑鸡是普通鸡价的 2~3 倍。鸡贩们纷纷下乡收购并到乐山、沙湾、峨边等地贩运。

《峨眉县志》载，"1984 年底全县有峨眉黑鸡 5 万余只"。据有关部门统计，2014 年，峨眉山市年出栏峨眉黑鸡 10 多万只，仍是市场的抢手货，价格比其他鸡贵 3~5 倍，成了山区农户勤劳致富的一条重要途径。如今峨眉、乐山、沙湾一带山区，已出现成批饲养峨眉黑鸡的专业户。峨眉黑鸡成为人们馈赠亲朋好友的知名土特产。

16. 刘开沛与峨眉造纸业

刘世晓

峨眉山市普兴乡凌云村是峨眉造纸业的发源地。造纸始祖是湖广移民刘开沛。普兴乡造纸业始自清康熙时期，历时三百多年。本文讲述的，就是刘开沛从湖广移民到峨眉，落户普兴后开创峨眉造纸业的故事。

今普兴乡大河村手工造纸（李家俊摄）

一、湖广填川，峨眉落户

刘开沛祖籍孝感花园岗，系高祖刘邦 48 代子孙，光武直系后裔，名门望族。

明末清初，张献忠起义入川后，四川战乱不休，人口锐减，天府之国变成"灾难之国"。康熙年间，清政府采取移民政策。1660 年 5 月，刘开沛兄弟五人在麦田夏收，突遇清兵抓捕壮汉。老大刘开育、老二刘开智、老三刘开沛被强行捆绑押送至荆州运粮船，沿长江入川，7 月抵达嘉州。刘开沛被清兵带上岸挑公文行李"押送峨眉"，其长兄刘开育逐放洪雅，二哥刘开智逐放大邑。

二、穷则思变，造纸营生

刘开沛抵达峨眉后经地方官员审问"有何技艺"，刘开沛回答"会造宣纸"。于是官府三日后发给他糙米一斗，落户普兴大山。初到时，这里是一片原始森林，豺狼虎豹横行，山高坡陡，荒无人烟。刘开沛胆战心惊，毛骨悚然，独自一人往前行。忽然抬头，望见前方有一被火烧后的破庙，走近一看，只见门楣上横挂一块被火烧焦的匾额。匾额上"凌云寺"三个大字依稀可见。正要跨门而入，突然有位头发花白的老人忙问："老表找谁？"一听江西口音，刘开沛回答："从孝感来。""啊，移民！"老人自我介绍："我叫骆浔阳，浔阳江口人，三代驾船。三年前在汉阳遇清兵差运军粮入川，川江难行，不幸船毁人亡，一家三口被惩罚到此深山求生。"刘开沛便安身凌云寺（今普兴乡凌云村2组）。

人生如梦幻，一晃过了数月，转眼待到春暖花开，漫山遍野竹林内冒出新笋。三月清明，刘开沛对骆家三口说："我受外公传授会造宣纸，待新竹上林后我们四人就可以造纸营生。"从此，他们齐心合力做准备，一边打灶、砌窖、搭棚、修槽、割野漆、编纸帘、打石缸、石舂、石碾，一边伐木，拿到城里卖，换钱买铁锅、大碱、明矾、硫黄、漂粉、石灰、松香等造纸原料。六月，刘开沛教大家伐竹、下窖、蒸煮、做竹麻、拌料，从生料到熟料，粗料到精料，按宣纸制造工艺流程操作。他们不分白天黑夜地操劳，经过半年艰苦奋斗，待到冬月，第一代仿宣纸终于成功，取名"川纸"。腊月，破庙山门已成堆码起了一捆捆又白又细，又绵又簿，均匀柔软的手工"仿宣川纸"。这期间，刘开沛和骆浔阳之女婚配，成为一家人。

不觉已是隆冬腊月，大雪封山，刘开沛和骆浔阳一家共四口顶风冒雪，首次背纸到30里外的双福场（当时叫泥溪乡）出售。这一次出乎意料地惊动了远近纸商，以为天外"神仙"造出了"仙纸"。纸商们异口同声夸："湖广汉子不得了，穷山沟里飞出了金凤凰。"纸商们争相高价收购"仿宣川纸"。这一炮打响了全龙游、峨眉、夹江、洪雅的纸市场，一传十、十传百，刘开沛的"仿宣川纸"一鸣惊人。从此，泥溪乡逢二五八十天赶三场改为逢双赶场，名字改为双福场。刘开沛成为峨眉造纸业始祖。不几年，峨眉双福成为西南最大的川纸市场。

三、无私传艺，造福一方

刘开沛造纸工艺不久传遍山区，许多外地山民到普兴来拜师学艺。康熙四十六年（1707年），刘开沛年满五十，其子女事业各自已成体系。到了刘开沛后第三代时，刘氏就在离凌云寺约1里之地的"鹅项子"（今普兴乡凌云村1组）新修房屋，并以此作为新的造纸业基地。

刘开沛为人仗义，决心以艺兴业，造福一方。面对学习造纸的人越来越多的情况，刘开沛对技术毫不保留，悉数传授。峨眉悦连乡、洪雅高庙和桃园、夹江木城等地方的人们也前来学艺。再后来，峨眉、夹江造纸业发展成川南的重要基地。至今仍然闻名遐迩的夹江县宣纸就是在峨眉"仿宣川纸"基础上改进而成的。刘开沛办宣纸、染纸培训班，自编自教，言传身授，方圆百十里以外的人也赶来听"纸圣讲道"。《刘氏造纸法》

由此传遍雅州、眉州、邛州、嘉州。双福场成为闻名四方的川纸市场。不久，刘开沛的"仿宣川纸"定名为"贡川纸"，纸质"白如雪，洁如玉；薄如绢，柔似棉；细如烟，吹口气，可上天"，成为四川向朝廷进贡的优质纸品，是历代文人墨客首选书画用纸，亦是官方文印、公告、书刊、裱装中的佼佼者。用刘开沛工艺造纸，几年工夫，山民们赚了钱，人口也增加了，"一望二三里，烟村四五家"，普兴大山因造纸业而兴旺。如今，普兴乡张岩村石佛沟和清代造纸坊遗迹，一起被列入《峨眉山市文物保护名录》。

一代"纸圣"刘开沛于乾隆七年（1742 年）冬月初十走完了他的一生，终年八十五岁。刘开沛长眠普兴青山，其造纸技术代代传承，享誉四川省内外。

17. 郭沫若峨眉祭母

许德贵

郭沫若母亲之墓，在峨眉山市绥山镇罗河坎，当时属于安川乡，现属于五一村，离城四公里。

郭沫若的老家在乐山沙湾，沙湾的三峨山与峨眉山一脉相连，与峨眉县区域相接。他的母亲杜邀贞去世后，按族规择穴葬在峨眉城郊风景秀丽、绿树丛丛的峨眉河畔——罗河坎。1986年清明，郭沫若的原配夫人张群华被移葬在这里。

1939年清明节，郭沫若一行人初到峨眉时还下着雨，他笑着对同行人说，这是注释了杜牧的诗句。一会儿，天居然晴了。一行人散立坟坝前，还有一些当地乡亲也来了。

郭沫若母亲杜邀贞墓碑（李家俊摄）

陪同郭沫若来的有侄儿郭培谦，沙湾镇上派的护送人——陈奎元、张银昭。一行人刚摆好祭品，郭沫若就把纸钱撕开挂在坟上的小树枝上，又一张张地撕开铺在坟上，怕被风吹走，还用小石块压上。郭培谦将香烛点燃。郭沫若哀思万千，对随祭人说，母亲出生在贵州的黄平州，一周岁时，外祖父及其家人死于战乱中。父母死后，抚育他母亲的刘妈妈，千辛万苦地把她养到三岁时，才逃到了四川。

母亲未进过学堂，但她天资聪颖，平时耳濡目染，不但识文断字，而且默记了许多唐诗宋词。郭沫若发蒙前，母亲教他记诵了不少诗，成了他"真正的蒙师"。母亲生他时难产，差点没命；母亲对他的原配妻子比对爱女还亲。郭沫若抑制不住阵阵哀伤，两眼不断地滴泪，于母坟前，两手着地恭敬地叩头三拜。

斗转星移，至 1988 年 4 月清明，峨眉山市人民政府为郭沫若母亲墓立碑"郭母杜夫人之墓"，被列入峨眉山市文物保护单位。

如今的郭母之墓不再寂寞，郭沫若原配张群华之墓，紧挨郭母坟穴。笔者于 2018 年 2 月 12 日去墓地，还见到当地护墓人罗树林。他母亲曾在郭家做工几十年，2010 年已去世。他说郭母之墓，每年常有人来祭奠，清明节时居多。

18. 故宫文物南迁峨眉

李家俊

一、文物南迁

故宫始建于 1406 年，成于 1420 年，是明清两朝皇帝的寝宫，有 24 位皇帝在此居住，也是当时中国的政治核心。故宫有房间 9999 间，珍藏文物逾百万件。故宫亦称紫禁城，金碧辉煌，庄严绚丽，与法国凡尔赛宫、英国白金汉宫、美国白宫、俄罗斯克里姆林宫一起，统誉为世界五大宫殿。1932 年至 1947 年，故宫文物经历了从北京南迁到上海，从上海到南京，又从南京分三路西移乐山、峨眉、巴县的艰难历程。

1931 年，日本帝国主义制造了"九·一八"事变，为保护中华文物，北平故宫博物院于 1932 年 2 月将文物分装 19957 箱，分五批南迁。先是存放在上海法租界亚尔培路（今陕西南路）的故宫博物院驻沪办事处，后移入南京朝天宫文物库房。1937 年，"七七事变"爆发，文物危在旦夕。国民政府指示故宫博物院将文物分三路西移。其中，北线文物由那志良、马彦祥、王志鸿、吴玉璋、黄贵生、梁匡忠等押运，那志良负责，共 7287 箱文物，经徐州、郑州、西安、宝鸡、汉中、成都、新津、彭山，1939 年 6 月运抵峨眉。

二、存放峨眉

峨眉县作为西南一隅之地，洞穴多，寺院多，存放文物比较安全。但峨眉气候潮湿，容易造成文物腐烂。最初，故宫博物院打算把文物存放峨眉山报国寺一带的寺院里，因这些寺院已经被四川大学作为办学场所，未成。国民政府川康绥靖公署主任邓锡侯、四川省政府代理省长邓汉祥函示，峨眉县长沈功甫（浙江省萧山人，四川政法学校毕业）与先期到达峨眉的故宫博物院的牛德明商议，将国宝文物分别存放在峨眉县东门外的大佛寺和西门外的武庙。1939 年，故宫博物院成立峨眉办事处，设在大佛寺，那志良任主任，职员有薛希伦、吴凤培、刘承琮、牛德明、华友鹤，保卫文物的警卫连进驻大佛寺。大佛寺存放文物 5049 箱，主要有书画、铜器、玉器、珐琅等。武庙存放文物 2047 箱，主要有瓷器、玉器、书画、图书、陈设、服饰、档案等。

三、文物保护

故宫博物院峨眉办事处对文物保护做了许多工作：①防火。库房内外严禁吸烟，同时为库房附近的民房购置了消防器材防备。②防潮。在地面上铺木墩，把木墩做成"凹"字形状，缺口向上，摆成一排，文物箱放在上面，通风效果好，解决了防潮问题。③防盗。国民政府安排一个连的驻军守备。④索引。文物箱成堆排列，中间留有走廊，每列编号，方便查找。⑤编目。从故宫博物院运出时已经做了编目，抵达峨眉后依然沿用原编目。

由于文物非常珍贵，保存时特别小心，设置的文物库房非常考究，选择在比较干燥的位置。在文物箱下面铺木条，以利于通风。在文物箱的周围放樟脑丸，经常更换，以防文物被虫咬。有时也在文物箱周围放烟叶熏虫，为了使烟叶油不浸蚀国宝，还用不透油的厚纸进行隔离。文物库房的门窗都严格加固，库房前后尽量安装窗格以利通风，确保文物不受霉受腐。

大佛寺和武庙戒备森严，有严密的警戒和消防安全保卫措施。大佛寺设有岗哨两处，瞭望台三座，由行政单列的国民政府警卫连镇守。武庙也有一个警卫排镇守和岗亭警戒。在消防安全方面，故宫博物院峨眉办事处添置了当时最先进的灭火机、喷水枪、储水桶、沙袋等灭火工具。

在点收稽核文物方面，办事处有非常独到而精准的查阅办法，按"沪、上、公、寓、国、所、发、展"八字编目，有相应的签簿凭证，随时备查，确保无误。国民政府行政院和北平故宫博物院理事会、武汉大学文物专家等，于1940年1月和1941年8月，两次对峨眉库房进行抽检，全数合格。故宫博物院峨眉办事处工作人员的敬业精神和科学态度得到了大家的充分肯定。

四、文物移库

1939年8月和1941年8月，乐山两次遭受日军轰炸，那志良考虑到峨眉大佛寺离峨眉县城很近，寺庙金碧辉煌，目标太大，很有可能遭到日军炸弹袭击，遂于1942年春将藏于大佛寺的文物和武庙文物的一部分转移到峨眉城南三里的许氏宗祠和土主祠（均在今绥山镇大楠村）。那志良等人员对文物库房重新进行编目：武庙为一库，土主祠为二库，许氏宗祠为三库。那志良派吴玉璋驻许氏宗祠管理文物，调任在乐山安谷的梁匡忠管理土主祠文物，武庙文物由薛希伦女士看护，故宫博物院办事处和警卫部队由大佛寺移往武庙办公和驻守。

在故宫文物南迁峨眉的过程中，峨眉县地方政府给予积极的配合和支持，除安排大佛寺、武庙、土主祠、许氏宗祠作为故宫文物存放地，还在粮食供给、消防安全、交通、杂役等方面给予积极的配合。

五、文物东归

1946年9月，抗日战争胜利后，故宫文物在峨眉王家店街集中，由汽车运到重庆的国民政府库房，再由重庆分水陆两路，顺利运回南京的中央博物院。故宫文物无一损坏，完璧东归。

1948年12月至1949年1月，南京国民政府命庄尚严、那志良、梁廷炜等故宫员工将北平南迁2972箱共约60万件文物中的近40万件档案文献、15万件图书古籍、6

万件铜瓷书画玉杂，分三批运往台湾，同时运走的还有其他地方文物 2494 箱。这些文物后来成为台北故宫博物院的馆藏主体。剩下的北平故宫博物院南迁文物中的近 20 万件书画、铜器、瓷器、图书、档案等，在中华人民共和国成立后，于 1950 年、1953 年和 1958 年分三次运回北京故宫博物院。余有 2211 箱、20 多万件南迁文物（大部分是瓷器）留在南京。

六、功侔鲁壁

1939 年 6 月，北线和中线的故宫文物陆续运抵峨眉，至 1946 年 9 月迁离，故宫博物院 7286 箱国宝文物在峨眉存藏了 7 年又 4 个月，无一损坏，无一遗失，完璧东归。为管理在峨眉的故宫文物，故宫博物院成立了"故宫博物院峨眉办事处"。告别峨眉时，故宫博物院院长马衡亲自手书"功侔鲁壁"，制作了长 3.1 米、高 1.07 米的木匾，黑底金字，每个字高 47 厘米、宽 40 厘米。欧阳道达在匾上补书"中华民国三十五年四月立"。木匾上端加盖了"中华民国国民政府印"，分别赠予曾给南迁文物提供庇护的峨眉的武庙、土主祠、许氏宗祠。"功侔鲁壁"将峨眉人民护宝的行动，与孔子第九代嫡孙孔鲋在家中墙壁夹缝里保存圣人书籍的功劳相媲美，是国民政府及故宫博物院对峨眉保护故宫文物的最高褒奖。与此同时，1946 年，由于护持故宫文物有功，在峨眉守护文物的那志良和在乐山守护文物的欧阳道达获得了国民政府颁发的"抗战胜利勋章"。在北平故宫博物院里，获此勋章的只有此二人。

七、梁匡忠的峨眉姻缘

在峨眉存放文物的 7 年多时间里，故宫人与当地人相识、相知、相恋，喜结良缘。梁匡忠与刘玉娥是最具代表性的一对。

1939 年的故宫博物院峨眉办事处所在地大佛寺（李家俊提供）

梁氏家族是四代故宫人，梁匡忠的曾祖父梁德润、祖父梁世恩、父亲梁廷炜都是宫廷画师。在文物南迁期间，宫廷画师梁廷炜参与押运护送故宫文物的工作，其子梁匡忠辍学随队。由于工作人员极其缺乏，故宫博物院文献科长欧阳道达破例决定，同意梁廷炜的儿子，年仅 17 岁的梁匡忠参与文物南迁西移的押运工作。从小在故宫长大的梁匡

617

忠非常珍惜这份工作，防雨漏、防潮、防蛀、防火、防盗，一丝不苟，文物保护工作做的得心应手。梁廷炜在安谷的乐山办事处，梁匡忠在峨眉办事处。在峨眉期间，梁匡忠与峨眉城区的刘玉娥（出生年不详，1979年7月9日因白血病去世）相识并结为夫妻。1944年，梁匡忠的第一个儿子诞生，因为是在峨眉出生的，故取名梁峨生。1946年，国宝押运到乐山，梁匡忠的二女儿出生，乐山古时叫嘉定府，因此取名梁嘉生。给孩子取名的主意来自梁廷炜，他希望孩子们长大后记住这段历史。梁金生是梁匡忠的第三个孩子，是在故宫文物从四川峨眉东归江苏南京时所生，南京俗称金陵，故取名梁金生。四妹于1950年出生于南京，取名梁宁生。五弟是在文物回归北京故宫后的1956年出生的，故取名梁燕生。1949年1月6日，梁廷炜作为第二批运台文物押运人，乘坐招商局的海沪轮，护送文渊阁《四库全书》等1680箱故宫文物转移到台湾基隆港，同时还带走了梁匡忠的母亲和峨眉出生的梁峨生。由于种种原因，他们再也没有回到祖国大陆。梁廷炜的儿子梁匡忠接到的命令是留守故宫博物院南京分院，他留在了祖国大陆。

19.　四川大学迁校峨眉

李家俊

　　四川大学是中国著名大学之一，建校于 1896 年。《四川大学史稿》载，1939 年至 1943 年，四川大学迁校峨眉，校本部及文、法两院设于伏虎寺，理学院设于保宁寺及万行庄，新生院设于鞠槽的将军府，教育职员宿舍设于报国寺。

1939 年，位于峨眉山伏虎寺的四川大学校门

一、背景

　　1939 年，"7·27"成都大轰炸，国立四川大学皇城校本部和南校场理学院、法学院均中弹着火，至公堂、明远楼一带的办公区、教学区，留青院、菊园一带的宿舍区，图书馆、博物馆等，共 127 间房屋变成废墟。

二、迁校峨眉

　　1938 年 12 月 13 日，国民政府教育部委任程天放为四川大学校长。程天放提出保护学校及学生、教师安全，避免无谓牺牲，将四川大学迁往峨眉。1939 年 4 月，呈准教育部，决定将校本部和文、理、法三院迁至峨眉，成都只留望江楼侧的农学院及理学院的应用化学研究处、测候所和植物园。

1939 年 5 月中旬，学校提前放假，程天放校长与有关职员先赴峨眉考察，决定利用峨眉山山麓各大寺院为校舍。同时，在峨眉山搭建竹棚作为补充校舍。程天放校长回蓉后，立即成立了临时迁校委员会，办理迁校事宜。

1939 年 6 月初，学校将图书、仪器等用五百部板车开始运输。由于时间仓促，运输条件差，在搬迁过程中历尽艰辛，损失较大。

三、办学成果

峨眉以其淳朴的民风接纳了四川大学，峨眉山优越的自然环境为四川大学提供了安身之地。四川大学迁到峨眉后，有了相对安静的环境，逐渐恢复了生机。

学生方面，自迁峨后，因校舍有限，不再接收借读生和转学生。1940 年暑假统计，全校有学生 1177 人。其中，文学院 252 名，理学院 156 名，法学院 454 名，其他 315 名。1941 年 8 月，恢复师范学院，院址设鞠槽，5 所学院共有学生 1244 名。1942 年，学生人数达 1650 名。

教师方面，尽管学校条件简陋，但办学规模仍有较大发展。1942 年，学校共设 5 院 23 系，有专任教授、副教授、讲师 103 人，助教 62 人。文学院院长为向楚，理学院院长为郑愈，法学院院长为吴君毅，农学院院长为王善佺，师范学院院长为黄建中。

经费方面，国民政府教育部准予四川大学办学经费由过去的年预算 53.7 万元逐年增加，1941 年预算为 83.9 万元，1942 年预算为 115.3 万元。还有一些临时经费，如 1939 年学校搬迁费就有 5 万元，1941 年临时费用有美金 2.5 万元，国币 25 万元。学校经费总额居当时全国国立大学第四位。

建筑方面，尽量利用庙宇原有房屋及租用民房加以修葺，并于伏虎寺建筑大小教室 60 余间，办公室 10 余间，图书馆一栋，大礼堂一座（可容纳 1200 余人）。1941 年，又于伏虎寺建成学生宿舍 20 余间，于万行庄建筑大小教室 20 余间，大小办公室 10 余间，于保宁寺修建理化实验室 10 余间；于鞠槽修礼堂一座（可容纳 400 余人），教室 10 余间，图书室 3 间，实验室 6 间，教职员宿舍 6 间，大小办公室 5 间，男女生寝室共 20 余间，以作新生院之用。各院均建有临时体育场一个，还在伏虎寺下面修游泳池一个，白望坡上建尚志亭一个，以供师生眺望。1942 年，在报国寺前峨眉军官训练团司令台故址，修筑师范学院校舍，计教室、办公室、寝室等共 20 余间。还在报国寺门首空隙处修筑附中校舍、教室、办公室、教职员寝室等 10 余间。

设施方面，为解决师生医药困难及扩大校医室，添聘校医，成立医药卫生组，并于各院分设诊疗所。为解决照明，学校购置了发电机，装置了电灯，又置办收音机，以听取消息，编印日刊。学校请交通部于报国寺设置电报电话局，在伏虎寺设立邮局一所，各院分设信柜。另外，皇城之金城银行办事处也随校迁到峨眉。

治安方面，成立了警卫队，共有警兵 60 名。

图书方面，略有增加。1939 年 7 月，统计共有图书 151321 册；1940 年，增至 160970 余册。期刊方面，因交通不便，仅能收到中文期刊 224 种，西文期刊 45 种，中文报纸 20 种，西文报纸 5 种。相比沦陷区的高校及图书馆，资源相对优越。

仪器方面，在搬迁过程中损失较多，部分电气设备因峨眉山无电供应无法使用，理化实验很难维持正常运作。生物系仪器设备一般够用，动植物标本有相当数量增加。1941年，生物系师生采集的标本达2000余种，系上设有专职标本采集员，曾到峨眉山、峨边、雅安、天全等地采集大量珍贵标本，另与国内外换得标本3000余种。

研究方面，1941年教育部批准成立研究所，首先开办的是中国文学研究所和化学研究所。得到教育部补助经费7万元。同年，开始招收研究生，文、理科各4名。1943年，又开始筹设史学研究部。生物系在系主任方文培的主持下，重修《峨眉山植物志》，取得了可喜的成绩。数学系的专题研究，师生平等探讨的学风，造就了一批在数学上锐意进取的人才。

学术方面，学术团体活动有所增加。各系均设有研究会和研究室。学校和团体主办的刊物有14种，另有壁报多种，还出版了好几种学报。由于师生精力专注，研究论文数量、质量有很大提高。1939年，在全国专科以上学生论文比赛中，四川大学有21名学生达到合格，占全国合格者总数（176名）的百分之十二，仅次于中央大学和中山大学，名列第三。1940年，在第九届各大学毕业生论文竞赛中，四川大学合格者达30名，居全国第二，另有一名学生受传令嘉奖。

教学方面，由于学校远离都市，环境有所变化，节奏反趋紧张。社会娱乐活动大大减少，师生聚居一处，天天见面，接触交往相应频繁，研究切磋机会增多。教师认真负责，治学严谨，给学生以很大鼓舞。学生读书的氛围更为浓厚。

体育方面，因山中无广大平地，除理学院操场较大外，文、法两院则在伏虎寺下开辟了一个小规模的体育场，新生院也在河岸辟了一个运动场，可供四五百个学生早操及打篮球、排球之用。体育组特别重视开展短距离竞赛活动，尽量利用操场三圆周线。1940年夏，学校在伏虎寺下面的山涧石桥修建一个游泳池。1941年4月，四川大学在伏虎寺隆重举行了第四届春季运动会，校师生参加，是峨眉空前盛举。此外，还因地制宜地开展爬山比赛、越野赛跑等活动。1942年5月，四川大学与峨眉地方联合，举行了一次较大型的运动会，峨眉各学校、机关、团体也派人参加，比赛异常激烈。在国术方面，起色较大，除有专门教员教授，还有峨眉山武艺高强的僧人指导，因此，参加国术练习者达160余人。

娱乐方面，为了克服文娱生活枯燥，教职员和学生分别多次举行棋类比赛。1941年5月，由师生及家属中善画、善书、善刻、善刺绣、善收藏者提供展品，在伏虎寺举行了艺术展览会，共陈列各类艺术品3000多件，观者无不称赞。师生和家属自行组织评剧社、青年剧社、望峨剧社、歌咏戏剧队等，逢节假日登台献艺，并常年举行教职员茶会，助以种种游艺节目，均为盛举。

生活方面，物资严重缺乏，缺医少药，诸多不便，生活十分清苦。老年教师，常年登山上课，颇感艰难。秋雨绵绵，行路不便，年老体弱多病者苦不堪言。一些教职员子女因患病得不到医治而夭折。中文系主任向宗鲁病逝峨眉山，家属无力将遗体运回家乡安葬，灵柩停山近一年，才经水道辗转运回家乡。

四、创立报国小学

由于学校教职员子弟无小学可入，乡间失学儿童也无读书识字机会，教育系联合报国寺、伏虎寺两寺住持，创办了报国小学，并作为教育系学生的实习园地。以教育系主任张敷荣为董事长，教育系部分教授和两寺住持为董事，聘教育系助教蔡彰淑为主任，经费由四川大学每年拨 5000 元。1940 年春开始行课，时有教员 5 人，学生百余人。当年暑假后收归四川大学，成为师范学院附属小学，经费亦增至万元。

五、返回成都

1943 年 1 月 5 日，国民政府行政院第 594 次会议决定：国立四川大学校长程天放另有任用，应予免职。任命黄季陆为国立四川大学校长。黄季陆于 1 月 23 日到峨眉山校本部视事。

黄季陆上任做的第一件事就是把四川大学从峨眉迁回成都。他得到了师生员工的热烈拥护，得到了社会人士的支持。1 月 28 日，黄季陆在伏虎寺四川大学会议厅召集第一次行政会议，决定了迁校原则：第一，在寒假期内迁移；第二，成立迁校委员会。

1943 年 2 月 1 日，浩浩荡荡的迁校工作迅即展开。校本部各处、室等 17 个单位，文、理、法、师 4 个院 19 个系，以及各科、所、附中、附小等单位，总计教职员及家属 1500 余人，学生 1800 余人，加上校具、档案、图书、仪器、师生行理，分别以汽车、板车、船只、木筏，水陆并用进行运输。2 月 12 日至 3 月 12 日从陆路运完急需物品，水运也很及时顺利。1943 年 3 月 18 日，四川大学正式回到蓉城。

20. 乐都汉代古墓

朱华高

出峨眉山市城区小南门沿公路往九里镇南行，过九里镇临江大桥左拐，沿一条乡村公路下行约4里，便是乐都镇红卫村1组。此地有个小地名"团山子"，是古代嘉州经如今乐山市中区临江镇到峨眉县九里镇的古道。团山子旁边还有一个小地名，叫"雷脚山"。这两个地名来历无考。这一带有数十座汉代古墓，被文物学者称为"雷脚山汉代古墓群"。

乐都镇红卫村雷脚山崖古墓（朱华高摄）

当地的罗忠银先生（60余岁）说，以前有一条从乐山到九里的古路。经过乐山临江镇到乐都镇红卫村1组，经团山子到羊镇场过临江河到九里。这条老路，宽约1米，石板路。有时沿江（临江河）边走。在团山子地段是沿江边走。路两边都是麻柳林。从团山子到羊镇场，之前是经水冲成的河石坝，就是现在走的公路和羊镇场外边。过临江河到九里场，新中国成立初期是一座木桥。团山子到羊镇场的距离约500米。

团山子原来是一座小山包，很高，修成昆铁路时，把山挖来填路基了。

嘉九古道起于何年代，无考。但从沿途遗址遗迹、汉代古墓、羊镇、伽蓝寺、绥山县等，可知此古道在汉代以前即有。若依周朝羌人葛由骑木羊上绥山典故（羊镇因此而

623

名），则古道历史有 3000 年左右。

笔者现场考察，在红卫村、圆通村界牌标志处（小地名团山子所在）的临江边，有一座红色大石岩，高约 8 米。它和团山子分割为独立的岩石兀立江边，公路在中间。靠公路半岩有一古墓洞，离地面高约 3 米，洞宽约 3 米，高约 2 米。刚进洞口，左边靠石壁有一个人工鉴凿的石槽，长 2.3～2.5 米，宽 40～50 厘米，深约 40 厘米。看情形，此石槽和整个石窟是由人工开凿而成的，痕迹非常明显。洞顶呈穿隆形，洞壁略呈弧形，宽约 3 米，高约 2 米，长（深）约 10 米，和江边相通。江边洞口大小和这一边差不多。靠石槽斜对面还有一个石窟蜿蜒向里，洞宽约 2 米，深约 5 米，未前探。陪同者罗忠银和笔者共同认为，石槽应该是石棺。此洞当是古墓穴，原来的洞口当在江边。石槽就是从江边进洞后放尸体所在。

此江边古墓洞对面是团山子山顶，公路边底部又有一个人工开凿的石洞，用相机闪光拍照，可见里面至少有两个岔洞，主洞宽约 3 米，高约 2 米，岔洞宽约 2 米，高约 1.5 米，微弯曲朝山岩里延伸，深度不详。显然，这应该是一个古墓洞。罗忠银说，洞还有很多。小时候，他和玩伴们常常在这一带钻洞玩耍。

江边古墓洞前面就是成昆铁路和铁合金厂铁路线横跨处，往前约 20 米，对面江水半崖上"雷脚山崖古墓"赫然在目。最为明显的一座洞窟高约 8 米，宽约 6 米，隔江相望，眼中所见全是石刻神像，大小数十尊。可看见的神像至少有三进，高矮、大小、进深，错落有致，大的高约 2 米，小的高几十厘米。一些神像涂有金粉。罗忠银说，那金粉是前些年一些当地信众自发涂上去的。

这是一座很有历史价值的古墓群。2011 年《峨眉山市不可移动文物名录》载：雷脚山崖墓群，址在乐都镇红卫村，建于汉代。分布在临江河岸雷脚山半山腰，上下宽 30 米，周长在 700 米范围内，共 38 座，均被盗，均坐东向西。其中，M5 为单门楣，单石墓，四棺室，长 13.6 米，高 1.8 米，宽 1.8 米。平形顶，后壁左侧有壁龛。（文物）"二普"时该墓内出土有灰陶房残片一件，陶鱼残片一件，陶俑残片一件。在崖壁上发现有凹窝状排列规则的图案，不明用途。

21. 沙溪乡元末皇族后裔

朱华高

沙溪乡余氏族人说，他们是元朝皇帝铁木真后裔。其依据，一是祖祖辈辈口口相传，二是他们至今还珍藏着前人留下的族谱。藏有《余氏族谱》的这个人叫余本良。

余本良 80 余岁，有一个 85 岁的亲兄余本安，身体均健康，余本安也藏有前辈留下的余氏族谱，但没有余本良的那本完整。俩兄弟都住在沙溪乡林坝村 1 组，距沙溪乡政府约 5 里。

一、《余氏族谱》考

《余氏族谱》是一函四册线装木刻本，内有四册木刻印刷的线装书，楷体。每本内页正中是"余氏族谱"四个黑色大字，右上方是"民国廿九年秋"，落款是"中英敬题"。每本约 100 页。竖排。

此套族谱初版乃青神县明朝官员余氏肃敏祖余子俊撰修，清嘉庆年间重修，1934年余氏第二十一世裔孙余一海再重修。

综观全谱，大致包含以下内容：嘉庆年间的修谱和 1940 年的重修谱编写说明；历代先祖，南平王始祖考；铁改余姓始末；铁木健后代九子（一婿）十进士的逃亡；泸州凤锦桥上分手诗；九子（一婿）十进士的去向；字辈排行；青神支派到第 24 代以前的各先祖传承；先祖遗文；青神余氏宗祠图；余氏有关诉讼官司及判决，等等。

关于余姓来源，族谱载，元太祖成吉思汗（铁木真）后人忽必烈皇孙铁穆耳在忽必烈去世后为元朝皇帝，封其弟铁木健为南平王。他就是余姓始祖。铁木健，原江西饶州府武国城第七渡渔杆坝生长人氏，封南平王，食邑湖广麻城县。四十岁无子，后广行善事，供养一癞僧一年之久。癞僧临辞别时报恩于他，留下偈语曰：先人亡后葬此地，福荫后人，当出九子（一婿）十进士，任四太守五尚书。后坟中长出茅时，当改余姓。后铁木健两氏共生九子一女，九子俱中元朝进士。女赘一婿，过门三年后亦中进士。九子（一婿）十进士果然应验，四人太守五人尚书。后坟中果然长出茅草，遂改余姓。至红巾军乱，攻陷湖广，十人避乱入蜀至泸州凤锦桥，作诗一首从此分散，以作后人相认依据。

二、余氏先祖：元末铁氏皇族后裔，九子（一婿）十进士

此族谱乃九子中的第六子庚六公铁承烈改名余德成，隐居青神县，其后辈余子俊编修。

一世祖九子（一婿）十进士概况如下：

秀一公，余德元，原名铁承良，元进士，官太守，南平王长子；秀二公，余德朝，原名铁承勋，元进士，官太守，南平王次子，住洪雅、峨眉、乐山；秀三公，余德真，原名铁承模，元进士，官太守，南平王三子；秀四公，余德辅，原名铁承口，元进士，官太守，南平王四子；庚五公，余德弼，原名铁承业，元进士，官刑部尚书，南平王五子；庚六公，余德成，原名铁承烈，元进士，官兵部尚书，南平王六子，入蜀隐于青神县西四十里之长泉乡，即今之祥麟乡；庚七公，余德盛，原名铁承德，元进士，官吏部尚书，南平王七子，住仁寿、井研、洪雅、犍为、夹江、眉州；庚八公，余德隆，原名铁承光，元进士，官兵部尚书，南平王八子；庚九公，余德兴，原名铁承英，元进士，官礼部尚书，南平王九子；庚十公，余德仙，元进士，官侍郎，系南平王赘婿姓金氏，同入蜀避乱，更名余德仙。

三、分手诗和修谱诗

九子（一婿）十进士逃难至四川泸州，在凤锦桥上焚香跪拜分手，以长幼为序，各吟诗一句，成诗一首，后人曰《分手诗》。诗曰：我祖元朝宰相家，红巾作乱入西涯。泸阳岸上分携手，凤锦桥头插柳丫。否泰是天还是命，悲伤思我又思他。十人失散知何处，如梦云游浪卷沙。余字更无三两姓，一家化作万千家。

他们分手后的去向：一往富顺、一往夹江、一往内江、一往叙府、一往泸州、一往青神、一往犍为、一往重庆、一往荣县、一往眉州。

隐居青神的庚六公余德成后人四世祖余子俊在编修族谱后，作诗两首。其一：我祖麻城寄籍人，迁来西蜀不知春。虽然百世儿孙富，都是同家骨肉亲。在昔英雄同烈烈，而今礼乐更新新。目前穷达当相会，万朵桃花共树真。其二：昔年始祖受元封，食邑湖南转蜀中。本是一根同秀发，忍教并蒂各西东。凤临丹穴起威武，笋出长林盛业隆。礼乐传家千万代，诗书伊旧祖家风。

沙溪乡林坝村余氏族人余本良珍藏的《余氏族谱》（朱华高摄）

四、青神迁峨眉

余本安说，沙溪乡余氏族人是从青神县迁来的。他们这栋房子是先辈余正德修的，何时修，不知道，至少有一百好几十年到两百年了吧。照此推算，迁来时间当在清朝。父亲余一镜，1981年去世，时86岁。照此推算，他出生在1895年（光绪二十一年），父亲共有三房老婆。大妈（大房）叫沈氏，去世时间大概在粮食关以前。亲妈是二房，叫杨氏，死得很早，余本良6岁时她就走了。照此推算，去世时间是1943年。三妈是大妈死后父亲才娶的，叫陈淑清，已去世20多年了。

余本安说："沙溪乡余家老家在青神县土主场，老地名半坡，余氏祠堂也在那里。青神的清明祭祀会我去过，那时我十几岁，族长带着我去的。去的人还有余本清、余本新等人。祠堂在青神土主场，还有一座庙子。曾祖那一代到峨眉来的原因不知道，听前辈人说，不知为啥抓纸疙瘩抓到我们要来峨眉，曾祖就来峨眉了。最先在新开路安家，就是现在的新开路2组。来时还有余清海、余尚海三弟兄。来了后也修了祠堂，有地产收地租，每年清明开祭祀大会，吃'九大碗'。祠堂大小和这座院子差不多，供有祖先牌位，每年都要吃'清明会'。悦连（现普兴乡）那边的余姓和我们这边是有关联的。"

余本安说，族谱是青神余氏祭祀时发的，那时凡是"一"子辈都有一本。族谱中有他的名字，但余本良可能没有，因为那时他还小。余本良说，这套族谱是父亲传给他的。

笔者当即查余本安兄弟在族谱中的位置。族谱载：一镜，正礼三子，妻沈氏、杨氏，生二子，本荣、本安。余氏兄弟说，一镜就是他们的父亲，沈氏是大妈，杨氏是亲妈。族谱上记的内容和他们说的相同。

根据上述探究，可以确认，沙溪乡林坝一组余本良、余本安兄弟及其沙溪乡余氏先祖，是元朝皇帝铁穆耳的兄弟南平王铁木健后裔。沙溪乡的余氏始祖是南平王第六子庚六公余德成，原名铁承烈，入蜀后隐居青神县。

编后记

在领导、编辑和各有关人员的共同努力下,《峨眉地名故事》终于完成了。这是一件值得庆贺的事情。

《峨眉地名故事》共征集稿件 450 余篇,经审阅筛选,初步入选 300 余篇,现成稿收录 260 余篇。本书稿件的筛选原则:所有地名都是在峨眉山市境内真实可查的。地名故事包括两大类:一是文史掌故类,二是传说传奇类。文史掌故类,注重故事的史料真实性,不追求故事的文学性。与其说是故事,毋宁说是"古事"更为贴切。传说传奇类,则注重故事的文学性和可读性。对于作品的文学体裁和表现方式,我们尊重作者的写作风格,不刻意追求文体的统一性和同一性。对稿件的处理,原则上在保留作品风格的基础上做小改;如有大的改动,我们邀请作者当面交流,提出修改建议。

在编排顺序上,我们按照地名从大到小的原则,在行政区域上,我们基本按照《峨眉山市地名录》(2017 年)的顺序进行排列。

当然,本书难免挂一漏万,峨眉地域广阔,有久远的历史和深厚的文化底蕴,本书征集和入选的故事还远远不够。今后若能再版,将会收录更多更好的地名故事以飨读者。

作为编者,我们要特别感谢众多作者对本书的支持、对我们的信任。没有众多作者积极热情地投稿,我们是不可能在较短时间内完成这一工作的。鉴于编者的水平和能力,本书尚有错误和不足,希望作者和读者批评指正。

2018 年,是我国改革开放 40 周年,又恰逢峨眉山市撤县建市 30 周年。国泰民安,喜逢盛事。我们就把本书作为一件小礼物,献给我们伟大的祖国,献给我们可爱的家乡——峨眉山市。

编 者

2018 年 6 月